510일

2권

510일: 2007~2008년 이랜드홈에버 여성노동자들의 저항과 연대 2권

발행일 초판1쇄 2020년 11월 13일 | **지은이** 유경순
펴낸곳 봄날의박씨 | **펴낸이** 김현경 | **주소** 서울시 종로구 사직로8길 24 1221호(내수동, 경희궁의아침 2단지) |
전화 02-739-9918 | **팩스** 070-4850-8883 | **이메일** bookdramang@gmail.com

ISBN 979-11-90351-37-9 04330 979-11-90351-35-5(세트) | 이 도서의 국립중앙도서관 출판예정도서목록(CIP)은 서지정보유통지원시스템 홈페이지(http://seoji.nl.go.kr)와 국가자료종합목록 구축시스템(http://kolis-net.nl.go.kr)에서 이용하실 수 있습니다.(CIP제어번호: CIP2020046135)

인문 교양이 싹트는 출판사, 봄날의박씨는 북드라망의 자매브랜드입니다.

2007~
2008년
이랜드홈에버
여성노동자들의
저항과
연대

510일
2권

홈플러스일반노조 기획
유경순 지음

봄날의박씨

2권 목차

6장

노동조합 상황과 지역대책위원회의 활동 9

7장

'사랑의 교회' 천막농성과 월드컵점 천막농성 75

1권

목차

6장

노동조합 상황과 지역대책위원회의 활동

1. 2007년 말~2008년 조합원 상황

2007년 말 이후 투쟁이 장기화되면서 조합원 모두 힘겨운 시간을 보내고 있었다. 당장의 생계가 가장 큰 문제였다. 가장 역할을 하는 기혼여성들이 유난히 많은 노조 특성상 6개월 동안 생계비가 없다는 점은 치명적이었기에, 추석을 지나면서 노조를 이탈해 회사로 복귀하거나 전업하는 조합원들이 늘어나고 있었다. 또, 위원장부터 주요 간부들이 줄줄이 구속됐다가 풀려났는데, 이들 모두 길게는 1년 내외의 집행유예를 선고받은 상태여서 언제 다시 구속될지 몰라 활동이 위축될 수도 있었다.

이처럼 투쟁의 장기화로 인한 여러 문제를 맞닥뜨리는 가운데 조합원 중 일부는 민주노총이나 정치인들이 많은 지원·연대를 해주었는데도 문제가 해결되지 않자, 양쪽에 대한 불신을 표현하기도 했다.

> 우리가 이렇게까지 당하는데 우리가 여기서 포기할 수 없지 않냐는 마음이 있어서 계속 참여했어요. 그런데 제가 너무 화를 냈던 게, 우리가 딴 데를 연대를 가면 거기가 해결이 많이 됐어요. '스머프군단'이라 해서 우리 아줌마가 가면 어디 무슨 병원도 해결되고 어디도 해결됐다고 그러고. 한 번은 저희 총회 때, 어떤 정치인이 그 얘기를 많이 했어요. "여러분들 덕분에 해결되고~" 그래서 제가 "그런데 왜 우리는 해결을 안 시켜 주냐?"고 "왜 우리는 헤매고 다니냐? 우리를 해결해

줘야 되는 거 아니냐?"고 막 소리지르고 그랬어요. 그때부터 정치인들이 너무 미운 거예요. 우리를 정치적으로 이용해 먹었다는 생각도 들고. 심상정, 노회찬, 권영길, 이런 정치인이 많았잖아요. (……) 그전에는 정치에 관심도 없었는데. 처음에는 국회의원들이 우리랑 같이하는 게 "그래도 우리 싸움이 대단한가 보다" 했는데, 갈수록 불신을 해요. 처음에 민주노총도 "1박 2일이면 다 끝날 것이다. 매장 다 박살낸다" 했는데, 해결이 안 되고 맨날 우리는 여기저기 오고 가고…. (김정애, 구월)

투쟁이 길어지니까 나중에는 "우리가 정치 싸움한다"는 소리도 막 돌았었어요. 이게 만약에 "단순하게 회사 안의 싸움이었으면 끝났을 텐데, 정치 싸움이라 안 끝났다" 이런 얘기도 있고. 나중에는 "국회의원들이 오면 반갑지 않다"는 소리도 하고 그랬었어요. (진현미, 방학)

우리는 처음에 "이런 싸움에 국회의원이 오는구나" 감동했어요. 근데 어느 순간에 "그들의 정치판에 우리가 희생양이 되는 것 같다. 그래서 나는 안 나온다"는 사람도 있고. 그런데 남아 있는 사람들이 있으니까 같이 가야 하지 않냐? 누구를 위해 하는 거냐, 결국 우리를 위해 하는 거 아니냐? 이런 식으로 서로 도닥이면서 했죠. (황선영, 월드컵)

또 몸과 마음에 병이 드는 조합원들이 늘어나고 있었다. 더욱이 대부분 자녀를 키우는 기혼여성들이다 보니, 투쟁 중에 자녀가 아픈 상황과 같은, 가정을 돌보지 못하면서 일어나는 여러 일에 부딪히면서 깊은 좌절을 맛보기도 했다.

면목점 점거하고 나서 내가 슬럼프에 빠져요. 그걸 뭐라 그래야 하지? 하여튼 그냥 다 싫은 것 같아. 아무것도 개입하고 싶지 않은 상태였어요. "정당한 건 맞는데, 과연 이걸 해서 뭘 얻을 수 있을까?"라는 고민에 좀 빠졌던 것 같아요. (……) 더구나 투쟁으로 제가 살림을 신경 안 쓰다 보니까 공과금을 밀리고 밀려 금액이 커져서, 어느 날 전기가 끊겼더라고. 그런데 애들이 말을 안 해서 몰랐어요. 그래서 애가 촛불 켜고 책을 봤다고, 그것 때문에 "내가 지금 뭘 하고 있는 건지" 그 순간에 고민을 많이 하고. 그래서 제가 한 3일간 잠수 타고. (……)
그런데 딱 끊어지지 않더라고요. 왜냐면, 남아서 하는 사람이 있잖아요? 아무도 없어도 지금 내가 해야 할 판에 "한 사람이라도 있으면 해야지" 하는 생각 때문에. 내가 해서 이 세상에 비정규직이 없어지지 않을 걸 아는데도. 그냥, 같이하는 사람 때문에…. (황선영, 월드컵)

월드컵에서 나온 다음에 투쟁을 다니긴 다녔어도 매번 따라다니진 못했어요. 면목점 점거에서 나와서 제가 병원에 입원해요. 계속 아팠어. 무릎 골다공증이 오고, 머리는 다 찍어 보았는데 이상이 없다는데 맨날 두통 오듯이 아파서 고개를 숙이질 못했어요. 머리를 들면 뒷골 당기고. 그러더니 2008년에는 혈압도 안 좋다고 혈압약을 먹으라고 해요. (조은옥, 중동)

저는 자살 생각을 많이 했어요. 정말 우울증이 오는데…. 그때 신용불량자 되고 막 그랬거든요. 남편하고 맥주 마시면서 "우리 그냥 죽을까?" 그러고. (울먹이며) (그냥 현장에 들어가서 일을 하시지?) 그런데 그건 내가 자존심이 허락이 안 됐어요. 그런데 애들도 고생이고. "난 너무 힘들어. 내가 꼭 이렇게 힘들게 살아야 하나, 더는 희망이 안 보여" 그러면서 정말 죽고 싶었어요. 그래서 죽을 생각을 늘 하고 있었어요. 그런데 내가 죽으면, 교회를 다녔던 사람이기에 너무 큰 죄악이잖아요. 또 "애들은 어떡하지, 내가 애들 제대로 가르치지도 못해 아들은 대학도 못 가고, 하다 못해 용돈도 넉넉하게 주지도 못했고…." 생각이 너무 복잡한 거야. 언니도 불쌍하고, 엄마도 그렇고. (김정애, 구월)

집회에 갔다가 조합원들하고 지하철을 타고 오는데, 갑자기 큰아이한테 전화가 와서 "동생이 침대 모서리에 부딪혀서 머리에서 피가 철철 난다"라고. 그래 일단 119에다 전화를 해서 집이 어디어디니 아이를 병원에 데려가 달라고…. 병원에 보내놓고, 저는 지하철을 타고 갔는데, 애가 병원에서 뛰어놀고 있어요. "엄마, 나 피났어" 이러면서, 그런 애를 보면서, 웃음도 나고 눈물도 나면서 "내가 지금 어린 애들만 놔두고 뭐하는 짓인가" 그때 처음으로 후회됐어요. 내가 집에 있었으면 이런 일은 안 생겼을 텐데 싶은 게…. (임혜숙, 면목)

무엇보다도 장기투쟁으로 조합원 모두를 힘들게 하는 것은 경제문제였다. 많은 사람이 가장의 역할을 하고 있어서, 투쟁을 지속하기 위해서라도 아르바이트를 해서 생활을 유지해야 했다. 그 때문에 몇몇 조합원들은 낮에는 집회에 참여했다가 끝나면 식당일, 목욕탕 청소, 호프집 설거지 등의 아르바이트를 밤새워 새벽까지 했다. 투쟁이 없는 주말에도 일했다. 그러느라 피로가 누적되어 코피를 쏟는 일도 허다했다.

그렇게 하다 보니 돈은 없지, 알바를 다녀요. 파업하고 몇 달은 괜찮았는데, 그다음부터는 벌어야 하잖아요? 애들이 중학교 다니니. 그래 제가 저녁에 안양에 있는 식당에 갔어요. 저녁에 6시부터 10시까지 하는 거, 토요일과 일요일은 밤샘하는 거 했어요. 그래서 낮에는 지부장이니까 끝까지 집회 참여하다가 6시까지 가서 근무한 거죠. 알바하고 밤 10시에 퇴근하고. 막 그렇게 하면서 돈을 벌었죠. (박복희, 안양)

투쟁이 길어지면서 빚이 점점 많아지니까. 다른 집은 한 사람이라도 벌고 있는데, 저희는 기존에 있던 빚에다가 빚이 너무 많아지니, 소개로 백화점에 알바를 하러 가게 됐어요. 그래서 2008년은 생계투쟁해서 활동을 많이 못했었던 것 같아요. 많이 미안하기도 하고. 대놓고 누군가 나한테 뭐라고 하지는 않지만, 나만 생계투쟁 간다는 것이, 동지들한테 조금 죄송했죠. 빚이 있었는데 더 늘어나니까, 나중에는 이자가 39% 되는 제2금융권의 돈을 써야 하는 지경이니까. 더는 카드 돌려막기도 안 되는 상황이 되어 버리니까. (임혜숙, 면목)

생활이 힘들다 보니까 "아, 나 그만 살고 싶다. 너무 힘들다." 그리고 우리 애 아빠가 집에서 놀았어요. 돈이 없었어요. 적금 다 깨고 하나도 없었어요. 돈 이야기를 남한테 말을 못하겠더라고요. 영순 언니한테도 안 했어요. 그렇게 힘드니까 정말 회사 사람들이 미웠어요. 그래서 복귀하기는 싫더라고요, 자존심이 허락하지 않아. 그러니 "아, 이걸 어떻게 되냐?" 그때는 몸이 약해서 빼빼했는데, "내가 밤에 한번 알바를 해보자" 해서 동네 호프집에서 알바를 했어요. 낮에는 파업하러 다니고, 새벽 6시 반까지 호프집에서 설거지 알바를 했어요. 손이 자고 일어나면 팅팅~ 붓는 거예요. 그렇게 하면 원래 5만 원인데 "열심히 하셔서 5천 원 더 준다"면서 5만 5천 원 주더라고요. 거기 주방에서 설거지하니까 주방에서도 2명 오래된 사람이 함부로 하고. 그래 "함부로 하지 말아요. 제가 파업 중에 나와 있어서 이거 하는 거예요. 조금 있으면 회사에 들어갈 거예요!" 이런 말까지 했어요. 그러니까 조금 나아지더라고요. 그래도 5만 5천 원 벌면 애들 사야 할 거 사주고 생활은 할 수 있을 것 같은데, 15일을 하다가 못하겠더라고요. 코피를 막 쏟고, 힘들어서 손이 안 구부러지더라고. "아, 이게 병이 나겠구나" 그래서, 언니한테 돈을 빌리는데, 언니가 울면서 주더라고요.

알바하면서 낮에는 집회 가면 너무 졸린 거예요. 머리가 길어서 항상 모자를 팍 뒤집어쓰고 고개 숙이고 있었어. 집회 때 앞에서 뭐라 하면 고개 숙이고 팔뚝질도 했어요. 왜냐면 눈 감고 있으면 자는 거니까. 그렇게 파업을 다녔어요.

(그때 좀 쉬지 그랬어요?) 그게 싫더라고요. 다 복귀를 하는데, 한 명이 빠지면 표시가 턱턱~ 나는 거예요. 우리 지부만 들어가는 게 아니라 다른 지부도 들어가는 거예요. 들어갈 때마다 "지부장의 마음은 오죽하겠나" 이런 생각이 들어서…. 정말 지부장님이 힘들어하는 모습을 봤거든요. 한 명이라도 더 있는 게 도와주는 거잖아요? 그래 "끝까지 하자. 아예 죽는 게 낫겠다" 싶었어요. (임재윤, 시흥)

1) 복귀한 조합원들

힘들게 버티며 투쟁을 하던 조합원들은 2007년 9월 면목점 점거투쟁 이후, 또 2007년 연말이 지나며 생계에 쫓겨 하나둘 현장으로 복귀하기도 했다. 어떤 이들은 투쟁하는 이들에게 미안해서 조용히 복귀하기도 하고, 다른 이들은 분회에서 토론을 통해 집단으로 현장으로 들어가기도 했다. 또 다른 이들은 먹고살기 위해 어쩔 수 없이 복귀하지만, 조끼를 입고 근무하는 현장투쟁을 하면서 투쟁을 포기하지 않았다는 의지를 표현하였다.

면목 털리고 가을이 되는데 안 끝나니까 불안해지기 시작하는 거죠. 그래서 시흥은 그때 서울대에 연대하러 가서 우리끼리 회의를 하는데, 그중에 누구 하나가 금천공원에서 오픈 멤버들 모임이 있다는 거예요. 그래서 내가 거기에 갔더니, 거기서 자기네끼리 언제 복귀하자고. 그전에 과장들이 하나하나 불러서 로비한 거예요. 한 애가 혼자 들어가긴 좀 그러니까, 조직한 거죠. 그 조직을 과장이 한 거야. (……) 지부장인 나한테 얘기하면 못 들어가게 할 것 같으니까, 나를 빼고 자기네끼리 한 거예요. 그런데 내가 그 자리를 가서 딱 들어가니까 다들 깜짝 놀라고 있는 거예요. 그래서 "지금 들어가면 아무것도 아닌데, 여태까지 한 게 아깝지 않으냐" 얘길 해도 이미 과장하고 다 약속을 해놨기에 안 되더라고요. (……) 그 이후에 신선 쪽이 들어가니까 하나둘 들어가고 8, 9명 남은 거예요. (……) 들어간 사람들은 아예 등 돌린 거예요. 자기네가 미안해서 그런 것도 있고. 완전히 단절돼 버리는 거예요. (……) 그리고 우리가 정문에서 집회하면 후문으로 들어가고, 그런 식으로 우리를 피해 다녔어요. (김영순, 시흥)

월드컵 이후 복귀자가 있었고. 뉴코아점거 이후가 제일 많이 복귀했는데 그 사람들은 복귀한다는 말도 없이 복귀했었죠. 그러다가 12월 27일에 마지막으로 저희가 17명이 복귀할 때는 굉장히 많이 고민했죠. 모여서 토의하고 많이 얘길 했죠. 왜냐면 당시 우리 점에 있던 부점장이 굉장히 호의적으로 "들어와도 어떤 거에 관해서 묻지 않겠다. 너희가 들어오면 니네가 근무했던 부서에서 다 근무할 수 있게 해주겠다"라는 약속을 해요. (……)
그때 너무 지치기도 했고. 그다음에 저희가 6개월 동안 급여를 못 받았잖아요. 사실 그 안에는 가장도 있었거든, 남○○ 같은 경우 가장이었어요. 경제적인 이유가 제일 컸어요.
저는… 내가 쓸 돈은 좀 없었지만 부양가족은 없고. 그런데 남편이 옆에서 워낙 뭐라고 너무 힘들게 해서 많이 지쳐 있었어요. 그게 제일 커요. (……) 조합원 중에 복귀했지만, 조합을 탈퇴하지 않은 이가 있는가 하면 탈퇴한 조합원이 있었고. 또 전문직으로 된 직원도 있었고. 그러니 서로 관계가 애매한 거죠. 만나도 그냥 어색한 웃음만…. (김명숙, 방학)

면목분회는 50명 중에서 일부 복귀하고, 마지막에 남은 사람이 한 23, 24명이었던 것 같아요. 9월에 1차 끝나고 복귀하고, 그러다가 11월이 마지막 복귀자였던 것 같은데. 어쨌든 생계부담 때문에 복귀를 한 사람도 있었고, 여러 가지 사연, 다 개인마다 사연이 있는 터라 크게 뭐라 하지는 않지만 그래도 끝까지 남은 사람들한테는 실망감이 있었을 거고.
복귀는 분회장에게 얘기를 한 사람도 있고, 그냥 복귀한 사람도 있고. 그래서 약간의 갈등이 있었죠. "엉, 끝까지 투쟁해야 하지 않겠느냐?" 이런 거고. 당연히 '배신자'라는 얘기도 하지요. 그렇다 하더라도 이게 워낙 장기적으로 했던 거라 아무리 지원해 준다 하더라도 경제문제라. 크게 뭐라는 하지 못하는 거고. 그래서 "그 사람들을 보듬어야 하지 않느냐"며 다독이고. "그 사람들을 미워하거나 너무 뭐라 하지 말자"며 다독이고. (마수경, 면목)

(복귀 이유?) 생활도 어려워서 못 버틴 거죠. 짜증도 많이 나기 시작하고. 신랑도 마이너스통장 거의 꽉 차 가고, 큰애 학원도 제일 싼 데로 하고. 둘째는 신경을 좀 못 썼어요. 그때는 집회 참석해야 하니까 알

바를 하면 안 되는 거로 알았지. 남편도 많이 버는 건 아니어서 힘들었죠. 그래서 저도 510일 다 채우지 못했어요. 그때 지지부진하게 남아서 있었을 때 우리 중동점은 한꺼번에 들어갔죠. 제가 8개월 했어요. (2008년 2월) 그때 우리 분회 조합원이 30~40명 됐나. 그때 한 사람, 한 사람 힘들다는 불평이 나오기 시작하고 "이렇게 계속해야 하냐", "뭐하냐?" 이런 얘길 했을 때, 어떤 한계에 이른 것 같았어요. 이구동성으로 "우리는 할 만큼 했으니까 들어가자." 너무 보이는 게 없고, 너무 힘들고. 김경욱 위원장님도 들어가라고 했어요. 그래서 현장에 들어가서 투쟁조끼 입고 일하는, 현장싸움을 한 거예요.

(복귀는?) 우리가 들어가서 부점장 면담해서 "우리 지금까지 정당하게 싸웠고… 우리 일터니까 일하겠다" 해서 진짜 일을 열심히 했거든요. 다 인정받는 사람들이었으니까 부점장도 "수고했다"고 하고 들어간 사람들이 당당했어요. 남아 있는 사람들한텐 미안했지만 그래도 최선을 다했다는 거는 있으니까. 회사도 중동이 강성이라고 소문이 나 가지고 아예 건드리지를 않아요. (김용임, 중동)

저는 9개월 정도 투쟁을 계속했었거든요. 2008년 3~4월경 먹고살 길이 없는 거예요. "나는 매장에 들어가서 조끼 입고 혼자 투쟁하겠다" 그래서 우리가 그때는 산업선교회에서 일주일에 한 번씩 총회를 했어요. "어떻게 할 거냐, 어떻게 했으면 좋겠냐" 그런 걸 많이 논의하고. 정말 앞이 안 보이는 거예요. 그래서 나는 "내가 할 수 있는 일은 지금 매장에 복귀해서 혼자서 조끼 입고 투쟁하겠다. 끝까지 가겠다"고 했어요. 제가 복귀할 때 두세 명이 같이 복귀하고, 같이 조끼 입고 일을 한 거예요. (김정애, 구월)

참 미련한 것 같은데, 이기고 지고 이런 생각을 안 했던 것 같아요. 그냥 “끝날 수 있나?” 그런 생각. 어떻게 끝나냐가 아니라 “끝이 있을까 과연, 끝을 누가 내야 될까” 그런 생각을 했죠. “끝을 누가 내고 어느 시점에 누가 어떻게 정리를 해야 하나” 결과물은 어떻게 나올지 모르겠지만. 들어가는 걸 보면서도 “이해한다” 하면서도 끝까지 나랑 안 있어 준 거에 대한, 믿음에 대한 상처라고 그래야 하나…. “너 못지않게 나도 힘든데” 하고.
그래도 우리는 초기 이외에 복귀는 없었어요. 생계로 “어디 알아봤는데 어디가 됐어. 가서 일해야 할 것 같아”, 이러고, 대부분 많이 힘든 사람들, 한부모 가정이거나 가장 역할을 하는 분들이라 이해하죠. “그래, 가서 해.” 그런데 딱 그 사람들이 나가면 숫자가 줄어 있는 게 눈에 보이잖아요? 원망 아닌 원망을 하는 순간이 있었죠. (황선영, 월드컵)

말을 하고 복귀하는 사람도 있었고, 또 회사에 회유당해서 그냥 들어가는 사람도 있었고, 대개는 말을 했죠. “언니, 나 이러이러하니까 들어가야 되겠다” 하고 가는 사람이 더 많았어요. 노조탈퇴는 안 했어요. 그냥 시간이 가면서 들어가는 사람들이 더 늘어났죠. 그래도 비조합원들도 우리가 천막농성하고 있으면 박카스 사서 주고 가고, 컵라면 사서 주고 가고. 그리고 “조합에 가입은 못해도, 언니 힘내” 이러고 항상 농성장에 찾아와서 격려해 주고 가는 애들도 많았죠. (……) 그래도 남아 있는 사람들도 도시락 싸서 갖고 다니면서 “우리가 했던 게 있는데 들어가면 안 된다. 어느 정도 성과는 가지고 들어가야 된다”, “위원장이 구속되어 있는데, 우리가 들어가는 건 아니다”라는 말을 많이 했죠. (조은옥, 중동)

2. 2007년 말 집행부의 석방과 분열된 노조

1) 집행부 출소 이후 상황

김경욱 위원장은 2007년 10월 22일 석방되었고, 이어 11월에 이남신 수석부위원장(11월 2일), 이경옥 부위원장(11월 2일), 홍윤경 사무국장(11월 15일)이 석방되었다. 구속된 집행부 전원이 석방된 이후 맞이한 노조의 분위기는 이들이 구속되기 전과는 상당히 달라져 있었다. 그 사이 조합원들은 두 차례나 매장점거투쟁을 했고, 전국에서 이랜드매장 집중타격투쟁이 진행됐다. 이랜드그룹도 직원, 점주, 용역 등을 고용해 조합원들에게 물리력을 동원한 폭력을 행사했다. 투쟁이 길어지면서 연대하던 단체도 줄어들었다. 무엇보다도 투쟁하는 조합원들의 규모가 대폭 축소되어 있었다. 더욱이 조합원들은 민주노총과 같이 진행한 매출제로투쟁을 자신들이 주체가 되어 결정하고 주도한 투쟁, 자신들의 투쟁으로 인식하고 있지 않았다.

> 3개월 들어갔다가 나왔을 때, 내부에 있었던 성희롱사건 가지고 얘기하는 조합원들 있었고, 그다음에 '텐텐투쟁'을 뺑이를 쳐 갖고 힘들었었다는 거, 그다음에 이랜드지부 쪽 간부들이 핵심요직에 다 앉아서 계속 투쟁을 돌리다 보니, 그거에 대한 불만들이 쏟아졌고. (……) 조합원들이 연대투쟁을 하고 '텐텐투쟁' 했는데 "우리 투쟁을 하는 게 아

니라, 그냥 여기저기 끌려다녔다"라는 식으로 얘기하고. 몇몇 간부들이 "그런 투쟁도 우리가 결정하고 어딜 갔으면 좋겠다고 논의를 하면 훨씬 더 효과가 있을 텐데, 그렇지 않고 일방적으로 문자를 보내서 이렇게 다니는 투쟁이 과연 의미가 있냐?" 나쁜 기억만 들어서 조합원들이 볼멘소리한 거잖아요. 또 생활비가 지원되지 않는 거에 대한 불만도 나온 거죠. (……)

그다음에 출소하자마자 집회가 있어 갔더니 조합원들이 진짜 몇 명 안 나와 있는 거예요. 진짜, 너무 깜짝 놀랐어요. 도대체 우리가 없는 사이에 인원이 확 줄어서 100명도 안 되게 집회를 하다 보니까… 많이 위축된 상황이었죠. 답답했죠. (이경옥, 부위원장)

제가 딱 두 달 채우고 나왔어요. 아침에 재판에서 집행유예 선고받고 나왔고 (……) 추석 지나고 나서는 거의 영등포 산선(산업선교회)에서 일주일에 한 번씩 총회를 했어요. 내부 단속이 제일 중요하잖아요. 우리 조합원들이 서울, 경기, 일산, 분당, 다 흩어져 있으니까, 여기가 그 중간이에요. 여기가 무료로 빌려 줬거든요. 처음에는 3층 강당도 좁아 바닥에 깔고 앉아 총회를 하다가, 나중에는 보니까 널널할 정도로 줄어 있더라고요. (홍윤경, 사무국장)

투쟁에 참여하는 조합원이 축소된 것보다 더 심각한 문제는 위원장 등 집행부를 중심으로 하나의 대오로 움직였던 조합원들이 장 직무대행 시기에 균열 양상을 보이다가 분열된 것이다. 석방된 집행부 중 3인은 단순한 내부의견의 차이 때문이라기보다는 장 직무대행 등이 관련된 '미래를 여는 노동자연대'(미래연대)라는 정파와 연관해서 나타난 문제라고 판단했다.

가장 큰 문제는 현장이 완전히 갈라져 있다는 거죠. 노조가 사실상 둘로 분열돼 있었고, 상당히 심각했어요. 홍윤경 사무국장이 직무대행을 맡으면서부터 감정의 골이 좀 드러나더니, 장 지도(지도위원)가 직무대행을 맡으면서 노조가 분리된 거죠. 간부들 사이에서 갈등이 빚어졌어요. (……) 장 직대가 (구)이랜드노조 출신 간부들하고, 그 연관된 '사회주의노동자연합'(사노련)과 '미래연대' 활동가들이 노조에 영향력이 컸던 거 같고. (……) 그걸 장 직대가 주도적으로 했고.
저는 장 지도를 훌륭한 사람으로 생각했었는데…, 장 지도와 함께 온 활동가들이 조합원을 대상으로 교육도 새로 하고, 집회 계획도 그 사람들이 짰고, 그들의 계획대로 조합원들이 움직였던 거죠. 문제는 계획을 짜는 사람들이 정작 투쟁현장에 나오지는 않았다는 거예요. 조합원들만 현장을 돌아다닌 거지. 저나 우리 집행부들은 모든 현장에 조합원과 함께 다녔는데…. 이런 일이 반복되면서 조합원들은 장 지도에 대한 불신이 쌓였던 거 같고, 그게 (구)이랜드노조에 대한 불신으로 확대된 거 같아요.
거기에 장 지도에 대해 조합원이 "이건 말이 안 되지 않느냐"고 하면 홍윤경이 말을 아끼느라 별말을 안 하니까, 조합원들은 홍윤경 사무국장이 3개월 동안 장 지도한테 협조했다고 생각한 거죠. 자연히 홍윤경 사무국장에 대한 불신으로도 이어지고. 둘 다 (구)이랜드 출신이니까 조합원들은 같이 묶어서 바라본 거죠. "위원장 구속된 뒤에 걔네 둘이 다 해먹는다" 이런 정서가 조합원들 사이에 깔리게 되고. (……) 대항할 수 있는 세력이 없었던 거고. 결국, 제가 나오니 곳곳에서 조합원들의 불만이 봇물 터지듯 나왔으니까요…. (김경욱, 위원장)

2) 면목점 점거투쟁과 홍윤경 위원장 직무대행의 구속

노조 내부의 갈등이 가시화된 계기는 면목점 점거투쟁이 공권력의 침탈로 짧은 시간에 끝나면서 홍윤경 직무대행이 구속되고 뒤를 이어 장 지도위원이 직무대행을 맡으면서였다. 면목점 점거투쟁은 2007년 9월 추석집중투쟁이 진행되는 과정에서 기획되었다.

노조는 투쟁이 길어지면서 조합원들의 투쟁 동력을 지속해서 유지하기 어렵다는 판단을 했다. 이에 역량을 최대한 집중해서 추석집중투쟁의 수위를 높여 이랜드를 압박해서 투쟁을 마무리해야 한다고 판단했다. 그 때문에 투쟁의 가장 높은 단계인 점거농성을 기획하였고, 그동안 세 번에 걸쳐 점거에 실패했던 면목점에서 네번째 점거농성을 시도하기로 했다.

투쟁 기획은 쟁의대책위원회(쟁대위)에서 했다. 홍윤경 직대 때의 쟁대위에는 김경욱 위원장 때는 참석하지 않았던 장 지도위원이 참여하였다. 또, 쟁대위에서 (구)이랜드노조 출신 간부들이 이전보다 적극적으로 의견을 개진하기도 했다. 까르푸노조 출신 간부들은 노조활동의 경험이 없던 상황이었고, 더욱이 이들의 입장을 대변해 왔던 위원장·부위원장이 구속된 상태였다. 쟁대위에서는 이전보다 (구)이랜드노조 출신 간부들과 장 지도위원 등의 발언력이 높아졌다.

이런 쟁대위의 변화된 분위기 속에서 면목점 점거투쟁 계획이 결정되었다. 이랜드-까르푸 노조가 통합하여 이랜드일반노조를 결성하면서 조합원에 의해 선출된 공식 지도부는 집행부 4인이었다. 이미 위원장, 수석부위원장, 부위원장이 구속된 상황에서 남아 있는 유일한 공식 지도부는 홍윤경 직대였다. 투쟁하는 조합원은 다 까르푸노조 출신이었다. (구)이랜드노조 출신 조합원들은 투쟁에 참여하지 않고 노조

간부들만 투쟁에 참여하고 있었다. 그 때문에 공식 지도부를 누가 하는가는 중요했는데, 남아 있는 유일한 공식 지도부가 구속되는 방식으로 투쟁 전술을 정리한 것은 이후 투쟁에 문제가 될 여지가 있었다.

이와 연관된 문제로 홍윤경 직대 구속 이후 직무대행을 (구)이랜드노조 출신 장 지도위원이 맡기로 한 것이다. 장 지도위원은 시흥분회 이외의 조합원들에게 잘 알려지지 않았다가 홍윤경 직대 때 쟁대위 등에 참여하면서 노조간부들은 그의 얼굴을 아는 정도였다. 그런데 그가 직무대행을 맡으면서, 조직통합 이후 상호소통과 이해과정 없이 투쟁의 물살에 휩싸여 왔던 (구)이랜드-까르푸 간의 관계 문제가 노조 내부에서 불거지게 되었다. 잠재되어 있었던 두 노조의 관계 문제가 이 시기에 굴절되어 표출되기 시작했던 것이다.

(4명의 집행부가 지도력의 중심이잖아요?) 그렇죠. 그때 추석을 맞아서 "이번만은 반드시 점거투쟁에 성공을 해야 했다"라고 해서 여러 논의 끝에 장소를 면목점으로 결정했고. 점거시간은 토요일에서 일요일로 넘어가는 새벽으로 했는데, 그날 학생들이 대규모로 상경투쟁을 하기로 한 날이었어요. 그래 몇 시간만 버티면 학생들이 와서 사수해 줄 거라고 기대했고, 최소 3일 이상 점거농성을 할 수 있다고 보고 프로그램까지 고민했던 거죠. (……)

점거투쟁이 성공해서 2~3일만 버텨 준다면 추석 전 집중투쟁에 큰 교두보가 될 수 있을 거라 본 건데. 그때는 매우 절박한 순간이라고 봤거든요. 조합원들 상당수가 "추석 후에는 투쟁에 결합하지 못할 수 있다"라는 얘기를 했고, 1,000인 선봉대 등으로 힘을 모아 주던 연대투쟁도 추석을 기점으로 현격히 줄어들 거라고 본 거죠. 그래서 "추석을 기회로 최대한 투쟁의 불씨를 잡아당겨야 한다"라고 생각한 거죠. 또,

그때는 위원장님의 재판 분위기가 추석 직후에는 집행유예로 석방될 것이 유력해 보였거든요. 그래서 직대인 제가 직접 면목점 가서 점거 투쟁을 이끌려고 했던 거고. 구속을 각오하고. (홍윤경, 사무국장)

제가 면목점을 점거하자고 했고. 왜냐면 연대지원이 많았고, 면목점 매출도 좋아서 회사에 타격이 있을 것 아닌가 해서 쟁대위 회의에서 말한 거죠. 제가 동부지구협의회의 회의에서 지원 약속을 받아냈죠. 그래 면목점을 점거한 거고. (……) 쟁대위에 장 지도가 들어왔던 것 같아요. 그때는 조합원들이 장 지도를 싫어하지는 않았어요. 그 사람을 잘 몰랐으니까요. 근데 우리가 계획할 때 다음 지도부 문제를 생각 못한 것 같아요. (황은영, 면목)

(지도부가 끝까지 같이해야 하는 거 아닌가요?) 당시에 쟁대위 회의에서는 그런 개념들은 없었어요. (……) 그 얘기는 있었죠. (구)이랜드노조 출신 쪽에서 얘기한 건데 "홍 직대가 수배기간이 너무 길어지니 이번에 털자. 홍 직대도 어떻게 보면 가정주부고 엄마니까 (수배)터는 게 좋겠다"라고. 그럼 "그다음 맡을 사람이 있어야 하는데 누가 할 거냐" 하는데, 장 지도가 자기가 하겠다고 그런 것 같아요. 자기들끼리 얘기하면서. 그때 쟁대위 회의에는 (구)이랜드 쪽이 (……) 홍윤경, 장 지도, 박순흥… 들어오고, 우리는 핵심이 위원장인데 구속되었고 나머지 간부들은 활동해 본 사람이 없잖아요. 그니까 이랜드 쪽이 주도적으로 이끌었죠. 그쪽에서 "홍윤경이 들어가는 게 낫겠다"라는 얘기가 나오고. 우리는 "아, 그렇구나" 하고. 그리고 장 지도가 직대를 맡은 뒤에는 (감옥에) 들어갈 만한 일은 없었죠. (손명섭, 부산)

여러 점포를 두고 전술 고민을 많이 했던 것 같은데, 그 기준이 "성공할 수 있느냐?" 또 "지킬 수 있느냐?" 그리고 "매출도 높은 점포여야 한다"는 이 세 가지를 놓고 고민을 많이 하고 사전답사도 쭉 했었지요. 일단 면목이 매출도 높고 성공 가능성도 있고. 그다음에 시기가 9월 16일이 외부 연대 대오가 지원이 가능한 날이었어요. (……) 그래 면목으로 하기로 하고. 그러면서 "홍윤경이 수배이니 정리를 해야 하는 거 아니냐"고. 그리고 다른 전술이 있었는데, 홍 직대할 때에 장 지도랑 저랑 전술 논의를 많이 했어요. 그때 장경근도 있었고. 그래서 전산실을 점거하는 전술을 준비하고 있었는데 (……) 그때까지 가면 홍윤경 동지가 이 전술을 떠안아야 되기에 그전에 끊자고 한 거죠. 홍 동지는 그때까지만 책임을 지고 구속되면 그 이후는 장 지도가 말아 하는 거로 했던 것 같아요. 그리 정리하고 장 지도가 직무대행을 말아서 전술을 준비하고 있었던 것 같아요. (서형태, 병점)

그때 장 지도가 직대를 자기가 맡겠다 하고. 좀 이상하게 됐어요. (……) 장 지도가 그때 서형태하고 몇 사람을 데리고 있었잖아요? 걔들 조직해서 (……) 쟁대위에서 (결정)하는데, 그냥 "이렇게 하자", "그냥 내 들어갈게" 이렇게 된 거죠. 공식적으로 직대를 누가 맡느냐는 것도 없었고. (……) 여튼 형식은 쟁대위에서 결정한 거예요. 제가 그 자리에 있었거든요. (김학근, 울산)

장 지도가 초기에 투쟁할 때는 잘 안 드러나다가 이때 나타났던 거로 알고 있어요. (홍윤경 직대 때?) 그랬던 거로 알고 있어요. 장 지도도 (구) 이랜드 위원장 했었잖아요? 그런데 계속 강경한 것 주문하고 현실적이지 않은 것 때문에 좀 마찰이 있었던 것 같아요. (……) 쟁대위 회의

는 저도 결합했지만, 그때 장 지도의 입김이 있었던 것으로 알고 있어요. (박영광, 순천)

이에 대해 당시 구속 중이었지만 장 지도위원과 수년에 걸쳐 (구) 이랜드노조에서 같이 활동한 이남신 수석부위원장은 그가 직무대행을 맡은 것은 노조로서는 '최악'의 상황이라면서 구속된 노조지도부가 있었다면 가능하지 않은 일이라고 했다.

그 정황은 잘 모르겠는데, 참, 민감한 지점이라… 장 지도위원이 이랜드노조 전 위원장이었고. 정말 저랑 가까운, 평상시 형으로 불렀던 분인데, 제가 사무국장이었을 때 위원장이었고. (……) 일은 잘하는데, 근데 자기가 나서서 책임져야 할 시기에 늘 책임을 안 지는. (……) 그 투쟁 전술을 아마 장 지도가 같이 짰을 텐데, 하 참, 그게 쉽지 않은 문젠데, 그때 파업했던 100%가 까르푸 출신 조합원들이잖아요? 그러면 현장투쟁을 지도하는 것은 김경욱, 이경옥이 아니면 안 되는 거예요. 그거는 저나 홍윤경이 해도 어려워요. 근데 파업이라고 하는 특수한 공간이었기 때문에 그게 한시적으로 가능한 건데. 그나마 선출직 지도부라는 공식적인 권한이 주어진 조건에서 그 역할을 하는 거지. 그걸 벗어나 버리면 "아니, 우린 까르푸 출신이 아닌데…" 이러죠. 근데 장 지도는 까르푸 출신이 아니잖아요? 더군다나 까르푸 조합원들이 우리처럼 신뢰하는 사람이 아니잖아요? 또 스타일도 좀 다르고. 그래서 저는 최악의 직무대행이 됐다고 생각해요. 저희가 있었으면 절대 장 직대 체제가 안 되게 했겠죠.
어떻게 보면 홍윤경 동지가 희생양이 된 거예요. (……) 그니까 고강도 투쟁은 불가피한데 예전처럼 고강도투쟁이 안 되는 거죠. 그니까 결국은 자기가 나서지 않으면 장 지도가 할 거야 누가 할 거야. 그나마 투쟁하자고 했을 때 조합원들이 따를 수 있는 게 홍윤경밖에 없으니, 저는 고육지책이었다고 생각해요. 홍윤경이니까 까르푸 조합원들이 함께했다는 거고. 월드컵 농성 또 그 이전 과정에서 지도부에 대해 신뢰하고 있었기에…. (이남신, 수석부위원장)

3) 장 직무대행 시기, 조합원들의 균열

장 직대가 노조를 이끌던 시기는 9월 16일부터 10월 22일까지였다. 이 시기에는 추석매출저지투쟁 등을 벌였고, 민주노총의 집중지원 투쟁이 큰 힘이 되었다.

그러나 노조 내부상황은 더 어려워져 갔다. 우선 면목점 점거투쟁 이후 조합원 중에 이탈자가 많아졌다. 점거투쟁이 공권력에 의해 짧은 시간에 무너지는 것을 보고, 또 투쟁이 장기화될 것 같아 생계에 밀려서 복귀하였다. 점거과정에서 경찰력의 잔인한 폭력에 대한 심한 두려움도 복귀하는 데 영향을 주었다. 투쟁에서 이탈자가 늘어나고 점차 참여 인원이 줄어드는 것은 노조가 선택할 수 있는 투쟁전술에도 영향을 줄 수밖에 없었다.

더 큰 문제는 노조 내부에 잠재되었던 균열이 드러나기 시작한 것이다. 까르푸 출신인 조합원들의 분위기가 갈라지기 시작했다. 그 시작은 장 직대에 대한 또는 당시 투쟁방식에 대한 문제의식을 통해 표출되었다.

다수 조합원은 투쟁과정에서 장 직대가 책임 있게 실천을 하지 않는다고 판단했다. 조합원들은 "말과 행동이 다르다", "책임질 투쟁을 만들지 않는다" 등으로 표현했다. 그동안 투쟁을 이끌다가 구속된 지도부들의 모습을 통해 조합원들은 지도부의 책임에 대해 인식하고 있었다.

일부 조합원들은 파업투쟁이 벌어진 이후 장 직대가 투쟁현장에 잘 보이지 않다가 같은 (구)이랜드노조 출신인 홍윤경이 직대를 맡으면서 나타나기 시작했다고 보았다. 또, 점차 조합원들의 참여가 줄어들면서 일부에서는 "더 인원이 줄어들기 전에 점거투쟁"을 하자고 주장했지만, 장 직대는 외부의 집회투쟁에 조합원들을 참여시키는 것 이외에 별다른 투쟁전술을 제기하지 않았다는 것이다. 외부 연대집회만을 다니던 조합원들은 이랜드 자체의 독자 집회 또는 투쟁을 만들지 않는 것에 불만이 많았다. 이러한 과정을 통해 다수의 조합원은 장 직대 시기에 투쟁을 제대로 하지 않았다고 판단했다.

그때 조합원들이 보기에 한 게 거의 없으니까. 맨날 다른 데 집회 가고, 뉴코아가 집회할 때 우리는 연대를 가요. 그런데 우리가 집회할 때 뉴코아는 안 와. 그러니까 조합원들이 불만이 표출되더라고. (……) 그거 가지고 한번은 장 지도가 얘기하는 게 "걔네들이 안 온다고 해서 우리도 안 가면 이건 아무것도 안 된다. 그러니까 우리가 좀 힘들더라도, 희생하더라도 자꾸 가 줘야 걔네도 올 것 아니냐?" 이런 비슷한 논리를 폈어요. 근데 조합원들은 일산에서 오려면 2시간, 왔다 갔다 총 4시간 걸리는데, 집회 한 30분하고 가고. 그래서 맨날 뉴코아의 뒤꽁무니 쫓아다닌다고 사람들이 뭐라 하고. (손명섭, 부산)

파업 전에 우리가 통합을 한다면서 장 지도가 박○○하고 개인적으로 움직였어요. 우리 면목점에 둘이 와서 나한테 "같이 교육을 받자"라는 등 얘기를 했었어요. 이 사람들은 위원장 지침 받아서 움직이는 게 아니라 개인적으로 움직인다는 생각이 들더라고요. 그때부터 내 마음에서 배제했거든. (……) 그러다 장 지도위원이 투쟁할 때 열심히는 아닌데 어느 순간부터 나타났고, 그 와중에 장 지도가 우리 노동조합을 잠깐 이끌면서 조합원들을 그냥 자기의 사심에 맞게 움직이게 하지 않았나 하는 생각이 들고. (……) 맨날 연대하러 다니고 (……) 우린 어떡해서든지 돌파구를 찾아서 해결해야겠다는 생각인데, 해고자 복직투쟁해서 남부터미널에 가서도 집회하고, 어디 집회현장 가든 몸을 많이 대줬어요. 그래서 되게 고생스러웠고….
그러면서 김경욱 위원장이 나와서 화를 낸 게 "어떻게 조합원들한테 교통비도 지급이 안 됐고…" 왜냐면 그때 UNI지원금, 민주노총 지원금이 조합원들에게 안 왔죠. (황옥미, 면목)

장 직대 때는 "이 사람은 자기는 몸을 사리고 우리보고 투쟁하라 이런다"라는 얘기지요. 본인은 전면에 나서는 게 하나도 없어요. (……) 다들 분위기가 장 직대를 간부로 여기긴 했지만 싫다는 쪽이었어요. 특히 박승권, 장경근 과장, 이런 사람들도 따라가는 거는 했지만 마음으로 전적으로 안 따라갔던 것 같아요. 독단적이라는 거지. 자기는 안 하면서 유도를 하는 게, 사람들은 다 느끼잖아요? 그게 제일 무서운 거예요. 말 뉘앙스가. 예를 들어서 "우리 점거파업을 합시다" 요구를 하면 "어떻게 구체적인 실행을 하자" 뭐 이런 식으로 회의를 할 거 아니에요? (……) 근데 장 직대는 이 파업을 끝내려는 마음이 없다는 거지. 계속 끌고 가겠다는 거지. 그래 "왜 점거를 해야 되냐? 점거보다 다른 방법이 있지 않냐?" 이런 식으로 유도를 해요. 우리는 파업을 빨리 끝내야 해. 빨리 끝내는 것은, 당시 타격 전술은 점거밖에 없었어요. 근데 "다른 것도 많이 있다"라는 식으로 얘기를 하니까 싫다는 거죠. 그러고는 집회만 계속 반복적이니까 싫죠. 장 직대가 그런 식으로 유도를 하지 않았나 싶어요. (그때 인원이 줄었는데, 점거가 가능했어요?) 그럴 수도 있지요. 우리는 "빨리 끝내야 한다. 더 인원이 떨어지기 전에." (……) 그때 타워 전술(고공농성)을 하자는 말이 나왔어요. 그러면 그걸 본인이 하겠다 해야 하잖아요? 우리는 위원장들이 다 모범을 보였으니까 "너도 하라" 이거지. 그런데 안 했어요. (황은영, 면목)

장 직대는 시흥점하고는 유대가 많았던 것으로 알고 있고. 항상 토론하고 얘기하고. 그런데 쪼금 저한테는 지루했어요. 말이 좀 긴데, 좀 내용이 없다는 그런 느낌? 계속 토론을 하다 보면 말이 길어지니까, 그런 게 저한테는 그렇게 와 닿았나 봐요. 그래서 진짜 현실적으로 어딜 가서 뭘 어떻게 투쟁을 할 것이냐, 뭐 벽보를 붙일 거냐 이런 건데, 결국은 말꼬리 잡는 느낌을 받았던 것 같아요. (마수경, 면목)

쟁대위는 분위기가 좀 안 좋았어요. (……) 그때 좀 어수선하고. 위원장 들어가고 나서, 우리 조합원들이 돈도 안 버는데 투쟁기금은 잔뜩 들어왔는데 돈도 안 주고. 그러니까 위원장이 나와서는 "그게 말이 되냐, 조합원들한테… 출석한 사람은 차비는 줘야 한다" 그래서 위원장이 나와서 차비 주고 그랬어요. 그래서 "그 많은 후원금을 누가 어떻게 다 썼냐" 그런 얘기들이 나오고. 막판에는 가양 분회장이 막 삿대질까지 할 정도였어요. 장 직대한테 그랬나. 아무튼, 이랜드투쟁이라고 해봤자, 다 우리 까르푸 사람들이고 이랜드(출신) 사람 몇 명 되지도 않았고. 그러니까 얘기들이 "자기들끼리 그런 거 아니냐?"는 확인되지 않은 뜬소문들이 그때부터 나오기 시작한 거예요. (진현미)
하여튼 장 직대 때는 뭔가를 하자고 그러면 되는 일이 하나도 없었어요. 정말. 말로는 하는데, 어디서 다 새나가는 건지, 누가 찌르는 건지. 그니까 조합원들이 이 양반에 대한 신뢰는 없었던 거죠. 괜히 점포 앞에 가서 집회하는 거 있고, 지방에 저지투쟁 다니고, 연대 다니고 그랬죠. 연대를 엄청 많이 돌렸던 거 같아요. (이선호, 방학)

위원장의 부재를 많이 느꼈죠. 서로 안타까워하고 "투쟁이 끝나는 것 아니냐"는 생각도 많이 하고. 사실 우리가 홍윤경 사무국장보다는 김경욱 위원장을 더 따르고, 또 그분에 대한 신임이 있어서, 또 우리 위원장이라는 것 때문에. (……) 장 직대 때는 우리 집회는 거의 없었던 것 같고요. 민주노총 집회 따라다니든가, 서울역에서 무슨 집회 하면 계단에 앉아서 전달사항 전달받아서 우리가 어딘가 집회를 계속 찾아다녔던 것 같아요. 그러면서 "우리 집회를 만들어 내지 못한다" 뭐 이런 얘기가 많이 있었고. (……)
(우리 투쟁이 없다는 거는?) 우리가 주체가 되는 투쟁이 없다는 건, 그때 투쟁이 민주노총 주관하에 하는 것 때문에 그랬던 것 같아요. 왜냐면 그동안에는 우리 위원장이 집회 사회를 본다거나 우리가 먼저였는데, 어느 순간에는 그쪽이 더 세고 우리는 그 일부가 돼 있는. 그렇게 되니까 우리 소리가 자꾸 작아지는 것 같고, 왠지 멀어지는 거죠. (……)
(장 지도가 투쟁현장에서 모습은?) 안 나타나죠. 항상 뒤에 있고. 처음에는 말은 일이 있으니까 괜히 마찰이 생겨 연행될 수도 있으니 보호 차원에서 그런다고 했는데, 그게 너무 눈에 띄고. 아무리 경험 없는 조합원들이라도 그게 보이잖아요? 그 전에 집행부들은 다 앞에서 했는데. 그런데 어느 순간 직대를 한다 하더라고요. 그럼 그 역할을 해야 하는 건데, 타이틀만 가지고 있는 것 같은 느낌이죠. 마이크는 잘 잡지, 마이크만 잘 잡아요. (황선영, 월드컵)

장 지도, 저는 굉장히 싫어했어요. 왜냐면 우리는 아줌마들인데 순수하게 노동조합에서 비정규 문제를 해결하자고 했고, 우리 도와줬기 때문에 연대 다니면서 같이 응원을 해주고 그랬는데, 너무 방향이 무슨 학습도 하고, 그래서 그분들하고 시흥분회는 학습을 많이 받아서, 일주일에 한 번씩인가 공부한다면서 좋아하는데, 저희는 별로 안 좋아했죠. (……) 그 교육이 우리 지도부에서 받는 게 아니라서. 저는 우리 지도부만 믿었기 때문에…. 그리고 내용이 너무 (구)이랜드 쪽에 치우치는 듯하고 홈에버 쪽 일이 아닌 게 많았던 것 같아요. 앞에서 외치고 하는 내용도 (구)이랜드 걸 많이 하고 …. 그 사람들이 중심이 돼서 하는 것 자체가 싫었던 것 같아요. 우리 지도부는 다 어디 가고, 왜 그렇게 하나 싶었죠. (김용임, 중동)

이런 조합원들의 정서, 판단과 다르게 장 직대와 일찍부터 관계를 맺고 교육을 받는 등 긴밀한 관계를 맺어온 일부 조합원들은 장 직대가 적당한 시기에 투쟁을 주도하고 구속될 결의를 하고 있었다고 했다. 또 다른 조합원은 장 직대를 신뢰했고, 그가 투쟁 의지가 높았는데, 다수의 조합원이 지쳐 투쟁을 회피하는 모습이었다고 했다. 그는 조합원들이 투쟁은 하지 않으려 하면서 회사와의 교섭을 통해 복귀하는 것만을 바란다는 것이었다. 그 때문에 조합원들이 다른 곳의 지원연대투쟁을 하는 것에 불만을 느끼고 있었다고 했다.

("장 직대가 주장은 과격해, 그런데 본인은 구속될 투쟁은 안 한다"라는 얘기가 나오던데요?) 그렇죠. 그런 얘기가 있었죠. 장 지도는 기본적으로 이랜드부터 투쟁해 온 사람이고, 거의 활동가죠. 활동가 측면에서 본인이 하기보다는 조합원들이 어떤 전술을 고민하고 전술을 짜서 해야

한다는 거고. 본인은 때가 되면 할 텐데. 그래 중간중간에 빠지는, 예를 들면 연행이 될 때 연행이 안 될 수도 있는데, 우연히 여러 사건마다 안 될 때도 있고, 이런 거죠. 기본적으로는 조합원들이 대중적인 전술을 구사해야 한다는 생각이 있는 거고, 본인이 할 수는 있지만 그걸 중요하게 생각하지 않았고. 그래서 저도 그런 비판이 있으므로 들어갈 일을 했으면 좋겠는데, 기회를 보고 있었던 거예요. 그러다 그 전술(시흥전산실 점거)을 통해 투쟁하려 했던 건데, 결과적으로 아무것도 못한 상황이 된 거죠. (서형태, 병점)

사람들이 좀 나눠지더라고요. 홍윤경 직대 할 때만 해도 이랜드나 우리 홈에버나 똑같은 입장에서 싸워야 하잖아요. 홍윤경도 이랜드 소속이지만 나름 공정하게 얘기를 하잖아요. (……) 그런데 장 직대하면서 갑자기 홈에버가 나뉘는 거예요. 싫은 거죠. 이제 점거나 힘들게 싸우는 거 싫고, 빨리 교섭으로 끝내야 하는데…, 이런 식으로 약간 좀 분리되는 느낌…. 그냥 현장 복귀만 하면 되니까 슬슬 빠져나가는데, 근데 우리는 "교섭을 하려면 점거를 해서 회사가 나오게끔 해야 한다"이 논리가 맞는데, 그 사람들은 "아니, 여태 했는데도 안 되면 다른 방법을 찾아야 하지 않냐?" 거의 읍소에 가까운 거예요. (……)
집회들을 계속 많이 하더라고요. 매장 앞에 집회들도 있겠지만 또 연대집회들도 계속 많이 다녔어요. (……) 이 사람들은 계속 집회만 나가니까 싫은 거예요. (……) 심지어 김경욱이 나오자마자 사람들이 "우리를 연대를 너무 많이 보내서 힘들어서 죽을 것 같아요", 하소연을 하니까, "우리 조합원들을 왜 이렇게 했냐? 내가 여태까지 구속된 동안에 뭘 한 거냐?" 그러면서 연대를 차단해요. (김선영, 시흥)

이처럼 면목점 점거투쟁 이후 조합원들의 분위기가 위축된 것은 사실이었다. 남아서 투쟁에 참여하는 다수의 조합원은 여전히 투쟁의지를 갖고 있었고, 이랜드의 독자적인 투쟁, 점거투쟁을 요구했다. 그럼에도 장 직대 주위의 조합원들은 이들에 대해 투쟁의지가 없다고 비판적으로 인식했다. 조합원들이 서로를 이해하고 판단하는 것에 차이가 발생한 것이다. 투쟁이 길어지면서 조합원들 간의 차이는 각자의 처지와 입장에 따라 나타날 수밖에 없었다. 문제는 이 차이가 장 직대를 매개로 일어났다는 것이다. 위의 구술에서 알 수 있듯이 다수 조합원은 장 직대를 '투쟁지도부'로 받아들이지 않고 있었다. 그 이유는 그가 조합원들에 의해 선출된 지도부도 아니었고, 또 투쟁과정에서 활동력 및 지도력을 인정받은 것도 아니었기 때문이다. 조합원들에게 검증된 지도부가 아니었다. 거기에 장 직대가 까르푸 출신 간부가 아니라는 점도 큰 영향을 주었다. 이처럼 장 직대를 거치면서 나타난 조합원들 간의 판단 차이는, 장 직대 문제를 매개로 노조 내부의 분열과 갈등으로 드러나기 시작했다.

4) 노조 분열의 양상들

이런 노조의 내분 상황에 대해, 출소한 뒤 김경욱 위원장은 처음에는 노조가 분열되어서는 안 된다는 판단으로 다수의 까르푸노조 출신 지부장들을 설득하려 했다. 그러나 지부장들의 태도는 완강했다. 심지어 노조간부들은 (구)이랜드노조와의 조직분리를 요구하기까지 했다.

> 제가 대략 사정을 듣고 장 지도와 함께하는 지부장을 제외한 나머지 지부장들을 모았어요. 그때 모인 지부장들은 장 지도 파를 욕했죠.

"이 사람들과 같이하면 안 된다"고 하더라고요. 그때 저의 판단은 노조가 둘로 갈라져서는 안 된다는 거고. 가뜩이나 힘이 빠져 있는 노조가 둘로 쪼개지면 답이 없다고 생각했죠. 그러니 "왜 우리 편 안 들어주고 그들 편을 드는 거냐"고 반발이 심했죠. 사실 그때만 해도 저는 아무것도 모르니까, 장 지도 쪽이 소수고 까르푸 쪽이 다수니까, 다수에게 분열시키지 말라고 하니까 "누가 분열시키느냐. 저들이 분열시키고 있다"고 엄청나게 반발했죠. 그러니까 3개월 만에 노조가 쪼개져 있었어요. 나중에 박승권이 간부 한 명하고 저를 찾아왔는데, 최후통첩처럼 "(구)이랜드노조와 분리하지 않으면 우리는 투쟁 못한다"라고 하면서. (김경욱, 위원장)

문제는 집행부가 석방된 뒤에 열린 공식회의에서 일어났다. 노조의 상집회의(상임집행위원회 회의)가 열리면 참여해야 할 상집간부 중 일부가 자신들의 모임을 하기 위해 상집회의에 참여하지 않았다.

외부에서는 모르지만, 우리 안에서는 매일 서로 치고받고 싸우는 식이었어요. (……) 출소 뒤 노조 상집회의를 하는데 (……) 조직국장, 정책국장이 안 왔어요. 따로 자기들끼리 모임이 있어서 오지 못했다고 하니, 황당하죠. 중앙간부 회의를 하는데. 상식적으로 이해되지 않죠. 주도자가 누군지 알아보니 장 지도였어요. 더욱 황당해서 그 모임이 끝난 뒤에 그 모임에 참석한 간부를 불러, 화가 나서 "뭐 하는 거냐"라고 따지자 "모임에 가면 안 되느냐"고 하더라고요. (……) "대체 이 사람들이 왜 이러지?" 싶었죠. (김경욱, 위원장)

이처럼 장 지도 그룹은 독자 모임을 하면서 노조의 공식활동보다 모임을 우선시하기도 했다. 또 다른 문제는 일부 시흥분회 조합원들이 위원장에 대한 강한 불신을 표출하기 시작했다. 일부 시흥 조합원들이 갖고 있었던 투쟁에 대한 의견이었지만, 이 입장에는 장 지도나 '미래연대' 활동가들에게 위원장에 대한 비판적 교육을 받은 영향도 있었다. 이는 김경욱 위원장이 한 시흥분회의 조합원에게 "석방된 이후 위원장이 위축되어서 투쟁으로 돌파해야 할 상황인데, 제대로 대응하지 못하고 있다"라는 비판을 받으면서 드러났다.

한번은 지하철 타고 집회하러 가다가 시흥 조합원을 우연히 만나서 여러 이야기를 나눴어요. 근데 갑자기 그분이 내게 "위원장님, 이 투쟁을 끝낼 묘안이 있어요?"라고…. 출소한 지 얼마 되지도 않아 "고민중이에요" 했더니, 그분이 "제가 볼 때는 위원장님이 위축돼서 아무것도 못하고 있잖아요? 그래서 할 수 있는 일이 없는 것 같아요", 이러면서 빈정거렸어요.
이야기를 들어 보니 장 지도가 끌고 온 '미래연대' 활동가들이 조합원들을 교육했는데, 그 교육내용이 "이랜드투쟁은 굉장히 정치적이고 상징적인 투쟁이고 역사적으로 중요한 투쟁이었다. (……) 이 투쟁의 불씨를 살려서 승리로 이끌어야 한다. 그런데 위원장은 관료다. 적당히 타협할 사람이다. 까르푸투쟁 때도 그랬던 사람이다. 그리고 지금 위축돼 있어서 제대로 된 투쟁을 할 수 없는 사람이다. 이 투쟁을 김경욱 때문에 망칠 수 없다" 이 논리인 셈이죠. 그게 몇몇 조합원들에게는 먹혀들었던 거죠. (김경욱, 위원장)

이 과정에 김경욱 위원장은 12월 '사랑의 교회' 점거전술을 장 지도에게 주도할 것을 제기하였으나 거절당했다. 또 '사랑의 교회' 앞에서 천막농성을 하는 중에도 장 지도의 그룹은 계속 매장점거투쟁을 주장하였다. 그러나 이들은 그 투쟁의 책임주체로 나서지는 않았다. 대신 이들은 총회가 열리면 그 자리에서 자신들의 유인물을 조합원들에게 배포하기도 했다. 유인물의 내용은 위원장에 대한 비판이 주된 것이었다. 집행부를 중심으로 한 다수의 조합원과 장 지도 그룹과 연계된 소수 조합원 간에는 갈등의 골이 깊어져 갔다.

> 나중에, 시도 때도 없이 점거하자고 하길래 더는 소모적인 논쟁을 하기 싫어서 "그래, 점거하자"라고 점거안을 받았죠. 이후 점거를 하기 위한 점거전술회의를 진행했어요. 우리는 전술회의를 하면 그 회의에 참여한 멤버들은 모두 점거에 들어가야 한다는 원칙이 있어요. (……) 그때 전술회의에는 '미래연대' 쪽 사람인 (구)이랜드간부 두 명이 참석했고 회의를 시작하려는데, 이들이 딴지를 걸어요. "위원장님, 회의 들어가기 전에 사과부터 하세요." 그래서 "무슨 사과요?" 이랬더니 "지난 총회 때, 위원장 발언이 매우 기분이 나빴습니다. 그것부터 사과하세요"라는 거예요. 그래 제가 "그게 사과할 문제인가요? 그리고 오늘은 점거전술회의를 하는 자리입니다"라면서 회의를 진행하려 했죠. 근데 1시간 넘게 사과를 요구하며 회의를 못하게 했어요. (……) 결국, 그날 전술회의는 무산됐고. (……)
>
> 이후 이들은 점거 얘기는 안 하고 대신 회의에 유인물을 들고 와서 뿌려요. "현재 쟁대위는 투쟁을 제대로 할 수 없다. 조합원이 민주적으로 이끌어 나갈 수 있는 평조합원이 중심이 되는 투쟁위원회를 만들어야 한다", 이런 내용이에요. 결국, 나보고 물러나라는 거죠. (……) 그것도 5년 전 중동점 때 뿌렸던 내용과 똑같은 거로. (……) '미래연대'가 늘 썼던 내용이고. 감당하기 어려웠죠. (……) 솔직히 그때 어떻게 투쟁

했는지 기억도 안 나요. (김경욱, 위원장)

(석방 후 노조 상황은?) 최악이었죠. 그때 가장 큰 문제는 장 직대 체제 하에서 무너져 버리고 악화한 관계 문제가 있었고요. 막 오해, 이런 것도 같이 있어서 엄청나게 안 좋았고. 그리고 계속 장 직대나 제가 잘 아는 이랜드노조 출신 동지들이 김경욱 위원장을 '어용'처럼 많이 흔들었죠. 그게 정파하고 연결되어 있었어요. '미래연대'라고. 그 동지들이 저랑 홍윤경 동지하고 무척 가까워요. 2000년 이랜드투쟁을 할 때 만들어진 조직이기 때문에. 그런데 특히 김경욱 위원장을 공격을 많이 한 거죠. 그니까 뒤로 조합원들한테 "김경욱은 어용이다" 뭐 어쩌고저쩌고했던 거죠. 저한테 조합원들이 얘기한 거죠. (이남신, 수석부위원장)

이러한 장 지도 그룹의 활동방식에 대해 3인의 집행부는 '미래연대'라는 정파가 결합하여 노조를 분열시키는 정파적 활동이라고 판단하였다. 그러나 집행부의 일원이었던 홍윤경 사무국장은 정파 문제가 아닌 활동방식의 차이라고 판단했다. 그 이유는 장 지도 그룹이 노조 지도부를 불신하고 있기 때문이라고 보았다. 이들은 일찍부터 지도부가 원칙적이지 않아 투쟁을 확실히 하지 않고, 적당히 투쟁을 마무리하려 한다고 비판해 왔다는 것이다. 이에 대해 홍윤경 사무국장은 장 지도 그룹의 활동방식이 현실적이지 않은 것도 있고, 무엇보다도 조합원을 중심에 두지 않고 일방적이라는 점, 공개적인 대중활동 방식을 취하지 않은 점 등을 문제로 인식했다.

나와 보니까, 간극이 굉장히 많이 벌어진 거죠. 장 지도가 굉장히 원칙적인 사람이기 때문에 거기 동의하는 조합원들이 있을 거 아니에요? 그런 조합원들과 그렇지 않은 조합원들 사이에 또 서로 갈등이 생기고. 그런 갈등들이 점점 더 깊어졌죠. 시간이 갈수록. 그러면서 "(구)이랜드노조가 자기네가 살기 위해서 홈에버 조합원들을 이용했다"라는 얘기도 조금씩 있었죠. (……) 어쨌든 장 지도가 사람들의 얘기를 들어서 그 사람들의 수준에 맞춰서 뭔가를 했다기보다는 "이렇게 해야 해! 이런 투쟁을 해야 해, 따라와!" 이런 방식으로 했다고 보여요. 제가 그때 없었기에 정확히 얘기할 순 없지만.

물론 김경욱 위원장도 그런 스타일이긴 한데, 달라요. 김경욱 위원장은 까르푸노조 어려운 시절에 같이 굴러서 왔던 거고. 위원장은 개인의 소신은 있지만 항상 "운동의 원칙, 투쟁의 원칙, 나는 그런 거에 얽매이지 않아" 그런 쪽이었다면, 장 지도는 "운동의 원칙이 있는데, 당연히 같이해야지" 이런 게 강했고. 개인들의 어려움을 돌보는 거가 부족했고. 경험이 부족하면 다른 얘기를 할 수 있는데 받아주지 않았던 것 같아요. 그러니까 갈등이 생겼고.

저는 장 지도가 일부러 분파를 시켰다고 생각하지 않아요. 회의 때 유인물 뿌리고 따로 회의하는 건 있었죠. 그런데 저는 그게 정파의 문제라기보다는 방식의 문제라고 보는 거예요.

그 사람들의 입장에서는 "집행부가 너무 우유부단하고 원칙적이지 않고 투쟁을 확실히 하려고 하기보다는 조합원들을 잘 다독여서 적당히 투쟁을 마무리하려고 한다"라는 생각을 진작부터 가지고 있었어요. 언제부터인지는 모르겠지만 어쨌든 장 지도나 몇몇 사람들은 그런 생각하고 있었던 거지요. 그래서 굉장히 지도부에 비판적이었죠. 지도부에 비판적일 순 있는데, 제가 섭섭했던 것은, 지도부한테 직접 문제를 제기해서 조합원들하고 다 같이 투표를 하든 공개적인 방식으로 하지 않고 (……) 계속 딴지 거는 방식으로. 그리고 거기에 동조하는 조합원들을 규합하는 방식으로. 그건 좀 아니지 않나. 그리고 그분들의 말이 맞는 것도 있지만 현실적으로 맞지 않는 부분도 있는데. (……) 어쨌든 위원장님 입장에서는 훨씬 더 힘들었을 것 같아요. 그리고 배신감을 더 느꼈을 거고. 위원장님은 (구)이랜드노조의 경험 있는 선배들에 대한 신뢰가 있어서 일이 있을 때마다 의논도 했는데. 그리고 조합원들이 얘기하는 "말은 하지만 투쟁현장에 나오지는 않는다"는 건 잘 모르겠어요. 최소한 저랑 투쟁할 때는 그러지 않았거든요. (홍윤경, 사무국장)

장 직대는 (구)이랜드노조 위원장 출신으로 2006년 12월 이랜드-까르푸가 통합하면서 같은 지역의 까르푸 시흥분회와 관계를 맺기 시작했다. 장 직대와 '미래연대' 활동가들은 이후 지속해서 시흥분회 조합원들을 교육했다.

나중에 시흥 조합원이 시흥점에 장 지도위원이 결합해 있었다고, 그리고 '미래연대' 활동가와 사노련(사회주의노동자연맹) 활동가가 월드컵점 점거 때 들어와 연대했고, 이들이 시흥 조합원을 교육했다는 거죠. 요지는 "지금 위원장은 여러분을 반드시 배신한다"라는 이야기를 계속했다고 전해 줬죠. 지금은 비정규직의 정규직화를 걸고 있지만 분명히 요구안 철회하고 반드시 여러분 배신한다는…. 이 이야기는 투쟁하는 내내 했다고 해요. 우리 조합원들은 그 이야기를 듣고 어이없어 하다가 나중에 내가 출소하자 이야기한 거죠. 점거농성 때 나는 구속을 각오하고 있었는데, 그런데 위원장이 배신할 거라고 하니, 황당하잖아요. (……) 이 사람들은 이랜드투쟁을 정파적으로 보고 있었던 거죠. 그리고 그들은 나에 대해서 장교 출신에, 관리자 출신에, 독재적인 성향이라고 파악했죠. 그래서 이 사람은 배신할 거라고 교육했던 거죠. (……) 저한테는 투쟁기간에 이것이 가장 큰 상처였어요. (김경욱, 위원장)

시흥분회는 김경욱 위원장의 활동과 맞물려 분회를 결성했지만, 초기에는 활동을 하지 못했다. 이후 조합원들이 늘어나고 노조가 통합되면서 분회의 간부들은 장 직대에게 직접적인 노조활동에 대해 배우는 등 많은 영향을 받았다. 그 때문에 시흥분회 간부들은 김경욱 위원장보다 장 직대를 더 신뢰했다. 이들은 노동자문화와 노동조합, 그리고 투쟁에 대해 배웠는데, 그러한 내용은 모든 노동조합운동을 하는 이들이 배우는 것으로 생각했다. 당연히 이들은 노동운동의 정치세력 간의 문제 또는 정파활동에 대해서 알지 못했다.

우리는 장 지도 얘기를 듣게 되고. 김경욱 위원장은 또 위원장대로 얘길 하지만, 시흥은 김경욱 위원장하고 이렇게(등지게) 됐어요. (두 손으로 × 어긋난 동작).

장 지도위원이 시흥 출신이고, (……) 그래서 장 지도에게 전체 노조교육을 시키고 싶었는데, 그걸 배제하는 거야. (……) 다른 데는 다르게 얘기하는데, 사실 우리는 그 이면은 모르고. 조합원 교육은 필요하다고 생각을 했거든요. (……) 근데, (장 지도에 대한) 부정적인 시각이 많은 건, 저도 알아요. 그런데 우리는 그 부분에 대해서는 관여할 일도 아니고, 또 모르는 일이고. 그때 상황에서 우리가 많은 도움을 받았고, 어쩌면 오늘날의 시흥분회도 그분의 힘이 컸지 않았나 하는 생각이 들어요. 우리가 '파업가'나 이런 것도 거기 가서 배운 거고, 그전에는

아무것도 몰랐으니까. (김영순, 시흥)

그러나 투쟁이 계속되고 조합원들의 상황도 점차 어려워지면서 시흥분회도 내부에서 갈등과 분열이 생기기 시작했다. 역시 투쟁을 둘러싼 생각의 차이가 장 지도위원에 대한 의견으로 드러났다. 일부 조합원들은 장 지도위원이 시흥분회를 이용하고 있다고 생각하였고, 다른 이들은 여전히 장 지도위원을 지지했다.

우리가 사기가 뚝 떨어져서 (……) 우리 시흥도 내부가 막 갈라졌어요. 중간중간에, 개인 일도 있으므로, 그리고 돈이 아쉽잖아요? 월급 70, 90만 원 받던 사람들이 한 달에 20, 30만 원 받으면서 오래 버티는 게 용하잖아요. 그런데 이분들도 불만이 나오는 거지. 현실은 닥치고, 투쟁은 없으니까 우리끼리 싸우는 거예요. 그러다 보니까 장 지도는 우리를 이용하려는 게 아닌데, 어느 순간에 "장 지도가 우리 시흥을 이용하고, 자꾸 우리를 어떻게 하려 한다"라는 생각을 하는 거예요. 시흥 안에서 그런 사람도 있고요. 그리고 밖에서도 그런 말들이 나오죠. 그 중심에 장 지도가 있거든. 근데 장 지도는 나와서는 얘기 많이 안 하세요. 주로 시흥에 와서나 얘기 많이 하고, 옳다고 박수 치는 사람이 있는가 하면, "아휴, 또 저래?" 욕하고, 뒷소리하고. (김선영, 시흥)

한편, 장 지도위원은 월드컵 점거투쟁 이후 시흥분회 중심의 관계에서 다른 분회나 지부의 노조간부들이 참여하는 모임을 만들어 독자적인 활동을 하였다. 9월경에는 장 지도, 서형태, 장경근, 손명섭 등이 노조와는 독자적으로 투쟁전술을 논의하는 모임을 했다, 이후 '사랑의 교회' 농성과정에서 장 지도는 서형태, 임재윤, 김영순, 김선영, 장경근,

강혜정 등과 같이하는 학습모임을 만들기도 했다.

모임을 새로 만들어서 장경근이하고 서형태하고 같이 했잖아요. 교육한다고. 오연홍 동지 집에도 가고, 사노련 동지네도 가고. 우리 파업 중에 사노련이 새로 생긴 것 같아요. 우리는 아무것도 모르고. 그때 제가 들을 때는 그분들이 "투쟁을 열심히 안 하니, 니들이 조금 열심히 해라. 이 길이 맞다" 이렇게 알려주는 거예요. "왜 니들 꺾이니? 왜 투쟁을 하다 마니? 이렇게 하면 안 하느니만 못하다" 해서 "우리는 앞으로 나가자" 교육을 하니까, 우리가 그런 얘기를 하면 다른 조합원들이 "또 시흥 지랄해" 이렇게 반응해요. (임재윤, 시흥)

장 지도가 조직해서 만든 모임에 참여한 이들은 한편에서는 계속 학습을 하거나 교육을 받았고, 다른 한편에서는 투쟁안건을 기획해 전체 조합원 총회 때에 제안하기도 했다. 이 모임에는 '미래연대' 활동가들이 참여했다.

우리가 '사랑의 교회' 천막 쳤을 때, 돌아가면서 천막을 지켰어요. 우리가 거기서 자는 거예요. 몇 명이 잘 때, 그때 장 지도도 있었고 박순흥도 있었고, 이해삼 최고위원도 있었고, 이대로 끝나면 안 되니까 "교육을 하자", 우리는 처음에 공부하는 건 줄 알았어요. 왜 노동운동 하는 사람이 공부하잖아요? "공부가 필요하다"고 해서 장 지도가 조직한 거죠. 처음에 우리 시흥에 선영이, 임재윤, 나, 서형태, 장경근, 또 강혜정이, 그렇게 모였었지? 그러고 활동가들이 오연홍 동지(미래연대) 있고 또 누가 있었어요. (김영순, 시흥)

그렇게 몇 번씩 만나다가 거기서 어떤 안건을 만들어서, 영등포 산선에서 회의할 때 강혜정이 그걸 발표하는데, 김경욱 위원장이 마이크를 확 뺏는 거야. 우리는 너무 이해가 안 되는 거죠. 보통 "보수는 부패로 망하고 진보는 분열로 망한다" 이런 얘기를 들은 적 있어서, 그래서 이런 데서도 파가 있나? 우리는 그런 것도 전혀 몰랐거든요. 사실은 '미래연대'가 있는지 뭐가 있는지 몰랐었는데, 나중에 '미래연대인지 사노련인지 이래서 문제가 되는 거구나', 그 생각을 한 거예요. 그 당시엔 김경욱 위원장이 왜 시흥을 싫어하는지 몰랐어요.
내가 산선에서 나와 싸울 때, 김경욱 위원장에게 "왜 노조를 이렇게 끌고 가느냐?"라고 하니까 위원장이 "그게 내 책임이냐?"라고 말하는 거예요. "위원장 책임이지 누구 책임이냐"라고 얘기를 한 적이 있었거든요. 그러고 난 뒤에 '사랑의 교회' 앞에 천막 칠 무렵, 2007년 말경에, 위원장이 시흥하고 면담한 적이 있었어요. 거리는 안 좁혀지더라고, 생각이 좀 달랐어. (차이가 뭐죠? 그때 인원이 팍 줄잖아요?) 그러니까 김경욱 위원장은 "더 이상 싸움을 못한다. 들어가야 한다" 그 얘기를 했었어요. 우리가 막 악을 썼거든요 "이따위로 하냐? 그게 지도부냐?"라고. 1시간 반을 소리질렀어요. 지금은 후회되네요. (임재윤, 시흥)

위원장이 우리를 설득하지 못했죠. (시흥의 주장은?) 대안은 없지만 "우리가 뭐 해보지도 못하고 이런 식으로 죽어서 들어가면 어떻게 살아남겠냐"고 걱정한 거예요. "대안이 있으면 이러고 있겠냐?"는 거지. 그러면서 "조합원들이 길게 가자 해서 갔다"라는 얘기를 들으니까, 우리는 그게 너무 속상한 거죠. 위원장 입에서 그런 말이 나오니까. (김영순, 시흥)

결국, 집행부와 다수 조합원, 그리고 장 지도 그룹과 소수의 조합원 간의 내부 갈등 및 분열은 (구)이랜드노조 출신인 이남신 수석부위원장이 '미래연대' 정파모임에 가서 장 직대에게 노조간부 회의에 참가하지 말 것을 통보했고, 그 뒤 장 직대가 노조간부 회의에 참여하지 않으면서 문제가 일단락되는 듯했다. 그럼에도 이 과정에서 형성된 조합원들의 투쟁에 대한 생각 차이는 여전히 노조의 여러 회의를 통해 표출되기도 했다. 그러나 조합원들은 노조의 결정을 중심으로 투쟁을 같이 벌여 나갔다.

제가 더는 노조 상황을 이대로 두면 안 되겠다 싶어서, 그 사람들끼리 모이는 자리에 한 번 갔어요. 그니까 일종의 이너서클처럼 따로 모이는 거예요. 그래 제가 가서 단호하게 장 직대한테 "물러나라. 그리고 절대 오지 마라. 이런 식의 지도부 흔들기, 또 조합원들 갈라치기 하지 마라"고 얘기했어요. 근데 그 자리에서 있었던 동지들이 십수 년을 함께 싸워 왔던 이랜드 동지들하고 미래연대 활동가들이라 진짜 불편했던 자리였는데, 그렇게 정리했어요. 장 직대가 그다음부터 못 나왔죠. 완전히 배제했죠. (이남신, 수석부위원장)

3. 쟁의대책위원회와 조합원 총회

노조는 2007년 투쟁을 시작하면서 쟁대위를 설치하여 투쟁방향과 투쟁방식에 대해 논의했다. 임원, 상집간부(상임집행간부), 지부장과 분회장 등 30여 명으로 구성된 쟁대위 회의는 보고사항과 안건사항으로 나누어 진행되었다. 보고사항은 기본적으로 지난 회의결과 보고, 분회/지부 상황보고, 상임집행위원회나 각국의 보고, 그 밖의 외부 각종회의 보고 등이었다. 이러한 보고내용을 통해 쟁대위 위원들은 노조를 둘러싼 객관적인 상황, 회사 측의 태도, 공동투쟁을 벌이는 뉴코아노조의 상황, 그리고 이랜드노조 내부의 상황 등을 공유한 뒤, 투쟁방식을 중심으로 노조 내부 상황에 관련한 안건을 논의하는 방식으로 진행됐다. 하지만 대부분의 분회가 2006년~2007년 사이에 결성되어 분회장들은 노조활동 경험이 없었기 때문에, 쟁대위 회의는 주로 집행부의 제안을 검토하는 방식으로 진행되었다.

그러나 투쟁이 장기화하면서 쟁대위의 분위기도 갈수록 어두워졌다. 주로 분회장들은 분회 조합원들의 경제상황 등 어려운 처지에 대해 토로하면서 투쟁의 결과에 대한 우려를 표현하는 일이 많아졌다. 또 복귀하는 조합원들에 대한 대안을 찾는 것도 중요한 안건이었다.

> 쟁대위는 투쟁보고하고, 주로 어떻게 투쟁할지를 얘기하고. 뉴코아 상황은 어떻고, 민주노총이 어떤 계획이 있으면 거기서 우리는 어떻

게 해야 한다고 역할분담을 하기도 하고, 재정사업을 어떻게 해야 할지, 이런 얘기들. 또, 조합원들 이탈이 있는데 어떻게 할 것인가, 또 이미 복귀한 조합원들하고 관계를 어떻게 할 것인지. 이게 확실한 게 없으므로 뭔가 결정하기가 쉽지 않으니 난상토론이 길게 된단 말이에요. 보통, 쟁대위는 거의 저녁 먹고 하니까, 출석률은 나쁘지 않아요. 지방 빼면 뭐 70~80%는 참석하니까. 근데 쟁대위는 너무 힘들었어요. 분위기가 때로는 암울하고 울기도 하고 성토를 하기도 하고. 그래서 "위원장님, 이래서 끝이 보여요? 끝이 보여요?" 이런 얘기도 나오고. (홍윤경, 사무국장)

쟁대위 하면 위원장이 막 화냈던 기억, 쫄아 있던 기억. 그러니까 전혀 사전지식도 없고, 그동안 어떤 회의를 해왔는지도 모르고 그냥 뛰어들어서, 이 상황이 머릿속에 들어오지도 않았고. 하여튼 민주노총과의 관계, 그때는 서비스연맹보다는 민주노총 단어를 많이 들었기 때문에, 그 관계 속에서 생각의 차이 때문에 논쟁이 많았던 거로 기억해요. 그리고 교섭 있으면 거기에서 회사에서 나온 안들이 터무니없는 거였다고 논쟁을 벌이고, 누군가가 막 엄청 화를 내면서 회의장을 뛰쳐나가고. 회의 분위기가 그렇게 활발하지 않았던 것 같아요. 그냥 말하는 사람만 했던 것 같고, 주로 위원장, 이경옥 부위원장, 오래된 분회장들이 말하고. 저는 거의 말 안 하고 사람들 얼굴 익히기도 바빴으니까. (황선영, 월드컵)

쟁대위도 위원장이 쭉 해서 별 얘기 없이 그냥 끝나고 그랬어요. 2007년 말부터는 쟁대위 안건도 별로 없었고. 분회별로도 그다지 없으니까, 쟁대위 가서 분회 보고하면 할 게 없었어. 그리고 우리가 분회 보고를 하면서 수요문화제를 계속했다고 해도 어느 누구 하나 거기 와서 볼 사람이 없는 거예요. 중앙에서도 안 나오는 거야. 서형태만 가끔 왔지. (김영순, 시흥)

그 과정에 노조는 집행부 및 다수 조합원과 소수의 장 지도위원 그룹이 대립·분열하면서 쟁대위 회의도 두 분위기로 나뉘기 시작했다. 장 지도 그룹의 노조간부들은 위원장이 경제 문제로 힘들어하는 조합원들의 압력 때문에 투쟁에 소극적이고 투쟁을 마무리하려 한다는 판단을 하면서, 이에 대해 비판적이었다.

쟁대위는 한 20명으로 명단은 나와요, 간부하고 분회장들 포함 다, 홍윤경 동지는 그나마 합리적이었고 중간자적 정도? 지도부기 때문에 위원장의 의견을 반대하진 않고. 그다음에 투쟁전술에 이견을 내는 사람은 저랑, 야탑 분회장 강혜정, 시흥 김영순 분회장님.
나머지는 위원장이 다 잡고 있었고. 다들 상태가 안 좋으므로, 위원장도 투쟁을 마무리하는 게 중요하기 때문에, 어쨌든 지도부로서 조합원들을 책임져야 한다는 그런 무게감이 컸겠죠. 그래서 후진적 조합원의 압력을 받는 거죠. "경제적 어려움 때문에 어떻든 투쟁을 빨리 마무리해라"라는 조합원이 다수기 때문에 그 압력에 자유로울 수 없죠. 그리고 쟁대위 위원들도 분회에서 그런 조합원들에게 압력이 있기 때문에, 실제 전술 구사를 할 수 있는 게 별로 없었어요, 인원도 줄고 상태도 안 좋기에 결의도 낮고 하니까. (서형태, 병점)

분회가 두 가지로 나뉘어요. 하나는 싸우지 않으려는 분회가 있고, 다른 쪽은 싸워야 한다는 분회가 있고, 그래서 파가 어느 정도 갈려 있었

고, 목동하고 중계, 계산분회는 (……) 좀 안 하자는 경향이 강했고. (강혜정, 야탑)

한편 2007년 투쟁과정에서 노조는 주요안건이 있으면 총회를 개최했는데, 2008년 들어서는 거의 매주 총회를 개최했다. 이 시기의 총회는 전체 조합원의 의사결정을 모으는 것 이외에, 지쳐 있는 조합원들의 상황을 공유하고, 힘을 결집하기 위한 것으로 기능하였다.

총회는 투쟁의 전술이나 사안에 대해 검토하였고, 특별한 안건이 없으면 이랜드 안팎의 상황 공유, 조직점검, 분회별로 인원 체크, 투쟁 참여자들의 상황 등을 파악했다. 또, 집행부가 투쟁 상황과 전망에 대하여 조합원들에게 보고하면서 공유하였고, 쟁대위 회의 중에 중요 논의지점과 계획에 대해 조합원들과 공유하고 결정하였다. 뒤이어 매주의 구체적인 투쟁계획을 공유하고, 이에 대한 조합원들의 다양한 질문과 집행부의 답변으로 이어졌다. 간혹 총회 때 조합원들의 상황에 따라 필요한 교육, 강좌 등을 배치해서 진행하기도 했다.

총회에 모이면, 맨 처음에 의례하고 그다음에 위원장님 상황 보고하고, 분회장님들 모이라고 해서 분회장님들 보고 조합원들 의견을 물어보라 해서, "투쟁을 계속해야 하는 건지, 아니면 계속하면 또 어떻게 어떤 방향으로 해야 하는지" 그런 걸 계속 물어본 거. 뭐, 투쟁이 길어졌잖아요. 조합원들도 막 복귀를 하잖아요. 그럼 "이걸 계속해야 하냐, 어떻게 해야 하냐?" 그런 거 논의를 하느라고 계속하는 거지요. (박복희, 안양)

전망 문제가 조합원들에게 당연히 제일 힘든 부분이잖아요. 우리도 뾰족하게 얘기해 줄 수 있는 건 없지만, 그래도 이러이러한 희망이 있다 얘기할 수밖에 없고. 때에 따라서 안건을 주고 분회별로 혹은 섞어서 분임토의도 하기도 하고. 분회별로 얘기를 시키면 "나는 밤에 알바하고 있다. 알바하면서 나는 복귀는 못하지만 이거 어떻게 먹고 살아야 하지 않냐?", "나는 이번에 애가 대학 갔는데…" 등이 나오죠. 뭐 "빚이 얼마다. 대학 등록금 어떻게 마련해야 할지 모르겠다" 얘기도 하고. 질문 있으면 하라고 해서 위원장이 거기에 대해 답변할 것은 답변하고, 교육 배치해서 하고. (……) 나중에는 주급 주는 날이죠. 주급으로 했나? 월급으로 했나? 월로 했던 것 같은데. 그래서 1일 2만 원씩 출석 체크해서 주고, 현주 씨가 그거 많이 했어요. 출석부 받아서 봉투에 다 현금으로 아무개 조합원 얼마, 20만 원, 40만 원 다 넣어 분회별로 나눠 주고. (홍윤경, 사무국장)

총회 할 때마다 자기네 분회에 관해서 얘기들을 하잖아요? "우리 지부는 어떻다. 몇 명 복귀했고, 몇 명이 남았고", 뭐 이런 보고를 돌아가면서 하잖아요? 그러면 '욱~' 하는 조합원들이 있어요. 복귀한 사람들은 완전히 적이 된 거예요. 내 동료였는데 복귀한 사람은 적이 돼 버리는 거예요. 이런 상황을 매번 하면서 서로가 언쟁하고 속상해서 울고. 또, 김경욱 위원장 보면 정말 너무 짠하고 불쌍하고. 차라리 잘사는 사람이었으면 덜 그랬을 텐데, 투쟁으로 집이 완전히 안 좋게 됐고, 자녀들이 조금 아팠고. 그래서 서로가 "복귀한 동료들에 대해서 미워하지 말자" 막 이런 얘기들도 많이 하고, 속상해서들 많이 울었어요, 할 때마다. 한편은 밉고, 한편은 이해되기도 하고. 나도 어려운데 나도 들어갔으면 하는 마음이 늘 있잖아요. 차라리 나도 결단하고 들어가면 좋은데, 이건 또 양심상 안 되니 들어간 애들이 부럽고. (웃음) 그러니까 그 사람들이 이해가 되는 거예요. (……) 우리가 뭐 취미생활로 직장생활 한 것도 아니고, 먹고살기 위해 한 거지. 다른 지부에도 힘든 사람들이 얼마나 많겠어요? 남편 없이 혼자 사는 조합원도 있었고. (김정애, 구월)

2008년에는 거의 100명도 안 되었던 것 같아요. 조합원들 다 모여서 회의를 하거나 안건을 얘기하거나 교육하거나, 계속 "어떻게 할 것인가. 그다음에 뭐 들어갈 것인가, 말 것인가" 이런 것도 있었던 것 같고. "끝까지 가긴 가는데 어떻게 해야 하느냐" 그런 걸 했죠.
총회도 조합원들이 그렇게 많이 안 나왔던 것 같아요. 거의 집회에 참여하는 정도의 인원들이 나왔겠죠. 그 반이 월드컵이었던 것 같고. 총회라기보다는 집회를 대신한 형식이었던 것 같아요. 집회를 할 수 없고 인원은 계속 유지해야 하니까 어떡하든 뭔가를 만들어 내야지, 뭔가 움직이고 해야 인원을 유지할 수 있잖아요? 그러니까 그걸 총회로. 그리고 우리의 투쟁의지를 담아서 뭔가 퍼포먼스 같은 걸 작업했던 것 같아요. 대자보에 글을 쓴다거나 조 짜서 선전전을 나가거나. 특별히 총회에서 뭔가를 했던 것 같지는 않고. 집에만 조합원들이 있게 되면 안 되니까 하루에 한 번 뭔가를 만들어서 해야 하니까. 그런 형식 때문에, 그걸 총회라고, 조합원들 모여 간담회 식이겠죠. (황선영, 월드컵)

총회 많이 했어요. 그게 산업선교회에서 많이 했던 것 같아요. 총회를 하는 시간은 하루에 2, 3시간 정도로. 일단은 우리를 모으는 게 목적이었던 것 같아요. 인원이 어느 정도 모이는지 그걸 보는 것 같더라고. 가면 출석 체크해서 일주일마다 교통비를 주기도 하고, 노동 관련 교육도 하고, 프로그램이 없지는 않았던 것 같고, 외부 사람들도 와서 강연 같은 것도 하고. 그니까, 우리가 떨어져 나가는 걸 막으려고 했던 것 같아요. 자꾸 집회 다니는 것들도 다 지쳐 가고 이러니까, 나중에는 그런 식으로. (서은주, 월드컵)

이따금 총회에서도 다수 조합원과 소수의 조합원이 충돌하는 상황이 일어나기도 했다.

총회. 악몽이죠. 맨날 안 좋은 얘기만 하고, 총회 분위기가 뻔하지. 그때 당시 전술이 뭐였느냐에 따라 달라지기는 하는데, 그런데 2008년 (……) 저랑 장 지도랑 몇 명이 따로 논의하는 그룹이 있어요. 그래서 전술제안을 하면 막 태클 들어오죠. 조합원들이 공격하죠. 그래서 안 좋은 기억들이 많죠. 특히 이상한 무대뽀 조합원들이 몇 명 있어요. 상처를 준 조합원도 있죠. 막무가내가 있어요. 발언하면 조합원들이 "우우~!" 하기도 하고. 그런 분위기가 어느 때부터 시작됐는데, 그거를 김경욱이 적절하게 통제를 해야 하잖아요? 그런데 그걸 방치를 하는 건지 통제가 안 되는 건지, 나랑 몇 명 찍힌 시흥, 야탑 사람이 발언하면 "우~!" 한다니까요. 그런 분위기가 조성되기 시작하죠. (서형태, 병점)

우리가 발언하면 다른 지부에서 항상 "아, 쟤네 왜 저래?" 산업선교회에서 회의하면서 시흥에서 발언하려면 막 야유했어요. 양쪽에서 "또 시흥 지랄해" 하며 소리 질렀어요. 말을 못하게 했어요. 시흥은 "좀 더 강하게 나가야 하는 거 아니냐?" 이런 주장을 항상 했어요. (임재윤) 항상 좀 강하게 나가고 바르게 나가길 원하고 "이게 민주노조가 맞냐?" 우리는 "민주노조를 사수해야 한다"라는 얘기를 한 거예요, 그게 듣기 싫은 거죠. (김영순, 시흥)

4. 재정사업

2007년 8월 민주노총은 임시대의원대회를 통해 투쟁기금을 지원하기로 결의했다. 민주노총 역사에서 유례가 없는, 최초의 결정이었다. 이를 통해 민주노총이 비정규직 투쟁에 적극적인 관심을 두고 지원한다는 것을 보여 줬다. 일부 모금액은 전 조합원에게 50만 원씩 지급되었고, 이는 그나마 경제적으로 어려운 조합원들에게 도움이 되었다. 하지만 2007년 10월 30일까지 민주노총 산하 15개 연맹의 생활비 분담금 납부율은 겨우 21.37%였다. 지원금을 내지 않은 곳이 상당했던 것이다.

생계비 지급이 이뤄지지 않으면서 조합원들이 겪는 어려움은 심각한 수준이었다. 아르바이트를 하는 조합원이 늘어났고, 당장 생활의 어려움으로 현장에 복귀하는 조합원도 점점 많아지고 있었다. 심지어 움직이면 돈이 들다 보니 집에서 나오지 못하는 사람들도 있었고, 버스비 900원을 아끼기 위해 마포에서 종로까지 걸어 다니는 조합원도 있었다. 조합원들 사이에는 "해고통보를 받은 사람이 부러울 때도 있다"는 말도 돌았다. 해고통보를 받으면 최소한 퇴직금과 실업급여는 받을 수 있기 때문이다.

이에 11월에 석방된 노조지도부는 투쟁 대오를 유지하기 위해서 전국의 노조들을 직접 찾아다니면서 분담금 납부를 요청하는 일을 해야 했다. 이후 연말까지 모아진 민주노총의 기금으로 조합원들에게 총 2회의 생활지원금이 지급되었다.

"민주노총이 우리 생계비 지원한다고 해서, 그래도 되나 싶었죠. 우리가 생계비 받으려고 투쟁하는 건 아니잖아요? 그런데 막상 한 번 받고 나니까 생활에 도움이 되고, 그다음부터는 기다리게 되는 거죠. 그런데 한 번 나오고 나서 영 소식이 없었어요. 그 뒤 위원장님이랑 집행부들이 감옥에서 나와서 사업장마다 다 돌아다닌 거예요. 민주노총에서 생계비를 지원해 준다고 하지 않았냐면서요. 사업장에서 돈을 걷어서 두번째 50만 원이 나왔어요. 민주노총에서 100만 원이 나온 거예요. 물론 우리 생계비 모아 주신 다른 사업장 조합원들에게는 정말 고맙죠. 그게 쉬운 일이겠어요. 우리보다 어려운 사업장들도 많은데…."(월드컵분회 송영숙, 『우리의 소박한 꿈을 응원해 줘』, 김순천 외 엮음, 후마니타스, 2008, 153쪽)

저는 고맙죠. (……) 민주노총이 전무후무한 대의원대회를 통해서 이랜드-뉴코아투쟁이기보다는 비정규직 문제였으니까 이렇게 한 거잖아요. 저는 민주노조운동의 본산을 자임할 수 있는 중요한 증거를 하나 남겼다고 생각을 하고.

다만, 사실 잘 매듭지어지지 못한 한계는 있었죠. 그래서 감옥에서 나와서, 제가 가장 격앙됐던 게 현대차하고 기아차, 완성차들이 기금을 안 냈다는 거예요. 우리 조합원들이 저한테 그걸 일러바친 거죠. 그래서 현대차 지부에 앵벌이 하러 울산 갔죠. 일단 돈이 없으니까. 처음에 지부장을 만나려다 문전박대 당했죠. 그래 대협실(대외협력실) 간부를 만났는데 "이랜드-뉴코아투쟁기금을 할 수 있는데, 그 전에 금속노조하고 울산본부에서 결의한 투쟁기금을 미집행한 것들이 있는데, 이랜드기금을 내면 그것도 내야 하고, 그러려면 대의원을 설득을 못하기 때문에 못한다"라는 거야. 그래 내가 "민주노총 대의원대회하고, 금속하고 지역본부에서 결정한 건데, 집행이 중요한 거지, 뭘 대의원들한테 또 물어요?" 하고 비판했어요. (……) 결국 나중에 받아냈죠. 12월 말인가 1월 초인가. 그때 참, 비감했어요. "민주노조운동이 이렇게 비루하구나." 현대차가 당시 좌파 집행부였잖아요? 맨날 비정규 철폐, 무기한 총파업 외쳤던 그 지도부의 속살을 봤죠. (……) 그거 겪으면서 저도 좀 충격이 컸죠. (이남신, 수석부위원장)

노조는 조합원들의 생계비 지원뿐만이 아니라 투쟁을 하기 위한 재정도 바닥이 났다. 조합원들은 길바닥에 앉아 김밥 한 줄과 어묵 국물을 삼키며 투쟁을 이어 나가고 있었다. 교통비만 있으면 투쟁을 계속하겠다고 투쟁의지를 보이는 조합원들에게 최소한 차비라도 지급하기 위해 결국 노조는 재정사업팀을 꾸려 재정사업을 벌였다. 생수, 모자, 떡국 떡, 배, 곶감, 굴비, 칫솔 등을 계절에 맞춰 판매하는 사업이었다. 또 월드컵분회 조합원들의 투쟁상황을 구술로 기록한 『우리의 소박한 꿈을 응원해 줘』(약칭 『우·소·꿈』)라는 책을 전국의 집회와 노조를 누비고 다니면서 판매했다. 거기에 해고당한 이남신 수석부위원장의 퇴직금을 생계비로 지급하기도 했다. 그 결과 조합원들에게는 차비라도 지급할 수 있었다.

재정사업팀은 5명이 전담해서 큰 노력을 했다. 이들은 재정사업에 조금이라도 도움이 되려고 새벽 5시에 나와서 새벽 2시에 들어가는 일이 허다했다. 한 푼이라도 아끼려고 직접 배달하면서 택시비를 아끼기도 했다. 이들의 노고를 조합원들은 잘 몰랐다. 그 때문에 이들은 가끔 힘이 빠질 때도 있지만, 조합원들도 각자 맡은 분야에서 힘들기는 마찬가지라고 이해했다. 이에 대해 『우리의 소박한 꿈을 응원해 줘』에는 다음과 같이 기록되어 있었다.

"우리가 직접 재정사업 해서 30만 원, 20만 원 이렇게 두 번 받고, 10개월 동안 그렇게 받았어요. 그러다가 2008년 하반기에 이남신 수석 앞으로 나온 퇴직금으로 50만 원 받았어요. 퇴직금이 7천만 원 정도 나왔거든요. 그걸로 생계비를 받았어요. 회사에서 간부들 해고했잖아요. (……) 그분이 무슨 죄가 있다고 7천만 원을 내놓아요. 미안하고 안타깝죠. 여의도 공무원노조 집회에 물을 얼려 가서 한 병에 1천 원씩 팔았어요. 조합원들이 많이 나와서 '대박이다. 잘 팔 수 있겠다'고 생각했는데, 우리 조합원들이 하나도 못 팔고 서 있는 거야. 사람들이 물을 얼려 와서 팔 수가 없다는 거지, 그래서 송영숙 씨하고 저하고 박스를 들고 대오 안으로 들어가서 팔았어요. '동지 여러분, 이랜드 재정사업하고 있습니다. 한 병씩 좀 팔아 주세요', 불쌍하게 외치면서…. (웃음) 외면하는 사람도 많고. 한 병을 들었다가 1천 원이라고 하면 비싸다고 딱 놓는 사람도 많고. 그래도 1,120개나 팔았어요." _ 일산분회 박경은

"설 때는 배, 떡국 떡, 곶감, 굴비, 칫솔을 팔았어요. 인터넷으로 홍보도 많이 되고 사업장에 전화도 많이 해서 생각보다 많이 팔았어요. 월드컵 지대위에서는 조합원들이랑 홈쇼핑 홍보영상도 만들고 여기저기 알려져서 관심도 많이 받고, 잘 팔았어요. 떡국 떡은 이랜드노조 일산분회하고 부여농민회하고 자매결연을 맺어 그쪽에서 많이 도와주셨어요. 거기서 떡을 해 와서 판매한 거죠. 또 민주노총 충남본부에서 일일주점을 열어 주어서 우리가 사업장마다 돌아다니면서 티켓도 팔았고. 그때 육칠백만 원 정도 벌었죠." _ 월드컵분회 송영숙

제일 중요한 게 생계비였기에 석방된 다음에 저는 연대투쟁도 다니고 했지만, 조합원들이 투쟁을 계속 이어 나가기 위해선 우리가 재정이

있어야 하고, 투쟁기금, 재성마련을 위한 재징사업을 하고 디닌 거지. 그해 설 때, 부여농민회랑 떡국 떡 판매 같은 사업을 했고. 2008년에 여름에 더워질 때 얼음, 생수, 이런 거 투쟁현장 다니면서 팔고, 『우리의 소박한 꿈을 응원해 줘』를 판매했고. 그렇지 않으면 조합원들이 계속 투쟁에 나오기 어렵다고 본 거죠. 그렇게 연대투쟁 다니고 팔고. 사실 그게 우리의 주된 투쟁이었어요. (이경옥, 부위원장)

위원장님이 석방돼 나오셔서 "생활비를 주겠다" 해서 생계투쟁을 한 거랑 민주노총이 50만 원 준다는 걸 나눠 준 것 같아요. 그때 투쟁기금을 모아서 "파업에 나온 사람 차비를 주고, 일단은 밥을 먹게 해줘야 한다" 이래서 생계투쟁으로 전환해서 우리가 장사를 했어요. 생수 팔고, 시골에서 과일 주는 거 갖다가 팔고, 홍삼 팔고. 국밥도 끓여다가 팔고. 그때 경희의료원에서 제일 많이 도와줬어요. (황은영, 면목)

저는 조합 차를 운전해서 주로 장비를 실어 나르거나 재정사업, 우리 자체로 재정사업팀이 있어서 그걸 하고 다녔거든요. 그래서 하루에 얼마씩 해서, 차비 및 식비 조로 만 원인가 8천 원인가를 남은 사람만 지급했죠. 나는 그걸 주는 거를 모르고 있었는데 나는 차 타고 매일 돌아다니니까, 재정사업팀 4명 데리고 어디 행사 같은 데 다니면서 사람들이 음식해서 팔고. 그러면서 나는 뒤에서 장비를 움직여 주는 것만 하다 보니까. 그때 이남신 수석이 나는 물론 차를 타고 다니기는 하지만 "이건 공적으로 다니는 것이고 개인적으로 이 사람도 줘야 한다"고 해서 그때부터 준다는 걸 알고 있었죠. (손명섭, 부산)

5. 지지연대 세력과 지역대책위원회의 활동

2007년 6월 30일 이랜드일반노조의 월드컵점 점거투쟁과 이후 진행된 투쟁과정에서 노동자·시민·농민·지식인·의료인·청소년·여성 등이 지지활동을 벌였고, 온라인을 통한 지지활동도 확산되었다. 이들의 활동은 이랜드불매운동을 확산시키는 데 영향을 주었다.

우선 월드컵점 점거투쟁 3일째인 7월 2일에 123개 노동사회단체가 이랜드 본사 앞에서 기자회견 등의 지지를 표명했다. 이어 7월 12일에는 교수단체와 법률단체들이 이랜드의 비정규직 노동자 탄압 실태 조사를 하여 기자회견을 통해 그 결과를 발표했다. 참가한 단체는 민주화를 위한 전국교수협의회, 전국교수노동조합 등 교수단체와 민주사회를 위한 변호사모임, 민주주의법학연구회, 노동인권 실현을 위한 노무사모임, 민주노총 지원 노무사과정 '2007노동자의 벗' 등으로, 이들은 뉴코아-이랜드투쟁 지원을 위한 법률단체 연석회의를 구성했다.

이어 시민사회단체 100여 개가 모여 '뉴코아-이랜드 유통서비스 비정규 노동자 노동기본권 보장을 위한 공동대책위원회'(이랜드 공대위)를 구성해 기자회견, 불매운동과 서명운동, 주요매장 1인시위, 그리고 이랜드사태의 공청회 등을 진행했다. 7월 16일에는 참여연대, 문화연대, 인도주의실천 의사협의회, 건강사회를 위한 약사회 등 57개 시민사회단체가 월드컵점에서 기자회견을 열고 전 국민적인 불매운동 조직에 나서기로 했다.

대전지역에서도 13개 시민단체로 구성된 대전시민사회단체연대회의가 7월 18일 '나쁜 기업 이랜드' 불매운동촉구를 위한 기자회견을 홈에버 둔산점 앞에서 진행했다. 7월 19일에는 비정규직법 악용 대량해고 이랜드불매운동 전북지역시민사회단체가 기자회견을 했다. 이 단체에는 민주노동당 전북도당, 아시아노동인권센터, 민주노총 전북지역본부, 전북평화와인권연대 등 지역 16개 단체가 참여했다. 이들도 이랜드자본 불매운동을 벌이기로 했다.

울산분회가 투쟁하고 있는 울산지역에서도 7월 23일에는 23개 단체가 참여한 울산지역 노동·시민사회단체 연석회의가 결성되어 기자회견 및 이랜드불매운동을 벌여 나갔다

월드컵점 농성장이 침탈당한 이후 이랜드투쟁에 대한 각계각층의 지지와 연대는 확산되었다. 8월 8일 민주화를위한전국교수협의회, 민주사회를위한변호사모임, 민족문학작가회의, 전국교수노조, 문화연대 등 지식인 800여 명은 "뉴코아-이랜드 파업 지지"의 입장을 밝히고 "비정규직 문제 해결"을 강력히 촉구했다. 이들 교수·법률가 500인은 8월 1일 이랜드-뉴코아투쟁을 지지하는 지지선언과 함께 1주일간을 행동주간으로 정하고, 그 마지막 날인 8월 8일 '지식인 행동의 날'에는 의료계와 문화단체 활동가 등도 동참했다.

온라인에서도 인권단체연석회의의 이랜드 비정규철폐 문화행동단 '카트라이더'는 '정열의 카트라이더'(cartrider.jinbo.net)라는 홈페이지를 마련하고 다양한 문화행동을 제안했다.

한편, 여성 및 여성단체들의 지지연대도 줄을 이었다. 우선 7월 19일 여성노동자들의 투쟁을 지지하고 연대하는 여성 2,654명이 참여한 '여성노동권 쟁취를 위한 여성선언'이 월드컵점 앞에서 진행됐다. 이어 9월 17일에 전국여성연대가 민주노총에서 '홈에버 뉴코아에서 추석선

물·장 안 보기 1만인 주부선언대회'를 가졌다. 이 단체는 9월 4일부터 전국적으로 '추석 장 안 보기' 주부 1만인 선언을 진행했는데, 9월 12일 수원여성 1천인 선언운동을 비롯해 경기지역 17개 시군이 추진했으며, 울산에서도 9월 13일 1만인 선언운동을 진행했다. 여성단체들은 여성농민회와 같이 이랜드의 추석 매출에 타격을 주려고 했다.

그 밖에도 전국에서 여러 단체와 개인들이 이랜드투쟁에 대한 지지와 연대를 하였다. 전국농민총연맹, 부여농민회 등에서는 쌀 지원을, 의사들은 진료 지원 등을 했다. 이러한 지원연대 활동 가운데 여성노동자들과 같이 지속적인 투쟁을 벌여 나간 지역 차원의 지원연대 단체들이 있었다. 서울지역의 경우 이랜드일반노조월드컵지원대책위, 동부지역지원대책위, 시흥지원대책위 등이 있었고, 인천지역에는 인천지역지원대책위가, 순천분회가 투쟁을 벌이는 전남지역에서도 전남동부공동대책위원회 등이 결성되어 투쟁 기간 내내 지원활동을 하였다. 그 가운데 활동이 확인되는 지원대책위원회에 대해 살펴보면 다음과 같다.

1) 월드컵지대위와 『우리의 소박한 꿈을 응원해 줘』

월드컵지대위(지원대책위원회)는 월드컵분회 결성 이전부터 노조 결성을 위한 지원활동을 해왔다. 월드컵점 점거투쟁 과정에서도 매장 2층을 점거하는 역할을 맡아서 20일 점거투쟁에 결합했다. 점거농성 20일 동안 월드컵지대위는 노조의 주체적 결정과 그에 따른 실천투쟁을 지원하는 일에 충실했다.

저희는 막 나서서 주도하면 안 된다고 생각하고 있었기 때문에, 그런 식으로 하겠다는 사람을 좀 막았죠. 조합원들이 스스로 뭔가를 할 수 있고 노동조합이 힘을 더 키울 수 있게끔 하는 게 중요하지, 우리가 나서서 설레발치는 거는 아니라는 거였죠. (……) 그니까 연대 단위들이 다함께, 엔엘(NL) 등 정파 단위로 결합한 분 중에 일부가 노조간부 회의 때 끼어서 같이 얘기를 했던 거는 기억이 나는데, 저희 지대위원들은 아무도 거기에 개입하지 않았어요.

저희 지대위가 월드컵파업 들어가면서 확장되는데, 사회진보연대, '다함께'가 들어왔고, (……) 그런데 1차 점거농성하고 있던 중간에 '다함께' 핵심이 '맑스 21'인가 1년에 한 번씩 하는 행사가 있는데, 티켓이나 신문팔이를 조합원들한테 하더라고요. 그래서 "뭐 하는 짓이냐?"고. 그리고 엔엘에서 들어오신 분들이 그 안에서 조합원들 대상으로 조직화 사업을 하고. 그래서 지대위에서 저같이 처음 추진위부터 활동했던 사람들이 싸우고 그랬어요. 그런데 조합원들에게는 그런 내색을 할 수가 없어서 힘들었죠. (강양미, 월드컵지대위)

월드컵농성장이 침탈당한 뒤 이랜드투쟁이 민주노총의 매출제로 투쟁 등 전국투쟁으로 진행되자 월드컵지대위는 조합원들과 같이 참여하였다. 또 월드컵지대위는 노조가 주도하는 집회가 개최될 때면 그 실무역할을 지원하면서 그들의 목소리가 드러나지 않는 활동을 지속했다. 거기에 월드컵지대위 독자로 이랜드투쟁을 알리고 확산하기 위한 활동과 그와 연관된 재정지원활동도 꾸준히 하였다.

사실 이랜드노조가 투쟁기금 없이, 돈 하나도 없이 시작해서 연대기금으로 투쟁을 한 곳이기도 하거든요. 끊임없이 들어왔던 투쟁기금들이 모여서 계속 투쟁을 할 수 있었던 것 같고. 그런 것에 대해서 초창기에 결합했던 저희를 비롯한 나중에 결합했던 사람들이 끊임없이 주위에 후원을 요구하면서 연대를 확장하는 거를 해요. 저희가 가장 중요하게 생각했던 것 중의 하나는 이 투쟁을 어떻게 계속 확산하고 응원할 수 있게 저변을 넓히고, 그리고 투쟁을 계속할 수 있는 총알인 돈을 어떻게 모을 것이냐였고. 그래서 민주당 내부에서 끊임없이 돈을 모으라고 요청을 하고. 주변에 있는 모든 사람을 동원해서 돈을 모으고.(웃음) 그 작업을 계속했었죠. (강양미, 월드컵지대위)

공권력의 월드컵점 침탈로 노조지도부가 구속되고, 뒤이어 노조가 강남뉴코아 점거투쟁, 면목점 점거투쟁을 계속하면서 조합원들의 상태는 불안정했다. 조합원들은 구속된 지도부들을 생각하며 투쟁을 했고, 그들이 석방되기를 손꼽아 기다렸다. 이들 옆에서 같이하던 월드컵지대위 구성원들은 지도부들이 석방된 직후에 조합원들의 상태를 치유하기 위해, 그리고 새로운 연대를 만들기 위해 '수유+너머' 활동가들의 강의를 제안해 노조는 전 조합원을 대상으로 한 강의를 진행했다. 이처럼 월드컵지대위는 조합원들과 밀착해 활동하면서 그들의 상황을 공유하였고, 필요에 따라 조합원들을 위한 프로그램을 제안하는 역할도 했다.

지도부들이 구속되었을 때 (……) 조합원들이 "지도부들이 올 때까지 버틴다"였어요. "지도부들이 오면 다시 우리는 힘내서 할 수 있을 거다" 이 얘기를 가장 많이 하셨어요. 그 힘으로 3개월을 버텼어. 그래서 회의 때나 총회를 할 때, 아니면 투쟁하실 때, 제가 옆에서 "두렵거나 힘들지 않냐?"고 했을 때 주로 "감옥에 들어간 지도부들이 나오면 다 해결될 거"라고 "우리는 그때까지 버티면 된다"는 말을 많이 했었고. (……) 그래서 지도부들이 다시 나오고 나서 처음에 제가 이경옥 부위원장한테 부탁드렸던 게, "조합원들 트라우마가 너무 심하다. 이럴 때 저는 인문학 공부를 한 게 도움이 되더라. 고병권을 불러요", 그래서 "좋다" 해서, 제가 박동범하고 '수유+너머' 가서 고병권하고 4시간 동안 어떤 상황이고 어떤 내용으로 강의를 해줬으면 좋겠다고 얘기를 했어요.

저는 두 가지 의도가 있었지요. "고병권이 얘기하는 니체가 이 거지 같은 세상을 사는 우리에게 힘을 주는 메시지들이 많아서, 그런 메시지를 직접 연구자의 입으로 조합원들이 들었을 때 조금 더 힘을 낼 수 있을 것이다"라는 것과 "그동안 결합하지 않았던 새로운 연대를 할 수 있는 곳이 필요하다"라고 느꼈는데, "수유+너머 같은 곳이 인맥이 넓으니까 이 사람을 통해 좀 땡기자"라는 계산도 좀 했었죠. (강양미, 월드컵지대위)

조합원들 옆에서 항상 투쟁을 지지하는 활동을 하던 월드컵지대위가 독자적인 사업을 시도했다. 이들은 이랜드투쟁을 알리고 재정사업에 도움이 될 수 있도록 2007년부터 책을 만드는 일을 준비했다. 이 책은 월드컵분회 조합원들을 중심으로 그동안의 다양한 투쟁경험을 구술작업으로 담아 내어 2008년에 『우리의 소박한 꿈을 응원해 줘』라는 제목으로 출판되었다. 이 책은 전국의 노동자들에게 수천 권이 팔렸고, 노조 재정에도 큰 도움을 주었다.

저희가 적극적으로 했던 게 『우·소·꿈』 책 작업을 하는 거였어요. 2007년부터 준비했는데, 그때가 파업 들어가서 1차 점거농성이 털리고 나서 다들 멘붕 상태여서 점거농성 자체에 대한 두려움과 열망이 있었다고 봐요. 그게 1차만큼 효과가 있는지 없는지는 중요하지 않고, 일단 점거한다는 거 자체에 대해 집착 같은 게 있었고. 투쟁이 장기화하면서 계속 결합할 수 있는 분들도 있었고, 그럴 수 없는 분들도 있었으나 복귀하지는 않고.
그런데 이 투쟁 와중에 저희 지대위는 조합원들하고 얘기를 많이 했었기 때문에 **조합원들의 마음속 얘기를 많이 드러내고 싶었어요**. 사회에서 얘기하는 프레임이 아니라…. 그리고 거기에 연대하는 사람들은 어떤 마음이었는지, 또 연구자들이나 활동가들은 어떤 생각을 하고 있는지, 요런 것들을 담아서.
왜냐면 그때까지만 해도 비정규직 문제에 대해서 굉장히 부정적인 이미지가 많이 있었기 때문에, 조합원들조차도 그랬던 거고. 그래서 그 프레임을 바꾸고 싶었어요. 더군다나 여성, 더군다나 '아줌마'라고 하는 그 프레임에서 벗어나서 삶을 살아가고 있는 '노동자'라는 부분들. 그리고 이것들이 우리 사회에 울리는 반향, 운동에서의 위치, 이런 부분들에 대해 좀 정리를 하고 갔으면 좋겠다는 생각이 들어서… 『우·소·꿈』에는 가명으로 돼 있는데 박동범이랑 저랑 머리를 맞대고 시작했죠. (……) 저희는 이 작업의 의의를 목소리를 내는 것과 책을 팔아 투쟁기금을 확보하는 거에 뒀고. (강양미, 월드컵지대위)

한편, 2008년 6월 노조는 농성장소를 '사랑의 교회'에서 월드컵점 앞으로 다시 옮겼다. 이미 투쟁을 하는 조합원 수는 대폭 줄었고, 남은 이들조차 지쳐 있었다. 이에 월드컵지대위는 월드컵분회와 논의해서 독자 집회를 진행하기 시작했다. 조합원들이 요구하는 것들을 모아서 '영화제'나 '금요문화제'의 방식으로 투쟁이 끝나는 시기까지 꾸준히 진행했다. 이 집회는 연대가 축소되고 언론에도 나오지 않으면서 잊힌 존재로 느끼고 있던 조합원들에게 자신들의 투쟁에 대해 주위에서 잊지 않고 있다는 것을 확인시켜 주는 과정이기도 했다.

> 월드컵점이 약간 구심점이 되면서, 다른 데서 좀 지지부진하니까 답답해하다가 여기에 와서 좀 더 적극적으로 참여하죠. 그때부터 저희가 주로 "우리는 굶지도 말고 우리를 괴롭히지 않으면서, 투쟁은 어차피 장기전이니까, 우리 재미있게 투쟁을 하자"고 얘기했어요.(……)
> 그러면서 월드컵에서 저희는 지대위 차원에서 별도로 여러 가지 방식으로 계속 집회를 했지요. 영화 보기도 하고, 금요문화제도 하고. 조합원들이 원하는 부분들이 있으니까, 중앙하고 상관없이 우리 지대위는 그거는 도와드릴 수 있다고 생각해서 "우리가 그런 투쟁지원을 하자"라고 해서 집회를 계속 만들었고. 집회에는 주변에서 연대하는 사람들이 모였고. 그러니까 조합원들이 "우리 투쟁이 잊힌 게 아니다"라며 힘을 받으셨던 것 같아요. 그러니까 자연스럽게 월드컵이 중심이 되는 분위기가 있었고. 그래서 다른 지역에 있는 조합원들도 간간이 오시기도 하고. 그러면서 집회 끝나고 그 자리에서 뒤풀이도 같이 했거든요. 먹을 거 나눠 먹으면서 쑥덕쑥덕 얘기하다가 "이런 거 해볼까? 저런 거 해볼까?" 얘기가 나오면 그게 그대로 진행이 된 거죠. (강양미, 월드컵지대위)

월드컵지대위 구성원들은 조합원들, 특히 월드컵분회 조합원들에게 많은 의지와 위로가 되었다. 분회 결성 때부터 만난 관계였지만, 이들은 투쟁과정 내내 조합원들의 옆에 있어서 언제든지 의지할 수 있었고, 같이 얘기를 나누면서 위로가 돼 주었다. 또, 조합원들은 지대위의 여러 토론 자리에도 참석하여 투쟁을 둘러싼 상황, 노조운동과 비정규투쟁을 새롭게 이해하기도 했다.

> (지대위는) 저희하고 모여서 얘기도 많이 나누고. 월드컵에서 집회하면 만나서 먹을 거 사다 놓고 먹으면서 서로 도닥이고 그런 작업. 연세대 살맛 학생들, 사회진보연대, 다함께, 우리가 마포구니까 민주노동당의 지역구에서 많이 오셨어요. 항상 플래카드 하나씩 들고 오고, 피켓 만들어서 오고. 우리는 그냥 몸만 가서 하면 돼요. 항상 그분들이 다 준비해 주고. 그리고 지대위 자체 회의 있으면 우리도 거기 참석해서 돌아가는 상황이나 이런 것도 듣고, 앞으로 뭘 해야 할지에 대한 고민도 하게 되고. 그런 거는 저를 포함해서 한두 명을 그분들이 꼭 찾아요. 왜냐면 우리 얘기를 하니까 우리가 있어야 하니까. 그거 하면서 12시 이전에 집에 들어간 적이 거의 없는 거 같아요. (황선영, 월드컵)

2) 시흥의 독자 집회와 시흥지대위

시흥지대위(시흥지원대책위원회)는 이랜드투쟁 중반 이후에 만들어졌다. 지대위가 만들어지기 전에 남부지구 쪽에는 기륭전자, 주연테크 등 투쟁사업장이 많아서 민주노총 서울본부 남부지구협의회를 중심으로 연대활동이 활발하게 벌어졌다. 지역 연대투쟁에 시흥분회도 참여하였고, 그 과정에 시흥지대위가 만들어졌다. 시흥분회와 지대위는 시흥역 앞에서 매주 집회 및 문화제를 꾸준히 진행했다.

> 시흥지대위는 나중에 생긴 거죠. 시흥은 남부지구협이 있으니까. 기륭이 천막 치고 있었으니까, 우리가 또 기륭투쟁할 때 연대를 많이 갔잖아요. 기륭에 가서 붙들려 갈 뻔하고, 엄청났잖아요. 남부 쪽에 좀

> 파업하는 데가 많았어요. 우리가 월드컵에 들어가 있을 때도 시흥은 연대를 다녔어요. 몇 명씩 조를 짜서 선경오피스텔도 가고, 기륭도 가고, 주연테크도 가고. 다니다 보니까, 남부지구협에서 우리가 거기 소속이니까 지대위를 만들게 되더라고. (……)
> 투쟁 중간 정도에 우리가 노동상담소에 가서 교육도 많이 받고 도움도 받고. 시흥은 일단 조합원들 교육을 많이 해야 한다고 해서 교육을 찾아다닌 거예요. 기륭은 파업에 대해서 우리 선배잖아요? 그래서 기륭의 김소연 분회장한테도 교육받고, 거기 누구한테도 받고. 문재훈 소장 교육에서는 우리가 노동조합의 기본적인 것을 많이 들었어요. 기륭은 실제로 가서 같이 싸웠으니 금방 피부로 느끼죠. 대문 위에 텐트 치고 거기로 올라가고, 우리도 올라가고…. (김영순, 시흥)

이렇게 지대위의 지원을 받으면서 시흥분회는 독자 집회를 꾸리기 위해 집회신고투쟁을 벌여야 했다. 조합원들이 24시간을 조를 짜서 교대로 경찰서 앞에서 버텼다. 집회 방해를 위한 회사 측의 집회신고보다 노조가 먼저 신고하려는 투쟁이었다. 이러한 노력 덕분에 시흥분회는 시흥역 앞에서 매주 수요문화제나 남부문화제 등을 꾸준히 진행할 수 있었다.

> 시흥분회에서만 한 게 집회신고 때문에, 집회신고를 일찍 하는 순서대로 하잖아요? 구사대 애들, 보안 애들이 먼저 가서 하고 해서 우리가 교대로 경찰서 앞에서 잠을 잔 거예요. 제가 구사대 애들, 보안 애들은 외제 차인데, 내 차가 가니까 못 들어가게 하는 거야. 그래서 그거 가지고 "경찰서장 나와라. 서장 면담하겠다" 그래 우리 시흥분회는 서장 면담했어요. 시흥분회는 그때도 거기서 밤새는 사람 있었고,

또 낮에만 하는 사람도 있었어요. 24시간을 하면서 8, 9명이 교대로 했고, 밤에 지키는 건 제가 계속했죠. (김영순) 그래 저는 마늘 깔 시간 없어서 마늘 갖고 가서 거기서 깠어요. (임재윤) 그래서 "낮에 하는 사람은 거기 와서 마늘이라도 까라" 의자 갖고 앉아서. 그때는 지대위가 있었어요. 지대위도 밤에 한 20명 나와서, 추우니까 깡통에다가 불을 붙여 줬어요. 그럼 경찰이 와서 그걸 발로 차면서 "불 지른다"라고 난리, 난리, 엄청나게 싸웠어요, 그래서 집회신고를 우리가 다 선점했지. 그래서 시흥에서 맨날 집회를 할 수 있었죠. (김영순, 시흥)

(시흥 수요문화제) 우리가 10명 남아 있어도 거기서 개별적으로 알바 가는 사람들이 있었거든요. 혼자 벌어서 사는 사람도 있으니까 생계가 어려우니까. (……) 그래서 우리는 분회 사람들을 챙길 생각을 한 거지. 그러면서 일주일에 한 번씩 시흥역에서 우리가 항상 음악회를 했어요. 이정석 동지나 김천석 동지나 다 남부지구협의회 사람들이 도와줘서 '남부지구 문화제', '수요문화제' 해서 수요일마다 했어요. 선전전 하고 노래하고 촛불 들고 하니까, 시흥 직원들이 퇴근하면서 보죠. 그것도 꽤 오래 했어요. 그니까 낮에는 중앙에서 하는 집회를 같이하고, 수요일 날은 무조건 시흥역으로 와서 참석한 거예요. (김영순, 시흥)

조합원들은 집회나 선전전이 끝나면 지역의 활동가들과 뒤풀이 하면서 투쟁에 관한 여러 얘기를 주고받았다. 지역 내의 연대투쟁의 여러 경험과 지역 활동가들과의 다양한 토론은 시흥분회 조합원의 의식을 조금씩 변화시키기도 했다.

선전전 끝나고 식사하면서 아니면 추모사업회 선배들도 같이 자리해서, 싸움 얘기를 하게 되더라고요. 비정규직 철폐. 그러니까 이랜드투쟁은 교섭에서 마무리하든 투쟁으로 마무리하든 언젠가 마무리하겠죠. 그러면 "비정규직 철폐 어떻게 할 것이냐?" 하는 것으로 가면 얘기가 확 달라지는 거예요. 우리가 여태까지 싸워 왔던 게 이랜드투쟁인지 비정규직투쟁인지, 그거에 대해 다시 얘기가 되더라고요. 50주 넘게 문화제를 같이 하는 이 연대 동지들의 문제의식이 우리 의식을 높이는 거예요. (……) 그래서 그분들이 하는 말들이 대개 공감이 되더라고요. 인제는 이랜드 싸움을 넘어서야 하는가 보다, 그전까지는 넘어서지 못했던 거지요. 그러니까 점포도 점거하고 빨리 교섭해서 끝내야 하는데, 이러다가 비정규직 철폐투쟁까지 봐야 하면 연대가 맞는 거잖아요? 우리 싸움이 이기더라도 연대해야 하는 게 맞는 거잖아요. 그리고 어디 조그만 데가 싸운다 해도 우리가 가야 하는 게 맞는 거잖아요? 자기 조건이 된다면. 저도 의식이 조금씩 나아진 거고, 다른 분회 분들하고 조금씩 벌어지는 거죠. 그분들이 틀렸다는 거 아니에요. 그분들도 최선을 다하는 거예요. 진짜 말대로 저녁 때 식당 가서 일하고 낮에 집회 참석하고 힘들죠. 집에 가서 애들 챙겨야 하고. 그런데 그렇게 하면 길어지잖아요? 그렇다면 조금 답이 될 거란 생각이 들어요. 왜냐면 장 지도 때문에 우리 의식이 바뀌었다가 아니라 지역의 연대 오신 분들의 영향이 커요. (김선영, 시흥)

3) 인천지대위의 결성과정과 활동

인천지역은 2006년 말부터 3사 공투본(공동투쟁본부)의 투쟁이 진행되면서 지역단체 활동가들이 참여하기 시작했다. 이남신 수석부위원장의 제안으로 서비스노동자 조직화 사업을 진행하기로 하고, 모임명은 '유통노동자 노동권 쟁취를 위한 인천지역연석회의'(연석회의)로 정했다. 이 모임에는 사회진보연대 인천지부, 민주노동자연대 인천지부, 민주노동당 인천시당, 인천노동자회, 건강한노동세상 등이 참여했다. 조직화 사업은 일주일에 1회 이남신 수석부위원장을 통해 본조(노조 중앙)의 선전물을 받아서 매장 주변에서 배포하는 방식으로 진행했다. 그러나 조직화의 성과는 거의 없었다. 그 이유는 참여한 지역단체 활동가들이 노조활동 경험이 없었기 때문에 서비스 노동자들에 대한 상황 파악과 그에 맞는 구체적인 접근방식에 모두 서툴렀기 때문이다. 그 과정에 인천 남동구 구월점에 노동자들이 스스로 노조를 만들었다.

3사 공동투쟁 때부터 저희가 결합을 했어요. 이분들이 3사 공동투쟁을 인천으로 왔어요. 아마 인천에 부평 아울렛점이 개점을 한다고 해서 그랬나? 거기에 연대하러 갔는데, 그거 끝나고 이남신 선배가 누군가에게 "여기에 신규 아울렛이 생기니까, 노조에 가입시키는 활동을 하자"고 제안해요.

노조 조직화 시도는 서울과 그다음에 부산, 인천, 울산, 순천, 이렇게 했다 그랬잖아요? 어쨌든 서울이 성과가 제일 컸고. 인천은 성과가 없었어요. 여기는 가장 큰 문제가 뭐냐면, 지역에 노조활동가가 없어요. 조직화 사업을 잘 아는 지역 주체가 없었던 겁니다.

저희가 회의는 안정적으로 소집이 되어서, 사회진보연대 인천지부, 민주노동자연대 인천지부, 민주노동당 인천시당, 그다음에 인천노동자회, 그리고 노안(노동안전) 단체로 '건강한노동세상'… 같은 단체 중심이었어요. 근데 구성원 중에 노동조합을 잘 아는 사람이 없었어요. (……) 그래, 이남신 선배가 본조 선전물 만들어 오면 저희가 아침에 가서 뿌리고, 그리고 이남신 선배가 가서 명함 뿌리고. 이런 작업을 일주일에 한 번씩 와서 꼬박꼬박 했던 거지요. 월드컵점하고 비슷한 목표를 갖고 있었던 것 같아요.

근데, 윤송단 씨가 있는 구월점은 "주5일제 근무와 노동시간 단축"과 관련해 불만이 있고 여성차별이 심했는데, 노동자들이 먼저 노조를 만들었죠. 계산점은 김경욱 위원장이 쫓겨나갔을 때 노조를 활성화시킨 곳이고요. (박준도, 인천지대위)

그러나 연석회의의 활동은 2007년 5월 이랜드노조의 구조조정 투쟁이 본격화되면서 이들을 지원하는 활동을 할 수 있는 지역 차원의 바탕이 되었다.

이들은 이남신 수석부위원장을 통해 이랜드투쟁의 상황을 공유하면서 분회를 결성한 구월점을 근거지로 투쟁을 지원하는 활동을 벌였다. 2007년 7월 이후 뉴코아노조가 참여하였고, 민주노총이 이랜드 매출제로투쟁을 전국적으로 벌이자 그동안 지역공동투쟁에 참여하지 않고 있었던 민주노총 인천지역본부에 압력을 가해 참여를 끌어냈다.

인천본부까지 참여하면서 연석회의는 그 명칭을 '뉴코아-이랜드 대량해고 저지와 투쟁승리를 위한 인천지역대책위원회'(인천지대위)로 바꿔서 지원활동을 했다. 다른 지역 지대위와 달리 인천지대위에는 계산분회의 고일미, 구월분회의 윤송단, 인천뉴코아의 이승욱이 참여하면서 노조와 지역단체 활동가들이 같이 회의하며 투쟁을 벌였다.

2007년 5월에 구조조정 싸움이 있다는 걸 알게 되죠. 구월점에서 문제가 발생한다는 걸 알고, 저희가 그쪽으로 선전전하러 간 거죠. (김정숙씨 해고된 일?) 그랬던 것 같고. 그래서 선전전을 하면서 (……) 윤송단 씨를 만났던 거 같은데, "언제 투쟁에 돌입한다"라는 정도의 사인을 이남신 선배가 직접 와서 소통을 해주니까, 같이 구월점 중심으로 투쟁을 했어요.

그렇게 구월점, 계산점 투쟁하고 연대하고 집중하다가 7월 1일 이후에 뉴코아가 붙었어요. 그때부터 같이 투쟁하면서 인천도 대책위 구성이 되고, 거기에 뉴코아 구월점 지부의 이승욱 지부장을 처음 만나 집회기획을 했는데, "기존의 관행으로는 홈에버 구월점으로 가는 게 맞는데, 여기 매출이 가장 큰 곳은 뉴코아 구월이다" 해서. 뉴코아는 규모도 크고 인천터미널 쪽이 가장 핵심으로 인천의 강남에 해당하는 데라 가장 장사가 잘됐고.

그리고 이 대책위 회의에 구월점은 윤송단 씨가 들어오고, 계산점은 고일미가 들어왔어요. 원래 이름은 '유통노동자 노동권 쟁취를 위한 인천지역연석회의'였는데, 나중에 '뉴코아-이랜드 대량해고 저지와 투쟁승리를 위한 인천지역대책위원회'로 바뀌었어요. 그니까 인천본부가 처음에는 안 들어왔다가 민주노총의 매출제로투쟁인가 할 때, 저희가 그걸 활용해서 "민주노총 지침이니까 결합해야 하지 않겠냐"고 인천본부에 가서 들들 볶아서 들어왔고, 명칭을 바꾼 거죠. 그런 게 다른 지역대책위랑 조금 차이가 있어요. (박준도, 인천지대위)

인천지대위는 투쟁전술에 대해 "적은 하나 박성수이고, 박성수가 가장 매출에 타격을 받을 곳, 가슴 아플 곳은 구월이다. 구월로 간다"라고 결정했다. "구월점을 봉쇄하고, 구월점을 괴롭히는 투쟁을 하자"는 것에 이랜드 계산분회, 구월분회, 뉴코아 인천지부 등이 모두 동의했다. 그 후 인천지대위는 7월 8일 민주노총의 매출제로투쟁에 맞춰 투쟁을 시작해서 총 6회에 걸쳐 매장봉쇄투쟁을 전개했다. 매회 구체적인 투쟁방식은 노조들이 직접 참여하는 장점을 활용하여, 각 분회의 상황과 판단에 근거해서 결정했다.

집회 기획은 지대위에서 지부에서 온 분들하고 같이 결정한 거예요. 예를 들어서 "오늘은 조금 적정한 수준에서 투쟁했으면 좋겠다"라고 하든, "오늘은 완전히 막자", "오늘은 구월점 안으로 밀고 들어가자" 이런 거를 각 지부장이 판단해서 밀고 들어가기도 하고, 혹 앞에서 하고 끝내기도 하는 투쟁의 수위를 결정했던 거죠. (……)
민주노총이 1차 매출제로투쟁을 전국으로 해서, 7월 8일 뉴코아 구월점 봉쇄투쟁을 했는데, (고객) 한 명도 안 들여보냈거든요. 다른 데는 10만 원, 20만 원, 몇백만 원 매출이 났는데, 저희는 한 명도 안 들여보내서 "우리가 최초로 영(0) 원이다", "우리가 진짜로 매출제로다" 이런 농담하고. (웃음) 매출제로투쟁 때는 400여 명 정도 참여했어요. (……)
투쟁의 동선은, 뉴코아 구월점이랑 홈에버 구월점이랑 두 블록 차이라서 뉴코아 구월점에서 투쟁을 시작해 한 바퀴 행진해서 홈에버 구월점을 들러 그 앞에서 규탄 발언하고. 빙~ 한 바퀴 둘러오는 정도인데, 결국은 구월점을 상대로 투쟁을 했죠. (……) 구월점이 문이 세 군데인데, 매장봉쇄할 때 한쪽 문은 금속노조가 막아 줬고, 다른 쪽의 문은 건설노조가 막아 줬고, 정문을 사회단체랑 조합원들이 막았어요. 당시 금속노조 인천지부랑 건설노조 인천지부 아니었으면 못했어요. (……) 문제는 인천본부인데… 매출제로투쟁한다면서 기자회견만 하고 그 사람들은 집에 갔어요. 현장에서 투쟁을 책임지는 사람이 없어서 제가 마이크를 잡았거든요. 그 앞에서 8시간 넘게 선동하고 있었어요. (……) 그니까 우리가 싸운 거고, 말 그대로 조합원들이 한 거죠. (박준도, 인천지대위)

7장

'사랑의 교환'

천막농성과
월드컵과
천막농성

1. '사랑의 교회' 앞 천막농성(2007년 12월 21일~2008년 5월 15일)

2007년 11월 전국노동자대회를 지나면서 조합원 수는 절반 이하로 줄었고, 연대 세력도 대폭 줄어들었다. 매장점거투쟁, 매출제로투쟁, 선전전 등 노조는 할 수 있는 투쟁은 다 했는데도, 회사와의 교섭은 여전히 교착 상태였다. 조합원들은 노조 내부가 분열된 상황에서 구속된 지도부가 돌아오기만을 기다렸다. 이런 상황에서 출소한 지도부는 노조를 정비하면서 새로운 투쟁을 만들어야 했다.

그 때문에 먼저 출소한 김경욱 위원장은 3인의 집행부가 감옥에서 나오지 않은 상황에서 바로 새로운 투쟁을 모색해야 했다. 그는 박성수 회장이 장로로 있는 강남의 대형교회인 '사랑의 교회'를 점거할 계획을 세웠다. 민주노총 공투본에서 그 계획을 논의한 결과 다들 동의하였다. 그러나 점거투쟁을 인솔할 노조간부가 없는 등 여러 문제가 있었다.

> 출소 이후 모두에게 내가 받은 요구는 "이 투쟁을 끝낼 수있는 방안을 내놓으라"는 것이었고. (……) 상황도 추석투쟁 이후 노조의 힘도 빠져 있고 교섭도 교착 상태에 빠져 있었거든요. 결국, 이런저런 고민을 하다가 생각해 낸 게 '사랑의 교회' 점거투쟁 계획이었죠. (……)
> '사랑의 교회'는 강남의 대형교회이고, 박성수 회장이 장로로 있어서 상징적인 의미가 있었죠. 그리고 치외법권인 교회 예배당을 점거했을

때, 공권력이 못 들어온다는 점도 이유였어요. 그러면 그곳에서 오래 버틸 수 있다고 판단한 거예요. (……) 그리고 우리는 그곳에 점거하러 가는 게 아니라 "호소하러 간다. 예배하러 간다" 이것을 내세우고 들어가려 했죠. (……) 그 계획을 민주노총 공동투쟁본부에서 비밀리에 발표하니 참석한 사람들이 받아들였고, 그 계획을 민주노총, 서비스연맹에서도 승인한 거죠. (……)

그때만 해도 저는 장 지도를 신뢰하고 있었기에 (……) '사랑의 교회' 점거계획을 이야기했어요. 저는 출소한 지 얼마 안 됐던 시기고 집행유예기간이라 점거현장에 갈이 들어갈 수 없었죠. (……) 신뢰할 간부들은 구치소에 있어서…. 장 지도가 처음에는 솔깃해서 듣더니만 점거농성의 인솔자가 돼 달라고 하니, 갑자기 표정이 바뀌면서 "동의한 사람끼리 하세요" 하고는 그 자리를 떠났어요. (……) 전투력이 있을 줄 알았는데, 전혀 아닌 거죠. (김경욱, 위원장)

결국 '사랑의 교회' 점거농성 계획은 무산되었다. 이후 3인의 임원이 출소하면서 노조는 다시 투쟁계획을 세웠다. 그 결과 11월 27일 한국기독교교회협의회(NCCK, The National Council of Churches in Korea)를 점거했다. 노조가 NCCK를 점거하자 언론에서 다시 이랜드 투쟁에 관심을 보였다. 이어 NCCK와 한국기독교총연합회(한기총)는 2007년 12월 12일에 이랜드 본사에 공문을 보내 박성수 회장의 이랜드사태 해결을 촉구하는 등 이랜드그룹을 압박했다.

기독교계에서는 파업 초기에 많이 도와주셨죠. 저희가 2007년 파업은 비정규직을 전면에 내세우고, 그게 이슈가 되었기 때문에, 더 도와주셨고. (……) 그러다 제가 석방되어 나와 보니, 인원은 더 줄고 더 집중할 건 없는 거예요. 이제는 뭐 다 끝난 거예요. 절실하죠. 그래도 우리가 할 수 있는 건 다 해야 되는 거예요. 이슈가 될 만한 데는 가서 회사 타격을 줘야 되니까. 그러면서 기독교대책위하고 협의하에 "NCCK 총무실을 점거해라" 해서 거기에 우리가 농성 들어가고, 기독교대책위가 그 앞에서 매일 기도회를 또 해주셨어요. (홍윤경, 사무국장)

저는 NCCK에 붙박이로 있었어요. 거기 우리가 점거했었거든요. 집에서 출퇴근하면서, 거기에 점거한 팀의 리더 역할이었어요. 거기서 목사님들 앞에서도 집회도 하고, 그리고 5·18유족회 분들도 지지방문 와주시고, 박종철기념사업회에서도 왔던 것 같고. (황옥미, 면목)

NCCK에 황 국장님이 들어가서 며칠인가 생활을 하셨죠. 지부별로 대표로 몇 명이 돌아가면서 했던 것 같고. 거기서 밥도 같이 먹으면서 얘기하고, 일부는 밖에서 집회를 계속하고…. 목사님, 종교단체 중에 노동자들을 위해서 투쟁하시는 분들이 기도회 하시고. (마수경, 면목)

한편 노조와 회사는 실무교섭을 통해 연말까지 타결하자며 집중교섭(12월 20~21일 예정)을 하기로 했다. 그런데 회사 측이 갑자기 교섭 직전인 12월 20일에 노조간부 등 33명에게 해고통지서를 보냈다. 그중에는 노조의 교섭위원 8명 가운데 7명이 포함되어 있었다. 이처럼 회사 측이 강경한 입장으로 선회한 데는 대선에서 이명박 후보가 당선 가능성이 높은 것이 영향을 준 듯했다.

이에 노조에서는 NCCK 농성투쟁만으로는 이랜드에 타격을 주는 데 한계가 있다고 판단하였다. 투쟁방식을 둘러싼 논의과정에서 박성수 회장에게 직접적인 타격을 줄 수 있는 '사랑의 교회'를 점거하자는 의견도 다시 제기됐으나, 기독교인들이 모욕을 느껴 역풍이 불 수도 있다는 판단으로 점거농성은 제외됐다. 그 외에 예배에 참여하다가 그 자리에서 농성해서 끌려 나오는 방식이나 교회의 종탑에 올라가는 고공농성 등이 투쟁방식으로 제기되기도 했다. 여러 방식이 논의되던 중 장기간 안정적으로 선전전을 할 수 있는 방식에 초점을 두어, 교회 앞에 천막을 설치하고 농성을 하는 안이 최종 결정되었다. 그리고 12월 21일, 노조는 '사랑의 교회' 앞 천막농성을 시작했다.

> NCCK 농성만으로는 부족하다고 해서 '사랑의 교회'로 가자고 했던 거고. 또 그게 대선하고 맞물린 거잖아요? 마침 이명박 장로가 당선이 예측되고 있는 상황에서 '사랑의 교회' 가는 것은 계획이 되어 있었는데, 마침, 대선 다음 날, 우리 파업하는 간부들이 1차 해고가 된 거죠. 그러니까 이건 뭐 어쩔 수 없는 것이고. 그래서 '사랑의 교회'를 갔고. 거기는 다니는 사람 진짜 많고요. 주일이 되면, 당시 강남역 안쪽에 있는 본당이 좁기 때문에 TV 화면으로 예배드려야 하거든요. 물론 다른 공간은 옆에 또 있지만. 11시 예배잖아요? 그럼 본당에 들어가려고 10시부터 줄을 서요. 쫙. 그래서 거기서도 우리가 얼마든지 교인들을 만날 수는 있어요. 그래서 상징적으로 거기서 천막을 치고. 교회가 회사보다는 낫던데요. 겨울이니까 수위실에서 전기를 연결하게 해줘서 전기장판을 쓸 수 있었고, 본당은 못 들어가도 바깥에 장애인 화장실이 있어서 거기를 쓸 수 있게 해줬고. 12월이니까 100명 정도 됐고, 조합원들이 분회별로 조를 짜서 오늘은 무슨 분회 이리 정하고. 그런데 분회 상황이 다르니까 분회 상황에 맞게 하고. 또 돈이 떨어지니까 재정사업도 하고. (홍윤경, 사무국장)

'사랑의 교회'에 천막 쳤지. 교회 안으로 못 들어갔고요. 거기 보안이 좀 심했던 것 같아. 입구에 천막을 쳐 놓고 교인들하고도 막 싸우고. 거기서 기자회견 했는데, 지금의 MBN에 뉴스가 나오고 그랬어요. 나는 몰랐는데, 춘천에 사는 막내오빠가 전화를 했어요. "야, 너 테레비에 나오더라."(웃음) 그 기자회견 때 내가 기자회견문 읽고 있는 게 보였나 봐요. 천막에서 자는 분이 아마 이경옥 부위원장하고 남성 동지 몇 분이 주무시고. (황옥미, 면목)

이처럼 노조는 '사랑의 교회' 앞에서 천막농성을 하면서 교회 목사들에게 비정규직 노동자들이 일터로 돌아갈 수 있도록 박성수 회장이 직접 면담 및 교섭에 나오게 해달라고 부탁했다. 그러나 오정현 '사랑의 교회' 목사는 12월 23일 예배설교에서 교회는 정치적 장소가 아니라며 "정치적으로 불간섭과 무대응을 할 것"이라고 밝히고 철문을 굳게 닫았다. 이런 태도에 이랜드 비정규직 문제 해결을 위한 기독교대책위는 기독교기업이 비정규직 노동자를 심각한 삶의 위기로 내모는 등 신앙적 정체성에 정면으로 반하는 모습을 보여 주고 있다고 비판하였다. 이어 이들은 사태 해결을 촉구하는 항의서한을 회사에 전달하기도 했다.

크리스마스 전이었어요. 우리가 거기 가서 텐트 치는 순간에 거기 마당 안에 있는 크리스마스 트리의 불을 꺼 버린 거예요. 그럼 우리는 인간도 아니라는 거 아니에요? "원수를 사랑하라" 이러는 교회에서. 원래 크리스마스 땐 24시간 켜 놓잖아요? 근데 딱 꺼 버리더라고요. (……) 처음에는 우리가 교회 화장실을 썼는데, 텐트 치는 순간 문을 딱 닫아 버리더라고. 그래서 우리가 그 앞의 상가건물 화장실에서 씻고.

(교인들 반응은?) 처음에는 막, 뭐라 했는데, 우리가 거기서 천막농성을 하는 거니 (……) 뭐라고 하면서 지나가요. (진현미·이선호, 방학)

천막농성을 진행함과 동시에 분회에서는 집회를 진행하기도 했다. 12월 24일 저녁시간에 시흥분회는 시흥점 앞의 시멘트 바닥에서 촛불문화제를 진행했다.

"비정규직 고용보장"을 요구하며 시작된 노조의 파업은 반년을 훌쩍 넘겼지만, 해결의 실마리조차 보이지 않았다. 오히려 회사는 노조 간부 15명을 해고했는데, 시흥분회 김미옥 대의원도 포함되었다. 가족의 생계를 위해 분식집에서 임시로 일하고 있던 김미옥 대의원은 농성 현장에 참여해 '조합원들에게 보내는 편지'를 낭독한 뒤 동료와 함께 결의를 다졌다.

다음날인 12월 25일 성탄절을 맞아 월드컵점 앞에서도 성탄절 특별예배가 열렸다. 이들의 기원은 소박했다. 새해부턴 일터로 다시 돌아갈 수 있기를, 해고의 불안 없이 마음 편하게 일할 수 있는 일터가 만들어지길, 그래서 아들·딸에게는 자신과 같은 불행이 반복되지 않는 '평화'가 이 땅에 깃들기를 바란다는 것이었다.

이날 '사랑의 교회' 장로였던 박성수 회장이 장로직을 사임했다. 노동자들의 천막농성과 선전전으로 압박을 받은 것이었다.

이어 12월 30일 오후에 조합원들은 월드컵점 앞에서 2007년의 마지막 집회를 열고, 박성수 회장의 비정규직 부당해고를 규탄했다. 한 해가 넘어가는데 조합원 30여 명이 또다시 부당해고되는 등 투쟁이 해결될 가능성이 보이지 않았다.

조합원들은 2008년 새해를 '사랑의 교회' 앞의 천막에서 맞았다. 천막농성장은 분회별로 조를 짜서 교대로 지켰다. 가끔 집회를 열기도 하고, 예배가 있는 날은 교회 신도들이 많이 오고 가기 때문에 선전전을 하기도 했다. 식사는 라면과 도시락 등으로 해결했다. 신도 중에 극히 일부는 관심을 기울이기도 했지만, 대부분은 농성하는 조합원들을 무시와 멸시의 시선으로 바라보았다. 가끔 신도들의 멸시하는 시선 때문에 조합원들과 시비가 일기도 했다.

'사랑의 교회' 앞에서 천막 치고 농성은 돌아가면서 지부별로 거기 지켰던 것 같아요. 그래도 연대동지들 오셔서 진찰도 해주거나 침도 놔주고 그랬던 것 같고. '사랑의 교회'에서, 그때 십일조 헌금이 큰 가방에 다 현금다발로 들어 있는 걸 다 목사님들이 갖고 그랬다나, 그런 얘기도 있었고. (웃음) 신도들인지 누가 나와서 뭐라 욕하고, 천막 친 것에 대해서 뭐라 했던 분들도 있었고. 또 지나가면서 지지해 준 분들도 있었고. (마수경, 면목)

천막 쳐 놓고 돌아가면서 지키고. 교회 바깥에다 쳤는데, 일요일도 저희 갔었죠. 일요일 날도 예배 보고 나와서 교회 안에서 조용히 앉아 있었죠. 그런데 어느 장로님이 와서 "감히 여기가 어디라고 와서 이렇게 하냐?"고, 그래서 제가 "저도 교회 다니는데 감히 여기가 어디라니, 말도 안 되는 소리 하지 말라. 나도 지금 여기 예배 보고 나왔다. 그런 소리 하는 거 아닙니다" 하고 싸우니까, 위원장님이 와서 말리더라고. 몇 번 집회했죠. 일요일 날은 가서 피케팅 하고 있는데, 어떤 여자가 얄봤는지, (웃음) 나한테 딱 오더니 "감히, 여기가 어디라고 이런 걸 하고 있냐?"고 "너네 따위가 이런 걸 하냐?"는 식이야. 내가 "감히라니, 어차피 너나 나나 옷 벗으면 똑같애. 감히라니, 여기 '사랑의 교회'인데 사랑을 주는 교회가 아니고 여기는 사랑을 받아야 될 교회네~!" 그러면서 "나도 큰 교회 다니지만, 너네처럼 그렇게 안 해. 여기는 누구나 오는 거야" 막 그랬더니, 우리 조합원들이 "뭐야? 뭐야?" 하고 오니까 이 사람이 겁이 났는지 꼬리를 탁 내리더라고. 그래서 한참 웃었어요. 강남 사람들은 지나가면서 "88만 원 받는 주제에…" 이런 소리 해쌌고. 막, 무시하는 투로 많이 했죠. (목사는?) 그분들은 나오지도 않았어요. (박복희, 안양)

거기서는 크게 안 하고. 처음에 많이 모이지 않았는데 집회하고, 천막치고 거기서 분회별로 돌아가면서 천막농성하고. 그 천막에서는 내가 농성을 안 했어요. 그 이유는 전부 여자들만 있어서 남자는 안 된다고 해서. 그때는 남자조합원들이 몇 명되지 않았는데, 순천하고 울산 쪽에 많이 있었고. 서울 쪽도 있었고, 안산이 많았는데 안산이 중간에서 다 빠져 버리고. 중간에 남자들이 없잖아요. 나, 위원장, 박승권, 한 10여 명 정도니까. (손명섭, 부산)

교회 가서 "박성수 회장이 여기 있으니까 이분이 이랜드에 대해서 빨리 해결할 수 있게끔 해달라" 따지면 신도들이라든지 박성수를 압박하는 것도 있지만 읍소하듯이 했는데, 물론 이게 박성수한테 압박은 맞아요. "그런데 이랜드매장을 해야 하는데, 여기 왜 있나" 그 생각을 했고. 어쨌든 천막을 치니까 신도들이 관심 있게 봐주고, 또 와서 들어주기도 하고, 간식 같은 것도 사다 주기도 하고. 나쁘게 보지는 않더라고요. 나중에는 천막을 사수하기 위해 돌아가면서 거기 있어야 되니 힘든 거죠. 다 같이 고생한 것 같아요. (김선영, 시흥)

김자옥 씨도 보고.(웃음) 탤런트들이 많이 다녀요. 오정현 목사님이 잘 생기고 찬양 은사를 받은 분이래요. 농성하면서 "도대체 여기는 어떤 목사님이냐? 우리도 예배드리겠다. 우리도 교회 다닌다"면서 들어가려는데 막지는 않더라구. 그래서 앉아서 하는데 거기에서 계속 하니까 김자옥 씨가 우리를 되게 싫어하더라구. "아우, 이런 데 와서 하냐"고 안 좋은 말을 했어요. (……) 그런데 오정현 목사님한테 면담 신청을 했는데 안 만나줬지. 그래 저희들이 돌아가면서 천막에서 잤고. 김밥 먹고 도시락도 싸 가지고 오고. 라면 끓여 먹고. (김용임, 중동)

'사랑의 교회' 앞에서 농성을 하던 노조는 다시 목사들에게 박성수 회장이 이랜드사태를 해결하도록 역할을 해달라고 부탁했다. 그러나 옥한흠 목사는 건강이 좋지 않다는 이유로, 오정현 목사는 정치적인 문제라는 납득하기 어려운 이유로 노조의 면담요구를 무시했다.

이에 1월 9일에 노조가 '사랑의 교회'에서 집회를 하던 중에 교회의 김은수, 이상화 목사가 김경욱 위원장과 홍윤경 사무국장을 불러 집회와 선전을 자제해 달라고 요구했다. 김경욱 위원장은 대중집회를 중단하고 선전활동도 최대한 자제하기로 약속했다. 두 목사는 '품격'을 강조하며 옥한흠, 오정현 목사에게 노조와 면담하도록 건의하겠다고 했다. 면담 내용과 형식에 대해서도 의견을 나누었다. 김경욱 위원장은 옥한흠, 오정현 목사에게 최대한 예의를 갖추고 노조의 요구를 설명하겠다는 약속을 했다. 곧 면담이 성사될 수 있을 것이라는 기대가 생겼다. 그러나 오정현 목사가 노조를 만날 의사가 있는지는 물론 노조의 요구가 오정현 목사에게 전달되었는지조차 확인할 수 없었다. 1월 18일에 교회 측에 확인해 본 결과 김은수 목사는 해외에 나가고, 대신 답변을 주기로 했다는 김학진 목사도 아무런 연락을 하지 않았다.

1) 2008년 '설 매출저지투쟁'

노조는 2007년 말 대폭 양보한 교섭안을 제시하며 연내 타결을 회사측에 요구했으나, 교섭은 잘되지 않았다. 노조는 오랜 투쟁으로 조합원들이 생계 문제에 시달리고 있어 빠른 타결을 시도한 것이다. 노사간에 쟁점은 많지만 가장 큰 입장의 차이는 여전히 비정규직-정규직화의 형태와 징계철회 문제였다. 회사는 기존 입장을 고수했다.

이에 노조는 2008년 들어 2월 설 연휴에 맞춰 다시 한번 투쟁수위를 높이기로 했다. 이를 위해 1월 19일부터 31일까지 매장을 돌면서 집회를 진행하고, 2월 1일에는 전국동시다발집회를 열 계획을 세웠다. 이를 구체적으로 보면 1월 11일 오후 6시 시흥점 앞에서 '파업투쟁 200일문화제'를 개최하고, 또 설날 전 집중타격투쟁으로 1월 19일 홈에버 시흥점, 30일 뉴코아 순천점, 31일 홈에버 유성점에서 투쟁을 벌이고, 2월 1일에 전국동시다발투쟁에 들어가기로 했다.

이런 계획을 결정한 뒤인 1월 10일 뉴코아-이랜드 공동투쟁본부는 대통령인수위 앞에서 기자회견을 열고 새 정부가 이랜드사태 해결을 위해 적극적으로 나설 것을 촉구했다. 공투본은 "노조에 대한 100억 원이 훨씬 넘는 천문학적인 손해배상과 가압류, 노조간부 33명에 대한 일방적 해고" 등을 가한 이랜드자본에 대해 비판하였다. 이랜드사태가 발생한 근본적 원인은 비정규법의 오류와 이를 교묘히 악용한 이랜드자본에게 있다고도 비판했다. 이어 공투본은 뉴코아-이랜드 문제를 해결하지 않는다면 이명박 당선자의 첫 출발부터 발목을 잡게 될 것이라며 이명박 당선자와 인수위가 박성수 회장을 처벌하고, 1월 안으로 문제해결을 위해 직접 나설 것을 촉구했다.

또, 지원단체들도 계획을 발표했다. 같은 날 기독교대책위도 한국

기독교교회협의회에서 기자회견을 열고, 빠른 사태 해결을 위해 매주 화요일과 목요일 오후 7시에 '사랑의 교회' 앞에서 촛불기도회를 하겠다는 등의 계획을 발표했다. 한국기독교교회협의회도 박성수 회장과의 직접 면담을 요청하는 공식서한을 회사에 보냈다. 그러나 이랜드그룹은 이를 수용하지 않았다.

노조는 계획대로 1월 11일 시흥점에서 '200일 투쟁승리 결의대회와 투쟁문화제'를 열었다. 서비스연맹 위원장과 최영호 뉴코아노조 조합원의 투쟁 발언에 이어, 임혜숙 조합원은 투쟁이 장기화되리라고는 생각지 못했고 누구도 원치 않은 일이었지만 투쟁을 해야 한다면 끝장을 보겠다고 굳은 의지를 밝혔다. 승리결의대회를 마친 참가자들은 뉴코아-이랜드노조가 준비한 김밥, 김치전, 고구마, 어묵 등으로 저녁을 마친 후 투쟁문화제에 참여했다.

투쟁문화제는 뉴코아노조와 이랜드일반노조 조합원들이 준비한 율동 및 신파극 공연, 그리고 김성만, 지민주, 연영석, 김호철, 박준 등의 노동가수들의 공연으로 채워졌다. 월드컵분회 조합원들은 구성진 연극을 선보여 많은 이들의 환호를 받았다. 이후 지난 투쟁과정을 담은 영상이 상영되자, 조합원들은 200일 동안의 일을 떠올리며 감동과 가슴속의 응어리로 눈물을 흘리기도 했다.

이어 1월 20일 오후 2시에 대전역 앞에서 뉴코아-이랜드노조 조합원 150명이 집회를 한 뒤에 "집단해고 이랜드자본의 상품을 사지 말자"며 대전 시내를 행진했다. 이들은 거리행진 이후 전국 매출 2위를 기록하고 있는 홈에버 유성점으로 옮겨서 "집단해고, 노조탄압, 소비자기만 홈에버를 이용하지 말자"며 불매운동을 호소했다. 이남신 수석부위원장은 사회적 압력으로 협상에 응하는 듯하던 이랜드가 대통령 선거가 끝나자마자 노조간부 33명을 해고하고 대화를 기피하고 있다며 회사의 이중성을 폭로했다. 그는 소비자를 우롱하고 비정규직 노동자를 집단해고하면서 돈 벌기에 혈안이 되어 있는 '나쁜 기업 이랜드 자본'에게 뜨거운 맛을 보여 주기 위해 불매운동에 동참해 달라고 호소했다. 민주노총 대전본부는 홈에버 유성점의 매출을 제로로 만들기 위해 1월 말부터 2월 초까지 총력투쟁을 전개하겠다고 했다.

1월 27일 오후 1시에 노조와는 별도로 진보정당운동 소속 부산 해운대, 경기 구리시 회원 20여 명이 박성수 회장이 예배에 참석할 예정인 서울 '사랑의 교회' 앞에서 "네 이웃의 비정규직을 사랑하라"는 주제로 알몸 퍼포먼스를 진행했다. 이 행사는 1월 26일 출범한 새로운 진보정당운동 소속 당원들의 첫 외부행사로 민주노동당 부산 해운대지역위원회에서 탈당한 당원들이 준비하고, 경기 구리시 백현종 전위원장 등 9명이 동참의 뜻을 전하면서 기획됐다. 이들은 "이날의 퍼포먼스는 새 진보정당이 고통을 받는 민중과 어떻게 함께할 것인지를 다짐하는 상징적인 사건이 될 것"이라고 했다.

퍼포먼스는 참가자 중 13명이 중요 부위만 가린 채 옷을 모두 벗고, 그중에 1명은 예수 분장을 하고 "네 이웃의 비정규직을 사랑하라"고 쓰인 십자가를 등에 지고 맨발로 고난의 행진을 재연하는 내용이었다. 다른 참가자들도 장엄한 찬송가가 흐르는 가운데, 박성수 회장의 얼굴이 새겨진 천을 걸치고 행진하면서 비정규직에 대한 관심을 촉구했다.

이들은 퍼포먼스를 마친 후 오후 5시부터 홈에버 방학동 앞에서 열리는 '이랜드 해고노동자 촛불문화제'에 참석해 그동안 모금한 400만 원의 성금을 전달하고 비정규직 노동자들의 투쟁에 끝까지 함께할 것을 다짐했다.

진보정당 해운대 당원들은 2007년 7월부터 해운대점 앞에서 1인시위를 해오고 있었고, 크리스마스 이브에는 알몸 퍼포먼스를 진행해 인터넷 UCC를 통해 동영상을 돌리기도 했다.

●설 매출제로 집중투쟁(1월 28일~2월 3일)

그동안 노조의 설 매출저지투쟁을 지원하던 노동단체와 시민단체가 설 명절 전까지 이랜드사태를 해결하기 위해 본격적으로 나섰다. 1월 17일에 271개의 노동·시민·사회단체로 구성된 '이랜드·뉴코아투쟁 승리와 유통 비정규 노동자의 노동기본권 보장을 위한 공동대책위'와 '나쁜 기업 이랜드불매 시민행동', '여성에게 좋은 기업 만들기 실천단'은 대통령 인수위 앞에서 기자회견을 열고 설을 맞아 다시 한번 이랜드불매운동을 진행한다고 밝혔다. 이어 이 단체들은 1월 25일 명동 후아유 앞에서 불매캠페인 선포식 및 공동캠페인 발대식을 진행했다. 후아유는 이랜드계열 회사였다. 이들은 2월 2일에는 홈에버 시흥점 앞에서 불매운동캠페인을 진행했다. 또, 여성실천단과 시민행동 등은 1월 28일부터 2월 5일까지 집중불매캠페인 기간으로 정하고, 보다 강한 불매운동을 전개하기 위해 전국에서 동시다발로 진행하기로 했다.

민주노총도 1월 18일 중앙집행위에서 설 이전에 사태 해결을 위해 다시 한번 전국에서 동시다발 집중매장타격투쟁을 전개하기로 하고, 1월 30일부터 2월 3일까지를 이랜드 집중투쟁기간으로 결정했다. 이 기간에 전국동시다발적으로 집중투쟁을 전개한다는 것이다. 이에 각 지역본부들은 일정에 따라 하루 이상 집중투쟁을 전개할 것을 결정했다.

노조 및 지역대책위원회에서는 1월 25일 이랜드 본사에서 기자회견을 열고 교섭을 회피하는 이랜드를 규탄하고, 동시에 설날 이전에 사태 해결에 나설 것을 촉구했다. 대책위는 이랜드가 악화일로에 있는 자금 사정을 타개하기 위해 5월 이전에 이랜드 중국법인을 홍콩증시에 상장한다고 하지만, 파업사태를 해결하지 않는다면 홍콩의 노조들과 국제연대를 통해 이를 막겠다고 밝혔다. 이어 김경욱 위원장은 외주화 철회와 차별을 시정하겠다는 약속을 회사가 하지 않고 있는데, 수십 명을 징계하고 고발한 상태에서 어떻게 현장으로 돌아가겠냐고 항변했다. 또한 회사는 주류, 쌀 등을 불법적인 카드깡으로 팔 정도로 적자를 면치 못하고 있다며, 이런 상황을 타개하기 위해선 노조와 성실히 교섭해야 한다고 주장했다.

이번 집중투쟁은 이명박 당선인이 GM대우 방문 등으로 민주노총 배제 정책기조를 해 험난한 노·정관계를 예고하고 있는 가운데 처음으로 진행되는 것이다. 이명박 당선인은 경제살리기를 위해서 '노사합의'를 강조하고 있지만 "일자리를 창출하려면 기업이 성장해야 한다", "노동자들은 생산성을 10~20% 향상해야 한다"는 등의 발언을 계속하고 있어, 노동자들의 희생을 바탕으로 한 경제살리기라는 자본 중심성을 드러내고 있었다.

이랜드 집중투쟁 과정에 1월 31일에는 뉴코아-이랜드노조와 민주노총 대전본부, 충남본부, 충북본부 등 300여 명이 대전역과 홈에버 유성점에서 이랜드자본 불매운동을 벌였다. 조합원들은 오후 2시 대전역에서 집회를 열고, 충남도청까지 거리행진을 하면서 '이랜드자본 불매운동'과 '박성수회장 구속'을 촉구했다. 이어 전국에서 매출 2위를 달리고 있는 홈에버 유성점으로 이동해서, 민주노총 대전본부와 충남본부, 충북본부 조합원들과 합류해 '홈에버 유성점 매출제로 불매운동'을 벌였다. 김경욱 위원장은 비정규직법의 문제와 이랜드자본의 문제, 그리고 투쟁과정에서 진행된 회사 측의 탄압에 대해 비판한 뒤 "이랜드투쟁은 집단해고된 지 210일이 지나가고 있지만, 이제부터 시작"이라고 했다. 이어 그는 "기우제를 지내면 비가 온다는데, 기우제를 지내는 사람들이 비가 올 때까지 지내기 때문"이라며 끝까지 투쟁하며 반드시 승리하자고 발언했다.

김창근 민주노총대전본부 비상대책위원장은 "이랜드자본이 매출이 40%가 올랐다며 박성수 회장은 82억 원, 부인은 100억 원의 주식배당금을 챙겼는데, 한 달에 79만 원을 받고 일하는 노동자들을 더 착취를 하기 위해 집단해고 시킨 나쁜 기업주"라며 나쁜 자본가는 이 땅에서 몰아내고 비정규직의 당당한 권리를 쟁취하기 위해 끝까지 투쟁하자고 강변했다. 정현우 통일연대 집행위원장은 이랜드자본의 기업인 홈에버가 유성점과 문화점, 둔산점 등 3곳이나 있다고 지적하고 "이번 설만큼이라도 대전시민들이 적극적으로 불매운동에 동참해 대전시민의 자존심을 살려야 한다"고 주장했다.

다음 날인 2월 1일 오후 홈에버 면목점에 200여 명의 조합원과 연대단체 회원들이 매장타격투쟁을 위해 모였다. 2007년 추석 때 참석한 단위들이 다시 함께한 것이다. 사회진보연대, 다함께, 전해투 등 여전히 이랜드-뉴코아투쟁에 연대하는 단체들이다. 하지만 2007년 추석 때 비한다면 턱없이 참여인원이 적었다. 민주노총이 설 전 매장타격에 집중 참여를 결의했지만 집행은 제대로 되지 않았다. 단 한 곳의 산별연맹도 나오지 않았다. 민주노동당도 마찬가지였다. 대선 이후 내홍을 겪고 있는지라 이랜드투쟁에 집중하는 데 어려움이 있었다. 이날 면목분회 승선화 대의원은 『민중의 소리』에 다음과 같이 자신의 상황을 전했다.

> "100일 문화제 때 딸이 200일은 넘지 않았으면 좋겠다고 했는데 벌써 200일을 훌쩍 넘었어요. (……) 얼마전에 어머니가 돌아가셨는데, 어머

니가 중환자실에서 사경을 헤맬 때도 투쟁판에 나올 수밖에 없는 상황이었죠. (……) 지금 무척 힘들고 괴로운 상황이에요."

저녁 7시가 훌쩍 넘기자 조합원들은 추위와 짙어 가는 어둠 속 문화제를 마치고, 다시 매장봉쇄투쟁을 벌이기 위해 홈에버 면목점을 둘러싸기 시작했다.

이처럼 민주노총과 이랜드-뉴코아 노조는 1월 30일 순천점, 31일 대전 유성점, 1일 서울 면목점 등에서 매장타격투쟁을 진행했다. 결과도 좋았다. 순천점과 유성점은 아예 매장문을 닫았고, 면목점에서도 입구 2곳을 봉쇄하면서 매출에 타격을 가했다. 하지만 회사 측은 교섭 해태로 일관하면서, 2007년 12월 노조간부와 조합원 33명을 해고한 이후 또 10명의 조합원을 징계위원회에 회부하면서 다시 대량해고를 준비하고 있었다. 상황은 좋지 않았다. 하지만 나쁜 일만 있는 것은 아니었다. 박성수 회장이 국정감사 증인소환 불응으로 1월 말에 1차 조사를 받았던 것이다. 이후 추가 조사가 진행될 예정이었다. 이런 상황에서 노조는 설이 끝난 뒤 회사에 교섭을 요청한다는 방침이었다. 3월 30일로 2007년 단체협약이 만료되기 때문에 단체협약을 개정하는 교섭을 진행해야 했다. 그러나 교섭은 순탄치가 않았다. 2월 4일 노조가 '어용세력'이라고 규정하는 직원비상대책위원회라는 단체와 회사는 합의문을 발표했다. 그 내용은 그동안 노사간의 쟁점이 되었던 외주화 문제, 고용보장 문제 등을 회사의 입맛에 맞게 합의한 것이다. 회사 내의 단체와 합의했으니 노조와는 교섭할 일이 없다는 식으로 나왔다. 그렇다고 노조는 교섭을 하지 않을 수도 없는 노릇이었다. 다른 방법이 없기 때문이다.

정치 상황도 더 어려워졌다. 가장 큰 걸림돌은 대통령 당선인이었다. 이명박이 당선되면서 회사가 더 강하게 나왔다. 더욱이 이 당선인이 이랜드사태에 대해 "법을 지키지 않는 노조의 과도한 투쟁이 문제"라는 취지의 발언을 한 이후에 회사는 교섭조차 더 피했다.

대선 전 마지막 교섭을 끝으로 50일이 넘도록 노사는 한 번도 마주 앉지 못했다. 그나마 최근 교섭을 재개한 뉴코아 노사도 회사가 더 "아쉬울 건 없다"는 태도로 나오고 있었다.

거기에 파업이 길어지자 생계비 걱정도 더 심각해졌다. 어느덧 파업 중에 두번째로 명절이 찾아왔다. 그런데 조합원들을 격려하듯이 이름도 모르는 사람들이 꾸준히 후원금을 보내 주고 있었다. 익명으로 100만 원, 200만 원의 큰돈을 보내 오자, 오랜 싸움으로 지쳐 가던 조합원들이 "다시 해보자"고 마음을 다졌다. "이랜드투쟁은 반드시 이겨야만 한다"고 이를 악물었다.

설 명절을 앞둔 2월 5일 오후에 월드컵점 앞에는 경찰버스가 들어섰다. 노조의 집회가 있기 때문이다. 조합원들이 '이랜드불매' 전단지를 시민들에게 돌렸다. 관심을 보이는 사람은 얼마 없었다. 매장 앞에는 50여 명의 조합원들만이 나왔다.

오후 4시 30분에 매장을 가로막은 경찰버스 앞에서 난장이 펼쳐졌다. 차가운 길거리에 선 조합원들은 명절 분위기를 냈다. 노조가 설 집중투쟁 마지막 날 행사로 '설맞이 척사대회'를 연 것이다. 비록 떡국 대신 사발면으로 설음식을 대신했지만 조합원들은 모여서 제기를 차고 윷을 던졌다. 쌀 등이 경품이었다. 한쪽에서는 '이랜드불매' 전단지를 돌렸다. 이들은 시민들에게 "이랜드투쟁은 끝나지 않았다"며 "우리의 투쟁에 함께해 달라"고 호소했다. 이어 "비정규직 문제는 88만 원 세대, 모든 젊은이의 문제"라고 외치기도 했다.

이즈음 선전전·집회 등 투쟁에 적극적으로 나서는 조합원은 100

여 명에 불과했다. 파업은 1,000명이 넘는 노조원으로 시작했지만 긴 싸움에서 버티는 건 쉽지 않았다. "이길 수 있을까" 의구심이 드는 건 당연했다. 이날 한명희 면목분회 조합원은 『오마이뉴스』에 다음과 같이 인터뷰했다.

"정신적·육체적으로 힘들죠. (……) 너무 춥고, 또 다들 생계 문제 때문에 힘들어해요. (……) 남편은 끝까지 하라고 격려하는데, 시부모님이 '언제까지 하느냐'고 많은 걱정을 하시죠. (……) 지난 12월 말 많은 동료들이 복귀해서 마음을 다쳤고. (……) 그러나 생계 때문에 알바를 하면서도 현장으로 돌아가지 않은 동료도 많아요. (……) 이번 설에 입사 후 7년 만에 친정에 가게 되는데, 마음이 무거워요."

남아 있는 대부분 조합원도 앞이 보이지 않았다. 그런데 생존권이 걸려 있기에 더 물러설 수 없었다. 주위에서 "투쟁은 계란으로 바위치기"라며 그만두라고 하지만 "그래도 계란을 던지면 흔적은 남는다"며 투쟁을 포기하지 않겠다는 의지를 보였다.

오후 4시경부터 시작한 이날의 행사는 흥겨운 분위기였다. 윷놀이, 제기차기, 줄넘기 등 설맞이 행사에서는 오랜만에 조합원들이 마음껏 웃었다. 이후 진행된 문화공연에서도 촛불을 든 조합원들과 공연자들이 신나는 분위기로 참여했다.

2. 총선 비례대표 후보전술

시간이 지나면서 상황은 더 나빠졌다. 회사의 태도는 변함이 없었다. 간신히 이어 가는 투쟁 탓에 복귀하는 조합원 수가 더 늘어났고 그렇게 줄어드는 조합원 수만큼 할 수 있는 투쟁방식이 제한되었다. 투쟁의 끝도 보이지 않았다. 그 때문에 노조지도부는 복귀하려는 조합원들의 발길을 붙잡아 둘 무언가가 절실하게 필요했다. 고민 끝에 김경욱 위원장은 2008년 18대 총선에 이남신 수석부위원장이 국회의원 후보로 출마하는 '총선투쟁'을 고민했다. 총선 이슈를 이랜드투쟁에 이용하려는 것이었다. 이남신 수석이 국회의원으로 당선되면 이후 이랜드투쟁에 상당한 도움이 될 수 있고, 안 된다 해도 총선이 끝날 때까지는 조합원들을 총선 이슈로 결집시킬 수 있다고 판단했다. 위원장은 총선투쟁을 언급하면서 총선 때까지만 버텨 보자고 조합원들을 독려했다.

그런데 처음부터 김경욱 위원장이 총선투쟁을 결심한 것은 아니었다. 민주노동당에서 먼저 제안이 있었다. 민주노동당 각 지역당협의회에서 노조의 각 지역 분회장에게 민주노동당 지역후보로 총선에 출마할 것을 제안했다. 하지만 이러한 제안은 노조 중앙과는 아무런 소통없이 진행됐다. 이런 상황을 김경욱 위원장은 각 지역 분회장들과 소통하는 과정에서 알게 됐다.

사실 처음부터 총선을 수단으로 쓰려고 생각하지 않았는데, 민주노총에서 18대 총선을 한창 준비할 당시, 민주노동당에서 우리 여성조합원에게 민주노동당 후보로 총선에 출마하면 어떻겠냐는 제안을 했어요. 우리 조합원들에게는 솔깃한 제안이죠. 민주노동당 공식 정책으로 내려온 거예요. 각 지역당협의회에서 홈에버 지역지부 분회장에게 출마하라고. 노조 중앙은 몰랐고. 우리는 지역 분회장들이 우리에게 "어떻게 하면 좋겠느냐"고 연락해서 알게 된 거죠. 통화 중에 그분들은 출마하고 싶어하는 듯했고, 국회의원이 되든 안 되든 출마한다는 게 영광이잖아요. 노조투쟁하다 국회의원 출마까지 하는 게. (김경욱, 위원장)

당시 정당으로 출마하는 국회의원 후보 중에서 일정 비율 이상의 여성할당제를 달성하면 국가에서 몇십억의 보조금을 지급했다. 그것 때문에 민주노동당이 여성이 대부분인 이랜드 각 지부 분회에 총선 출마를 제안한 것이었다.

나중에 민주노동당 서울시당 관계자들에게 따졌죠. "왜 아줌마들에게 바람 넣느냐"고. 그리고 이랜드 중앙노조의 정식 안건으로 논의해서 결정해야 하는 사항을 개별적으로 접근해서 진행하는 점도 무척 불쾌하다고. (……) 민주노동당이 정말 여성조합원을 출마시키는 게 이랜드투쟁 전술이었다면 중앙노조와 상의했어야 했다고 생각해요. 그런데 지부 조합원과 개별적으로 접촉한 건, 결국, 자기네 총선에 우리를 이용하려는 것으로밖에 보이지 않죠. 만약 그들이 원하는 대로 진행됐다면 총선이 시작되는 순간에 노조는 아무것도 할 수 없는 마비 상태가 됐을 거예요. 선거유세 하러 다니느라 바쁘잖아요. 2007년 12월 대선 때 이미 경험했죠. 조합원들이 매일 권영길 민주노동당 대선후보 선거유세 현장을 다녔으니까. 우리 투쟁이 한창일 때인데도. 그래서 이런 편법 쓰지 말고, 이랜드투쟁을 이슈화하는 게 목적이라면 당선 가능한 비례를 달라고 했죠. 민주노동당 지도부가 당황했어요. (김경욱, 위원장)

2월 28일 쟁대위가 열렸다. 김경욱 위원장은 이 자리에서 공식적으로 총선비례대표 후보전술을 제안했다. 회의 전에 김경욱 위원장은 이남신 수석부위원장을 후보로 내세우려 설득해서 동의를 받아냈다. 쟁대위는 이 안건을 조합원 총회에서 다루기로 했다.

김경욱 위원장의 돌발 행동. 원래 이런 투쟁사업장은 선거전술을 하는 거가 되게 위험하잖아요. 왜냐면 진영이 나눠지는 거기 때문에. 그때가 저희가 워낙 힘들었어요. 김경욱 위원장이 혼자, 고심하다가, 지도부하고도 상의 안 하고. (……) 그런데 총회에서 김경욱 위원장이 불쑥 말한 거예요. 김경욱 위원장 스타일이 그냥 "하겠다", 이런 식으로 얘기한 거죠. 그때 민주노동당 비례후보 얘기하면서 제 이름까지 거명하면서.

이경옥 부위원장하고 홍윤경 사무국장하고 저하고 반대했어요. "이거 잘못되면 큰일 난다. 당선되어도 우리 문제가 해결되는 것이 아니기에 대단히 위험하다." 특히, 홍윤경 동지하고 이경옥 부위원장은 격하게 "안 된다!" 반대했고. 그래서 위원장이 제일 우유부단한 저를 설득한 거죠. 저도 반대논쟁도 했는데, 결국, 위원장이 "해야 된다. 지금 너무 힘들고, 이거 말고는 방법이 없다" 하고. 그때가 4월인데 진짜 아무것도 안 보였었거든요. 정말로…. 그래서 내가 "총회에서 결정이 되면 내가 따르겠다"고 한 거죠. (이남신, 수석부위원장)

다음 날인 2월 29일에 조합원 총회가 열렸다. 민주노동당의 비례대표 전략공천명부 확정일이 3월 2일이었기 때문에 시간이 없었다. 김경욱 위원장이 제안 취지를 설명했다.

> "총선 때 이랜드일반노조가 어떤 입장을 취하느냐는 굉장히 민감한 문제입니다. 우려와 비판도 많습니다. 현장은 제가 지키겠습니다. 개인적인 생각으로 이남신 수석부위원장을 민주노동당이나 진보신당 가운데 비례대표 높은 순번을 주는 쪽으로 출마시켜 당선 가능성이 확보되면 회사에 압박이 될 것입니다."

김경욱 위원장의 제안은 '비례대표 국회의원'에 방점이 찍혀 있었다. 당이 이미 분열된 상황에서, 노조에게는 어느 당이냐가 중요하지 않았다. 그 때문에 총회에서는 어느 당이냐는 문제는 논의되지 않았다. 조합원들에게 중요한 것은 "우리 노조간부가 국회의원이 되는 게 조합원들에게 유리한 것인가"였을 뿐이다.

조합원들의 발언이 이어졌다. 한 분회장은 "기회가 될 수 있다. 우리의 목소리를 낼 수 있고, 회사가 긴장할 수 있다"는 점에서 찬성했다. 하지만 반대의견도 만만치 않았다. 한 조합원은 "민주노동당 국회의원 9명이 있어도 비정규법 못 막았다"면서 목소리를 높였다. 찬반양론이 나오자, 조합원들은 간부들의 의견을 듣고 싶다고 주문했다. 분회장들이 나섰다.

일산분회장은 "출마하면 언론이 다시 우리를 주목할 것"이라며 "국회의원이 됐다고 해서 우리 세상이 될 것은 아니지만 우리 문제를 해결하는 데 도움이 될 것"이라고 찬성의견을 냈다. 강혜정 야탑분회장은 "언론에 나와도 해결된 건 없었다. 연대를 많이 받기 위해서는 어느 한쪽에 서면 안 된다"고 발언했다.

그러나 조합원들의 정서는 무엇이라도 돌파구를 만들어야 한다는 것이었다. 황은영 면목분회장이 "때려 부수는 폭력행위 같은 것 말고는 다 해봤다. 이제까지 안 해본 총선비례대표 후보전술을 우리 투쟁의 돌파구로 삼자"는 발언을 하자, 조합원들이 박수를 쳤다.

이날 총회는 후보전술을 "조직적으로 정하기"로 하고, 다음 총회에서 최종결정하기로 했다. 이 안건에 90% 이상의 조합원이 찬성했다. 집행부는 안건을 제안한 그 자리에서 찬반투표로 결정짓는 것은 무리라고 생각했다. 다음 총회에서 찬반투표로 결정하기 전에 만약 "민주노동당이 비례대표 2번을 준다"면 이를 안건으로 찬반투표를 한다는 생각이었다.

이날 총회에 참석한 조합원은 100여 명이었다. 이 숫자는 조합원들이 몰릴 대로 몰려 있다는 현실을 반영하는 수치였다. 조합원들에게는 다른 선택이 없었다. 그때문에 "이렇게 죽으나 저렇게 죽으나 마찬가지인데, 위험하지만 비례대표 후보전술이라도 해보자"는 김경욱 위원장의 제안에 조합원들도 동의했다.

그런데 상황은 다르게 흘러갔다. 이미 민주노동당 주변에서는 혁신비대위가 발표한 비례대표 전략공천 예비후보에 포함된 이랜드일반노조, 기륭전자, KTX 등은 들러리일 뿐이고, 이미 전국민주연합노동조합의 홍희덕 위원장이 내정됐다는 소문이 돌고 있었다.

3월 1일 오후 6시에 김경욱 위원장과 이남신 수석부위원장이 민주노동당 당사에 가서 비대위원들이 비례대표 전략공천 후보를 면접하는 자리에 참석했다. 3월 2일 민주노동당은 비례대표 2번에 홍희덕 위원장을 전략공천했고, 3월 3일에 그 명단을 공개했다. 민주노동당 혁신비대위의 다수가 '국민파'라서 같은 정파로 분류되는 홍희덕 위원장을 낙점했다는 문제제기가 있었다. 애초부터 이랜드일반노조는 민주노동당이든 진보신당이든 당선가능성이 높은 번호를 준다면 어느 곳이든 거절할 생각이 없었다. 노조는 진보신당의 문을 두드렸다.

> 우리 조합원들은 김경욱 위원장에 대해서는 워낙 압도적인 지지가 있었기 때문에, 결국, 총회 했는데, 처음에는 "민주노동당으로 가자"였는데, 민노당이 안 됐잖아요. 아예 홍희덕을 내정해 놓고. 결국, 그게 어긋나고, 이제 진보신당으로 하면서, 두 번 총회를 하게 된 거예요. 완전히 눈물의 총회를. 민주노동당이 안 되면서 우리가 총회를 두 번 하는 건 이치에는 안 맞는 건데, 어쨌든 민주노동당이 안 됐으니. (이남신, 수석부위원장)

3월 4일 다시 총회가 열렸다. 조합원들의 발언이 이어졌다. 황은영 분회장은 "당연히 민주노동당이 비례대표 2번을 줄 줄 알았다. 민주노동당이든 민주노총이든 그동안 우리더러 비정규운동의 선두주자라고 했고, 또, 국민들의 관심도 많이 받았으니까요"라며 서운한 감정을 드러냈다. 월드컵점의 한 조합원은 "우리(월드컵점) 투쟁 지원해 주던 마포구, 서대문구, 은평구 위원장이 다 탈당했고, 우리도 비례대표 떨어지고, 그럼 민주노동당에 남아 있는 사람들은 누구인가라는 생각이 들어요"라고 했다. 여전히 서운한 감정이었다.

며칠 전만 하더라도 이남신 수석부위원장의 민주노동당 비례대표후보 출마에 대한 찬반투표가 예상됐던 이 총회가 진보신당을 염두에 둔 비례대표 후보전술 찬반투표 자리가 됐다. 김경욱 위원장은 진보신당행을 결심했고, 이남신 수석부위원장은 "조직의 결정에 따르겠지만 민주노동당이 아니라 진보신당으로 비례대표 후보를 내는 것은 지도부나 조합원이 예측하는 이상으로 후폭풍이 따를 것이다. 정말 신중하게 결정해 달라"고 호소했다.

반대입장을 대표해 발제했던 홍윤경 사무국장은 "민주노동당 분당사태에 대해 조합원들은 왜 분당이 됐는지조차 잘 모르고, 민주노동당을 지지해야 할지 진보신당을 지지해야 할지 혼란스러워하는 경우가 많다. 어느 한쪽을 지지하게 되면 공연히 정치권 싸움에 휘말리게 될 것이다. 또 진보신당 후보 출마를 결정했을 때 민주노총의 배타적 지지 방침과 어긋나 앞으로의 투쟁에서 민주노총의 지원을 받지 못하게 될 것이라는 우려도 있다"고 했다.

이날 총회는 영등포 산업선교회에서 열렸고, 수도권 조합원 96명이 참석했다. 전날 총회를 지역에서 열었던 울산과 순천의 조합원은 각각 24명과 19명으로 총 조합원 139명이 투표에 참여했다. 결과는 찬성 83표, 반대 47표, 기권 9표였다. 지난 2월 29일 총회 때 조합원들은 총선 비례대표 후보전술을 총회 안건으로 올리는데 90% 이상이 찬성했었다. 그만큼 조합원들은 혼란스러웠다. 김경욱 위원장은 후보를 내는 것은 투쟁전술 중 하나일 뿐이고, 가장 중요한 것은 조합원들과 함께 만들어 가는 현장에서의 투쟁이라고 정리했다.

한편, 민주노총은 민주노동당이 분당되자 '민주노동당에 대한 배타적 지지' 방침을 더 강화했다. 서비스연맹은 노조가 진보신당의 비례대표 후보를 내는 것이 조직적 지침에 맞지 않다면서 철회를 요구했다. 노조를 향해 노동운동진영 안팎으로부터 우려와 비판의 목소리가 나왔다. 민주노총에 소속되어 오랫동안 함께 투쟁해 온 만큼 노조도 매우 힘겨웠다. 결국, 노조는 다시 총회를 소집해 민주노총·민주노동당·진보신당 대표자의 의견을 듣고 조합원의 뜻을 재확인하기로 했다.

진보신당에 가는 것을 총회에서 결정하니까 민주노총과 민주노동당에서 비상이 걸렸죠. 김형근 연맹위원장은 "이제 외통수인 거 알지?"라고 했고. 그리고 총회 전에 이석행 위원장이 "진보신당 가면 안 된다"고. 민주노총은 민주노동당이 유일한 정치지지세력이라는 거죠. 진보신당행은 민주노총 지침을 위반하는 거라고. 그래서 내가 "총회에서 총선투쟁하기로 결정했는데, 민주노동당에서 거절했다고 결정사항을 무효화할 수 있냐. 진보신당에서 안 받아주면 어쩔 수 없지만, 받아주면 가겠다"고 했죠. 그러자 이석행 위원장은 감당할 수 없는 사태가 벌어진다면서 "현대차노조 대의원대회에 직접 찾아가 이랜드생계비를 걷어오겠다"고 약속하면서 "언제든지 찾아와서 투쟁계획을 논의하라"고 해요. 그동안 그렇게 만나려 했지만 못 만났던 위원장이었는데, 당황스러웠죠. 그러다가 이남신 수석이 "이대로 진행하면 큰일 난다"고 해서 총회를 한 번 더 하기로 했죠. (김경욱, 위원장)

문제는 노조 내부에서도 있었다. 순천지역은 민주노동당이 지역의 다수를 이루고 있었고, 이들이 순천분회의 투쟁을 지원하고 있었다. 그 때문에 조합원들이 민주노동당에 가입하기도 했다. 그런데 총회를 통해 진보신당으로 총선비례대표 후보전술을 결정하니, 순천분회가 지역에서의 위치가 곤란해졌다.

결국, 3월 9일 일요일에 긴급조합원총회를 열어 총선비례대표 후보전술 폐기 안건을 놓고 또 다시 찬반투표를 했다. 민주노동당 이해삼 최고위원을 비롯해 서비스연맹 김형근 위원장 등이 참석했다. 진보신당을 대표하여 진보신당 마포을 지역구후보 정경섭이 참석했다. 이 자리에서 서비스연맹은 총선에서 이랜드 이슈화, 홍콩원정투쟁, 이랜드거래 금융권 압박, CMS를 통한 생계비보장, 투쟁사업장 공동집중투쟁 등 기대할 만한 투쟁계획을 제시했다. 총회 때 조합원이 "만약 투표에서 진보신당으로 비례대표를 내는 것이 확정되면 지금 말한 투쟁계획 등은 없어지는 것이냐"라고 물었을 때, 김형근 위원장은 아니라고 했다.

이날 총회에는 조합원 74명이 참석한 가운데 진보신당에 비례대표를 내는 안건이 찬성 39명, 반대 26명, 기권 9명으로 통과됐다. 총회를 세 번에 걸치면서 90% 찬성에서 간신히 과반을 넘기는 상황까지 온 것이다. 총회를 거듭할수록 참석자는 줄어들고, 반대와 기권표가 늘어났다. 그런데 찬성하는 사람들의 목소리는 더 높아졌다. 3월 4일 총회 때만 해도 민주노총과 민주노동당이 투쟁지원을 멈추지 않을까 걱정했던 조합원들이 이날의 긴급총회에서는 민주노총의 지침을 어겼다고 하더라고 민주노총과 민주노동당은 노조를 도와줘야 한다는 생각으로 바뀌어 갔다. 격해지는 조합원조차 있었다. 이 총회는 조합원들의 눈물로 진행됐다.

그때 총회가 아주 살벌했습니다. 특히, 서비스연맹 김형근 위원장은 거의 협박 수준으로 얘기했죠. "진보신당 가면 안 된다" 하고. 또, 순천에서 격하게 항의가 올라온 거예요. 순천-전남이 다 민주노동당 쪽이잖아요. 그니까 "우리가 진보신당 후보로 나간다"니 격하게 항의가 올라온 거예요. 그래, 총회를 한 번 더 하게 됐는데, 박영광 지부장과 조합원들이 직접 올라왔고, 정말 눈물의 총회였죠. 그때 발언이 정말 많았어요. 뭐, 서비스연맹을 비롯해서 연대 단위들 다 발언했어요. 대부분은 진보신당으로 가는 거에 대한 우려들이 있었고.

박영광 지부장도 되게 절절하게 얘기했죠. 왜냐면 진보신당으로 가게 되면, (순천)지대위 체계가 문제가 되니까. 민주노동당이 연대 주축이었기 때문에, 날벼락인 거예요. 민주노동당 분당 자체가 사실 우리한테 너무 큰 아픔을 남기긴 했는데, 우리가 어느 진영을 선택하는 순간에 울산은 진보신당 계열이 연대 주축이라 괜찮은데, 순천은 큰일이 나는 거예요.
그런데, 너무 고마웠던 것은, 그때 총회 결정이 되게 아슬아슬하게 났는데… 박영광 지부장이 결정되고 난 다음에 말미에 "총회 결정에 따르겠다"고 했거든요. 만약 박영광 지부장이 "이거 말도 안 돼!" 그러고가 버렸으면 진짜 아사리판이 됐을 텐데. 그니까 박영광 지부장이 정말 고마웠죠. 박영광 지부장이 노조를 살린 거죠. 조직의 일원으로 지켜 준 거죠. 그게 정말 쉽지 않거든요. (이남신, 수석부위원장)

집행부 내부에서는 논쟁이 있었죠. 김경욱 위원장은 "내보내야 된다"고 했고. 저랑 사무국장은 "절대 안 된다. 투쟁 중에 선거에 나가서 우리 얘길 알린다고 치더라도 이건 말도 안 되는 얘기다"고 반대했고. 이남신 수석도 "후보는 아닌 것 같다"고 얘길 했음에도 위원장이 나가라고 하니 결국은 나갔던 거고. 연대 동지들로부터 어마 무시하게 문제제기받고. 연맹이나 노총은 민주노동당의 배타적 지지 방침을 어기는 거라고 난리고. (……)
근데 위원장이 설득하며 얘기하니 대부분 여성조합원들이 "괜찮겠네요" 그러고. 몇 명 반대하는 사람들 있었지만. 결국은 나가는데 혼자서 하고 다니게 된 거죠. 손명섭이 운전기사 겸 선거운동원 겸해서 전국을 이남신이랑 같이 다녔죠. 사실 욕도 먹었대요. (……) 근데 다른 방법이 없어서 그런 거예요. 사실 실패한 전술이지요. (이경옥, 부위원장)
울산은 "방침은 전혀 문제될 것 없다. 해야 된다" 진보신당을 떠나서 우리 투쟁을 알리는 거면 어떤 방식이든 괜찮다고 봐서, "간다"로 조합원들이 정리됐고. 거기에 연관된 지부들 있잖아요? 순천 같은 경우

거긴 예민해서 반대하다가 나중에 지침을 따르겠다고 나오고. 그때 막다른 골목에서 할 게 없는 상황에서, 저는 적극 찬성한 사람 중의 한 명입니다. 결국에 통과되잖아요. 그니까 "이거 가지고 투쟁이 깨질 수 있다"고 몇몇 거기 연관된 지부가 있으니까, 그거 갖고 끝까지 싸움한 거고. 실지로 조합원 내부적으론 크게 반발한 게 없어요. 조합원들은 거의 관심이 없어요. 잘 모르기도 하고. (김학근, 울산)

중앙에서는 투쟁전술의 일환으로 이남신 수석을 진보신당 비례후보로 내는 것을 결정을 했어요. 그 총회에 제가 참석 못했을 거예요. 위에서 그냥 결정된 것으로 알고 있어요. 그 뒤에 제가 "철회 건에 대해서 안건으로 올려 달라" 하고. 거기에 대해 (……) 중앙의 고충도 이해하지만, 지방의 고충도 있었어요. 지방에서는 대역죄인이 된 거예요. 지역은 민주노동당파인데, 전남본부에서는 이랜드투쟁에 결합했고. (……) 그런데 배신자 대열에 우리 이랜드노조가 합류한다는 분위기들이 있었던 거죠. (……) 실제로 지역에서 "진보신당은 배신자들 세력인데, 너들이 거기 합류할 수 있냐?" 하니, 되게 힘들었어요. 전남본부장한테 전화 받고, 연맹위원장도 전화해 "너희들, 그거 하지 말아라. 박 지부장이 좀 얘기 해봐라" 이러고. (……)
그래 총회에서 결정난 것을 "총회를 한 번 더 열어 주라. 발언권을 달라" 해서, 총회 가서 조합원들이 울고불고 난리였고. 위원장도 난처했던 게 지푸라기라도 잡고 싶은 심정인데…. 그래서 제가 결정을 뒤엎으려는 게 아니라 지역 동지들에게 의리를 지키는 상징적인 퍼포먼스를 한 거죠. 어떻게 뒤집겠어요? 그래서 저는 그 정도면 의리 지켰다고 생각하고 내려왔고, 지역에서는 "정치적인 걸로 더 이상 얘기하지 말라" 했어요. (박영광, 순천)

김경욱이 상태가 안 좋았지만, 그때가 최악이었죠. 김경욱이 나오고 나서부터는 평화전술 쓰고 뭘 제대로 한 게 없어요. 그 전까지 매장봉쇄투쟁부터 뭘 하든 계속했는데 안 되긴 했지만, 경찰에 잡혀가기도 하고, 연대투쟁도 많이 다니고. 뭐, 이런 힘든 시기였는데….

여튼 김경욱 나오고부터는 연대투쟁도 좀 줄이고. 워낙 조합원들이 힘들어하니까. 그 양반 기본적으로 조합원들이 힘들어하는 거에 대한 부담이 많았죠. 공식지도부니까 충분히 이해는 하는데, 그거에 너무 그랬기 때문에. 근데 선거전술 논의할 때 최대로 안 좋았죠. 그때 김경욱이 "자기는 투쟁을 승리할 수 있다면 영혼이라도 팔겠다" 이런 얘기도 했었지요. 그래서 진보신당 후보를 내기로 했잖아요. 그 과정에서 저는 반대했죠. (……) 두 가지 측면에서, 하나는 당선을 위한 선거전술이기에, 두번째는 그에 파생되지만 둘 중에 갈라진 진보정당이라는 한쪽을 택해서 들어가는 문제였죠. 그때 조합원들이 다 상태가 안 좋아서, 뭐, 도움이 된다고 하니까 반대를 했는데도 설득이 안 됐죠. (서형태, 병점)

위원장을 추대하고 따르는 사람들은 가기를 원했어요. 그런데 우리는 "그거는 아니다", 시흥 쪽과 강경파에 속하는 사람들은 "정계로 나가는 건 옳지 않다", 그런 생각을 했어요. "정계가 아니라 이 투쟁을 계속해야 한다"면서 그거는 안 맞는다고 얘기하고. (김영순, 시흥)

이후 진보신당은 3월 11일 확대운영위원회를 열어 이남신 수석부위원장을 비례명부 2번 노동부문 비정규후보로 추천하기로 만장일치로 결정했다. 진보신당은 4월 총선에서 16명의 비례대표 후보를 출마시키기로 했다. 이어 3월 12일 이남신 수석부위원장이 여의도 진보신당 사무실에서 기자회견을 열고 "이랜드 여성노동자들의 간절한 염원을 안고 진보신당(준)의 비례대표 후보로 출마하겠다"고 공식선언했다. 이남신 수석부위원장은 국회의원 한 사람이 나온다고 이랜드투쟁이 승리하는 것은 아니지만, 4월 총선을 앞두고 이랜드자본을 한 번이라도 더 압박할 수 있는 계기가 된다면 활용하자는 것이 조합원들의 판단이라고 밝혔다.

이남신 수석부위원장이 진보신당 비례대표 후보가 되었는데, 회사는 별다른 반응을 보이지 않았다. 선거운동 과정 내내 그는 이랜드투쟁의 역량을 훼손시키지 않기 위해 노조간부 1인의 지원만을 받았다.

그 우여곡절을 겪고 제가 비례후보로 나간 뒤에 집행부들한테 선거투쟁할 때는 오지 마라고 했어요. 나하고 운전수로 차출됐던 손명섭 동지하고 둘이 할 테니까. (……) 실제로 그렇게 했어요. 어쨌든 전국에서 도와준 동지들이 있어서 전국을 돌기는 했지만, 민주노동당 계열 지도부가 있는 데는 못 갔죠. 그리고 진보신당 계열이거나 또는 이랜드투쟁 자체에 의미부여 하는 사업장에도 전국회의를 비롯한 (구)민주노동당 계열 활동가들이 있잖아요? 그러면 저한테 "이남신 동지, 이랜드투쟁을 이렇게 팔아 넘길 거냐?"고 하면, 저는 무조건 "죄송하다" 사과하고. 하여튼 별의별 일이 다 있었죠. 그때 민주노총 조합원들 분위기가 분당도 싫고, 민주노동당도 진보신당도 다 싫다는 거야. 완전 아수라장이고 싸한 분위기이고. "이 새끼들, 완전히 이권 다툼에, 엉?" 하는 분위기. 그래서 제가 나중에는 읍소를 했어요. "투표기권하시면 안 된다. 진보정당이라면 어디가 됐든 무조건 투표하시라"는 걸로 선거운동 했어요.

또, 진보신당 내에서도 크게 논란이 됐었거든요. 금속의 동지들이 문제제기를 한 거죠. "서울대 출신 정규직이 진보신당의 비정규 비례라니, 이게 맞냐?" 해서 진보신당 게시판에서 난리가 났었죠. 그런데 저랑 오랫동안 함께했던 비정규 동지들이나 김성만 동지도 일부러 게시판에 들어가서 "나는 이남신이 비정규직인 줄 알았다. (……) 그놈의 출신이 뭐가 중요하냐" 이렇게 써요.(웃음) 그래서 제가 일일이 전화해 "분란을 일으켜서 죄송하다"고, 그러면서 제가 너무 상처가 컸어요. 또 죽을 뻔했죠. 둘이 다니면서 강행군해야 되니, 둘이서 졸면서 자면서 운전하고 그랬어요. 막 갓길 달리다가 깨어나기도 하고. 진짜 여러 번 죽을 뻔했죠. 그렇게 무거운 마음으로, 환영받지도 못하고. 우리는 다 포기하고 있는데, 홍세화 선생님이 혼자 마지막까지 "이랜드를 국회에 보내야 된다"면서 모니터에 눈 박고 있는데, 그 모습 보면서 좀 울었죠. 그때, 처음부터 끝까지 너무 상처를 받고. (집행부는 몰랐어요?) 잘 모르죠. 제가 지도부들한테도 얘기 안 했어요. 결국 0.06% 모자라서 떨어졌고. 천만다행이라 생각해요. (이남신, 수석부위원장)

4월 총선에서 당선될 것이라고 기대한 것은 아니었지만 이남신 수석부위원장이 낙마하자 조합원들은 낙심했다. 그런데 총선 이후 문제는 서비스연맹과의 관계가 더 악화된 것이다. 무엇보다도 노조에 지원된 투쟁기금을 서비스연맹이 관리하고 있었는데, 연맹이 투쟁기금을 가지고 노조를 괴롭혔다. 거기에 민주노동당 활동가들이 주축이던 지역대책위활동도 약화되었다.

우리 조합원들은 완전히 낙심에 빠졌고. 그리고 진보신당을 선택한 후과로 서비스연맹의 김형근 위원장하고는 척졌고. 투쟁자금도 우리한테 안 줬어요, 이 나쁜 놈이. 해외에서 UNI에서 우리한테 보내온 것도 안 줬잖아요. 그래서, 나중에 논란이 됐지만. 이제 서비스연맹하고는 최악이 됐고. 그다음에 지대위가 다 무너졌어요. 월드컵 지대위부터, 어렵게 연대투쟁을 해왔던 민주노동당 출신 활동가들이 주축이 되었던 지대위들이 약화돼 버렸죠. (……)
그니까 2008년 들어 민주노총도 동력도 없어지고, 또 연말에 분당되면서 다 아사리판이 난 거예요. 조합원들의 입장에서는 악재가 확 덮친 거죠. 거기다가 장 지도위원 쪽하고 갈등은 막 격화되고. 결국은 조합원들을 단도리 할 수 있는 방안이 사실 없죠. 그니까 저는 김경욱 위원장의 고심이 이해가 돼요. 4월 선거 외에는 다른 방법이 없었고.
그런데 그걸 저도 엄정하게는 평가가 잘 안 되는데, 어쨌든 "우리 투쟁을 이어 가는 징검다리 역할을 하기는 했다"고 봐요. 진보신당 나가면서. 그게 이랜드투쟁에 대한 여러 비판도 생기긴 했지만, 당사자 입장의 절박함을 알리는 계기가 된 건 맞고요. 한편에선 우리 조합원들은 독기가 생기죠. "민주노동당 이 XXX들!", "아니, 나 끝까지 가볼래! 뭐 진보정당이고 나발이고!" 이런 게 생긴 거죠. 그리고 진보신당 동지들은 한편에선 이랜드투쟁을 자기 투쟁으로 생각하고 챙기는 흐름도 있고. 크게 영향을 미친 건 아니지만. 그게 우리 조합원들한텐 힘이 되잖아요. 여튼, 후보전술이 일종의 징검다리 역할은 했다고 보고. 그게 홍콩원정투쟁으로 이어지고, 그러면서 근근이 명맥을 이어 갔던 거죠. (이남신, 수석부위원장)

(결과?) 저는 그 득실은 따지기 어렵다고 생각하고, 후회하지는 않고. 어쨌건 조합원들이 치열하게 토론해서 결정했기 때문에, 저는 그 자체로 소중하다고 생각해요. (홍윤경, 사무국장)

(진보신당으로 후보 낸 뒤 벌어진 일은?) 지원이 끊기는 거였어요. 돈으로 장난치는 일이지. 이랜드투쟁기금은 서비스연맹이 몇천만 원을 가지고 있었죠. 그때 1주년 문화제 하는데 대략 몇백만 원이 들어갔는데, 그 돈을 서비스연맹에 요구해 놓았거든요. 그런데 집회 가기 전에, 박양수 뉴코아 위원장이 전화를 해서 "연맹에서 집회할 때 진보신당 대표가 발언하게 돼 있다고 집회비용을 안 준다고 하네요" 하니, 황당했죠. (……)
서비스연맹 조직국장에게 전화해서 "아니, 집회비용을 왜 안 줘요?" 그랬더니 횡설수설하더니 "집회를 하는데 연맹에 보고도 안 하고 노조 마음대로 집회를 하느냐"고 질타해서, 뭐 "집회순서 계획을 사전에 공유하지 않았다"고 지적하고. (……) 거기에서 진보신당 대표가 발언하는 것을 용납할 수 없다는 거죠. 결국, 1주년 문화제 진행비를 못 준다고 했어요.
정말 머리끝까지 화가 났어요. 이런 사람들이 노동운동을 한다면서 민주노총 간부를 말을 뿐만 아니라 정치적 목적으로 장난까지 치는 모습에 치를 떨었죠. 그때 결심했어요. 이랜드 파업 끝나면 민주노총에서 탈퇴하겠다고. (……) 1주년 행사비용을 주지 않다가 우리가 계속 문제제기를 하니 어쩔 수 없이 한 달 후에 보내줬죠. 매사가 그런 식이었고. 이 이야기는 나중에 연맹 대의원대회 때 다 말했어요. (김경욱, 위원장)

3. 비정규투쟁사업장의 공동투쟁

1) 이랜드투쟁 300일 결의대회

여전히 정부와 회사는 문제해결 의지를 보이지 않고 있었다. 오히려 이랜드그룹은 사태 해결은커녕 새로 여는 매장의 직원을 대부분 비정규직으로 채우고 있었으며, 재무상태의 위기를 중국법인의 홍콩주식상장으로 해결하려 하고 있었다. 정부는 입을 닫은 지 오래였다. 이명박 대통령은 후보 때부터 비정규직 문제는 시장에서 해결해야 한다면서 비정규직 확대를 막기는커녕 기업들의 각종 규제 완화를 약속하고 있었다. 총선 당시에도 거대 정당들은 뉴코아-이랜드사태에 대해 묵묵부답이었다.

박성수 회장은 2007년 국정감사에 불참했다는 이유로 1천만 원의 벌금형을 받았다. 이례적으로 검찰이 벌금 300만 원에 약식기소를 했지만, 법원에서 '사안의 중대성'을 들어 벌금 1천만 원에 약식명령을 내린 것이다. 이어 홈에버 매각설이 흘러나오고 있었다. 노조는 4월 18일 회사에 소문이 돌고 있는 '홈에버 일괄매각'에 대한 사실 확인을 촉구하는 공개질의서를 보냈다. 이랜드그룹은 노사간 분쟁으로 인한 적자와 홈에버 구입시 생긴 부채 때문에 홈에버 매각을 추진한 것이다. 홈에버 매각설은 노조에게 새로운 변수가 되었다. 회사는 이를 부인하고 있지만, 홈에버를 인수할 때 발행한 채권의 만기일이 5월로 다가 오는 데 따른 자금압박과 매출 부진은 이러한 소문이 사실일 가능성을 높이는 중요한 근거였다. 또 4월 18일자 『프레시안』에 홈에버 인수 의사를 가진 기업이 이랜드일반노조 쪽으로 인수 후 노사관계 전망을 문의해 온 일이 확인됐다. 이미 3월부터 홈에버 매장 곳곳에 롯데그룹, 현대그룹 등에서 직원들이 실사를 나오고 있다는 직원들의 증언은 이를 뒷받침해 주고 있었다.

만약 홈에버가 노조와의 문제를 해결하지 않고 매각을 추진한다면, 새로운 인수기업이 노조 문제에 어떤 태도를 보이는가에 따라 상황은 또 다른 국면을 맞이할 수도 있었다. 오히려 노조는 매각도 문제해결의 한 방법이라고 판단하지만, 매각 이후에 대한 우려는 여전히 있었다. 매입한 회사가 노조를 인정해야 하는데 쉬운 일이 아니었다. 당시 홈에버 외의 대형마트에는 민주노총 산하 노조가 없었기 때문이다.

이러한 가운데 노조는 잊혀 가는 '이랜드사태'에 대한 주위의 관심을 높이고자, 4월 19일 오후 3시 월드컵점에서 '이랜드투쟁 승리를 위한 300일 결의대회'를 열었다. 오후 2시 30분경에 지하철 6호선 월드컵경기장역 1번 출구 앞에는 이미 100여 명의 학생들이 모여 있었다. 학생들은 율동을 하고 노래를 불렀다. 그리고 "더 이상 비정규직은 남의 일이 아니다. 현장에서, 홈에버 앞에서 행동하자"고 목소리를 높였다. 그러나 그들의 목소리와 몸짓은 매장 입구를 둘러싼 경찰의 호송차로 만들어진 차 벽에 가려졌다. 매장 입구에는 양복을 입은 회사의 경호원 8명이 서 있었다.

오후 3시경, 파란색 티셔츠를 입은 이랜드노동자들이 행사장으로 나왔다. 이들은 모두 얼굴에 마스크를 했다. 이어 집회장에 나타난 이남신 수석부위원장이 "우리가 있어야 할 곳은 저기 매장 안쪽이 아닙니까?"라고 외쳤다. 오후 3시 30분경 집회에 참석한 조합원들과 학생들은 경찰 저지선이 없는 월드컵경기장 주차장 쪽을 통해 매장 안으로의 진입을 시도했다. 하지만 전경들이 길목을 발 빠르게 봉쇄했고, 30여 분간 대치상태가 지속되었다. 길목이 막힌 참가자들은 전경들에게 강하게 항의했고, 화가 난 일부 노동자들은 "박성수 회장 구속"이라는 스티커를 전경 헬멧과 경찰버스에 붙이며 항의하기도 했다.

매장 진입에 실패한 참가자들은 오후 4시경에 다시 집회장으로 돌아왔다. 하지만 4시 15분경 김경욱 위원장이 시위자들과 함께 CGV 월드컵점 입구를 통해 다시 매장 안으로 진입시도를 했다. 이곳에는 경찰 저지선이 없어서 시위대는 건물 안으로는 들어갈 수 있었다. 경찰들은 뒤늦게 다른 문을 통해 뛰어 올라오기 시작했다. 조합원들과 학생들은 이미 2층 매장 입구 앞까지 들어섰다. 조합원들과 학생들은 "박성수를 구속하라", "이랜드자본 박살내자"고 구호를 외치며 경찰의 벽을 밀고 밀었다.

오후 4시 30분에 참가자들은 길목을 막고 있던 전경들을 밀어제치고 진입 통로를 확보했다. 이어 매장 2층 입구 바로 앞까지 달려갔다. 저지선이 뚫린 전경들은 진입을 시도하는 시위대에게 욕설을 퍼부었고, 일부 흥분한 전경들은 방패로 시위대를 넘어뜨렸다. 또 이 과정에서 일부 참가자와 전경들 간에 주먹다짐이 벌어지기도 했다.

오후 4시 50분, 참가자들은 매장 진입을 포기하고 다시 집회장으로 돌아왔다. 이날 오후 매장 진입과정에서 전경들과 충돌을 벌인 대학생 3명과 진보신당 용산지역 당원 1명 그리고 민주노총 서울지부 조합원 1명 등 총 5명이 현장에서 경찰에 연행되었다. 그러나 이들은 기죽지 않았다. 오히려 더욱 목소리를 높였다. 300일을 넘긴 이랜드투쟁의 저력이었다. 이어 조합원들과 학생들은 오후 5시부터 약 30분간 투쟁구호를 외치며 '이랜드 문제'의 조속한 해결을 촉구하는 본 집회를 진행했다.

> 큰아이가 여섯 살인데… 복지관에서 2년 가까이 일주일에 4일 집중 치료를 받는데… 아내는 복지관에 보내는 것에 반대해서, 내가 도말았어요. (……) 근데 '이랜드투쟁 300일문화제'가 있던 2008년 4월경인데, 그때 학생대회가 있어서 거기에 맞춰 학생대회를 마친 뒤 월드컵점을 점거하기로 한 거예요. 근데 점거하기 전날에 정보과 형사가 "무엇을 하려는지 다 알고 있다"면서 "거기에 절대 오면 안 된다"고 전화해요. 점거하면 무조건 잡혀간다는 거죠.
> 점거하러 갔다가 나뿐만 아니라 조합원들, 연대 활동가들이 모두 잡혀갈 수 있겠다 싶어서 학생대표를 불러서 "경찰이 이미 알고 있어서…, 그냥 행사를 크게 하자"고 제안했고, 학생들이 받아들여서 다시 회의를 열고 점거 대신 문화제를 하기로 한 거예요.
> 그렇게 문화제가 열렸는데 학생들이 점거를 각오하고 왔는데, 노조 집행부가 미적거리니 "대체 뭐 하냐"는 이야기가 흘러나왔고. 부끄러웠고 미안하고, 집행부로서 면도 안 섰고. 고민하다 이남신 수석이 잡고 있던 마이크를 빼앗았어요. 그러고는 "매장 안에서 우리를 불법채증하는 이들이 있다. 그들이 찍은 사진을 돌려받기 위해 매장으로 가자"고 외쳤죠. 만감이 교차하는데… 그런데 곧바로 경찰병력이 우리를 막는 모습을 보고는 "내일 큰아이를 복지관에 데려다 줄 수 있겠구나" 싶더라고요. (김경욱, 위원장)

오후 6시부터 '이랜드투쟁 승리를 위한 300일문화제'가 열렸다. 한국대학생문화연대, 다함께, 민주노동당, 사회진보연대 등 여러 단체가 한자리에 모였는데, 대부분 대학생들이었다. 그 사이에는 조합원들이 섞여 있었다. 이들은 노조의 상징이 된 파란색 반팔 티를 다시 입었다. 이 반팔 티셔츠를 입을 계절이면 다시 매장에서 일하고 있을 것이라며 옷을 버린 조합원들도 있었다. 성황리에 치러졌던 100일 맞이 문화제와 같은 장소였지만 사정은 많이 달라져 있었다. 100일문화제 때는 1,000명이 넘은 대열이 월드컵점 앞을 채웠지만, 이날은 300여 명뿐이었다. 그것도 대부분 학생들이었고 민주노총 조합원과 노동사회단체 회원들은 확연히 줄어 있었다. 이랜드투쟁을 함께 만들어 왔던 민주노동당 당원들도 두 개의 깃발 아래 앉았다. 노조의 각 분회 지역대책위에서 함께 활동했던 사람들이 다른 자리에 서 있었다. 민주노동당의 홍희덕 당선자와 진보신당의 심상정 공동대표가 참석했다. 민주노총 주봉희 부위원장은 "민주노총은 이랜드투쟁을 이기지 못한다면 민주노총 깃발을 내리겠다고 했다"며 아직 민주노총의 깃발을 내리지 않았고 투쟁은 제대로 되지 못하고 있다며, "매우 부끄럽다"고 밝혔다. 이어 유승현 성신여대 총학생회장은 '희망'을 말했다.

월드컵분회 황선영 조합원은 300일간의 마음고생을 편지글에 담아 읽어 조합원들이 눈시울을 붉혔다. 그녀는 "전기가 끊겨 집에 촛불을 켜게 됐고 둘째아이의 급식비를 주지 못해 아이가 학교에서 밥을 먹지 못했다"며 "이런 상황에서도 왜 내가 싸울 수밖에 없는지 모르겠다"고 토로했다. 하지만 그녀는 포기할 수 없다며 함께 끝까지 싸울 것을 다짐했다. 황선영 조합원도 이를 듣는 참가자들도 모두 울었다. 그렇게 진행된 문화제는 밤 10시에 끝났다. 이후 조합원 100여 명은 오후 10시 50분경 마포경찰서를 방문해 연행자 석방을 요구하며 30여 분 시위를 하다가 해산했다. 다음은 이날 낭독된 황선영 조합원의 편지글이다.

이랜드노동자 투쟁에 함께하시는 동지들께 드립니다.
오늘 집회현장에서 입을 파란색 스머프티를 찾기 위해 서랍장을 뒤졌습니다. 이 파란색 스머프티는 지난해 여름을 뜨겁게 달구었던 이랜드 노동자들의 투쟁의 상징물입니다.
지난 여름 이 파란 스머프티를 벗어놓을 땐 다시 입게 되리라는 건 꿈에도 몰랐습니다. 그렇기에 오늘 이 파란 스머프티를 다시 입는다는 것이 너무도 두렵고 고통스러웠습니다.

지난 여름 이 땅의 노동자로 당당하게 살고자 정당함을 부르짖고 인간답게 살아보자며 우리의 목소릴 외쳤습니다. 그런 저희들의 곁엔 늘 우리 투쟁을 지지하는 많은 동지들이 함께하셨기에 더욱 더 당당하게 결의에 찬 모습으로 투쟁! 투쟁!을 외칠 수 있었습니다. 어색하기 짝이 없는 팔뚝질, 그간 관심조차 없었던 투쟁가 등 모두 낯설기만 한 우리에게 우리의 울분을 담아내는 팔뚝질과 투쟁가로 만들어 준 힘도 동지들이었습니다.
무참하게 가해지는 공권력 앞에선 우리의 방패막이가 되어 주시고 처절하게 쏟아져 내리는 물대포 앞에선 우리의 든든한 버팀목이 되어 주신 동지들…. 항상 그들이 함께하기에 그 어떤 폭력 앞에서도 당당할 수 있었습니다.

그러나 어느덧 인정하고 싶진 않지만 300일이란 기나긴 투쟁으로 인해 저흰 많이 지쳐 가고 있습니다. 어려워진 생활고로 가족들의 지지도 많이 낮아졌고 이젠 끝냈으면 하는 가족들의 무언의 압력은 그 어느 고통보다 저희를 더욱 힘들게 합니다.
지난 겨울 어느 날 "드뎌 전기가 끊어졌다"는 큰아이의 문자를 받았습니다. 전 답문을 보내지 못했습니다. 늦은 시간까지 진행된 투쟁일정과 회의를 마치고 현관에 들어섰습니다. 칠흑 같은 어둠 속에서 촛불 하나 켜놓고 공부를 하고 있는 큰아이의 뒷모습을 보고도 전 아무런 말도 할 수가 없었습니다. 아이도 제게 눈길조차 주질 않았습니다.

전 밤새 베갯잇을 적시며 고민했습니다. 진정 나와 우리 가족이 처해 있는 현실 속에서 지금의 선택이 과연 옳은 것인가, 지금 당장 먹을 거리가 없고 기본적인 삶이 영위되어지지 않는데, 이런 가족들의 고통을 뒤로하고 길바닥에 앉아 투쟁만을 외치는 내 모습이 진정 우리 아이들의 엄마로서의 모습인가….

또한 며칠 전 작은아이가 보낸 문자에는 "급식비 못 내서 점심 못 먹으면 운동장 수돗가에서 물이나 먹지 뭐…" 하며 제 가슴을 긁어내리는 내용이 담겨 있었습니다. 빨리 급식비 내달라는 말보다 몇십 배 아니 몇 백 배 고통으로 다가왔습니다. 이런 문자를 보내려 맘먹고 한 자 한 자 찍어 내려가는 그 아이의 고통스러웠을 순간을 생각하니 지금도 가슴이 무너집니다.

전 300일간의 긴 투쟁시간 동안 나름 강한 결의로 투쟁에 임했었지만, 그 순간들만큼은 제 자신의 결의만으론 극복하기 어려운 가장 큰 고통이었습니다

하지만 그 많은 고통을 딛고, 오늘 이 자리에 있게 한 힘은 "엄마, 전기 끊긴 열흘 동안 오히려 집중도 더 잘 됐고, 책도 10여 권이나 읽었어요" 하고 말해 주는 큰아이의 한마디와 "급식비 못 내서 굶는 아이들이 많다는 말 안 믿었는데, 진짜 그럴 수 있겠구나 생각돼서 잔반 없이 먹어야겠다"는 작은아이의 일기장에 적힌 두 줄, 또한, 오늘도 투쟁현장에 가면 볼 수 있는 우리 조합원 동지들… 저 못지않게 힘겨운 현실 속에

서 그 모든 고통 감수하고 극복해 나가며 서로 어깨 걸고 보듬어 안고 힘찬 팔뚝질과 투쟁을 외치는 밝고 당당한 모습들이, 이 자리까지 절 이끌고 와 준 힘이라 믿습니다.
그보다 더 큰 힘은 우리 이랜드노동자들의 투쟁현장이라면 언제든지 달려와 주시는 동지들…. 우리 조합원들 힘들고 지쳐 있을 때 용기와 힘이 되어 주신 수많은 동지들의 사랑과 관심이 오늘 이 자리에서 동지들께 감사의 글을 읽을 수 있는 자릴 만들어 주셨습니다. 300일이란 긴 시간 동안 흔들림 없이 노동자 탄압하는 자본가에 맞서 당당히 투쟁할 수 있는 원동력이 되어 주신 동지들께 진심으로 감사의 뜻을 전합니다.
이 자리에 함께해 주시고 저희 투쟁의 지지자가 되어 주시는 모든 동지들의 사랑으로 저희 투쟁, 승리하는 그날까지 흔들림 없이 투쟁할 것이며, 반드시 승리해서 현장에서 당당하게 일하는 모습으로 보답하겠습니다.
또한, 저희 투쟁뿐 아니라 모든 노동자들의 투쟁은 우리 동지들의 단결과 사랑으로 만들어 나가며 이 땅의 모든 노동자가 인간답게 당당히 살아갈 수 있는 결실로 남을 것입니다.
그러기에 전 동지 여러분들을 사랑합니다.
끝까지 함께하겠습니다. 감사합니다.

이랜드일반노동조합 월드컵분회 조합원 황선영

2) '빈곤과 차별 없는 서울만들기 차별철폐 서울대행진'

이랜드, 코스콤, 기륭전자, 청구성심병원, 이주노동자, 공공노조, 민가협 회원 등이 한자리에 모였다. 서로 소속과 이름은 다르지만 '차별철폐'라는 깃발 아래 모여 '비정규직 철폐'와 '사회공공성 강화'를 같이 외치기 위해서였다.

민주노총 서울본부와 민주노동당 서울시당이 주관하는 '빈곤과 차별 없는 서울 만들기 차별철폐 서울대행진'이 4월 23일부터 30일까지 서울시 25개 지역에서 진행되었다. 차별철폐대행진은 서울에 이어 부산과 경기 등 전역으로 확산되고 있지만, 이랜드일반노조·기륭전자 등 비정규직투쟁은 여전히 끝이 보이지 않는 상황이었다. 청구성심병원에서 발대식을 시작한 대행진은 '사회공공성 쟁취'를 화두로 '빈곤'과 '차별'의 근원인 '비정규직 철폐'를 내걸었다.

공공부문에 대한 구조조정을 목전에 두고, 그중 비정규직 노동자들이 가장 먼저 해고될 상황 속에서 6월 말 7월 초 총력투쟁의 첫걸음을 시작하려는 것이었다. 외국의 노동자들도 힘을 보탰다. 국제건설목공노련 아시아지역 대표 티마가 연대사를 전했다.

이날 행진에는 200여 명이 참석했다. 청구성심병원에서 시작한 행진은 월드컵점을 거쳐 연세대까지 진행됐다. 이들은 행진을 하면서 확성기로 청구성심병원의 인권침해를 알리고, 300일을 넘긴 이랜드투쟁 소식 등을 전하며 지나가는 시민들에게 선전물을 배포했다.

이들은 "사회공공성 강화와 비정규직 철폐"를 박수로 장단을 맞춰 가며 외쳤고, 선전물에도, 조끼에도, 현수막에도, 피켓에도 이 내용을 담아 시민들에게 관심을 호소했다. 이 대오 가운데 이랜드조합원들도 자신들의 투쟁을 시민들에게 알리기 위해 나섰다.

이날 행진은 각자 떨어져 싸우고 있던 노동자들이 '하나'임을 확인할 수 있는 연대의 자리이기도 했다. 민가협(민주화실천가족운동협의회) 회원들은 십시일반 모은 후원금을 주최 측에게 전달했다.

점거농성을 벌였던 월드컵점에 이르자 이랜드조합원들의 얼굴에는 만감이 교차했다. 윤송단 이랜드일반노조 여성국장은 분노에 찬 발언을 쏟아냈다.

> "(……) 어금니를 깨물고 입술을 바들바들 떨며 함께 바닥에 누운 '여자'라는 서러운 이름, '비정규직'이라는 서러운 이름을 동료와 나누며 월드컵 마당을 지켰습니다. (……) 이 땅의 모든 자본가들과 박성수 회장에게 사람이 한이 맺히면 얼마나 무서운지 보여 주겠습니다. (……)"

차별철폐 대행진은 전빈련, 전철연, 사회진보연대, 공공운수연맹, 범민련, 다함께 등 40여 개의 단체가 함께했으며, 다양한 문화마당 및 선전전 등을 통해 선전전을 펼쳤다.

3) 비정규 장기투쟁사업장의 집중투쟁과 연대투쟁

비정규 장기투쟁사업장들은 4월 28일 국회 산업은행 앞에서 기자회견을 열고, 국회 앞 투쟁을 시발점으로 5월 1일까지 집중투쟁을 전개하겠다고 밝혔다. 이들은 4월 29일에는 인천 뉴코아-홈에버 집중투쟁과 4월 30일 기륭전자, 홈에버 시흥점 집회, 4·30 메이데이 투쟁문화제 등을 진행한다. 이들은 비정규악법으로 노동자들을 비정규직으로 만들고, 정리해고와 구조조정으로 정규직 노동자까지 쫓아내는 데 혈안이 되어 있다며 "전 노동자의 절실한 이해를 내건 투쟁 속에서 현안 문제 해결과 전망을 열어 가기 위한 공동투쟁의 깃발을 사수할 것을 결의했다"고 밝혔다. 공투단(공동투쟁단)은 "비정규 투쟁사업장의 공동투쟁이야말로 모든 노동자의 권리를 지켜내는 선봉대 역할을 자임하는 것이며 정권의 약한 고리를 쳐 파열구를 내는 싸움"이라고 선언했다. 노동절을 하루 앞둔 4월 30일 저녁 7시 30분부터 월드컵점 앞에서는 차별철폐대행진 조직위원회·전국비정규노조연대회의·전국학생투쟁위원회 공동주최로 '118주년 세계노동절 맞이 4·30 투쟁문화제'가 열렸다. 이 문화제는 '신자유주의 반대', '비정규직 철폐', '사회공공성 강화'를 3대 의제로 삼았다. 연대와 투쟁을 통해 메이데이의 의미를 되살리려는 것이다.

한편에서는 학생들과 노동자들이 도시락을 먹고 있었고, 주변에서는 구속노동자들의 석방을 촉구하는 서명운동과 기금모금운동이 진행되고 있었다. 또 행사장 주변에는 학생들과 비정규직 노동자들이 홈에버 매장으로 진입할 것을 막으려는 경찰차들이 길목 구석구석을 둘러싸고 있었다. 전경들은 주변을 감시하고 있었다.

저녁 7시 30분에 서울경인 사무서비스노조 김호정 위원장의 외침으로 이날 투쟁문화제가 시작되었다. 행사장에는 이랜드-뉴코아, 기륭전자 등 장기투쟁사업장 비정규직 노동자들과 각 대학의 학생들이 함께했다. 학생들에 비해 참석한 노동자의 수는 상대적으로 적었다.

큰 호응을 받은 '꽃다지'의 공연이 끝나고 이날 문화제의 3대 의제 중 하나인 '사회공공성'에 대한 발언이 이어졌다. 서울지하철노조에서 나온 박정규 수석부위원장은 지난 10년 동안 투쟁다운 투쟁을 하지 못한 노조의 활동을 반성하며 사회공공성 강화를 위해 제대로 투쟁해 나가겠다고 다짐했다. 송원재 전교조 서울지부장은 4월 15일 학교자율화 조치가 '공교육 포기'선언이라며, 서민들의 동등한 교육기회마저 빼앗길 것이라고 말했다.

이어 사물놀이패의 신명 나는 공연이 이어졌다. 노동자들과 학생들은 손뼉을 치며 사물놀이패 공연에 호응했고, 멀리서 행사장을 바라보던 전경들의 표정에서도 긴장감이 사라진 듯했다. 투쟁문화제의 분위기가 오르자, 김경욱 위원장을 비롯해 기륭전자·코스콤 등 비정규직 노조 대표들이 장기투쟁 중인 비정규직 노동자들을 위한 모금활동을 벌였다.

이어 다시 행사장 분위기가 달아올랐다. '아시아태평양 노동자 연대' 소속 호주인 3명이 무대 위로 올라왔다. 그들은 어눌한 한국말로 '투쟁!'이라고 외쳤고, 참가자들은 큰 박수로 그들을 맞았다. 이들은 "우리는 자본주의 문제를 혁파하기 위해 여기에 왔다"며 선배동지들의 투쟁을 잊어서는 안 된다고 말하고 무대에서 내려왔다. 네팔 출신 이주노동자 토르나림부도 무대에 올라와 마이크를 잡았다.

문화제는 노동가수 지민주의 공연으로 분위기가 고조되었다. 노동자들과 학생들은 손뼉을 치며 따라 불렀다. 시간이 늦어지자 문화제 참석자들은 어묵·라면·떡볶이 등으로 출출해진 배를 달랬다. 주변에서는 이랜드투쟁 승리를 위한 2000원짜리 '이랜드컵라면'도 판매되고 있었다.

이어 무대에 마련된 스크린에 장기투쟁 중인 비정규직 노동자들의 모습과 공권력에 탄압받는 모습이 상영되었다. 들썩였던 행사장 분위기가 이내 조용해졌고, 몇몇 참석자들은 눈물을 흘리기도 했다. 영상이 끝나자 공권력에 탄압받는 비정규직 노동자들의 삶은 나타낸 행위극이 이어졌다. 비정규직 노동자들이 전경들의 몽둥이에 맞아 쓰러지는 모습이 나오자, 곳곳에서 탄성이 터져나왔다. 패배에서 승리로의 반전을 지켜본 참석자들은 함성과 박수를 보냈다. 이어 '인터내셔널가'를 어깨동무하고 부르면서 행사가 마무리됐다.

그때는 저희도 (투쟁이) 소강상태로 가면서 장투(장기투쟁)사업장들끼리 같이 모여서 해야 될 이유가 있었고. (……) 그래서 월드컵 진격투쟁을 비롯해서 노동자대회도 월드컵에서 했어요. 그게 공동투쟁단에서 논의해서 제안하고 했던 거거든요. (……) 그 후에는 서로 순회투쟁도 하고, 품앗이투쟁 정도였어요. (……) 원래 투쟁하는 사람들끼리 모이면 즐겁잖아요? 힘들어도. 그런 수준에서는 서로 힘 주고받으면서, 쭉 갔던 거죠.

(조합원들 반응은?) 우리 조합원들은 연대 되게 잘했어요. 특히, 끝까지 남은 사람들이잖아요. 떠날 사람 다 떠나고, 마지막에 200명이 채 안 되는 남은 조합원들은 결의도 높았고요. 주부들이 많았는데 어려울 때 오히려 서로 공감하고 연대하고 이런 게 특출했어요. 그리고, 우리 조합원들이 연대하러 가면 사람들이 힘을 많이 받았어요. 왜냐면 우리 조합원들은 되게 재밌었어요. 깔깔깔~ 하면서, 그 특유의 진짜 막 철없는, 이것저것 안 따지고. 그리고 맨날 먹을 것 갖고 다니고. 절대 안 굶어요. (웃음) 어디서 그런 게 나오는지. 그래서 연대 단위들도 이랜드 오면 재밌다고 그래요. 우리랑 함께했던 동지들도 기운을 받았을 거예요.

마지막 남은 조합원들은 지도부에 대한 굳건한 신뢰를 기반으로 해서, 투쟁사업장 동지들하고 같이하면서 힘을 많이 주고받았기 때문에, 어떤 면에서는 민주노총, 서비스연맹, 민주노동당 보면서 느꼈던 상처가 치유됐을 수도 있고. 근데 좀 막막했죠. 대책없는 사업장들끼리 모여 있으면 좀 헛헛해지잖아요. 여러 상반된 감정을 가졌을 거예요. (이남신, 수석부위원장)

코스콤이든 기륭이든 다 의미 있는 투쟁이었기 때문에, 같이하는 것 자체가 의미라고 생각하고. 조합원들도 그런 데에 가서 보고 배우는 것들이 있었다고 생각해요. 우리 안에 갇혀 있으면 우리 생각만 하잖아요. 그런데, 기륭은 불법파견의 문제라든지, 그 사람들을 만나지 않으면 들을 수 없는 것들을 듣고, 그리고 연대의 힘, 우리는 앉아서 연대를 굉장히 많이 받았잖아요. 투쟁이 길어지면서 우리도 연대하러 많이 갔지만. 그리고 조합원들이 "우리 집회는 꼭 와야 되지만, 연대 집회는 가도 되고 안 가도 된다"고 생각하고 있었는데, 어쨌든 그런 과정에서 연대의 힘을 몸으로 느껴야지 말로만 한다고 되는 게 아니기 때문에….

(조합원들이 기륭에서 단식투쟁 하는 거 보고 가기 싫어했다던데요?) 그런데 우리도 원래 단식투쟁 결의했었어요. (……) 회의하면 온갖 투쟁전술 다 나오죠. 그런데, 이건 이래서 못하고 저건 저래서 못하고. 그래 할 게 없으니까 "단식투쟁 하자"고 해서 통과가 됐어요. 그런데 기륭이 단식 30일 넘어가고 있었을 거예요. 그래 우리도 결정했는데, 지금 들어가면 기본이 30일, 50일 되는 거야, 그거 보고 "못해!"(웃음) "우리 아줌마들은 먹으면서 싸워야 돼!" 그러면서 없던 걸로. (웃음) 저도 기륭 단식 60일 넘어가면서는 못 갔어요. 보면 아프고 눈물이 나서….
(홍윤경, 사무국장)

강남성모병원에 우리가 연대 가서 싸우면서 머리 몇 번 잡히고, 대우 비정규직투쟁으로 부평공장에 가서도 우리가 맨끝이었는데, 막 하다 보면 맨앞에 있는 거예요. 그때 겨울이니까 긴 머리에 스카프를 했는데, 대우 구사대가 스카프를 잡고 조여서 끌려가는데 "정말, 이렇게 해서 죽는구나" 하는 생각도 들었어요. 그렇게 투쟁을 가열차게 했던 거 같아요. 지금도 저는 대우 차를 사라면 안 사요. 아예 거부합니다. (웃음) 또 한번은 코스콤 갔었는데, 우리가 맨 뒤에 있었는데, 어느 순간에 맨 앞에 가 있더라고. 다 물러서고 하는 상태에서 저는 여기서 우리가 물러서면 안 되겠다 싶어서, 회사 안으로 진격을 하다 보니까 건물 안까지 온 거예요. 그래 구사대한테 "다 나가라"고 하고, 그래서 제가 앞으로 가서 위의 단상에 올라갔어요. 소리를 고래고래 "여러분, **우리가 여기서 물러서면 안 됩니다!**", "우리 조합원님들, 우리는 여성이니까 남자들은 여기 못 온다. 저 사람들이 우리 건드리지 못한다. 여자들이 다 올라오시라. 성추행으로 걸 수 있습니다. 다 올라오세요" 했더니, 처음에는 물러간 우리 조합원들이 올라와서 막았어요. 탁, 막았어요. 그날 우리가 지켜냈어요. "이렇게 하면 되겠구나" 자신감이 생기더라고요. (임재윤, 시흥)

서울본부에서 비정규직 투쟁하는 사업장들에 우리가 연대를 많이 갔어요. 제일 많이 갔던 게 재능, 그다음에 용산철거투쟁, 기륭, 그리고 기아자동차도 한 번 갔던 것 같고. 그런데 제일 기억에 남는 건 기륭이죠. 철망 위에서 단식할 때 "저렇게까지 해야 되나" 싶기도 하고, "우리도 저렇게 되나", 기륭, 재능 다 그랬지요. 너무 기니까. (황은영, 면목)

대학로의 재능을 많이 갔었거든요. 분위기는 다 비슷했던 것 같아요. 경찰이 막고 있는데, 우리를 못하게 하려는 수준은 아니었기 때문에. 재능 같은 경우는 철조망 같은 거 막 감아 놓고, 사람들 그 위에 올라가고 그랬던 거라. 종탑도 갔을 거예요. 거기 도로가 좁아요. 그런데 바로 사무실 앞에다가 철문 같은 거 막아 놓기도 하고, 그 앞에 앉아 집회 많이 하고 우리가 율동도 하고, 거기를 자주 갔죠. 코스콤도 천막 쳐 놓고 있어서 몇 번 가고, 여기저기 연대 많이 갔죠. 그렇게 갔다오면 그때는 사람이 많으니까, 힘 좀 받았던 것 같아요.
우리도 뭐 할 때 다른 데서 오면, 일단 사람들이 많으면 좀 힘이 되는 것 같애. 그래서 우리도 또 다녔던 거고, 우리가 그런 걸 느끼니까, 어디서 한다고 하면 거기도 사람 없는 거 보이잖아요? 그러니까 열심히들 다녔던 것 같아요. 서로 약간 힘 실어 주기로. 기륭도 천막 쳐 놓고 위에서 단식농성도 하고, 거기도 엄청 많이 갔죠. (서은주, 월드컵)

기륭전자, 재능, 또 세종병원도 갔다가 (……) 정문을 막고 폐쇄를 해서 못 나가게 해서 부천일반노조랑 하수도로 빠져나왔어요. 롯데미화원 여사님들의 연대도 했고요. 거기는 저희보다 나이들이 많아요. 인상이 좀 남는 게 롯데지부장인지 강성인 양반이 계셨었어. 저는 지부장 했어도 노조에 대해 "내가 이걸 해야 되겠다" 이렇게 완전히 올인하는 입장은 아니었죠. 그러니까 도중에 집회에 참석도 안 했다가 했다가 했는데, 롯데미화원 그 여사님들이 농성하는 걸 보고서 느꼈어요. "아, 나이가 많은데도 저런 걸 하시는구나", 되게 강성으로 아주 열성이시더라구. 그래서 거기서 제가 다시 힘을 얻었죠. (조은옥, 중동)

4) 해고자들의 법정투쟁

'이랜드사태'가 드디어 법정까지 갔다. 파업 초기에는 언제 최종확정판결이 나올지 모르는 법정 다툼으로 가기 전에 일터로 돌아갈 수 있을 줄 알았다. 한 달 월급 80만 원을 받기 위해 거리에 서 있는 것도 억울한데, 그 80만 원을 받자고 법원에 소송을 낼 돈도 없었다.

그런데 2008년 5월 8일에 마침내 법원까지 갔다. 월드컵점에서 일하다 해고된 서은주 조합원 등 비정규직 노동자 4명이 부당해고 집단소송을 제기했다. 소송 참여를 원한 사람은 총 27명이었지만, 소송비용의 문제로 4명에 대한 대표 소송으로 진행한 것이다.

서은주 조합원은 월드컵점에서 17개월 일한 뒤 해고됐다. 다른 동료들 가운데는 고용이 보장되는 '무기계약직'으로 전환된 사람들이 있었다. 18개월 이상 근무자들이다. 서은주 조합원과는 꼭 한 달 차이였다.

홈에버는 2008년 초부터 18개월 이상 근무자들을 무기계약직으로 전환하기 시작했다. 고용불안과 차별이라는 비정규직의 이중고 가운데 고용만을 안정시켜 준 것이다. 그러면서 홈에버는 지방노동위원회의 '18개월 이상 부당해고' 판정에 불복해 재심을 신청한 것도 철회했다. 하지만 노조는 홈에버의 이 같은 조치를 "눈 가리고 아웅"이라고 판단했다. 18개월 이상 근무자의 고용보장은 단체협약에서 이미 명시된 것으로, 해고 자체가 단체협약 위반이기 때문이었다.

노조는 2007년 여름 파업 초기부터 단체협약에 따라 18개월 이상 근무자의 고용을 보장해 줄 것을 요구해 왔는데, 이에 대해 부정적이던 홈에버가 갑자기 입장을 바꾼 것은 '차별시정 구제신청 심사' 때문이었다. 노조는 18개월 이상만 차별시정 구제신청을 제기했고, 회사가 이들을 무기계약직으로 전환시키면서 신청자격이 박탈되어 구제신청도 기각됐다. 남은 것은 18개월 미만 근무자들이었다. 이 소송에 참가한 사람들은 모두 여기에 해당되었다.

까르푸 때 체결해 이랜드 인수 후에도 효력을 갖는 단체협약에는 18개월 미만 근무자의 고용보장 항목은 없다. 하지만 이랜드그룹은 까르푸 시절의 '고용 관행'을 깨고 편법을 써서 계약해지를 한 만큼 부당한 해고였다. 까르푸 시절부터 오랜 기간 해 왔던 3-6-12개월(총 18개월) 계약 관행이 존재하는데, 홈에버는 '18개월 이상 고용보장'을 피해가기 위해 3-6-8개월(총 17개월) 계약이나 3-12개월(총 15개월)계약 등의 편법을 써 왔다. 이 또한 비정규직법을 회피하기 위한 것이었다.

더욱이 계약해지된 노동자들이 담당하던 업무는 상시업무였다. 18개월 미만 근무자는 계약을 해지하면서 항상 인력을 새로 모집하는 것이 홈에버의 실상이었다.

비정규직법은 상시업무의 경우 2년 이상 고용한 비정규직을 정규직으로 전환해야 한다고 못 박고 있다. 이를 보더라도 18개월 미만 근무자라고 계약을 해지하는 것은 부당한 해고였다. 법원의 판례는 계약기간이 만료되더라도 비정규직 노동자가 계약갱신을 기대할 만한 합리적 이유와 정황이 있다면 부당한 해고로 보는 경향이었다.

그때 저는 계약이 해지된 뒤거든요. 그때 (3-6-)8개월 계약서가 끝이었거든. 당시에 그 대상자들이 나 말고도 몇 명 있었어요. 그런데 집회를 끝까지 같이했던 거는 3명인데, 문제가 그 사람들이 다 2006년 4월에 입사한 거죠. 그런데 5월에 들어온 사람들은 파업에 들어갔을 때 다 연장을 해줬어요. 그러니까 파업 나왔던 사람 중에 8개월짜리 계약서를 끊었던 사람들 중에 해지까지 간 사람은 나랑 경옥이었고. 그 뒤에 사람들은 회사에서 파업 중인데 계약연장 하는 사인을 다 해줘서 걔네들은 해지가 안 됐죠.

나하고 경옥이만 재판까지 갔는데, 그 계약해지가 정당하다고 나온 거죠. 그래서 우리는 거기서 딱 계약이 해지가 되고. 그러니까 직원이 아닌 상태에서 투쟁을 한 거지. 그래서 더 있었던 것 같아요. 다시 복귀해야 된다는 목표가 있어서 **"어떡하든 복귀해야 된다"** 한 거죠. 그리고 조합에서 "너희는 복귀시킨다" 이러고. 왜냐면 그런 사람이 순천인가에 1명 있고, 전체적으로 3명밖에 없으니까 조합에서도 "너네는 무슨 수를 써서도 복귀를 시키겠다" 그러니, 그거 믿고서 끝까지 한 거죠. (서은주, 월드컵)

4. 홍콩원정투쟁

노조와의 교섭을 무시하고 있던 이랜드그룹는 중국법인인 이랜드패션 차이나홀딩스를 5월경 홍콩증권거래소 시장에서 상장하는 것을 추진하고 있었다. 이에 뉴코아-이랜드일반노조와 서비스연맹은 3월 13일 오전에 이랜드그룹의 홍콩증시 상장 대행 투자기관인 UBS(스위스연방은행) 서울지사가 있는 태평로 파이낸스센터 앞에서 기자회견을 열었다. 이들은 이랜드의 상장은 정상적인 경영활동에 근거한 기업의 발전이 아니라며 UBS에게 "홍콩증시 상장 즉각 중지"와 "종합적인 기업재평가를 통해 상장을 재고할 것"을 요청했다. 또, 홍콩증시 상장은 회사가 망해 가는 모습이며, 홍콩증시에서도 환영받지 못할 것이라며 이랜드그룹을 비판했다.

기자회견문에는 이랜드그룹이라는 반노동자적 기업집단이 자금난을 해결하기 위해 홍콩증시에 상장한다고 하는 것은 국제적으로도 망신살을 뻗치는 일이라고 했다. 또한, UBS가 상장절차를 계속한다면 국내 노동단체는 물론 UNI(국제노동조합네트워크), 홍콩노총 등 국제노동단체들과 함께 국제공동행동을 할 것이라고 경고했다.

그럼에도 이랜드그룹은 3월에 재무구조개선 설명회를 갖고, 5월에 홍콩증시 상장을 추진하고 있었다. 이에 뉴코아-이랜드일반노조는 5월 홍콩원정투쟁을 진행하기로 했다

마침내 4월 30일, 뉴코아-이랜드조합원들은 이랜드 홍콩법인 홍

콩증시반대 홍콩원정투쟁을 위한 출국에 앞서 이랜드 본사 앞에서 기자회견을 열었다. 경찰이 먼저 기자회견장에 도착해서 경찰버스 3대가 정문 앞을 가로막고 있었고, 경찰들은 정문 안으로 들어갔다. 기자회견을 마친 홍콩원정투쟁단에게 기륭전자 노동자들이 후원금을 담은 하얀 봉투를 내밀었다. 김석원 뉴코아조합원, 박동식 서비스연맹 대외협력국장, 한지원 사회진보연대 활동가가 원정투쟁 선발대로 출발했다.

5월 1일에 홍콩에 도착한 선발대는 이랜드 홈페이지에 있는 홍콩사무실 주소를 찾아 나섰다. 홍콩노총의 도움으로 네이던 로드(Nathan road)에 있는 빌딩의 1106호를 찾았다. 그러나 1106호에 이랜드는 없고 다른 업체의 이름이 적혀 있었다. 홍콩증시에 상장을 하겠다는 이랜드는 홍콩에 사무실이 없거나 숨어 있는 듯했다.

이어 투쟁단은 홍콩노총이 주관하는 노동절 집회에 참여했다. 투쟁단은 주위에 선전 부스를 설치하고 준비해 온 선전물을 집회장 주변에 배포했다. 사회자가 한국에서 이랜드노동자가 왔다며 소개하자, 큰 박수소리가 터져 나왔다. 선전부스 주위에 사람들이 모여들었다. 노동절 집회의 첫 발언도 이랜드 원정투쟁단에게 주어졌다. 김석원 뉴코아조합원이 이랜드노동자의 300일의 투쟁과 이랜드그룹의 반노동자 정책 그리고 홍콩증시 상장의 부도덕성을 고발하였다. 노동절 집회를 마친 참가자들은 행진을 했다.

투쟁단은 현수막을 펼쳐 들고 거리행진 대오의 맨 뒤에 섰다. 홍콩노총과 홍콩 NGO단체 사람들이 유인물을 시민들에게 나눠 줬다. "최저임금 제정하라"는 홍콩노총의 중심 구호 뒤에는 "이랜드노동자를 지지한다"는 구호가 잇달았다. 마무리 집회에 현수막을 들고 원정투쟁단이 단상에 올라 '임을 위한 행진곡'을 부르자, 홍콩 노동자들도 함께 불렀다. 5월 2일에 홍콩 언론에 이랜드의 홍콩증시 상장 일정이 나왔다. 투쟁단은 홍콩노총 간부들과 일반공모 시작에 맞춰 오후 4시에 긴급기자회견을 하기로 했다. 홍콩에서 가장 영향력이 있다는 『애플 데일리』에는 노동절 집회에서 연설을 한 김석원 조합원의 사진과 함께 기사가 실렸다. 기자회견장에서 홍콩노총 간부들은 투쟁단이 가져온 이랜드노동자투쟁 영상을 보았다. 민중언론 『참세상』이 제작해 영어 자막 처리가 된 영상이었다.

오후 4시, 기자회견장에 『애플 데일리』 등 홍콩 유력 일간지 기자들이 참석하였다. 투쟁단에 대한 관심이 많았다. 김석원 조합원이 기자회견문을 읽고, 기자들은 이랜드노동자들이 파업을 한 이유와 홍콩원정투쟁을 오게 된 배경, 그리고 이랜드그룹의 홍콩증시 상장의 문제점과 이랜드그룹의 재정 상태에 대해 90분이나 질문을 했다.

김석원 조합원은 지난 300일간의 이랜드투쟁의 진행과정과 홍콩증시 상장을 저지해야 하는 의미를 밝혔고, 한지원 사회진보연대 활동가는 이랜드그룹이 한국에서 보여 준 부도덕성과 구사대의 폭력 등을 사진 자료들을 보여 주며 설명했다. 국제금융도시인 홍콩에서 IFC(국제금융센터)를 상대로 한 투쟁은 이랜드노동자가 처음이라며 관심을 보였다. 원정투쟁단은 '이랜드패션 차이나홀딩스'가 홍콩증시 상장을 위해 만든 책자를 찢으며 기자회견을 마쳤다. 기자회견에는 탕 홍콩노총 총간사도 참여했다. 홍콩노총은 이랜드노동자의 원정투쟁을 적극 지지하고 연대하겠다는 뜻을 노동절 집회에서 밝혔다. 기자회견이 끝난 뒤에도 홍콩노총은 이후 일정을 함께하기 위해 회의도 참여했다.

5월 3일에 홍콩의 대표 언론사인 『사우스차이나 모닝포스트』와 『애플 데일리』에는 이랜드 공모 첫날 "관심을 끌지 못했다"는 기사가 실렸다. 또, 원정투쟁단이 홍콩에 입국한 배경과 10개월간의 파업농성에 대해 자세히 다루었다. 이 밖에 『동방일보』와 『홍콩 이코노믹 타임지』 등도 원정투쟁단 기자회견 내용을 사진과 함께 상세히 다루었다. 보도처럼 '이랜드패션 차이나홀딩스'는 홍콩증시에서 관심을 불러일으키지 못해 공모가 지지부진했다. 이에 이랜드는 『사우스차이나 모닝포스트』 기업금융 섹션 5면에 전면광고를 내며 안간힘을 썼다.

이랜드가 영국계 사모펀드에서 4천억을 유치했다는 한국 기사를 본 원정투쟁단은 책임이 더 무거워졌다. 원정투쟁단은 홍콩노총 간부들과 함께 다시 이랜드 사무실을 찾아 나섰고, 홍콩 상공회의소를 통해 확인한 이랜드인터내셔널 사무실을 찾아갔다. 주소지에는 이랜드 사무실이 없었다. 증시상장 선전자료에 나온 또 다른 이랜드 사무실 주소를 찾아갔지만 역시 없었다.

오후 5시 55분, 원정투쟁단 본대인 한영희 뉴코아조합원, 이남신 이랜드일반노조 수석부위원장과 김애수 이랜드조합원, 서강봉 민주노총서울본부 동부지구협의회의장, 권미정 민주노총경기본부 수석부본부장, 이랜드기독교대책위의 이성욱 목사가 입국했다. 이후 홍콩 UNI 사무실에서 원정단과 홍콩 사회단체와의 간담회를 했다. 이랜드투쟁 영상을 함께 본 뒤 질의응답을 진행했다. 홍콩노총 첻 칭 팻 위원장은 "신자본주의 세계화 속에서 한국의 비정규직 노동자의 싸움은 바로 홍콩 노동자의 싸움과 같다"면서 연대하기도 했다. UNI간부도 투쟁원정단이 요구하는 일을 하겠다며 연대의 의지를 밝혔다. 간담회를 통해 홍콩 사회단체와 원정투쟁단은 연대의식을 갖는 공동투쟁이라는 것을 확인했다.

5월 4일에 원정투쟁단은 예산이 부족해 차량을 빌리지 못하고 모든 집회용품을 두 손에 들고 대중교통으로 이동을 했다. 오후 3시부터 국제금융센터 건너에 있는 페리호 선착장 앞에서 선전전과 집회를 했다. 일요일이라 많은 시민이 오고 갔고, 현수막을 펼치고 선전물을 벽에 붙이자 기자들이 몰려왔다. 원정투쟁단이 홍콩에 오게 된 이유를 밝히고, 홍콩노총이 이랜드투쟁 지지연설을 하였다. '임을 위한 행진곡'을 홍콩 노동자와 원정투쟁단이 각자의 언어로 불렀다. 집회를 마치자 기자들의 질문이 쏟아졌다. 홍콩노총 간부들은 "홍콩에서 노동자의 문제에 영향력 있는 일간지와 방송사에서 취재 열기가 일었다는 것만으로도 놀라운 일이다"며 이미 "충분한 반응과 성과가 나타나는 거다"라고 긍정적 평가를 했다. 집회와 거리행진은 평화적으로 끝났다. 홍콩노총의 간부들이 휴일인데도 많이 나와 집회에 함께했다. 홍콩 시민단체는 이랜드 유인물을 시민들에게 나눠 주며 한국의 노동자들이 왜 홍콩에 와서 이랜드의 증시상장을 반대하는지 설명하였다. 김애수 이랜드조합원은 유인물을 들고 홀로 시내 곳곳을 누볐다. 한 장이라도 더 건네기 위해 안간힘을 기울였다.

5월 5일에 홍콩 신문 경제면에 이랜드-뉴코아 노동자의 증시상장 반대 기사가 실렸다. 『성보』(成報)에는 '한국인 이랜드 증시상장 항의를 위해 홍콩 방문'이라는 제목으로 경제 1면에 사진과 함께 기사가 실렸다. 또한 『신보』(新報)에도 '이랜드 한국노동자 항의 방문'이란 제목으로 이랜드노동자가 홍콩에 온 이유를 상세히 밝혔다.

오전 10시에 원정투쟁단은 UBS 사무실이 있는 IFC(국제금융센터) 건물 앞에서의 집회를 시작으로 골드만삭스, 시티은행을 차례로 방문하여 홍콩증시 상장주관사에게 이랜드노동자의 요구가 담긴 항의서한을 전달했다. 골드만삭스와 UBS는 책임자가 나와 대표단과 면담을 하고 항의서한을 직접 접수하였다. 시티은행 측은 면담을 거부했다. 원정단은 시티은행 앞에서 항의의 뜻으로 이랜드 홍콩상장 투자설명서를 찢으면서 규탄집회를 열었다. 골드만삭스에서 시티은행까지 원정투쟁단은 3보 1배를 하며 찾아갔다. UBS 홍콩대표 제프 시(Jeff See)는 항의서한을 접수하며 관심 있게 살펴보겠다고 하였다. 증권거래소에서는 원정단을 건물 안으로 들어오라고 하기도 했다. IFC(국제금융센터) 앞에서 한영애 뉴코아조합원과 김애수 이랜드조합원이 목에 칼을 차고 건물 앞에 앉자, 사진 기자들의 카메라가 숱하게 터졌다. 김애수 조합원은 칼을 차고 주저앉자마자 눈물을 흘렸다. SFC(금융감독원)은 오후 3시에 금융감독원 회의실에서 원정투쟁단과 1시간 넘게 면담을 했다. 홍콩노총 탕 총간사가 투자설명서에 나온 이랜드 사무실 주소도 허위라고 지적하고, ARMC의 도리스 리 활동가는 이랜드가 자신의 기업에 대한 정보를 공개하지 않고 있다는 문제를 제기했다. 금융감독원은 조사를 해보고 답을 주겠다고 했다. 이남신 수석부위원장은 "(금융감독원의) 제스처에 불과하다는 생각은 떨칠 수 없지만 한국 노동자의 목소리를 듣는 시간을 만드는 것 자체도 눈물겹다. 어디 한국에서는 상상이나 할 수 있는 일인가"라며 의미를 부여했다. 또 이 수석부위원장은 면담 마지막에 홍콩 금융감독원에 "SFC의 역할을 충분히 해달라"는 당부와 함께 "이랜드노동자는 생명이 오가는 지경에 처해 있다. 제2, 3의 행동도 할 수 있다"고 했다. 홍콩노총 관계자도 부도덕한 외국기업의 홍콩증시 상장을 홍콩 노동자도 가만히 있지 않을 것이라고 경고했다. 홍콩노총과 시민단체 관계자들이 처음부터 함께하며 상장사 면담 및 기자회견준비 등에 적극적으로 도움을 주었다.

5월 6일에 원정투쟁단 모두가 IFC 앞에서 단식철야노숙농성을 시작했다. 원정투쟁단은 일반공모 마감 하루를 앞두고 홍콩 주식투자자들에게 이랜드의 노동탄압과 부도덕성을 알리기 위한 것이다. 홍콩 언론에는 연일 홍콩 원정투쟁단의 집회 및 시위를 경제면 중심기사로 다뤄 왔다. 원정투쟁단의 활동으로 홍콩에서 불법 주류거래, 카드깡 등을 통한 사례가 알려지면서 '국제금융도시 홍콩의 주식시장을 흐트러

뜨리는 기업'이라는 인식이 퍼지고 있었다. 홍콩노총과 홍콩 NGO단체는 원정투쟁단과 함께 오전 11시에 이랜드사무실로 기재된 건물을 찾아가 기자회견을 열고 "정체불명 이랜드기업의 홍콩 증시상장 반대"의 뜻을 홍콩시민에게 알리는 행동에 나섰다. 현지 NGO관계자는 섭씨 30도를 오르내리는 날씨에 노숙단식은 위험하다고 만류하기도 했지만, 원정투쟁단의 의지를 막을 수는 없었다. 홍콩노총은 원정투쟁단의 투쟁에 최대한 함께하겠다며 노숙에 필요한 물품을 책임지겠다고 나섰다. 이 자리에서 이남신 수석부위원장은 다음과 같이 밝혔다.

> "같은 기독교인으로 박성수 회장이 지금이라도 회개를 하고 대화에 나서서 교섭에 성실히 응한다면 노동자와 기업이 함께 성장할 수 있도록 적극 노력하겠다. 하지만 지금처럼 대화조차 하지 않고 비정규직 노동자를 죽음으로 내몬다면 지구 끝까지라도 쫓아가 악덕기업은 발을 붙일 곳이 없다는 것을 깨우쳐 주겠다."

오후 1시 30분경 이남신 수석부위원장과 김석원 뉴코아노조 조합원은 몸에 사슬을 감고 있었고, 김애수 조합원과 한영희 조합원은 '양심없는 기업 이랜드'라고 적힌 목 칼을 차고 있었다. 홍콩단체 활동가들은 선전물을 나눠 주고 한국노동자들이 왜 홍콩에 왔는지를 적극적으로 시민들에게 알렸다. 이들은 원정투쟁단과 함께 '임을 위한 행진곡'을 부르고, "보이콧 이랜드"를 외쳤다. 오후 4시에 『사우스차이나모닝포스트』 등 유력 일간지에서 원정투쟁단의 3보 1배와 단식농성에 들어가는 것에 대한 기사가 대서특필되면서 단식농성장을 오가는 홍콩시민들은 특별한 관심을 보였다. 유인물을 건네면 잘 받지 않던 시민들이 언론의 영향 때문인지 관심을 가지고 유인물을 받았다.

목에 칼을 차고 고개를 떨구고 있는 이랜드-뉴코아 여성노동자들에게 카메라 플래시가 터졌다. 김석원 조합원은 묶인 사슬이 조여 두 시간이 지나자 고통을 호소했다. 오후 7시에 홍콩시민들에게 연설을 하던 김석원 조합원의 목소리가 낮아지기 시작했다. 이성욱 목사는 무릎을 꿇고 앉아 있었다. 한영희 조합원은 잠시도 쉬지 않고 유인물을 접었다. 준비해 온 유인물은 이미 점심시간이 지나자 바닥이 나서 홍콩노총에 가서 다시 가져와야 했다. 갈수록 유인물이 줄어드는 속도가 빨라졌다. 김애수 조합원은 휴식시간이 되면 목에 건 칼을 내려놓고 유인물을 들고 홍콩시민 속으로 사라졌다. 목 칼을 맨 박동식 국장과 이선아 민주노동당 당원은 숙인 고개가 들려지지 않았다. 한지원 사회진보연대 활동가의 연설 목소리가 갈라지기 시작했지만 내용은 더욱 과격해졌다. 한시도 떠나지 않고 원정투쟁단과 함께 선전활동을 하는 홍콩활동가들은 시간이 지날수록 기운이 넘쳤다. 자신의 문제처럼 적극적으로 지지연대활동을 했다.

퇴근시간이 지나자 홍콩활동가의 숫자가 더 늘어났다. 홍콩증권거래소 앞에서는 "다운! 다운! 이랜드" "노! 노! 이랜드" "노! 이랜드 아이피오" 등 구호가 끊이지 않았다. 홍콩 현지 시간 오후 9시, 한국시간으로는 밤 10시, 홍콩 곳곳에 퍼지자 지지격려 방문이 이어졌다. 기독교단체, 이주노동자단체를 비롯하여 교포들도 방문하였다. 원정단은 자리에 앉아 있고, 홍콩활동가들은 차례로 일어서서 마이크를 잡고 대시민선전을 지속해서 했다.

5월 7일 아침 출근시간에 원정투쟁단은 손에 유인물을 들고 국제금융센터를 누볐다. 이남신 수석위원장은 홍콩시민들에게 한 장이라도 더 건네려고 열심이었다. 시민들에게 원정투쟁단의 노숙단식은 방송과 신문을 통해 알려졌다. 원정투쟁단의 성과는 이미 반은 이루어졌다. 냉담하던 금융가의 사람들도 원정투쟁단에게 말을 걸었다. 이날은 이랜드차이나의 일반공모 마지막 날로, 16일이 상장이지만 이날까지 공모 결과가 중요했다. 출국한다는 소식을 들은 기자들이 몰려들었다. 홍콩 활동가들과 함께 기자회견을 했다. 다시 홍콩에 원정투쟁단이 온 이유와 그간의 활동, 그리고 성과에 대해 설명을 했다. 언론에서 이랜드 뉴코아 노동자의 목소리를 중요하게 다뤄 준 것에 대한 감사의 말도 이어졌다.

5월 8일, 원정투쟁단이 한국에 돌아왔다. 이날 이랜드패션 차이나홀딩스의 홍콩증시 상장은 무산되었다. 공모가가 예상에 미치지 못해 상장을 연기했다고 한다. 일반공모 마감일까지 예상 공모액의 1%에 그쳤다는 것이다. 이랜드패션 차이나홀딩스의 증시상장 연기는 홍콩 증시의 침체와 낮은 예정 공모가에 있었다. 또, 원정투쟁단이 상장 주관사와 홍콩 금융감독원, 증권거래소에 이랜드그룹의 진실을 밝힌 항의서한 전달과 면담도 일조했을 것이다. 뉴코아-이랜드노조의 홍콩원정투쟁은 노동자의 해외원정투쟁 중 처음으로 승리로 마무리됐다.

홍콩원정투쟁단에는 권미정 민주노총경기본부 수석부본부장, 김석원 뉴코아노조 조합원, 김애수 이랜드일반노조 조합원, 박동식 서비스연맹 대협국장, 서강봉 민주노총서울본부 동부지구협의회 의장, 이남신 이랜드일반노조 수석부위원장, 이랜드기독교대책위의 이성욱 목사, 한지원 사회진보연대 활동가, 한영희 뉴코아노조 조합원이 참여했었다.

투쟁단이 돌아온 뒤인 5월 14일 오전에 뉴코아-이랜드일반노조는 기자회견을 열고 홍콩원정투쟁의 성과를 밝혔다. 이들은 기자회견문을 통해 회사가 파국으로 치닫는 것을 원하지 않으며, 박성수 회장의 오만이 장기파업 사태와 이랜드그룹 경영 부실의 근본 원인이라며,

박성수 회장이 노조말살 야욕을 버리고 진정성 있게 교섭에 나서야 한다고 촉구했다. 홍콩원정투쟁단은 홍콩 현지에서 투쟁을 통해 이랜드 그룹의 문제점을 알려 냈으며, 이랜드 그룹이 밝힌 홍콩 현지 사무실이 실제로는 존재하지 않는다는 것을 밝혀내기도 했다.

(준비는 어떻게?) 홍콩원정투쟁 준비하면서 돈이 필요했죠. 그래서 UNI가 줬다는 것도 있고, 이것도 있고 저것도 있는데, 김형근 위원장이 진보신당 비례후보 결정한 게 괘씸하다고 이 자금을 딱 틀어쥐고 안 준 거거든요. 그래, 싸우고 나중에 우리가 받아냈을 거예요. 강규혁 처장은 위원장한테 "그렇게 하면 안 된다" 하면서 논란이 있었던 모양이에요. 그리고 큰돈은 아니지만 뭐 기륭 동지들을 비롯해서 여러 투쟁사업장 동지들이 후원해 주고. 근데 기본적으로 공투본 차원에서 원정투쟁기금은 좀 냈던 것 같고. 그때 어렵게 다녀왔죠. (……)
(성과는?) **결과적으론 상장이 안 됐죠.** 그게 투쟁 때문만은 아니고, 다른 복합적인 요인도 있었던 것 같긴 한데, 투쟁도 영향을 미치긴 했어요. 우리가 가서 단식도 하고, 3보 1배 투쟁도 하고, 집회도 하고, 기자회견도 하고. 하여튼 홍콩에서는 그런 투쟁이 별로 없잖아요? 그래 여론화가 됐고. 특히 홍콩노총이 작은 노총이지만, 정말 진정성 있게 국제연대를 잘 해줬거든요. 그때 홍콩노총 동지들하고도 굉장히 가까워졌죠. 우리 조합원들은 얼마만큼 힘을 받았는지 모르겠는데, 원정투쟁 때 분위기가 좋았죠. (이남신, 수석부위원장)

5. 이랜드 매각과 홈플러스의 인수

노조는 2008년 4월 18일에 홈에버 매각추진 의혹 관련해서 이랜드그룹에 명확한 해명을 촉구하는 공개질의서를 보냈다. 질의서에는 이랜드그룹이 노조와 언론에서 뉴코아 강남점 매각 추진 의혹을 제기했을 때 전면 부인했으나, 수개월 후 매각 추진은 사실로 밝혀졌던 일을 들고, 현재 이랜드그룹이 홈에버 매각을 추진하고 있다는 의혹이 불거지고 있다며 그 의혹을 해명할 것을 촉구했다.

이랜드가 홈에버를 매각하는 첫번째 이유는 자금 문제가 심각하기 때문인 것으로 보였다. 이랜드가 한국까르푸를 인수할 당시 인수금 1조 7,100억 원의 80%가량이 부채였다. 이때 발행한 채권의 상환 시기가 5월로 다가오면서 이랜드는 곧 닥쳐올 자금사정 악화와 유동성 위기로 골머리를 썩고 있었다. 2007년 말 이랜드리테일은 1조 5,767억 원의 매출을 기록했지만, 부채비율이 651.3%로 1,993억 원의 당기순손실을 기록했다. 홈에버의 매출도 고전을 면치 못하고 있었다. 이랜드일반노조의 투쟁으로 시민·사회단체까지 '이랜드불매운동'에 나서는 등 기업이미지 타격이 컸던 탓이다. 이런 이중·삼중의 경영난 속에서 이랜드로서는 매각을 고려했던 것이다. 양해각서(MOU)까지 체결했다가 2008년 원점으로 돌아가긴 했지만, 이랜드는 이미 2007년 11월 '뉴코아 강남점 매각'을 밝히기도 했었다.

이 시기에 홈에버는 매출증진보다는 재고정리에 집중하고 있었으며, 또 각 매장에 롯데, CJ, 외국유통회사 관계자들이 수시로 방문해 둘러보는 일이 잦아졌다. 특히 일부 점포에서는 직원들에게 홈에버 인수에 관심 있는 대기업 관계자들의 매장 방문에 대비하라는 지시를 하기도 했다. 이런 상황은 까르푸 매각 전과 매우 흡사했다.

그런데도 홈에버 경영진은 언론에 노사 문제가 마무리되었고 영업실적이 개선되었다는 거짓말을 반복하고 있었다. 거기에 홈에버는 2007년 매출실적이 2006년과 비교해 1,700%나 향상되었다는 황당한 부풀리기를 하기도 했고, 불법 카드깡과 불법 술장사로 매출 부풀리기를 하다가 국세청과 경찰의 조사를 받기까지 했다. 이랜드그룹은 위기를 극복하기 위한 방안으로 리파이낸싱 계획과 뉴코아-홈에버 합병계획, 홍콩증시상장 계획 등을 연이어 내놓았지만, 이 계획들은 실현 자체가 불투명했다. 특히 홍콩증시상장은 실패했다.

홈에버의 매각이 가시화되자 노조는 매각에 대한 대응을 준비해야 했다. 노조는 매각 사실을 기정사실화하고 4월 25일 대의원대회를 열어 노조 규약을 개정해서 매각 움직임에 본격적으로 대응하기로 했다. 현행 규약상 조합원 대상은 이랜드그룹 직원으로 지정돼 있어 홈에버가 다른 회사로 매각될 시 조합원 자격을 상실할 수 있다는 판단에서였다.

결국, 재정압박에 시달리던 이랜드그룹이 홈에버를 매각했다. 이승한 홈플러스 사장과 권순문 이랜드그룹 M&A 총괄사장은 5월 14일 오후 프레스센터에서 기자회견을 갖고 홈플러스가 이랜드그룹으로부터 홈에버 전 매장 36개를 2조 3천억 원에 일괄매입하는 계약을 체결했다고 밝혔다. 이들 점포는 앞으로 12개월 내에 홈플러스 점포로 전환된다. 이랜드는 이미 2008년 초 홈플러스로부터 인수의향서를 받아 인수가액과 채권·채무 정산, 고용승계 등 세부적인 계약조건 등을 놓고 협상을 진행하였으며, 4월 말에는 홈플러스 그룹사인 영국 테스코에서 10여 명의 실무진이 파견돼 예비실사를 진행해 왔다. 홈플러스는 홈에버의 부채를 포함해 지분 100%를 인수하기로 했다. 인수금액에는 홈에버의 주식지분 1조 원, 부채 1조 3천억 원이 포함됐다. 인수대금은 영국 테스코 본사가 조달하며, 홈에버를 인수한 뒤 별도 법인을 세울 것이라고 했다. 이 과정에서 노조는 홈에버의 매각과 관련해 회사 측으로부터 전혀 언질을 받지 못했다. 이미 4월 18일 노조에서는 매각 관련 공개질의서를 이랜드그룹에 발송했지만, 회사는 매각을 부인해 왔다. 이는 이랜드와 홈플러스 두 회사 모두 노조 문제에 대한 책임을 회피하려는 의도로 보였다. 이는 2008년 9월까지로 체결되어 있는 단체협약에 "회사 매각 시 노조와 협의한다"고 명시돼 있지만, 이랜드그룹은 매각과 관련해 노조와 단 한 번의 대화도 나눈 적이 없다는 점에서도 확인된다.

결국, 매각이라는 새로운 국면을 맞아 노조가 해결해야 할 과제는 많았다. 우선 고용승계가 문제였다. 삼성홈플러스 이승한 사장은 기자회견에서 "홈에버 전 직원에 대한 고용승계"를 약속했으며, 이것은 계약서에도 명시돼 있는 내용이라고 재차 강조했다. 하지만 노조는 이를 회의적으로 판단했다. 대량해고를 진행한 이랜드그룹에서도 까르푸를 인수하면서 100% 고용승계를 약속했지만 지켜지지 않았다. 그 때문에 노조는 홈플러스가 진정성을 보이기 위해서는 인수 전에 고용보장에 대한 약속이 있어야 한다고 주장했다.

다음으로 비정규직의 정규직 전환 문제였다. 비정규직 문제와 관련하여 이승한 사장은 "계약기간이 일정 정도를 넘어서면 정규직으로 전환하겠다"면서도 "법적인 원칙 안에서 결정하겠다"는 단서를 붙였다. 노조는 '법적인 원칙' 발언에 대해 비정규직 고용보장을 하지 않겠다는 의미로 해석될 수 있다고 판단했다. 현행 비정규직법에는 2007년 7월 이후 새로 계약한 날로부터 2년이 되기 전에 사용자가 해고할 수 있도록 허용하고 있기 때문이다. 홈에버에서는 18개월 이상 노동자에겐 무기계약을 맺었다. 정규직이 아니라 무기계약직이다. 문제는 나머지 18개월 미만 노동자들인데, 홈플러스에서는 이에 대한 아무런 언급도 없었다.

마지막으로 문제가 된 것은 노조 인정 사안이었다. 이승한 사장은 노조에 대해서도 애매한 답변을 했다. 그는 "노조를 허용하고 시작하겠지만 직원들에게 잘해 줄 것이고 스스로 노조를 안 하겠다고 하면 말릴 수 없는 거 아니냐"며 노조와 관련해 불분명한 입장을 보였다. 노조는 이 발언을 두고 노조가 없어지기를 바라는 사장의 생각이 드러났다며 우려했다. 실제 이랜드그룹과 홈플러스 간 매각계약서에는 2008년 9월까지로 체결된 이랜드그룹과 노조 간의 단체협약이 빠져 있었다. 또, 장기파업으로 발생한 각종 고소고발, 손해배상, 벌금, 해고 등은 하나도 해결되지 않았다. 노조에서는 이러한 부분도 홈플러스와 대화를 통해 해결한다는 계획이었다. 특히 노조는 18개월 미만 근무한 조합원 해고자 27명과 파업 징계해고자 24명 총 51명에 대한 복직을 강력히 요구할 방침이었다. 무엇보다 18개월 미만 근무 해고자 27명은 모두 복직을 원하는 사람들이었다. 이들은 이랜드그룹이 비정규직법을 회피하기 위해 편법으로 계약기간을 단축시킨 조합원들이었는데, 27명 중 대표로 4명이 부당해고소송을 진행하고 있었다. 이랜드그룹이 홈에버를 홈플러스에 통째로 넘겼기에 사태해결의 열쇠는 홈플러스에게 넘어간 상황이다. 노조는 이랜드와의 투쟁을 계속 진행하면서 홈플러스와는 대화를 시도하기로 했다.

노조는 5월 14일 저녁에 대책회의를 했고, 5월 15일에는 '사랑의 교회' 앞에서 기자회견을 열었다. 내용은 고용승계, 해고자 복직 문제 및 노조간부 징계철회, 18개월 미만 근무자의 대책 등을 요구하면서 홈플러스가 더 진전된 대책을 내놓는다면 노조도 경영정상화에 협조할 것이라고 했다. 또 노조는 회사매각을 직원과 투자자들에게 감추는 등 무책임한 행태를 보인 이랜드그룹에는 불매운동을 계속하겠다고도 했다. 이날로 노조는 '사랑의 교회'의 천막농성을 끝냈다. 그 사이 김경욱 위원장은 지인을 통해 삼성테스코 측과 만남을 시도했다.

> 삼성이 이랜드를 인수한다는 발표가 나고, 삼성이 어떤 형식으로든 접촉이 있을 줄 알았는데, 아무것도 없었고, 노동부도 안 나서고. 우리는 삼성테스코 본사에 플래카드 걸고 기자회견도 했는데 일체 대응이 없어요. 그렇게 한 달, 두 달을 미치는 줄 알았죠. 매각 발표 이후 조합원들 기대감은 '만빵'인데 할 수 있는 일이 없고. 막막해서 다시 매장에 들어가자고 마음먹었는데, 들어가면 구속될 게 걱정이고, 그때 집행유예 기간이어서. 고민을 하다가 다른 방법으로 삼성테스코에 육군사관학교 출신을 찾으니 안희만 삼성테스코 마케팅 상무가 있어요. 육사동기에게 전화번호를 받아 전화해 만났어요. 노사간으로 만난 게 아니라 육사 선후배로 만난 사적 자리여서 "대화하자"고 속내를 얘기했더니 자리를 만들어 준다고. 그리고 며칠 지나 만났는데, 삼성SDS 노무관리자랑 같이 나왔어요. 비슷한 내용을 이야기했고. 교섭의 물꼬가 트였다고 생각했죠. 근데 이후 아무 연락이 없었어요. (김경욱, 위원장)

6. 월드컵점 앞의 천막농성

노조는 6월 12일 역삼동 홈플러스 본사 앞 집회 이후 6월 19일 오후 4시부터 홈에버를 인수할 예정인 홈플러스 영등포점 앞에서 '비정규직 차별철폐 및 08년 투쟁승리 결의대회'를 했다. 홈플러스 매장 앞에서의 집회는 처음이었다. 집회에 앞서 노조는 평화적 집회를 열고 홈플러스는 출입문을 막거나 용역을 배치하지 않기로 사전에 합의했다. 김경욱 위원장은 그동안 홈플러스 측에 대화를 요구했으나 거절당한 상황을 설명하고, 홈플러스가 대화에 나서야 한다고 발언했다.

조합원들은 매각이라는 상황을 원하지 않았지만, 요구를 관철시켜 매장으로 돌아가 일하고 싶다는 간절한 요구를 표현했다. 또 이들은 "이랜드사태가 홈플러스사태로 이어지지 않길 바란다"고 외쳤다. 이어 지지발언에 나선 전국해고자복직투쟁위의 강성철은 홈플러스 측의 태도 변화를 요구했다. 집회는 1시간 정도 진행되고 끝났다.

> 삼성테스코와 연결될 수 있는 라인이 끊겨서 속으로 미치겠더라고요. 고민하다 삼성테스코 본사 앞 집회를 잡아 버렸어요. 그러곤 홈플러스 영등포점 앞에서 첫 홈플러스 매장 집회를 열었어요. (……) 그때부터 삼성테스코를 대상으로 싸움을 시작했는데, 이때는 삼성을 압박하기 위한 투쟁이 아니라 조합원을 움직이려는 투쟁이었어요.
>
> 한번은 노조에서 신규매장 진격투쟁을 하기로 결정한 적이 있는데,

매장에 들어갔다가 구속되면 쉽게 나오지 못하죠. 그때가 영등포점에서 집회할 때였는데, 집회를 마치고 곧바로 매장으로 들어갔는데, 속으로 누구라도 나를 막아 주길 빌었어요. 막아 주면 못 이기는 척 매장에 들어가지 않으려 했어요. 그렇게 되면 업무방해죄로 잡혀가지는 않으니깐. 그런데 아무도 막지 않아요. (……) 경찰도 없고, 시설보호요원도 없어요. 집회가 끝나고 곳곳에서 숨어 있던 보안요원들이 나왔는데, 어이없게도 이들이 좌우로 도열을 쫙~ 하더니 조합원들을 보호하는 것처럼 두 줄로 선 뒤 "이 길로 가라" 이러더라구요. 매장에 구호를 외치면서 들어갔는데, 안 막으니 굉장히 뻘쭘했죠. 불안해졌어요. 다시 매장에 들어가 영업방해죄로 구속되면 감옥 가야 하니 초조할 수밖에. 조합원들도 기분이 이상한지 나더러 들어오지 말라고. 한편으로 고마웠죠. 빠지고 싶었으니깐. (김경욱, 위원장)

그렇게 홈플러스를 상대로 교섭을 요청하는 집회를 하던 중에 6월 23일로 노조는 파업 1년을 맞는다. 그동안 이랜드노조에서 6명, 뉴코아노조에서 7명, 연대 단위에서 12명 등 총 25명이 구속되었고, 조합원들은 250억이라는 금액의 손배가압류에 시달리고 있었다. 또 그동안 문제를 해결해야 할 박성수 회장은 단 한 번도 직접 노동자들과 대화하지 않았다. 이런 상황은 이랜드그룹이 홈에버를 홈플러스에 매각하는 사태까지 불러왔다.

6월 20일에 뉴코아-이랜드노동자들의 파업에 연대해 왔던 23개 노동사회단체들이 뉴코아 강남점 앞에서 기자회견을 했다. 이들은 기자회견문을 통해 노동자들이 최소한의 요구를 내걸고 1년간 투쟁해 왔는데, 이 사태를 수습하기 위해서는 박성수를 구속해서 처벌해야 한다고 했다. 이어 이들은 뉴코아-이랜드를 중심으로 다시 투쟁을 시작할 것이라고도 했다.

이어 6월 23일에 뉴코아 강남점 앞에서 파업 1년 결의대회가 열렸다. 참여한 조합원 수는 눈에 띄게 줄어 있었다. 1년이라는 시간이 그녀들에게 준 무게는 투쟁과정의 어려움뿐만 아니라 하루를 벌어 하루를 살 수밖에 없는 비정규직 노동자들이 안고 있는 삶의 무게였다. 그래서 일부 조합원은 아르바이트로 생계를 이어 가며 미안한 마음을 머금고 집회에 나오지 못하고, 또 다른 조합원들은 1년이라는 시간의 무게를 견디지 못해 싸움을 포기하기도 했다. 그러나 남아 있는 조합원들은 "끝까지 한다"라는 말을 주문처럼 외웠다.

1) 월드컵점 앞 천막농성(6월 30일~11월 13일)

6월 30일에 노조는 1년 전 점거했던 월드컵점 앞에서 천막농성에 돌입했다. 한국사회를 떠들썩하게 했던 월드컵점을 점거했던 바로 그 날이었다. 이랜드그룹이 수천 명의 생존권을 짓밟은 채 매장을 홈플러스에 매각했는데, 홈플러스는 노조의 대화 요구를 외면하고 있었다. 이에 노조는 홈플러스와의 대화가 진행될 때까지 천막농성을 이어 가기로 했다. 1년 전과 차이가 있다면 2007년 월드컵점 점거는 회사의 비정규직에 대한 대량해고를 끝내기 위한 것이었다면, 1년 후인 2008년 천막농성을 시작하는 것은 파업을 끝내기 위한 것이었다.

또, 1년 전 월드컵점 점거농성을 통해 이랜드 여성노동자들의 문제가 세상에 알려지고 사회의 이목을 집중시켰다면, 이제 더 이상 주위에서 이랜드 여성노동자들을 기억하지 않고 있다는 점도 차이였다. 무엇보다 큰 차이는 조합원들의 마음과 모습에 있었는데, 2007년 6월 30일 조합원들에게는 지도부의 1박 2일 점거농성 계획을 무기한 점거농성으로 뒤엎었던 사기와 20일의 점거투쟁 기간 내내 월드컵점을 뒤흔들었던 열정이 있었다면, 1년이 지난 2008년 6월 30일 조합원들은 사측에 대한 분노와 지도부에 대한 신뢰 그리고 동료에 대한 의리를 가슴에 품고 앞이 보이지 않는 지리한 시간을 묵묵히 견뎌 내려는 모습이라는 것이었다. 또 이날은 비정규직 노동자를 보호하겠다며 만든 비정규직 관련법이 시행 1년을 맞는 날이기도 했으며, 비정규직 보호법이냐 비정규직 해고법이냐는 논란 속에 관련법이 100인 이상 300인 미만 사업장으로 확대 적용되는 날이기도 했다.

5월 15일에 사랑의 교회 천막은 거두었어요. 매각 얘기가 슬금슬금 나오면 얘네들도 손 털 거고, 그다음에 항상 M&A 때는 위로금이니 뭐니, 또 누가 인수할지 모르지만 고용안정 관련된 협약서 체결하든 뭐든 해야 될 거잖아요. 그러면 이랜드랑은 한판 또 붙어야 뭔가 정리가 되고. (……) 그리고 2007년 11월에 1차 해고자 명단이 나왔고 그다음에 2차 해고자 명단이 2008년 4월인가에 나왔고. 그럼 이 사람들은 복직을 시켜야 될 거고. 교회 앞에서 투쟁하면서 박성수를 장로에서 끌어내렸는데, 그러면 "마무리할 단계라면, 우리가 상징적인 투쟁을 했던 월드컵점에 천막을 설치하고 투쟁하자." 사실 이것도 월드컵 지대위 동지들이 천막 제안도 하면서 "천막은 지대위가 말아서 해주겠다"고 하면서, 우리 투쟁이 다 잊혀져 가고 있을 때 마무리투쟁으로 어떻게 보면 여기를 정한 거죠. "시작도 월드컵에서 했으니까 마무리도 월드컵에서 상징적으로 하자" 그래서 깃발 세워 놓고. (이경옥, 부위원장)

다시 어디로 갈 거냐 하다가 그래도 "월드컵에 들어갔고, 상징이 있다. 거기다 치자." 처음에는 바자회를 했어요. 월드컵분회가 음식은 만들고, 민주노동당 당원들이 기부도 하고, 가장 멀리서 장수군 당협위원장인가? "배를 기부하겠다" 그래서 저하고 조합원 2명이 장수에 가서 배 60박스를 가져와 팔죠. 그거 끝나면서 천막을 쳤어요. 천막 2개를 쳐 놓고 그때부터 연대 단체들이 돌아가면서 왔고, 저도 쭉 붙박이로 있고. 연대는 민주노총이라든지 지원은 거의 떨어지고, 사회단체 위주로 와서 하룻밤에 많으면 일고여덟 명, 적으면 서너 명 정도 있을 때도 있고. 매주 촛불문화제 하고. 그때는 회사도 천막에 아예 신경도 안 쓰고. 근데 걔네들이 우리가 어디서 코드를 찾아서 줄을 안 보이게 다 연결해 놓잖아요? 그럼 귀신같이 알고 아예 선을 차단시켜 버려요. 지독하고 치사하고. 그래서 발전기 사다가 돌리고. (손명섭, 부산)

조합원들이 농성은 지겹다고 힘들다고 못한다고. 그래 지도부가 우리가 한다고 해서 간부들이 고생 많이 했죠. 제가 완전히 붙박이였어요. 근데 연대 단위들이 와서 하루가 멀다고 술 먹으니까, 술 먹다 죽겠다 해서 "술 많이 먹는 단위들 오지 말라"고도 하고. 조합원들은 주간투쟁을 해야 되니까, 그래도 조합원들이 투쟁대오는 역할 잘했고요. 그때는 다 투사들이었으니까. 근데 농성이나 붙박이로 책임 있게 하는 건 싫어했어, 부담되고 식상한 일이기도 했죠. 조합원들이 고강도 투쟁을 여러 번 했는데 농성하고 앉아 있으면 힘 빠지죠. 경찰이라도 앞에 있어야 싸우는 거 같은데 그것도 아니고. 또 조합원들 일상적인 공간인 점포 앞에서 내가 거기 들어가야 하는데, 거기 앉아 있으면 힘들죠. (이남신, 수석부위원장)

월드컵으로 다시 갈 수밖에 없었죠. (웃음) 거점이 필요했죠. 우리가 점거 이후에는 거점이 없어 떠돌이 신세였고, NCCK와 '사랑의 교회'는 우리 매장은 아니잖아요? "외곽이라 한계가 있다. 다시 중심으로 가야 된다. 중심은 어디냐? 월드컵이다. 월드컵은 일단 지대위가 있기에 우리가 농성을 유지하는 데 큰 도움이 될 것이고, 남아 있는 조합원도 제일 많고, 핵심매장이니까 우리는 월드컵으로 가야 된다" 그래 여러 번의 실패 끝에 다시 천막을 치고. (……)

(분위기는?) '사랑의 교회'랑 다르죠. 매장 앞이기 때문에 월드컵 같은 경우는 비조합원들도 와서 기웃거리기도 하고, 음료수 사다주는 사람도 있고. 소비자들도 와서 "힘내라"고 하고. 그리고 우리가 매장을 늘 보고 있으니까. 우리 조합원도 조가 있지만 지대위도 자기들끼리 조를 짜서 오고. 그러니까 천막이 늘 활기 찼죠. '사랑의 교회'는 좀 수세적이었고 뭐 주일날이나 선전전하고 아니면 기독교단체 누가 와서 기도회 해주고 그랬던 거죠.

(프로그램은?) 농성조가 아침 선전전, 점심 선전전하고. 집회는 요일별로 있었던 것 같아요. 금요문화제, 수요영화제 하는 식으로. 그때는 집회를 나누어서 동시에 하는데, 시흥은 무슨 요일에 하고. 추석 연휴때는 집행부나 간부들이 돌아가면서 있었고요. (홍윤경, 사무국장)

걔네가 천막을 걷어내려고 해서 (……) 왜냐면 월드컵점 앞의 공연장 들어가는 곳에 우리가 천막을 쳐 놔서 그랬는지 경찰이 천막을 걷어 내려고 했어요. 우리가 밤늦게까지 있었는데 걔네들이 나중에 물대포를 큰 거를 갖고 왔어요. 우리가 천막을 하나씩 다 잡고 있는데 물대포를 얼마나 쏘는지. 거기 CGV 있잖아요? 밤이니까 사람들이 거기 구경 왔다가 우리가 있는 거 보고, 기자가 와서 취재하면서 "지금 저쪽에 사람들이 울고 있다"고. 진짜 물대포가 얼마나 센지 뒤에 있는 사람들, 대학생들도 다 날아가고, 나중에는 안 되니까 얘네들이 특공대를 투입시키려고 했던 거예요. 그래 우리 임과장님이 "튀라! 지금 특공대 투입한다"고. 그래서 우리가 탁 튀어서 계단 밑으로 내려와서 쳐다보니까, 진짜 특공대가 딱 들어오더니 다 부순 거예요. 그러고선 나중에 장소를 옮겨서 월드컵의 다른 쪽에 천막을 했죠. (박복희, 안양)

월드컵점 앞에 천막 치다가 물대포까지 맞고 이랬던 것 같아요. 저는 늦게 가서 안 맞았는데, 우리 수납에 나인순 조합원이 물대포를 맞아서 허벅지가 다 멍들었어. 시퍼렇게 멍이 들어가지고. 거기서 머리가 터진 사람도 있었고, 어디서 연대 오신 분인지 몰라도. (……)
(프로그램은?) 즐겼어요. 왜냐면 장기간인 데다, 또 연예인 못지않은 사람들이 무대에 나와서 율동하고. 우리도 율동패를 만들었어요. '새벽'이라고 해서 그 사람들이 나와서 율동도 하고. 우리는 어디 가서 투쟁을 한다는 게 그냥 삭막한 투쟁이 아니라 **즐기는 투쟁이 돼 버린 거지요.** 우리 조합원들은 그렇게 생각을 했지만 지도부는 불안하시겠죠. 타결 가능성이 없고 박성수는 절대 죽어라 안 나오고. (조은옥, 중동)

천막을 여러 개 쳤던 것 같아요. 거기서 우리는 3명이선가? 명선 님하고 나하고 3명이 집에 갔다 오겠다고 교대를 해가지고 한 5분이나 갔나? 그런데 "난리가 났다. 지금 털리고 있다. 물대포 쏜다" 막 울면서 전화가 와 다시 갔죠. 난리가 난 거야. 그 사이에 물대포로 다 털린 거지. 천막이 날아가고 사람한테도 쏴서 다 멍이 들고. 안 날아가려고 뭘 붙들고 있는 상황이더라구. 그래서 저희도 집에 못 가고 다시 와서 같이했고. (김용임, 중동)

월드컵 갔을 때는 천막 치고 있었는데 그 천막까지도 언제 털릴지 모르고. 어느 날 가면 "그것도 털렸다" 이러니까. 그때는 악다구니가 났죠. "이제 끝까지 진짜 해보겠다는 거냐" 그런 마음이. "도대체 너네는 어디가 끝이냐" 그런 생각이 들었죠. (임혜숙, 면목)

매각 얘기 나오면서 조합원들이 좀 희망을 가졌죠. 워낙 이랜드가 악덕하고 우리 조합원들을 사탄으로 몰고 그랬으니까. 그때도 며칠 날은 어느 지부가 당번이고 이렇게 스케줄에 따라서 움직였고. 월드컵에서는 천막 쳐 놓고, 집회 한 번씩 하고. 그리고 저도 생계투쟁을 좀 했던 것 같아요. 말미에는. 돈이 없었으니까. 왜냐면 우리 투쟁도 지지부진했고 별다른 지침도 없었고. 지침이란 게 어디 연대 가고 이런 거인데. 그때 애가 셋이었고, 둘이 벌다가 혼자 버니까 힘들었을 때라서 이마트 가고, 롯데마트 가서 판촉사원 했지요. (황옥미, 면목)

월드컵점 천막투쟁 때는 많지 않았어요. 조합원이 거의 복귀하고. 남은 사람들이 생계유지하면서, 저도 7월경부터 동네슈퍼 건어물 알바를 했어요. 향순 언니도 알바하고. 어렵긴 하죠. 아무래도 둘이 벌다가 애들도 있고. 알바하다 시간 되면 집회 가고. 그때는 집회라는 게 거의 의미 없었고. (이선호) 동력이 많이 딸렸지. (진현미) 남은 사람들끼리 그냥 버텨 보자라는 식이었지. 어디 가서 집회하는 것도 많지 않았어요. (이선호) 저도 마지막 쯤에 백화점에서 판매 알바를 일주일에 한두 번 하고 나머지는 집회 나가고. (진현미) 그래서 마지막에는 대오가 자꾸 무너지니까, 지도부도 파업을 끝내냐 마냐 고민하고. (이선호, 방학)

처음에는 월드컵 분회를 중심으로 조를 짜서 하고, 연대 동지들이 와서 밤에 지켜주고, 또 이경옥 부위장님이나 이남신 수석부위원장님이 하고. 주로 저희가 주축이 돼서 했던 것 같아요. 낮시간에는 다른 지부 조합원들이 하시고. (프로그램은?) 텐트 쳐 놓고 거의 문화제 식으로 우리 연대 동지들이랑 뭔가 타이틀을 담아서, 일주일에 2~3번씩 했던 것 같애. 왜냐면 그때 집회신고가 원활하지 않아서 아마 집회보다는 문화제 형식으로 했던 것 같고, 영화상영도 하고. 그때 인원이 월드컵점은 20여 명 정도. 그때는 거의 선전전 위주로 했던 것 같아요. 분회별로 몇 명씩 조 짜서 외부로 다니면서 선전전하고, 좀 지루했죠. 뭔가 눈에 보여 주고, 뭔가 몸으로 하는 게 있어야 하는데. (황선영, 월드컵)

월드컵으로 와서 처음에 CGV 앞에다가 쳤는데, 그거는 털릴 생각을 하고 했던 것 같아요. 그냥 가천막 같은 거였거든요. 거기서 물대포 맞고 별짓을 다 했었으니까. 나중에 물대포로 막 쏠 때 우리가 그거 지킨다고 테두리 둘러서 잡고 있었는데, 거꾸로 우리가 소방호스 들고 그 사람들한테 쏴서, 그것 때문에 최현미가 사진 찍혀서 소송걸렸다는 얘기가 있었는데, 문제는 안 된 듯해요.
그때도 분회별로 돌아가면서 하고, 지대위가 많이 왔었죠. 노조에서 하는 것과는 별도로 월드컵분회는 지대위하고 문화제를 계속 했어요. 그거는 저녁 6시 지나서 해야 된다고 해서, 홍대에서 하고, 연신내에서도 하고, 길거리에서도 하고. 우리끼리 조그맣게 한 거니까, 우리가 율동도 엄청했던 것 같아요. (서은주, 월드컵)

2) 홈플러스 안양점 노숙투쟁(7월 14일~15일)

노조는 홈플러스 측과 여러 방식으로 대화를 시도했지만, 홈플러스는 8월 중순경 종료 예정인 공정거래위원회의 기업결합 심사 이후에 대화를 하겠다는 입장이었다. 이랜드는 매각 이후 발을 빼고 있었다. 이에 노조는 홈플러스와의 교섭 성사를 위한 투쟁을 좀 더 강력하게 전개하기로 결정했다. 7월 중에 장기파업을 마무리 짓겠다는 절박한 결의였다. 오랜 기간 투쟁해 온 조합원들에게 하루하루가 고통의 연속이기에 인수과정에서 노사간 문제를 빠르게 해결하는 것이 필요했다. 조합원들은 홈플러스가 이랜드를 인수한다는 소식에 기대를 많이 했지만 홈플러스가 대화에조차 나서지 않자 실망하고 있었다.

노조는 7월 15일 홈플러스 안양점 개점을 맞춰 안양점 앞에서 7월 14일부터 1박 2일 노숙농성을 시작했다. 농성장 주변에는 경찰과 경비용역업체 직원들만 서성이고 있었다.

오후 7시 30분에 노조는 홈플러스 앞에서 개장 저지 1박 2일 노숙투쟁을 알리는 문화제를 열었다. 문화제에는 조합원과 안양 희망연대 소속 회원들 200여 명이 참여했다. 조합원들과 시민단체 회원들은 홈플러스 앞에서 노숙하고 있다가 홈플러스 개장시간인 7월 15일 오전 8시 30분에 맞춰 개장저지투쟁을 시작했다. 오전 9시 30분경에 조합원 중 일부가 매장 진입을 시도해 잠시 형사들을 긴장시켰다. 하지만 조합원들은 직원들과 시민들에게 전단지만 나누어 준 다음 철수했다. 기자회견이 열리기 직전에 "삼성 홈플러스는 비정규 노동자 문제를 즉각 해결하라"는 플래카드를 옥상에서 밑으로 늘어뜨렸다. 그러나 플래카드는 직원들이 바로 걷어 갔다.

오전 10시에 이랜드일반노조와 안양지역 시민단체 회원 민주노동당, 진보신당 당원 약 150명이 홈플러스 앞에서 기자회견을 열고 "홈플러스가 즉각 대화에 나설 것"을 요구했다. 경찰도 비슷한 인원이 출동했다. 전경 1개 중대와 안양 경찰서 정보과 형사들이 홈플러스 앞에서 벌어지는 기자회견에 촉각을 곤두세웠다. 기자회견에서 김경욱 위원장은 "홈플러스가 예전 까르푸를 인수한 이랜드보다 더 교섭에 소극적"이라며 "오늘부로 전국 69개 홈에버와 홈플러스에 전면투쟁을 선언한다"고 밝혔다. 이랜드가 까르푸를 인수할 때 노조의 교섭요구를 6개월간 차일피일 미뤘는데, 결국 그 일이 화근이 되어 장기투쟁이 시작된 것이다. 노조는 홈에버를 인수한 삼성테스코가 그 전철을 밟으려 하고 있다고 판단했다. 이에 노조는 기자회견문을 통해 "홈플러스는 이랜드와 거꾸로 가야 한다"고 충고했다. 이어 노조는 이랜드처럼 노조 말살이라는 어리석은 욕심을 부리면 대표 악덕 자본으로 낙인찍히고 결국 회사를 매각하는 자충수를 두게 될 것이라면서 노조와 마음을 열고 대화를 나눈다면 돌파구를 찾을 수 있을 것이라고 충고했다.

노조는 월드컵점 천막농성과 함께 홈플러스 매장 앞에서도 지속적인 투쟁을 벌이기로 했다. 7월 23일 홈플러스 영등포점에서 집회를 열어 삼성테스코에 대한 압박을 가했다. 참석자들은 집회를 마무리한 후 홈플러스 영등포점과 동대문점 매장 안으로 들어가 선전전을 했다.

한편, 뉴코아 노사는 7월 29일 계산원 외주화로 계약이 만료된 비정규직 36명을 재고용하는 내용의 합의서에 서명했다. 합의안에는 "노조가 2010년까지 무파업을 선언한다"는 내용이 담긴 노사관계 정립을 위한 노사화합 공동선언문도 채택됐다. 합의안에는 그간 쟁점이 됐던 징계 해고된 18명의 복직문제나 회사가 노조와 조합원 및 연대단체를 상대로 낸 손해배상청구소송과 관련된 내용은 없었다. 파업의 원인인 '외주화 철회' 요구도 노조가 포기했다.

문제는 뉴코아 노사의 합의가 이들만의 문제로 끝나는 것이 아니라는 데 있다. 특히 뉴코아노조와 함께 파업을 시작한 이랜드의 비정규직 문제도 타격을 받게 됐다. 뉴코아 노사 이상의 수준으로 합의하긴 더 어려워졌기 때문이다.

3) 2008년 추석집중투쟁

추석을 앞두고 노조는 9일간 '집중투쟁'을 통해 이랜드불매운동을 하기로 했다. 그 첫날인 9월 2일 오후에 신촌에 위치한 이랜드 본사 앞에서 노조는 '2008 추석투쟁 대잔치'를 열었다. 이들은 이후 10일까지 시흥점과 월드컵점, 면목점, 2001아울렛 안양점, 캐주얼매장 후아유 등 전국 매장을 돌며 이랜드불매운동을 벌이겠다고 했다. 노조는 이랜드가 재고품을 신상품으로 속이거나 홈에버에서 미국산 쇠고기를 호주산으로 속여 판매해 왔으며, 카드깡으로 수천억 원의 돈놀이를 했고, 비정규직 직원들을 거리로 내몰았다고 폭로했다. 추석집중투쟁 2일차인 9월 3일 오후 3시경 노조 깃발이 펄럭이고 있는 시흥점 주차장 입구에는 마이크와 스피커가 준비돼 있었고 조합원들은 선전전을 할 때 쓸 피켓들을 만들고 있었다. 사거리에서는 몇몇 조합원이 피켓을 들고서 있었다. 홍윤경 사무국장은 마이크를 들고 시민들을 향해 발언을 했다.

> "저희는 대량 해고된 지 오늘로 439일째가 되는 이랜드홈에버노동자들입니다. 저희들은 아직도 현장으로 가지 못하고 이렇게 투쟁을 하고 있습니다. (……) 사측은 아직까지도 비정규직 대량해고 문제를 해결하지 못하고 있습니다. 시민 여러분. 저희들의 사정을 알아주시고 이랜드, 홈에버, 2001아울렛을 불매해 주시기 바랍니다. (……) 유통기한이 지난 생선을 팔다가 들켜 영업 정지를 먹고, 재고 옷을 팔다가 공정거래위원회에 적발된 기업이 바로 이랜드입니다. 이랜드홈에버를 심판할 수 있는 길은 시민 여러분들께서 불매에 동참해 주시는 것뿐입니다. (……) 이랜드홈에버에 오지 마십시오! 이랜드는 정말 나쁜 기업입니다. 오늘

홈에버에서 구입하셨다면 내일부터는 꼭 불매해 주시기를 간곡히 부탁 드리겠습니다. (……)"

조합원들 몇 명이 앞에서 유인물을 나누어 주고 있었고 일부 조합원은 피켓을 가슴에 안고 사거리 횡단보도 앞에 서 있었다. 주위에는 경찰들과 검은 양복을 입은 용역들이 있었다.

오후 4시의 집회를 앞두고 조합원들이 선전전을 마치고 다시 홈에버 앞으로 모여들었다. 50여 명 정도 되는 조합원들이 집회를 하기 위해 보도블록 위에 앉아 구호를 외쳤다.

"비정규직 설움의 땅 이랜드에 가지 말자!"

"비정규직 대량해고 홈에버를 불매하자!"

이어 이경옥 부위원장이 나와서 발언을 했다.

"지금이 낮이기도 하고, 학생들이 개강을 해서 그런지 연대 동지가 많이 없지만 우리가 언제 연대 동지들 기다리면서 투쟁했습니까? 누가 왔건 안 왔건 열심히 투쟁합시다. 저녁 때 되면 많은 동지 여러분들이 와 주실 걸로 믿습니다. (웃음) (……) 뉴코아 동지들이 상황실에 짐 챙기러 온 것을 보고 무척 마음이 아팠습니다. 우리는 뉴코아처럼 되지 않기 위해서라도 더 열심히 싸워야 합니다. (……) 지금 이 자리에 노동부 근로감독관님이 와 계신데 아까 저한테 이랜드가 대체 어떻게 되고 있느냐고 물어보시더군요. 정부 관료들도 지금 우리들의 일을 잘 알고 있지 못합니다. (……) 우리는 사측이 원하는 대로 결코 교섭을 하지 않을 것입니다. 대량해고와 징계 문제를 해결하지 않는 한 우리는 결코 타협하지 않을 것입니다. 열흘 동안 흔들리지 않고 열심히 투쟁합시다! 이 자리에는 지금 기륭전자 동지들도 와 있습니다. 감사합니다."

이어 기륭전자 조합원이 발언이 있었고, 다 같이 구호를 외치고 노래를 부른 후 사회자가 다시 마이크를 잡고 시민들을 향해 발언을 했다. 이어 민주노동당 서울시당 위원장이 나와 발언을 하고, 5시경 본 집회가 끝났다. 조합원들은 다시 선전전을 시작하기 위해 피켓과 손팻말을 들고 하나둘 흩어졌다.

추석집중투쟁 3일차인 9월 4일에 월드컵점 입구에는 전경차들이 줄지어 있고 용역들이 무전기를 들고 서 있었다. 노란 티셔츠를 입은 KTX노동자들이 '이랜드는 나쁜 기업, 사지 마세요'라고 적혀 있는 풍선을 나눠주고 있었다. 곧 월드컵분회 조합원들과 사회진보연대 활동가들도 풍선을 들고 나와 사람들에게 나누어 주기 시작했다. 풍선을 든 사람들이 여기저기서 드르륵거리며 쇼핑 수레를 밀고 다녔다. 매장 입구 주변에 놓인 피켓들에는 '소비자의 힘! 불매운동 참여! 이랜드사태 해결의 지름길!'라는 문구가 적혀 있었다,

오후 4시가 되자 선전전이 끝나고 집회가 열렸다. 50여 명의 조합원들과 연대단체 회원들이 모여 앉았다. 홍윤경 사무국장이 사회를 보았고 이경옥 부위원장이 나와서 첫 발언을 했다.

> "여러분 저 식상하시죠? 저도 이제부터 사회를 봐야겠어요. 발언만 너무 많이 했어. (웃음) 오늘은 풍선으로 어린아이들을 조직해서 부모님들이 이랜드에 가지 않도록 했는데 그 작전이 성공한 것처럼 보입니다. 매장에 사람들이 별로 없죠? 아이들이 엄마들 못 가게 했겠죠? (웃음) (……) 우리 위원장이 출정식 때 발언하면서 민주노총이랑 서비스연맹한테 한마디 했더니만 민주노총과 서비스연맹이 6일과 10일 투쟁을 받아안아 우리와 함께 투쟁하기로 했습니다. 앞으로 어떻게 할지 보겠습니다. (웃음) (……) 뉴코아 동지들은 우리가 방치해서 그렇게 된 것이라

생각합니다. 뉴코아 동지들 생각하면서 열심히 투쟁합시다."

이어 KTX 여성노동자가 나와 『우리의 소박한 꿈을 응원해 줘』를 읽으면서 많이 울었다며 끝까지 투쟁해서 승리하기를 바란다는 발언을 했다. 이어 사회진보연대 활동가가 나와서 발언을 했고, 서울 서부비정규직센터 회원의 발언이 이어졌다.

오후 5시 15분쯤에 집회가 끝났다. 천막 옆쪽에서는 진보신당 은평구 당원들이 저녁식사를 준비하고 있었다. 선전전을 하기 위해 조합원들과 연대단체 회원들은 풍선과 유인물을 들고 이곳저곳으로 흩어졌다. 조합원 일부는 피켓을 들고 매장 입구 앞에 서 있었다. 용역들은 계속 조합원들이 유인물을 배포하는 것을 방해했다.

오후 6시경 선전전이 끝났다. 조합원들은 천막으로 모여 식사를 했다. 어느새 천막 앞에서는 투쟁문화제가 열렸다. 퇴근한 직장인들과 대학생들이 계속 오는지 사람들이 많이 늘어났다. 이랜드 월드컵분회 몸짓패 '신화'가 첫 공연을 했다. 사람들은 하나둘 촛불을 밝혀 자기 자리 앞에 놓아 두기 시작했다. 이어 서울 노원구에서 온 한 시민이 오카리나 연주를 했고, 참여자들은 환호했다. 진보신당 은평구위원회에서 나이 지긋한 여성이 발언을 했다.

"저는 데모라고 하는 건 무조건 나쁜 건 줄 알았어요. 데모는 빨갱이들이나 하는 거고, 정말 그렇게 데모만 하다 보면 북한에서 쳐들어 와서 전쟁 날지도 모른다는 생각도 했었어요. 그런데 미국산 쇠고기 문제 때문에 촛불집회에 나가 보고 나서야 이 나이에 새로운 것을 발견했어요. 저도 물대포 맞아서 입원하고 그랬는데…. 제가 조금이나마 도움이 될 수 있는 곳을 찾아보다가 진보신당에 가입하게 됐어요. 근데 가입하고 나니 또 제가 모르고 있던 가슴 아픈 일들이 너무 많은 거예요. 난 쇠고기 안 먹겠다고 집회 갔는데 다른 곳에서는 밥을 먹겠다고 투쟁하고 있는 사람들이 있는 거예요. 가슴이 너무 아파서 울었어요. (……) 저도 이랜드 동지들에게 도움이 되고 싶어서 카레 만들 때 장도 봐오고 그랬어요. (웃음) 제가 앞으로 얼마나 더 살 수 있을지 모르겠지만 이런 자리 있으면 꼭 참여해서 할 수 있는 일을 하고 싶어요. 감사합니다."

민중가수 견명인의 공연에 이어 이어 전교조 서울지부 초등서부지회 이부덕 지회장이 발언했다. 발언을 마친 이부덕 지회장은 이경옥 부위원장에게 투쟁지원금 100만 원을 전달했다. 박수 소리가 크게 터져 나왔다. 어느새 사람들은 훨씬 더 늘었다. 이랜드조합원들이 노가바(노래가사바꾸기) 공연을 했다. 첫 곡을 끝내고 바로 넘어간 두번째 곡은 '소양강 처녀'였다.

까르푸 홈에버로 바뀐 지 2년
이제는 홈플러스에 매각하고 떠난다네
비정규 노동자들 불법 해고
카드깡 세금포탈 불법으로 하다가
아아 나 모른다 팔아 버리면 끝난 건 줄 아냐
까르푸 홈에버로 바뀐 지 2년
이제는 홈플러스에 매각하고 떠난다네
직원들 앞세워서 불법 저지르고
모른다 발뺌하면 안 걸릴 줄 알았니
아아 나 모른다 팔아 버리면 다 된 건 줄 아냐

사람들은 웃으며 손뼉을 치고 환호성을 질렀다. 이어 이화여대 몸짓패 '투혼'의 공연이 있었고 다음엔 이남신 수석부위원장이 나와서 발언을 했다.

"아, 지겹습니다.(웃음) 이젠 천막도 파업도 박성수도 지겨워요. 근데 나중에 승리해서 우리가 현장으로 돌아가면 이렇게 날씨 좋은 밤에 문화제했던 게 기억에 많이 남을 거 같습니다. 물론 생계비 받은 거 다음으로. (웃음) (……) 우리는 지금 추석집중투쟁을 진행하고 있습니다. 궁지에 몰린 이랜드자본을 끝장내기 위한 투쟁이고 많은 연대 동지들과 함께하고 있는 투쟁입니다. 이번 토요일에는 민주노총 주관으로 집중투쟁이 있습니다. 동시다발 1인시위도 준비되고 있구요. 기륭전자, KTX, 이랜드…. 정말 9월엔 승리해야 합니다. 승리할 수 있기를 간절히 바라고 있습니다. 함께 꾸는 꿈은 현실이 된다는 말을 요새 자주 생각합니다. 꿈이 현실이 되는 달이 9월이 될 수 있으리라고 생각합니다. 구호 외쳐 볼까요?
이랜드에 가지 마세요! 홈에버에 가지 마세요!
아울렛에 가지 마세요! 아이쇼핑만 하세요!"

이남신 수석부위원장의 마지막 구호를 따라하면서 사람들은 모두 웃었다. 이어 김성만 가수의 공연을 끝으로 이날의 일정은 모두 끝났다. 연대하러 온 이들과 조합원들이 함께하는 뒤풀이가 천막 앞에서 이어졌다.

다음날 추석집중투쟁 4일차인 9월 5일 오후 4시에 시흥점 앞에는 조합원 60여 명이 모여 집회를 열었다. 김성만 가수의 공연에 이어 전해투 회원의 발언이 있었고, 목동분회 조합원이 홈에버 매장의 열악한 노동실태와 기도실 문제에 대해 발언을 했다.

오후 4시 20분경 집회가 끝났다. 조합원들은 선전전과 투쟁문화제가 열리는 2001아울렛 안양점으로 이동했다. 안양 2001아울렛에는 먼저 온 조합원들이 선전전을 진행하고 있었다. 플래카드가 건물 양쪽 가로수에 묶여 도로를 향해 펼쳐져 있었고 보도블록 위에는 피켓들이 한 줄로 늘어서 있었다.

'나쁜 기업 이랜드 불매로 심판하자!', '비정규직 설움의 땅 이랜드에 가지 말자!', '이랜드사태 책임지고 박성수를 구속하라!', '악질 자본 이랜드 불매로 심판하자!'

안양 2001아울렛은 육중한 7층짜리 건물인데, 그 입구마다 용역들이 버티고 서있었다. 김밥으로 식사를 한 조합원들이 오후 6시가 되자 다시 선전전을 시작하면서 풍선과 선전물을 들고 흩어졌다. 오후 6시 30분에 선전전이 끝났다. 조합원들이 정문 앞에 모여 앉아 촛불을 켜 들었다. 지민주 가수의 공연으로 투쟁문화제가 시작됐다. 공연이 끝나고 사노련 활동가가 연대 발언을 했다. 이어 서울대 몸짓패 '골패'가 공연을 했고, 문화제도 끝났다. 오후 7시 20분이었다.

오후 8시경에 안양시청 강당에서 문화제가 열렸다. 객석은 가득 찼다. "비정규직과 차별이 없는 세상을 위한 문화제—행복"이라는 안양지역 노조들과 시민단체들이 함께 준비한 문화제였다. 스님이 단소를 불기도 했고, 비정규직 노동자들의 투쟁 동영상을 보여 주기도 했고, 이랜드노조 몸짓패와 안양지역 청년들이 함께 공연을 했고, 풍물패가 등장하기도 했다.

오후 9시 30분에 문화제가 끝났다. 마지막에 사회자가 나오더니 객석에 함께 있는 이랜드, 기륭전자, KTX, 코스콤 노동자들을 호명하면서 객석에 있는 사람들에게 소개해 주었다.

이어 이랜드 추석집중투쟁 5일차인 9월 6일에는 민주노총에서 주관하는 집회가 오후 3시에 월드컵점에서 있었다. 이날은 서울 서부비정규직센터준비모임(서비센터)이 명동 후아유 매장에서 선전전을 했다. 명동뿐만 아니라 불광동과 종로, 신촌에서도 이랜드 계열사 매장 앞에서 여러 연대 단체들이 1인시위를 했다. 집회신고서도 내지 않고 하는 기습 1인시위였다. 추석을 앞두고 한몫 단단히 잡으려 혈안이 되어 있는 이랜드자본의 뒤통수를 치려는 것이었다.

명동성당으로 가는 오르막길 어귀에 서비센터 사람들이 피켓을 들고 곳곳에 서서 선전전을 했다. 이들의 등에는 "추석 선물은 이랜드에서 사지 맙시다"라는 선전물이 붙어 있었다. 경찰들은 계속 시비를 걸었다. 이들은 오후 4시가 넘어 선전전을 마치고 을지로입구역까지 피켓을 들고 행진했다. 맨 앞에 선 사람이 확성기를 들고 구호를 외치면 피켓들고 따라가는 사람들이 함께 구호를 외쳤다. 이들은 을지로입구역에서 바로 월드컵경기장역으로 향했다.

오후 5시를 지나 월드컵점 천막농성장 앞에서는 300여 명의 사람들이 모여 '비정규직 철폐 이랜드투쟁 승리를 위한 결의대회'를 열었다. 월드컵 입구에는 전경 버스를 갖다 대놓았다. 전경들은 방패를 앞에 세우고 매장 주변 곳곳에 앉아 대기하고 있었고, 무전기를 들고 서성이는 경찰 간부들도 있다. 용역들은 떼지어 나와 매장 입구마다 버티고 서 있었다.

집회 참여자들은 민주노총, 공공노조, 전국여성노조, 이주노조, 전국학생행진… 등의 깃발을 들고 있었다. 민주노총 서울본부가 이랜드투쟁을 받아 안아 이 집회를 조직했다. 추석집중투쟁을 시작하고 난 이후 가장 많은 사람이 모였다.

집회가 끝나자 참여자들이 들고 있던 바람개비를 지하철역 입구에 쳐진 철망에 하나씩 꽂기 시작했다. 각자 자기 소망을 적어 놓은 듯 바람개비마다 조그만 글씨가 쓰여 있었다.

-'투쟁 승리'

-'현장으로 가자'

-'박성수 회장 박살내자'

-'이랜드노동자들 현장으로 복귀를'

-'이랜드 악덕 기업 각성하라'

집회가 끝나고 사람들은 흩어져 선전전을 시작했다. 피켓과 선전물을 든 사람들이 매장 쪽으로 가자, 경찰과 용역들도 덩달아 바빠졌다. 전경들은 매장 입구를 방패로 겹겹이 둘러싸 버렸다. 용역들은 무전기를 들고 어슬렁거렸다. 조합원들은 피켓을 들고 전경들 방패 앞에 가서 섰다.

"이랜드는 미국산 소고기를 국내산이라 속여 팔고 유통기한 지난 생선을 신선하다고 속여 판 악덕 악질 기업입니다!

지금은 또 어떤 비리를 저지르고 있을지 모릅니다!

이랜드에 가지 마십시오! 홈에버에 가지 마십시오!

악질기업, 시민 여러분들께서 불매로 심판해 주십시오!"

조합원들은 방패 바로 앞에서 구호를 외쳤다. 월드컵 CGV 쪽의 길목 곳곳에도 피켓들이 놓여 있었다. 조합원들이 한 줄로 늘어서서 지나가는 이들을 향해 구호를 외쳤다. 기다란 현수막을 들고 있는 사람들도 있었다. 매장 입구 쪽에서 일부 참여자들은 피켓을 들고 월드컵경기장 주위를 돌며 선전전을 했다. 오후 6시에 선전전이 끝났다. 조합원들은 천막 앞에 앉아 김밥을 먹었다.

오후 6시 50분에 이남신 수석부위원장의 사회로 투쟁문화제가 열렸다. 민주노총 서울본부 사무처장이 나와서 발언을 했다. 이어 이랜드 월드컵분회 지원대책위원회의 집행위원장이 나와서 투쟁기금을 김경욱 위원장에게 전달하고, 이어 이날 서울 이곳저곳에서 동시에 진행했던 1인시위들을 조합원들에게 보고했다. 연영석의 공연과 서울일반노조 공동위원장의 발언에 이어, 면목분회 조합원이 발언했다.

"제가 사실 처음에 투쟁할 때는 좀 뚱뚱했는데요. 투쟁이 계속 되니까 체력적으로 너무 힘들어져서, 마침 집 근처에 용마산이 있어서 매일 등산을 했어요. 그런데 투쟁이 길어지다 보니 산행도 길어지더라구요. 매일 산을 올라가면서 저 자신에게 최면을 걸었습니다. '이 투쟁 반드시 승리할 것이다. 우리는 반드시 일터로 돌아갈 것이다.' 그렇게 늘상 생각하면서 지금껏 견뎌 왔습니다. 이곳에 계신 동지들, 민주노총 동지들, 그리고 연대 동지들 모두 지금까지 이랜드투쟁을 가열차게 해온 것 같습니다. 일터로 돌아가게 해달라는 저희들의 정당한 요구사항, 소박한 아줌마들의 투쟁은 꼭 승리할 것입니다. (……) 우리의 투쟁은 절대로 용두사미가 될 수 없습니다. 처음에 엄호와 지지를 해주셨듯이 앞으로도 승리할 수 있도록 힘찬 연대 부탁드리겠습니다. 구호 하나 외치겠습니다. '악으로 깡으로! 파업투쟁 승리하자!'
우리는 반드시 뒷심을 발휘해서 박성수를 몰아내야 합니다. 우리는 살기 위해 죽도록 투쟁했습니다. 저희들을 살려주세요! 구호 외치겠습니다. '뒷심을 발휘하여 파업투쟁 승리하자!'"

이어 마이크를 잡은 이남신 수석부위원장이 월드컵분회에도 드디어 노래패가 생겼다며 소개했다. 황선영 조합원과 조혜원 진보신당

당원이 나왔다. 월드컵분회 노래패를 준비 중인데 일단은 듀엣으로 나왔다고 했다. 조혜원 당원이 통기타를 치고 황선영 조합원이 노래를 불렀다. 참여자들은 환호성을 지르며 어깨를 들썩이기 시작했다. 흥겨운 분위기는 이경옥 부위원장과 홍윤경 사무국장을 비롯한 여성조합원이 노래에 맞춰 몸짓을 하려고 나왔을 때 절정으로 치달았다. 사람들은 손뼉을 치며 즐거워했다. 노래와 몸짓이 끝나자 사람들은 환호성을 지르며 박수를 보냈다. 그렇게 문화제가 끝났다.

추석집중투쟁 8일째인 9월 9일 노조는 비정규직 노동자들과 공동집회를 하기로 했다. 저녁 7시에 서울역 광장에서는 기륭전자, KTX, 이랜드, 코스콤 비정규직 노동자들과 노동사회단체 회원 700여 명이 참여한 가운데 '비정규직 없는 세상 만들기 1차 행동의 날' 집회를 열었다. 이 집회는 비정규직 문제에 대해 사회적 관심을 높이고, 촛불과 비정규직 투쟁의 연결을 위해 마련됐다. 연대하러 온 '아마추어 증폭기'라는 인디밴드의 노래와 댄스음악에 집회 참석자들이 환한 웃음을 지었다. 몇 해를 넘기는 투쟁 동안 점거, 고공농성, 죽음을 넘나드는 단식, 비정규 문제 해결을 위해 안 해본 것 없는 노동자들이었다.

참여자들은 "비정규직 철폐하고, 인간답게 살아보자"라는 구호를 외치며 촛불을 밝혔고, 비정규직 문제 해결을 촉구하는 비정규직 노동자와 노동사회단체 회원들의 발언이 이어졌다.

비정규직 노동자들을 대표해서 KTX 김영미 승무원은 투쟁 924일차를 맞았지만 옳다는 것을 보여 주기 위해 끝까지 싸우겠다고 강조했다. 한국기독청년연합회 이재욱 회장은 투쟁에 힘을 실어 주자고 주장했고, 실천불교전국승가회 사무처장인 효진 스님은 이명박이 대통령이 되었기 때문에 이 사회의 '아픈 곳'인 비정규직 문제가 밖으로 나왔다며 정부를 비판했다. '촛불시민연대' 장동규 활동가는 비정규직 노동자 투쟁과 촛불시민이 연대하지 못했다는 것을 비판하며 연대할 때 승리할 수 있고 분열할 때 패배할 것이라고 연대를 강조했다.

밤 8시 40분경에 집회가 끝나자 참가자들은 조계사까지 행진했는데, 인도까지 봉쇄한 경찰이 제지하자 각자 대중교통을 이용해 조계사까지 이동하였다.

4) 월드컵 율동패 '신화'와 노래패 '비상'

이처럼 노조는 집회를 자주 진행하면서 외부 노래패나 율동패의 공연만으로 프로그램을 진행하기에 어려움이 있었다. 또 조합원 중에는 2007년 6월 30일 월드컵 점거투쟁부터 외부 율동패나 노래패의 공연을 보면 따라 배우고 싶어하는 이들도 있었다.

월드컵분회 율동패 '신화'가 그 예이다. '신화'는 2007년 월드컵점거투쟁 과정에서 만들어졌다. 월드컵분회 조합원들은 집회 중에 나와 공연하는 몸짓패 '선언'의 율동을 보면서 매력을 느꼈다. 처음에는 월드컵분회 조합원 중에 젊은 축에 속하던 10여 명이 넘는 조합원들이 모여, 대학생 율동패에게 가볍고 즐거운 율동을 배웠다. 노조의 집회가 많아서 '신화'도 무대에서 자주 공연을 했다.

> 집회에서 '선언'이 율동을 하는 걸 봤는데, 앞에 나와서 하니까 "멋있다" 그런 건데, 그 안에(농성장) 있으면서 가만히 있으니까 뭔가 처지는 것 같고, 분위기가 그러니까 "뭔가를 배워 보자" 그런 게 있었는데, 학생들이 율동을 가르쳐 준다고 해서 열몇 명 나왔던 것 같아요. 학생들이 가르쳐 주니까 약간 발랄하고 체조한다는 생각으로. (웃음) 그때는 지하 안쪽은 막혀 있어도 바깥쪽으로는 다 뚫려 있었으니까, 지하

주차장 내려가면 공간 있거든요. 그런 데서 율동 연습 같은 거를 집회하는데 중간중간에 나가서 하고. 그렇게 처음에 배우고 싶은 사람들을 모아서 한 건데, 하나씩 배우면서 다 떨어져 나가요. (웃음) (서은주, 월드컵)

투쟁 중간에는 금속노조 이장주 국장의 소개로 새로운 강사에게 다시 율동을 배워서 이랜드 집회만이 아니라 다른 투쟁사업장이나 전국집회에서도 공연을 하였다. 이후 이경옥 부위원장의 소개로 '선언'의 정은진 활동가에게 다시 율동을 배웠다. 그러나 투쟁기간이 길어지면서 초기 구성원들이 빠져나가 3명이 남았다. 3인이 여러 공연을 했지만, 인원이 적아 면목분회의 율동패인 '새벽' 팀과 같이 연습하고 공연을 하기도 했다.

월드컵 점에서 나온 뒤에 남은 3명이 "우리도 율동을 하자" 해 갖고, 그때는 경옥이를 내세워서 했던 것 같아요. 그냥 '신화'라는 이름을 만들어서 공연하러 돌아다녔어요. 마포 지대위에서 많이 연결을 해주고, 그리고 금속의 이장주 문화국장님이 우리를 많이 키웠어요. 여기저기 데리고 다녀 가면서 집회 있는 데마다 우리 세웠으니까. 우리는 연습도 이쪽에서 학생에게 배우고 이장주 문화국장님이 연결시켜 준 사람한테 배우고. 그래서 집회에서 공연하고 나면 봉투를 하나씩 줘요. 그러면 우리가 봉투 갖다가 조합에다 줘요. 사람들이 '앵벌이' 하고 다닌다고 그랬어요. (웃음)
노동자대회 땐가? 월드컵점 앞에서 전야제 할 때, 율동 하나 만들어줘서 그거를 올라가서 공연했거든요. 그때는 '새벽' 따로 하고 우리도 따로 하고. 저쪽은 진짜 절도 있게 딱 멋있게 했는데, 우리는 발랄하게 하고. 그쪽 3명, 우리 3명 해서 '새벽·신화'로도 했어요. 그러면서 절도 있는 율동을 배워 보고 싶은데, 그때 부위원장님이 연결시켜 줘서 정은진 동지한테 정식으로 같이 배웠어요. 민주노총 사무실을 빌려 정기적으로 모여 배웠어요. 집회가 많은데 율동패가 있으면서 당연히 앞에 세우고. 우리도 레퍼토리를 만들어야 되니까 인원이 많을 때는 각자 하다가 인원이 줄면서 '새벽'하고 같이 다니는 게 많아졌죠. (서은주, 월드컵)

'신화'가 만들어지고 1년 정도 뒤 월드컵분회에 노래모임도 만들어졌다. 이때는 노조가 월드컵점 앞에서 천막농성을 하고 있었다. 노래모임의 첫 만남은 2008년 10월 2일로, 장소는 마포에 있는 '민중의집'이었다. 그런데 노래모임에 참여할 두 조합원이 월드컵점 앞 천막농성장 지킴이를 하는 날이라 모임을 천막농성장으로 자리를 옮겨서 했다. 회장을 뽑고 노래모임 이름은 '비상'으로 정했다.

'음주가무, 노래만큼 좋은 세상, 노모사모(노래도 못하면서 노래를 사랑하는 사람들의 모임), 불패, 한결같이…' 이름 짓기 전에 나온 후보들이죠. '음주가무'는 제가 생각했는데 처음엔 다들 딱 자기들한테 맞다고 좋아하더군요. 그런데 바로 반대가 나왔죠. 나중에 이 모임이 다른 곳에 가서 연대공연도 하고 그래야 하는데 '음주가무'라고 소개받으면 너무 이상하지 않겠느냐는 거였어요. 그러다가 한 언니가 팸플릿을 보더니 "'비상' 어때?" 하는 거예요. 모두 좋다고. 부르기도 싶고, 멋도 있고, 무엇보다 노래로 '비상'하고픈 마음을 담기에도 딱 좋으니까요. 그래서 노래모임 이름은 '비상'이 되었죠. (조혜원 글)

그렇게 첫모임을 시작한 이후 '비상'은 10월 10일 월드컵점 앞에서 열리는 '이랜드투쟁 승리를 위한 금요문화제'에서 첫 공연을 하기로 했다. 노래 연습은 은평구에 있는 '이상한 나라의 헌책방'이라는 공간을 빌려서 했다. 노래패 '비상'은 월드컵지대위와 같이 하는 독자 문화제에서 자주 공연을 했다.

> 집회를 자주 하다 보니까, 맨날 연대해 주시는 분들이 하고 우리 조합원들이 자체로 하는 게 없었으니까, 기본적으로 율동패는 있었고 "노래패를 만들어 보자"고 조혜연 동지가, 그 친구가 노래 좋아하니까 월드컵 천막에서 악보 보고 노래도 배우고 그랬죠, 문화제도 일주일에 2번 이상 하니까, 나가서 하다 보니까 자연스럽게 노래패가 된 거죠. 6명. 저랑, 정미화, 최승진, 이재신, 장은미, 오주영. 오주영은 율동도 하고 노래도 하고. (황선영, 월드컵)

5) 비정규 및 장기투쟁사업장 문제해결을 촉구하는 민주노총결의대회

추석집중투쟁 이후 민주노총은 9월 23일 오후 3시에 광화문 세종문화회관 앞에서 '비정규직 철폐를 위한 직접행동주간 선포' 기자회견을 열고, 하반기 비정규직투쟁을 위한 계획을 발표했다. 이어 4시부터 진행된 '비정규 및 장기투쟁 사업장 문제해결을 촉구하는 민주노총 결의대회'에는 민주노총 주봉희 부위원장, 사무금융노조 정용건 위원장, 금속노조 권순만 부위원장을 포함해, 1천여 명의 민주노총 조합원들이 참석했다.

무대 앞에는 '경제살리기, 민생살리기는 비정규 투쟁사업장 문제해결부터'라는 문구가 적힌 현수막이 걸려 있었다. 조합원들은 "1% 부

자정책, 비정규직 철폐하라" 등의 구호를 외치면서 투쟁의 의지를 다졌으며, 노래패 '몸짓', 박준 노동가수의 공연에 맞춰 흥겨운 시간도 보냈다.

민주노총 주봉희 부위원장, 민주노동당 홍희덕 의원의 발언에 이어, 인권운동사랑방 박래군 상임활동가는 '만인선언'에 자발적으로 참여한 시민들이 이미 1만 명이 훌쩍 넘었는데, 기적과 같은 일이 일어나고 있다고 했다. 이어 그는 "시민들의 자발적인 투쟁과 조합원들의 조직적인 투쟁이 뭉쳐지면, 비정규직 문제를 해결할 수 있는 커다란 동력이 만들어지게 될 것"이라고 강조했다. 이경옥 이랜드일반노조 부위원장은 다음과 같은 발언을 했다.

> "우리의 투쟁이 이렇게 오랜 기간 벌어질지 몰랐습니다. (……) 우리가 힘든 투쟁을 열심히 할 수 있었던 이유는 조합원들의 도움도 있었지만, 특히 천막농성장에 찾아온 시민들의 응원과 격려가 큰 힘이 되었습니다. (……) 홈에버가 홈플러스로 인수되면서 '이랜드사태'가 새로운 국면을 맞고 있습니다. (……) 홈플러스는 아직 어떠한 답도 없는데, 홈플러스가 제대로 된 경영을 하려면 '이랜드 비정규직 문제'를 반드시 해결해야 합니다. (……)"

한편, 이날 행사 중 금속노조 권순만 부위원장 등 4명은 정부종합청사를 찾아 한승수 국무총리와의 면담을 시도했으나 국무총리가 해외 순방 중이어서 항의서한만 전달했다. 이어 행사를 마친 조합원들은 장소를 청계광장으로 옮겨 마무리 집회를 벌였고, 저녁 7시부터 열리는 '일만선언 일만행동' 촛불문화제에 참석했다.

6) 투쟁 500일문화제

10월 1일 홈에버가 홈플러스로 매각이 완료됨에 따라 노조와 홈플러스와 교섭이 시작됐다. 비정규직 처우 문제는 노사가 일정 의견접근을 보았지만, 해고자 복직과 파업조합원 처우 문제로 교섭은 좀처럼 타결되지 못하고 있었다. 교섭이 진행되는 과정인 11월 1일로 노조는 투쟁 500일을 맞는다. 매장점거농성, 공권력의 강제진압, 매장봉쇄투쟁, 불매운동, 천막농성… 500일 동안 다양한 투쟁을 계속했다. 조합원들에게는 500일이 5년 같은 시간이었다. 그동안 홈에버의 주인은 이랜드에서 홈플러스로 바뀌었다.

11월 1일 오후 3시에 월드컵점 앞에 모여 영등포점까지 자전거로 행진해 가는 '자전거 행진'을 준비했다. 월드컵점 천막농성장에는 많은 사람들이 모여 자전거를 탔다. 다들 "홈플러스는 대량해고와 파업사태를 해결하라"라고 쓰여진 헝겊을 등 뒤에다 붙였다. 자전거들에는 "비정규직 철폐하라", "파업사태 해결하라" 등이 쓰인 작은 깃발이 달려 있었다.

자전거 대오가 출발해 홈플러스 주차장을 빠져 나와 마포구청역과 망원역을 지나 양화대교를 건너 영등포점 앞에 이르렀다. 미리 와서 집회준비를 하던 조합원들이 영등포점 앞에 모여 앉아 있었다. 사람들이 자리에 앉자 곧 집회가 시작되었다.

오후 6시 30경, 영등포구 홈플러스 앞에서는 '이랜드투쟁 승리를 위한 500일문화제'가 진행되었다. 무대를 중심으로 기륭전자 및 르네상스호텔 조합원 등과 민주노동당, 행진, 인터넷 지지모임인 '함께 맞는 비' 등 각종 연대단체와 시민들이 300여 개의 촛불을 들고 함께했다. 주말 저녁이라 사람들로 붐비는 마트 앞에서 진행되는 문화제를 관심있게 지켜보는 시민들도 간혹 있었다. 10월 1일부터 이랜드일반노조 홈에버지부는 이랜드일반노조 홈플러스지부가 됐다. 김경욱 위원장이 첫 발언을 했다. 삼성테스코와의 2차 집중교섭이 결국 결렬되었고, 교섭 자리에서는 노조를 없애 버리려는 회사의 의도만을 분명히 확인할 수 있었다고 했다.

이날 문화제의 사회를 맡은 홍윤경 사무국장은 “500일까지 오고 싶지 않았습니다”라고 말문을 열었다. 발언에 나선 박창환 민주노동당 성북구위원회 위원장은 이랜드조합원들에게 500일은 5년 같았을 것이라며 부채감을 느낀다고 토로했다. 그는 “두렵다. (……) 끝이 보이지 않는 것 같은 답답함도 사실”이라고 말했다. 그러나 그 답답함은 이내 격려와 연대의 지지로 이어졌다. “승리에 대한 낙관을 가지고 함께 투쟁하자”고 외치는 목소리에 촛불을 든 이들은 박수와 함성으로 화답했다.

이어 이랜드일반노조의 율동패인 ‘새벽’과 ‘신화’는 “500일은 더 이상 말이 필요 없는 시간”이라며 힘찬 몸짓을 이어 갔다. 2007년 7월 홈에버 월드컵점 점거 당시 서툴던 몸짓은 찾아볼 수 없는 수준급의 몸짓이었다. 총 3곡의 노래에 맞춰 흥을 돋운 율동패는 ‘투쟁은 끝나지 않았다’, ‘얼굴 찌푸리지 말아요’, ‘희망은 있다’에 맞춰 공연을 선보였다. 이어진 이랜드일반노조 공식 노래패인 ‘비상’의 공연은 영등포점 앞을 뒤흔들었다.

이밖에도 서울대 율동패인 ‘골패’, 가수 연영석·지민주 등의 공연도 이어졌다. 특히 지민주와 이경옥 부위원장의 듀엣은 깜짝 공연으로 큰 호응을 받았다. 이어 임혜숙 면목분회 조합원이 나와 발언을 했다.

“200일문화제 때 제가 눈을 맞으며 발언을 했었는데요. 그때 발언 마치고 '300일문화제까지 안 갔으면 좋겠다'고 옆 사람에게 말했던 기억이 납니다. 근데 벌써 500일까지 왔네요. 우리들의 투쟁이 500일 갈 줄은 몰랐습니다. 옆에 있는 조합원들과 연대 동지들 덕분에 여기까지 온 것 같습니다. (……) 어제도 새벽 1시 반까지 잠을 설쳤습니다. 오늘 와서 위원장님을 보는데 너무 가슴이 벅차서 눈물이 날 것 같았습니다. 이 싸움을 끝끝내 해야 나와 내 자식들이 살 수 있고, 내가 당당한 엄마가 될 수 있고, 내가 이 세상을 헤쳐 나갈 수가 있을 거라는 생각을 했습니다. (……) 제가 힘들 때 힘이 되어 준 분들을 다 잃어버리고 제가 복직하면 과연 예전처럼 웃으며 일을 할 수 있을까 생각했습니다. (……) 우리는 누구보다도 용감하고 누구보다도 사랑하는 마음을 가진 동지라고 생각합니다. 한 명이라도 해고자가 생겨 현장으로 돌아가지 못하면 그 동지를 가슴에 묻고 현장에서 끝까지 살아남아야 한다고 생각합니다. 연대 동지들, 사랑합니다!"

다음 순서로 조합원들이 나와 커다란 종이에 손도장을 찍고 그 옆에다 하고 싶은 말을 적었다. 들쭉날쭉한 손도장들이 종이에 까맣게 찍혀 갔다. 마지막으로, 길고 가느다란 막대기처럼 생긴 폭죽이 돌려졌다. 사람들은 들고 있던 촛불로 폭죽에 불을 붙여 하늘을 향해 쏘았다. 집회는 오후 8시 30분경 마무리됐다.

8장

순천분회의 510일 파업투쟁

1. 2007년 6월 이전의 노조활동

2000년 8월 15일에 오픈한 까르푸 순천점에 지부가 결성된 때는 2002년 9월 14일이었다. 7명의 조합원이 지부를 결성하여 김유조 지부장, 심우영 사무국장을 선출했다. 그러나 초기에는 조합원 수가 얼마 되지 않은 데다가 회사의 탄압으로 노조를 지키는 일도 힘겨웠다.

이후 지부는 비록 소수의 조합원이지만 노조가 있다는 것을 알리기 위한 활동으로 본조에서 나오는 선전지를 배포하는 활동을 했다. 그러나 본조 선전물에 다소 강경한 표현이 많아서 직원들이 거부감을 보였다. 이에 순천지부는 직원들 정서에 맞게 독자 선전물을 만들어 배포하기 시작했다. 노조활동의 중요한 첫발을 내디딘 것이다.

> 옛날에는 카톡이 있거나 문자 돌리고 그런 게 아니니까, 그래도 우리 노조가 활동이 있다는 걸 회사에 알리는 것도 중요하잖아요? 그래서 아침에 사무장이랑 나랑 출근 전에 일찍 나와서 조합원이나 직원들에게 선전물 나눠 주고. 그런데 처음에는 본조에서 나오는 소식지를 돌리다 보니 직원들이 거부감을 보이더라고요. 왜냐면 노조에서 나온 소식지가 논조가 좀 세잖아요. "너희들 뭐 쳐죽이겠다" 뭐 이런 식으로. "이런 문제가 있고 이거는 우리가 싸워 나가자" 이렇게 부드럽게 해야 하는데, 일반 직원들이 보기엔 세거든요. 그래서 우리가 소식지를 만들어야겠다는 생각으로 우리가 내용을 부드럽게 했어요. 소식지

에 본조 소식도 알리고, 노조에 대한 상식도 넣고 단체협약의 내용도 하나하나 소개하고. 저랑 여성국장, 사무장, 한 네다섯 명이 모여서 서로 논의하고 같이 했어요. (김유조)

이렇게 독자적인 선전물을 만든 것은 사실 선전물의 내용 문제 때문만이 아니었다. 당시 본조의 역량이 순천지부를 지원할 수 없다는 판단이 있었고, 이에 지부를 유지하기 위한 실천이 필요했기 때문이다. 선전물 작업을 하면서 순천지부는 서서히 조합원들을 늘려 갔다. 순천지부가 조합원을 늘리는 일에는 신중했던 이유는 당시 직원들 사이에 자신들이 나서는 것이 아니라 노조가 무언가를 해주는 것으로 이해하는 분위기가 있었기 때문이었다. 김유조 지부장은 노조와 함께 실천하며 현장을 변화시킬 생각으로 노조에 가입하는 게 중요하다고 보았다.

우리가 자체에서 할 수밖에 없었던 게 본조도 인원이 40~50명이니 본조에서 도움을 받을 수 없다는 걸 알았죠. 제가 사무장에게 "본조에서 뭘 해주는 건 없다"고 말하고. 저는 노조는 우리가 싸우고 이겨 가면서 하는 거라고 생각했어요. 그런데 사람들이 "노조는 뭐하는 거냐? 노조는 왜 임금을 안 올려 주느냐"면서 이런 거 해주기를 바라는데, 그런 틀을 깨야 된다고 생각했어요. 그래서 "쫓아다니면서 가입시키지 말아라", "우리가 활동을 잘하는 좋은 모습을 보이면 들어오는 거고, 회사와 똑같은 모습을 보이면 안 들어온다"면서 조합원 가입도 신중하게 한 거죠. 그뒤 제가 조합원 가입을 시켰고, 간부들도 주변 사람들을 가입시켰어요. (김유조)

이처럼 조합원이 늘어나고 지부가 안정되자 지부는 다음 활동으로 매월 정기적인 조합원 간담회를 진행했다. 그런데 회사는 조합원들이 간담회에 참여하는 시간을 근무시간으로 인정하지 않는 방식으로 간담회가 열리는 것을 방해했다. 회사의 방해에도 조합원들은 간담회에 참여하는 시간을 임금에서 깎이더라도 열심히 참여하려 했다.

> 어느 정도 지부가 안정이 되자 우리가 매달 한 번씩 간담회를 했어요. 그런데 회사가 간담회 시간도 보장을 안 해줬어요. 그래도 "우리는 간담회 하겠다" 하고, 조합원들에게 간담회 장소로 올라오라고 했죠. 해서, 회사가 못 올라가게 하면 우리는 "(일 안 한) 돈 까라" 이러면서 간담회를 했죠. 5명이 모이든 6명이 모이든 10명이 모이든, 모여서 투쟁가도 배우고. 우리 사무장이 노래는 못하는데 노래 가르쳐 주고. '파업가', '임을 위한 행진곡'. 그런데 심우영 사무장이 교육은 잘해서 노동법도 교육하면서 프로그램 고민을 많이 했어요. (김유조)

순천지부는 점차 활동 범주를 넓혀서 다음 활동으로 지역노동자들의 투쟁에 연대하기 시작했다. 지부간부들은 자신들도 노동자이기에 다른 노동자들의 투쟁에 연대하는 것이 당연하다고 생각했다. 또 언젠가 순천지부에 연대가 필요할 수도 있기 때문이라는 생각도 있었다. 집회가 평일 낮에 열리기도 했기에 근무하는 조합원들을 빼고 주로 노조간부들이 갔다.

> 하이스코 파업할 때 사무장하고 나하고는 연대하러 갔어요. 연대하러 다니면서 조합원들도 같이 가고 싶었는데, 파업하는 사람들이 평일에 하니까 일하는 사람들을 데리고 가기 어려웠죠. 그런데 우리가 나중에 싸울 때도 도움을 받겠다 싶기도 해서 다른 사업장 투쟁에 많이 연

대하러 갔어요. 그러면서 조합원들이 더 늘어났죠. (김유조)

이즈음 노조에 참가한 이는 박영숙이었다. 그는 노조활동으로 이따금 지역 연대활동에 참여한 것을 기억하고 있다.

그때 김유조 지부장이 있었고 심우영 사무장인가 했던 것 같아요. 초창기에 그분들이 고생을 많이 하셨죠. 초기에는 조합원도 몇 명 안되었는데. (조합활동은?) 그때 파업한 곳에 연대하러 많이 갔던 것 같아요. (박영숙)

한편, 2004년경에 손명섭이 순천 신선부 부장으로 발령받아 왔다. 그가 파악한 조합원은 4명이었는데, 신선과 직원 중에 2인이 있었고 신선부 과장 중 한 명은 비밀 조합원으로 있었다. 손명섭은 노동조건이 열악한 것과 강압적인 노무관리 방식에 문제를 느꼈다. 그는 이런 문제를 개선하기 위해 신선부 과장 5인과 같이 노조에 가입했다. 6명의 관리자가 노조에 가입하면서 직원들의 노조 가입도 늘어났다. 노조 분위기가 활기를 띠기 시작했다.

2004년에 순천에 가니까 파악되는 조합원이 4명이었어요. 회사도 노조에 대해서 민감해서 조합원들을 완전히 제껴 놓고 있으니까. 부장들한테도 "얘네들에 대해서 신경 써라" 하고…. 내가 있던 부서에 조합원이 2명 있고, 비밀 조합원으로 축산 과장 1명 더 있더만. 같이 근무하다 보면 친해지고, 어떻게 조합 얘기가 되면서 조합활동에 대한 생각이 들고. 내가 부장이니까 과장들을 다 모아 놓고 "야, 지금 회사가 하는 것도 그렇고 우리가 왜 노동착취 그런 것 모르고, 야, 월급이 너무 적지 않냐? 너무 강압적이지 않냐?" 이런 얘기가 되고. 그러다 지부장, 노조원 1명 하고 같이 맥주 먹으면서 "우리도 가입해서 한 번 해보자" 해서 거기서 가입서를 다 썼거든요. 과장들 5명하고 나하고 해서 6명이 가입한 거죠. (손명섭, 부산)

그러나 당시 규약으로 부장은 노조에 가입할 수 없다는 점이 문제가 되었다. 회사는 과장들이 노조에 가입하자 이들을 회유는 했지만, 조합원이 되었기 때문에 탄압하지는 못했다. 그러나 손명섭은 조합원으로 인정받지 못했고 회사 측은 그를 회유하려 했으나 소용이 없었다. 회사는 여러 이유를 들어 손명섭에게 징계조치를 가했다. 그 결과, 손명섭은 부산의 물류센터로 좌천 발령되었다. 부산에서 근무하던 손명섭은 2005년 10월 21일 무단결근을 빌미로 해고당했다. 그는 노조와 의논하여 지방노동위원회에 구제신청을 해서 승소했고, 서울 중앙노동위원회에서도 승소했다. 그런데 회사는 손명섭을 복직시키지 않았다. 이어 노조가입 범주가 바뀌어 부장도 가입이 가능하자, 그는 바로 조합원이 됐다. 그는 시흥 본사 앞에서 천막을 치고 복직투쟁을 시작했다.

이어 서선애도 2004년 노조에 가입했다. 그녀는 2002년에 대학을 다니면서 까르푸에 시간제 아르바이트를 하기 위해 입사해서 계산대에서 일하다가 고객센터로 발령받아서 일했다. 그녀는 대학을 중퇴하고 비정규직으로 일하면서 정규직이 될 꿈을 가지고 있었다. 그러나 그녀는 승진할 차례가 되었는데도 관리자들의 자의적인 승진 방식 때문에 정규직이 되지 못하면서 회사에 불만을 가졌다. 그 과정에 김유조 지부장의 권유로 그녀는 비공개 조합원으로 노조에 가입했다.

그녀가 조합원이라는 것을 공개했던 것은 2006년경의 일로, 이

시기는 까르푸가 매각되면서 까르푸노조가 고용보장투쟁을 벌이고 있었던 때였다. 순천지부 조합원들은 봉고차를 대여해서 상경하여 중동점 집회에 참여했다. 집회에서 그녀는 처음으로 김경욱 위원장을 볼 수 있었다. 그녀는 조합원들을 지키려는 위원장의 모습에서 강한 인상을 받았다.

나중에 뭔가 일이 커졌어요. 그래서 조합원 공개하고, 조합원들이 조금씩 늘었던 것 같아요. 아마 2006년쯤이었을 것 같아요. 그때는 항상 봉고차 한 대에 사람들이 타고 서울로 가서 투쟁하고 내려오고. 처음 생겼던 까르푸 매장인 중동점에 가서 구호도 외치고, 그때 김경욱 위원장님을 처음 봤거든요. 그때 싸우는데 사복 입은 사람들이 우리가 가면 팍~ 밀어붙이고. 저희는 거의 여자들이니까 위원장님이 완전 성질내시더라고요. "우리 조합원들 다치게 하지 말라"고. 저는 그 모습이 아주 크게 와 닿았어요. 좋은 거로. (서선애)

박영광은 2003년 준경력으로 시설관리팀으로 입사해 4개월 만에 정규직 기술자가 되었다. 그는 2005년 노조에 가입했다. 계기는 이 시기에 회사가 전국의 시설설비를 외주화하기 시작한 것이었다. 그 때문에 시설기술자들이 고용불안을 느끼면서 다수가 노조에 가입했다.

2005년경 까르푸 철수하기 전에, 외주화 바람이 불었어요. 여느 국내 기업들이 시행하고 있는 외주화 업무인 시설, 안전, 보안, 청소, 미화인데. 우리는 시설이 직영으로 있다 보니까, 제가 알기에는 아마 한국인 임원진들이 "외주화해야 한다. 비용 아낄 수 있다" 그래서 전국의 시설노동자들이 해고위기나 아니면 자기가 하던 직종을 그만둬야 하는 상황이었죠. (……)

(외주화 문제가?) 많이 이슈화됐었죠. 부서별로 신선 부문에서는 인력 감축 문제와 노동강도 문제, 저희는 외주 용역화로 "시설을 기점으로 다른 지금의 직영부서도 외주화할 것이다"라는 분위기가 포착되었기 때문에. 2005년에 우리 점포의 시설팀 노동자들은 다 노조에 가입을 했죠. (……) 그리고 시설팀 외주화 전에 신선부서가 감원 바람이 불었거든요. 그래서 노조에 신선부서도 가입하고. 그래서 제가 가입했을 때 30, 40명? 막 노조가입 붐이 일었어요. (박영광)

2005년 들어 까르푸가 본격적으로 인원 감축·외주화 등의 정책을 본격화하면서, 시설설비 외주용역화 문제는 순천점만의 문제가 아니었다. 노조는 전국시설노동자들의 대책회의를 소집했다. 그러나 전국 32개 매장 중에서 단 2곳의 매장에서 참석했을 뿐이다. 노조의 전국 조직화 정도를 반영한 것이었다. 그 때문에 노조는 시설설비의 외주용역화에 대한 대응을 제대로 하지 못했고, 결국 순천점 시설설비 노동자들은 다른 부서로 발령되거나 퇴사하기도 했다.

이후 순천지부는 주로 소식지를 발간하며 노조의 상황과 현장의 문제를 알리고 공론화하는 활동을 하였다. 백종근은 2000년에 수산부서에 입사해서 정규직이 되었다. 그는 노조에 대해 알지 못했다가 2007년 들어 비정규직 문제가 부각되면서 노조에 가입했다.

2007년 이전까지 노조는 지부장하고 사무장, 남자 두 분이 그냥 명맥을 유지했던 것 같아요. 저는 노조를 모르고 현장에서 대리였는데 무난하게 직장생활을 하는 중이었죠. (……) 그런데 자꾸 비정규직에 대해 듣다 보니까, 뉴코아의 계산원 문제도 듣고, 호혜경 해고사건도 들

었던 거죠. 그래서 같이 힘을 실어야겠다 싶어서 노조에 가입한 거죠. (백종근)

2006년 까르푸가 이랜드로 매각된 뒤 2006년 12월 까르푸노조와 이랜드노조가 통합하여 이랜드일반노조가 출범했다. 2007년은 순천분회도 집행부를 교체하는 시기였다. 1월 18일 선거결과 전라지부장에 박영광, 순천분회장에 박영숙, 순천분회 대의원에는 고준, 유근아, 이현자, 전형배가 선출되었다.

박영숙은 2004년에 노조에 가입했으나 노조가 별다른 활동이 없었기 때문에 자신의 조건이 되는 수준에서 집회에 참여하는 정도였다. 그런데 2007년 간부 선출과정에서 조합원들이 활동적인 박영숙을 분회장에 추천하였고, 그는 위원장 등 주위의 권유로 분회장이 되었다. 2007년 순천지부는 고용불안 문제로 노조 가입자들이 급증해서 그 수가 100여 명이 넘었다. 다수가 여성이었지만 남성도 20여 명이나 있었다. 남성들은 3~4명만이 비정규직이었고 다들 정규직이었고, 여성들은 대부분 비정규직이었다. 6월투쟁을 시작하면서 분회는 간부들을 새롭게 구성하여 조직체계를 갖춰 갔다. 그 과정에 정규직으로 노조에 가입한 백종근은 조직부장을 맡아 활동하기 시작했다.

2. 순천분회의 파업과 뉴코아 순천지부와의 공동투쟁

1) 6월 10일 파업

이랜드그룹은 2006년 까르푸 인수 당시 100% 고용승계라는 약속을 무시하고 계약만료를 이유로 계약직노동자들을 무차별적으로 해고하고 있었다. 현장에 인원을 충원하지 않으면서 직원들의 노동강도는 더 강해졌다. 그런데도 회사는 2007년 임금동결을 선언했다. 까르푸가 이랜드로 매각된 직후에 뉴코아노조, 이랜드노조, 까르푸노조는 공동투쟁본부를 결성해서 공동투쟁을 진행하면서 조직통합을 지향했다. 2006년 12월 이랜드노조와 까르푸노조만이 조직통합을 해서 이랜드일반노조를 결성했다. 이후 3사 공투본은 유사한 구성원들이었지만 2사 공투본으로 재편해서 비정규직 해고 저지를 위한 고용안정 투쟁을 벌여나갔다.

6월 10일 뉴코아노조와 이랜드일반노조는 1차 공동총파업을 벌였고, 이에 홈에버 순천분회도 경고 파업을 벌였다. 이날 오전 8시 30분에 조합원들이 삼삼오오 휴게실로 모였다. 전체 조합원 85명 가운데 64명이 집회에 참석하였고, 휴무자까지 포함하면 파업참가율은 100%였다. 처음 하는 파업으로 조마조마한 마음으로 매장을 나온 조합원들은 휴게실을 가득 메운 서로의 모습을 확인하면서 힘을 받았다. 그 뒤 조합원들은 사무실 복도에서 피케팅을 하면서 구호를 외쳤다.

"쪽팔려서 못 살겠다, 최저임금 인상하라!"

"불안해서 못 살겠다. 대량해고 중단하라!"

"힘들어서 못 살겠다. 인원부터 충원하라!"

"열 받아서 못 살겠다. 인사이동 중단하라!"

"더러워서 못 살겠다. 모니터링 철폐하라!"

오전 9시 40분에 매장 앞의 광장으로 이동해서 오전 10시부터 결의대회를 진행했다. 대회는 민중의례를 시작으로 참여자 모두 '임을 위한 행진곡'을 불렀다. 이어 박영광 전라지부장이 본대회를 알리는 대회사를 했다. 민주노총 전남본부장, 민주노동당 순천지구위원장의 연대사가 있었다. 처음 진행하는 파업과 집회여서 조합원들은 다소 어색한 분위기였지만 열심히 구호를 외쳤다. 집회 주위에서 일부 조합원들이 피케팅을 진행했다. 마지막 순서는 순천분회 조합원의 결의문 낭독이었다. 집회 이후 조합원들은 전남본부로 이동해서 오후 1시부터 노동법 관련해서 교육을 받았다. 이날의 경고 파업은 성공적이었다.

그날, 어떻게 그렇게 큰마음을 먹었는지 모르겠어요. 지부장님이 "비정규직을 다 아웃소싱 시킨다. 그러면 저희 비정규직만의 일이 아니다. 정규직들에도 바로 닥칠 위기다"고 하니까 모두 동참을 해주더라고요. 또 정규직들이 비정규직을 위해서 한꺼번에 나오니까. (다 참여할 거로 생각했어요?) 저는 나올 거로 생각했습니다. **눈들을 보면 알잖아요.** (……) 그래 홈에버 앞 광장에 다 모였어요. 그리고 제가 분회장이니까 뭔가 해야 하잖아요? 종이쪽지에 "우리가 어떻게 해야 한다"라는 걸 써서, 발언을 처음 하는데, 얼마나 떨렸겠어요. 바들바들 떨리는 손으로 종이 들고 "우리가 투쟁을 해야 하지 않겠냐, 우리를 전부

다 자른다는데" 그랬더니 다들 호응해 주고 좋았었어요. (……) 우리가 파업이라는 걸 전혀 몰라서, 그때 전남본부로 가서 김현주 교선국장(교육선전국장)님의 교육을 받았던 거 같아요. (박영숙)

이어 6월 18일 이랜드일반노조가 "100% 고용승계보장 약속과 정규직 전환, 임금인상" 등을 요구하며 거리로 나섰다. 이날 홈에버 순천분회와 뉴코아 순천지부(뉴코아지부)도 홈에버 순천점 앞에서 '비정규직 문제해결을 위한 결의대회'를 열었다.

대회에 참석한 조합원들은 노동자를 해고하고, 비정규직화를 통해 성장한 이랜드자본이 또다시 지역노동자를 비정규직으로 내몰려 한다고 비판하면서 "모든 비정규직 노동자를 정규직으로 전환하라"라고 촉구했다.

5년 이상 근무한 정규직 연봉이 1,500만 원 수준이고요. 비정규직은 이보다 훨씬 적은 1,000만 원 수준이에요. (……) 회사는 30% 매출 신장에도 불구하고 임금인상은커녕 동결과 해고 등으로 노동자를 내몰고 있었거든요. (……) 이랜드 비정규직 노동자가 2년 이상 근무한 경우 정규직 전환을 골자로 하는 비정규직법안이 7월 시행됨에 따라 회사 측이 정규직 전환을 막기 위해 계약기간을 3개월 단위로 새로 작성하는 편법을 동원하고 있는 거죠. (박영광)

회사는 직무급제를 통해 1,100여 명의 준정규직화를 약속했지만, 그 구체적인 내용과 계획·대상 인원 등에 대해 일체 노조에 설명조차 하지 않았다. 직무급제 역시 고용만 보장되면서 비정규직이 받는 차별을 지속하는 것일 뿐이었다.

공투본은 집회와 선전전 등 공동투쟁을 진행하였고, 이랜드일반노조는 6월 23일 전면파업을 벌였다. 순천분회도 이날 하루 전면파업에 돌입했다. 일부 노동자들이 파업 참여를 망설였지만, 모든 조합원이 서로를 믿고 일하던 자리에서 박차고 나왔다. 고용불안 상황에서 비정규직-정규직 조합원들이 같이 움직였다. 조합원들이 매장 앞 광장에 모여 앉자, 지부장과 분회장이 투쟁결의를 밝혔다. 이어 조합원들은 전남본부로 가서 교육을 받았다. 이후 집회 및 결의대회, 거리행진, 선전전 등을 매일 진행하면서 투쟁을 벌여 나갔다.

그날 우리가 광장에 앉아 있었고, 박영광 지부장님, 박영숙 분회장님이 말하고 했어요. 그리고 시지부도 갔어요. (파업할 수 있을 거라고 믿었어요?) 음, 아니요. 그런데 서로 얘기를 많이 했어요. 같이 나가자고. 그리고 수납에 그 전에 가입을 했다가 탈퇴한 사람도 있는데, 막상 나가야 한다고 하니까 "안 한다"고 그러더라고요. 그래 우리가 "저러면 안 된다"고 욕 바가지로 하고. (웃음) (서선애)

파업이라는 게 생소하고 이상하기도 하고. 다른 사람들도 나서서 해 본 것도 아니고. 그런데, 뭔가 사람들이 뭉쳐 있다는 거, 그건 느낌이 괜찮더라고요. "이거 하면 뭔가 달라지면서 빨리 끝낼 수 있겠다"라는 기분이 들었어요. 내가 파업 나갔을 때 생각한 게, 내가 옳다고도 생각했고 하는 게 바르다고 생각했고. (……) 내 문제는 아니더라도 내 자식들하고 내 주변 사람들의 문제잖아요? 내가 정규직이든 아니든 그건 둘째 치더라도 이게 해결되면 좀 더 나아지지 않겠나 싶어서, 간단하게 생각을 하고 시작을 했죠. (백종근)

이어 6월 28일부터 "비정규직 대량해고 중단! 외주용역 중단! 생활임금 보장!"을 요구하며 뉴코아노조가 전면파업에 돌입하였고, 순천에서는 홈에버 순천분회와 뉴코아 순천지부가 "지역노동자를 해고와 비정규직으로 내모는 이랜드자본 규탄"을 요구하며, 오후 3시 순천역에서 순천시청까지 1시간 30분 동안 시가행진을 벌이다가 순천시청 앞에서 집회를 했다.

한편, 이랜드일반노조가 6월 30일 서울에서 월드컵점 점거농성을 벌일 때, 순천분회도 버스 2대를 동원하여 가능한 전 조합원이 점거농성에 참여하도록 했다. 순천분회는 지역투쟁을 벌여 나가야 하고 또 조합원 다수가 기혼여성이어서 월드컵점 점거투쟁은 1박 2일로 마치고 돌아왔다. 짧은 기간의 점거투쟁 경험이었지만, 순천분회 조합원들에게는 600여 명이 넘는 조합원들과 함께한 첫 투쟁이었다. 조합원들은 고용불안과 노동조건에 대한 불만이 목에 차 있던 상황에서 자신들의 힘으로 매장을 멈췄다는 것에 고무되어 있었다.

> 30일 날 저희가 버스 2대 전세 내서 다 상경투쟁 갔죠. 집중투쟁이었으니까. (……) 당장 내일인 7월 1일 자로 비정규직보호법안이 발의되는 상황에서 언론의 엄청난 스포트라이트를 받으면서 점거투쟁하고. (……) 조합원들 분위기가 점거하면서 즐거웠죠. "이렇게 해도 되는구나!" (……) 일단 회사에 대항해서 약간 동등한 입장이 되는 거 아닌가, 우리가 언제 매장에 회사 인력들 다 쫓아내고 드러누워 보고, 그랬겠습니까? 그래서 되게 통쾌했던 경험 같아요. 워낙 이전부터 분노했었거든요. 회사의 부당한 것들에 억눌려 있다가. (……) 김경욱 위원장님이 "지방은 내려가라. 여기 사수하는 데는 연대 동지들도 많고 장소도 협소하므로." 그래서 저희는 하루 있다가 내려왔어요. 서울에 결합할

때 우리는 아직 전면파업하기 전이거든요. (박영광)

2) 순천 뉴코아-홈에버 공동투쟁

순천분회는 2007년 6월부터 중앙의 공투본 일정에 맞추어서 지역에서도 뉴코아지부와 공동투쟁을 벌이기 시작했다. 이랜드일반노조는 비정규직 문제가 중심 사안이었다면, 뉴코아노조는 PDA 도입 등이 중심 문제였다. 또 뉴코아노조는 정규직 조합원이 중심이었고 젊은 여성노동자들이 다수였다면, 이랜드일반노조는 비정규직 조합원들과 기혼 여성노동자들이 다수라는 점에서도 차이가 있었다. 그러나 이런 차이는 이랜드자본이라는 공통의 대상을 향해 지역 차원에서 공동투쟁을 하는 데는 큰 문제가 되지 않았다.

그때, 뉴코아는 PDA 도입제라고. 이전에는 층마다 직영 캐셔들이 약 4개 포스를 운영했답니다. 8명이 한 타임에 근무하는데 PDA가 도입되면 캐셔 자리들이 없어져요. 이걸 저지하는 투쟁을 하는 것이고. 저희는 비정규직 보호법 때문에 외주화의 칼바람이 있었던 거고. (……) 하여튼 다른 현안이지만 이랜드자본이라는 하나의 적을 위하여 공동투쟁을 했고. 이때부터 우리 지방에서도 전면파업 전이니까 부분적으로 지역활동에 결합하고 선전전하고. (……) 그때 농성파업 대오가 양노조 합쳐서 150명 정도였죠. 우리가 92명이고 저쪽이 85명이었죠. 그니까 '뉴코아-홈에버 공동투쟁'을 순천에서도 하면서, 제가 이때부터 마지막까지 뉴코아조합원들까지 챙겨서 같이 싸웠죠. (박영광)

지역은 뉴코아 지부장이나 박영광 지부장이나 이랜드랑 같이 싸우는 거잖아요? 순천은 같이 집회도 하고 계획도 같이 만들고. 그렇게 할 수밖에 없었죠. 파업 대오가 거의 같이 가다시피 했죠. 그런데 사업장이 다르니까 윤성술 뉴코아 지부장은 뉴코아에서 나름대로 지침이 있을 거고, 홈에버는 홈에버대로 투쟁전술이나 지침이나 있었을 것 같은데, 머리가 많이 복잡했을 것 같아요. 그런데 조합원들은 같이 싸우니까 되게 끈끈했어요. 뉴코아는 백화점, 홈에버는 대형마트니까, 문화나 분위기가 조금 다르긴 한데, 그 때문에 문제가 생기진 않았어요. 동네니까, 좁잖아요. (웃음) (김현주, 전남본부)

뉴코아는 다 아가씨들이잖아요. 우리하고 생각이 너무 달라, 웃긴 게 파업을 하고 투쟁을 하는 아가씨들이 화장을 이쁘게 하고 슬리퍼를 신고, 반바지 입고 오고. 내가 "니네들 진짜 웃기다. 그래가 어떻게 나와서 맨땅에 앉으려고 나와 있냐?" 우리가 맨땅에 앉아서 투쟁가 부르면서 있는데 "세상에 슬리퍼 신고 화장 이쁘게 하고, 누가 니네들한테 투쟁가라고 할 수 있겠냐? 너무한다"고. 내 말이 비수로 꽂혔나 봐요. 처음에 저를 엄청 무서워하더라고요. 그런데 하다 보니 틀린 말은 아니니까, 아주 친해졌어요. (박영숙)

저희보다 뉴코아가 인원은 좀 적었던 것 같아요. 거기는 대부분 여성이고, 남자는 2~3명 됐던 것 같아요. 그래서 그쪽하고 거의 일정을 같이 움직였어요. 우리가 그분들한테 자문 많이 구했었죠, (노조) 살림꾸려가는 거나 일정 진행하는 거라든지 도움을 받았죠. 그쪽은 먼저 시작을 했고, 저희는 아무 경험도 없는데 갑자기 한 거라, 전혀 몰랐으니까요. (백종근)

3) 전남본부의 결합

7월 들어 민주노총의 이랜드 매출제로투쟁과 맞물리면서 뉴코아-이랜드 공동투쟁에 민주노총 전남지역본부(전남본부)가 결합하여 투쟁 전반에 대한 지원활동을 벌였다. 2007년 이전까지 전라남도 지역에는 민주노총 광주전남본부가 있었는데, 2007년 광주본부와 전남본부로 분리되어 2007년 4월에 전남본부가 출범하였고, 6월에 공식 출범식을 가졌다. 출범 당시 전남본부의 조합원 수는 5만여 명이었고 순천에 본부사무실을 두었다.

그 전에 광주에 민주노총 광주전남본부가 있었고, 그 밑에 순천지역에 전남동부지구협의회라고 있었어요. 순천에 있는 지금은 현대제철인데 당시에는 현대하이스코 비정규직 노동자들이 2005년도 노동조합을 만들면서 전원 해고가 되어, 해고에 맞서 해고투쟁하는 과정에 현대하이스코 크레인 점거농성을 진행하면서 많은 노동자가 구속되었어요. 그 이후에 복직하는 2년여의 투쟁과정이 있었죠. 그때 전남동부지구협의회를 중심으로 해서 핵심주체인 비정규직 노동자, 노동조합들, 그리고 순천 시민사회단체와 함께 연대해서 비정규직투쟁을 승리로 이끌었던 경험이 있었고. 지금은 현대제철 비정규직지회 금속노조라는 이름으로 든든하게 자리 잡고 있어요. 그러면서 2006년도에 그 투쟁이 마무리됐죠. 또 그전에는 GS칼텍스 노동조합 파업과 해고 노동자들의 투쟁들도 계속 이어지고 있었고. 다음에 전남동부지역을 중심으로 크고 작은 비정규직투쟁들이 많이 일어났었어요. 그러면서 광주전남본부로 있다가 전남본부로 분리된 거죠. (김현주, 전남본부)

순천에 있던 전남본부는 출범 직전인 전남동부지구협의회 시절부터 노동자 투쟁에 연대투쟁을 전개해 온 역사적 경험을 바탕으로 만들어졌다. 노동자들의 투쟁과 활동에는 항상 지역의 민중연대단체 및 시민사회단체의 지원과 연대가 뒷받침되었다. 예를 들어 현대하이스코 비정규직투쟁의 경우 전남본부와 노동단체들만이 아니라 지역의 민중연대조직을 중심으로 시민사회단체들이 지속해서 연대 활동을 벌여서 투쟁을 승리로 이끄는 데 중요한 역할을 했다. 이는 지역사회 전반의 연대 분위기가 활성화되었다는 것을 의미한다. 이렇게 지역의 연대 분위기가 형성된 바탕에서 2007년 6월 이랜드일반노조 순천분회의 투쟁이 벌어진 것이다.

순천분회는 전남동부지구협의회에 소속되어 있다가 자연스럽게 전남본부의 소속 사업장으로 있었다. 서울의 중앙노조가 투쟁을 시작되면서 뉴코아 순천지부와 만나기 시작했고, 이어 전남본부가 결합하기 시작했다. 순천분회는 투쟁 초기부터 집회기획, 준비, 발언 등에 대해 전남본부 상근자들에게 배워 가면서 투쟁을 준비했다. 투쟁이 시작되면서는 전남본부에서 조직국장이 투쟁에 결합해서 투쟁 방향을 같이 검토하고, 교육·선전 활동도 같이 해 나갔다.

> 순천분회는 파업 전에는 그냥 중앙에 결합했었죠. 그다음에 이 시점에 저도 뉴코아 순천지부 윤성술 지부장이랑 만나고, 또 전남동부지구협의회로 있다가 이 시점에 민주노총 전남지역본부가 막 출범을 해요. 6월 2일 날이던가. 6월 9일 날인가, 출범해서 이때부터 뉴코아랑도 하고 민주노총 전남본부도 출발과 동시에 우리 투쟁에 같이하는 거였어요. (박영광)

이게 전국파업이니까 뉴코아 윤성술 지부장과 홈에버 박영숙 분회장님, 박영광 전라지부장이 본부 사무실에 와서 상황 공유하면서 같이 방향 논의를 했고. 전남본부에서도 조직국장이 투쟁을 담당했는데, 나중에 조직국장이 수배되면서 제가 이랜드투쟁 담당이 된 거죠. (……) 처음부터 되게 끈끈하게 결합했어요. 어차피 파업이 중앙지침에 따라서 움직이는 거기에 전면파업 들어가기 전에 자체적으로 분회에서 집회할 때, 구호 외치는 것부터 시작해서 집회를 어떻게 해야 하는지 모르고 모든 게 어설프니까, 박영광 지부장이 전남본부에 계속 묻고, 저희 조직국장이 같이 집회를 준비하고 배우게 하고 그렇게 했죠. (김현주, 전남본부)

이랜드일반노조가 7월 1일 비정규직법이 실행되기 전날인 6월 30일부터 월드컵점 점거투쟁을 벌이면서 이 투쟁은 전국적인 비정규직 노동자 투쟁의 상징으로 부상되었다. 또 민주노총이 전국적으로 이랜드 매출제로투쟁의 지침을 내리자, 전남본부도 순천지역에 홈에버와 뉴코아 투쟁에 더욱 밀착 결합해서 투쟁을 지원하였다. 특히 비정규직 대량해고 문제를 지역에 선전하는 것과 동시에 이랜드불매투쟁을 포함해서 시민사회단체들과 함께할 수 있는 투쟁을 최대한 만드는 것, 무엇보다도 투쟁 주체들이 제대로 투쟁을 만들어 가도록 지원하고 지지하는 역할 등에 최선을 다했다. 그 과정에서 지역의 노동단체들과 시민사회단체들도 비정규직 노동자들의 대량해고에 분노하여 순천분회의 투쟁에 적극 연대하였다.

워낙 전국적인 중요한 비정규직 대량해고 투쟁이기도 하고, 또 뉴코아-홈에버가 다 있다 보니까 전남본부는 처음부터 밀접하게 결합했어요. (……) 저희는 뉴코아-홈에버 불매를 조직해요. (……) 경험이나 지역 분위기가 있으므로 연대도 되게 자연스럽고. 특히 비정규직 노동자의 투쟁이니까 더 그랬고. 그때가 비정규법안이 실행되면서 바로 2년 안 돼 잘리는 거잖아요? 그래서 저희는 전국 사안인 비정규직 대량해고 문제를 지역에서도 최대한 알려 내고, 이랜드불매투쟁을 포함해서 시민들이랑 같이 함께할 수 있는 투쟁을 최대한 같이하고, 당사자들이 **이 투쟁을 끝까지 갈 수 있도록 지원해 주고** 엄호해 주는 역할을 한 거죠. 그리고 민주노총에서도 되게 중요한 투쟁이었잖아요? 그래서 전남본부도 거의 전담해서 했죠. (김현주, 전남본부)

순천에 천막을 치면서 우리 투쟁이 거점이 생긴 거죠. 전국단위 싸움인 데다가 전국적으로 비정규직 여성투쟁을 많이 지지해 줬어요. 특히 민주노총은 남성 위주의 사업장들이 많으므로 보호본능이라고 그럴까요? 우리 연대 동지들이 결합을 많이 해주셨어요. 남자가 지부장으로 있다 보니까 저는 좀 찬밥 신세였고.(웃음) 원래 순천분회는 박영숙 여성분회장님이 계셨어요. (……) 그분도 활동 많았습니다. 그리고 아줌마들, 아가씨들이 지역에서 투쟁하니까 관심을 많이 가져 줬죠. (……) 우리 지역에 1, 2년 전에 되게 가열차게 투쟁했던 하이스코 비정규직지회 투쟁할 때 같이 싸워 봤기 때문에, 또 우리 투쟁이 비정규직 법안 문제 때문에 많이 사회문제화됐으니까. 결합을 많이 해줬지요. (박영광)

3. 천막농성 돌입(7월 19일)

서울의 월드컵점 점거투쟁이 계속되는 과정에서 순천분회는 조합원 교육을 진행하면서 투쟁을 지속했다. 이랜드일반노조의 월드컵점 점거에 이어 7월 8일 뉴코아노조가 강남점 점거투쟁을 벌이자 순천분회도 공동투쟁을 위해 다시 점거투쟁에 결합하였다.

> 7월 11, 12, 13일 강남점 투쟁에 결합했습니다. 조합원들이 계속 올라갔어요. 뉴코아도 올라가고. 우리는 무조건 버스 두 대로 갔던 것 같아요. 그때 조직은 90몇 명이고, 뉴코아도 같이 움직이는 조직이 한 90에서 100명 정도. 그러니까 서울진격투쟁 때 가사일 때문에 못 올라가는 분들도 있고. 그래도 두 대로 올라다녔던 거고. 강남점에도 참여했죠. (박영광)

이처럼 순천분회의 투쟁은 서울에서 집중투쟁이 벌어지면 상경해서 참여하는 한편, 순천지역에서는 분회의 독자적인 투쟁을 만들어가는 다소 복잡한 양상으로 진행됐다. 이랜드자본과의 투쟁은 서울의 중앙투쟁이 승패를 가르는 것이었기 때문에 순천분회는 그 기조를 중앙투쟁을 지원하면서 동시에 지역의 투쟁전선을 흔들리지 않게 지속해 나가는 것이라고 위치 짓고 있었다.

저희는 기조가 어차피 중앙판 싸움이라고 봤죠. 전남본부 차원에서도 "지치지 말고 후원 차원으로 가야 한다"라는 게 기조였죠. 그래도 울산은 치고박아 버렸거든요. 지역에서 작살을 내놨거든요. 그래도 저희는 "중앙투쟁이 무조건 우선순위"라고 봤고, 그게 더 이슈화하는 데 파급효과가 있는 거고. "지역은 진지를 지키고 있어야 한다"라는 거였죠. (박영광)

이랜드일반노조와 회사의 교섭이 결렬되고, 월드컵점 농성장은 공권력의 침탈 위협을 받고 있었다. 긴박한 상황을 예고하듯이 7월 19일에는 월드컵점 주위에 경찰특공대가 배치되어 대기하고 있었다. 노조는 이날 농성장이 침탈될 것으로 판단하였다. 그 때문에 이날 순천분회는 전남본부와 함께 기자회견을 열어 항의하는 의미에서 홈에버 순천점 앞에 천막을 치고 천막농성에 돌입했다. 이런 방식을 통해서라도 월드컵점 점거투쟁을 지원하려는 것이었다. 이에 전남본부는 전남지역대표자회의를 열어 이랜드투쟁 상황을 공유하고, 뒤이어 활동가대회를 개최해 천막농성 투쟁에 돌입하는 순천분회 조합원들을 지원하였다.

천막을 홈에버 앞에 쳐요. 뉴코아 지부장이 저보다 선배로 먼저 노조활동을 했던 분이고 저는 신생 지부장이어서, 제가 거기 많이 끌려갔던 거죠. 그런데 뉴코아가 몸 사리는 분위기가 엄청 많았어요. 그래서 뉴코아는 "야, 홈에버, 너그 매장 앞에 가서 하자" 이런 분위기였고, 중앙도 그랬던 거로 알고 있어요. 우리는 우리 매장을 아주 작살을 내 버리고 싶었고…. 그러면서 서울 월드컵이 털리기 직전에 뉴코아랑 같이 홈에버 앞에서 공동투쟁으로 천막을 설치해요. 그리고 전남본부 주관하에 기자회견을 하고. 그때 심상정 의원도 오시고, 유명인사들도 많이 와서 힘 있게 천막 세 동을 쳤습니다. 그렇게 천막을 쳐 놓고 중앙지원하러 상경투쟁도 하고, 지역투쟁도 하고. 저희가 부산권, 포항권까지도 연대투쟁을 해요. (박영광)

천막농성에 돌입한 다음 날인 7월 20일 월드컵 농성장을 공권력이 침탈했다. 순천분회 조합원들은 뉴스를 통해 그 상황을 알게 되거나 중앙노조에서 분회로 상황을 연락해 줘서 알게 되기도 했다. 뉴스를 통해 조합원들이 농성장에서 끌려 나가는 처참한 모습을 본 조합원들은 눈물을 흘렸다. 처음 해본 점거투쟁의 위력으로 투쟁이 곧 끝날 것이라던 기대가 여지없이 무너지기도 했다.

뉴스로 본 것 같고, 저 위에서(노조) 연락이 왔던 것 같아요. 그래서 우리 조합원들이 다 울었던 것 같아요. 우리는 그때 아마 월드컵점을 점거하면 끝날 줄 알았죠. 근데 장기화할 것 같다는 판단을 하고 천막을 쳤던 거죠. 조합원들이 머무를 곳도 있어야 하는데 계속 민주노총 시지부로 갈 수는 없고. 그때부터 장기화가 될 것 같다는 생각이 들더라고요. (박영숙)

천막을 치면서 순천분회는 전면파업에 돌입했다. 천막농성장은 조합원을 9개 팀으로 나누어 천막 사수조를 짜서 매일 돌아가며 천막을 지켰고, 밤에는 주로 박영광 지부장과 남성조합원들이 지켰다.

천막 사수조를 만들어서 계속 프로그램을 운영했죠. 사수조는 오늘은 1조, 내일은 2조, 우리가 인원이 많으니까 많게는 열몇 명씩 9조로 할 수 있게 하고. 그리고 천막도 너무 많다 보니까 3동에서 2동으로, 1동으로 줄였고. 또 오래하다 보니 태풍도 맞고 그러면 보수하고, 천막 비용도 되게 많이 나갔어요. 처음에 길게 갈 줄 모르고 임대로 했거든요. 하루에 1동당 3만 원. 그런데 1년을 넘어가다 보니까 천막 산 비용의 몇 배가 들었어요. (박영광)

우리 남자조합원들이 밤마다 돌아가면서 당번을 했어요. 우리 지부장님이 고생 많이 하셨죠. 지부장님이 우리는 여자라는 이유로 많이 좀 배려를 많이 해주셨죠. (박영숙)

천막농성장을 거점으로 삼아 조합원들은 매일 아침에 모여서 출근선전전을 시작으로 하루의 투쟁을 진행했다. 때로는 교육을 받기도 하고, 집회 및 선전전을 하기도 했고, 문화공연을 하기도 했다. 점차 천막농성이 자리를 잡아가면서 조합원들은 지역의 투쟁하는 사업장에 지원연대를 자주 가기도 했다. 특히 불매운동을 위한 대시민 선전전을 할 때는 사람들이 많이 다니는 순천 시내에서 했지만 시골 장터를 찾아가 선전물을 나누어 주기도 했다.

지역이라는 조건에 규정되어 순천시민들은 서울을 중심으로 한 수도권, 울산, 특히 순천지역에서 일어나는 이랜드자본의 대량해고, 비정규직 문제에 대해 잘 알지 못했다. 그 때문에 순천분회는 대시민 선전전에 더 큰 노력을 기울여야 했다.

우리가 "집에 있지는 말자. 나태해진다", "우리는 싸우는 거니까 나와서 보여 줘야 한다" 그러면서, **우리가 지치지 않았다는 걸 회사에 보여 주어야** 하는 것이기 때문에, 그래서 같이 선전물도 많이 작업했어요. 처음에는 뉴코아랑도 같이 만들어서 육교 다리에서도 배포하고, 순천 시내의 프라자에서 6보 1배 하고. 근데 사람들이 몰라요. 지역이라 더 몰라요. 고객들이 "왜 너희들이 막고 이러냐?" 이런 식으로 나와서 막 싸우기도 하고. 피켓 들고 있으면 어떤 분들은 "뭐예요?" 물어보고. 많이 그러죠. 그러면 "이러이러하니 도와 달라"고 얘기하고, 그러면 수긍해 주는 분은 "힘내라"라고도 해요. (……)
그다음에 연대도 많이 다녔는데, 광양 가고 여수도 가서 3보 1배를 했거든요. 저희도 연대를 많이 받으니까 연대를 많이 해야 한다 해서, 프로그램으로 많이 다녔거든요. (서선애)

파업투쟁 이전에는 자신의 업무만을 하면서 사람들 앞에 나서서 자기 생각을 말할 기회가 없었던 조합원들이 천막농성장 앞에서 집회할 때나 또는 선전전을 할 때면 마이크를 잡고 이랜드자본의 문제에 대해, 투쟁의 이유에 대해, 투쟁결의에 대해 발언하기 시작했다.

(마이크도 잡으셨어요?) 네, 무섭죠. (웃음) 집회에 오는 분들한테 "상황이 이렇다" 하면서 "들어가지 말아 달라"고도 하고. 초기에는 뉴코아 위주로 많이 해서 모두 가서 크게 싸우고. (……) 그러고 나서 우리끼리 완전 정착이 돼서 천막농성장에서 하고, 연대 받으면서 끊임없이 했던 것 같아요. (……) 저는 간부는 아니지만 옆에서 도와주는 업무를 해서 영상도 살짝 도와드리기도 하고. 그다음에 마이크 잡아서 불매운동 진행도 한 번 했었거든요. 뭐, 문화제 같은 거 있을 때도 사회 한 번 보고. 그런 식으로 좀 옆에서 많이 도왔어요. (서선애)

일부 조합원은 자신이 돌봐야 할 자녀들을 천막농성장에 데리고 나와 아이를 돌보면서 투쟁에 참여하기도 했다.

> 천막 치고 나서부터는 계속 돌아가면서 지키는 거 하고. 집사람이 일해야 하니 상황이 안 되면 딸을 천막에 데려가기도 하고. 집사람은 그 전에도 유통 쪽에서 일하긴 했었는데, 생계를 책임지진 않았었거든요. 그래서 파업이 길어지면서 저는 담보대출을 받아서 집사람한테 줬어요. 애도 있고 먹고는 살아야 하니까 생활비로 한 1,500만 원 정도를. 근데 그거 갖고는 생활이 안 되죠. (웃음) 거기다가 파업 중에 아들을 낳았어요. 그런데 집사람이 애 낳으러 가기 보름 전까지 일했어요. (백종근)

순천분회에는 다른 매장과 달리 20대가 몇몇 있었다. 순천대 등 대학을 다니면서 아르바이트를 하는 이들이었다. 당시 순천에는 대학생들이 시간제 아르바이트를 할 수 있는 곳이 많지 않았다. 그 때문에 홈에버 순천점에는 주로 남학생들은 '롤러'로, 여학생들은 계산대나 고객센터에서 아르바이트를 했고, 그 과정에 비정규직으로 아예 취업하는 이들도 있었다. 이들은 노조에 가입하여 투쟁에 참여하기도 했다.

천막농성장을 중심으로 하루 투쟁의 일정이 끝나면 조합원들, 특히 젊은 층의 조합원들은 지역활동가들과 술을 마시며 뒤풀이를 자주 했다. 뒤풀이는 서로의 쌓인 이야기를 나누기도 하였고, 때로는 노동조합운동에 대한 여러 생각과 의견이 오고 가는 중요한 자리였다.

> 끝나면 젊은 층들은 저녁에는 술 마시면서 같은 조합원들끼리 "이게 맞냐? 안 맞냐?" 서로 얘기하면서 싸우기도 하고. 박영광 지부장님하고 다른 분하고 싸웠는데, 그분이 노동운동 했던 분인데, 지금은 안 하

지만, 그런 문제로 생각이 달라 좀 투닥투닥하기도 했고. 그렇게 서로 투쟁에 대해서나 운동에 대한 의견을 많이 얘기했고. 그러면서 저는 배웠죠. (서선애)

한편, 홈에버 앞 광장에 천막을 설치하며 조합원들이 투쟁을 본격적으로 시작하자, 회사 측은 광장에서 하는 집회를 방해하기 위해 광장에 화분, 의자 등을 가져다 놓거나 광장 외부에 CCTV를 설치하여 투쟁하는 조합원들을 감시했다.

회사 측 대응이 아주 유치했어요. 이랜드 앞에 광장이 있는데, 여기에 야자수 큰 화분을 갖다 놓아요. 집회 못하게 하려고 의자도 막 설치하고. 그다음 광장 외곽에 크게 CCTV를 만들어 놓고 저희를 감시했죠. 우리 집회 사진 보면 야자수도 있고 그래요. 원래 거기가 휑했는데 거기서 집회하는 거 보기 싫었나 봐요. 가끔 거기서 남자조합원들이 농성하다가 족구경기를 하고 놀았어요. 그러니 얼마나 미웠겠어요. 걔들은 진짜 진상 부렸어요. (박영광)

관리자들은 회사의 지침에 따라 조합원들의 투쟁을 방해하면서 남성조합원들과 심한 몸싸움을 하기도 했다. 다수의 관리자는 조합원들과 부딪히면 욕설을 했는데, 그나마 일부 관리자들은 순천이라는 같은 지역에서 여러 인간관계가 얽혀 있었기 때문에 회사의 지침을 방관한 채 조합원들의 투쟁을 지켜보기만 했다. 또 이와 달리 조합원들에게 음료를 사다주는 등 소극적 지지를 보내는 관리자도 일부 있었다.

한 관리자는 지가 회사에서 크고 싶어서 지침에 따라서 방해하니까,

우리 남자조합원들이 "밤길 조심해라"라고 그 사람들한테 그런 말까지 했었어요. 그렇게 심각하게 했어요. 그놈이 막 우리 앞에서 못 가게 눕고 욕하면서 그랬었어요. 그러면 남자조합원들이 "니가 언제부터 그랬냐?" 하면서 막 몸싸움이 벌어지기도 하고 (……) 다른 관리자들은 겉돌더라고요. 순천이 지역사회잖아요? 눈만 돌리면 누구네 오빠고, 오빠 친구고, 그리고 선후배고. 완전히 남이 아니잖아요? 그러니 더 힘들죠. 당시 박효응 점장이 우리 앞에 나서지도 못해요, 겁이 많았나 봐요. 우리가 파업하면서 한 번도 그분 얼굴을 못 봤으니까. 관리자인데 도와주신 분도 계셔요. 고생한다고 아이스크림도 사주는 분도 있었어요. (박영숙)

서로 거의 쌍욕이에요. 지들이 먼저 욕을 하니까 "야, 이 새끼들아! 어쩌고저쩌고" 막 욕하고. 같이 일을 했는데 걔들이 우리한테 "이놈 저놈" 해 가면서 싸우다가 감정이 상하죠. 지금도 당시에 점장 하던 놈, 저는 그 인간 얼굴도 안 봐요. (웃음) 그때 당시에는 아유, 막 회사 개 노릇 하는 "아, 진짜 이런 애들이 있구나" 처음 느꼈거든요. (……) 또 덩치는 저보다 큰데 살짝 밀었더니 막 드러눕고 병원 간다고. (웃음) 내가 보기엔 별것도 아닌데… 점장이 무슨 영업방해로 저를 신고를 해요. 내가 뭘 한 게 있다고. (백종근)

홈에버 순천점 앞에서 천막농성에 돌입한 지 6일째 되던 7월 24일에 순천분회와 뉴코아 순천지부 조합원들은 각각 홈에버 진격투쟁과 뉴코아 진격투쟁을 진행했다. 그 뒤 천막농성장 앞에서 집회를 진행하였는데, 그 과정에서 조합원들이 월드컵점 점거투쟁을 하다가 끌려 나온 조합원들에게 보내는 편지쓰기를 진행했다. 다음은 조합원들이 쓴 편지 중 일부이다.

순천 뉴코아-홈에버 조합원이 수도권에 있는 동지 여러분께 드리는 편지

[편지1]

파업투쟁으로 함께 모인 뉴코아-이랜드 노조 동지 여러분! 우리가 지금하고 있는 투쟁이 처음에는 낯설고 파업가를 부르면서 팔뚝질을 할 때도 지신감이 없는 나와 마주치곤 했습니다. 40년을 살아오면서 두 아이까지 두고 있는 평범한 내가 '단결 투쟁'이라는 띠를 머리에 두르고 '파업가'를 부르면서 있을 거라고는 생각 한 번 해보지 않았으며, 그저 열심히 일하면 되는 줄만 알고 살았습니다. 내가 몸담은 순천분회는 부분파업을 시작으로 전면파업에 들어간 지 20일이 넘어가고 홈에버 앞에 천막을 치고 투쟁한 지는 1주일쯤 되어 가고 있습니다. 저는 파업투쟁을 한 지 한 달쯤 지나면서 많이 변하고 있습니다. 같이 일하는 동지들을 다시 생각하게 되었고, 저희보다 더 열악한 비정규직 동지들의 모임에 연대투쟁하면서 가슴 저 밑바닥에서 치밀어오는 이 뜨거운 기운을 느끼게 되었고, 월드컵점 동지들이 매장을 점거 사수해서 차가운 바닥에 박스를 깔고 편치 않은 잠을 자고 변변치 않은 식사를 하고 있던 모습들이 아직도 생생합니다. 그리고 공권력투입으로 힘없는 우리 동지들이 끌려 나오면서 신발도 없이 흰 양말 한 짝만 신고 울며 끌려 나오는 모습, 실신해서 경찰차에 오르는 중년여성 동지, 연대 동지들에 둘러싸여 나오던 우리 위원장님의 눈물을 보았고 그 처절함에 울었고, 아직도 그 모습을 떠올리면 저절로 눈물이 납니다. 우리 동지들이 경찰병력 투입으로 강제해산 당해서 몇 군데로 분산 수용하던 그날 밤이 왜 이리 길게 느껴지는지 걱정과 불안함으로 하얀 밤을 새웠습니다. 168명 동지도 얼마나 긴장하고 두려웠습니까? 우리는 제2의 투쟁기간에 돌입했고 또 어느 때보다 단결투쟁해야 한다는 것을 더욱더 절실하게 느낍니다. 아직도 구속된 우리 김경욱 위원장님의 땀과 눈물이 헛되시지 않게 각자 자신이 몸담은 노조 분회간부들과 여러 동지가 열과 성을 다하여 앞으로 투쟁일정을 소화해 나가면 이 싸움은 반드시 이길 수 있을 거라 생각합니다.
168명의 동지 여러분 고생 많으셨습니다. 여러분이 경험하지 않아도 되는 그 경험들, 우리 투쟁 제2의 투쟁에 도화선이 되었습니다. 어느 때보다 우리 동지들을 보듬어 안고 많은 연대 동지들과 열심히 앞으로 나아갑시다.
2007년 7월 24일 순천에서

[편지2]

작년 이맘때쯤에 난 무얼 했을까 생각해 본다. 그랬지…. 그랬었지…. 매장 안 에어컨이 가동되지 않아서 땀으로 목욕을 해가면서 쉬는 시간에 화장실에라도 갈라치면 땀에 젖은 근무복이 내려가지 않아서 더 진땀이 났었지…. 얼굴에 땀범벅으로 웃으면서 고객을 응대할 때면 오히려 고객님들께서 "고생한다" 하면서 근무여건이 너무 열악하다 하시면서 요구르트 한 병이라도 떼어 슬며시 건넸었는데, 지금…, 우리… 길바닥에 천막 치고 한여름에 태양의 열기를 온몸으로 느끼면서 쉴 새 없이 해대는 손부채질에도 아랑곳하지 않고 땀이 비 오듯 등을 타고 내려온다. 그런데도 천막 뒤로 괴물처럼 자리하고 있는 커다란 "홈에버" 건물의 사측에서는 전깃줄 한 줄, 생수 한 병, 하다 못해 화장실조차도 허락하지 않고 있다.
"비정규직 계약해지, 용역전환, 전환배치"를 중지하라는 우리들의 최소한의 요구가 사용자 측은 정말로 사탄들이 하는 부당한 행위라고 생각하고 있는 것일까? 요즘 애들이 하는 말로 소위 "짱나고" "재섭다". 홈에 버 자다가도 생각하면 가슴 뛰는 단어였는데…. 지금은 전 사회적으로 지탄받는 대상이 되고 말았다.
박성수 회장은 들어야 할 것이다. 마음 열고, 귀 열고, 눈 열어서…. 우리들의 떨리는 함성을…. 시간이 흐를수록 몸과 마음은 지쳐 가고 있지만 뚜렷하게 천천히 떠오는 무지갯빛 희망은, 승리는, 반드시 우리의 것이어야만 한다.
이 모든 영광스러운 투쟁이 "한여름 밤"의 꿈이 아니길 간절히 바란다.

[편지3]
지방에서 투쟁하느라 공권력 투입되던 날 동영상으로 봤습니다. 책상에 앉아 마우스를 움직이면서 몇 장의 사진들을 보면서 몇 년 만에 나도 모르게 눈물이 흘렀습니다. 안타깝고…. 걱정되고…. 서럽고…. 오만가지 심경들이 뒤섞여서…. 한참 울었습니다. 저분들이, 우리가 도대체 뭘 잘못했기에 도둑, 강도, 죄인을 잡는 경찰이 저렇게 인자한 얼굴을 하고 파란색 옷 입은 분들만 끌고 가는지…. 그리고 한참이 지나서 정신을 차리고 보니 한 가지 생각뿐이었습니다. 정말 "이랜드, 사람도 아니다. 한번 해보자." 저는 지방에 있어서 여러분들과 함께하지는 못하지만, 순천에서 정말 목숨 걸고 하렵니다. 많은 사람이, 동지들이, 여러분들을 지지하고 연대하고 있습니다.
힘내세요! 날씨도 더운데 건강 조심하시고요. 투쟁!

한편, 이날 순천시가 불법이라며 천막을 강제로 철거하겠다고 통보했다. 이에 다음 날인 7월 25일에 조합원들이 순천시청으로 항의하러 달려갔다. 서울 월드컵점 농성장에 공권력이 투입된 것에 분노하고 있던 조합원들은 순천시가 이들을 길거리로 내몰려 하자 참았던 분노를 터트린 것이다.

조합원들은 "순천시장은 과연 누구를 위한 시장이냐"고 항의하면서 시장에 대해 비판했다. 특히 집회에 참여해 울분을 터트린 한 조합원은 비정규직 대량해고와 비정규직 차별철폐는 비단 순천지역의 문제만은 아니라고 성토했다. 박영광 전라지부장은 천막을 철거하라고 지시한 순천시 담당자와의 대면을 요구하면서 순천시 관계자들과 노관규 순천시장을 압박하였다. 그 과정에 조합원들이 미리 준비해 온 달걀로 "시장 타도"를 외치며 시청건물에 투척하였다. 이에 순천 경찰은 사태가 악화할 수도 있겠다는 판단으로 경찰력을 배치했다. 그러나 집회를 마친 조합원들은 자진해산했다.

> 우리가 홈에버 앞의 인도 등에 천막을 3개 동을 쳐 놓다 보니까, 그때가 순천정원박람회 유치한다고 환경미화에 엄청 신경쓰던 때였어요. 우리가 맨날 그 앞에서 농성하고 집회도 하니까, 언젠가 시청에서 한번 공문을 들고 왔더라고요. "미관상 자진철수해라." 그래서 또 우리가 분노했죠. "너희들이 주지는 못할망정 와서 찬물을 끼얹느냐?" 그래서 우리가 그걸 주관했던 국장 포함해서 시장한테 항의방문을 갔던 거죠. 거기서 공권력으로 막혀 있고, 그래서 달걀 3판 들고 갔는데, 다 시장실에 던져 버렸어요. 원래는 항의 차원에서 우리가 던지려고 갖고 간 건데, 저희가 법정에서 진술할 때는 "우리 조합원들이 이슈 파이팅 하니 목 아파서 먹으려고 한 거다"라고 했습니다. (……) 그게 달걀 세례고, 지역 언론에도 좀 나오고. 그래서 그 뒤로 지역에서는 천막에 대해서 침탈은 없었습니다. (박영광)

4. 이랜드매장 매출제로투쟁

민주노총은 뉴코아-이랜드투쟁을 지원하기 위해 7월 8일부터 전국 이랜드 매출제로투쟁을 벌였다. 순천지역 역시 전남본부가 '이랜드불매 전남동부권대책위'(대책위)를 구성했다. 참여단체는 전남본부를 중심으로 대부분 지역 노동단체와 시민사회단체들이었다.

7월에 진행된 매장봉쇄투쟁은 전남본부가 계획을 세우고 조합원 참여까지 독려하면서 진행됐다. 거기에 민주노총 광주본부도 투쟁에 집중했고, 지역의 민주노동당, 전남동부권의 시민사회단체 등이 모두 참여하는 지역연대투쟁으로 진행됐다. 그 밖에도 전남본부는 매주 토요일에 홈에버 천막농성장 앞에서 투쟁문화제를 진행하였다.

우선 7월 8일에 1차 이랜드자본 매출제로투쟁, 7월 21일 2차 이랜드자본 매출제로투쟁은 민주노총의 지침으로 전국에서 진행되었는데, 전남본부 역시 소속 조합원들을 참여토록 독려하여 진행되었다. 이와 달리 7월 27일에는 전남본부가 지역에서 독자로 뉴코아 매장봉쇄투쟁을 진행했다. 이날 경찰이 뉴코아점 출입구를 봉쇄해서 집회 참여자들과 격한 몸싸움을 벌였다. 이어 집회 참여자들은 뉴코아 건물을 둘러싸면서 전경들과 다시 몸싸움을 벌이기도 했다. 경찰은 집회 참여자들을 채증하기 시작했다. 이 과정에서 순천분회의 고준, 김진호 조합원이 연행되었다가 풀려나기도 했다. 이날은 광주·전남본부조합원들과 민주노동당, 민중연대단체에서 참가해서 집회 참여자가 2,000명이 넘을 정도였다.

이어 7월 29일도 홈에버 광장 앞에서 집회와 투쟁문화제를 진행했다. 이때 참여자가 1,000명이 넘어 NC백화점 앞의 큰 도로를 다 차단하고 또 백화점의 몇몇 입구까지 다 막을 수 있었다. 그 때문에 백화점 주위에는 전경들이 배치되어 있었다. 이날의 투쟁으로 전남본부 박상욱 본부장, 이성수 조직국장과 조대익 사무차장, 광주본부의 류봉식 조직국장, 정찬호 교선국장 등 총 5명이 수배되었다.

전남본부 조합원들은 2005~2006년 현대하이스코 노동자 투쟁과 지역연대 투쟁 이후 처음으로 전남본부 지침으로 비정규 노동자 투쟁에 결합하였고, 더욱이 매장을 봉쇄하는 투쟁은 처음 하는 것이었다.

> 전남지역본부에서도 한 5만 정도 된다고 하더라고요. 진짜 거의 모든 단위사업장이 다 결합을 하셨던 것 같아요. 집회 있으면 연대 오시고 물품 지원해 주시고, 또 전교조, 여성단체, 농민단체, 학부모 단위 등에서 성명 내주시고 "지역사회의 나쁜 기업~" 이렇게. 그래서 여론도 많이 환기해 주시고, 열성으로 결합하고 실제 수치로도 나옵니다. 전남본부장부터 상집들이 다 우리 투쟁으로 모두 수배를 당하셨거든요. (박영광)

> 전남본부 분들이 항상 옆에 있었죠. 우리 투쟁할 때는 계속 계셨어요. 저희가 계획을 짜다 짜다 못하면 물어보기도 하고, "뭐 이런 투쟁 하면 어떻겠냐?" 물어보고. 앞에서 많이 이끌어 주셨죠.
> (연대를 해주신 분들은?) 하이스코 비정규직, 광양 쪽에서 많이 오셨는데. 그리고 건설노조, 화물연대 분들도 많이 연대해 주셨고. 또 농민회 쪽에서 쌀도 막 지원해 주시고 그랬어요, 우리 천막에서 밥도 해 먹고

그랬거든요. (박영숙)

한편, 매장봉쇄투쟁과 매출제로투쟁 등을 전개하면서 순천분회 조합원들은 매장 앞 또는 매장 안에서 고객을 대상으로 한 선전전을 통해 불매를 호소하기도 했다. 다른 한편 전남본부 조합원들과 연대세력들은 매장 안에 들어가 '진상투쟁'을 벌였다. 진상투쟁이란 값이 싼 물건을 사거나 이미 결재한 물건을 반품하는 등 계산대의 작업을 지체시키는 것이었다. 심지어 뉴코아 매장 안에서의 진상투쟁은 신발을 벗어서 두드리면서 투쟁가를 부르며 소란을 피우거나 매장 앞에 불매스티커를 가득 붙이는 방식으로 했다.

조합원들이 문을 다 막았어요. 그리고 고객들한테 호소했죠. "저희를 좀 도와주십시오"라고 하면 차가 들어오다가 나가는 경우도 있고 어쩔 수 없이 들어가는 경우도 있었지만, 그때 눈물 나더라고요. 저희가 투쟁 끝나면 들어가서 다시 일해야 할 곳을. "저희들 도와주십쇼, 저희들 봐서라도 다른 데로 가 주십쇼" 그런 얘길 하고 있으니. 어떤 분들은 "힘 내십쇼", "고생하십니다" 말해 주시기도 하고. (박영숙)

주로 많이 했던 게 점포 앞에서 집회하고 선전전 계속 하고. 그다음에 뚫고 들어갈 수 있을 때는 매장도 들어가죠. 그래도 우리는 남자들이 좀 있어서 힘으로 밀고 들어가면 들어가지죠. 그런데 사람들이 다칠까 봐 자제를 한 건 많이 있었죠. (백종근)

저희가 불매운동한다고 선전전을 하러 매장으로 들어가야 하잖아요? 그런데 못 들어오게 하니까, 저희가 매장 앞쪽에 앉아서 구호 외친 적도 있고, 한번은 들어가려 그랬는데 매니저랑 부장이 못 들어간다고 대자로 뻗어 버린 거야. 그래서 우리가 "밟고 가!" 그러면서 그냥 매장에 들어가고. (서선애)

여름이라 전술이 집회를 짧게 하고, 안으로 진격하는 투쟁. 그렇게 들어가서 매장을 순회한다거나 투쟁전술의 하나로 '진상투쟁'이 있었어요. 연대 단위들이 껌 한 통 같은 소소한 걸 들고 가서 다 카드결제하고 다시 반품하는 투쟁전술. 그런 다음에 쭉 플래카드를 들고 봉쇄하는 투쟁. 또 뉴코아는 진격해서 매장을 한 바퀴 돌고 사무실 동으로 가서 **신발을 벗어서 두드리면서 투쟁가를 부르는** 진짜 진상투쟁. (웃음) 거기는 유독 막아 대니까 더 시끄럽게 하고. 그런 다음에 그 앞에 스티커를 다 갖다가 입구를 덕지덕지 붙여 놨는데, 이 치졸한 뉴코아 관리직 놈들이 우리 가고 나서 초기에 복귀했던 조합원들이나 탈퇴한 조합원들 보고 "야, 너거들이 했던 짓이야, 나가서 치워" 그렇게… 얼마나 비참했겠어요. (박영광)

노동자들이 매장 앞에서 계속 천막농성을 하자, 고객들도 그 이유를 알고 지지를 보내기 시작하면서 순천점의 매출이 이전보다 50% 감소했다. 더욱이 매장봉쇄투쟁을 벌일 때마다 매장이 문을 닫았기 때문에 매출이 투쟁 이전보다 급격히 감소한 것으로 보였다.

(매출에 영향은?) 저희는 순천이 좁은 데가, 홈에버 풍덕점, 홈플러스 거기 바로 건너편에 노조가 없던 이마트가 있어요. 그다음에 지역에 농협 하나로마트가 있잖아요, 이렇게 큰 데도 두 군데 있고. 실제 매출에 영향을 줬어요. 저희는 홈에버 앞에서 천막을 치고, 아마 뉴코아보

다는 홈에버는 정말 매출에 영향이 실제로 있었을 거예요. 왜냐면 뉴코아는 초반에 크게 집회도 배치하고 거기서 기본 선전전도 하고 이러는데, 홈에버는 아예 천막을 치고 계속하니까 매출에 영향이 있었을 거예요. (김현주, 전남본부)

매출제로투쟁할 때는 문을 닫았으니까. 우리가 투쟁할 때마다 폐점을 해 버리는 거니까. 그리고 천막농성을 하는 주간에 천막이나 모든 문구가 "홈에버 뉴코아로 오시는 발길을 멈춰 주십시오" 이러면서 저희 순천 풍덕점의 매출이 절반 이하로 반 토막을 냈었거든요. 백화점은 그렇게 못했고, 백화점은 기껏해야 가서 조금 몇 시간 막는 거고. 그다음에 우리 홈에버 같은 데는 솔직히 작살을 내 버렸죠. 앞에 천막으로 진상부리고 있지, 또 주요 고객층들도 서민들이 많은데, 우리를 지지해 주시면서, 막으면 그냥 돌아가 버리고요. (박영광)

1) 전남·광주본부 민중총궐기대회와 순천분회 율동패 '불화산'

7월 28일에 전남·광주본부가 주관하는 '전남민중총궐기대회'가 순천역에서 열렸다. 전남본부와 광주본부가 공동으로 주관했는데, 순천역의 차선을 다 메울 정도로 노동자들이 대규모로 참여하였다. 처음 대규모 지역집회에 참여한 순천분회 조합원들은 그 규모와 프로그램에 놀라기도 했지만 무척 고무되었다.

순천역에서 한쪽 차선을 다 막고 했던 것 같아요. 아주 크고 근사하게 한 것 같아요. 깜짝 놀랐어요. 규모가 전남본부만 해서 이렇게 많을 수가 있을까? 너무나 멋지고요. 일단은 노래패들, 율동패들 와서 하는 것 보니까 너무 신선했어요. 즐기면서 하잖아요. "아, 이런 즐거움도 있구나" 이게 "나 혼자의, 우리만의 싸움이 아니다"라는 걸 그때 많이 느꼈고요. 또 우리를 알릴 기회도 되고. (박영숙)

이 집회에서 순천분회의 율동패 '불화산'이 첫선을 보였다. 투쟁 중에 지역 상황으로 이따금 순천분회가 독자 집회를 진행해야 하기도 했다. 그러다 보니 전남본부와 같이 집회를 진행했을 때보다 프로그램을 기획하지 못해서 집회 분위기가 제대로 살아나지 못하기도 했다. 이에 순천분회는 지역집회에서 보았던 문화패를 분회 내부에 만들기로 했다. 처음에 만든 노래패는 오래 활동하지 못하였으나, 젊은 층이 중심이 된 율동패인 '불화산'은 투쟁기간 내내 활동하였다. '불화산'에는 엄은숙, 배세은, 김문정, 서선애 등이 참여했는데 전남본부 율동패인 '결'에게 율동을 배우면서 차츰 공연을 하기 시작했다. 처음에는 순천분회의 집회에서 하다가 점차 다른 지역에서 집회가 열릴 때도 공연을 하기도 했다.

월드컵점 갔을 때 '바위처럼'을 했거든요. 저는 '바위처럼'이 되게 즐겁더라고요. 그러면서 "우리 나중에 이렇게 춤이라도 해야 하지 않겠냐?" 얘기하다가 "어, 그럼 한번 해봐라" 전남본부 교선국장님이 적극적으로 찬성하고 밀어주셨어요. (……) 그래서 "아, 우리끼리 집회하기도 하니까 우리도 해보자", "너희들 해봐라" 이렇게 바람 잡아서 집어넣어서, 그 애들은 전남본부랑 다른 사업장하고 같이 연습도 하고. 저는 뒤에 가입해서 하고. (웃음) 그게 율동패 '불화산'이고. 같이 한 사람이 엄은숙 언니, 배세은, 김문정, 또 언니 1명 있는데, 다 수남인데 나이가 젊거든요. 시지부 도움 많이 받았죠. 그래서 우리 집회 때는 율동하

고, 서울이나 전국에서 10월과 11월 집회하잖아요? 그때마다 무대에 섰어요. (서선애)

8월 1일 오전 11시에는 '비정규직 탄압하는 나쁜 기업-뉴코아 홈에버 전남동부공동대책위'가 조직되어 불매운동 기자회견을 하였다. 오후 1시에서 5시까지 홈에버-뉴코아 노조는 순천지역의 아파트 단지와 상가에서 홈에버-뉴코아 불매운동 선전전을 하였다.

이어 오후 7시에는 '4차 홈에버-뉴코아 투쟁승리문화제'를 진행하였다. 비록 참여한 조합원 수는 많지 않았지만, 참석자들의 열기는 높았다. 문화제는 전남본부 김현주 교선국장의 사회로 시작되었다. 뉴코아노조에서 만든 투쟁 동영상을 본 뒤에 이어진 문화제에서는 뉴코아 농성 1조와 4조가 '뽀뽀뽀' 개사곡과 함께 율동을 선보였고, 2조는 비록 아마추어 솜씨였지만 '바위처럼'을 율동과 함께 선보였다. 또, 반짝 출연으로 전남본부 조대익 사무차장이 율동을 선보였다. 이어 홈에버 농성 2조와 사수 2조는 개사곡 '퐁당퐁당'을 선보였으며, 순천민중연대 박선택 집행위원장이 연대사를 했다. 중간중간 노래에 맞춰 조합원들의 힘찬 팔뚝질이 이어졌다. 조별로 준비한 8행시 또한, 짜임새 있는 말과 재치가 넘쳐났다. 연대를 온 순천청년연대에서는 태극기 모양의 불매운동 깃발 30개를 홈에버 주변에 꽂아 주었고, 투쟁기금을 노조에 전달했다.

이처럼 순천분회의 투쟁에는 순천지역의 노동조합들과 노동시민단체에서 많은 투쟁후원금을 보냈다. 특히 한국발전산업노조 하동화력지부는 일주일간 360여 명의 조합원들이 이랜드노동자들의 투쟁승리를 기원하며 모은 투쟁기금을 전달했다. 하동화력지부는 이외에도 지속해서 순천분회의 투쟁에 여러 방식으로 연대하였다.

다음 날인 8월 2일 오후 2시에 순천점 앞에서는 전남동부지역의 여성단체들이 모였다. 이들은 여성노동자를 대량해고하고 지역자본을 유출하는 이랜드자본에 맞서 "순천 뉴코아-홈에버 매장을 이용하지 말자"라는 불매운동선포 기자회견을 진행하였다. 이 자리에는 KBS, MBC, CBS, 『순천시민의 신문』, 『조은뉴스』 등 많은 취재진과 기자들이 참석하여 뉴코아-홈에버 매장의 주요 소비자인 여성단체의 불매운동 기자회견을 취재하였다. 이 분위기에 더 고무된 여성단체 참가자 50여 명과 뉴코아-홈에버 여성조합원 50여 명은 여성의 힘으로 적극적인 불매운동을 전개해 '나쁜 이랜드자본'을 심판하자는 목소리를 높였다. 기자회견은 문영미 순천시 여성농민회 사무국장의 사회로 시작되었다. 참가 단위를 대표하여 김재임(순천시 여성농민회장), 정경희(민주노동당 여수시위원회 위원장), 김진영(광양사랑청년회 여성모임)의 인사말이 있었다. 김재임 회장은 한미FTA로 농민, 노동자, 온 국민이 죽어가고 있는데 국내에서는 여전히 이랜드 같은 악랄한 기업이 노동자를 탄압하고 있다고 분노했다. 그는 여성노동자를 대량해고하고 비정규직으로 내모는 이랜드자본에 맞서 여성농민들도 홈에버-뉴코아 매장을 이용하지 않도록 노력하겠다고 했다. 특히 순천시 여성농민회는 투쟁 중인 뉴코아-홈에버 조합원들을 위해 쌀 80kg을 전달하면서 연대를 표시해 참가자들의 환호와 박수를 받았다.

이어 홈에버-뉴코아조합원을 대표하여 순천분회 박영숙 분회장은 "대다수 여성소비자가 뉴코아-홈에버 매장을 이용하는데 이렇게 많은 여성이 오셔서 눈물이 나올 정도로 감사하다. 힘들어 포기하고 싶을 때도 있었지만 이렇게 연대하신 동지들이 있기에 절대로 포기하지 않고 힘차게 투쟁할 힘이 생긴다"라고 감사의 발언을 했다. 참가자들은 "여성의 힘으로 이랜드자본 심판하자!", "여성들이 앞장서서 뉴코아-홈에버 매장을 가지 말자!"라고 같이 외쳤다. 여성이라서, 또 비정규직이라서, 더 차별받는 여성노동자들과 함께하기 위해 지역의 여성들이 나서기 시작한 것이다.

이어 8월 11일 오후 3시에 전남본부는 '제5차 이랜드매장 타격투쟁 집회'를 홈에버 앞 매장에서 조합원 250여 명이 참석한 가운데 진행했다. 이날 집회는 전남본부에서 방송차 2대를 동원했고, 현수막 20개를 집회장소 주변에 설치한 뒤에 홈에버 출구 및 홈에버 앞 사거리로 분산해 선전전을 진행했다. 특히 오후 5시 30분에는 조합원 60여 명이 주차장 입구에서 현수막 1개를 갖고 차량 출입을 저지하려다가 입점 점주들과 심한 언쟁을 벌이기도 했다.

또, 8월 18일경 순천점 정문 앞에서는 '이랜드규탄 전국동시다발 매장봉쇄투쟁'이 진행됐다. 참여자들은 집회 도중 매장업무를 방해하기 위해 플라스틱 용기에 분뇨를 싣고 차량 2대를 이용해서 홈에버 5층으로 올라가 무빙워크에 뿌렸다.

다음 날인 8월 19일 오후 2시에 전남본부는 '이랜드투쟁을 위한 전국동시다발 민주노총 전국노동자대회'(광주전남대회)를 순천점 앞에서, 광주본부는 뉴코아 앞에서 각각 열었다. 광주본부는 오후 2시 30분에 35도를 오르내리는 폭염 속에서도 400여 명이 참석한 가운데 집회를 시작했다.

집회가 끝난 후 매장 선전전을 하기 위해 매장진입을 시도했으나 전경이 가로막으면서 수차례에 걸쳐 치열한 몸싸움을 벌이기도 했다. 몸싸움 과정에서 전경들이 끌려 나오기도 했다. 참가자들은 "가만히 있으면 더 덥고 열심히 투쟁하니깐 오히려 시원하다", "역시 이열치열"이라며 한목소리를 내면서 투쟁에 적극적으로 함께하였다. 휴식 시간에는 광주본부에서 준비한 아이스박스에 담긴 물과 음료수를 제공하기도 했다. 또 참가자들은 뉴코아 곳곳에 이랜드 박성수 회장을 규탄하는 스프레이 글씨를 쓰기도 했다.

한편 홈에버 쪽에서는 동부건설노조가 총회를 마치고 대거 참여하자, 사측은 아예 매장문을 닫고 영업을 중단해 버렸다. 이에 전남본부는 대오를 뉴코아 앞으로 집결시켜, 오후 5시를 전후해 뉴코아 앞에는 1천여 명의 대오가 형성되었다. 이에 참여자들은 다시 한번 힘을 모아 매장진입을 시도했으나, 경찰이 분말소화기를 뿌려대며 진입을 차단했다. 1시간 동안 진입투쟁을 벌인 참여자들은 이랜드투쟁 승리를 위한 긴급투쟁문화제를 개최했다. 특히 화물연대 조합원이 반주 없이 부른 "민주노총이 부르면 '무조건'"이라는 유행가와 전교조 조합원의 즉석 판소리가 큰 호응을 받았다. 행사 마지막에는 광주본부에서 준비한 "이랜드불매" 불 글씨가 밝혀져 이랜드 규탄의 의지를 모았고, 5분에 걸쳐 폭죽 6천 발이 발사되어 뉴코아를 뒤덮었다. 이 광경을 지켜보던 주변의 시민들이 박수를 보내기도 했다.

9월 7일 순천분회의 조합원들은 일산분회 조합원들과 같이 전북의 홈에버 전주점을 찾아가 직원들과 시민들에게 선전전을 벌였다. 이어 오후 5시 전주점 앞에서 전북본부가 개최한 '제9차 전북투쟁대회'에 참석했다. 순천분회 조합원들은 이 집회에서 비정규직보호법안을 악용하여 대량해고 사태를 낳게 한 이랜드를 고발하고, 시민들에게 홈에버 등 이랜드계열사의 불매운동에 동참해 줄 것을 호소하였다.

2) 전남본부 활동가들과 노조간부들의 수배-구속

전남지방경찰청은 뉴코아 순천점 등에서 시위를 주도한 전남본부 지도부에 대해 강력대응 방침을 밝혔다. "크고 작은 집회를 24회 개최하면서 달걀 투척·매장 진입·분뇨 살포 등으로 영업을 방해하며 불법집회시위를 주도"했다면서 집행부 등 24명에 대해 수사하겠다는 것이다. 경찰은 업주의 3차례에 걸친 고소로 출석요구를 한 후 불응하면 체포영장을 발부받아 강제수사하겠다고 했다.

특히, 8월 18일경 홈에버 순천점 정문 앞에서 개최된 이랜드 규탄 전국동시다발 매장봉쇄투쟁 집회 도중 분뇨를 뿌린 1명을 확인하고 수사 중이며, 같이 행동한 이들에 대해서도 추적하고 있다고 했다. 전남경찰청은 NC·홈에버의 불법폭력집회 주동자와 과격 행위자는 끝까지 추적·검거해 엄정하게 처벌하겠다고 했다. 즉, 매장에 분뇨를 살포한 영업방해자와 경찰에게 폭력을 행사하여 상해를 입힌 공무집행방해 사범에 대해서는 구속하는 등 엄격한 사법처리를 하겠다는 것이다.

이어 9월 8일 순천 검찰은 이랜드투쟁을 같이 전개한 전남본부 간부(박상욱 본부장, 이성수 조직국장, 조대익 사무차장)와 뉴코아 순천지부 윤성술 지부장에 대해 사전구속영장을 청구하였다. 불매운동이 확산하는 상황이었다. 전국적으로 진행된 이랜드불매운동은 순천의 뉴코아-홈에버 매장에서도 진행되었으며, 전남본부 역시 노동자·시민들과 투쟁을 진행하였다. 민주노총 산하 각 지역본부 간부들 역시 이랜드투쟁으로 소환조사를 받았지만 사전구속영장 발부를 한 지역은 오로지 순천지역뿐이었다.

이에 항의하기 위해 전남본부는 9월 12일 오전 11시에 순천 검찰청 앞에서 박상욱 전남본부장을 비롯한 간부 4명에 대해 '특수공무집행방해치상'으로 사전구속영장을 청구한 순천 공안검찰을 규탄하는 기자회견을 열었다.

이랜드투쟁과 관련하여 전국에서 12명이 구속되었지만, 검찰의 기소내용은 '업무방해, 주거침입'이었으며 '공무집행방해'는 단 한 건도 없었다. 전남본부는 다른 지역에 비해 큰 물리적 충돌 없이 합법적으로 불매투쟁을 전개했다. 그런데도 유독 전남본부 간부들과 뉴코아 순천지부장에게 '특수공무집행방해치상'으로 사전구속영장을 청구한 것은 전남지역 노동자들의 투쟁을 꺾으려는 의도였다. 이에 전남본부는 순천의 검찰을 심판하기 위한 다양한 투쟁을 전개할 것이라는 결의를 밝혔다.

3) 추석 매출저지집중투쟁

추석집중투쟁의 하나로 이랜드일반노조는 9월 16일에 서울의 면목점을 점거하기로 했다. 순천분회는 이 투쟁에 참여하기 위해 서울로 올라와서 민주노총에서 머물다가 밤늦게 면목점으로 출발했다. 이날은 이랜드일반노조 조합원들만이 아니라 많은 대학생이 연대하러 왔다. 그러나 조합원들은 면목동에서 점거투쟁을 벌인 지 3시간 만인 17일 새벽에 공권력의 침탈로 끌려 나왔다. 새벽녘을 틈타 면목점 건물 밖에서는 대학생들이 전경에게 폭력을 당하면서 끌려갔고, 순천분회 조합원들에게는 '토끼몰이' 식으로 겁을 주면서 폭력을 행사했다.

> 그때 저도 농성장에 있었거든요. (……) 제가 놀란 것은 새벽에 대학생 동지들이 면목에 결합해서 엄청나게 피를 흘리고… 우리 조직에서 연대 요청을 했던 남총련인 거죠. 그 친구들이 대나무 깃발을 들고 차에서 내린 거예요. 근데 경찰들이 있는 한복판이어서, 거기서 바로 해산당했었거든요. (……) 전술을 잘못 짠 게 새벽에 그렇게 하니 안 두들겨 패겠어요? 면목동이 단층인데 새벽에 지방 조합원들도 토끼몰이 당해서 진짜 맞아 죽을 뻔했어요. (박영광)

> 면목 점거할 때 진짜 무서웠었어요. (……) 그때 한 차로 갔으니까. 우리가 민노총 사무실에서 바닥에 매트 깔고 자다가 눈곱만 떼고 다시 나와서 갔지요. (……) 우리는 밖에 있었어요. 털리는 것까지 보면서 (……) 대학생들이 깃발 들고 하는데 경찰이 막 쫓아가니까 아우성치고…. 우리 지부장이 우리한테 어디 한 곳에 납작 엎드려 있으라고 "들키면 안 된다"고. 그래 우리가 납작 엎드려서 숨죽이고, 전쟁 난 것처럼 살벌했어요. 우리는 숨죽여서 울고. (박영숙)

한편, 면목점 점거투쟁 이후 순천분회도 추석집중투쟁을 진행했다. 이때는 6보 1배 투쟁, 선전전, 1인시위 등의 여러 방식으로 투쟁을 벌였다.

우선, 9월 18일에 추석맞이 이랜드투쟁이 시작되었다. 매장봉쇄와 불매운동을 통해 큰 타격을 받았음에도 회사는 교섭을 계속 거부한 채, 무리한 외주화에서 비롯된 문제를 '민주노총과 점주들의 대립'으로 왜곡하기 위해 안간힘을 쓰고 있었다. 추석집중투쟁은 이랜드투쟁의 향방을 결정하는 중요한 일전이었다. 대형마트의 추석 매출은 1년 전체 매출의 30%에 이를 만큼 비중이 크기 때문이다. 그 때문에 노조는 추석집중투쟁에서 뉴코아-홈에버의 매출이 크게 줄어든다면 회사가 결국 교섭으로 나올 것이라고 판단했다.

9월 19일 저녁 6시부터 9시까지 홈에버-뉴코아조합원들이 홈에버에서 선전전을 진행하였다. 많은 연대 노동자와 함께 홈에버 사거리, 주차장 입구, 매장 입구에서 매장으로 들어가려는 고객에게 선전물과 풍선을 나눠 주면서 구호와 노래로써 이랜드불매운동을 전개하였다. 천막에는 청년연대 회원들이 "더 이상 오지 마세요, 홈에버!"라는 피켓에 불을 밝혀 밤에도 잘 볼 수 있게 만들어 놓았다.

다음날인 9월 20일에도 순천지부는 역시 많은 연대 노동자와 함께 뉴코아 순천점에서 매장봉쇄투쟁을 전개했다. 연대 온 노동자들은 뉴코아-홈에버 조합원들이 추석에는 가족들과 보낼 수 있도록 더욱 열심히 투쟁에 참여했고, 이들에게 추석선물도 전달했다. 이후 뉴코아-홈에버 조합원들은 매장 선전전을 하였다.

이어 9월 21일 추석맞이 이랜드투쟁 4일차에는 약식집회를 마치고 조합원들은 전남본부의 지도하에 불매 현수막과 함께 6보 1배를 시작했다. 이들은" 비정규직 철폐!", "대량해고 중단!", "박성수 구속해!" 등의 몸 벽보를 하고 있었다. 해가 지고 어두워져 가는데도, 이들은 힘든 내색도 하지 않으면서 열심히 6보 1배를 진행했다. 이날의 목적지인 뉴코아 앞에 도착하자, 조합원들은 마무리 집회를 진행했다.

매장은 시즌 장사잖아요. 우리는 광장이 넓잖아요? 그리고 천막을 치고 있었고. 광장하고 주차장 입구에서 계속 피켓 들고 선전전 하는 수밖에 없었어요. 또 지역본부에서 도와줘서 매장 들어가서 똑같이 계산대를 지연시키는 그런 방식 외에는 없죠.

(효과는?) 집중적으로 하고 있으니 매출에는 지장은 있었을 거예요. 회사 측에서도 구체적으로 즈그들은 뭐 손해 많이 봤다고 얘기하는데 (……) 투쟁이 좀 길어지니 지들도 뉴스를 통해 이 투쟁에 대해 많이 듣잖아요? 그러니까 우리가 그걸 했던 게 알리려고 한 거니까, 그건 성공한 것 같아요. 뒤로 가면 갈수록 그래도 시민들이 "고생한다"라고 말하는 분도 있을 때도 있고, "아직도 해결 안 됐냐"고 물어 주기도 하고. (백종근)

4) 다양한 투쟁방식

투쟁이 길어지면서 순천분회는 천막농성장을 거점으로 삼아 투쟁방식을 다양화해 나갔다. 우선 매일 하는 '아침 선전전'은 출퇴근시간에 맞춰 사람들이 많이 오고 가는 거리에서 선전물을 나누어 주는 일이었다. 거리 선전전은 천막농성 이전인 6월 27일부터 시작했는데, 주로 조례사거리, 순고오거리 등에서 진행했다.

> 아침 선전전은 출근시간에 사람들 많이 오가는데, 그런 쪽에서 저희들이 선전지 만들어 돌리는 거. 그리고 퇴근시간에도 돌리고. 그리고 피켓 선전을 하기도 하고. 거의 특별한 일 없으면 많이 했던 거로 기억나요. 저희가 초기에는 정말 단합은 잘됐던 것 같아요. (서선애)

또 '대시민 선전전'은 추석집중투쟁 시기인 9월 13일과 9월 21일 진행한 "6보 1배 투쟁"이 가장 인상적이었다. 보통 하는 3보 1배보다는 상대적으로 덜하지만, 순천시의 조은프라자에서 뉴코아까지 3킬로미터를 6보 1배로 가는 것은 힘든 일이었다. 그러나 지나가는 시민들의 눈길을 끄는 방식이기도 했다. 시민 선전전의 주요 거점지역은 조례사거리, 순고오거리, 북부시장, 순천시청 등이었다. 여기에 추석 귀향 선전전을 하던 9월 22일에는 톨게이트, 서순천, 동순천, 광양IC에서 집중적으로 진행했다. 그 밖에도 9월 12일과 12월 10일에는 아파트 선전전(시대, 서해골드빌, 풍덕 금호, 한신아파트)을 했고, 10월 14일과 17일, 21일에는 지역 축제가 있는 곳(낙안 음식축제, 갈대밭축제 등)에서 선전전을 하는 등 조합원들은 사람이 모이는 곳이면 어디든 찾아가서 열심히 선전전을 벌였다.

저희는 처음 시작하는 사람들이니까 지역본부에서 코칭해 주는 방법으로, 간부들이 프로그램 짜고 하는 과정에서 나온 거죠. 3보 1배는 힘든 것 같고. 그래서 저희들의 거점이 조은프라자라는 곳에서 뉴코아까지 한 3km 될까요? 그게 명절 전에 대시민 선전전 차원에서 6보 1배를 해요. 집회신고 내고… 문구가 여섯 자였던 것 같아요. "박성수 구속해" 이런 거. (……) 그러면서 해질 때까지 계속 갔죠. (……) 당시에는, 말 그대로 빨리 해결이 돼서 정상화되기를 바라는 마음으로 했어요. (박영광)

또, 시민들의 시선을 끌기 위한 '거리행진'을 하면서 선전을 하기도 했다. 보통 거리행진은 순천 홈에버에서 뉴코아까지 했고, 간혹 그 과정에 대학가 쪽을 돌기도 하였다. 또 순천역에서 시청까지 거리행진을 하면서 선전전을 했다. 거리행진을 할 때는 전남본부에서 차량을 빌려서 플래카드를 붙이고, 조합원 1인이 마이크로 이랜드불매운동의 필요성을 호소하거나 이따금 구호를 선창하면 조합원들이 따라 외치는 방식이었다. 행진하는 도중에 주변에 있는 시민들에게 선전물을 나누어 주기도 했다.

우리 홈플러스에서 뉴코아로. 그리고 순천대 쪽까지, 학생들도 알아야 하니까. 그때 저희들이 대학생이나 전투경찰들한테 "너희들도 비정규직 된다. 너희들을 위해서 우리가 싸우고 있다"라는 말까지 막 했거든요. 저희가 "자식을 위해서 우리가 열심히 해야 한다", 처음에 저희가 생각했을 땐, 비정규직 싸움을 하면 우리나라가 들썩일 줄 알았어요, 정말. 그 전엔 솔직히 비정규직이란 단어가 없었잖아요? 당시 이런 건 있어서는 안 될 일이니까 아마 깨어 있는 사람들은 다 동참하지 않을까 생각을 했었는데, 어머, 사람들이 너무 아무렇지도 않더라고요. 나는 너무 놀랐어요. 하기야 저도 문외한이었으니까. (박영숙)

거리행진 할 때 연대 차들이 와서 차량 통제해 주고, 도로 제일 가 쪽에 프랑(플래카드)으로 쭉 막고요, 저희는 그 안쪽에서 걸어가면서 하고, 앞에서 마이크 잡은 사람이 말하고 구호하면 저희 따라 외치고. 저도 마이크 한 번인가 두 번 잡고 해봤거든요. 참, 어렵더라고요. 일반 시민들이 듣는 거잖아요? 그러면 호소력도 있어야 하고, 그다음에 **방송 불가용 말은 안 써야 하는데, 자꾸 욕이 들어가서.** (같이 웃음) 아니, 하다 보면 계속 "이 뭔 새끼들" 하는 욕이 자꾸 들어가요. 그래서 나중엔 욕을 많이 한다고 안 시키더라고요. 원래 제가 조용조용한데, 얘길 하다 보니까 욕이 섞이는 것 같고, 이게 뭐 "회사 간부님들~" 이렇게 할 수도 없는 거고, "이런 개 같은 놈들이…" 해야지 느낌이 나잖아요? (웃음) 원래 전라도 억양이 좀 세잖아요. 그러니까 "형님은 욕이 너무 많다"라고, 마이크 같은 거 잘 안 시켜요. 선애 동지가 잘했던 것 같아요. 목소리가 좋고 욕도 안 하고, 제일 잘해요. (백종근)

순천분회는 지역 노동자들의 지원연대를 받아 투쟁방식을 다양화했을 뿐만 아니라, 한발 나아가 다른 투쟁사업장들을 찾아가 연대투쟁을 벌였다. 당연히 뉴코아 순천지부와는 투쟁 초기부터 공동투쟁을 하는 것이었고, 그 밖에도 7월 21일 장흥교통버스공영제 연대투쟁, 9월 4일 광주시청 비정규직 해고복직투쟁과 하동화력지부 투쟁승리보고 대회, 10월 25일과 11월 2일에는 광양항에 있는 공항항만노조 동성항운지회 규탄대회에 연대, 11월 13일과 15일 GS칼텍스 해복투 철탑 고공농성의 연대투쟁과 14일 고공농성장 철야사수 연대, 11월 22일과 24일 여수 광양항총파업 투쟁연대, 12월 5일 광양 지역지회 EG테크

파업결의대회와 12월 13일 여수 예선지회 연대투쟁 등 많은 투쟁사업장에 연대투쟁을 하기도 했다.

> 광양이나 이런 데는 많이 갔어요. 거기는 연대 가서 대오에 앉아 지부장이나 이런 사람 나가서 발언해 주고. 제일 많이 했던 게 여기 뉴코아랑 연대 가면 매장 안에 진입을 못하게 하니까 경찰들하고 대치를 많이 했었죠. (……) 근데 저는 연대 가서 사람들 많은 데서 발언하는 게 잘 안 되더라구요. 두어 번 해봤는데, 그냥 길겐 안 나와, 1분 이상 못 나와, 짧게. (……) 그리고 다른 사업장 갔을 때는 그분들은 투쟁경력이 세잖아요? 광양이나 이런 데는 대부분 남자들이라 격하고 그러더라구요. 그래 속으로 우린 저렇게까진 못하겠다고 생각했죠. (백종근)

5) 이랜드일반노조의 투쟁과 전북지역 총파업투쟁

민주노총을 비롯한 노동계, 진보정당, 시민사회 활동가들은 추석을 전후로 매출제로불매운동을 지속했다. 전북지역에서도 홈에버 전주점 앞에서 진행된 대시민 홍보전은 소강상태를 벗어나 10월 17일부터 오후 시간대에 계속 진행하였다.

이런 활동을 통해 10월 24일 전북지역의 사업장별로 간부파업, 잔업거부, 총회소집, 조합원 교육시간 등을 통해 1,000여 명 규모의 지역 총파업을 진행했다. 전북지역의 홈에버에는 활동하지 않는 2명의 조합원이 있을 뿐인데도, 소강상태가 될 우려가 있는 이랜드일반노조의 투쟁에 전북본부가 앞장서서 지역 총파업을 진행한 것이었다. 전북본부가 이랜드불매운동을 진행할 때는 전라지부의 박영광 지부장이 직접 참여하거나 지부간부가 참여해 이랜드투쟁 상황을 공유할 수 있도록 발언을 했다. 그 뒤 12월 27일에 전북본부 주관으로 전주 집중투쟁이 진행되어 또 순천분회가 참여했다.

> 전북권에는 현대차도 있고 지역세력이 센 데로 알고 있어요. 불매도 잘하시는데. 홈에버 전주점에 두 명의 조합원이 있는데, 활동하지 않고 있었어요. 투쟁하면서 우리가 그분들과 접촉하려고 시도했는데 잘 안 되더라고요. (……) 그래서 전북본부에서 "그러면 순천분회라도 좀 결합해 주시라" 해서 제가 전라지부장으로 있다 보니까, 두 차례 같이 했는데, 완산점 광장에서도 한 번 하고, 그다음 노동청인가 어디에도 뭐 항의집회 했고…. 우리가 주체가 되는 거고, 제가 발언하거나 아니면 간부를 보내 발언하게 하고. 지역에서 연대 동지들이 많이 결합하신 것 같아요. (……) 저희 조직이 없는 지역 중에 유일하게 파업을 한 곳이에요. (박영광)

순천분회는 11월 10일 서울에서 열리는 전국노동자대회 전야제와 11일의 본대회에 참여했다. 10일 오후 4시경 서울에 도착한 순천분회 조합원들은 월드컵점 봉쇄투쟁에 참여한 뒤에 밤에 열린 문화제를 하고 1박 2일 철야농성을 하였다. 이날 박영광 지부장이 투쟁상황에 대해 발언했다. 11일 본대회를 앞두고 진행된 사전집회는 오전 11시에 이랜드 신촌 본사 앞에서 항의농성과 거리행진을 했다. 이어 시청광장에서 열리는 민중총궐기투쟁에 참여했다.

> 전국노동자대회 전야제일 때, 월드컵점에서 1박 2일 철야농성 할 때 쭉 천막을 쳐 줬어요. (……) 그때 단상에 올라가서 제가 발언도 하고, 막 횡설수설했는데 "왜 전태일 열사가 분신했는지 마음을 조금 알 것 같다"라고. "투쟁이 길어지니까 미치겠다"고 말하기도 하고. (……) 우

리 여성조합원들도 오고 뉴코아도 왔어요. 근데 뉴코아는 돈이 좀 있는 조직이다 보니까 노숙투쟁을 해야 하는데 여성조합원들을 싹 빼서 찜질방으로 데리고 가더라고요. (웃음) 그래서 우리도 무리지만 지부 기금을 좀 할애해서 "여성조합원들은 같이 가서 찜질방에 주무시라" 했더니, 여성조합원들이 안 가시는 거예요. 그냥 "우리도 남성조합원들과 똑같이 여기, 한데서 자련다" 그래서 좀 눈물이 났어요. 그런 것들이…. 진짜로 (……) 뉴코아랑 차이가 컸어요. 함께 투쟁하다가 가랑이가 찢어지는 줄 알았습니다. (……)
전노대 사전집회 할 때 우리가 신촌 본사 타격투쟁하고. 이때 또 위험했던 거예요. (……) 그때 한 번 물대포 세게 뿌리고 그리고 헬기 뜨고. 저희 대오는 조합원들의 이탈이나 사고를 막아야 하므로 항상 제가 선두에 서고 중간에 여성분회장이 서고, 맨 뒤에 남자 부지부장이 서요. 근데 막 토끼몰이도 하고 무서웠던 것 같아요. 조합원들이 다치니까. (박영광)

또, 11월 29일 홈에버가 포항점 오픈을 준비하면서 지역의 비정규직을 대거 고용하고 있었다. 이에 이랜드일반노조는 11월 28~29일 포항점 오픈저지투쟁을 조직했다. 순천분회 역시 이 투쟁에 참여했다. 포항지역 노동자들의 연대로 구사대와 물리적 충돌을 빚으면서 매장 진입을 하였다.

포항 가서 회사 앞에서 천막을 치고 있었거든요. 거기는 오픈 저지를 하는 거라, 뚫고 매장까지 다 들어가야 하니 남자조합원들이 최대한 많이 내려갔어요. (……) 첫날 저희는 저녁 늦게 도착했으니까, 그래서 천막 안에서 과메기에 소주 한잔 먹고. (웃음) 그 뒷날 매장 앞에서 보안업체 애들이 앞문을 막고 있었는데, 그때 인원이 진짜 많았어요. 연대도 많이 오고. 그래 몸싸움을 해서 뚫고 매장진입을 했던 것 같아요. 경찰은 한 발 뒤로 물러서 있었고. 회사 사람이랑 부닥치면서 "뭐 저런 인간들이 회사를 경영하나" 싶어 "이 새끼, 저 새끼" 하고. 몸싸움하다가 오토워크를 타고 넘어가서 안에 진입까지 성공했어요. (백종근)

6) 파업 중의 교육과 학습모임

● 조합원 교육과 학습모임

순천분회는 투쟁과정에서 많은 시간을 조합원 교육시간으로 배치했다. 교육시간은 조합원들이 자신과 다른 조합원들의 생각을 돌아보거나 투쟁상황에 대해 공유하면서 새롭게 상황을 인식하는 과정이었다. 조합원 교육이라고 하지만 내용은 크게 두 가지였다. 하나는 서울에서 투쟁하는 중앙노조의 상황과 현안 및 투쟁기조, 공동투쟁을 벌이는 뉴코아노조의 상황을 공유하는 것, 그리고 조합원들의 자체토론 등을 진행하는 것이었다. 다른 하나는 전남본부 상근자나 외부 강사를 불러서 노동조합과 노동3권, 파업투쟁, 선배노동자들의 투쟁경험, 전태일과 노동운동 등의 내용을 강의로 듣는 것이었다.

이처럼 순천분회는 조합원 교육을 거의 매주 단위로 정례화해서 진행한 점이 투쟁과정에서 보이는 주요 특징이었다.

초기에는 조합원들이 투쟁가도 잘 모르니까 이런 것도 일정에 넣어서 배운 것이고. 일주일에 월요일은 그런 걸 넣어서 하고, 간간이 외부 강사들을 불러 교육하고. 왜냐면 조합원들이나 집행부도 다 신생노조이기에 노동3권이 뭔지도 잘 모르니까. 저희가 좋아했던 분이 하종강 선생님인데 2차례 정도, 그다음에 부산본부의 김진숙 지도위원, 그다음에 지역에 장기투쟁하시는 GS칼텍스 해복투 노동자들, 장철 국장님 같은 장기투쟁하시는 선배노동자들 모셔 와서 경험을 교육하고. 그게 필요한 것 같더라고요. (박영광)

우리가 교육을 많이 받았던 것 같아요. 전남본부 4층에 모여서, 내용은 다른 사업체 파업 사례도 하고. 국민건강보험이 미국은 우리 같은 제도가 없잖아요? 그건 절대 없어지면 안 된다는 거를 저희는 그때 알았어요. 교육을 받으면서. 하이스코 비정규직 싸움이, 그때 순천에서 완전 큰 이슈였지요. 그 지회장님이 구속되기도 하고. 그런 거 보면서 또 그분들하고 연대하면서 많은 걸 배웠죠. (구속될 수 있다는 생각 안 했어요?) 당시, 전남본부 간부님들이 "자기네들이 다 책임지겠다"라는 말씀하셨어요. 그러면서 우리가 "정규직과 비정규직이 같이 싸우는 사업체의 최초"라고 말씀을 해주셔서 알았죠, 저희는 너무 모르니까. 부산의 김진숙 지도위원님도 초청해서 교육을 받았던 것 같아요. (박영숙)

이처럼 순천분회는 투쟁기간 내내 조합원 교육을 진행했고, 그 과정인 2007년 10월 즈음에는 간부들을 중심으로 한 '학습팀'도 만들었다. 이 팀은 전남본부 교선국장이 당시 민주노총 차원에서 '학습동아리 운동'을 진행하던 것과 맞물려 순천분회의 조합원들을 중심으로 구성했다. 이 모임은 1주 간격으로 정기모임을 가졌고, 학습은 노동조합운동의 기본적인 인식을 높이기 위한 내용으로 진행됐다. 2008년 투쟁이 종결되면서 이 모임은 구성원들이 모여지지 않아서 중단되었다.

전남본부랑 같이 간부들 중심으로 공부모임을 진행하다가 중단됐던 것 같아요. 제가 교선국장이니까 민주노총 교선실 차원에서 학습동아리 운동하면서 저도 학습동아리 중심으로 해서 교선담당자들 대상으로 워크숍도 하고. 그래서 학습모임은 “간부들이 이후에 성장했으면 좋겠다” 이런 마음으로 했고. 학습은 아주 기초적인 내용부터 하려고 했죠. 『전태일 평전』 읽는 것부터 시작했어요. 그런데 복귀하고 나선 잘 진행되지 못했지요. (웃음) (김현주, 전남본부)

우리 지도부한테 얘기하고 한 게 아니라 전남본부의 국장님이랑 저랑 다른 2명의 애랑 해서 3명이 소모임을 했거든요. 몇 번 만나 김현주 국장님하고도 따로 공부를 좀 하긴 했던 것 같아요. 노동조합이란 거랑 열사분들에 대한 것이랑 공부도 좀 했었고요. (서선애)

또 다른 학습모임은 전남본부 교선국장의 제안으로 2008년 10월경 노조와 홈플러스의 교섭이 진행되고 타결이 예상될 즈음에 복귀 이후 활동을 위해 순천분회 간부들을 중심으로 시작되었다. 2008월 10일 1일 1차 학습모임이 시작되어 전남본부 사무실에서 박영광, 고준, 김경민, 이혜숙, 송태광이 참여해서 ‘노동자의 철학’을 공부했다. 이어 10월 10일 2차 모임에서는 노동운동사를 공부했고, 10월 22일, 10월 29일, 11월 5일까지 학습모임이 이어졌다.

아, 여기 파업대오 학습모임은 타결이 얼마 안 남았잖아요? 그래서 그때 제안을 해서 1차 학습모임은 『노동자의 철학』이라는 제본된 책 가지고 토론하고, 그다음에 2차 학습모임은 노동운동사를 제가 그 전문 영역이니까 같이 얘기하고. 간부들에게 제안해서 10월부터 몇 명 안

됐죠. 다섯, 여섯 명 정도였던 거 같아요. (김현주, 전남본부)

학습모임이 만들어진 게, 그때 우리가 신생조합이잖아요? 그러다 보니까 전남본부에서 간부들 위주로 학습모임을 만들었던 것 같아요. 모여서 공부한 건 노동운동과 노동운동사에 대해서 어차피 잘 알아야 노조를 이끌어 간다고 하는 취지에서 간부 중심으로. (박영광)

●조합원 정치교육과 민주노동당 집단입당

2007년 11월 21일 오후 2시부터 순천분회는 투쟁 프로그램의 일환으로 노동자 정치세력화 관련 주제로 교육을 진행했다. 장소는 하이스코 비정규직지회의 조합 사무실이었고, 민주노동당 전남도당의 이수근 위원장이 강사로 교육을 하였다. 당시 민주노총은 민주노동당에 대한 배타적 지침을 견지하던 때였고, 민주노동당의 분당사태가 일어나기 직전이었다.

정치교육은 "정치세력화를 해야 한다"라는 당시 민주노총에서는 민주노동당의 배타적 지지 방침이 있고, 이때 막 갈라지는 시점이었잖아요? 수도권은 진보신당 세력들이 결합하고, 아래쪽인 전남본부는 민주노동당파들이었어요. 그때는 총연맹의 배타적 지지 방침도 있었고, 우리도 동의했고요. 뭐라 그럴까? "우리를 지원하는 사람들이 선거에 나가면 우리가 지지하는 게 맞다"라는 조합원들의 동의도 있었고. 저는 문제되지 않는다고 해서 말이 정치교육인데 하나의 프로그램인 거죠. 강연식으로 했고요. (박영광)

저는 완전히 반대했습니다. 저는 정치교육을 한다는데 조합원들을 민주노동당에 너무 깊숙이 관련시키지 않았으면 좋겠다고. 시 지부에 정치 쪽에 우리를 너무 끌어들이지 말라는 말씀을 드렸었어요. (……) 당시 이 지역이 민주평화당, 민주당, 막 그러잖아요? 이게 다 가까운 관계다 보니까 예로 내 사촌오빠가 민주당이고 뭐고 하니. 조합원들이 "노동당은 좀 그렇다"라고 술렁거리기 시작한 거예요, 지역이라서. 그래서 제가 "반대하는 조합원들이 많으니까, 하고 싶은 조합원들만 하라" 그랬어요. (……) 그래도 교육은 다 참여했어요. (박영숙)

이어 12월 12일 오후 1시, 민주노총 전남본부 순천시지부 4층 교육실에서 순천 뉴코아-홈에버노동자 20~30여 명이 민주노동당 집단입당식을 했다. 집단입당식 직전에는 민주노총 이석행 위원장의 교육이 있었다. 그러나 민주노동당이 내부 갈등과 분열상황이 격화되면서 투쟁하는 노동자들은 걱정이 앞서고 있었다. 박영광 전라지부장은 단기간의 실패로 인한 분란은 바람직하지 않다며 우려를 표명했고, 노동자들의 정당인만큼 계속해서 같은 자리를 지켜 주고 함께 도약하기를 기대한다고 발언했다.

당원 모집을 한다는데 저는 우리 조합원들에게 "조합원들에게 강요는 안 한다"라고 못을 딱 박아 줬었어요. 그래서 그때 아가씨 조합원들은 좀 가입했던 거 같아요. 아마 박영광 지부장도 저하고 같은 생각을 한 거 같고. 민주노동당 가입하는 건 하고 싶은 사람이 하고. 저도 가입 안 했으니까. 그래도 대선 앞두고 선거운동도 같이 해줬어요. (박영숙)

전남본부도 민주노동당하고 같은 입장이기 때문에 서로 도움을 주고

받고 하잖아요? 그러면서 "너희 일에 우리가 힘이 되어 주겠다. 같이 해보자" 이런 식이었던 것 같아요. 그러면서 민주노동당에 가입했고. 저는 그때 사회가 바뀌면 좋을 것 같다는 생각이 들어서, 그리고 어느 정도라도 힘이 된다면 하는 생각으로. (민주노동당의 지향은?) 완전히 아는 건 아니어도 대략 노동자를 위해서 싸워 준다니까, 우리는 노동자고 힘이 없는 노동자니까. (서선애)

5. 설맞이 집중투쟁과 부당해고에 맞선 복직투쟁

1) 집회신고 사수투쟁

2007년 말경 순천분회의 투쟁에 연대의 발길이 뜸해지기 시작했다. 대선 전후의 후유증, 분당 후유증, 그리고 지역의 여러 사업으로 전남본부조차 이전보다 투쟁의 결합이 뜸해졌다.

이에 순천분회는 전남본부에 지역집중집회를 개최할 것을 요구했고, 그 결과 12월 28일에 '광주전남노동자총력투쟁'이 뉴코아 순천점 건너편의 인도에서 집회 및 촛불집회로 진행됐고, 2007년 투쟁은 이렇게 마무리됐다.

그런데 이즈음 집회를 하는데, 문제가 된 것은 집회신고를 내는 것이었다. 회사가 노조의 집회를 방해하기 위해서 유령집회신고를 냈기 때문이다. 즉, 회사는 노조의 집회를 막기 위해 있지도 않은 집회를 거짓으로 신고하는 것이었다. 이에 순천분회는 집회신고조를 짜서 12월 30, 31일, 그리고 2008년 1월 1일부터 4일까지 '집회신고 사수투쟁'을 벌였다. 당시 집회신고조 1팀은 배세은, 장후순, 최수희(대리 장강순), 집회신고조 2팀은 이혜숙, 엄은숙, 김신옥 등이었다. 이 팀들은 오전 10시에서 오후 8시까지 대기를 했고, 지부장과 부지부장이 밤을 새면서 집회신고를 내는 투쟁을 벌였다.

이때는 진짜로 스케줄이 없었어요. 그리고 전남본부에서 지원이나 지도를 지지부진하게 해주고. 그래서 저희들이 매일 전남본부에 "집회 한 번 박아 주라" 해서 하려고, 그런데 집회신고 내는 게 어려웠어요. 사측에서도 매일 유령집회신고를 내니까. 그래서 제가 부지부장하고 12월 30일 전남본부 방송차를 끌고 가서 민원실 앞에 30, 31, 새해 1일까지 대기를 해볼 요량으로 차를 박았습니다. 조합원들이 30일 정도에 교대로 해주고, 31일하고 1일은 부지부장하고 저하고 차 안에서 날밤을 새웠어요. 그리고 1월 2일 날 문이 열렸어요. 그날 사측 놈들도 왔더라고, 그것도 용역을 시켜서. 민원실에서도 답답하죠. 그래 거기서 중재를 "홀짝으로 해라" 해서 홀짝으로 했어요. (……) 그렇게 집회신고 사수투쟁을 해요. (박영광)

전남본부는 이랜드-뉴코아투쟁이 전국적인 투쟁이라서 투쟁을 독자적인 방식으로 전개할 수는 없었다. 그 때문에 전남본부는 자신의 역할을 뉴코아-이랜드 순천지부의 노동자들이 전국투쟁의 방침에 잘 따를 수 있도록 연대하는 것, 지역의 시민사회단체들이 연대하여 이 투쟁을 지지엄호하도록 분위기를 조성하는 것, 그리고 이를 통해 지역사회에 비정규직 문제를 사회적으로 알려내는 것으로 정했었다.

그러나 전남본부는 2007년 대의원대회에서 이랜드투쟁에 대해 "2007년 8월 21일 임시대의원대회를 통해 추석매장 집중하고 그 성과로 투쟁승리를 쟁취하고자 했으나 마무리하지 못했다"라고 평가했다. 당시 전국적으로 이랜드매장 매출제로투쟁, 추석집중투쟁 등을 벌여 이랜드매장의 매출에 타격을 입혔지만, 이랜드자본은 여전히 교섭에 적극적으로 나서지 않고 있었다. 그 과정에 대해 전남본부는 "총연맹과 서비스연맹 그리고 뉴코아-이랜드 노조에 투쟁과 교섭에 대한 통일적인 체계가 구축되지 못해서 전반적인 전략전술 운용상의 문제가 발생했고, 투쟁이 장기화하면서 이랜드-뉴코아 공동투쟁의 한계가 드러났다"라고 평가했다.

> 민주노총을 통해서 그다음에 서비스연맹이 이 투쟁전략·전술에 관련 이야길 들은 게 있고, 그다음에 또 우리 뉴코아나 이랜드간부들을 통해서 대략 이야기를 들었기 때문에, 저희도 이쯤 되면 어느 정도 선에서 투쟁에 대한 상이 정리되어야 할 거 아니냐는 고민이 들었죠. 이게 "우리가 원하는 목표를 달성할 때까지 끝까지 올인한다" 이런 건 좀 아니잖아요? 좀 아쉬웠던 부분이 있었던 거죠.
> 2007년을 넘기면서 순천분회의 간부들은 2007년을 바라보았을 때 뭔가 좀 매듭짓는 지점이 있어야 하는데 그러지 못하면서 힘들어지는 거죠. 조합원들도 여러 측면에서 힘들어지고, 연대 단위도 계속 여기저기 할 수도 없고. 그러면서 2008년 넘어와 투쟁하는 과정에서, 조금 자연스럽게 자체 내부의 동력도 떨어지고, 이랬던 것 같아요. (김현주, 전남본부)

2008년 들어 이랜드 일반노조와 회사 측의 교섭이 중단된 상태에서 천막농성을 지속하던 순천분회는 투쟁에 참여하는 조합원 수가 많이 줄었다. 연대세력도 축소되면서 농성 프로그램을 정비했다. 월요일에는 전체 교육이나 투쟁 상황 공유, 화요일은 대시민 선전전, 수요일은 매장 선전전, 금요일은 대시민 선전전, 토요일은 분회 자체의 집중 집회를 진행했다. 대신 목요일은 조합원 모두가 쉬는 날을 가졌다. 이는 2008년 8월 1주 프로그램 자료에는 "월요일 토론, 화요일 내부선전/홈에버 선전전, 수요일 대시민 선전전, 목요일 휴무/단결의 시간,

금·토요일 홈플러스 선전전, 일요일 휴무"로 기록된 것에서 확인된다.

> 저희는 저희끼리만 있다 보니까 힘든 시기도 분명 있거든요, 누가 떨어지면 힘들고. 그래서 누가 고민하면 힘들고 이러니까, 많이 위로해 주려고 그러는 것도 있었던 것 같아요. 하지만 "나는 안 나오겠다", 해서 한두 사람 정도는 안 나오시는 분들도 있으니까. 저희도 지속해서 "금방 해결되겠지" 했는데, 한 달 가고 두 달 가고 해를 넘기니까 다들 멘붕 상태거든요. 서울에서는 보여 주는 거가 있는데, 저희는 보이는 게 없잖아요? 저희가 먼저 접고 싶기도 하고. (서선애)

> (연대는?) 처음에는 전남본부가 와서 얘기하고, 큰 일정을 잡았을 때는 연대를 다들 많이 와 줬던 것 같아요. 그런데 투쟁이 길어지니까 지역본부도 사업장들이 많다 보니까 연대도 줄어들죠. 평상시 일정 없고 할 때는 참 외롭거든요. 천막도 남자들이 돌아가면서 종일 있기 힘드니까 순번을 정해서 있을 때가 있잖아요. 무료해요. 이게 노인정도 아니고. 안에서 할 수 있는 게 뭐 장기 놓고 앉아 있고. (웃음) 그런 것들이 제일 답답하죠. (백종근)

2) 설맞이 집중투쟁

2008년 1월 30일 오후 4시에 뉴코아 순천점 앞에서는 '이랜드자본 심판, 파업투쟁 승리, 민주노총전남본부 1차 결의대회'가 열렸다. 이날 결의대회는 민주노총이 1월 30일~2월 3일까지 전국적으로 진행하기로 한 '설맞이 이랜드 집중불매투쟁'을 전남본부가 실행하는 집회였다. 이 집회는 2008년 들어 순천분회가 전남본부와 함께하는 첫 집회이기도 했다. 결의대회에는 수도권에서 투쟁 중인 100여 명의 이랜드일반노조의 조합원들, 서비스연맹 강규혁 사무처장, 김경욱 위원장이 함께하였다. 또 민주노동당 전남도당 이수근 위원장, 오옥묵 순천시농민회장, 순천민중연대, 여수민중연대, 순천청년연대 회원들과 100여 명의 순천지역 노동자들이 함께했다.

이날 불매에 가장 큰 공헌을 한 이들은 다름 아닌 이랜드자본과 전투경찰이었다. 집회가 시작되기 전부터 뉴코아백화점 정문 앞의 출입구에 '질서유지선'을 설치하고 고객들의 매장 출입을 자연스럽게 저지한 것이었다. 덕분에 집회 참석자들은 손쉽게 불매 선전전을 포함한 불매투쟁을 시작하게 되었다. 뉴코아백화점 앞에는 '노사화합선언'이라는 노사가 합의하지도 않는 기만적인 플래카드가 걸려 있었다.

이어 2월 2일 오후 3시에 '설맞이 이랜드자본 규탄 전남본부 2차 결의대회'가 순천 홈에버 앞에서 300여 명의 조합원과 연대단체 회원들이 참석한 가운데 진행되었다. 이날 집회에는 전남본부 소속 사업장뿐만 아니라 광주본부 소속 사업장의 많은 조합원이 함께하였다.

이 결의대회에는 부분파업을 진행하고 있는 공항항만운송본부 여수-광양항만 예선지회 조합원들이 풍물 길놀이로 집회를 열어 주었다. 또한, 예선지회의 50대 조합원은 하모니카 연주를 해 참석자들의 시선을 끌었다. 광주에서 장기투쟁을 전개하고 있는 광주시청 비정규직 여성노동자들과 한국노총 소속인 로켓전기 해고자들도 참가하여 폭넓은 연대투쟁이 되었다. 박주승 전남본부 사무국장은 "주말임에도 불구하고 우리 동지들이 이랜드자본을 비판하고 파업투쟁에서 반드시 승리해서 현장으로 돌아갈 수 있게끔 지역에 있는 많은 동지가 또다시 연대하고 있다"라며 지속적인 연대의 필요성을 발언했다. 이어 김현주 전남본부 교선국장이 다음의 발언을 했다.

"비정규직을 마음대로 해고하는 이런 나쁜 기업, 순천지역 홈에버노동자들은 지금 이 시각까지 투쟁을 진행하고 있습니다.
그래서 순천시민들에게 나쁜 기업, 악랄한 기업, 이랜드자본의 매장에 가지 않는 것이, 뉴코아, 홈에버에 가지 않는 것이, 200일 가까이 천막농성 투쟁을 진행하고 있는 순천지역의 아들, 딸들이 웃으면서 매장으로 돌아가 고객들을 맞이하도록 하는 길입니다. (……)
노동자들은 한 가족의 가장으로서 생계를 이어 나가고 있었습니다. 하지만 1년에 십일조로 130억을 헌금하는 박성수 회장이란 자는 1,000여명이 넘는 비정규 노동자를 해고하고도 끊임없이 탄압으로 일관하고 있습니다. (……)
부도덕한 자본과 싸우는, 그래서 비정규직 차별 없고, 비정규직이 없는 정의의 전쟁에서 이기기 위해서 약간의 아픔과 약간의 후퇴, 우리가 모두 교훈으로 삼고 전진하려고 하고 있습니다. 지금 이 자리에는 현장에서 파업투쟁을 접고 홈에버 매장으로 복귀한 동지들이, 이곳 순천 홈에버 매장 안에서 조끼를 입고 일하고 계시는 동지들이 계십니다.
동지들이 매장에 들어가서 다시 투쟁 조끼를 입고 투쟁하는 거, 그게 뭐가 그렇게 대수냐고 할 수 있지만, 전국의 수많은 동지가 어려움에 의해 복귀하였습니다. 하지만 그 동지들, 정말 열심히 싸웠고, 앞으로 결정적인 시기가 되면 다시 한번 힘차게 민주노조 깃발 아래 모일 것입니다. (……)"

심종섭 금속노조 광주전남지부장, 김정교 순천청년연대 대표는 이랜드노동자들이 파업투쟁에 승리하여 현장으로 돌아가는 날까지 변치 않는 연대투쟁을 할 것을 다짐하였다. 평상시 이랜드노동자들의 투쟁에 수많은 퍼포먼스 물로 연대투쟁을 전개한 순천청년연대는, 이날 역시 드라마를 패러디한 퍼포먼스 물로 눈길을 끌었다.

전교조 전남지부 김형자 수석부지부장은 "우리 아이들의 미래를 위해 차별 없는 세상, 정의로운 세상을 만들자"라고 힘주어 발언했고, 조길호 민주노동당 광양시당 위원장 역시 "이명박 시대 새로운 희망을 만드는 일은 총선투쟁에서 승리하는 일이다. 전남에서 가장 먼저 총선 후보 선출대회를 마친 광양지역에서 노동자들과 함께 모범적으로 총선투쟁을 준비하겠다"라는 결의를 밝혔다. 광주지역 노동자 노래패는 감동적인 노래로 참가자들의 큰 호응을 받았다. 집회 마지막 순서로 순천분회 조직부장은 "연대 단위 동지들의 뜨거운 사랑에 힘입어 끝까지 투쟁해서 현장으로 돌아가겠다"라는 결의 발언을 하였다.

집회를 마치고 참가자들은 홈에버 건물 주변과 사거리에서 불매투쟁을 진행하였다. 시민들은 불매 선전전에 관심을 기울였다.

노조가 파업을 벌인 지 7개월째가 되었다. 설을 맞았지만 조합원들에게는 힘든 명절이었다. 설 연휴를 하루 앞둔 2월 5일 오후 4시에 홈에버 순천점 앞에서 뉴코아 순천점과 홈에버 순천점 조합원 등 100여 명의 노동자가 영하의 추위 속에 구호를 외치며 결의를 다졌다. 이날 집회로 설맞이 집중투쟁은 마무리되었다.

2007년 6월 파업에 들어갈 당시 92명이던 조합원이 현업 복귀자의 증가로 이때는 정규직과 비정규직을 합해 40여 명만 남았다. 무노동 무임금이 적용되는 파업 7개월째를 맞으면서 조합원들의 일상은 점점 피폐해지고 있었다. 파업에 참여하고 있는 조합원들은 퇴직금을 중간 정산하거나 연차수당 등으로 생계를 이어 갔지만, 일부 조합원은 공과금을 내지 못해 수도가 끊기는 등 일상생활조차 어려운 실정이었다. 박영광 전라지부장은 "주부조합원들이 많은데, 여성 가장도 있고 자식 대학 등록금이나 학비 등으로 지금 상당히 고통을 받고 있다"라고 토로했다.

조합원들은 이런 생활고뿐만 아니라 30여 명이 경찰과 검찰의 소환조사를 받으며 수사기관과 맞서고 있었다. 비정규직 사원으로 2년을 근무하면 자동으로 정규직이 될 수 있는 비정규직보호법을 회사가 제대로 시행해 달라는 '당연한' 요구를 위해 이랜드노동자들은 설 이후에도 계속 투쟁을 벌였다. 이런 상황에서 순천분회는 설 이후에도 단결하여 회사의 진정성 있는 교섭안이 나올 때까지 투쟁할 것이라고 다짐했다.

3) 송태광 조합원 계약해지통보와 해고규탄투쟁

2008년 2월 14일 순천분회 송태광 조합원이 회사에게 부당해고를 당했다. 2006년 10월 홈에버에 입사한 송태광 조합원에게 회사가 계약종료를 통보한 것이다.

이에 조합원 30여 명이 2월 16일 오후 3시부터 2시간가량 홈에버 순천점 주차장 입구를 봉쇄하고, 부당해고규탄 1차 투쟁을 진행하면서 회사 측에 강하게 항의했다. 순천점 측이 보안업체 직원들을 동원해 조합원들을 해산시키려 하자, 조합원들이 더 강하게 맞섰다. 고객차량이 밀려오자 보안업체 직원들은 서로 팔짱을 끼며 주차장 입구에서 공간을 확보하기 위해 안간힘을 쏟았으며, 조합원들은 합법적인 집회를 폭력으로 방해하는 것은 노조탄압이라며 심한 몸싸움을 벌였다. 송태광 조합원은 부당해고 당한 것이라는 노조의 주장에 대해 회사 측은 "정당한 조치였다"라고 반박했다. 그러나 노조는 "송태광 조합원은 3일 뒤면 만 18개월 근무자다. 사용자 측이 비정규직 보호법을 교묘하게 악용해 부당해고한 전형적인 노조탄압"이라고 주장했다.

그때 우리가 무기계약 고용보장이 18개월 이상자들이었거든요. 그런데 18개월 안 된 조합원들의 노조가입을 받았어요. 그건 중앙의 지침이었고, 기조였어요. 우리가 비정규직 싸움을 하려면 더 하향해서 낮추기 위해서라도 필요하다는 거죠, 골고루. 그리고 조직확대에 관점을 뒀기 때문에 다 받았었어요. 그때 아마 12개월 이상자들을 받았던 것 같아요. 우리 송태광 조합원은 06년 입사였고, 3-6-6계약이었다고 하더라고요. 이때 잘렸거든요. 원래 12로 가야 하는데, 특이하게 3개월이라 해가지고 파업 결합했다는 이유로 계약해지 날렸던 거지요. 그래, 이 건은 우리의 잘못이기도 한데, 위원장님도 자신 있었나 봐요. 그래서 복귀회유가 들어오고 계약해지 한다고 하기도 하고. 그런데 일단은 "데리고 투쟁하자" 해서, 설득해서 투쟁했는데, 막상 해고통지가 날아오다 보니까, 충격받고. (박영광)

갑자기 해고해요, 깜짝 놀랐죠. 그때 누구더라? ○○○. 그분이 CS 매니저였는데, 갑자기, 태광이를 해고하더라고요. 이 사람이 노조에서 지금 활동하고 있는 사람인데, 그것 때문에 우리한테 욕 얻어먹었죠. (……) 해고 이유는 개월 수에 따라서 2년 이전에 자르는 거야, 이 사람이 18개월 됐을 때 자른 거예요. 그래 난리 났죠. 저희가 막 화가 많이 났죠. 순천 싸움이 돼 버리니까. 태광 조합원도 많이 울고. (박영숙)

송태광이 비정규직이라 저희가 "너는 노조 가입 안 해도 된다"고 그랬거든요. 우리가 지켜 주지도 못하는 개월 수이기 때문에. 걔가 롤러인데, 같이 들어온 친구들이 3명 있는데, 혼자 노조에 가입한 거예요. 저희는 같은 수납이니까. 그때 세은이하고 태광이가 제일 어리거든요. 제일 어린데 개월 수도 제일 안 돼요. 아무튼 태광이는 우리가 말렸어요. 우리 수납에서 "너는 하지 마라", "그래 그러면 노조가입을 하되 나오지 마라. 너는 안에서 하라" 그랬는데 자기가 끝까지 나오더라고. 그래 찍혔어요, 처음에 이 친구가 엄청 열심히 했거든요. (웃음) 우리 엄청나게 잘했어요, 최선을 다해서. 그런데 해고됐어. 본인이 엄청 힘들어했죠. 우리가 밤이면 술 사준다고 위로해 주고. (웃음) (서선애)

2008년 설 명절을 보내면서 순천분회는 다소 침체된 분위기였는데, 이 과정에서 일어난 송태광 조합원 해고사건은 조합원들의 분노를 불러일으켰고, 조합원들은 다시 투쟁의 의지를 다졌다. 2월 18일에는 조합원 수련회를 1박 2일로 구례지역에서 진행했다. 수련회에는 이랜드 일반노조 이남신 수석부위원장이 참석해서 중앙노조의 상황을 공유하고, 순천지부 해고자 문제에 대해서 논의했다. 2월 20일에 송태광 조합원이 해고통보 내용증명을 받았다. 이에 순천분회는 2월 22일 오후 5시에 홈에버 앞에서 해고규탄 2차 집회를 열었다.

이어 2월 26일 홈에버 불매운동을 벌이고 있는 전남동부공동대책위원회가 순천점 앞에서 기자회견을 하고, 비정규직 해고사태를 규탄하며 고용보장을 촉구했다. 대책위는 이랜드자본이 비정규직 노동자 1,000여 명을 대량해고하고, 외주 용역화를 시도하고 있다며 "사회양극화를 부추긴 이랜드자본이 또다시 정당한 권리를 주장해 온 노동자를 해고하는 등 노동탄압을 계속하고 있다"라고 비난했다. 이어 박영광 전라지부장은 다음과 같이 부당해고를 한 회사를 비판하였다.

"송태광 조합원은 2개월 전 회사 측과의 면담에서 근로의사를 밝혔으나, 자동계약기간이 얼마 남지 않은 상황에서, 회사 측이 구두로 계약해지를 통보했습니다. (……) 파업에 동참했다는 이유만으로 18개월째 근무하고 있는 직원을 해고한 것입니다. (……) 이는 18개월 근속한 비정규직 노동자의 정규직화를 규정한 비정규직보호법안을 교묘하게 피해 자동계약 시한 며칠 전 해고한 것으로, 비정규직법을 악용한 전형적인 사례입니다. (……)"

대책위는 이날 홈에버 순천점장을 만나 송태광 조합원의 해고처분에 항의하고 복직과 고용보장을 촉구했다. 이 같은 요구가 받아들여지지 않을 때는 보다 강력한 이랜드-홈에버 불매운동을 벌일 것이라고 경고했다.

우리가 사무실 앞에 두 줄로 쭉 앉아서 신발로 땅을 치면서 투쟁가를 부르고, "점장 나와라, 이런 뭣 같은 놈, 느그들이 뭔데 그러냐" 했지요. 그래서 해고된 사람도 힘도 많이 받았는데, 원체 겁이 많은 친구라, 좀 겁을 많이 내더라고요. 그다음으로는 배세은이었는데, 거기까지 딱 커트라인이었는데, 그래서 "태광이를 못 지키면, 배세은도 못 지킨다" 해서 결사적으로 했죠. 그때 우리가 시청 앞까지 가서 막 난리를 치면서 "왜 시에서는 이렇게 조용하냐? 우리 이렇게 크게 싸우고 있는데 뭔가는 있어야 하지 않냐?"고. (……) 그때 진짜, 피가 확~ 솟아오른다는 느낌 있죠? "우리가 이렇게 하고 있는데도 이런 짓을 해?" 우리가 확~ 불이 붙어서. 본조에서는 더 놀랐죠. 우리가 지역에서 이렇게 싸울 줄 몰랐죠. (박영숙)

4) 민주노동당의 분당과 비례대표 후보전술 문제

한편 민주노동당은 2007년 대선 이후 계속 내분에 휩싸여 일부 당원들이 탈당하다가 2008년 2월 결국 두 개의 당으로 나뉘었다. 민주노동당을 나온 이들은 새로이 진보신당을 결성하여 총선에 독자적으로 참여했다. 민주노동당에 가입한 조합원이나 가입하지 않은 조합원들도 다소 충격을 받았다. 그러나 지역의 투쟁대오를 유지해 가는 데는 큰 문제가 없었다.

> 다 배신을 또 막 느꼈죠. 저희들은 이 뿌리가 하난 줄 알았잖아요, 다른 당은 다 갈라지고 찢어져도 민노당은 절대 안 찢어질 줄 알았죠. 근데 찢어지니까 배신감이 든다고. 제가 가입도 안 했지만, 그런 생각이 든 거예요. 그래도 마음속으로 지지하는 당이니까. (……)
> (분당이 투쟁에 미친 영향은?) 안 미쳤던 것 같아요. 두 군데서 와도 괜찮았던 것 같아요. 저는 그냥 똑같이 대하니까. 누구를 이렇게 하거나 그러진 않았어요. 그리고 일단 우리 싸움에 같이 해주신 분들이기 때문에 항상 고맙고, 존경하는 마음으로 받아들였죠. (박영숙)

그런데 총선 국면의 대응 방향을 둘러싸고 이랜드일반노조 내부에서 문제가 발생했다. 2008년 2월 29일 총회에서 비례대표후보전술을 채택한 노조는 그 후보로 이남신 수석부위원장을 내세웠다. 그러나, 민주노동당의 후보심사에서 제외되자 진보신당 후보로 나가려는 것이었다. 이는 전남본부와 민주노동당 등의 연대로 투쟁을 진행해 오던 순천분회는 당혹스러운 일이었다. 특히 순천분회는 민주노동당에 가입한 조합원이 20~30여 명이나 되었다.

이에 서울에서 열리는 3월 9일 총회에 전라지부장과 순천분회 조합원들이 참여해서, 진보신당으로 비례대표 후보를 내는 것에 대해 문제 제기를 강하게 했다. 그러나 조합원의 투표결과는 진보신당 후보로 참여하는 것에 대해 찬성하는 것이었다. 이에 박영광 지부장과 순천분회 조합원들은 노조의 결정에 승복하기로 하면서, 노조 내부의 갈등은 정리되었다.

제가 중앙에서 진보신당 비례후보 낸 것에 대해서 엄청나게 반대했어요. 왜냐면 "지역에서 결합하지 않는다. 여기에 끼지 말자"라는 취지였죠. (……) 그래서 제가 뒤엎었습니다. (……) 그런데 거기에 비하인드 스토리가 있습니다. 중앙의 고충도 이해하지만, 지방의 고충도 있었어요. 지방에서는 민주노동당파인데, 대역죄인이 된 거지요. (……) 전남본부에서는 이랜드투쟁에 결합했고. (……) 그래서 배신자 대열에 우리 이랜드노조가 합류한다는 분위기들이 있었던 거지요. 저에게도 그런 불만들을 많이 얘기했고…. 실제로 전화도 오고, "너 그럴 수 있냐?", "박 지부장이 그럴 줄 몰랐다." (……) 그때 김형근 위원장하고 전남본부장한테 제가 전화를 받았어요. (……) 그래 되게 힘들었어요. 그래서 제가 결정을 뒤엎으려고 한 게 아니라 지역 동지들에게 의리를 지키는 상징적인 퍼포먼스를 한 거죠. (……) 그래서 저는 그 정도면 의리를 지켰다고 생각하고 내려왔고, 지역에서는 "정치적인 걸로 더 얘기하지 말라" 했어요. (박영광)

아, 이남신 진보신당 비례대표 후보, 그것 때문에, 그런데 지역에서는 워낙 민주노동당에 대한 흐름이 있으니까. 그때 박영광 지부장이 위에 올라가서 진보신당 관련 얘기 나누고, 순천분회 간부들은 문제제기도 하고, 그 때문에 내부가 시끄러웠다는 것 같아요. 순천에서는 이해가 안 된 거죠. 지역에서는 민주노동당을 중심으로 함께 싸웠고 (……) 그런데 위에 이남신 동지가 진보신당 후보로 나가니. 지역에는 연대한 동지들과는 관계가 형성돼 있는데, 본조에서 그렇게 됐을 때, 뭐라 그럴까? 약간 면이 안 선다는. 관계 문제죠. "이 지역에 함께 투쟁하고 연대한 동지들이 있는데 그렇게 결정이 되면 우리는 지역에서 무슨 얘기를 할 수 있냐?"는 차원에서 이야기했다고 하더라고. 아마 불편했을 것 같아요. (김현주, 전남본부)

5) 검찰 조사와 재판

전국적으로 진행된 이랜드노동자들의 투쟁은 이랜드자본과 정권, 사법부에 의해 탄압을 받으면서 많은 노동자가 업무방해로 구속·수배되었다. 하지만 유독 순천지청의 검찰은 정당한 단체행동권을 '특수공무집행방해치상'으로 둔갑시켜 전국적으로 보더라도 유례가 없는 노동탄압을 가하고 있었다.

순천분회의 투쟁으로 2007년 9월부터 박상욱 본부장 외 전남본부 간부 2인이 수배 중이었고, 2008년 3월 들어 순천분회 분회장과 여러 조합원이 검찰의 조사를 받기 시작하면서, 4월부터 재판이 시작되었다. 2007년 7~8월 투쟁 중에 '업무방해'를 했고, 2008년 1월 30일 투쟁에서 '특수공무집행방해치상'을 했다는 것이다.

2008년 5월 8일 오후 4시 순천지원에서 열린 재판에서도 이계일 전 민주노총 순천시지부장, 박영광 전라지부장이 징역 3년 6월을 구형받았다. 그뿐만 아니라 순천분회 조합원 2명에게 징역 3년, 7명의 조합원에게 징역 1년 6월을 구형하였다.

헌법에 보장된 단체행동권을 행사하였고 현장에 들어가기 위해 선전전을 진행하며, 합법적인 선전전을 가로막는 과정에 생긴 단순한 마찰을 특수공무집행방해치상으로 옭아매어 범법자로 만든 것이었다.

이날 징역 3년 6월~1년 6월까지 구형을 선고받은 순천분회 조합원들은 다음과 같은 최후진술을 하였다.

"너무나 정당한 파업투쟁, 비정규직 노동자들을 위한 투쟁을 전개했을 뿐인데 이것이 이렇게 큰 죄란 말인가? 온갖 불법, 탈법을 저지른 이랜드 박성수 회장은 아직도 떵떵거리고 있는데 대한민국 사법부는 과연 누구의 편인가?"

"내 옆의 비정규직 언니가 하루아침에 해고되는 것을 보면서 나는 정규직 노동자이지만 11개월 동안 무노동 무임금으로 투쟁을 전개했다. 단 한 번도 우리의 투쟁이 잘못됐다고 생각한 적이 없다. 그런데 우리에게 이런 징역을 구형할 정도로 우리가 정말 큰 죄라도 졌단 말인가? 너무나 분하고 억울하다. 재판장의 현명한 판단을 바란다."

2008년 3월부터 11월까지 검찰의 조사과정과 재판 과정을 보면 다음과 같다.

3월 14일 박영광 지부장이 검찰에 출석하여 조사.

3월 27일 박미연 대의원, 박영광 지부장이 경찰에 출석. 조사 (1월 30일 투쟁관련).

4월 24일 오후 4시, 순천 법원에서 박영광 지부장과 윤성술 뉴코아지부장 외 10명 재판.

5월 8일 오후 4시, 박영광 지부장 외 10명이 순천 법원에서 2차 재판.

순천분회 조합원 검찰 출석요구 15명(2007년 7~8월 투쟁 중 업무방해 혐의).(주순용, 김경민, 심우영, 서선애, 송태광, 박상철, 김유조, 조부익, 이진성, 이경준, 김진호, 장필순, 이미선, 강춘심, 박경삼 등.)

5월 29일 순천지원 재판, 박영광 지부장 외 10명의 선고심. 이계일(징역 2년 6월, 집행유예 4년) 박영광(징역 2년, 집유 3년), 고준(징역 2년, 집유 3년), 백종근(징역 1년 6개월, 집유 2년), 정규태(징역 1년 6개월, 집유 2년), 김진호(징역 1년 6월, 집유 2년), 박미연(징역 1년 6월, 집유 2년), 박영숙(벌금 300만원), 유근아(벌금 200만원), 이현자(벌금 200만원).

6월 3일 광주지방법원 순천지원에 박영광 외 10명의 항소장 접수.

7월 1일 순천지원에서 조합원 재판.

7월 22일 조합원 15명 재판
조부익·주순용·김경민·송태광·강춘심·김유조·심우영·이경준·서선애·이진성(이상 벌금 70만 원), 김진호·장필순·박경삼·박상철·이미선(이상 벌금 50만 원)

8월 19일 순천지원에서 재판 (1월 30일 뉴코아 투쟁 건—업무방해)
김경욱 위원장, 박영광 지부장, 박미연 뉴코아 대의원(9월 4일로 연기).

8월 28일 광주고등법원 항소심 재판. 특수공무집행방해치상 11명.

9월 12일 광주 항소심 재판. 15명 전원 선고유예.

11월 6일 광주고법 항소심 재판. 오후 3시 특수공무집행방해치상 외 11명.

11월 20일 오전 9시 30분, 광주고등법원 항소심 선고재판.
이계일(징역 2년, 집유 3년), 박영광·고준·백종근·김진호·박미연·정규태(징역 1년 6개월, 집유 2년), 박영숙(벌금 150만 원), 유근아·이현자(이상 벌금 100만 원)
오후 2시 순천지방법원 1심 선고재판
김경욱(징역 6월, 집유 2년), 박영광(벌금 300만 원), 박미연(벌금 200만 원) → 김경욱, 박영광 항소

처음으로 검찰 조사를 받는 조합원들은 심리적으로 위축되기도 했다. 그러나 조합원들은 검찰의 조사를 받기 전에 '조사받는 방법'에 대해 전남본부 상근자들에게 교육을 받았다. 조사받을 때, 무조건 모른다고 답하라는 것이다.

풍덕점에서 우리가 문을 막아 버리니까 업무방해로 고소하고 (……) 처음에는 "이게 왜?" 이러면서 무섭더라고요. (……) 그런데 전남본부에서 "나 아니다. 나와 같은 사람일 뿐이지 나는 아니다", 그러라고 해요. 그런데 내가 봐도 나예요. 부인할 수 없는 나예요. (웃음) 그때 막 "모자를 꼭 써라" 그랬는데 사진 보여 주면 "아니, 모자를 써서 구별을 못 하겠다" 그렇게 진술하고. 영광 님 사진을 보이면서 "이분 아시죠?" 그러면, "모르겠는데요" (웃음) "아니, 왜 몰라요?" 그러면 "아니, 닮은 것 같은데, 아닌 것 같은데…" 그랬어요.
사전에 시지부에서 교육을 받아서 재판에 설 때는 "애도 있고, 좀 더 좋은 조건에서 살기 위해서 이게 옳다고 생각해서 한 거다. 내가 깡패도 아니고, 그냥 앞에 가서 말로 한 거밖에 없는데, 벌 받을 일은 없을 것 같다"라고 감정에 호소했죠. 어차피 결정할 사람은 그 사람이라면

서요. (웃음) 그러면서 초범이라 집행유예 받고, 벌금형 받았어요. (박영숙)

시청 집회 문제나 천막철거 문제라든지 경찰들하고 부딪히고 달걀도 던지고. 그 사진이 있어요. 시청에 돌 던지면, 유리값 물어야 하잖아요? 그래서 달걀로 하고. 제가 조사받을 때 그 사진도 보여 주더라고요 "시청에서 당신이 이거 던지지 않았느냐?" 그럼 "아니 닮긴 닮았는데 모르겠다"라고. 걔들이 사진 많이 찍어 놓았더라고. "아, 닮은 사람 같은데 아니라"고, 사진 보면 리얼해요. 내가 방패 땡기는 장면도 다 있고. 그 전에 지역본부에서 교육을 받고 갔죠. 본인 얼굴 사진이 나오면 무조건 아니라고 그러라고. 그다음에 진술에 대해서 녹취를 요청하고, 아닌 것은 끝까지 아닌 거고. 결국, 업무방해로 재판받았어요. (백종근)

특수공무집행방해치상, 저희가 뉴코아 가서 뚜드려 막는 봉쇄투쟁하고 홈에버 와서도 하고. 그렇게 계속 왔다갔다 하면서 하고. 뉴코아 회사에서 무작위로 고발했던 것 같아요. (……) 매장 앞에서 소화기 터지고 밀고 당기고, 걔네들의 명분은 골절 입었다고 그러더라고요. 제가 대표자니까, 그걸 특수공무집행방해치상로 걸린 거예요. 제가 처음 구형받은 게 3년인가 5년인가··· 우리 조합원들도 수두룩 벌금형···. 다행히 광주고법에서 전원 다 선고유예 때려 주셨어요. 고맙더라고. 벌금형보다 고마운 게 집행유예였거든요. 돈이 많이 나가니까. (……) 조합원들은 회사에서 걸었고. 투쟁 가담 정도가 아니고 부서장들이 마음에 안 드는 조합원들이나 집에서 놀고 있는 조합원도 고소하고 파업에 어쩌다가 나오는 조합원도 영업방해로 들어가 있는 거고. 그래서 법정 스트레스를 받았던 거지요. 그런 게 다 병합돼서 1건. 그다음 2008년 1월 30일 뉴코아 집중투쟁 때 '박성수 구속' 스티커를 뉴코아 앞에다 덕지덕지 붙였는데, 그게 영업방해로 제가 300만 원, 박미연 뉴코아 순천지부 대의원은 200만 원, 김경욱 위원장이 6개월에 집행유예 2년… 그러다 항소심 가면 아무것도 아니게 되고. (박영광)

6) 선전전과 연대하러 가는 투쟁

2008년 설 집중투쟁 이후에도 순천분회는 선전전 등 불매투쟁을 벌였지만, 지부장과 조합원들이 계속된 재판 일정으로 지역 차원에서 집중투쟁을 벌일 수 있는 상황이 아니었다.

그 때문에 순천분회의 투쟁은 천막농성과 선전전, 조합원들의 힘 모으기, 그리고 연대투쟁이라는 세 가지 방식으로 진행되었다.

순천분회는 천막농성장을 지키면서 재판에 참여하였고, 또 매장 주위와 지역 곳곳의 선전전을 지속해서 진행했다. 2007년의 투쟁 양상과 차이 나는 것은 투쟁에 참여하는 조합원 수가 줄어들면서 지친 조합원들의 마음을 모으기 위한 노력을 해야 하는 것이었다. 그 방식은 우선 5월 3일 조합원 야유회(조계산 등산), 5월 11일 조합원 단결의 시간(봉화산 등반), 6월 5일 조합원 단합대회, 8월 6~7일 조합원 수련회(과양 봉강계곡), 8월 26일 조합원 단결의 시간(고흥 녹동 야유회) 등에서처럼 조합원들의 단합대회를 자주 진행했다. 이와 동시에 조합원들의 간담회 및 교육을 자주 진행했다. 순천분회만의 간담회는 상황과 일정 공유, 활동비 지급 등으로 진행됐다. 그 과정에 5월 이후 이랜드가 홈플러스로 매각되면서 전체 상황을 공유하기 위해 수석부위원장이나 위원장이 직접 와서 진행한 간담회도 있었다. 간혹 조합원 대상의 교육을 진행했고, 공안탄압 시국강연회(5월 2일)와 순천시지부 노동자학교(9월 2일) 등 지역에서 진행되는 교육에 참여하기도 했다.

〈조합원 간담회 및 교육의 예: 2008년 4~5월〉

4월 18일 조합원 간담회,

4월 21~22일 영화 〈식코〉와 투쟁 동영상을 상영하는 조합원 교육 진행 및 간담회

4월 30일 조합원 간담회

5월 2일 공안탄압 시국 강연회(김승교 변호사 초청 강연)

5월 6일 조합원 교육 및 간담회

5월 13일 조합원 간담회(생계비 지급 및 토론)

5월 14일 간담회(매각 관련 상황 공유)

6월 1일 이랜드일반노조 위원장과의 간담회(매각 관련 설명회)

다른 한편으로 순천지부는 투쟁동력을 유지하기 위한 또 다른 방식으로 지역에서 일어나는 다양한 투쟁과 행사에 참여하면서 연대활동의 횟수가 많아졌다.

〈연대투쟁의 예: 2008년 4~5월〉

4월 5일 순천시지부 단합대회 참석,

4월 7~9일 민주노동당 후보 선거 유세.

4월 23일 광주 연대투쟁

4월 28일 산재추모 광주전남 노동자결의대회 참석

4월 29일 전남동부 공안탄압규탄 기자회견 참석

5월 1일 노동절 행사 참여

5월 9일 미친소 수입반대 촛불집회(순천대)

5월 16일 서비스노동자에게 의자를 캠페인 기자회견 / 5·18 전야 행사 참여

5월 17일 전국노동자대회(광주역) / 5·18 전야제, 도청

5월 18일 5·18 범국민대회(도청) / 망월동 묘역 참배

5월 21일 소고기 수입협상 반대 촛불문화제(조은프라자)

5월 23일 광주 로케트전기 연대투쟁

5월 24일 소고기 수입협상 반대 촛불문화제

5월 25일 광주전남 청년단체 체육대회

5월 27일 공무원노조 기자회견

5월 30일 순천시 농민회 통일 쌀 파종 기원

이 과정에서 뉴코아-이랜드 순천지부는 순천점 앞에서 5월 14일 천막농성에 돌입한 지 300일을 맞아 투쟁문화제를 열었고, 전남본부도 끝나지 않는 투쟁을 반드시 승리로 이끌자는 결의를 끌어냈다. 또, 순천분회 조합원들은 순천의 검찰이 박영광 지부장과 조합원 9명에 대해 특수공무집행방해치상 등의 혐의로 징역 3년 6월~ 1년 6월 등 중형을 구형한 것에 대해 항의했다. 이날 이랜드일반노조 이남신 수석부위원장이 순천에 와서 홈에버가 홈플러스로 매각된 상황에 대해 조합원들과 공유하고 이후 투쟁에 대해 간담회를 진행했다.

이어 6월 23일에는 이랜드일반노조 파업투쟁 1년을 맞아 서울과 울산에서 벌어진 '1주년 투쟁문화제'에 순천분회도 참여했다.

[공지]

2008년 7월 11일은 순천분회가 전면파업을 시작한 지 1년째 되는 날입니다. 길다면 길 수 있고 짧다면 짧을 수 있는 시간입니다. 길고 짧게 전면파업을 함께 했었던 동료의 동지애로 처음처럼 함께 시작합시다!! 그리고 복귀한 조합원들 역시도 1년을 함께 싸워 온 주인공이기에 1주년 문화제에 반드시 참여해서 함께합시다!!

〈지침〉

2008년 7월 11일 순천분회 1주년 투쟁승리 문화제 참석.

복귀조합원들은 저녁 7시부터 시작되는 문화제를 원활히 진행할 수 있도록

-오후 5시부터 부분파업에 돌입한다!

-오늘 이후로 파란색 티(일명 스머프티)를 착용하고 사복투쟁을 진행한다!!

이랜드일반노동조합 전라지부장 박영광

7월 11일 오후 7시에 순천분회는 홈에버 앞에서 '홈에버 순천분회 전면파업 1년 투쟁문화제'를 개최했다. 이날 문화제에는 지부장의 지침에 따라 복귀한 조합원들도 참여하였고, 지역의 노동자들도 참여했다. 또, 이랜드일반노조를 대표해서 이경옥 부위원장이 참여했다.

서선애 조합원의 사회로 '임을 위한 행진곡'을 참여자 모두 같이 불렀고, 그사이 퇴근 후 참여하는 이들이 속속 자리를 메웠다. 문화제는 지난 투쟁 1년의 의미를 되새기는 박영숙 분회장의 여는 발언과 이경옥 부위원장의 격려사로 시작되었다. 이어 순천시민 정길준의 노래, 박종삼 민주노총 순천시지부장의 격려사, 오옥묵 순천시농민회 회장의 연대사로 이어졌다. 잠시 숙연한 분위기 속에서 광주노동자문예운동연합 노래패의 노래공연이 있었고, 이수근 민주노동당 전남도당 위원장의 연대사가 이어졌다. 퇴근 후 식사도 못하고 참여한 이들을 위

해 순천분회가 지역 여러 단체에서 후원받은 막걸리, 머릿고기 등의 음식을 돌렸다.

뒤이어 순천분회의 율동패 '불화산'이 멋진 공연을 보이자 참여자들은 흥겨운 반응으로 화답하였다. 뒤이어 순천분회 복귀 조합원인 김문정과 계속 파업 중인 이혜숙 조합원이 투쟁과정을 돌아보는 편지글 낭독을 할 때는 다시 숙연한 분위기가 되기도 했다. 분위기를 전환하기 위해 김성만 등 노동가수의 노래, 소방차의 특별초청이 이어졌고, 순천청년연대 풍물패 '울림'의 풍물공연에는 참여자들 모두 같이 노래를 부르거나 몸짓을 따라 하기도 했다.

문화제의 뒤 시간은 '이랜드투쟁 1년 걸어온 길'이라는 영상이 상영되었고, 뒤이어 조합원들은 '처음처럼'에 맞춰 단체율동을 선보이기도 했다. 문화제의 마지막 발언으로 박영광 전라지부장이 투쟁결의 발언을 하자, 참석자들은 "투쟁!"으로 호응하며 투쟁의지를 보이기도 했다. 참여자들이 새로운 결의를 담은 '소원지'를 천막농성장에 묶는 상징의식으로 문화제는 끝났다. 이어진 뒤풀이 자리에서는 삼삼오오 조합원들이 모여 그동안의 이야기를 나누기도 하고, 조합원들과 지역 노동자들이 같이 막걸리를 돌리며 서로를 격려하였다.

한편 8월 29일 뉴코아노조가 현장으로 복귀하면서 홈에버 순천분회 조합원들만 남아 투쟁을 진행하게 되어, 조합원들은 2008년 9월 또다시 추석 명절을 거리에서 맞게 되었다. 순천분회는 9월 5일 오후 2시 홈에버 앞에서 '이랜드사태 해결촉구 및 추석불매투쟁 선포' 기자회견을 통해 추석집중투쟁에 시동을 걸었다. 이날 또 순천분회는 복귀 조합원들에게도 부분파업지침(1시30분)을 내렸는데, 25명의 조합원이 참여했다.

2007년 이랜드자본에 의한 1,000여 명의 비정규직 대량해고에 맞서 파업투쟁을 전개한 지 400일이 넘었고 2년째 추석 명절을 길거리에서 보내고 있었다. 1년이 넘는 투쟁과정 속에서 많은 조합원이 복귀했지만, 복귀한 조합원들은 매장 안에서 투쟁조끼를 입고 근무하면서 투쟁을 함께하고 있었다. 이날은 복귀한 조합원들 대다수가 부분파업을 벌이고 추석집중투쟁에 참여했다. 이어 9월 7일에는 '이랜드사태 해결촉구 및 추석집중불매투쟁 1차 결의대회'가 열렸다. 1인시위 및 선전전을 진행했으며, 복귀조합원 부분파업지침(15시 30분~ 18시)으로 20명의 복귀조합원이 참여했다. 추석집중투쟁의 마지막 날인 9월 10일 오후 6시에 순천점 앞에서 '이랜드사태 해결촉구 및 추석집중불매투쟁 2차 결의대회'를 진행했다.

6. 복귀자와 함께하는 투쟁

1) 투쟁 1년, 조합원들의 상황과 현장투쟁하는 복귀자들

여성조합원이 다수인 상황에서 투쟁이 길어지자 여러 문제가 나타났다. 특히 기혼여성들의 경우 가장 큰 문제는 남편들의 태도였다. 남편의 태도 여부가 투쟁을 지속할 수 있는지를 판가름했다.

> (여성조합원들의 문제는?) 우리 조합원 중에 신랑이 건설노조 조합원이거나 화물연대 조합원이거나 또 투쟁을 경험한 분들이 있는데, 그분들마저 "뭔 여성이 투쟁이냐?", "부업거리로 나갔으면서…". 당신이 와이프를 산업전선에 내보낸 것도 부끄러운데 또 언론에 이슈화되어 드러나는 투쟁을 하는 게 부끄럽고, 남성으로서 자존심 상한 거죠. (……) 또, 저희가 수련회가 되게 중요해요. 토론을 끌어내고, 단결을 위해서, 조합원들의 융합을 위해서도 1박 2일을 잡으면 많은 민원을 당하죠. 남편들이 와서 "어이 지부장, 자네 어떻게 그럴 수 있는가? 가정 있는 여자들을 외박을 시킬 수 있는가?" 하시고. 극성인 분들이 있어요. 결국, 데려가요. 그리고 욕 얻어먹고 오지요. (웃음)
> 그래서 제가 "어우, 우리 누님들 진짜 고생하신다. 외부에서는 회사랑 싸우랴, 내부에서는 자식들하고 남편들하고 싸우랴" 그러죠…. 그래 내가 간부님들한테 "아저씨를 이기시라. 아저씨도 설득 못 시키면서

어떻게 회사를 설득시키겠냐" 그래요. 그런데 안 되나 봐요. 그냥 여성들이 아저씨한테 거짓말하고 다니기도 했어요. (박영광)

그 예로 박영숙 분회장의 경우는 실질적 가장이었는데, 장기투쟁하면서 경제문제가 심각해지자 보험을 깨서 생활하거나 그도 안 되자 아르바이트로 생활비를 충당하면서도 투쟁에 참여하였다. 그러나 남편의 심한 반대 때문에 부부싸움이 잦아지자 극도의 스트레스에 시달리면서 며칠 동안 조합원들과 연락을 끊고 칩거하기까지 했었다.

(남편은?) 아이 아빠가 너무 반대하잖아요. 심지어 "영광이냐? 나냐? 선택하라" 할 정도로, 반대 많이 하죠. 또 제가 벌어서 먹고살았는데, 그게 안 되니까… 많이 힘들었죠. 투쟁이 장기화하니까 제가 우리 투쟁일정 끝나고 아르바이트를 시작했죠. 목욕탕 청소, 돈가스집, 또 찜질방 식당, 그렇게 돌아가면서 했던 것 같아요. 밤에 하고 쉴 때 하고, 투쟁 끝날 때까지. 생활비가 나와야 하니까. 애들은 학교 다니고 있었죠. 당시 어리니까. 제가 아르바이트해서 그냥 받쳐 주고. 그러다 애들 보험을 싹 다 깨서 쓰고 힘들었어요. 제가 가장이니까요.
(잠수는?) 그러다 제가 애 아빠하고 크게 싸우고 나면 너무 스트레스도 받고, 내 몸도 힘들고 지치니까, 잠수 타 버렸어요. 그러면 영광 님이 많이 힘들어했죠. (박영숙)

남성조합원들의 상황 역시 힘들기는 마찬가지였다. 박영광 지부장은 장기화하는 투쟁과 경제적으로 불안한 조건 때문에 결혼이 미뤄졌다. 그 때문에 여성의 집안에서 심각한 반대를 하면서 결혼을 못할 상황까지 몰리기도 했다

제가 대학 복학해서 캠퍼스커플로 만나 교제했던 여성이 있는데… 제가 서른두 살이고 와이프도 서른 돼서 결혼할 연배예요. 그런데 지부장을 맡았는데 투쟁 중이고, 또 해고자가 발생해서 이걸 마무리 안 지으면 안 되겠더라고요. 와이프는 "고만할 수 없냐?"는 입장이었고, 와이프 쪽 집안에서도 그랬고. 그때 수입도 불분명하고. 거의 1년 6개월을 안 벌었으니까. 저도 이게 길어지게 되면 힘들 수도 있겠구나 싶고. 그다음에 해고가 되고 활동가로 가야 한다는 생각을 했었는데…. 그렇게 위태위태한 시기에 마무리가 됐던 거예요, 다행히. (박영광)

박영광 지부장의 경우처럼 남성들도 경제 문제와 관계 문제로 어려운 상황에 처해 있었다. 특히 기혼남성은 가장으로 경제를 책임지는 위치에서, 투쟁 초기에는 조만간 투쟁이 끝나면 될 거라고 판단하면서 버티었다. 그러나 투쟁이 길어지면서 대출을 받아 생활비를 충당하기도 했다. 더 심각한 문제는 이혼까지 거론되기도 한 것이었다.

처음에는 짧게 끝날 줄 알고 집사람이 버니까 잠깐 있다 들어가면 되겠다는 생각을 했는데, 애기도 있는데 생계를 위해서 돈 들어오는 건 하나도 없죠. (……) 그런데 끝까지 마무리 짓고 가고 싶었어요. 그래 집사람하고 싸우면서 합의를 본 거죠. "내가 이 정도 대출받아 줄 테니까 한번 버텨 봐라"면서 대출받아 주고. 처갓집에서는 시골 분들이라 직접적으로는 얘긴 안 했던 것 같고. (……) 오히려 우리 부모님하고 많이 부딪쳤죠. 회사 다니던 놈이 회사를 안 가고, 진급도 잘하던 놈이 느닷없이 나와서 안 들어가고 있으니. 그런데, 파업 끝나고서 들은 건데, 내색 안 하고 있던 처갓집에서 집사람한테 "이혼하라" 그랬더라구요. 그런데 제가 부모 입장에서 내 딸이라도 그랬겠죠.(웃음) 생각이 다

르면 이해가 안 가는 거죠. (백종근)

이처럼 조합원들이 경제 문제, 가족 문제 등 심각한 상황으로 몰리면서 점차 현장으로 복귀하는 이들이 늘어났다. 순천분회가 파업을 시작한 2007년 6월의 조합원 수는 92명이었다. 투쟁과정에서 초기에는 한두 명 정도가 복귀하였기 때문에 투쟁에는 큰 타격이 없었다. 그러나 2007년 9월 추석집중투쟁을 하면서 해결을 기대했지만 문제가 해결될 가능성이 보이지 않고, 오히려 투쟁이 장기화되자 생계가 어려운 이들이 복귀하였다.

결국, 투쟁이 마무리될 때까지 남아 천막을 지켰던 조합원은 박영광·김경민·송태광·이혜숙·고준 5명이었고, 그 외에 5명 정도가 천막농성장을 드나들었다. 그런데 순천분회는 다른 분회가 복귀자에 대해 비판적인 태도를 취했던 것이 투쟁에 도움이 되지 않는 것을 보았고, 2008년 들어 투쟁하는 조합원 수가 10명 안팎이었기 때문에 투쟁하는 조합원들이 고립될 것을 우려했다. 이에 순천분회는 복귀자들이 현장에서 조합원으로서의 소속감을 잃지 않도록 방침을 세웠다. 즉, 복귀자들도 현장에서 투쟁을 하는 것이므로, 파업대오의 주요 일정에는 참여할 것을 제기했다. 복귀자들은 이를 받아들였다. 그뿐만 아니라 복귀자들은 일하면서 받은 월급에서 일부를 투쟁기금으로 모아 순천분회에 보내기도 했다.

그러나 파업투쟁을 하는 중에 먼저 복귀한 조합원들에게 회사 측은 승급, 진급 등을 미끼로 노조를 탈퇴하도록 회유를 했고, 일부가 노조를 탈퇴하기도 했다.

투쟁이 길어지다 보니까 복귀하는 조합원들이 있었어요. 복귀자는 초기부터 나타나지만 추석 이후 대대적으로 나타났던 것 같아요. 9월 이후에 투쟁이 장기적으로 되니까 외부생계 투쟁자들이 있었는데, 알바를 하거나 일용직을 뛰거나 남자들은 밤에 대리운전을 하거나, 이렇게 하다 하다 안 되니 들어가시는 거죠. (……) 그래서 그 고충을 아니까 편하게 들여보내 주었어요. 우리는 복귀자들에게 "복귀조합원들은 들어가서도 사복투쟁을 유지해 달라"고 투쟁전술을 바꾼 거죠. "대오 유지해 주시고, 또 큰 일정이 있으면 결합해 줬으면 좋겠다"는 거를 약속했죠. 오죽하면 복귀하겠어요? 가정이 있고 상황이 그러니까 한 거죠. (박영광)

어떤 분은 봉급받으면 저희 투쟁기금으로 얼마를 내놓겠다는 얘기를 하고 가기도 하고. 실제 복귀해서도 우릴 많이 도와줬어요. 다 생활고 때문에 복귀를 하는 거고, 우리하고 얘기를 하고 "그 안에서 내가 할 수 있는 거를 하겠다"고 하고. 그런 경우는 투쟁하는 조합원들하고 사이가 안 나빠졌어요. 다 이해할 수 있는 상황이니까. 우리는 투쟁하는 조합원들하고 안에서 일하는 조합원하고 틈이 생기지 않았어요. 안에서 적극적으로 도와주고, 그래서 더 아름다웠던 것 같아요. (박영숙)

이에 순천분회는 2008년 8월 첫주에 회의를 열고 "복귀자들의 부분파업" 지침을 결정했다. 그동안 복귀자들이 조끼투쟁, 주요 투쟁참여, 기금지원 등을 통해 조합원으로 같이 투쟁한 것을 믿었기 때문이었다. 이런 믿음을 바탕으로 홈에버를 인수한 홈플러스 회사 측에게 압력을 넣기 위해 복귀자들의 부분파업 참여를 이끌어 낼 수 있었다.

패배의식을 갖고 복귀했던 조합원들한테 "괜찮아. 너희들 잘못한 것 아니야. 충분히 할 만큼 하고 들어갔어" 그렇게 하고. 복귀한 조합원이 절반을 넘어갔거든요. 그러니 바깥 대오만으로 투쟁을 할 수 없어서 복귀자들과 많이 소통을 하고 "한 번씩 부분파업하거나 집회 때 참여해 줄 수 있겠냐" 동의를 얻고. 집회를 하면 복귀한 조합원들도 참여해요. (박영광)

예를 들어 서선애는 2008년 봄에 복귀를 결정했다. 노조활동과 투쟁과정에도 적극적으로 참여했던 그녀는 집안의 경제를 책임지고 있었다. 초기에는 목욕탕에서 아르바이트를 하며 투쟁에 참여했으나, 2008년 들어 집안의 빚이 늘어나자 더 이상 아르바이트 벌이로 버틸 수 있는 상황이 아니었다.

그녀는 집의 상황 때문에 복귀하는 것이었지만, 투쟁하는 조합원들에게 미안함을 갖고 있었고, 무엇보다 문제가 해결되지 않은 상태에서 복귀하는 것이 싫었다. 그런 상황에서 현장에 복귀한 서선애는 다른 조합원들과 조끼를 입고 일하는 '조끼투쟁'을 벌였다.

복귀는 당연히 싫었죠. 내가 데리고 나온 애도 많은데 내가 먼저 들어가니 미안했죠. 많이. 그런데 다행히 사정을 아니까 다 이해는 해줘요. 울기도 많이 울었던 것 같애. 들어가서는 당연히 조끼투쟁을 했죠. 복귀한 사람들중에 저보다 먼저 들어간 사람들도 이미 조끼투쟁 하고 있었어요. 왜냐면 복귀를 할 수밖에 없는 사정이 있으면 얘기 듣고 "그래, 알겠다, 그 대신 안에서도 싸워 줘라" 그래서 조끼 입고. 그러면 관리자들이 뭐라고 하기도 하지만, (웃음) 쉽게 못 건드려요. 노조가 좀 위험하다는 걸 알았으니까. (……) 그리고 일 끝나면 투쟁하는 조합원들하고 만나 같이 한잔하고, 스트레스 받은 것도 얘기도 하고. (서선애)

2) 교섭 그리고 타결

2008년 5월 14일 홈에버가 홈플러스에게 매각됐다. 1년 가까이 진행된 이랜드투쟁도 새로운 국면으로 전환하게 됐다. 6월 30일 노조는 '사랑의 교회' 앞 천막농성을 1년 전에 점거했던 월드컵점 앞으로 옮겼다. 9월 홈플러스와의 1차 교섭이 진행되었고, 교섭이 진행되는 과정인 10월 8일에 순천분회는 회사에게 자극을 주지 않기 위해 천막농성장을 철거했다. 이어 노조는 10월 9일부터 11일까지 2박 3일의 집중교섭, 11월 8일의 교섭을 거쳐 11월 10일 노사가 잠정합의안을 마련했다. 11월 11일 순천분회 조합원들이 잠정합의안을 두고 찬반투표를 한 결과, 총 19명이 참여해 찬성 15명, 반대 4명이 나왔다. 순천분회의 조합원들은 잠정합의안을 통과시킨 것이다(11장 참조).

교섭 진행 중이니까 그때는 조금 잠잠했었죠. 투쟁 거의 막바지 아니었던가 싶네요. 우리가 천막 철수하는 것은 아마 회사가 성실히 교섭에 임한다는 조건부였을 거예요. 그래서 여기에서도 어느 정도 호의적으로 나오면 그쪽에서도 성실히 임하겠다 해서.
(잠정합의안은?) 다른 건 어느 정도 이해하는데, 지도부가 남아 있었으면… 그 부분은 아쉽더라구. 그런데 이게 합의를 끌어내기 위해서 접고 들어간 거라 그거 외에는 방법이 없었다고. (……) 처음 해본 거고. 그런데, '아, 그래도 큰 성과를 얻었구나' 하는 생각 정도. (백종근)

(총회는?) 거의 다 참여했어요. 같이 싸운 9명 권고사직은 안 했으면 좋겠다는 마음이 컸어요. 그분들도 힘든 걸 알거든요. 나중에 위원장님이 너무 힘들고 가정도 너무 힘들었다는 걸 알았고…. 총회 갔는데 마

음이 아프더라구. 왜 저걸로 타결할까? 하지 않았으면 좋겠다는 생각을 많이 했어요. 약한 사람들이 발버둥쳐 봤자 힘든 것 같다는 느낌이 들었고. (서선애)

(잠정합의안 관련?) 영화 〈카트〉에 나온 것처럼 10명을 제외하고 복귀하는 거. 저의 판단은 이미 민주노총지역본부 자체가 잠정합의안이 됐든 뭐에 대해서 얘기할 수 있는 입장은 아닌 거잖아요? 그리고 저도 그때 상황에는 몇 개의 지점이 있었는데, 이렇게 끝까지 투쟁을 가져간 거에 대한 지역간부들의 고민이 있지만, 그것 역시 우리가 뭐라 할 수 없는 것이고.

그니까 전남본부 상황이 그럴 수 있는 상황이 아니었어요. (……) 또 이랜드투쟁은 저희가 지역 차원에서 독자적으로 끌고 갈 수 있는 투쟁의 성질이 아니잖아요? 전국투쟁이니. 박영광 지부장님도 첫 경험이라 그런 상황은 아니었던 것 같고. 전남본부도 이건 서비스연맹과 이랜드노조가 중심이 된 투쟁이었고, 더욱이 저희도 간부 4명이나 없는 상황이고, 담당자인 저와 사무처장이 이 투쟁만 집중해서 뭔가 계획을 수립할 수 있는 상황이 아니었죠. (김현주, 전남본부)

11월 13일 노사 조인식으로 510일에 걸친 투쟁은 마무리됐다. 당연히 복귀해 현장에서 조끼투쟁을 벌이던 조합원들도 조끼를 벗었다. 이랜드일반노조가 월드컵점에서 11월 14일 마무리 집회를 하듯이, 순천도 11월 15일 시지부 건물 4층에서 '파업승리 결의대회'를 조합원들과 전남본부, 광주본부, 그 밖의 연대단체회원들이 참여한 속에서 진행했다.

월드컵점에서 집회했을 때 결합을 했고요. 월드컵점에서 승리보고대회하고 이경옥 부위원장님 꽃 만들고…. 저희 지역에서도 절반의 승리라고 해서 보고대회를 간단하게 연대 동지들 모시고 했던 것 같아요. 투쟁경과에 대해서 얘기하고. (박영광)

그때 시지부 건물 4층에서 하는데, 먹거리도 막걸리랑 뭐 마실 것도 준비하고 조합원도 오고 민주노총 간부들도 오고, 지역의 청년단체도, 광주본부도 왔어요. 참, 오만 가지 감정이 일어나더라구요. 아쉬움이 제일 많아서 다들 "우리가 이 합의안을 갖고 들어가야 되냐" 이런 감정도 많이 있고. 해고된 동지들에 대해서 "이럴 수 없다" (……) 그럼에도 불구하고 받을 수밖에 없는 상황에 대한 감정, 그런 게 그 자리에서도 많이 느껴졌어요. (김현주, 전남본부)

9장

울산분회의 510일 파업투쟁

1. 2007년 6월 울산분회 파업투쟁과 매출제로투쟁

1) 2007년 6월 10일 경고파업

이랜드일반노조와 뉴코아노조는 2007년 6월 10일 공동 경고파업을 벌였다. 두 노조가 공투본을 구성해 이랜드그룹의 구조조정에 맞서 투쟁에 돌입한 것으로 이날 1,200여 명의 조합원들은 경고파업에 참여한 뒤에 서울의 뉴코아 강남점에 모여서 집회를 가졌다.

이랜드일반노조 울산분회(울산분회) 또한 이날 전원 경고파업에 돌입했다. 조합원들은 오전 10시에 북구비정규직노동자지원센터(북구비정규센터)에 모여 교육을 받고 투쟁일정과 지침을 공유했다. 홈에버 울산점(울산점)에 직접 고용된 175명의 노동자 가운데 노조에 가입한 노동자는 75명이었다.

이날 파업으로 울산점의 2층 계산대가 폐쇄되면서 1층 계산대만 운영됐다. 이는 생산공장에서 파업으로 한 라인이 중단되는 효과와 비슷했다. 계산대에 차질이 생긴 것은 계산대에서 일하는 다수의 노동자가 노조에 가입했기 때문이다. 서울과 달리 뉴코아노조 울산지부는 투쟁에 참여하지 않아서, 이랜드일반노조 울산분회의 독자투쟁으로 파업이 진행됐다.

분회가 결성된 지 얼마 되지 않아 노조활동의 경험이 없던 지도부나 조합원들 모두 처음 하는 집단행동이었다. 이에 김학근 분회장은 북구비정규센터 활동가들에게 지원을 요청했다.

> (북구비정규센터는 어떻게 알았어요?) 우리가 여성사업장인데 대의원 몇 명 뽑아 놓고 나도 아는 게 없으니까. 그때 울산지역본부로 가서 "내가 노조를 만들었으니까 좀 도와 달라"고 해서 울산본부 전필원 국장하고 북구비정규센터 옆에서 회의를 하는데, 급한데 갈 데가 없는 거예요. (……) 그래 울산지역본부 통해서 비정규센터에 갔어요. (……) 그니까 처음 서울에서 쟁의행위 가결되고 상경투쟁을 한 번 하고, 그다음에 파업하면서 제가 물어볼 데가 없었어요. 처음에 부분파업 지침 때릴 때, 지침 때리니까 책임을 져야 하는데, 방법이 없잖아요? 파업을 어떻게 해야 하는지 모르고, 조합활동이란 건 전혀 아는 게 없었는데. 그래 북구비정규센터에 가서 김덕종 씨나 정민주 씨에게 어떻게 할지 부탁을 했어요. (김학근)

조합원들 역시 처음 집단행동에 나서면서 두려움과 가슴 두근거림이 동시에 있었다. 그나마 계산원들은 다수가 조합원이어서 같이 계산대를 밀치고 나오는 것에 힘을 얻었다. 관리자들 역시 처음 보는 조합원들의 행동을 저지하려 했지만, 집단적인 움직임을 막지 못하면서 조합원들을 감시하며 지켜볼 뿐이었다. 그 때문에 조합원들은 두려움에서 벗어나 자신감을 가졌다.

> 처음에는 계산대 걸고 계산 안 하고 나가는 거였어요. 왜 그랬냐면 서울에서는 6월부터 시작을 했지만 우리는 좀 늦게 시작을 했어요. 그때 노조가 지침을 내렸어도 우리 분회장이 우리한테는 그렇게 안 했던 것 같아요. 그런데 10일부터 "잠깐 문 닫고 나오라" 카고. 그때는 10분,

15분 단위로 했는가? 나왔다가 들어가고. 처음에는 잠깐 그랬던 것 같아요. 그니까 우리를 좀 단단해지게 하기 위해서, (이해욱) 진짜 간이 덜렁덜렁~. (박희정) 그런데 혼자 같으면 진짜로 힘들었을 텐데, 그래도 계산대가 거의 다 조합원이라서 잠깐잠깐 나올 때는 전부 다 나왔어요. (하남숙)

(처음 파업했을 때, 느낌은?) 그때는 진짜 가슴이 좀 두근두근했죠. 겁나기도 하고. 그래도 인원이 많으니까 나갔는데, 만약 한두 명이거나 자기만 나가야 되면, 진짜, 겁나서 못 나갔을 거예요. 뭐, 큰일 하는 것처럼 우르르~ 가서 좀 겁나기도 하고. 나중에는 점점 자신감이 붙긴 했지만. (이해욱)

저도 사실은 남한테 보이기는 담담하게 보이려고 했지만, (웃음) 속으로는 많이 떨면서도 한편으로는 우리가 이렇게 한다는 게 "되게 통쾌하다"는 생각을 했어요. (하남숙)

우리가 파업을 하잖아요? 그라면 처음에는 심하게 막고, 그런 게 많았던 것 같아요. 2층에 올라갔을 때도 관리자들이 다 나와서 막 막는 거 보니까, 무섭더라구. (박희정)

관리자들이 다 쳐다보는 거지, 우리가 쭉 나오니까 누가 나왔나 하고. 서로 기싸움 비슷한 거 있잖아요? 직접 막지는 않았지만, 저쪽에 쫙~ 서 가지고 보잖아요. 근데 우리는 인원이 많아서 그랬는지, "아, 그래, 느그 그래 봐라~. 우리는 잘한다" 그랬던 것 같아요. (이해욱)

첫 파업을 성공적으로 진행한 울산분회는 6월 11일부터 무기한 사복투쟁에 돌입했다. 근무복을 거부하고 노조에서 지급한 상의를 입는 것으로, 사실상 투쟁복투쟁을 하는 것이다. 투쟁복을 입는 과정에서 관리자들과 마찰이 있을 것으로 예상되어 울산본부, 울산지역해고자 협의회, 울산지역연대노조, 여성행진 등에서 연대하기 위해 울산점에 모였다. 그러나 별다른 마찰 없이 조합원들은 사복투쟁에 돌입했다.

> 본격적으로 쟁의행위에 돌입한 게 사복투쟁부터였어요. 그것도 우리 점에서는 진짜 큰 거예요. 아무도 안 해봤고…. 내가 연차신청을 해요. 매장을 하루 종일 돌아다니면서 누가 뭔 짓 하나 봐야 하니까. 조합원들이 하는 거를 보안이 막으면 조합원들이 못하게 되니까. 제가 아침 10시에 출근해서 직원 출입구를 지켜보니 처음엔 보안이 막더라고. 그래 "비켜라" 해서 들어가고. 그러곤 별문제 없더라고요. 한 이틀 지나고 나서는 그게 일상화되고. (김학근)

이어 6월 17일과 23일에도 울산분회는 파업을 하고 서울 상경투쟁을 진행했다. 특히 23일에 월드컵점에서 한때 조합원들이 매장점거를 해서 회사가 매장문을 닫은 뒤에 해산했다. 이 투쟁은 이랜드일반노조 조합원들에게는 회사와의 본격적인 투쟁을 시작했다는 점에서, 그리고 처음으로 매장을 점거하면서 자신들의 힘을 일시라도 느낀 점에서 의미가 있었다. 울산분회 조합원들 역시 이 투쟁경험을 통해, 투쟁 하면 매장점거 방식을 먼저 생각할 정도였다.

> 우리가 6월 23일에 서울 올라갔었거든요. 월드컵 보니까 계산대 두드려 막으니까 계산이 안 되더라고. 내 생각에 "그럼 가장 간단한 게 아닌가? 계산대 두드려 막으면 아무것도 안 되는 거 아니냐" 단순하게 계산하는 거예요. 그래서 조합원들이 파업하는 첫날, 계산대를 다 두드려 막았어요. 그냥, 연습이지. "자, 계산대 앞에 다 앉으세요" 하니

다 앉았어요. "그다음에 뭘 해야 되지?"(웃음) 그렇게 된 거예요. (……) 앉았는데 할 게 없더라구. 그래서 내가 요청해서 집회에 북구비정규센터에서 정민주 동지가 이동식 앰프를 갖고 와서 노동가요를 가르쳐 주고, 시작이 그리된 거예요. 앰프 깔고 하니까 회사가 "앰프 빼라" 하대. "빼긴 뭘 빼, 그냥 한다" 그라고, 뭐, 나중에 팔뚝질도 하고 노래도 알고. (……) 처음에는 아무것도 몰라요. 우리 조합이 다 그렇죠. **경험이 없어 선동도 못하고 마이크 잡고 사람 앞에 서면 말도 안 나오고.** 뭘 해야 될지 모르겠고. 머리가 하얘지고 그랬었죠. (김학근)

또, 6월 30일 울산분회 조합원들은 울산에서 집회를 진행한 뒤 버스 2대에 나눠 타고 서울 월드컵점으로 향했다. 기혼여성들이 울산에서 투쟁하는 것까지는 지켜보던 남편들이 울산을 떠나 서울에서 1박 2일 투쟁을 하는 것에 대해 불편함을 드러내기도 했다. 그러나 조합원들은 서울로 가는 버스에 올라탔다.

조합원들이 다 갔었죠. 관광버스 빌려 타고. 거기서 점거하면서 바닥에서 자면서 1박 2일 하고. 다들 주부들이라서 솔직히 가기 힘들었어요. 그래도 참가는 꼭 해야 된다니까 조합원들이 거의 다 올라간 것 같아요. (유영예) 처음에는 신랑들이 그래도 하루 가는 거니 괜찮지만 서울까지 1박 2일 가니까 좀 그랬죠. (박영애) 저는 대의원이라는 걸 하고 있어서 안 갈 수가 없어요. (웃음) (이해욱)

울산분회 조합원들은 매장점거를 하면서 두렵기도 했지만, 한편에서는 자신들의 힘을 확인하는 데 즐거움을 느끼기도 했다. 또, 울산분회보다 먼저 투쟁을 시작한, 그리고 농성장의 조합원들을 위해 애쓰는 서울지역 조합원들의 노력과 열정을 몸으로 느끼기도 했다.

> 처음에 갔을 때는 전경차가 완전히 쫙 둘러서 있잖아요. 그러니까 "아, 드디어 어딘가에 왔구나." (웃음) 무서웠어요. (……) "함부로 돌아다니지 말라" 그라고. 확실히 밖에서는 무서운데 매장 안에 들어가서는 동지들이 많이 있으니까, 좀 힘들면서도 즐거웠어요. (……) 계속 힘들기만 했으면 사실 못 견딜 수도 있는데, 되게 밝게 한 게 재미있었던 것 같아요. (이해욱).

> 우리보다 서울 사람들이 되게 고생을 하고 있더라구요. 밥을 해주는 사람, 밥 퍼주는 사람, 청소하는 사람들이 많더라고. 우리는 그날 밥도 얻어먹었잖아. "아, 여긴 진짜 되게 적극적이구나." 나는 그때 아무 생각이 없었어, 이걸 해야 되냐 마냐는 생각도 없고. 그런데 거기는 너무 열심히 하는 사람들이 많더라구요. (유영예)

이랜드일반노조가 7월 1일 비정규직법안이 실행되기 전날인 6월 30일에 서울의 월드컵점에 총집결해서 점거농성을 시작하자 모두 놀랐다. 언론도 놀라서 비정규직 문제를 집중보도하기 시작했고, 민주노총, 서비스연맹도 월드컵점 농성장으로 결합했다. 누구보다도 놀란 것은 이랜드일반노조 조합원들이었다. 노조활동 경험이 거의 없었던 조합원들이 그들의 작업장이기도 한 매장을 일거에 점거한 것이었다. 그것도 집행부가 계획한 1박 2일이라는 기간을 조합원들이 무기한 점거농성으로 전환시킨 것이다.

월드컵점 점거농성에 함께한 울산분회 조합원들은 하룻밤 지나서 울산으로 돌아와 지역에서 투쟁의 대오를 세워 나갔다. 이랜드투쟁이 비정규직 노동자 투쟁의 상징으로 부상하고 장기화될 것으로 보이자, 민주노동당 울산시당도 울산분회 투쟁에 결합하기 시작했다. 활동가를 파견하였고, 시의원, 국회의원 등이 지원에 나섰다.

> (투쟁에 결합은?) 처음에는 북구비정규센터가 많이 도와주고. 그 당시에는 분회장에게 쉽게 풀릴 수도 있을 거 같다고 들어서 저는 왔다 갔다 얼굴 보이는 정도였고. 그런데 월드컵점 점거농성 들어가면서 "아, 사태가 길어지고 좀 커지는구나. 장기화되겠다" 그래서 지역에서도 **집중지원이 필요하겠다고 판단했죠**. 그리고 이랜드투쟁이 비정규직 투쟁에서 되게 중요한 위치를 차지하겠다는 판단을 하죠. 월드컵투쟁 20일 동안에… 비정규직 문제가 전국적으로 화두가 되었잖아요. 7월 1일 비정규직법이 시행되는 상황이고. (……)
> (민주노동당의 대응은?) 파견처럼 와서 저는 여기에 집중하죠. 저는 노동국장이었는데, 실재 투쟁국-기획실이 하는 일들을 포괄적으로 지원한 거죠. 그리고 매장 안에서 집회를 할 땐 우리 시의원들, 국회의원들이 피켓들고 서 있고. 적절한 타임에 시당위원장님이 기자회견하고. 상황에 필요한 걸 당에 요청하고, 당원들은 계속 많이 참여했고요.
> (김성규, 민주노동당)

2) 1차 매출제로투쟁과 울산분회의 상경투쟁

7월 8일 오후 2시부터 전면파업에 들어간 울산분회는 민주노총 울산지역본부(울산본부)와 함께 울산점 앞에서 집회를 열고 매장을 점거했다. 울산점은 영업을 중단하고 매장 안에 있는 고객들을 밖으로 내보내기 시작했다. 울산점 맞은편 도로에는 전투경찰 차량이 줄지어 대기하고 있었다. 회사가 이날 경찰에 시설보호 요청을 한 것이었다.

집회가 시작되어 발언에 나선 울산본부 이영도 수석부본부장은 회사가 고용보장 약속을 위반하고 있다는 것을 지적했고, 이어 민주노총이 비정규직법 개악을 막지 못했던 책임을 지기 위해 이랜드투쟁에 연대하겠다고 했다.

김학근 분회장은 7월 1일 비정규직법 시행령이 발효되기 전에 이랜드가 부당해고를 남발하고 정규직 직원에 대한 부당전보 발령 등을 자행하기 때문에 투쟁에 나섰다고 말했다. 이어 그는 고용안정을 쟁취하고 비정규직이 철폐될 때까지 투쟁하겠다고 했다.

우창수 노동가수와 함께 참여자들이 노래 부르는 시간을 가진 후 서비스연맹 현대호텔노조 이춘우 울산분회장은 서비스노동자들도 연대투쟁을 할 것이라고 연대사를 했다. 울산노동자 몸짓패의 공연에 이어 민주노동당 울산시당 김광식 위원장이 연대 발언을 했다.

집회를 마친 뒤 노동자들은 구호를 외치며 곧바로 매장 안으로 들어갔다. 매장 입구를 직원들이 막고 있었지만 별다른 충돌은 없었다. 매장 안으로 들어간 노동자들은 1층과 2층 출입구와 계산대를 봉쇄하고 연좌농성에 들어갔다. 오후 3시 30분에도 조합원들은 매장 안에서 점거농성을 계속 벌였고, 연대를 위해 함께한 울산본부 조합원들과 노동사회단체 회원들은 매장 밖으로 나와 연좌하며 농성을 이어 갔다.

오후 5시 30분에 노동자들은 농성을 풀고 울산점 앞에서 마무리 집회를 했다. 집회를 마친 조합원들은 오후 6시에 서울 월드컵점 농성장에 참여하기 위해 상경투쟁에 나섰다.

이날 뉴코아노조-이랜드일반노조와 민주노총은 1차 매출제로투쟁을 벌여 전국에서 뉴코아, 뉴코아 아울렛, 킴스클럽, 홈에버 등의 이랜드계열 유통매장에서 집회를 했다. 그 결과 서울 7곳, 경기 4곳, 울산, 부산, 대구, 경남 창원 각 1곳, 전남 순천 2곳 등을 포함해 총 21개 이랜드 매장에서 영업이 정지됐다.

울산분회는 상경투쟁 다음날인 7월 9일부터 이랜드제품 불매운동을 울산시 전역에서 전개하기 시작했고, 매주 금요일 오후 7시에는 울산점에서 촛불문화제를 진행했다.

이어 울산본부는 7월 18일부터 홈에버 사거리에서 1인시위를 시작했고, 홈에버 주변 아파트에서 홈에버 불매운동을 알리는 대규모 선전전을 벌였다. 또 민주노동당 울산광역시당 지역위원회 당원들은 7월 10일부터 홈에버-뉴코아 아울렛 매장 앞에서 이랜드 상품불매를 호소하는 1인시위를 진행하였다.

처음부터 문을 두드려 박아 버리니까 주민들이 쇼핑 장소가 거기 하나니까 쇼핑을 못하는 거예요. 주민들이 불편을 느끼면서 "문 열라"고 난리를 부리는 거죠. 그래서 "이걸 바꿔야 한다. 주민을 적으로 돌릴 수 없다. 주민을 설득하는 게 필요하다" 해서, A4용지에 그 내용을 적어서 아파트 전체에 다 뿌렸습니다. 우리가 집집에 다 붙였습니다. 처음에 경비들이 막았어요. 그런데 거기에 현대자동차 노동자들의 부인들이 있어요. 지역활동하는 사람들을 만나서 "부녀회 조직 좀 해달라" 하고, 아파트에 있는 활동하는 사람들을 찾아서 "선전물 붙이는 걸 하게 해달라" 해서 우리 조합원들이 가서 전체 아파트 문에다 한 부씩 붙이고. 부녀회가 조직되면서 "홈에버에 대해 성명서도 내고 불매하겠다"고 했죠. (김학근)

우리 매장 바로 옆에 아파트가 있어서, 거기는 다들 부녀회 하잖아요? 우리가 부녀회나 그런 데를 통해서 선전물도 붙이고, 또, "우리가 며

칠에 불매운동 한다"고 차량으로 다니면서 방송도 많이 했어요. "우리가 비정규직으로 일하고 있고, 회사가 저렇게 해고시키는 거 중단하라고 싸우는데, **이랜드불매운동에 동참해 달라**" 그런 것도 하고. 아파트에 장이 서는 날에도 가서 하고.

(주민들 반응은?) 그때 많이 동참이 됐어요. 불편을 말하는 사람은 그렇게 많진 않았는데, 간혹 가서 몸싸움 일으키는 사람들이 있어서 몸싸움했어요. 남자분들이 와서 불편하니까 고함지르면서 싸우기도 했는데, 많진 않았고요. 대부분 우리를 이해해 줬어요. (이해욱)

여기는 아파트 자치회, 부녀회가 현대자동차 조합원들의 부인이 많으니까. 그리고 민주노동당에서 결합한 분들이 있으니까, 특히 여성들은 당하고 결합한 분들이 많았어요. 그분들이 결합한 거죠. 방송은 이전부터 자주 했던 거라서, 이번에도 사용했던 거고. 이런 거 하는 건 전반적으로 분위기는 다 좋았어요. (김성규, 민주노동당)

7월 18일 오후 5시부터 7시까지 울산분회는 부분파업을 벌이고 매장 안에서 파업결의대회를 열었다. 김학근 분회장은 "조합원들이 이 메일 한 통에 밤새 잠을 못 잤다"며 회사가 보낸 메일을 읽어 내려갔다. 전 직원이 함께 기도해 주길 당부한 회사의 메일 내용은 다음과 같다.

불법파업이 잘못된 것임을 깨닫고 노동조합원들이 하나님 앞에 회개하고 현장으로 복귀하여 다시는 사탄의 유혹에 빠지지 않길, 점포를 점거하는 노조간부들이 체포되는 하나님의 역사가 일어날 수 있기를, 자신의 달란트(임금)에 대한 불만을 갖지 않는 성실한 종의 소임을 다할 것이다. (……)

김학근 분회장은 “저들이 우리를 언제부터 식구라고 여겼었나? 참 어이없는 글이지만 이 글에서 보면 우린 종이다. 이랜드자본은 지금까지 우리를 종으로 생각한 것”이라며 목소리를 높였다. 또 그는 사태 해결보다는 이번 사태를 정치적으로 몰아가려는 이랜드자본과 보수언론들의 태도를 지적하면서 “우리가 언제 정치라는 걸 알았냐? 정치적이 아니라 단지 단협을 지키라는 거고 고용을 승계하겠다는 약속을 지키라는 소박한 요구를 하고 있는 것”이라고 힘주어 말했다. 이어 울산본부 하부영 본부장과 대선합동연설회를 위해 울산을 방문한 심상정 대선예비후보의 연대발언도 있었다. 또 박혜욱 조합원이 ‘박성수 회장에게 보내는 글’을 낭독하기도 했다. 이날 집회는 애초 원천봉쇄를 하겠다던 경찰의 방침과는 달리 큰 마찰 없이 진행되었고, 오후 7시에 현장에 복귀하는 것으로 하고 마무리됐다.

한편, 이날 오후 8시 30분경 경인지방노동청 안양지청에서 재개된 노사교섭은 별다른 진척 없이 끝났다. 이상수 노동부 장관은 교섭 전인 오후 2시에 기자브리핑을 통해 “오늘 교섭결과에 따라 공권력투입 여부를 결정하겠다”고 밝혔다. 아래의 글은 대회에서 박혜욱 조합원이 낭독한 글이다.

[박성수 회장에게 고함]“당신에겐 없는 단결, 투쟁. 우리에게 있습니다”

박혜욱 조합원

숨바꼭질의 귀재, 박성수 회장님.

어디 숨어 있나요? 미국으로 가셨나요?

차가운 바닥을 요 삼고, 박스 조각을 이불 삼아 벌써 20여 일째 당신의 마음을 두드리는 이 사회의 어머니이자, 아내이며, 누이이고, 딸인 직원의 소리가 (……) 왜 그들이 집에 사랑하는 자식과 남편을 두고 지금 이러고 있는지 당신은 모르십니까?
다리가 퉁퉁 붓도록 일하고 직장의 부름에 크리스마스도 연말연시도 모두 직장에 바치며 서울, 대전, 부산을 멀다 하지 않고 찜질방에서, 작은 모텔방으로 피곤한 몸을 이끌고 열심히 다녔습니다.
돌아와서 몸살과 급성갑상선으로 병원에 입원하면서까지 일했습니다.
여기가 우리의 영원한 일터라 믿으며, 물론 매각 때 약속도 했지요? 고용승계 다 하겠다고….
그런데 돌아온 결과는 해고에 아웃소싱에, 이젠 당신 배 불리기에 바빠서 우리의 소중한 일자리를 빼앗으며 서울이다, 대구다, 마구잡이식 인사발령으로 한 달 겨우 80만 원 받는 직원들을 발령내며 연고지도 사유도 없이 갈 수 있으면 가고 없으면 조용히 나가라는 식의 발령….
그것 또한 양에 차지 않는지 눈가림식으로 내놓은 것이, 영원한 비정규직인 직무급제로 우리를 또 한 번 울리며 교묘히 법망 피해 갈 방법만 연구하는 당신이, 정말로 전 직원의 존경의 대상이 될 수 있는지 의심스럽습니다.
돈 없고 빽 없고 정치 모르는 우리는 당하고만 있어야 합니까? 당신들의 이러한 추태가 점점 더 우리를 분노케 하고 단결시키는 원동력이 되어 가고 있음을 알았으면 합니다.
우린 큰 것을 요구하는 것도, 무리한 월급을 달라는 것도 아닙니다. 우리의 정당한 권리, 내 일터에서 열심히 내 직장을 사랑하며 동료들과 함께 일하고 싶은 것입니다. 계약이 만료됐다는 이유로, 비정규직보호법 망을 피하겠다는 이유로 마구잡이 해고에 인사발령 횡포, 더 이상 참을 수가 없습니다.
130억 내는 당신만 힘 있는 것 아닙니다. 80만 원에 열심히 일하는 우리도 힘 있습니다.

단결의 힘. 투쟁의 힘. 기억해 주셨으면 합니다.
정의는 언제나 승리하고 참은 언젠가는 진실과 함께 꽃 피운다는 걸….
비바람 뒤에는 무지개도 핀다는 걸….
빨리 회개하시고 십일조 더 많이 낼 수 있는 방법이 노동자 탄압 이외에 무엇이 있는지 곰곰이 생각해 보시기 바랍니다. 직원들을 조금만 더 소중히 여기고 사랑하는 마음을 갖는다면 모든 것은 얻어지리라 생각됩니다.
하나된 모습으로 단결투쟁 승리하자!!

7월 20일 오전 10시경 서울 월드컵점 농성장에 공권력이 투입되어 위원장과 조합원들을 끌고 갔다. 이에 분노한 울산분회 조합원들은 항의투쟁을 위해 오후 2시 30분에 매장의 1층 로비에 모여 앉았다. 조합원들은 한 시민이 농성장으로 보내 준 도시락으로 식사를 마친 뒤에 몸짓패 '무리'가 준비한 기타 반주에 맞춰 노래를 배웠다.

오후 3시경부터 조합원들은 울산점 매장 입구 쪽의 통로를 막고 앉아서 집회를 진행했다. 울산본부 이채위 조직국장은 마이크를 잡고 월드컵점 농성장의 침탈 소식을 전하면서 "인터넷 지지 글을 써 달라. 투쟁 중인 조합원들에게 힘이 되어 달라"고 요청했다.

집회 진행 중에 몇몇 울산점 입구는 아예 셔터를 내린 채 철저히 봉쇄됐고, 입구 중 하나만 열린 상태였다. 그나마 그 입구에도 경찰이 앉아 있었다. 일부 경찰은 수시로 농성 대오의 동태를 살피며 오갔고, 관리자들은 농성 중인 조합원들에게 다가와 "불법이니 길을 만들라"며 은근한 협박을 가하기도 했다.

이어 3시 30분경에는 몸짓패 '무리'가 다시 나와 조합원들에게 '바위처럼'에 맞춰 율동을 가르쳐 주었고, 몇몇 조합원들이 앞에 나와 배운 율동을 즉석에서 하기도 했다. 울산점 매장을 찾은 시민들은 발걸음을 멈추고 조합원들이 율동하는 모습에 관심을 보였다. 집회 도중 한 조합원이 마이크를 잡고 '고객들에게 드리는 글'을 낭독하며 지지를 호소했다.

"고객 여러분. 우리는 홈에버에서 일을 하는 노동자들입니다. 저희가 이렇게 투쟁에 나선 것은 바로 이랜드 회사 측 때문입니다. 평화적으로 대화를 요청하고 협상이 잘 될 때까지 기다려 왔지만 사측은 임금체불, 불법노동행위로 나왔습니다. 저희도 가족이 있습니다. 하지만 언제 잘릴지 몰라 불안하기만 합니다. 이랜드가 불법행위를 중단하여야 합니다. 고객 여러분, 조금 불편하시더라도 이해해 주시고 지지해 주시기 바랍니다."

집회는 계속 이어졌고 조합원들은 8박자 구호로 "모니터링 폐지하라!"고 외쳤다. 모니터링은 회사 측이 노동자들의 작업과정을 일상적으로 감시하는 것으로 작업 태도에 문제가 있다고 판단하는 노동자를 동료들 앞에서 자아비판을 하도록 하는 비인간적인 행태였다.

오후 4시 10분에 농성 대오는 비교적 여유로운 분위기였다. 매장 안쪽은 고객이 거의 없을 정도로 한산한 편이고 계산대마다 보안요원들이 배치되어 있었다. 오후 5시 40분경 조합원들이 카트로 농성장으로 통하는 길을 막자, 회사는 안내요원을 배치해서 고객들을 우회시켰다. 계산대에는 대체 요원들이 투입되었고, 저녁이 가까워지자 고객들이 늘어났다. 조합원들은 깔고 앉아 있던 골판지 뒷면에 각자 요구사항들을 적고 그것을 발표하는 시간을 가졌다.

"우리의 위원장을 돌려 달라!"

"내 자리에서 일하고 싶다. 부서이동 협박 말라!"

"궁뎅이 아프다. 빨리 협상하자!"

"대체인력 너희들, 남의 일이 아님을 알라!"

각양각색의 요구가 생생하게 적혀 있어 박수를 받았다. 울산본부 이채위 조직국장은 시내 (구)주리원 백화점의 예를 들면서 "아울렛은 대부분 입점업체로 가득 차 있기 때문에 이랜드 측에 대항할 이가 아무도 없다. 여기서 우리가 무너지면 홈에버 역시 뉴코아 아울렛처럼 회사의 전횡을 제어할 수 없을 것"이라고 목소리를 높였다. 이어 마이크를 잡은 북구비정규센터 정민주 상담실장은 홈에버에는 없는 것이 많다고 비난하면서 "그런데도 홈에버에는 기도실이 있다"며 분통을 터뜨렸다. 홈에버에는 노동자들이 쉴 휴게실도 없었고, 노조 사무실도 없었다. 심지어 회사는 노동조합을 교섭의 대상으로 인정하지도 않고 있었다.

오후 6시 5분, 긴장감이 고조되었다. 자유롭게 출입하던 현관 셔터가 내려지고 경찰이 안팎으로 배치되어 봉쇄된 상황이었다. 건물 쪽문을 통해서만 출입할 수 있었고, 쇼핑 중인 고객들도 쪽문을 통해서만 나갔다. 경찰병력과 관리자들이 부산하게 움직였다.

매장 밖에서는 울산본부와 노동사회단체 주최로 오후 7시부터 '홈에버 파업투쟁을 지지하는 촛불문화제'가 열렸다.

당시 울산본부는 2007년의 중심사업으로 '87년 노동자대투쟁 20주년기념사업'과 '10만 조직화' 사업을 정했다. 이 사업들은 모두 비정규직 노동자들에 대한 조직화 과제를 포함하고 있었다. 거기에 2월부터 울산과학대 청소노동자 투쟁이 벌어지면서 비정규직투쟁에 대한 공감대가 형성되었고, 이어 삼성SDI 하청 노동자, 효정재활병원 간병사 노동자들의 투쟁이 꼬리를 물고 일어났다. 울산본부는 2대 사업과 맞물려 비정규직투쟁에 연대를 어떻게 확대시킬 것인가를 모색하고 있었다. 이런 상황에서 일어난 이랜드일반노조 여성노동자들의 투쟁은 서울을 중심으로 전국적인 관심을 끌기 시작했다. 울산본부도 지역에서 벌어지던 여성비정규직 노동자투쟁의 연장에서 울산분회 투쟁에 결합하기 시작했다. 특히 울산분회 투쟁은 김학근 분회장과 열정적인 여성조합원들이 지역연대를 모아내고 있었다.

2006년 노무현 정권의 비정규직법 개악저지투쟁, 그니까 비정규직 문제가 노동운동의 과제로 떠오르기 시작했고, 현대자동차에서는 2004년 말에 사내하청 문제가 불거지면서 '불법파견'이란 용어가 등장하기도 했죠. 그러면서 비정규직 문제를 심각하게 인식하고 있었고, 그래서 2007년에는 본부사업으로 '10만 비정규직 조직화사업'을 진행하면서 '87년 대투쟁 20주년 기념사업'을 아주 크게 준비하던 중이었어요. (……)
또, 학교급식 비정규직 노동자의 복직투쟁, 효정재활요양병원의 비정규직 노동자 해고반대투쟁, 뭐, 이곳저곳에서 비정규직 여성노동문제가 벌어져요. 그러다가 6월 30일 월드컵점거투쟁을 계기로 **비정규직 투쟁에 정규직이 같이 투쟁하는 것에 신선한 충격을 받았죠.** (……) 그 전에 김학근 분회장이 본부에 오고 간 것은 몰랐고, 서비스연맹 위원장이 "잘 챙겨 달라" 해서 김학근을 만났고. 그러면서 7월 8일 매출제로투쟁하고, 월드컵농성장이 털리면서, 민주노총에서 지침이 나오면서, 울산본부도 본격적으로 결합하기 시작한 거죠. (하부영, 울산본부)

3) 울산분회의 기습파업과 2차 매출제로투쟁

7월 21일에도 오후 1시부터 울산분회는 기습파업을 벌이고, 오후 1시 30분부터 울산점 계산대 입구를 봉쇄하고 매장 점거농성에 들어갔다.

> 기습파업은 예고 안 하고 분회장님 지침에 따라 우리가 일하다가 딱~ 나가는 거고. 그건 순간적으로 매장을 멈추게 하는 거잖아요? 계산대가 없으면 멈추니까. (이해욱) 파업한다고 못 박으면 사무실에서 다 내려오니까 준비 못하게 타격을 주려는 거지. (하남숙) 그것도 일종의 타격방법이에요. (이해욱) 분회장님이 삭~ 지나가면서 눈치 주면 바로 나와요. (박희정)

> 시간 파업할 때도 있고, 갑자기 통보해서 파업하기도 하고. 구별한 건 분회장이 조합원들 상태에 따라 고려해서 한 거죠. (……) 지역 동력이 살아 있어야 한다는 것도 있었지만 여성조합원들이라 분회장이 조합원들이 다치는 거에 대해, 최고 많이 신경 썼어요. (김성규, 민주노동당)

경찰병력이 매장 입구를 봉쇄한 가운데 조합원들은 조별로 계산대 입구에 모여 앉아 조 이름을 짓고 조마다 구호를 정했다. '아싸, 찍순이', '계약직 아줌마', '바위', '노조 불패', '2판 4판', '오뚜기', '단결 투쟁', '불나비' 등 8개의 조 이름이 새로 만들어졌다. 조합원들은 조별로 앞에 나와 구호를 외쳤다.

> "죽을 때까지 GO! 못 먹어도 GO!",
> "2판 4판 끝장 보자!"

"질긴 놈이 이긴다!"

"흔들림 없이 강하게. 바위, 바위, 투쟁!"

매장 안의 조합원들은 '바위처럼' 노래에 맞춰 함께 율동을 한 뒤에 민중언론 『참세상』에서 만든 동영상을 시청했다. 포스터 뒷면을 이어 붙여 만든 임시 스크린에서 7월 20일 월드컵점에서 농성하던 조합원들이 경찰병력에 끌려가는 모습이 보이자, 조합원들은 눈물을 훔쳤다. 이어 조합원들은 편지를 쓰는 시간을 가졌다. 이들은 편지글에 "우리가 무엇을 잘못했기에", "살겠다고 생존권을 지키겠다는 것이 죽을 죄인가 하는 두려움도 있었지만 이젠 더 이상 두렵지 않다"라며 "반드시 싸워서 이기겠다"는 다짐을 새겼다. 오후 2시부터 매장 밖에서는 울산본부와 사회단체들이 '2차 매출제로투쟁'을 벌였다. 경찰병력이 매장 입구에 도열하기 시작했다. 조합원들은 "경찰이 입구에서 물러나지 않으면 나가지 않겠다"라며 경찰과 실랑이를 벌이다가 4시 30분경 매장 밖으로 나왔다.

오후 5시 30분에는 매장 앞에서 울산분회 조합원들과 울산본부, 노동사회단체 회원들이 연대집회를 벌였다. 이들은 함께 주먹밥을 직접 만들어 나누어 먹고 난 뒤에 저녁 6시 30분부터 9시까지 장시간의 투쟁문화제를 했다. 문화제는 7월 20일 이랜드매장(홈에버 월드컵점, 뉴코아 강남점) 공권력 침탈을 기록한 영상을 상영하는 것으로 시작됐다. 15분 정도 영상이 상영되는 동안 참석한 모든 이들은 비통한 마음으로 분노했다.

이후 참석한 이들이 차례로 나와 발언하고 노래 부르면서 집회를 진행했다. 회사는 오후 집회가 시작될 때부터 매장을 닫았지만, 저녁 문화제가 끝나자 재개장을 하려 했다. 참여자들은 비를 맞으며 "마지막 폐점이 확실할 때까지 끈질기게 투쟁하자"고 외치며 막았다.

다음은 울산분회 조합원들이 동영상을 보고 연행된 서울의 조합원들에게 보내는 편지의 일부이다. 편지에는 울산 조합원들의 마음과 각오가 담겨 있었다.

동지들에게

아침에 보았던 장면을 또 보았지만, 또 눈물이 납니다. 감정에 겨워 그런 것이 아닙니다.

눈에 익은 동지들이 보였습니다. 지원 갔을 때, 상경투쟁에서 뵈었던 분들입니다. 우리가 바라는 것은 정말 작은 것인데, 왜 이렇게 짓밟으려 하는가요. 우리가 일하는 곳에서 고용불안 없이 일하는 것이 저들에게 해가 되었습니까? 공권력에 고합니다. 우리가 빨갱이로 저들에게 암적인 존재가 된 겁니까? 우리는 빨갱이가 아닙니다. 암적인 존재도 아닙니다. 노동법 1,000건이나 어기고 비정규직보호법이라는 악법도 안 지키는 저들을 보호하는 당신들 앞에서, 우리는 끌려간 동지들을 대신할 겁니다. 우리의 요구를 무시하고 오로지 우리를 치기 위한 당신들을 지켜볼 겁니다. 그리고 끝까지 투쟁할 것입니다. 당신들은 우리가 두려움을 느끼길 바라지만 우리는 두려워하지 않을 것입니다. 두려움은 두려워하는 자에게나 통하지 무섭지 않은 자에게는 아무런 위해를 가할 수 없습니다. 나아갈 것입니다.

동지들, 월드컵 동지들, 그리고 뉴코아 동지들.

48시간 뒤에, 다시 나올 때까지 건강하고 다시 투쟁에 나갑시다. 동지라는 말조차 입에 담아 보지 못했던 아줌마들이 모여서 삶의 터전을 지켜보겠다고 목에 핏줄이 터지도록 외치는 함성이 모여 작은 힘이 되고, 작은 힘이 모여 큰 힘이 되어 우리의 목적을 달성, 성취하는 그날까지 한 마음 한목소리로 투쟁합시다.
가슴속에 불타는 뜨거운 울분들을. 힘없는 노동자들, 동지들이여!
오늘도 차가운 바닥에 앉아서 외치는 목소리들을 들어 보소서. 노동부 장관, 대통령이여.
작은 행복과 자식을 위해 삶의 터전에서 일할 수 있도록 해달라는 힘없는 비정규직 노동자들의 함성을.

같은 길을 걷고 있는 동지들아!

지금 얼마나 무섭고 겁이 날지, 집에 두고 온 가족들이 얼마나 걱정될지 안 봐도 다 알 것 같구나. 큰 요구도 아닌 정말 노동자로서 우리의 일터를 지키게 해달라는 것뿐인데, 그것조차도 못하게 공권력을 투입시켜 저지시키는 모습이 너무도 어이없고 한심스러워 이 나라에 살고 있다는 것조차 부끄럽게 느껴지는구나.
지금 조금 힘들고 어렵지만 우리 끝까지 싸우자. 그리고 쟁취하자. 그리하여 우리 자식 대에는 절대로 비정규직이라는 단어를 물려주지 말자! 내 자식, 내 후손들을 위해서라도 끝까지 투쟁하자! 이제까지 싫은 내색한 번 않고 일한 자신이 부끄럽다. 내 살림살이같이 일했건만 끝내 우리에게 돌아오는 것은 계약해지와 공권력뿐이구나. 노동부 장관이라는 자가 중재해야 될 자기 본분을 망각한 채 자본가의 편에 서서 노는 꼴이 정말로 가관이로다. 동지들아, 힘내고 48시간 뒤 다시 만나자! 가슴이 아련해 오면서 그동안 참았던 눈물이 쏟아진다. 투쟁이란 단어가 무언지도 모르고 TV에서만 보았던 것이 우리 일이 될 줄은 정말 몰랐다. 노동가를 부르면서 가슴 아파하는 동지들을 볼 때마다 느껴지는 무언가 모를 뜨거운 감정은 무엇일까.
처음에는 많은 두려움이 있었지만 우리들의 단결된 힘을 보고 많은 힘을 얻는다. 서울에서 고생하는 동지들의 모습을 보면서 함께하지 못함이 미안하고 가슴 아프다. 내가 자리한 이곳에서 뜨거운 투쟁으로 나의 자리를 지키리라. 작지만 우리는 큰 힘을 가지고 끝까지 투쟁할 것이다.

우리 같은 뜻을 가진 동지들에게 보내는 편지

저는 사실 그 생생하고 소름 끼치는 현장을 하루가 지난 지금 이 순간에야 접하고 시청하게 되었습니다. 나 솔직히 두 아이의 엄마이고 아내이자 누이이고, 예쁜 여자입니다. 우리가 열심히 일해 피땀 흘려 꼬박꼬박 내지 않으면 안 되는 양, 큰일나는 양, 잡혀가는 양, 법을 어기는 양, 큰 피해가 오는 양, 세금을 착실히 내며 임무를 다하는 아주 소심하고 착실한 비정규직인 남편과 비정규직인 엄마입니다.

그런데 지금 너무 비통하고 분개스럽고 짜증나려 합니다.

공권력, 우리의 피땀으로 먹고 사는 하나의 떨거지 조각인 주제에 힘없는 우리 노동자들을 들었다 놨다 하고, 그런 만행에 당하는 우리들은 집에 돌아가면 애비, 에미, 누이 또는 자기들과 관련된 가장 가까운 수많은 사람들이 비정규직 노동자들일 것입니다. 그 심정을 가장 잘 알 것도 같은데 그 인간 같지도 않은 쓰레기 같은 짓거리들을 하면서도 아무 죄책감 없이 하루 세끼 꼬박꼬박 배를 채우며 살고 있다는 것에 대해 대단히 분개합니다. 우리는 반드시 승리할 것입니다. 나의 자리를 꼭 쟁취할 것입니다. 우리 아이들이 보고 있고, 응원하고, 지켜주고, 힘을 주고 있습니다.

나는 아줌마다. 이 땅에 아무도 못 말린다는 아줌마. 그 아줌마가 마음만 먹으면 못할 것이 없다. 그 악덕 E랜드 자본. 반드시 박살 내서 승리를 쟁취할 것이다. 반드시 승리하고 사수할 것이다.

7월 23일 오전 11시에 '이랜드일반노동조합과 뉴코아노동조합을 지지하는 울산지역 노동시민사회단체 연석회의'(연석회의)는 울산점 앞에서 기자회견을 열어 정부의 경찰병력 투입을 규탄했다. 이랜드와 뉴코아에 경찰이 투입된 직후인 7월 20일 북구비정규직센터에서 초동 모임을 가진 연석회의에는 23개 단체가 참여하였다.

연석회의는 이랜드가 100% 고용승계를 보장하겠다던 약속을 지키지 않고 비정규직 계약해지를 통해 대량해고를 진행한 점, 비정규직법은 비정규직을 보호하기보다는 비정규직의 고용을 불안하게 만드는 악법이라는 점, 노동부가 근로기준법 위반과 부당노동행위를 진행하는 이랜드 사업주에 대해 솜방망이로 처벌한 점 등을 비판하였다. 이어 이들은 "이랜드기업이 운영하는 북구 홈에버, 삼산동과 성남동 뉴코아 아울렛에 대해 '매출제로운동'을 진행하려 한다"면서 불매운동에 참여할 것을 밝혔다.

또 연석회의는 "공권력 사용 중단·구속자 석방·계약해지 중단-원직복직 이행·계속 근무 비정규직 정규직화 실시·용역전환-배치전환 중단, 고용안정 보장" 등을 요구했다. 협성노블리스 강종익 자치회장과 여성노조 울산분회 신인숙 사무국장은 아파트 주민과 여성의 힘을 모아 이랜드불매운동에 나서겠다고 밝혔다.

기자회견 직후 연석회의는 회의를 통해 참가단위 확대와 선전물 배포, 매출제로 현수막 제작 등 이후 방침을 결의했다. 연석회의는 홈에버 투쟁에 항상 결합하기로 했다.

(연석회의 기자회견은?) 분회장하고 얘기해서 지역대책위를 만들자고 해서 한 거고, 싸움은 울산본부가 주도했고 나머지 단위들은 지원하는 식으로…. 투쟁 초안은 분회장과 저하고 많이 정리했고, 그다음에

분회장, 민주노총 상근자가 논의를 했고요. (김성규, 민주노동당)

노조의 투쟁에도 회사는 태도에 변화가 없었다. 그러나 울산점의 매출은 타격이 큰 것으로 추정되었다. 투쟁이 진행될수록 고객 수는 더 줄어들 것으로 보였다.

조합원들은 파업은커녕 집회도 참석해 본 적이 없는 상태에서 투쟁을 시작했다. 조합원들은 회사의 무리한 행동을 직접 보고 겪으면서 분노하고 있었다. 그 때문에 처음에 멈칫거리던 조합원들이 투사로 돌변하고 있었다. 처음의 두려움과 어색함이 "한번 해보자"는 분위기로 바뀌어 갔다.

(초기 조합원들의 분위기는?) 처음에 왔을 때는 뭔가 정치적인 열망, 그리고 자기들이 가진 것을 빼앗겨야 한다는 것에 대한 분노. 그니까 이랜드가 다른 데에 비해 열악한데, 그래도 단체협약을 가지고 있었는데 그걸 빼앗겠다는 거, 그리고 가장 큰 거는 정규직이 될 수 있다는 것을 빼앗긴다는 것에 분노했고. 그리고 분회장의 지도력이 눈에 들어왔죠. 분회장이 조합원을 모집할 때, 탈의실에 앉아서 계속 한 명 한 명 만나서 얘기하고 설득하고 했거든요. 그러니까 조합원들이 다 좋아했죠. 되게 열정적이시고. (김성규, 민주노동당)

울산분회의 집회가 계속되는 과정에서 회사의 대응에 변화가 생기기 시작한 것은 7월 23일부터였다. 이날 오후 6시부터 울산분회는 매장점거농성을 벌였는데, 입점 업주들과 매니저들이 고성능 앰프와 피켓을 가지고 시위를 벌였다. 조합원들은 이들과 실랑이를 벌이기도 했지만, 2시간 동안 매장 안에서 2개의 집회가 진행된 것이다.

또, 7월 25일 오후 4시 30분부터 조합원들이 매장 안에서 파업을 시작하자, 입점 업주들이 조합원들의 집회 장소에 대형TV와 음향시스템을 설치하고 음악과 영상을 틀었다. 조합원들은 2층 로비로 집회장소를 옮겼다. 입점 업주들은 "왜 여기서 집회하냐?", "1층 가서 해라", "나가라"며 항의했다. 입점 업주들과 관리자들이 조합원을 제외한 집회 참석자들을 끌어내기 시작했고, 이 과정에서 몸싸움이 벌어졌다.

이처럼 회사는 투쟁 초기에는 별다른 대응을 하지 못하다가 울산분회 조합원들의 투쟁 열기가 높아지면서 연대 대오도 늘어나 투쟁의 규모가 커지자 입점 업주들과 관리자를 동원해 집회를 방해하기 시작했다. 이 시기에 서울에서는 회사가 구사대를 동원에 조합원들에게 폭력을 가했다. 이런 회사의 대응은 그동안 진행한 매출타격투쟁이 성과가 있다는 것을 보여 주는 것이기도 했다.

4) "이랜드투쟁은 우리 모두의 투쟁"

7월 27일 오후 3시에 홈에버 울산점 앞에서 울산분회 조합원들의 파업투쟁을 지키기 위해 300여 명의 노동자들이 모였다. 30도가 넘는 폭염도 노동자들의 투쟁을 막지 못했다. 이날 대회에서 울산본부는 다가오는 하기휴가에도 상근간부 50%가 휴가를 반납하고 이랜드투쟁에 결합하기로 했다는 결의를 전했다.

김학근 분회장은 서울에서 벌어지고 있는 구사대들의 폭력 상황을 전하면서 "박성수가 이제 위기의식을 느껴 마지막 발악을 하고 있다. 우리들의 투쟁이 더 강고해지면 우리들의 투쟁은 반드시 승리할 것"이라며 울산본부와 지역노동자들의 연대에 깊은 감사를 표시했다.

이어 문화활동가 유미희, 공공연맹 김진아의 공연이 이어졌다. 연석회의 대표로 이랜드노동자들의 투쟁을 지지하며 불매운동 선언 기자회견을 했던 이주노동자지원센터 최상범 상담실장이 발언했다.

이어 춤추는 도깨비 '무리'의 춤 공연이 진행되는 중에 "오늘은 더위가 심하니 바깥 활동을 자제하라"는 재난방송 메시지가 떴으나, 참석자들은 계속 집회를 이어갔다. 연대사에 나선 민주노동당 울산시당 김광식 위원장은 민주노동당 당직자 전원이 휴가를 반납하고 홈에버 불매운동을 성공시키기 위해 지역주민들을 조직하는 일을 계속해 나갈 것이라고 밝혔다.

오후 6시가 지나 대회가 끝나자 참석자들은 실천투쟁으로 '생수 한 병 사기'에 들어갔다. 회사 측은 셔터 문을 내리고 경찰병력을 앞세운 채 채증사진찍기에 바빴다. 분노한 노동자들이 셔터 문을 들어올렸다. 그러나 장바구니가 바리케이드가 되어 이들의 발길을 막았다. 30여 분 동안 경찰병력과 집회 참가자들 간에 심한 몸싸움이 벌어졌다. 매장 진입을 포기한 참가자들은 울산점 앞으로 다시 모였다.

저녁 7시부터 투쟁문화제가 열렸다. 문화제는 공연과 먹을거리 나누기로 진행됐다. 금속노조 현대차지부 교육위원들이 빵과 음료수를, 또 다른 참가자가 수박을, 전교조 울산지부 조합원들은 막걸리를, 울산여성행동에서는 부추전을 준비했다. 금속노조 현대차지부 현장조직 활동가들은 지지 현수막과 투쟁지원금을 울산분회 조합원들에게 전달했다. 조합원들은 냉커피를 준비해 왔다. 참가자들은 먹을거리를 나누면서 대구에서 노래와 춤으로 투쟁을 지원하기 위해 달려온 '좋은 친구들'의 공연을 함께 봤다. '좋은 친구들'은 울산본부에서 준비한 공연비도 투쟁지원금으로 냈다.

이어 7월 28일 저녁, 울산점 매장 앞에서 '8차 투쟁문화제'가 열렸다. 이날은 현대자동차를 비롯한 울산지역 주요 사업장의 여름휴가가 시작되는 날이었다. 휴가 첫 시작에 이랜드투쟁에 연대하려는 노동자들의 참여가 늘어났다. 전날인 7월 27일 서울지역 투쟁에 물대포가 동원되는 등 전투경찰의 과잉진압 소식을 전하면서 문화제가 시작됐다. 첫번째 연대 발언에 나선 울산시교육위원회 정찬모·이선철 교육위원은 스스로를 '노동자' 교육위원으로 소개하며, 이랜드자본의 행태에 대한 규탄과 지속적인 관심과 연대의지를 전했다. 그리고 울산건설플랜트노조가 포항에서 열린 '하중근열사 1주기 추모제'에 참가한 후 돌아오는 길에 집회에 참여하자 집회 분위기가 살아났다. 플랜트 조합원들은 이미 노조 소식지와 언론을 통해 이랜드투쟁의 상황을 잘 알고 있었고, 집회에서는 계속 연대의 마음을 담아 함성을 질렀다. 이종화 위원장은 이랜드투쟁과 건설플랜트투쟁 모두 본질이 똑같다는 것을 강변했다. 이랜드노동자들이 고용안정을 요구하는 것이나 건설플랜트노동자들이 기본적인 인간 대우를 하라는 것이나 같은 요구라는 것이다. 그렇기에 그는 "홈에버 여성노동자들에게 폭력이 자행된다면, 이는 건설플랜트노동자들이 당하는 것과 똑같기에 묵과하지 않고 바로 달려올 것"이라는 약속을 해 큰 박수를 받았다. 이어 민주노동당 류인목 북구위원장과 현대중공업 사내하청 조성웅 지회장의 연대 발언이 이어졌다.

한편, 투쟁문화제의 후반부는 북구비정규센터 정민주 상담실장의 진행으로 글자 맞추기가 이어졌다. 조합원들과 지역노동자들이 함께 조를 나눠 두 가지씩 투쟁 구호를 맞췄다. 맞춰진 글의 핵심은 "이랜드투쟁은 우리 모두의 투쟁"이라는 것이었다. 지금 벌어진 이랜드투쟁은 이랜드노조 조합원들만의 문제가 아니라 정규직·비정규직 가릴 것 없이 이 땅 노동자 모두의 투쟁이라는 것이다.

마침내, 울산분회는 8월 4일에 하루 전면파업을 벌이고 선전전과 투쟁문화제를 진행했다. 조합원들은 이날 오전 11시 북구비정규센터에 모여 회사 측의 손해배상청구에 대한 대응책을 논의했다. 회사가 하루 전인 8월 3일 조합원들의 집으로 우편을 발송해 손해배상을 청구할 것이라고 예고했기 때문이다.

이어 조합원들은 오후 4시부터 북구 호계 일대에서 불매운동 홍보물을 뿌리고, 오후 7시 투쟁문화제에 참석했다. 울산본부 하부영 본부장의 발언과 민주노동당 울산시당 청년위원회의 율동에 이어 김학근 분회장이 나와 회사 측의 태도를 비판하는 발언을 했다.

> "4월 5일 첫 교섭 이후 사측은 토씨 하나 안 틀리고 똑같은 소리만 반복하고 있습니다.
> 지노위가 과장급 조합원 자격을 인정하자 사측은 중노위 결정에 따르겠다고 했다가, 중노위 결정이 똑같이 나니까, 다시 대법원 결정에 따르겠다고 하고 있습니다. 이런 믿을 수 없는 관리자들과 어떻게 교섭을 할 수 있겠습니까?
> 지난 5월 10일 해고됐던 시흥점 호혜경 조합원이 지노위에서 복직 판결을 받고 8월 3일부로 복직 명령이 떨어졌지만, 회사는 중노위 제소도 하지 않은 채 복직을 안 시키고 있습니다.
> 법도 필요 없고 자기가 믿는 하나님만 법이라고 생각하는 박성수 회장이 조합원들 앞에 나와 진정으로 회개하는 날까지 끝까지 투쟁합시다!"

집회를 마치고 조합원들을 제외한 참가자들은 매장 안에 '반품투쟁'을 하러 들어갔다. '반품투쟁' 또는 '쇼핑투쟁'은 카드결제가 안 되는 1,000원 이하 물건을 계산대에 가져오거나, 아니면 아주 값싼 물건을 가져와서 동전으로 계산했다가 다시 그 물건을 반품하는 등의 행동으로 계산업무를 지체시키는 투쟁이었다.

그때는 1,000원짜리는 카드로 결제가 안 됐거든요. 그래 100원짜린지 얼마짜린지 잔돈으로 바꿔서 계산할 때인데, (하남숙) 카드결제는 카드 단말기가 따로 있기는 있어. (유영예) 그렇지. 그거 올 때까지 기다리는 거지. 그냥, 해달라고 시간을 끌면서. (이해욱) 그랬던 것 같아요. 그거 가지고 계산대에서 가서 취소하고 또 고객센터에 가서 반품하고. (유영예)

5) 3차 이랜드매장 집중타격투쟁

지역노동자들의 여름휴가 마지막 날인 8월 5일 오후 3시부터 '3차 이랜드매장 집중타격투쟁' 집회가 삼산동 뉴코아아울렛 매장 앞에서 진행됐다. 울산본부 하부영 본부장의 발언에 이어 김학근 분회장은 뉴코아 건물 안에서 밖을 지켜보고 있는 사람들에게 "올 5월 삼산 뉴코아에 일하는 비정규직들이 전원 아웃소싱되거나 외주화됐다. 위에서 보고만 있지 말고 여기 내려와 함께해야 한다"며 투쟁에 함께할 것을 호소했다.

집회 사이사이에 참석자들은 노조의 3가지 요구인 "체불임금 지급하라·부당해고 철회하라·노조탄압 중단하라"라는 피켓을 들고 뉴코아 매장 밖을 돌기도 했다. 집회가 마무리될 즈음 민주노총 이석행 위원장과 국회의원 권영길·이영순 의원, 민주노동당 문성현 대표 등이 집회에 참여했다.

이어 오후 7시에 울산분회는 홈에버 앞에서 투쟁문화제를 열었다. 이날은 민주노동당 울산시당 노옥희 민생특위 위원장의 이야기를 시작으로 투쟁을 경험했던 선배노동자들의 이야기가 이어졌다. 특히 노옥희 위원장은 자신의 경험 속에서 집중투쟁이 필요하다는 것을 힘주어 말했다.

> "전교조를 만들던 때 함께했던 동지들은 나 혼자 살기 위해, 해고되지 않기 위해 그만두면, 다른 사람들이 힘들어질 것을 알았습니다. 그 생각 하나만으로 똘똘 뭉쳤었습니다. (……) 아마 그때 해고되지 않았다면 지금 많이 후회했을 것입니다. 이랜드투쟁 또한 마찬가지입니다. 지금 집중해서 이 투쟁을 하지 않으면 나중에 후회합니다. (……) 조합원 모두가 서로 힘이 되어 전력을 다해 투쟁해야 할 것입니다. (……)"

한편, 울산분회가 회사를 상대로 법적 대응에 나섰다. 8월 6일 울산분회는 울산지법 앞에서 기자회견을 열고, 법원과 검찰에 체불임금 지급명령신청과 고소장을 각각 접수했다.

울산점은 2006년 12월 23일부터 25일까지 서울 월드컵점에 15명, 2006년 12월 29일부터 2007년 1월 1일까지 서울 방학점에 18명을 지원 근무를 보냈다. 그런데, 회사가 서울까지 이동한 시간에 대해 임금을 지불하지 않았다. 울산분회는 이를 계산하여 총 107만 4,500원의 체불임금을 지불할 것을 요구하며 법원에 '지급명령신청'을 낸 것이다. 노동부도 이랜드 측에 체불임금을 지급할 것을 명령했지만, 회사는 조합원 개인당 약 4만 원도 되지 않는 체불임금을 지급하지 않고 있었다.

울산분회는 또 검찰에 홈에버 울산점 이상용 점장 외 12명과 입점업체 대표 이종민 사장 등을 노조 업무방해로 고소했다. 그동안 울산분회는 항상 매장 1층 계산대 앞에서 평화적으로 선전활동과 조합원 보고활동을 해오면서 고객 통로를 확보해 뒀는데, 2층 업체에서 매대를 갖고 내려와서 노동조합 활동을 방해했다는 것이다. 입점 업체가 대형 앰프를 틀면서 대항집회를 하는 것은 명백한 업무방해라는 것이었다.

이와 함께 울산분회는 울산노동지청에 "그동안 지급하지 않은 보전수당을 지급하라"며 홈에버 울산점을 상대로 고발장을 접수했다. 까르푸 시절 근로계약에 명시된 보전수당을 회사가 주휴수당처럼 취급하면서 지급하지 않았기에 울산분회는 까르푸로부터 영업양도양수를 한 이랜드가 그 책임을 지고 미지급된 보전수당을 지급하라고 주장했다. 그 내용은 까르푸 시절부터 일해 온 비정규직 노동자 32명이 한 달 평균 10만 원 정도의 보전수당을 지급받지 못한 것으로 "까르푸에서 3년을 근무한 경우 360만 원의 임금이 체불된 것"이었다.

이처럼 낮은 임금임에도 그 임금마저도 떼어먹는 회사는 8월 3일 14명의 조합원에게 1억 원의 손해배상을 청구했고, 영업방해가처분신청을 통해 사실상 노조의 쟁의권을 박탈했었다.

> 리모델링을 하면 얼마 기간 쉬거든요. 그 기간에 다른 점 오픈하는 데 지원가는데, 그때 월드컵 오픈할 때 우리가 단체로 갔거든요. (유영예) 방학점 오픈 할 때도 갔지. (하남숙) 근데 월드컵이 크잖아요? 헬퍼 많이 다니고, 까르푸 때 다닐 때는 차비를 다 줬어요. 서울 같은 경우 이동시간만 해도 3시간, 4시간 되잖아요? 그런데 이랜드는 그 이동시간을 안 쳐주니까 "이동시간도 일한 시간으로 해달라" 소송 걸었던 거지. (……) 법원에서 임금지불하라고 했는데, 회사가 지불을 안 해서 사무실에 차압을 붙였더니 바로 돈 나왔잖아요. (이해욱) 그래서 사람들이 "노동조합 대단하다"고 하고. (유영예)

법률원에 확인하니까 "이동시간은 법적으로 근무시간을 보장받게 되어 있다"고 하더라구요. 그래서 소송에 들어간 겁니다. "거기 간 사람들 전부 다 4시간씩은 계산해서 돈을 지불하라"고 법원판결이 났는데, 회사가 그 돈 지급을 안 하는 거예요. 그래서 제가 회사 사무실 집기를 압류했습니다. 압류딱지 붙이고 한 시간도 안 돼서 돈 들어왔다고 연락이 왔더라구요. 그래서 압류 풀고. 그 돈이 120만 원 정도인데 조합원들에게 나누려니까 안 받는다 해서, 전부 조합비로 넣어서 투쟁기금으로 썼던 겁니다. 조합원들이 아주 좋아했습니다. (……) 그 이후부터 회사가 이동시간에 대한 걸 명문화시켜서 돈을 주기 시작한 거죠. (김학근)

2. 천막농성 돌입과 김학근 분회장의 구속

1) 천막농성(8월 9일)

8월 7일 울산본부는 울산분회 투쟁에 대한 결합방식을 바꿨다. 이랜드 여성노동자 투쟁이 전국적인 비정규직투쟁의 상징으로 부상되었고, 또 투쟁이 길어지자 울산본부는 울산분회와 같이 '투쟁본부'를 구성하고 투쟁에 보다 책임을 갖고 결합하기 시작했다.

투쟁이 장기적으로 되면서, 이끌고 책임질 단위가 필요하다고 판단해서, 울산본부가 중심이 되어 이랜드분회하고 같이 투쟁본부를 만들죠. "성경에는 노조가 없다"는 말을 듣고 제가 "노동법에는 박성수도 없다"는 연설도 많이 하고, 그러면서 "이게 보통 일이 아니다, 장기전이다, 책임지는 단위를 만들자"고 해서. 지역은 끝까지 같이 투쟁하려고 한 거죠.

원래 울산본부에서 비정규직 문제는 이영도 수석부본부장이 투쟁담당이었는데, 이 투쟁이 다른 데보다 상징성이 커지고 길어지면서 제가 투쟁본부 본부장으로 앉게 되죠. 그때 여성조합원들의 투쟁의지가 상당히 높았기에, 그걸 감히 누가 꺾을 수 있는 상태가 아니었고, 특히 40~50명 정도는 열기가 아주 높았거든요. (하부영, 울산본부)

한편, 8월 7일과 8일 쏟아지는 빗속에서 투쟁문화제를 진행한 울산분회 조합원들은, 8월 9일, 홈에버 울산점 앞에 천막을 설치하고 농성에 들어갔다. 이날 조합원들은 오후 2시부터 전면파업을 벌이고 북구비정규센터에 모여 천막농성과 관련한 총회를 진행했다. 4시부터 6시까지는 조를 편성해 향후 투쟁에 관한 토론을 벌였고 천막농성장 사수와 투쟁승리를 결의하였다. 이어 이들은 투쟁문화제에 결합했다.

울산본부가 '투쟁본부'로 전환한 뒤 3회째 열리는 이날 투쟁문화제에는 금속노조 현대차지부 2팀 조합원 100여 명이 결합했다. 김학근 울산분회장의 여는 발언에 이어 집회가 진행되는 동안 홈에버 입구에는 플랜트건설노조 울산지부 조합원들이 홈에버 조합원들의 거점이 될 천막을 설치했다. 이를 본 홈에버 관리자가 사회를 보던 울산본부 이채위 조직국장 앞을 막아서며 텐트 자리를 옮기라고 실랑이가 벌어지기도 했다. 이채위 조직국장은 "조합원들이 현장 안에서 자신의 의사 표시를 할 수 없도록 해 놓았기 때문에 천막을 칠 수밖에 없다. 천막농성투쟁은 이 투쟁의 새로운 시작을 의미하는 것"이라고 했다.

투쟁문화제에 참가한 금속노조 현대차지부 노동자들을 대표해 모비스위원회 김양우 의장이 투쟁 발언을 한 뒤에 곧바로 50여 명의 지역노동자가 홈에버 매장으로 들어가 50가지 이상의 물품을 장바구니에 실어 놓고 그냥 밖으로 나오는 '구매투쟁'에 들어갔다. 구매투쟁은 집회 도중 두 차례에 걸쳐 진행됐는데, 3일째 진행된 이 '구매투쟁'에 대해 홈에버는 장바구니를 3층 주차장으로 옮기고 1층 입구에는 없애는 것으로 대응하기도 했다.

투쟁본부 하부영 본부장은 "서비스 유통노동자들의 투쟁이 제조업 동지들에겐 서먹하고 낯설 것이다. 그러나 이 투쟁은 비정규직 악법을 폐지하는 투쟁으로 나아가야 한다"고 주장했다. 이어 그는 민주노총 통일선봉대들이 충남에 있는 홈에버 천안점에서 경찰병력에 의해 포위되고 그중에 36명이 연행됐다는 상황을 전하고, 더 큰 투쟁으로 맞설 것을 호소했다. 천막농성에 들어간 울산분회는 7개 조로 나누어 하루씩 전면파업과 단위사업장 방문 등 홍보활동을 벌이고, 저녁에는 전체가 부분파업에 들어가 투쟁문화제에 결합하기로 했다.

(천막농성은 왜 시작한 거죠?) 우리는 부분파업을 계속하는데, 다른 데는 천막 다 치고 하더라고요. 처음에는 천막 사수를 어떻게 할 거냐는 문제 때문에 천막을 안 치려고 했는데, 싸움이 격해지고 회사에서 고소·고발이 들어오면서 "천막을 치고 그쪽으로만 하겠다" 해서 천막을 쳤던 거고. 그리고 이걸 하면서 "선전전을 하기 위해서 차가 필요하다. 우리 차도 없다" 해서, 제가 조직별로 공공, 화물, 뭐 해서 방송차를 하루에 한 번씩 빌려 줬습니다. 우리 조합원들이 녹음해서 북구지역 전체를 돌면서 방송 순회하고. 거기서 차 한 대씩에 사람 한 명 따로 나왔고, 그러면서 싸움이 본격적으로 시작이 되는 거죠. 그때부터는 물러설 수 없이 쭉~ 가는 거죠. 그전에는 우리가 그냥 부분파업 뭐 선전전 위주로 가다가 천막농성 시작하면서 우리 싸움이 시작됐던 거죠. (김학근)

(천막에서 상주한 분은?) 김성규 씨하고 이채위 국장도 와 있고, 다들 우리 투쟁에 붙었다고 봐야지. (유영예) 기율 씨도 짬만 나면 와 계셨고. 그다음에 시의원이나 구의원님들도 오고. 이승근 씨도 거의 와서 살고, 또 사진 잘 찍는 배문석도 오고. 하여튼 민주노총 지역본부에서 많이 오셨어요. 짬만 나면 다 와서 지켜 주셨고, 박병석 노동자 시의원님들도 와서 노래도 같이 부르고. 이향이 노동당원도 많이 왔지. 진짜 그

런 분들이 거의 했어요. (이해욱)

(천막 운영은?) 돌아가면서 당번제로. 조를 짜서 매일의 당번을 정했던 것 같아요. 거기서 자는 거는 학근 씨하고 경만 씨하고 주로 남성들이 하고, 여성들은 낮에 돌아가면서 지키고. 밥도 준비해 오고 반찬도 해 오고. 경만이가 진짜 고생 많이 했어요. 덥고 춥고, 아휴. (유영예)

(기혼여성들이 많은데?) 그런 것을 다 배려해서 투쟁을 짠 거예요. 투쟁 시간이든지 투쟁 당시 일정들을 다 그런 것들을 배려해서 기획을 한 거죠. 그래서 천막농성은 분회장하고 남자대의원인 서경만, 나, 민주노총 상근자들이 돌아가면서 당직을 섰거든요.

(울산의 남성노동자들과 여성노동자들의 투쟁 분위기가 다른가요?) 투쟁력이나 활동에서는 차이는 없는데, 실제 생활적인 거에서 차이가 나죠. 가정 일을 해야 하니까 투쟁하면서는 낮에 집회하고 밥 해주러 집에 갔다가 다시 와서 저녁 집회하는 식으로.

(개인 상황들은 어땠어요?) 일단 "파업은 즐겁게 하자" 해서 즐겁게 진행했던 거 같아요. 분회장에 대한 신뢰도가 높았기 때문에 소통이 원활했고. 그리고 실제 정규직에 대한 열망이 높았고, 가족들이 노동자들이 많으니까 지원해주고 인정해 주는. (가족 지원은?) 차로 데려가고 데려오기도 하고. 지역 분위기가 좋았던 거고. 그리고 전술 자체도 가족 문제에 너무 침해되지 않도록 배려하고 조절하고. 시간 배려라든지. (김성규, 민주노동당)

울산분회는 천막농성을 시작하면서 자신들의 투쟁을 본격적으로 벌여 나가는 것으로 판단했다. 그 때문에 이전에는 지역단체에게 간헐적으로 지원을 받으며 투쟁을 벌였던 것과는 다르게, 보다 체계적인 조건이 필요하다고 판단했다. 이에 울산분회는 울산본부에 천막농성장을 지키면서 지속적인 투쟁을 벌이기 위해 여러 요구를 했다. 우선 천막농성을 사수하기 위해서는 울산본부 상근자를 파견해 줄 것과 울산본부의 운영위원회 회의를 천막에서 진행해 줄 것을 요청했다. 울산본부는 이를 받아들여 상근자 2인을 울산분회 투쟁에 파견했고, 본부 운영위원회 회의를 천막농성장에서 진행하는 등 울산분회 투쟁에 전격적으로 결합했다.

> 천막농성 하기 전까지는 거의 북구비정규직센터의 친구들하고 같이 할 수 있는 거 하고, 뭐 체계적으로 안 되는 거예요. (……) 그래서 월드컵점 털리고 뭐 이래저래 분위기도 안 좋고 "그러면 우리도 인제 뭔가를 해야겠다"라는 게, 절박한 시점이 되니까, 그래서 천막농성 주장하면서, 제가 지역본부에 요청해서 체계적으로 하자고 요청했고, 그 자리에서 다들 거부 못한 거죠. (……) 초기에 울산의 분위기가 좋았거든요. 천막 치면서 지역본부에 요청해 "지역본부가 이걸 사수해 달라"고, 우리가 부족하니까, 그리고 "지역본부 운영회의를 여기서 해달라", "지역본부 상근자를 파견해 달라"그랬어요. 그래 지역본부가 운영회의를 매주 월요일에 천막에서 계속했습니다. 그리고 지역본부 상근자인 전필원, 이채위 국장이 파견이 되어서, 우리 천막으로 출근하면서 싸움이 본격화되고 체계적으로 되는 거죠. (김학근)

2) 4차 매출저지총력투쟁

8월 11일 오후 3시부터 뉴코아아울렛 성남점 앞에서 울산본부가 주최하는 '홈에버 매출저지 4차 총력투쟁대회'가 열렸다. 이날 대회에는 울산분회 조합원들과 삼성SDI 비정규직 해고노동자, 그리고 전국 순회 중인 자주통일선봉대 등 300명이 참석했다. 하부영 울산본부장은 "1,000여 명의 비정규직 여성노동자를 길거리로 내몬 주범인 박성수 회장을 민주노총이 직접 체포조를 결성해서 경찰에 인계하겠다"고 했다. 이어 '노래마당'의 노래공연이 있었고, 발언에 나선 민주노동당 울산시당 이용진 노동위원장은 "이랜드는 정규직 위원장이 스스로 비정규직 문제 해결을 위해 구속을 각오하고 투쟁했다. (……) 정규직 중에 이런 노조간부가 얼마나 되겠느냐? (……) 이랜드노동자들의 투쟁이 정규직 대공장노동자들의 가슴에 새로운 열정을 심어 주고 있다"고 연대사를 했다.

'무리'의 춤 공연에 이어 최금섭 울산본부 자주통일선봉대장의 발언, 그리고 자주통일선봉대와 삼성SDI 비정규직 해고노동자들의 율동이 이어졌고, 금속노조울산지부 고강알루미늄지회 홍성근 지회장과 울산분회 서경만 대의원이 발언에 나섰다. 서경만 대의원은 연대에 감사의 발언으로 "투쟁이 승리하면 다른 어려운 사업장을 찾아가 열심히 연대하겠다"고 발언했다. 이어 울산분회 공양미 조합원이 8월 10일 금속노조울산지부 세종공업지회에서의 홍보활동을 보고했고, 조합원들과 함께 '바위처럼' 노래에 맞춰 율동을 선보였다.

3) 울산분회의 전면파업과 5차 매출제로투쟁

8월 18일 오후 3시부터 북구 쌍용아진아파트 장터에서 '이랜드-뉴코아투쟁 승리를 위한 울산노동자 결의대회'가 열렸다. 폭염주의보 속에서 진행된 이날 집회에는 울산본부의 조합원들과 노동사회단체 회원

600여 명이 참여했다.

울산본부 하부영 본부장은 "2006년에 민주노총이 10번 파업해도 비정규악법을 막지 못했지만, 이랜드노동자들의 파업이 민주노총이 하는 10번의 파업보다 더 큰 투쟁을 만들어 가고 있다"면서 추석까지 장기간 매출제로투쟁과 불매운동을 벌여 나갈 것이라고 밝혔다.

집회를 마친 참가자들은 자주통일선봉대로 구성된 체포조를 선두로 1km 정도 거리에 있는 울산점까지 행진했다. 홈에버는 이미 철망을 내리고 영업을 중지한 상태였다. 참가자들은 마무리집회를 이어 나갔다. 매장 앞에서 다시 열린 집회에서 김학근 울산분회장은 "자르지 마라. 다른 곳으로 보내지 마라"는 소박한 요구에 이랜드 박성수 회장은 "집에 가라. 업체로 가라"며 비정규법이 발효되기도 전에 뉴코아 계약직 전원을 아웃소싱시켰다면서 "끝까지 이 투쟁 사수하고 승리해서 연대에 보답하겠다"고 말했다.

노옥희 민주노동당 울산시당 민생특위 위원장, 플랜트건설노조울산지부 이종화 지부장의 발언에 이어 '춤추는 도깨비 무리'의 춤 공연이 있었다. 뒤이어 발언에 나선 김승봉 금속노조 한진중공업 울산지회장은 "이랜드, 효정재활병원, 삼성SDI 비정규직 노동자들의 투쟁을 사수하고 승리하지 못하면 우리 노동운동의 미래는 없다"라고 주장했다.

김학근 분회장의 사회로 이어진 2부 집회는 울산분회 조합원들이 조별로 나와 발언과 노래, 율동을 선보이는 순서로 진행됐다. 집회는 3부와 4부로 이어져 밤 10시가 넘어서야 끝났다.

이날 민주노총의 매출제로투쟁은 전국 12개 매장에서 9,700명이 참여해서 진행됐다.

한편 8월 18일부터 전면파업을 벌이는 울산분회 조합원들은 법원의 가처분과 손해배상청구에도 계속 울산점 매장 안으로 들어가 투쟁문화제를 열었다. 또, 천막농성에 이어 전면파업을 하면서 조합원들은 온종일 투쟁을 벌이기 시작했다. 이들은 새벽부터 출근해서 피켓 시위를 하는 것으로 하루의 일정을 시작했다.

> 전면파업을 해가지고 "이제 들어가지 마라" 해서 우리는 매일 아침에 북구비정규센터에 가서 교육도 받고. (하남숙) 출근은 매일 했죠. 모여가지고 노래도 배우거나 교육도 받고. 선전전 준비도 하고, 시간 나면 장구도 치고. (박희정)

> 아침에 새벽부터 피켓을 들고 서서 하는 거 돌아가면서 하고. 6시 몇 분인가? 현대자동차 출근 시간에 맞춰야 되니까, 아무래도 제일 큰 데가 자동차니까. 알리고 그리고 연대 좀 해달라고. 우리가 현대자동차 안에까지 들어갔어요. 식당도 가고 사무실도 가고, 현장도 가고. 효성그룹도 가고, 에스케이(SK)도 가고. 삼성 SDR인가도 가고. 이 주위에 있는 회사는 다 돌았을 거예요. (반응은?) 그때는 "몸은 못 가도 응원한다"고들 많이 했었던 것 같아요. 그래서 우리가 "아니, 몸까지도 원한다"는 이야기까지도 했던 것 같아요. (웃음) (하남숙)

이처럼 이들의 하루는 새벽에는 출근하는 공장노동자들을 향한 아침 선전전을 진행하고, 그 뒤에 각자의 집으로 돌아가서 집안일을 했다. 이들은 다시 천막농성장에 모여 연대투쟁을 가거나 방송차를 타고 지역의 여성 주민들을 대상으로 한 차량 선전전을 했다. 그 사이에 시간을 내어 교육을 받거나 문화활동을 연습하기도 했다. 이는 "8월 31일 아침 7시부터 덕양 삼거리에서 아침 출근투쟁을 해서 선전전을 한 뒤, 오후 2시부터 노동가요 배우기를 하였다. 노동가요 배우기에는 현대차노조 김봉윤 조합원이 맡아 진행했다"는 기록에서도 확인된다. 그리고 저녁에는 매장 앞에 다시 모여 고객을 향한 불매운동인 집회를 했다.

집에 가서 먹고 씻고 나서 좀 있다 연대하러 가고. (하남숙) 연대도 많이 가는데 다른 사람들도 우리 연대 오고. (유영예) 우리가 힘이 없으니까 어떨 때 연대가 많이 안 오면 솔직히 좀 힘도 빠지고 두렵기도 하고. 왜냐면 사복경찰들이 와서 항상 지키고 있으니까. 우리가 연대를 가야지 또 와주는 것도 있으니까. (이해욱) 그리고 방송차 타고 돌면서 방송하고. (하남숙) 나는 불법운전 했대이. 면허증이 2종인데, 그 봉고차 있잖아요? 그거 운전하고. (유영예) 몇 명 나누어서 우리가 운전했어요. 이쪽 마을 가고 저쪽 마을 가고 이랬으니까. (이해욱) 허영숙 언니네 한 차, 우리가 한 차, 나하고 종숙이하고 한 팀이야. 저녁에도 또 있잖아? 매장봉쇄투쟁하러 나오고. (유영예) 맞아, 하루에 서너 번씩 왔다갔다 한 것 같아요. (이해욱)

투쟁 중의 식사는 지지연대 세력들의 후원금이나 주변의 사람들이 음식을 사다 주는 것, 또 기혼여성들이 다수이다 보니 집에서 도시락을 싸 온 것 등으로 해결했다.

그때 연대에서 후원금도 들어오고, 주안약국에서 김밥 많이 사다 주셨지. 후원금으로 길가에서 김밥도 먹고, (하남숙) 진짜 김밥 많이 먹었어요. 그리고 또 천막 같은 데는 아줌마들이니까 도시락도 싸서 가져와서 같이 먹고. (하남숙)

4) 6차 매출제로집중투쟁

8월 25일 오후 3시 30분에 울산본부는 북구 쌍용아진아파트 장터에서 기자회견을 열어 회사가 울산분회 조합원 44명에게 청구한 2억여 원의 손해배상청구를 취하하라고 촉구했다. 회사는 7월 26일에 김학근 분회장을 비롯한 조합원 15명에게 1억 원의 손해배상신청을 한 데 이어 8월 23일에는 추가로 29명의 조합원에게 1억 100만 원의 손해배상을 청구했다. 화장실 한 번 마음 놓고 가지 못하면서 두 다리가 퉁퉁 붓도록 일해도 한 달 80만 원의 임금을 받는 여성노동자들에게 1억 원의 손해배상청구는 목숨을 내놓으라는 것과 같았다.

또, 울산점은 김학근 분회장과 3명의 대의원을 업무방해 등의 혐의로 고발하더니 업무방해가처분을 통해 합법적으로 벌이는 쟁의행위조차 할 수 없도록 만들려 했다. 더구나 조합원들이 유통기한이 지난 가공식품을 판매한 것을 고발하자, 회사는 '노조 자작극' 운운하며 무고죄로 고발했다. 이처럼 대량해고로 시작된 이랜드사태가 신종 노동탄압으로 이어지고 있었다.

기자회견 이후 오후 4시부터 '이랜드자본 규탄집회'가 열렸다. 참가자들은 집회를 마친 후 울산점으로 행진하였고, 매장을 봉쇄하고 집회를 이어갔다. 김학근 분회장은 "이번 주부터 업무방해가처분을 뚫고 매장 안 집회를 계속하고 있다"면서 "조합원들이 흘린 눈물만큼 100배 응징해 고용안정을 보장받을 때까지 끝까지 투쟁하겠다"고 밝혔다. 박종렬 조합원은 '우리가 투쟁에서 반드시 승리해야 하는 이유'를 발표해 큰 박수를 받았다. 울산분회 조합원들과 집회 참가자들은 14개 조로 나눠서 조별토론을 벌였고, 토론 결과를 대자보로 정리해 울산점의 전면 유리창에 이어 붙였다. 이날 집회는 밤 10시까지 계속됐다. 이처럼 민주노총의 이랜드매장 매출저지투쟁 지침으로 울산본부도 6차례에 걸쳐 투쟁을 진행했다. 실제 6차례에 걸친 매출저지투쟁을 벌일 동안 울산점은 매장문을 닫아야 했다. 그 결과 매출이 어느 정도인지는 확인되지 않았지만, 매출에 타격을 준 것은 확실해 보였다.

> 우리를 완전히 매장을 못 들어가게 하고, 그럴 때마다 매출이 없으니까 점장이 대개 곤란해지신 것 같아요. 울산이 세지니까 위에서 울산을 주시하면서 점장이 위에서 많이 압박을 받은 것 같아요. 그니까 매출 뚝뚝 떨어지지, 그래서 울산이 효과는 있었어요. (이해욱)
>
> 매장봉쇄투쟁 할 때 규모가 꽤 컸고, 그거는 우리 힘으로는 절대로 안되죠. 문이 두 개인데 앞에 막았지, 옆문 막았지, 차량 올라가는 데나, 주차장도 막아야 했고. (유영예, 박희정).

울산점만이 아니라 6차례에 걸쳐 전국에서 진행된 매출제로투쟁으로 회사는 타격을 받았다. 이에 회사는 다시 노조에게 압박을 가하기 시작했다. 9월로 계약이 만료되는 울산점 조합원 8명에 대해 회사가 재계약을 하지 않겠다는 통보를 한 것이었다. 이 밖에도 목동점에서 4명, 면목점에서 3명, 일산점에서 2명, 계산점에서 1명, 월드컵점에서 1명이 재계약거부 통보를 받았다. 사실상 '해고통보'인 셈이다. 이들은 모두 조합원으로 현재 노조의 지침에 따라 두 달이 넘도록 파업을 벌이고 있었다. 이렇게 알려진 조합원들만이 아니라 비조합원 가운데도 상당수가 이들과 마찬가지로 계약해지 통보를 받았을 것으로 추정되었다. 특히 이번에 계약해지 통보를 받은 조합원 중에는 다가오는 9월에 입사 17개월째를 맞는 사람도 있었다. 그 때문에 회사가 "18개월 이상 근무자의 경우 계약기간 만료를 근거로 계약해지 않는다"는 단체협약 조항을 피해가기 위해 악의적인 계약해지를 한 것으로 보였다. 그동안 노사는 3~18개월 근무자의 고용보장 방법에 대해 이견을 보여 교섭이 교착 상태에 있었다.

이에 9월 1일 울산분회는 울산점 정문에서 기자회견을 열어서 8인의 조합원에 대한 계약해지 통보는 정당한 파업투쟁에 대한 탄압이라고 주장했다. 오후 4시, 내리는 비에도 울산분회와 울산본부는 '이랜드투쟁 승리를 위한 집중집회'를 열었다. 집회 도중에 매장을 봉쇄하려는 집회 참가자들과 입점 업주 및 용역직원들이 충돌했다.

> 그때 재계약을 안 한다고 해서 종렬이하고, 박명희, 순남이하고 걔들 8명인가? 통보받고, 그 가운데 그만둔 애들이 1~2명 있었어요. 보니까 힘들거든. 그래도 조합원들은 많이 동요하진 않았던 것 같아요. (이해욱) 오히려 종렬이하고 몇 명은 더 열심히 했지. (하남숙) 더 열심히 끝까지 내가 해보겠다는 애가 있고, 이거 내가 해서 뭐하나 하면서 한두 명 빠지고. 그렇게 갈린 거 같아요. (이해욱) 근데 나중에 본인이 희망하는 사람은 다 복직이 됐어요. (하남숙)

5) 추석 매출타격투쟁과 노조간부 3인의 연행

울산분회와 울산본부가 추석 대목 홈에버 매장봉쇄투쟁에 나섰다. 그동안 일주일에 3~5차례 진행하던 매장봉쇄투쟁의 수위를 한층 높여 9월 17일부터 추석까지 매일 저녁마다 울산점의 매장 항의봉쇄투쟁에 총력을 다한다는 방침을 세웠다. 이는 추석명절에 최대 매출을 내는 이랜드자본에게 타격을 주려는 것이기도 했지만, 9월 16일 새벽 이랜드일반노조 조합원들이 서울 면목점 매장을 점거농성하다가 경찰특공대에 의해 3시간 만에 무참하게 끌려 나온 것에 대한 항의를 하려는 것이기도 했다. 이에 울산본부는 이랜드 여성노동자들의 고용보장을 위한 파업투쟁에 총력을 다해 엄호하고 연대할 것이라고 밝혔다. 울산본부는 이랜드 사측이 추석 영업을 정상적으로 진행하려면 더 이상 공권력 뒤에 숨어서 노조탄압을 자행하는 비열함을 버리고 비정규직 노동자들의 목소리에 귀를 기울여야 할 것이라고 경고했다.

9월 17일 매장봉쇄투쟁은 예정대로 진행되었다. 그러나 9월 18일 오후 5시 40분경, 울산점 앞에서 집회를 준비하던 울산본부 하부영 본부장과 이채위 조직국장, 울산분회 김학근 분회장이 경찰에게 연행됐다. 그 과정에서 천막은 아수라장이 되었다. 경찰은 1개 중대 병력과 사복경찰 20여 명을 동원해 하부영 본부장을 비롯해 3명의 사지를 들고 중부경찰서로 끌고 갔다. 하부영 본부장은 연행 직전에 업무방해 혐의로 체포영장이 발부되었다. 울산점 관리자들은 이들의 연행 직후 곧바로 매장 한쪽 출입구의 셔터를 내려 영업을 중단했다.

폭력연행 소식을 전해 듣고 달려온 노동자들은 곧바로 항의집회를 시작했다. 사회자는 "민주노총 상근자가 전부 구속돼도, 울산 4만 5천 조합원이 모두 나서 그 자리를 메울 것이다"라며 집회를 시작했다. 참가자들은 울산점 출입구와 주차장 입구를 막아서며 봉쇄투쟁을 벌였다. 울산본부 이영도 수석부본부장은 승리를 위해 끝까지 투쟁할 것을 결의했다.

민주노총 간부에 대한 긴급체포는 전국에서 처음으로 울산에서 발생한 것이었다. "울산에서의 투쟁이 이랜드자본의 숨통을 죄고 있다는 것의 반증"이라고 사회자는 말했다.

울산분회 조합원들도 "지도부는 먼저 연행됐을 뿐이고 우리는 그 뒤를 따를 각오가 되어 있다"며 끌려간 분회장을 반드시 구출하겠다고 결의했다. 구속을 각오한 참가자들은 "현장에서 조합원들을 불매운동과 연대로 조직하겠다"고 결의했다.

밤 10시 30분경, 집회 참가자들은 중부경찰서로 이동해 연행된 노조간부들의 석방과 폭력연행에 대한 항의집회를 진행했다. 그러나 연행된 이들에 대한 면회요구에 경찰이 폭력적으로 대응하면서 몸싸움이 벌어졌다. 그 과정에서 2명의 노동자가 응급실로 실려 갔고, 3명의 여성노동자와 7명의 남성노동자들이 경찰서 안으로 끌려 들어가 폭행을 당했다. 분노한 참가자들과 폭력경찰의 몸싸움은 격렬해졌다. 노동자들은 연행자 11명의 석방을 요구했다.

다음날인 9월 19일 새벽 1시가 넘어 경찰서 앞에서 연행된 조합원들이 석방됐고, 앞서 연행된 노조간부 3명의 면회도 할 수 있었다. 새벽 2시가 넘어서야 참가자들은 더 많은 노동자들을 조직해 집회에 참가할 것을 결의하고 긴 투쟁을 마무리했다.

집회 시작이 5시로 예정되어 있었는데, 좀 이상하게 늦어지고 본부장도 늦게 왔고. 집회 준비하고 어수선한 상황에서 수배 떨어진 거 잡아가는 거죠. 집회 무너지고. 그러면서 울산에서 최초로 경찰서 담벼락 사건이 나오잖아요. 담벼락이 무너져요. 경찰서 정문을 뜯어냈잖아요. 울산에 전경들이 중부서로 총집결했는데 방패를 3천을 쌓았습니다. 저녁 6시부터 7시부터 본격집회가 시작되는데, 새벽 2시에 울산 경찰총장이 손들었습니다. "너희 원하는 바 뭐냐?", "면회시켜라" 그래서 새벽 2시에 면회했어요. 그러면서 희생자가 더 커졌죠.
내가 중간에 전화해 "철수시키라. 돌아가서 매장 사수하라" 하는데, 뭐, 울며불며 난리가 나서 통제가 안 되는 거예요. 그러면서 나중에 배문석이 이 집회 사회 봤다는 걸로 구속돼요. 배문석이 열 받으면 진격

좋아하거든요. 내가 집회대오를 빼라 하는데 계속 "밀어 붙여!" 이런 거예요. 내가 경찰한테 전화 달라 해서 계속 전화해 "항의표시 됐으니까 철수하라. 희생 나면 안 된다"고. 그런데 철수 안 하고. 결국은 이기더라구요. (웃음) 경찰이 담벼락 보수공사하고 앞에 자바라 뜯어낸 걸 손해배상청구해서 지역본부가 몇백만 원 물어줬죠. (김학근)

(분회장님 구속됐을 때?) 실제로 구속이라는 게 일어나니까 무서웠지예. (박희정) 무섭기도 하고 올 것이 왔다 싶기도 하고. 우리가 계속 오랜 시간 동안 여러 가지 하면서 그렇게 될 거란 느낌은 있었던 것 같아요. 워낙 경찰에서 채증하는 것도 많았고. 울산은 다른 지역보다 좀 별났잖아요. 워낙 화끈하니까. 우리가 교육받을 때 "전국에서 울산은 요주의로 본다"는 얘기를 들었거든요. 그래도 그날 밤은 다들 마음이 무거웠을 거예요. (이해욱) 조합원들이 천막 옆에서 울고 그랬지. (박희정) 천막에서 밥 먹다가 그런 일이 있어서, 막, 울고 전부 다 그랬지. 아 그때 생각하면…. (하남숙)

분노. 분회장 연행되는 날에 경찰서 쳐들어갔으니까요. 집회하고 면회투쟁을 전개하자고, 그래서 처음에 면회간다고 해서 50~70명이 중부경찰서 가서 그 문 앞에서 전경하고 싸우고. "야, 싸움 붙었다"고 하니까 대오가 200명 가까이 늘어나고. 그날 전경 방패만 해도 수십 개를 빼앗고. 여성동지들이 앞에 서니까 전경들도 마음대로 못하고, 경찰서에서 1시간 넘게 싸우면서 담장도 허물어서 그거 손해보상하고. (웃음) (김성규, 민주노동당)

울산분회에서 김학근 분회장이 구속되자, 서경만 대의원이 직무대행을 맡았다. 또 이해욱 대의원이 조합원들을 감싸고 챙기는 역할을 했다. 서경만 직대는 김학근 분회장을 면회 다니면서 상황을 공유하고 투쟁방향을 논의했다. 조합원들은 김학근 분회장의 구속에 분노해서 투쟁의 열기는 더해졌다. 투쟁 내용도 '고용안정' 요구에 이랜드노 조 탄압 및 민주노총 탄압을 규탄하면서 '구속자의 석방'이라는 요구가 더해졌다.

직무대행은 서경만 대의원이 했습니다. 우리 서경만이 진짜 욕봤어요. 저는 그때 엄마가 좀 많이 아팠거든요. 그래서 많이 못했는데 서경만 대의원이 대행을 하면서 혼자 힘들었죠. (이해욱) 본인이 잘못해서 사실 들어간 게 아니니까, 우리의 투쟁 열기는 더 있었던 것 같아요. 우리가 사식 넣어 주러도 가고, 경만이는 거의 매일 가고. (하남숙) 뭘 해야 될지 뭐 이런 것도 서로 얘기해 오고, 면회를 해야 지령을 받아오는 거죠. (같이 웃음) (이해욱)

서경만 대의원이 직대를 했는데, 당시 되게 어렸거든요. 나이가 20대 초반인가(28세), 생긴 건 억수로 더 어리게 보였거든요. 누나들이 다 따라주는 거죠. 하자는 대로 하고. 기본적인 건 해욱이 누나가 다 컨트롤 해주고, 이해욱 대의원이 전체의 맏언니였거든요. 이런저런 사람들하고 얘기를 잘했고 열의가 대단했어요. 그냥 조용히 있는데 조곤조곤 살림을 다 챙기더라고요. 그니까 분회장이 남자라서 얘기하기 어려운 것들도 있잖아요? 그런 것들을 다 챙기고…. 이 분이 사실 생계가 곤란했는데… 말을 잘 안 하지요. 최고 맏언니였고. 그래 우리가 교육 때 우스운 얘기로 '우리 대의원 꼬시는 방법' 해가지고 꼬시는 게임하고…. (웃음)

경만이가 면회 가면 분회장님이 "지역 사람들에게 휘둘리지 말고 너희가 결정해서 잘 사수하라"고 특별히 말하고. 휘두르는 건 없었는데, 그냥 "좀 강하게 나가자" 하는 지역 동지들의 분위기가 있었어요. 그래서 분회장은 조합원이 최대한 다치지 않게 자기가 다 책임지겠다는 게, 되게 강했죠. 그런 걸 다 존중하면서, 저는 뒤에서 일했어요. (김성규, 민주노동당)

이어 9월 19일 오전 11시 울산본부는 울산점 농성장 앞에서 '이랜드노조 탄압 및 민주노총간부 폭력연행규탄 기자회견을 열었다. 이들은 노무현 정권이 비정규직 노동자들의 생존권은 외면한 채 자본의 하수인을 자처해서 이랜드노조를 탄압하고 노동자들을 폭력적으로 연행한다고 비판하며 다음과 같이 요구했다.

- 검경은 하부영 본부장 등 3명의 연행자를 즉각 석방하라.
- 노무현 정부는 비정규직 노동자들의 생존권투쟁에 대한 탄압을 중단하고 노조탄압 주범 박성수를 구속하라.
- 홈에버-뉴코아 사측은 비정규직 노동자들에 대한 손해배상을 철회하고, 비정규직 대량해고를 즉각 중단하고 전원 복직시켜라.
- 이랜드 비정규직 노동자들이 회사 관리자들에게 폭행을 당하고 홈에버 매장에서 유통기한이 지난 상품을 판매한 사건은 덮어두고, 회사 측의 고소·고발만 신속하게 받아들여 긴급체포를 단행한 검찰·경찰을 규탄한다.

이어 저녁 6시에는 울산점 앞에서 '이랜드노조 탄압 및 민주노총간부 폭력연행을 규탄'하는 매장봉쇄투쟁이 전개됐다. 참여 인원은 약

300여 명으로 전날 모였던 인원보다 많은 숫자였다. 노조간부 3명의 연행이 오히려 추석 대목을 앞두고 이랜드 연대투쟁을 확산시키는 계기가 되었다.

이날 매장봉쇄투쟁에는 단위노조 대표자들 및 간부들이 내부결의를 거친 후에 집단으로 참석했고, 문화운동 활동가들도 대거 참석했다. 장인권 전 울산본부 수석부본부장은 전날 있었던 중부경찰서 항의 방문투쟁을 상기하면서 "오랜만에 지역의 동지들이 제대로 투쟁하는 모습을 볼 수 있어 후련했다"라고 밝혔다. 민주화학섬유연맹 김선경 지부장을 비롯해 KG케미칼지회 지영환 지회장, KCC울산지회 이태훈 지회장 등도 내부결의를 마치고 집회에 참석했다. 이어 노동자 춤패 '무리'와 울산분회 조합원들이 하루 4시간씩 연습하며 준비한 몸짓 공연이 이어졌다. 이날 울산분회 조합원들은 민중가요에 맞춰 그간 연습한 기량을 뽐냈다. 공연 이후 집회 참석자 전원이 자리에서 일어나 '깃발가'에 맞춰 함께 '해방춤'을 췄다.

조돈희 현대중공업 해고노동자는 "최근 자본의 폭력이 장난 아니다. (……) 이랜드투쟁 벌어질 때 민주노총은 왜 총파업은 고사하고 위력적인 가두시위 한 번 보여 주지 못하는가"라고 되물었다. 이어 정영자 현대자동차 대의원, 김용화 기아자동차 판매지부 활동가, 현대호텔 이춘우 지부장 등이 연대 발언을 했다. 끝으로 울산분회 김진영 조합원이 다음과 같이 당당히 투쟁경험을 밝혀 큰 박수를 받았다.

> "처음 까르푸에 입사했을 때 24세였습니다. 그땐 정말 회사에 감사한 마음으로 회사 생활을 했습니다. (……) 어제 저들이 우리 3명의 동지를 연행해 간 건 우리를 와해시키기 위해서이겠지만, 우린 두렵지 않습니다. 우리는 닭장차도 타보았습니다. 누가 그러더라고요. '닭장차를 타보기

전에는 투쟁을 말하지 말라'고. 서울 상경투쟁 때 면목점 앞에서 시위 진압 최강이라는 1001부대도 봤습니다. 우린 두려움이 없습니다. (……)"

87년 노동자대투쟁 기념 뮤지컬 '하여도' 팀이 나와 뮤지컬 삽입곡인 '계약해지'에 이어 '비정규직 여성전사', '하여도'를 열창했고, 민중가요 '늙은 노동자의 노래'와 '사노라면'이 이어졌다. 사회자인 배문석 문화국장의 권유로 참여자들은 '사람이 태어나서'를 부르고 '불나비'를 불렀다. 마치 문화행사장과 같은 분위기가 조성되기도 했다. 매장봉쇄투쟁이 막바지에 다다르자 '노래에 맞춰 신발짝 두드리기'가 진행됐다. 참석자들은 다 같이 신발을 벗어 바닥을 두드리면서 '조개껍질 묶어'와 '아리랑 목동'을 흥겹게 불렀다.

마지막 시간에 참여자들은 갖가지 색깔의 천조각에 자신이 소망하는 구호나 문구를 써서 울산점 앞에 매다는 상징의식을 펼쳤다. 형형색색의 천이 나부끼는 울산점 매장봉쇄투쟁은 4시간이 넘게 진행돼 밤 10시가 넘은 시각에야 끝났다.

추석 전날인 9월 21일 오후 4시, 추석집중투쟁이 진행됐다. 집회대오는 시민들에게 불매호소와 명절인사를 위해 대목영업 중인 매장 안으로 들어갔다. 다른 날보다 매장 안은 곧 명절임을 알려주듯이 물건을 사러 온 고객들로 가득 차 있었다. 조합원들은 오랜만에 들어온 매장 안이라 함께 근무하던 동료들에게 눈인사도 나누고 고객들에게 불편하더라도 불매운동에 동참해 줄 것을 호소했다. 이들은 20여 분 동안 매장 안 선전전을 진행하고, 매장 밖으로 나와 입구 봉쇄투쟁을 계속했다.

양쪽 입구와 주차장 2곳을 모두 봉쇄하자 관리자들이 나와 계속 집회대오를 주시했다. 이에 사회자는 "오늘은 명절 전, 우리들의 의지를 확인하는 자리이다. 점주들이 우리 동지들에게 털끝 하나라도 건드린다면 10배, 100배로 갚아 줄 것이다"라고 경고했다.

울산분회 장원주 조합원은 "3개월이 넘는 긴 투쟁에 명절까지 겹쳐진 현실이 분하고 슬프다"며 준비해 온 다음의 글을 읽었다.

> **반갑습니다. 동지 여러분**
>
> 이 '동지'라는 말과 '연대'라는 말을 아주 익숙하게 또 자연스럽게 한 지난 3개월은 다들 그러시겠지만 힘들고 또 흔들리는 고통의 시간이었습니다. 또 그 반면, 그동안 살아오면서 느끼지 못했던 가슴속 뜨거운 피의 용솟음과 즐거움도 있었습니다. 어쩌면 내가 선택한 이 길이 잘못된 건 아닐까 하루에도 몇 번씩 곱씹어 보고 이럴까 저럴까 뇌를 혹사하는 수많은 밤들이 지나갔습니다. 그렇게 그렇게 많은 밤을 보내고 회사로부터 받은 최후 통첩은, 그다지 무섭지 않았습니다. 드디어 내가 간이 배 밖으로 나왔구나, 진짜 이제 싸움이 시작되었구나. (……) 우린 이제 뒤돌아 보지 않습니다. 앞으로 앞으로 전진할 뿐입니다.
>
> 연대 동지 여러분. 우리가 상경투쟁 후 달라진 점이 많이 있지만, 그중에 신발이 바뀌었습니다. 다들 운동화와 등산화로 단단히 조여 매고 있습니다. 저는 고음불가인데 농담 삼아 얘기합니다. "너무 억울해서, 너무 분해서 고함을 치다 보니 득음을 하지 않을까", "이 투쟁 끝나면 훌륭한 가수가 되지 않을까" 하고 말입니다. 이 투쟁 너무도 정당하기에 우리는 당당합니다. 우리 가슴속에 맺힌 이 피맺힌 절규를 박성수 회장은 들어야 합니다. 회사가 아무리 조직적으로 노조탄압을 하더라도 우리에게는 결코 먹히지 않습니다. 탄압을 하면 할수록 우리는 더 단단해질 뿐입니다. 결코, 우리의 이 절규가 허공을 가

르는 것이 아니라 비수가 되어 당신의 가슴에 박힐 것입니다. 하나님은 보고 계십니다. 우리 하나님은 머리카락 한 올까지 헤아리시는 분이십니다. 당신의 그 악랄한 탄압과 핍박, 다 지켜보고 계십니다. 우리의 이 절규를 하나님은 결코 헛되지 않게 하실 것입니다. 당신의 멸망만 있을 뿐입니다.

그래서 우리는 오늘도 투쟁합니다. 또 내일도 합니다. 우리에겐 이제 일과가 되었습니다. 다들 추석이라고 고향 간다고 연휴라 쉰다고 들떠 있음이 또 우리를 슬프게 하고 외롭게 합니다. 여태 살아오면서 세상을 원망해 본 적 없고 뭐든 열심히 하면 못 이룰 게 없고 부당하지 않다 생각했습니다. 그러나 이 투쟁으로 곳곳에 억울하고 부당한 처사가 만연되어 있음을 보았습니다. 그렇지만 우리는 열사도, 투사도 아닙니다. 그저 우리의 소박한 요구를 외칠 뿐인데, 왜 우리를 강성의 투사로 몰고 가는 것입니까. 우리는 투사이고 싶지 않습니다. 그저 우리의 정당한 요구를 당당히 외칠 뿐입니다.

연대 동지 여러분, 조합원 여러분. 이제 추석이 지나면 우리는 또 다른 결의의 시간을 가져야 할 것 같습니다. 우리가 수도 없이 외치는 "질긴 놈이 이긴다"는 구호가 이젠 우리 가슴을 파고 듭니다.

우리 조합원 여러분, 우리는 혼자가 아닙니다. 우리 동료가 있고 이 수많은 연대 동지들이 있으니 우린 결코 외롭지 않습니다. 우리는 꼭 승리하고 말 것입니다.

민주노동당 울산광역시당 노옥희 민생특위장의 연대사가 이어지는 과정에 매장 입구 봉쇄에 항의하며 점주들이 나와 참여자들과 잠시 마찰도 있었다. 이어 한국사회당 울산시당 이향희 위원장은 매일 2번 이상씩 북구주민들에게 집회시간을 피해 쇼핑해 줄 것을 선전하고 있다고 밝히고 "여성조합원 하나하나는 약할 수 있을지 모르나 노동자는 약하지 않다"며 불매운동에 동참해 줄 것을 간절히 호소했다.

오후 5시 20분경, 매장 양쪽 입구에 있는 셔터의 문이 내려졌다. 집회는 효정재활병원 로비에서 점거농성을 벌이고 있는 효정재활병원지부 조합원들의 연대사로 이어졌다. 이어 울산분회 박종렬 조합원이 "연행돼 유치장에 있는 두 동지에게 보낸다"며 편지를 낭독하자, 참여자들은 흘러내리는 눈물을 닦느라 얼굴도 들지 못했다. 결의로 다져진 집회에서는 그동안 열심히 준비해 왔던 울산분회 조합원들로 구성된 '몸몸'(몸치들의 몸부림)의 '8박자 구호', '엎어 버려', '주문' 등의 몸짓이 이어졌다. 다음으로 전교조 울산지부 권종오 정책실장이 발언을 하였고, 뒤이어 민주노동당 북구지구당 박기옥 사무장은 이틀 전에 북구지역 아파트에 불매운동 선전물을 배포할 때 만난 주민들이 투쟁을 격려했다고 전했다. 금속법률원 울산사무소 정기호 변호사도 결의를 밝혔다. 오후 6시 30분경, 집회가 마무리되고 입구 봉쇄도 풀면서 추석 매장봉쇄투쟁은 마무리됐다. 참가자들은 집회 후에 공무원노조 울산본부에서 준비한 전어회와 북구비정규직센터에서 준비한 송편을 나눠 먹으며 추석을 맞이하였다.

3. '찾아가는 선전전'과 울산노동자 결의대회

1) 문화패 활동과 교육활동

투쟁이 장기화되면서 거의 매일 진행되는 집회에 지역에 유일한 몸짓패나 지역 문화활동가들을 계속 부르는 데는 한계가 있었다. 이에 울산분회는 조합원들을 중심으로 몸짓패를 만들어서 지역의 몸짓패들에게 배우고 연습하였다. 이들은 그 성과로 집회에서 공연을 하기 시작했다. 최은숙, 문덕순, 서경만, 박희정, 이순남 등이 울산분회 몸짓패인 '몸몸'의 구성원이었다. 이어 풍물패도 만들어서 역시 지역 문화활동가에게 배워 가며 공연을 하기 시작했다. 풍물패에는 이정남, 하남숙, 박옥미, 유영예 등이 참여했다.

> **'몸몸'은 몸치야.** 최은숙 언니, 문덕순, 서경만(대의원), 박희정이랑 또 이순남 이렇게 몸짓패 '몸몸'을 했어요. 9월경 만든 거 같고. 저도 해야 된다고 해서 참여해서 방어진에 현대자동차 정문인가? 그 앞에 잘 가르치는 젊은 남자들이 있어서 배우고. 그리고 집회할 때마다 공연했어요. 처음에는 다들 공연할 때 떨려서, 우리끼리 소주 1잔씩 먹고 했어요.(웃음) 그렇게 하다 보니까 또 괜찮아지더라고요. (박희정)

> 집회하면 우리가 노래도 해야 되고 어쨌든 시간을 메워야 하는 거니까. 우리가 장구라는 걸 못 배워 봤잖아요? 그래 9월 들어 처음 배운

건데, 배우면서도 재밌었던 것 같아요. 새로운 걸 배운다는 게. 천막에서 막 연습하고 그게 시간도 잘 가고. (하남숙) 천막에 장구 갖다 놓고 했잖아, 막 두드리고 했어요. (이해욱) 그때 방구동에 장구 가르쳐 주는 데가 있어서 우리가 개인적으로 가서 배웠어요. (하남숙)

그래서 풍물패는 장구가 몇 명 있고, 북도 몇 명, 징도 있고, 그중에 꽹과리 치는 애가(상쇠) 있으니까, 인원이 좀 됐어요. 이정남이 상쇠라서 꽹과리 치고, 박옥미하고 하남숙, 유영예는 장구쳤고, 북 치는 사람 있고. (……) 근데 많은 사람들 앞에 처음에 발언하는 게 쉽지 않았어요. 많이 떨었던 것 같애…. 우리 풍물패가 요양사들한테 연대 가서도 공연했고, 포항투쟁할 때도 우리가 미리 가서… 꽹과리 치고 북 치고 길거리 다니면서 선전을 많이 했죠. (유영예)

지역 활동가들이 조합원들에게 많은 걸 할 수 있게 했어요. 카메라교실도 하고, 율동팀도 했고, 풍물팀도 했고. 다 조합원들이 나눠서 참여했던 거예요. 그래서 우리는 집회를 할 때 다 조합원들이 나서서 한 거죠. 그렇게 하게 분회장하고 저랑 둘이서 분위기를 만들었죠. 그래서 일상적으로 조합원들이 스스로 하도록 한 거고…. 이런 게 지역의 모든 투쟁의 경험이 집약된 거라 지역의 모든 활동가들이 다 서포트해서 조합원들이 풍물하면 풍물을 지도하는 사람이 있고, 영상을 하면 영상을 지도하는 사람이 있고, 선전팀은 선전을 하는 걸 도와주고. 그렇게, 각 팀마다 지역 활동가들이 결합했어요. (김성규, 민주노동당)

울산분회는 9월 27일 오후 3시에 북구비정규직센터에서 조합원 총회를 열었다. 총회에서 조합원들은 이후 주 2회의 매장봉쇄투쟁과 울산시민과 민주노총 조합원을 대상으로 한 이랜드불매운동을 계속

할 것이며, 민주노총 산하 노조를 방문해 선전 및 간담회를 갖는 등 연대를 도모하기로 했다.

이날 총회에 참관하러 참석한 현대차지부의 한 조합원은 "이 싸움은 조급하게 해서 빨리 끝내지 않는다. 장기전을 불사하고 전체 지역연대를 강화해야 한다. 이랜드노조는 지금까지 '대표선수'였지만 이후 보다 적극적인 연대와 대중투쟁으로 나아가야 한다"고 발언했다.

이어 이해욱 대의원의 진행으로 이랜드 불매운동과 매장봉쇄투쟁에 관한 건, 9~10월 계약해지자에 대한 건, 110일째 농성 중인 조합원의 생계문제 지원에 관한 건을 안건으로 난상토론과 조별토론을 했다. 이해욱 대의원은 "조합원 조별토론 결과, 이랜드불매운동은 계속될 것이며 매장봉쇄투쟁에는 전원 참석하기로 결의했다"며 "울산 전 지역을 돌며 '우리의 투쟁은 끝나지 않았다'는 지속적인 선전전을 진행할 것"이라고 정리했다.

이번 총회에서는 "9, 10월 계약해지자에 대한 건에서는 본인이 끝까지 투쟁하겠다고 하면 전 조합원이 함께하겠다"고 결정됐으며, 조합원에 대한 교육을 강화하자는 의견에 대해 "조합원들의 의견을 수렴하고 정리하여 추후 발표하겠다"고 정리됐다.

(총회의) 기본적인 거는 "스스로 결정하게 한다". 그래서 스스로 결정하게끔 분회장이 분위기를 잘 만들죠.(웃음) 다 얘기 들어보면 자기 마음대로 하는 건데, 조금 다른 게, 자기가 결정해 놓고 다른 사람이 잘 따르게끔 미리 작업을 잘해요. 분위기를 잘 잡아요. 안건은 중앙의 상황에서 시작해서 조합원의 개인상황을 다 공유하는 걸로 하죠. (김성규, 민주노동당)

이 총회에서 조합원 교육을 강화하자는 의견이 나온 것처럼, 울산분회는 노조나 노동자 권리에 대한 교육도 받지 못했을 뿐만 아니라 활동경험이 없던 상황에서 투쟁에 돌입하였다. 6월 10일 처음으로 시한부파업을 한 뒤 북구비정규센터에서 투쟁의 정당성에 대한 교육을 받은 이후, 8월 18일 전면파업 이후 상황의 필요에 따라 교육을 배치해왔다. 그 뒤 울산본부, 현대차동차 교육위원, 민주노동당 활동가, 노조위원장 등을 통해 여러 교육을 진행했다.

전면파업 들어가서 우리가 교육을 제일 많이 받았고. 처음에 울산본부에 가서 하고, 기본적인 법 얘기해 주면서 "법적으로도 나중에 합의를 보면 다 없어진다" 뭐 그런 것도 있었잖아요. 그러면서 "겁먹지 마라" 하고. 하여튼 비정규직 담당하시는 이채위 조직국장하고 성규 씨가 가장 많이 교육했고. 그리고 현대자동차에 교육위원 김주열 샘도 진짜 많이 와 교육했는데 (…) 우리가 '샘'이라고 불렀어요. 처음에 '임을 위한 행진곡', **'파업가' 같은 기본 투쟁가를 배웠고**, 노동조합에 대해서도 배우고. 우리는 전부 '신삥'이니까. (유영예)

우리는 위원장님이 내려와서 교육을 했었어요.(하남숙). 교육을 많이 했던 것 같애. 위원장님이 울산조합원들 보러 많이 오셨지. (이해욱) 그때 위원장님이 북구비정규센터에 와서 자기 출신 경력이나 노조운동하는 거에 대해, 장교 출신이니까 교육하는 것도 잘하고, 그런 거에 우리가 많이 동화된 것 같아요. "해야 되겠다" 하는 생각을 갖고, 교육을 통해서 힘을 많이 받은 것 같아요. (하남숙)
그리고 민주노총에 있는 분들은 다 돌아가면서 비정규직 관련 교육을 했던 것 같아요. 다양한 지원이 굉장히 많았어요. (이해욱) 전필연 님도 교육했었고, 간단간단하게라도 다 분야별로 투쟁가라든가 노래도 가르쳐 주고. (하남숙) 춤도 가르쳐 주고. (웃음) 전교조 선생님들이 노래 많이 가르쳐 주고. (박희정) 법률 교육도 많이 받았고, 그다음에 노동조합 필요성이랄까 그런 것도 간단하게 한 것 같고. 그리고 이러저런 교육도 많이 했고. (이해욱).

상당히 많은 사람이 교육을 했죠. 제가 주로 했던 교육은 현상황에서 대해 희망을 여는 거, 그리고 우리를 스스로 진단하고 내가 갈 수 있는가, 스스로 진단하고 자기동력을 끊임없이 세우는 걸 하고. 그다음에 선배들의 투쟁사례, 파업사례, 자동차 동지들이나 지역 동지들의 다양한 얘기들…. 그리고 투쟁의 굴곡이 있음에 대해서 설명하고 그 굴곡점을 잘 돌파하자, 그러면 우리는 이길 수 있다는 등 이런 것들이 조합원들한테 다 공유되고, 그래서 우리는 이길 수 있다는 희망이 있었어요. (김성규, 민주노동당)

한편, 9월 29일 오후 4시에 홈에버 울산점 앞에서 '이랜드투쟁 승리를 위한 울산노동자대회'가 열렸다. 울산분회 조합원들과 울산본부 소속 조합원, 노동사회단체 회원 200여 명은 울산점 매장 1, 2층을 순회하며 매장 안 고객들에게 불매운동을 호소했다. 오후 5시, 매장 앞에서 열린 본대회에서 하부영 본부장은 "이랜드조합원들이 원하건 원치 않건 이랜드 투쟁은 대한민국 총노동과 총자본의 대리전이 되고 있고, 비정규악법 철폐투쟁으로 나아가고 있다"고 말했다. 민주노동당 울산시당 이용진 노동위원장은 12월 대선을 비정규직 철폐투쟁으로 만들어 나가겠다고 밝혔다. 이어 금속노조 울산지부 강태희 지부장, 민주택시연맹 울산본부 김진우 본부장, 전교조 울산지부 동훈찬 지부장 등이 발언을 했다.

이어 노동가수 우창수의 노래공연과 투쟁사업장 노동자들의 발언이 이어졌다. 울산분회 서경만 대의원은 "어제 서울 본조에서 총회를 거쳐 힘찬 투쟁결의를 밝혔다. 지금까지와는 다른 방식으로 매장봉쇄투쟁을 계속할 것"이라고 말했다.

33일째 울산시청 앞 노숙농성을 벌이고 있는 삼성SDI 하이비트 해고노동자 최세진 대표는 "명절인데도 농성장을 지키기 위해 돌아가면서 지켰던 것은 마음속에 단 하나, 현장으로 돌아가겠다는 마음 때문"이라며 연대를 호소했다. 공공노조 울산중앙케이블지회 김호연 수석부지부장은 "노동조합을 만든 지 한 달 남짓 지났지만, 노동자들 가슴속에 응어리가 풀어질 때까지 끝까지 투쟁하겠다"고 목소리를 높였다. 울산분회 공양미 조합원의 편지 낭독에 이어 울산분회 몸짓패 '몸몸'(몸치들의 몸부림)의 율동이 펼쳐졌다. 마지막 발언은 한국사회당 울산시당 이향희 위원장이 했다.

추석이 지난 10월 5일 저녁 6시부터 울산분회는 울산점 앞에서 200여 명의 조합원 및 지역노동자들이 참여한 가운데 투쟁문화제를 진행했다. 이날 문화제에는 금속노조 현대자동차지부, 민주택시노조 조합원들이 울산분회 조합원들과 함께하기 위해 참석했다. 특히 이날 오후 2시를 기해 파업에 돌입한 민주노총 공공노조 울산중앙케이블방송지부 조합원 50여 명이 집회에 참여했다. 울산본부 이영도 수석부본부장의 발언에 이어 마이크를 잡은 금속노조 울산지부 김진호 수석부지부장은 "김학근 분회장, 이채위 조직국장은 아마 구속적부심에서 구속될 듯하다"고 소식을 전하고, "단 한 명의 낙오도 없이 투쟁을 이끌어 이랜드투쟁, 비정규투쟁 승리하자"고 호소했다.

투쟁 발언들 사이에 울산노동자 몸짓패가 지민주 노동가수의 '소나기' 곡에 맞춰 율동을 펼치자 문화제 분위기는 한껏 흥이 고조되기도 했다. 이어 현대자동차노조 풍물패의 공연이 있었다. 이 공연에서 풍물패는 상모를 돌리며 각종 기량을 뽐냈다. 이날 파업에 돌입하며 조합원들과 함께 참석한 공공노조 울산중앙케이블지부 신종학 지부장은 연대를 함께한 지역노동자들에게 감사를 표시했다. 이어 민주택시노조 울산본부 김경우 수석부본부장이 발언에 나섰다. 울산지역해고자협의회의 효성해고자 박현정 전 위원장은 울산분회 투쟁문화제에 항상 결합해 온 많은 지역활동가들을 한 명씩 거명하며 앞으로 불러모으는 '깜짝 이벤트'를 펼치기도 했다. 현대중공업 사내하청지회 김주익 활동가의 발언에 이어 울산분회 문덕순 조합원의 편지글 낭독이 있었다.

울산지역 노동자노래패연합이 나와 미리 나눠 준 악보를 가지고 참석자들과 함께 '여보 당신 사랑해'를 불렀다. 곧 노래패연합 활동가들은 '마음만 먹으면'이라는 노래에 이어 '산맥과 파도', '주문'을 불러 문화제 분위기를 한껏 고조시켰다. 이어 금속노조 현대자동차지부 주재일 조직부장이 발언했고, 뒤이어 울산분회 정미희 조합원이 나서 이날 하루 동안의 일정을 소개했다. 다음 순서로 노동가수 우창수가 '찔레꽃'을 열창한 후 사회자인 울산본부 배문석 문화국장과 같이 '노동자의 길', '사노라면', '바위처럼'을 불렀다. 마지막 곡은 참석자 전원이 함께 기립해 율동에 맞춰 부르며 문화제를 마쳤다.

2) '찾아가는 선전전'과 투쟁문화제

울산분회 조합원들은 10월 9일 오전 11시에 울산병원노조를 방문해 간담회를 하고, 오후 12시 30분부터 울산병원 구내식당 앞에서 선전전을 펼쳤다. 이미자 울산병원노조 사무장은 노조를 만들던 초기에는 원래 풍파를 겪는다며 장기투쟁으로 치닫고 있는 울산분회 조합원들을 격려했다. 울산분회 한 조합원이 "전단지 한 장 나눠 줄 때도 누가 한 장이라도 안 받아 주면 상처가 된다"고 하자, 이미자 사무장은 "파업 중에 유인물 나눠 주다가 그런 경험이 있어서 길거리 지나가다 돈 빌려 쓰라는 명함도 뿌리치지 못하고 받는다"며 맞장구를 쳤다. 울산병원 구내식당에서 점심시간에 선전전을 진행했기 때문에 누군가 "점심 먹고 하시죠"라는 말에 조합원들은 "이거(선전물) 다 나눠 줄 때까지 배 안 고파요"라고 답했다. 점심시간이 끝날 때까지 울산병원노조 조합원들은 울산분회 조합원들의 선전전에 함께했다. 3년의 파업을 겪고 난 노동조합이어서인지 이미자 사무장은 지나가는 울산병원 조합원들의 옷자락을 붙들고 "이거 받아 가래이", "사진 찍고 가래이"를 연발했다.

이어 10월 16일 오후 6시부터 울산점 매장 안에서 '이랜드노조 투쟁승리를 위한 투쟁문화제'가 열렸다. 이날 집회에는 화섬노조 KCC 지회 간부와 조합원들이 대거 참석해 참가자들에게 떡을 돌렸다. 삼성SDI 하이비트 조합원은 "앞으로 있을 홈에버 투쟁에 함께 연대하도록 하겠다. 17일 열리는 '삼성SDI 200일 투쟁문화제'에 함께해 달라"고 당부했다. 한국사회당 울산시당 이향희 위원장, 중앙케이블 신종학 지부장이 발언을 했고, 민주노동당 문성현 대표도 참석했다. 울산분회 조합원이 "곧 겨울이 다가오지만 따뜻한 동지애로 서로가 서로의 힘이 되어 주자"는 편지글을 낭송했다. 뒤이어 현대차지부 조합원의 발언과 구속 중인 이채위 조직국장의 편지글도 낭송됐다.

이어 10월 19일 오후 7시에는 '비정규직 투쟁문화제'가 울산점 앞에서 열렸다. 문화제인 만큼 삼삼오오 떼지어 앉았다. 문화예술센터

'결'의 공연으로 막을 올린 투쟁문화제는 노동자노래패 연대모임의 공연으로 이어졌다. 준비된 연대공연이 모두 끝나고 '장기자랑'이 시작됐다. 장기자랑은 각 투쟁사업장에서 준비한 공연으로 펼쳐졌고, 집회장에 웃음이 가득 퍼졌다. 현대차지부 교육위원들이 노동자들을 해고하는 이랜드자본을 비난하는 퍼포먼스를 하던 중에 박성수 역할을 맡은 교육위원은 참여자들의 나무젓가락 세례를 받기도 했다. 그밖에 깜짝 특별초청으로 노옥희·천창수 활동가 부부의 노래도 이어졌다. 장기자랑 중 잠시 쉬어 가는 마당에 울산본부 이채위 조직국장에게 편지를 받고 새벽녘에 답장을 썼다는 울산분회 공양미 조합원이 이채위 조직국장에게 쓴 편지를 낭독했다. 이어 삼성SDI 하이비트 조합원들의 장기자랑이 있었고, 장기자랑의 시상식으로 문화제는 끝났다.

한편, 회사는 투쟁 중인 노동자들에게 '징계'를 감행했다. 회사는 '불법노동행위'와 '업무방해로 인한 회사의 피해'를 징계사유로 전국에서 16명의 노동자에게 징계를 통보했다. 그중에 울산지역은 5명이 징계통보를 받았다. 울산분회는 중앙의 방침에 따라 11월 3일에 "징계위에 참석할 수 없다"는 공문을 보냈으나, 회사 측의 징계위원들만 참석한 가운데 징계위원회를 열어 이같이 결정한 것이다.

이에 조합원들은 11월 5일 오후 5시부터 "부당징계 철회", "조합원들의 요구를 수용하라"고 외치며 매장 안에서 피켓팅을 벌였다. 다음 날인 11월 6일 오후 7시에 울산점 앞에서 울산본부가 '이랜드투쟁 승리를 위한 결의대회'를 개최했다. 울산본부 하부영 본부장의 여는 발언에 이어 구속된 노조간부를 생각하며 작성한 하남숙 조합원이 아래와 같은 편지글을 낭독했다. 이 편지글은 『울산노동뉴스』에 기록되어 있었다. 저녁도 거르고 참여했을 이들을 위해 울산여성노동자교육센터는 파전과 어묵을, 울산분회는 막걸리를 집회 참가자들에게 돌렸다.

분회장님과 이채위 국장을 구치소로 보낸 뒤 첫 재판이 11월 6일 오늘 열렸습니다. 뜨겁기만 했던 한여름이 지나고 누런 들판의 익어가는 곡식들은 막바지 추수가 한창이고 청명한 가을 하늘과 예쁘게 물들어 가는 가로수가 깊어 가는 가을을 느끼게만 합니다.

생전 처음 법원 나들이에 모두 긴장감과 더불어 차분한 분위기가 느껴졌습니다. 분회장님 식구들, 우리 조합원 등으로 가득 채워진 101호 법정, 엄숙한 분위기 속에 재판이 시작됐습니다.

7월 2일부터 9월 2일까지의 매장봉쇄 및 매출제로투쟁에 관한 건으로 업무방해와 21억 원의 매출 손실을 인정하느냐의 반복되는 질문에 전혀 인정할 수 없다는 이채위 국장. 매장 밖에서의 집회로 매출 우려를 염려해 스스로 셔터를 내렸으며, 35도가 넘는 무덥던 여름, 숨쉬기조차 힘들었던 시간에 빵빵한 에어컨에 조합원들을 쉬게 하려고 매장 안에 들어갔다는, 카리스마 넘치게 조목조목 반론하는 이채위 국장의 말에 조합원 모두 사랑과 존경의 마음을 담아 박수를 보내고 싶었을 것입니다.

"온갖 불법을 저질렀던 박성수는 국정감사조차도 나오지 않고 80여만 원 받는 노동자에게 1억 원의 손배나 가압류로 탄압했을 때, 우리가 저항할 수 있는 것이 어떤 것이냐"고 되묻는 이해욱 대의원의 물음에 방청석에 있는 조합원 모두 눈물을 글썽이기도 했습니다. 11월 27일 오후 3시로 다음 재판 기일이 정해졌습니다. 여기서 우리는 외칩니다.

"박성수 구속하고, 구속동지 석방하라."

"법으로 보장된 노동3권조차 인정하지 않는 노무현 정권 각성하라."

조합원 동지들 우리 모두 힘냅시다. 작은 계기가 사회의 흐름을 바꾼다고 했습니다. 홈에버 아줌마들의 작은 외침이 큰 메아리가 되어 비정규직 철폐되는 그날까지 열심히 투쟁합시다.

하남숙 드림

이어 공공노조 중앙케이블지부 우성룡 부지부장은 홈에버 및 전국의 투쟁하는 동지들과 아픔을 같이하고 투쟁할 때 승리할 수 있다는 믿음을 배웠다고 발언했다. 이어 전국 각지에서 투쟁하는 사업장들의 연대투쟁을 만들어 가고 있던 노동해방선봉대 이경수 선봉대장이 연대사를 했다. 또 노동해방선봉대는 직접 만든 영상을 상영했고, 선봉대원인 코스콤노조와 뉴코아노조 조합원들로 구성된 율동패가 공연을 했다. 공양미 조합원이 송경동 시인의 시 「이제 그만 눈물을 멈추어요」의 일부를 낭송했다. 집회의 마무리에는 참가자 모두 일어나 "가자 서울로! 악질자본 끝장내자"라는 구호를 외쳤다.

한편, 전국노동자대회를 앞두고 11월 7일 오후 3시에 울산본부는 '하반기 투쟁 승리를 위한 울산노동자 결의대회'를 태화강 둔치에서 열었다. 집회에는 파업 중인 플랜트건설노조 울산지부 조합원과 장기투쟁을 벌이고 있는 울산분회, 공공노조 중앙케이블지부, 삼성SDI 하이비트 조합원을 비롯해 울산본부 소속 노동자 2천여 명이 참여했다.

울산본부 하부영 본부장의 발언에 이어 플랜트건설노조 울산지부 이종화 지부장의 발언이 있었고, 그 뒤에 발언에 나선 노옥희 민주노동당 울산시당 민생특위 위원장은 구속 중인 울산분회 김학근 분회장과 울산본부 이채위 조직국장의 재판소식을 전하면서 "노동자들의 투쟁에 눈물 흘릴 수 있고 함께 투쟁하는 동지들이 희망"이라며 눈시울을 붉혔다.

집회를 마친 노동자들은 태화강 둔치를 떠나 울산시청 정문으로 거리행진을 벌였다. 울산시청 앞에서 약식집회를 마친 노동자들은 다시 태화강 둔치로 행진해 와서 마무리집회를 했다.

11월 11일에 울산분회 조합원들은 전국노동자대회 전야제가 열리는 서울 월드컵점으로 향했다. 월드컵점 입구에는 경찰들이 버스로 겹겹이 에워싸고 살수차를 동원하여 집회 참여자들을 위협하였다. 참여자의 수가 늘어나자 경찰의 경고가 이어졌다. 회사는 매장봉쇄투쟁에도 계속 영업을 하려고 했으나, 경찰의 제지로 결국은 셔터를 내리고 말았다.

다음 날인 11월 12일 전국노동자대회가 열리는 시청 앞에는 민주노총의 조합원들, 농민들, 노점상들, 학생들이 모든 차선을 메웠다. 간간이 경찰 헬기들이 사이렌을 울렸지만, 참여자들은 평화롭게 집회를 시작했다. 집회를 마무리한 후 행진을 했다. 경찰들이 행진을 막았다. 경찰은 이날 집회를 불법으로 규정하고 원천봉쇄하려 했다. 노동자들과 경찰이 대치를 하자 경찰이 물대포를 쏘기도 했다. 울산분회는 오후 6시까지 집회에 결합했다가 울산으로 돌아왔다.

> 우리 그때 갔었어요. 우리 조합원들 중에 누가 시퍼렇게 멍들어서 왔잖아. (이해욱) 거기 천막 지킬라고 막 기둥 잡고 있었잖아요. 물대포를 직접 종아리 쪽에 맞아 가지고, 멍들고. 막 천막 안에 온풍기 틀어 놓고 잤거든. (하남숙) 1박 2일 했죠. 거기서 춥다고 얘기했잖아. (유영예) 우리는 아무도 안 빠졌던 것 같애, 전부 다 열성자들이지. (웃음) (하남숙) "우리가 평생 서울 갈 걸 지금 다 간다"고 그랬어요. (이해욱) 진짜 그랬어요. 평생 서울 갈 것 간다고. (하남숙) 근데 서울 지리는 하나도 몰라요. 차만 타고 갔다가 내렸다가 다시 오고, 구경도 못 가고. 구경은 없어, 그냥 "야, 저기 63빌딩이다" 하고 지나가고(이해욱).

그때 우리 대의원 중에 서경만이 그때 나이가 서른 안 됐더라고. 당시에 경찰하고 막 대치를 하면, 우리가 전부 다 여자들이니까 혹시나 다칠까봐 지가 먼저 막 앞장서서 막아요. 나이도 어렸는데 어떻게 그렇게까지 했을까 싶은 생각이 들어요. (하남숙) 왜냐면 그때 온 전경들이 101부대인가 해서, 전경 중에 최고였다는 얘길 들었거든. (이해욱) 사람들을 날린다고 하더라구. (박희정) 우리랑 방패 대고 있잖아? 바로 앞에 있잖아요. 그러니까 우리 맨날 "너희 엄마 같은 사람인데" 하면서, 우리가 막 그랬지. 한편으론 싸우다가도 애잔하기도 해요. 내 아들 같다 싶기도 하고. (이해욱) 나는 그때 우리 아들이 군에 가 있어서, 제일 가슴 아팠어, 내 아들도 어딘가에 혹시 저럴까 싶어서. 아이들한테 너무 심하게 하면 "제발 너무 심하게 하지 말라"고 싸우다가 울다가 그랬어요. (하남숙)

이어 11월 20일 오후 6시에는 울산점 앞에서 울산본부 주최로 '이랜드투쟁 승리를 위한 결의대회'가 열렸다. 집회 참여자 수를 확인하는 이랜드 관리자들과 투쟁문화제인지를 확인하는 경찰 관계자, 선거운동 감시하는 선관위 관계자 등이 감시를 하고 있었다.

울산본부 하부영 본부장은 "이제 더 힘차게 투쟁해서 홈에버 울산 북구점을 노동자가 박성수로부터 빼앗고, 울산 땅에서 악덕 기업주를 반드시 퇴출시키자"고 소리쳤다. 이어 월드컵점 점거투쟁으로 구속된 후 집행유예로 출소한 이랜드일반노조 이남신 수석부위원장의 발언이 이어졌다

"옥중에서 나가면 반드시 이겨야겠다고 생각했고, 패배한다고 생각해 본 적이 없습니다.(……)

노동조합이 무엇인지 몰랐던 조합원이, 위원장이 간담회를 하자면 피해 다니기 바빴던 조합원이, 이 투쟁을 통해서 자랑스러운 조합원으로 성장했습니다. (……) 우리 자신인 조합원이 있는 한 우리의 투쟁은 결코, 패배하지 않을 것입니다.(……)

힘들고 어려우면 언제나 불러주십시오. 함께 울고, 함께 웃고, 함께 투쟁하면서 이 투쟁 함께 승리해 나갑시다."

이어 삼성SDI 하이비트 조합원, 이랜드투쟁에 처음부터 연대했던 금속노조 현대자동차지부 교육위원들, 금속노조 울산지부 사무국장, 화섬노조 울산지부 지부장, 울산분회 조합원들의 발언과 문화공연이 진행됐다.

4. 김학근 분회장의 석방과 화요일의 투쟁문화제

9월 18일 경찰에 연행돼 울산구치소에 수감되어 있었던 울산본부 이채위 조직국장과 울산분회 김학근 분회장이 11월 26일에 보석으로 석방됐다.

다음 날인 11월 27일 오후 6시에 울산분회는 울산점 앞에서 투쟁문화제를 열었다. 이날 문화제에는 울산분회, 공공노조 울산중앙케이블방송지부, 금속노조 현대차지부 공동투쟁위원회, 금속노조 울산지부, 울산본부, 민주노동당 울산시당, 한국사회당 울산시당 등에서 200여 명이 참가했다. 집회 참여자들은 오후 6시부터 1시간가량 매장 안에서 순회투쟁을 벌이고, 오후 7시부터 매장 앞에서 집회를 시작했다. 집회 시작 전에 전교조 울산지부 역사교사모임 배정윤 교사가 울산분회에 투쟁지원금을 전달했다. 울산분회 풍물패 '씨밀래'의 공연에 이어 참가자들은 다시 매장 안으로 들어가 집회를 했다. 매장 안의 투쟁문화제에서는 참가자들의 연대 발언과 노래가 이어졌다.

이어 울산분회 조합원들은 11월 28일에 포항으로 출발했다. 대규모의 비정규직을 고용하려는 포항점 오픈을 저지하기 위한 것이다. 11월 29일 오후 4시에 홈에버 포항점 앞에서 이랜드일반노조, 울산본부, 대구경북본부는 홈에버 포항점 오픈을 규탄하는 기자회견과 투쟁문화제를 열었다. 투쟁문화제에는 이랜드일반노조-뉴코아노조, 민주노총 경북본부, 민주노동당 경북도당, 울산본부 조합원 700여 명이 참가해 홈에버 포항점 오픈을 규탄했다.

이전락 경북본부장은 "이랜드·뉴코아 노동자들이 하루빨리 현장으로 돌아갈 수 있도록 일개미들의 피와 땀을 빠는 사무라이 개미 박성수를 우리 손으로 잡아야 한다. 이제 시작이다"라며 포항지역 이랜드투쟁의 결의를 알렸다. 울산본부 이영도 수석부본부장과 민주노동당 포항시당 위원장, 이랜드일반노조 고일미 조합원의 발언이 이어졌다. 이랜드일반노조 몸짓패, 경산지역 풍물패, 경북지역일반노조의 문화공연이 있었고, 집회장에는 동국대경주캠퍼스 환경미화원노조 노동자들이 '비정규직철폐가'를 부르며 함께했다. 오후 6시경, 홈에버 매장으로 진입하던 참가자들은 정문을 뚫고 홈에버 매장 안으로 들어갔다. 이미 2층 매장을 봉쇄하고 있던 경찰병력은 여성노동자들에게 방패와 곤봉으로 폭력을 가했고, 2층으로 올라가는 무빙워크에서 집회 참여자와 경찰의 충돌이 있었다. 오후 8시경, 전국에서 모인 뉴코아-이랜드 노조 조합원과 민주노총 조합원들은 단결투쟁가를 부르며 집회를 마무리했다.

그때 우리가 미리 가서 포항의 구석구석에 전단지를 돌리고 죽포시장 가고, 꽹과리 치고 북 치고 막 길거리 다니면서, 엄청 선전을 많이 했죠. (유영예)

우리가 거기에서 피켓시위 하고, 오픈할 때 점거하기 위해 들어가려고 경찰하고 대치하고, 문 끌면서 막 들어가라고 하고 계단 뛰어내리고, 계산대 앞에서 앉아가지고…. 우리뿐만 아니라 현대제철 사람들도 많이 오고, 포항지부에서도 되게 많이 왔던 것 같아요. (하남숙)

그때 많이 무서웠던 것 같애. (박희정) 살벌했어요. 다쳐서 피도 흘리고 그랬잖아. 남성들이 매장 앞에 입구의 문을 다 휘어서 마구 흔들고.

(이해욱) 우리하고는 조금 다른 방식이야. (유영예) 그렇지, 우리 여성들은 아무래도 위험하니까 먼저 안으로 들어가서 지침이 따로 내려왔었거든요. 밖에서는 밖에대로, 살벌하면서도 좀 긴박했지. (이해욱)
처음에는 곱게 계산대 앞에서 앉아서 하다가 나중에 과격해져서 회사에서 동원을 하니까 서로 부닥치는 거지요. (하남숙)
용역도 보이고 관리자도 보이고. (박희정) 우리 울산 점장님도 거가 있었잖아. (유영례)
그래서 우리가 막 욕하니까 점장이 우리 피해서 후방에 있었던 것 같아요. 그러다가 우리가 점장하고 딱 부닥쳤어요. 과격한 우리 조합원이 차 문을 열고서 "XX, 떼어라" 뭐 이렇게 욕하고. 그렇게 격하게 나오니까, 고개 돌리더라고. (하남숙)

12월 11일 오전 7시에 현대자동차 공장 정문 앞에서 울산지역해고자협의회 및 지역노동자들이 '이랜드노조 투쟁승리를 위한 집회' 참여를 호소하는 아침 출근 선전전을 진행했다.

오후 6시에는 울산본부 주최로 울산점에서 '이랜드투쟁 승리를 위한 투쟁문화제'가 개최됐다. 투쟁문화제를 시작하기 전에 울산분회 조합원들과 투쟁문화제 참여자들은 현수막과 피켓을 들고 울산점 매장 안에서 불매 선전전을 벌였다. 투쟁문화제는 울산본부 조이영자 교선국장의 사회로 진행됐다. 울산본부 하부영 본부장은 대회사에서 "홈에버 사측이 크리스마스 전에 해결해 보자고 얘기하고 있다"고 교섭 상황을 설명하였다. 이어 발언에 나선 울산분회 이해욱 대의원은 다음과 같이 투쟁보고를 하고 지역노동자들의 연대를 호소했다.

"포항점과 서울 신도림점 오픈저지투쟁으로 긴장한 회사 측이 교섭을 하자고 하는데 교섭 자리에서 하루하루 말을 바꾸는 것을 보니 아직 정신을 못 차린 것 같습니다. (……)

노조는 교섭과 관계없이 연말 및 신정맞이 투쟁을 어떻게 할 것인지를 고민하고 있습니다. (……) 또 이번 주 금요일부터 대구, 부산, 포항을 갑니다. (……) 울산 조합원이 경남지역 4곳을 책임지고 투쟁하기로 했습니다."

대회사와 투쟁보고 후 울산지역노동자 노래패의 공연이 이어졌다. 울산분회 박종렬 조합원은 참석자들에게 "투쟁을 시작할 때는 며칠이면 끝날 거라 생각했고, 이후 한 달은 여름 안에는 끝나겠지 생각했는데 겨울이 됐다. 새봄이 오기 전에 투쟁이 마무리됐으면 좋겠고, 오늘 집회가 마지막 집회였으면 좋겠다"는 소망을 얘기했다. 이어 울산지역 장기투쟁사업장 문제해결을 위한 지역 연대투쟁을 고민하는 울산지역해고자협의회의 한 해고자의 발언으로 이날 집회는 모두 마무리됐다.

한편 울산분회는 12월 12일에는 동향원, 중앙케이블 연대집회에 참석했고, 14일에는 울산분회 조합원총회와 이랜드일반노조 김경욱 위원장 간담회와 대구상경투쟁을 벌였고, 15일 오후 4시 30분 투쟁문화제를 진행했다.

12월 18일에도 매주 화요일마다 개최되는 '이랜드노조 투쟁승리를 위한 투쟁문화제'가 어김없이 울산점 앞에서 진행됐다. 울산분회 김학근 분회장은 투쟁사에서 "여름부터 지금까지 끈질기게 투쟁해 왔고, 박성수 회장이 휠체어를 타고 귀국한 후 회사 측이 오늘 오후 공문을 통해 21일부터 22일까지 1박 2일 집중교섭을 요구했다"고 알렸다. 이어 김학근 분회장은 회사가 왜 교섭을 요구했는지 모르겠지만 크리스마스 및 연말특수 저지를 위한 투쟁을 멈추지 않을 것이라고 밝혔다. 한편, 12월 18일 이랜드그룹은 파업기간 중에 무단점거 등 불법행위를 이유로 뉴코아-이랜드 노조간부 33명(뉴코아 18명, 홈에버 15명)에게 해고를 통보했다. 조합원 9명에 대해서는 정직처분을 내렸다. 이에 이랜드-뉴코아 노조는 20, 21일로 예정된 집중교섭을 거부하였고, 22일과 23일에는 투쟁집회를 열고, 25일에도 월드컵 매장 앞에서 성탄예배 형식의 집회를 열었다. 또한, 뉴코아노조 위원장 등은 명동성당 입구에서 노숙농성을 이어 갔으며, 서울의 이랜드일반노조 조합원들은 '사랑의 교회' 앞에서 천막농성을 벌였다.

울산분회 조합원들은 서울, 부산, 대구 등의 원정투쟁을 마무리하고, 12월 22일과 23일 양일간 매장 안에서 오후 5시부터 7시 30분까지 이랜드 박성수 회장 구속을 촉구하며 조합원들에 대한 무더기 해고징계가 무효라는 것을 주장하는 투쟁문화제를 열었다.

이어 울산분회는 성탄절인 12월 25일 오전 10시 30분에 북구 화봉동 대영교회 앞에서 기자회견을 열었다. 기자회견을 마친 울산분회 조합원들은 정오까지 성탄절 예배를 마치고 나오는 교인들에게 유인물을 건넸다. 이날 기자회견은 전국동시다발로 진행됐다.

1) 화요 투쟁문화제와 연대

2008년 새해 들어서 울산분회는 1월 15일 오후 6시 홈에버 광장에서 집회를 열고 2시간 동안 매장봉쇄투쟁을 벌였다. 매장 입구와 주차장 입구를 막아선 집회 참가자들은 매장을 이용하는 고객들에게 "저희는 파업 중입니다. 6개월째 일터로 돌아가지 못하고 있습니다"라며 호소했다. 민주노동당 김성규 노동국장은 집회에서 "이랜드자본은 노동자들의 분열까지 부추기고 있다"며 "입점주 대표가 홈에버 여성노동자들의 생존권투쟁에 연대하고 있는 중앙케이블방송지부 조합원들을 상대로 고소고발을 하고 콩밥을 먹이겠다"는 공갈 협박을 했다면서 노동자들의 단결의 힘으로 홈에버투쟁 승리하자고 목소리를 높였다. 이날 집회를 진행한 울산분회 김진영 사무국장은 참여자 60여 명이 두 시간 동안 매장봉쇄투쟁을 진행한 뒤에 "우리 조합원의 힘으로 매장을 봉쇄했다" 말했다.

한편, 울산분회 여성노동자들과 집회 참여자들은 매장을 찾았다가 불편을 겪는 시민들에게 홈에버 불매운동을 호소했다. 일부 시민의 폭언과 폭력으로 매장 입구에 플래카드를 들고 서 있던 두 명의 중앙케이블지부 조합원과 민주노동당 김성규 노동국장, 현대자동차 영상실 관계자가 구타를 당하기도 했다.

1월 18일 오후 6시에는 울산점 광장에서 울산분회가 주최하는 투쟁문화제가 열렸다. 이랜드투쟁 이후, 울산점 광장에서 처음 집회를 진행한 울산본부 이동익 조직국장은 "연대란 비를 맞는 사람에게 우산을 씌워 주는 게 아니라 함께 비를 맞는 것"이라며 1시간여의 투쟁문화제를 진행했고, 울산지역노동자 노래패연합의 공연이 있었다. 울산분회는 출근투쟁과 홈에버 대구 내당점 원정투쟁을 벌이고 있었으며, 또 매주 화요일, 금요일, 토요일, 일요일마다 홈에버 광장 앞에서 투쟁문화제와 울산본부가 주최하는 집중투쟁을 진행했다. 1월 22일 오후 6시에 '이랜드노조 파업승리를 위한 투쟁문화제'가 울산분회의 주최로 열렸다. 투쟁문화제 시작과 함께 울산분회 조합원과 참가자들은 홈에버 1층과 2층 계산대 앞에서 피켓과 현수막을 들고, 비정규직개악법안의 문제점과 이랜드파업의 정당성을 선전하며, 쇼핑을 나온 고객들에게 이랜드 불매운동에 동참해 줄 것을 호소했다. 선전전을 마친 참가자들은 매장 안에서 투쟁문화제를 진행했다. 민주노동당 울산시당 민생특위 노옥희 위원장이 민주노동당이 내부 문제로 어려움을 겪고 있는 것은 비정규직 문제를 책임지지 못했기 때문이라면서 "앞으로 비정규직 투쟁에 적극 결합하는 정당으로 거듭나겠다"고 밝혔다. 이어 공무원노조 울산비대위 이춘식 위원장과 공공노조 울산중앙케이블방송지부 김일권 조합원의 연대발언이 있었다. 또 울산분회 조합원의 몸짓 공연과 노래공연을 끝으로 문화제가 막을 내렸다.

매주 화요일마다 열리는 '이랜드노조 투쟁승리를 위한 투쟁문화제'가 1월 29일 오후 6시 울산점 매장 앞에서 어김없이 진행됐다. 울산분회 김학근 분회장은 투쟁문화제 개회사를 통해 "이랜드노조의 투쟁이 패배하면 전체 노동자의 비정규직화가 가속화될 것이기 때문에 2월 1일 울산노동자대회를 시작으로 2일, 3일 진행되는 매장봉쇄투쟁을 힘있게 진행해서 반드시 승리하겠다"는 의지를 밝히고 연대를 호소했다. 현대중공업사내하청지회 조성웅 지회장과 현대차비정규직지회 박민호 조합원의 연대사가 이어진 후, 현대중공업사내하청지회 해고자인 오세일의 노래공연과 울산분회 박종렬 조합원의 편지낭송이 진행되었다. 2월 1일 울산노동자대회 참여를 결의하며 문화제는 마무리됐다.

이어 2월 1일에 울산점 광장에서 울산지역노동자결의대회가 열렸다. 울산본부 하부영 본부장은 2월 1일부터 3일간 집중적인 불매운동을 벌여 전국의 투쟁으로 만들어 나가자며 "비정규직 투쟁 승리와 2008년 투쟁"을 선포했다. 김학근 분회장은 "끝까지 꺾이지 않고 현장으로 돌아가는 날, 지역동지들에게 큰절을 올리겠다"는 결의를 다졌다. 이날 결의대회에서는 금속노조 현대차지부의 노래 공연과 울산중앙케이블방송지부의 몸짓공연 등 문화공연이 진행됐다. 울산지역 노동자 300여 명이 홈에버 광장을 가득 채웠다.

오후 5시 30분경 보석 석방된 울산본부 배문석 문화국장은 홈에버 여성노동자들과 앉아 있다가 '파업가'를 함께 불렀다. 배문석 문화국장은 2개월 동안 못 다한 15분의 발언을 통해 홈에버 투쟁을 사랑에 비유하며 끝까지 변치 않고 함께 투쟁해 나가자는 결의를 밝혔다. 울산분회의 집중투쟁은 이날부터 2월 3일까지 진행됐다. 이 투쟁에는 현대차지부 노동자들, 천막농성을 진행 중인 현대자동차 비정규직 노동자들, 학습지 노동자, 대리운전 노동자, 연대노조 조합원들, 홈에버 투쟁에 십시일반으로 투쟁기금을 모은 화물연대 노동자들, 민주노동당, 한국사회당이 함께했다. 2월 3일에는 울산지역해고노동자협의회 김중희 의장의 연대발언을 끝으로 3일간의 집중투쟁과 투쟁문화제가 울산지역 노동자들의 연대와 새로운 결의로 마무리됐다.

설 연휴가 지나 2월 12일 오후 6시에 홈에버 광장에서 다시 투쟁문화제가 열렸다. 울산분회 김학근 분회장은 다음과 같은 여는 발언을 했다.

> "회사는 부도 직전인 상황에서도 노동조합 죽이기에만 혈안이 되어 있습니다. (……) 12일 구속된 민주노총 경북지역본부장이 구속되기 전날 '우리가 더욱더 힘차게 투쟁하지 못해 미안하다. 이랜드 동지들에게 조금이라도 힘이 됐다면 기쁘게 들어갈 수 있다'라고 했는데…. 이랜드 비정규직 투쟁에 함께한 수많은 동지들에게 보답하기 위해서라도 포기할 수 없습니다. 반드시 이겨서 현장으로 돌아가겠습니다. (……)"

연대사에 나선 중앙케이블방송지부 김대용 부지부장은 전기가 끊긴 추위 속에서 조합원들이 21일째 천막농성을 진행하고 있다는 소식을 전했다. 이어 울산분회 조합원의 몸짓 공연과 편지글 낭송이 있었는데, 한 조합원은 편지글에서 6개월의 투쟁과 아이들에게 미안한 마음, 사측의 회유와 생계 문제, 가족의 반대로 의지와 다르게 또 다른 선택을 한 조합원들을 보며 힘든 마음 등을 표현했다. 그녀는 "나날이 늘어 가는 빚으로 자식들 먹을 것, 따뜻한 옷 한 벌 못 사주지만, 이 투쟁을 멈출 수 없습니다. 회사가 보여 준 행태와 탄압을 잊지 말고 현장으로 돌아가 떳떳한 엄마가 됩시다"라며 편지글을 마무리했다. 2월 19일 오후 6시부터 울산점 앞에서 열린 '이랜드노조 파업승리를 위한 결의대회'에서 울산분회 이해욱 대의원은 대회사에서 현재 상황과 결의를 밝혔다.

"집회에 참여한 동지들에게 죄송하지만, 오늘 7명의 조합원이 현장에 복귀했습니다. (……) 8개월 함께 투쟁하면서 우리가 단결했다고 생각했지만 틈이 있었습니다. (……)
남아 있는 조합원들이 끝까지 투쟁하기로 결의했습니다. (……)
처음 생계 문제로 조합원이 복귀했을 때는 본인이 미안해하지 않고 열심히 일했으면 하는 생각을 했고, 지금도 그런 생각은 마찬가지지만 나도 사람이기에 서운하고 원망스러운 것도 있습니다. (……) 여기서 물러서지 않고 투쟁해서 원망스러운 마음을 웃음으로 줄 수 있는 투쟁을 만들어 가겠습니다."

현대중공업 사내하청지회 조성웅 지회장은 자신이 쓴 시 "연대는 이유가 없다", "연대는 구걸하는 것이 아니다"라는 문구를 소개하면서 떠나간 동지들 때문에 너무 아파하지 말고, 또 다른 싸움을 준비하면서 스스로가 무엇을 하겠다고 생각해야 승리할 수 있다고 강조했다.

사회를 맡은 울산분회 김진영 사무국장은 "투쟁하면서 살아 있다는 것을 느끼고, 살아 있다는 것을 외칠 수 있어 자유를 느낄 수 있다"며 투쟁하는 조합원들의 마음을 표현했다. 이어 서경만 대의원이 다음의 투쟁사를 했다.

> "투쟁을 하면서 동지들을 닮아 가서인지 '경숙 씨'라는 새로운 별명을 얻었습니다. (……) 처음 투쟁할 때 100명을 육박했지만, 사측의 탄압이 시작되자 제일 먼저 투쟁을 피해 복귀했고 다음은 사표를 썼고, 그다음은 끝까지 투쟁하려 했지만 생계 때문에 어쩔 수 없이 복귀를 했고…. 마지막으로 노동자의 자존심으로 끝까지 투쟁하려는 조합원이 지금 남아 있습니다. (……) 우리는 아무리 힘들어도 끝까지 투쟁할 것입니다. (……)우리는 정당하고 자신감이 있으며, 새로운 정권에 원상회복을 요구할 것입니다. (……) 인수위투쟁과 홍콩원정투쟁을 통해 마지막까지 이랜드자본을 박살 낼 것입니다."

이날의 결의대회는 참여자들이 '파업가'를 부르면서 마무리됐다.

2) 민주노동당과 진보신당, 비례대표 후보 문제

울산분회가 투쟁을 시작하자 울산본부가 투쟁에 결합했고, 동시에 민주노동당도 투쟁을 지원했다. 특히 민주노동당 노동국장인 김성규 활동가는 투쟁 내내 조합원들과 같이했다.

2008년 2월 민주노동당은 분당사태로 진보신당이 독자로 만들어졌다. 김성규 노동국장은 진보신당에 참여했다. 투쟁하는 자신들을 대상화시키는 민주노동당 사람들의 활동방식에 등을 돌리고 있었던 일부 조합원과 분회장이 진보신당에 가입했다.

정파적인 문제가 좀 민감한 문젠데, 민주노동당이 너무 정치적으로 이걸 이용을 하는 바람에, 저는 민주노동당을 의도적으로 배척한 적이 많았어요. 분당되기 전에도 그랬고. 그래서 분당이 되고는 더 거리를 뒀지요. (……)
그런데 남은 민주노동당 사람들도 울산에서는 원체 이랜드투쟁이 전국적으로 가니까 올 수밖에 없는 구조가 되고, 그런데 소극적이었죠. 전에는 사람을 조직하려고 아주 적극적이었는데…. 구청장이나 이 사람들이 계속 와서 사람들을 조직하는 거여. 사람들을 중간에 따로 만나고 빼돌리고…, ○○○ 씨가 그걸 너무 심하게 했어요. 근데 우리 투쟁사업장에 한 번도 안 왔습니다. 전에 보궐선거에 나왔던 ○○○ 씨가 투쟁사업장에는 한 번도 안 왔는데, 국회선거 때 천막 와가지고 인사한다 해서 나가라고 그랬거든요. 제 눈에 그게 들어와서 이건 아니다 싶어서. 집회 와도 그쪽 사람들은 마이크 안 주고 소개도 안 시키고…. 그러니 척을 많이 졌죠. (……) 노옥희 교육감 같은 경우는 거의 맨날 농성장에서 살았단 말이에요. 그러니까 딱 대비가 되잖아요? 이 사람은 "당에 가입하라" 그런 거 없이 그냥 같이하니까 조합원들이 진보신당에 가입했는데, 민노당은 아무리 해도 가입하는 사람이 없어요. (……) 그래서 저도 진보신당에 가입했고, 시당 노동위원장까지 했었죠. (김학근)

민주노동당 쪽에서는 그렇게 많이 오진 않았고, 오셨던 분은 대부분 다 진보신당이야. 그니까 전에 계셨던 분들이 거의 진보신당으로 가신 것 같아요. 그래서 분당이 크게 영향이 없었던 것 같아요. (……) 서울 쪽에는 정치세력이 들어와서 시끄럽고 좀 그렇다는 얘기 들었거든요. 그런데 우리는 지부장님이 될 수 있으면 그런 걸 배제할려고 했던 것 같아요. (정당 가입은?) 그때 열성적으로 하신 분들, 순용 언니랑은 진보신당에 가입하고. 나는 가입을 안 했어요. (이해욱) 그게 그날 조승수 국회의원이 식당에 왔었어요. 그래 이야기를 하면서 "이런 상황에서 가입을 해야 하지 않나?" 해서 우리는 거절을 잘 못해 가지고, (웃음) 그때 당원서를 썼던 것 같아요. 그니까 연대를 계속 오기도 하고 생각하는 게 진보신당이 조금 나았던 것 같아요. 그래서 가입서를 줬는데, 그때 나하고 순용이 언니가 가입서를 썼나 보네. (하남숙)

(분당 이후) 큰 변화는 없었어요. 울산은 진보신당으로 40, 민주노동당으로 60 정도, 두 그룹이 다 투쟁에 결합하니까. 저는 그런 것들을 신경 안 쓰니까. 내가 이랜드투쟁에 결합하면서 당의 일로 한 것보다도 투쟁 중심으로 "이 투쟁을 이기자"고 한 거고. 필요에 따라 대통령후보기자회견도 여기서 했고, 여기서 당하고 적절하게 관계를 가졌기 때문에. 그리고 처음부터 주사파가 열심히 결합하지 않았어요. 지역분위기가 서로 이쪽이 주도적으로 열심히 결합하면 저쪽이 결합하지 않는 거죠. 그래서 분당이 미친 영향은 거의 없어요. 거기에 처음부터 울산본부가 결합했는데, 상근자들이 다 주사파가 아니었고. (김성규, 민주노동당)

이처럼 울산분회는 진보신당 쪽과 관계를 갖고 있었다. 이는 중앙에서 벌어졌던 비례대표 후보논쟁에도 영향을 주었다. 울산분회는 노조 위원장이 제안한 이남신 수석부위원장을 진보신당의 비례후보로 내는 것에 적극적으로 동의했다. 정당의 문제도 있었지만, 당시 상황에서 이랜드투쟁을 알리는 방식이라고 판단했기 때문이었다. 그 때문에 한동안 노조 내부에서 논란을 일으켰던 비례후보 문제가 울산분회에서는 전혀 문제가 되지 않았다.

5. 2008년 부당해고 항의투쟁과 추석집중투쟁

1) 부당징계해고 항의투쟁와 메이데이투쟁

3월 11일 오후에 회사는 업무에 복귀한 조합원과 농성 중인 조합원들에게 "해고됐으니 내일부터 출근하지 말라"는 통보를 했다. "취업규칙에 의한 회사에 손해를 끼친 행위" 등의 이유로 파업기간 중 농성을 하고 있는 김학근 분회장, 서경만, 이해욱, 전향숙 대의원, 최설경 조합원은 3월 12일 우편으로 해고통보서를 받았다.

이랜드일반노조는 회사 측이 3월 6일 주 1회 교섭을 합의한 지 1주일도 지나지 않아 다시 집단해고를 자행하고 있다고 비판했다. 노조는 대책회의를 열고 이랜드자본에 대한 타격 수위를 높여 나가기로 했다. 울산분회 조합원들도 이날 매장 안에서 교대로 피켓시위를 벌였다. 울산본부는 3월 12일 오후 6시부터 울산점 앞에서 200여 명의 노동자들이 참여한 속에서 부당징계 해고를 규탄하는 항의집회를 열었다.

이어 울산분회는 3월 13일 오전 11시에 울산 프레스센터에서 회사의 부당해고 철회와 성실교섭을 촉구하는 기자회견을 열었다. 이 자리에 해고통보를 받은 5명의 조합원과 10여 명의 조합원들도 참여했다. 회사는 3월 12일 내용증명으로 5명의 조합원에게 해고를 통보했는데, 5명 중 2명은 이미 3월 10일 업무복귀를 해서 정상근무를 하고 있었다.

이에 울산분회는 "홈에버 사측이 노동자를 쓰다 버리는 비품으로 여긴다"면서, 몇 개월만에 교섭이 이뤄졌고 매주 1회 노사집중교섭을 하기로 합의한 상황에서 다시 부당해고를 자행해 장기파업 사태를 조장하고 있다며 회사를 비판했다. 부당해고는 단체협약 위반이며, 특히, 부당해고자 5명 중 최설경 비정규직 여성조합원은 지나가던 울산점장에게 몇 마디의 하소연을 했다는 이유로 징계위원회에 회부되어 업무복귀 2일 만에 해고통보를 받은 것이다. 파업 중인 조합원에 대한 집단해고는 이번이 세번째였다. 울산분회 5명을 포함해 전국적으로 9명이 해고통보를 받았다. 노조는 재심청구 및 노동부 진정을 통해 부당해고라는 것을 밝히겠다면서, 회사는 부당해고를 철회하고 교섭에 성실하게 임해야 한다고 주장했다.

한편, 울산분회는 체불임금 문제로 회사를 고소했다. 회사가 체불임금 107만 원을 울산점 노동자들에게 지급하지 않자, 결국, 법원으로부터 25일 압류 결정이 내려졌다. 이에 울산분회는 이랜드가 체불임금 지급을 계속 거부할 경우 강제집행을 검토하기로 했다. 그동안 재판부는 2007년 9월 6일 울산분회 조합원 하남숙 외 27명이 제기한 임금체불 소송에서 피고인 이랜드리테일(대표이사 오상흔)이 107만 4,500원을 원고인 이랜드 노조에게 지급하라고 결정했다. 노동부는 2007년 4월 9일 체불임금 지급명령을 내렸으나, 회사는 체불임금 지급을 미루어 온 것이다. 이에 노조는 회사 측에 민사소송을 제기해 승소했고, 회사는 이에 불복해 항소했으나 법원은 2008년 2월 22일 이를 각하한 것이다. 법원 결정을 근거로 체불임금 지급을 요구해 온 울산분회는 회사가 자발적으로 지급하려는 의사가 없다고 판단해 3월 18일 울산지법에 압류를 신청했다. 울산지법은 3월 25일 오후 3시 법원 집달관을 통해 홈에버 울산점에 압류결정을 통보했다.

법원 집달관은 3월 25일 오후에 울산점을 방문해 사무실 내 컴퓨터 14대와 금고, 복사기, 에어컨, 빔프로젝트 등에 대해 압류집행을 했다. 울산분회 조합원 28명이 제기한 압류 신청을 받아들인 것이다. 이때 김학근 분회장과 조합원들이 함께 현장을 방문했는데, 회사 관계자는 시설팀장 이외에 아무도 없었다. 자리를 피한 것이다. 결국, 회사는 압류 집행 2시간이 지나 체불임금과 집행수수료를 냈고, 법원은 바로 압류를 해제했다.

다시 '이랜드노조 투쟁승리를 위한 투쟁문화제'가 4월 1일 홈에버 매장 앞에서 진행됐다. 매장 안에서 노동조합 조끼를 입고 일하는 노동자와 해고된 노동자가 한자리에 모여 소통하는 자리였다. 이랜드노동자들의 60~70%가 비정규직 여성노동자들이라고 소개한 울산분회 김진영 사무국장은 "여성들의 힘이 얼마나 강한지, 어떤 것이 승리하는 것인지를 반드시 보여 줄 것"이라며 투쟁문화제를 시작했다.

여는 발언에 나선 울산본부 조이영자 국장은 "투쟁 초기에는 조합원들이 스머프 옷을 입고 홈에버를 둘러쌀 정도가 되었는데, 1년 동안 투쟁하면서 조합원들이 많이 지치고 이탈했음에도, 한 명이 남더라도 끝까지 투쟁한다는 의지와 결의는 여전하다"고 했다. 그는 "70년대 독재정권에서도 여성노동자들이 투쟁의 전면에 섰고, 삼성SDI 하이비트 노동자가 투쟁을 통해 고용보장을 합의했듯이, 홈에버 여성노동자들도 반드시 투쟁을 승리할 것"이라고 힘주어 말했다. 이어 매주 화요일 투쟁문화제에서 민중가요를 가르치기로 한 현대중공업 사내하청지회 오세일 조합원이 나와 3곡의 노래를 참여자들에게 알려 줬다. 문화제의 마지막 발언은 울산분회 서경만 대의원이 했다.

"우리가 싸워 왔던 시간들이 얼마나 소중한지 생각해 봤으면 합니다.

(……)

생각하면 많이 아프고 힘들지만 그래서 투쟁을 포기할 수 없고, 반드시 현장으로 돌아가서 우리의 주장이 정당했음을 확인하고 싶습니다. (……) 조합원들도 많이 힘들고 나도 많이 힘들지만, 제일 힘든 것은 아마 홈에버자본일 것입니다. (……) 홈에버노동자들의 투쟁으로 강남점 매각도 되지 않고 홍콩 주식상장도 어렵게 됐고, 점주들에게 몇 개월째 어음결제를 하고 있기 때문에 조금만 더 투쟁하면 반드시 승리할 것입니다. (……)"

제118주년을 기념하는 '노동절 전야제 및 울산노동자대회'가 4월 30일 저녁 7시부터 울산점 앞에서 열렸다. 이날 전야제는 삼성SDI 하이비트 여성노동자의 "동지들 덕에 투쟁에 성공했다"는 인사로 시작됐다. 울산본부 하부영 본부장은 노동절의 유래를 밝히며 이랜드노동자들도 끝까지 투쟁해서 승리해 현장에 돌아갈 수 있기 위해 전야제 행사를 진행한 것이라고 했다. 울산분회 이해욱 대의원은 "긴 시간 투쟁했지만 아직 승리하지 못해 죄송하다. 억울하고 분하다고만 할 수 없어 이렇게 투쟁하고 있다"며 해고와 징계, 구속, 벌금 등 온갖 어려움 속에서 투쟁하고 있다고 밝혔다. 또, 그녀는 투쟁에서 승리하는 그날까지 지지와 연대를 호소했다.

이어 노동절의 유래와 2007년 이랜드노조 및 비정규직 노동자의 투쟁을 담은 영상이 상영됐는데, 이 시간은 울산분회 조합원들에게 그간의 투쟁을 되돌아보는 시간이 되었다. 다음으로는 교육청 앞마당에서 무기한 천막농성에 돌입한 전교조 울산지부 동훈찬 지부장이 "이명박 정부의 교육공공성 파괴정책"에 대한 비판, 공공노조 울산대학병원 김태우 분회장의 민간의료보험 도입 문제에 대한 비판이 있었다.

이어 공연된 가면극에서는 이명박 정부의 "비정규직 확대양산과 사회 양극화, 공공서비스 민영화, 교육과 의료의 공공성 파괴, 한미FTA 쇠고기협상" 등의 정책과 이랜드 박성수 사장의 홈에버에 대한 탄압을 비판하는 풍자가 이뤄졌다. 그리고 바리케이드 음악에 맞춰 백골단의 부활과 탄압, 노동자들의 투쟁을 형상화한 몸짓패의 공연이 진행됐다. 이날 전야제에서는 삼성SDI 하이비트 노동자들이 그간의 연대에 감사하며 떡을 나누기도 했고, 한쪽 편에서는 울산분회 조합원들이 울산본부가 마련한 큰 솥에서 어묵탕을 끓여 나눠 먹기도 했다. 4월 30일의 노동절 전야제 및 울산노동자대회는 지역에서 투쟁하는 노동자들이 연대하는 투쟁의 자리였고, 또 "연대투쟁으로 홈에버투쟁 승리하자"는 구호를 외치며 울산분회 조합원들에게 연대의 힘을 불어넣어 주는 자리였다. 집회는 참여자들이 '인터내셔널가'를 부르면서 마무리됐다.

> 메이데이투쟁이 그때 수입소고기반대투쟁과 연계돼 있어서 지역본부가 시민사회단체와 연계해서 울산대공원 동문에서 하겠다고 하길래, 우리는 "우리가 투쟁을 하고 있는데 그리로 투쟁 장소를 옮길 수 없다" 해서 울산본부와 대립을 했죠. 그 당시에 제게 있던 전화번호에는 지역에서 활동하는 동지들이나 지역 단체들, 우리 쪽에 우호적인 단체 사람이 거의 다 있었어요. 그래, 한 200명한테 제가 문자를 보내요. (……) "우리는 오늘 죽을지 내일 죽을지 모르는데, 지금 죽어 가는데, 10년 후에 먹고 죽을 미국산 소고기수입투쟁을 하는 대공원 동문으로 가겠냐? 여기 지역동지들이 피를 흘리고 있는데 이리로 오겠냐?" 그래서 "이랜드투쟁에 힘을 실어 달라. 우리는 끝까지 싸우겠다"고 보내고, 편의를 달라 했죠. 그래 지역 여러 단체들도 지역본부를 압박하니까, 지역본부가 메이데이 장소를 변경했죠.

그러고 하부영 본부장이 기자회견에 "우리는 어떤 난관이 있어도 싸우고 나가겠다"고 하면서 여기에서 집회가 만들어진 거죠. 메이데이 행사를 하면서, 회사는 우리가 집회한다니까 셔터 내려 버리고 아예 영업을 안 했고. 그러니까 2008년도 넘어가면서 회사가 우리 집회한다고 그러면 자동으로 셔터를 내렸어요. 집회 끝나면 셔터 올리고.
파업 전에는 전국에 32개 매장 중에 울산점이 15위 정도 갔습니다. 그런데 우리가 파업하면서 31등 하다가 32등 하고. (……) 지역 동지들이 하는 말이 "전국에서 울산점만큼 했으면 이랜드는 벌써 망해서 자빠졌다"고, 아예 작살을 냈습니다. (김학근)

2) 울산분회 파업투쟁, 1년맞이

삼성테스코는 홈에버 경영권을 인수하면서 홈에버의 전 직원과 노조까지 계승하겠다고는 했으나, 아직 어떤 공식적인 대화도 거부하고 있었다. 파업을 한지 1년이 되었는데도 여전히 울산 홈플러스 앞에는 파업 중이라는 것을 상징하는 천막이 쳐져 있었다.

6월 11일 오후 6시에 홈에버를 인수한 홈플러스 앞에서 '울산지역 연대투쟁의 날' 집회가 열렸다. 이날은 2007년 6월 10일 이랜드일반노조가 파업에 들어간 지 1년을 넘긴 날이었다. 울산분회는 이날 집회에서 홈플러스에 "고용안정을 보장하고 성실하게 교섭에 임하라"고 요구했다. 이날의 집회는 파업 1주년을 기념하며 투쟁의 결의를 다지는 날이자, 삼성테스코에게 대화를 하라고 압박을 하는 것이기도 했다. 집회 도중 울산분회 공양미 조합원이 다음의 편지글을 낭독했다.

우리의 투쟁이 첫돌을 맞이했습니다. 돌잔치는 축복 속에서 화려하게 치러져야 되는데 우리에겐 너무나 아픈 날입니다. 너무나 아파서 누군가 건드리면 시비라도 걸고 싶습니다. 요즘 들어 “무엇을 위하여?”라는 물음을 던질 때가 종종 있습니다. 다들 현실 속에서 자신의 이익만을 챙기며 잘도 살아가는데 뭐가 잘났다고, 무슨 영화를 보겠다고 굳이 뒤에 남아서 이렇듯 발버둥을 치고 있는지 한심하기도 합니다. 다신 마이크 앞에 서서 얼굴을 내밀고 싶지 않았습니다. 헌데 우리보다 더 또다른 수위에서 혼신을 다하여 싸우고 계신 지도부를 생각하면 이런 마음조차 죄가 되는 듯합니다.

허나 벗어나고 싶은 날들이 더 많은 요즘, 그나마 쇠고기 집회에 가면 여유가 생깁니다. 함께하고 있지만 저만치 있어도 되는 자리, 그런 자리가 그리운 요즘입니다. 투쟁의 주역이 아닌 연대이고 싶습니다. 그 하나로도 연대 오신 분들은 제가 이루고 싶은 바람을 이루고 계신 거죠. 부러움의 대상이니까요.

상실의 아픔 없이 존재의 가치를 모르는 무지한 인간이 아닌, 여러분들은 더불어 살아가는 삶을 깨달은 소중한 분들이니 조금 지치고 곤하더라도 우리에게서 너무 멀리 가지 말아 주세요. 항상 우리가 함께하고 싶어한다는 사실을 가슴속에 담아 두시고 늘 변함없는 모습으로 우릴 붙잡아 주세요. 약간의 쉼은 용서해 드릴 수 있습니다. 지금은 어려운 시국인 것 같습니다. 함께하지 않으면 산산조각이 날 것 같은 불안한 현실 앞에 진보가 앞장서지 않으면 후퇴뿐일 것입니다. 더 이상의 좌절은 우리 삶을 황폐화시키고 결국엔 분해시킬 것입니다. 뜻을 모으면 길은 열릴 것입니다. 그리고 우리 가엾은 동지들, 사실 무슨 말을 할 자격이 없는 저인 것 같습니다. 힘든 나를 보이면 안 되는데 너무 자주 힘 빼는 소리만 하고, 어쩌면 이 자리에 없는 게 도와주는 게 아닌가 라는 생각도 때때로 합니다. 이렇게 지치고 힘든 나를 그나마 일어서게 하는 것도 우리 동지들이고 연대이고 우리가 처한 현실인 것 같습니다.

우리 조금만 더 힘을 냅시다. 한 사람의 조합원이라도 남아 있는 한 끝까지 투쟁을 멈추지 않겠다던 위원장님 이하 지도부의 뜻을 저버리지 맙시다. 우린 조금 잃었지만 그분들은 전부를 잃었습니다. 지도부에겐 우리가 희망인 것입니다. 우리에겐 그분들이 희망입니다. 그리고 연대 오신 당신들은 우리가 싸워야 할 또 하나의 이유이기도 합니다.

공양미(이랜드노조 울산분회 조합원)

이어 6월 27일 오후 6시 울산점 앞에서 '이랜드투쟁 1주년 울산투쟁문화제'가 열렸다. 어느새 1주년을 맞은 투쟁문화제는 어우러짐의 한마당이자 새로운 투쟁을 결의하는 자리였다.

울산분회 김학근 분회장은 먼저 지역의 노동자들에게 감사 인사를 전하고 "이 땅 860만 비정규직의 희망을 위해서도 이 투쟁을 반드시 승리해야 한다. 포기하지 않고 끝까지 투쟁하겠다"는 의지를 밝혔다. 울산본부 이영도 수석부본부장도 이랜드투쟁은 비정규직법이 잘못돼 있다는 것을 만천하에 드러낸 투쟁이라며 의미를 부여했다.

울산분회 조합원들과 지역의 노동자들은 현대차 노래패 '노래모듬'의 공연에 맞춰 율동을 하기도 하고, 울산분회 풍물패 '씨밀레'의 공연에 함께 장단을 맞추기도 하면서 투쟁 1주년을 기념했다. 울산분회에서 떡과 막걸리 등 먹을거리를 돌리면서 문화제의 분위기는 무르익었다. 서울에서 내려온 이랜드일반노조 이남신 수석부위원장은 다음과 같이 발언했다.

"이랜드자본은 이미 무너졌습니다. 아직 홈플러스가 대화에 나서지 않고 있어 사태 해결을 못하고 있습니다. 홈플러스는 빨리 대화에 나설 것을 촉구합니다. (……)

또 촛불 속에 노동자투쟁이 묻혀서는 안 됩니다. 촛불집회와 노동자투쟁이 함께 발전해야 합니다. (……)

월드컵 점거농성 1년인 30일을 맞아 투쟁을 준비하고 있습니다. (……)"

춤추는 도깨비 '무리'의 공연에 투쟁문화제의 분위기는 한층 뜨거워졌고, 울산분회 조합원이 함께 참여해 앵콜 공연을 하기도 했다. 이어 플랜트건설노조 울산지부 이문희 지부장은 "여기 홈에버를 무너뜨리고 싶으면 말하라. 조합원을 동원해서 무너뜨릴 수 있다"고 발언해 조합원들과 참가자들이 함성을 지르기도 했다. '좋은 친구들'의 노래 공연과 진보신당 추진위 박병석 북구의원의 민요 공연도 있었다. 울산분회 장원주 조합원은 편지글을 준비해 와 낭독하였다. 편지글을 듣던 울산분회 조합원들은 눈시울을 붉히기도 했다. 이어 울산분회 서경만 대의원은 1년 투쟁의 소회와 결의를 밝혔다.

"아직도 모르겠습니다. 비정규직이 뭔지, 투쟁이 뭔지…. 그러나 내 자식은 비정규직 만들기 싫습니다. (……)오늘 우리가 이렇게 모인 것을 회사 측은 보았을 것입니다. 우리는 피눈물과 땀을 흘려 가며 이 자리까지 왔습니다. 다시 한번 경고합니다. 똑바로 교섭하지 않으면 홈플러스도 이랜드처럼 될 것입니다. (……) 홈플러스는 성실교섭에 임하라! 1년을 달려왔는데 몇 개월 더 못 가겠습니까? 끝까지 이 투쟁 사수하고 현장으로 돌아갈 것입니다."

우창수의 '사노라면' 공연에 집회 참가자들은 소원지에 소원을 적어 종이비행기를 만들어 날렸고, 현대차지부 열사회가 나와 함께 노래하기도 했다. 참가자들은 함께 노래하고, 흥겹게 서로 꼬리의 꼬리를 잡고 기차를 만들어 집회장 주변을 돌기도 했다. 마지막으로 '비정규직 철폐가'를 부르며 투쟁1주년 문화제는 막을 내렸다. 이날 투쟁문화제는 함께 노래하고 함께 춤추는 자리였고, 함께 투쟁 구호를 외치고 함께 투쟁의 의지를 다지는 자리였다. 그렇게 1년간 모진 탄압과 생계의 어려움 속에 쌓여 온 울산분회 조합원들의 한을 풀어내는 자리였고, 앞으로 해 나갈 투쟁을 더욱 힘차게 결의하고 연대의 정신을 다지는 자리였다.

3) 투쟁 1년, 조합원들의 상황

2007년 6월 울산점에서 일하는 노동자는 170여 명이었다. 그러나 1년이 지난 2008년 6월 울산점에는 단기 아르바이트를 포함해 120여 명만이 일하고 있었다. 인원이 50명 이상 줄었지만 일은 170명이 하던 때와 달라진 게 없어 노동강도가 훨씬 세졌다. 정규직은 80여 명에서 60여 명으로 줄었다. 비정규직의 비율은 50%를 넘나들고 있었다. 복잡하고 불규칙한 근무시간에 따라 주35시간을 일하고 최저임금인 월 75만 원 가량을 받았다. 그마저도 각종 보험을 빼면 손에 쥐는 건 70만 원 남짓이었다.

2007년 6월 파업을 시작했을 때 75명이던 조합원은 89명까지 늘었다가 2008년 6월에는 35명으로 줄어들었다. 장기파업으로 생계가 힘들어지자 많은 조합원들이 회사를 떠나거나 노조를 탈퇴했다. 남아 있는 조합원 35명 가운데 24명은 천막농성과 파업을 계속하고 있고,

현장에 복귀한 11명은 투쟁복을 입고 일을 하면서 조합활동을 이어 가고 있었다. 파업 중인 조합원 24명에 대한 손배가압류는 그대로 남아 있었다. 회사는 현장에 복귀하고 노조를 탈퇴한 사람들만 손배가압류를 풀었다. 파업 조합원들의 가장 큰 어려움은 당연히 생계 문제였다. 맞벌이가 아니라 혼자 가족생계를 책임져야 하는 경우에는 생계 문제가 아주 심각한 수준이었다. 적금을 깨고 줄줄이 보험을 해약했다. 주택부금도 끊었다. 카드빚을 못 갚아 신용불량이 된 지 오래였다. 마이너스 통장은 갚을 길이 없었다. 민주노총이 조합원 1인당 3,000원씩 걷어 이랜드노조에 지원하기로 한 생계지원비도 2007년 1인당 50만 원씩 두 달 지급되고 그만이었다. 한 달에 이삼백 만 원이 들어가는 천막농성 유지비와 파업 비용은 2007년 하루 주점으로 번 돈으로 버텨 왔다. 그마저도 바닥이 났다. 김학근 분회장의 "이젠 더 이상 끊길 것도 없다"는 발언에서 분회 재정의 현실을 엿볼 수 있다.

노조의 요구는 처음부터 비정규직의 온전한 정규직화였다. 노조는 단기 시즌 아르바이트는 인정하더라도 3개월 계약, 6개월 계약 뒤에 세번째부터는 무기계약으로 전환하고 2년 이상 된 비정규직은 분리직군이 아니라 온전하게 정규직화하라고 요구한 것이다. 홈플러스에 대해서도 고용승계만이 아니라 비정규직의 정규직화를 포함한 고용안정을 약속하라고 촉구하고 있었다. 홈플러스는 이랜드그룹과 마찬가지로 노조와 대화를 거부하고 있다. 이랜드노조는 "투쟁으로 정면돌파할 수밖에 없는 상황"이라고 밝혔다. 그러나 파업이 장기화되면서 조합원 수가 줄어들었고 동시에 정규직 노동자들의 연대와 지원이 줄어들면서 파업동력이 점점 떨어져 갔다.

울산분회 조합원들은 다수가 기혼여성이었다. 이들의 남편은 대부분 현대자동차 등에 다니는 노동자들로 노동조합에 참여하고 있었다. 그런데 조합원인 남편들이 부인인 울산분회 조합원들의 투쟁에 대해 폄하하거나 말리는 경우도 꽤 있었다. 그나마 일부의 남편들은 "앞장서지 말고 참여만 하라"거나 스스로 지쳐 그만두기를 기다리는 경우도 있었다.

> 우리 조합원 특징이 대공장노동자 부인들이 많아요. 절반 정도는. 다른 데하고 다르게 오랫동안 버틸 수 있는 여력도, 그거예요. (……) 대공장노동자들의 부인들은 처음에 그냥 "언니, 동생" 하면서 다니는데, 일하다 보니까 "내가 왜 이렇게 살아야 되나" 하는 생각이 강하게 나오는 거죠. (남편들이 와서 연대해요?) 더 웃기는 거는요, 남편이 현대자동차 조합원이잖아요? 그런데 부인이 조합활동하면 남편이 말리는 거야 "하지 말라"고. 더 이율배반적인 건 "너거들 작은 데는 안 된다" 면서. (웃음) 몇몇 남편 분들하고 저하고 저녁에 소주도 한잔 하면 고맙다고 하는 사람도 있는 반면에 말리는 사람이 더 많아요. (김학근)

> 신랑들이 조합을 해보니까 힘드니까 부인들이 힘든 걸 아니까, 그만두라 그랬겠죠. 그다음에 가압류 들어오지 막 그러니까, 더 하지 말라 하고. (이해욱) 우리 신랑은 불편한데도 말 한마디 안 하던데, 속으로 "니가 해봤자 뭐 얼마나 하겠노?" 이런 거죠. (박희정)

기혼여성 중에 일부의 남편이 대공장에 다니는 경우는 그래도 경제적 부담이 크지 않아 투쟁에 끝까지 참여할 수 있었다. 그러나 기혼여성조합원들 중에도 자신이 집안경제를 책임지고 있던 이들은 투쟁이 장기화되자 생활문제로 인해 결국 현장으로 복귀하기 시작했다. 초기 복귀자들 이외에 투쟁 중반에 복귀하는 이들은 대부분 분회장과 조합원들에게 자신의 상황을 얘기하고 이해를 구하는 과정을 거쳐서 복귀하였다. 복귀자 수가 늘어나자 분회장은 "복귀 후 현장투쟁" 지침을 통해, 복귀자들이 현장에서 투쟁을 계속하도록 했다.

규모가 한 300명인데 당시 조합원 수는 100명 정도인데, 파업 들어가니까 남자들은 싹 다 빠지더라고, 이래저래 빠지고 한 70, 80명 정도였다가, 끝날 때는 스물 몇 명 정도죠. (유영예)
2008년도 우리 끝날 때쯤 돼서, 거의 반 정도 넘게 나갔나? 반도 안 될 때도 있었잖아? 마지막 복귀할 때는 스물 몇 명이었죠. (이해욱)

그래도 절반 이상은 유지했던 거 같아요. 1차로 들어갔을 때 6~7명인가. 농산 파트가 먼저 들어갔어요. 남성조합원들도 있었는데, 시작하자마자 먼저 들어갔고 조합활동을 안 했고, 육아휴직을 가거나. 그런데 캐셔 파트는 집회는 안 하더라도 복귀는 안 한 걸로 기억하는데…. (복귀하기 전에 얘기를 하나요?) 분회장한테 다 얘기하고. 그니까 분회장하고 상당히 많은 시간 개인면담을 했고. 그 내용을 조합원들과 공유하고 이해를 하고. 최대한으로 감정이 안 남게. 탈퇴했다가 가입한 사람들도 있는데, 어떻게 할 건지 얘기하고. (김성규, 민주노동당)

(복귀자들도 같이 싸웠나요?) 처음에 들어갈 때는 조합원들이 노조탈퇴를 하고 들어갔는데, 그렇게 **조합원들이 현장에 들어갈 때마다 가슴 아파서 많이 울고 그랬던 것 같아요.** 그런데 탈퇴 인원이 많아지니까 분회장이 "들어가서도 조합원 자격은 유지하고 근무해라"는 지침이 있었어요. 그래 들어가도 조합원 자격은 유지하면서 근무를 했죠. 그니까 경제적 사정이 있는 사람들이 일단 들어가서 일을 해야 하니까,

탈퇴 안 하고 들어간 조합원들은 주로 들어가 일하면서 투쟁을 했던 거죠. (하남숙)

그런데 경제 문제는 여성노동자들에게만 있었던 것은 아니었다. 기혼남성인 분회장은 두 아이가 학교를 다니는 상황에서 들어갈 돈이 많은 데다가 본인이 가장의 역할을 하는데 투쟁하면서 수입이 전혀 없었다. 그 때문에 그는 보험을 해약하고 적금을 깨고, 마이너스통장으로 생활을 꾸려야 했다. 그럼에도 생활이 안 되자 그는 부모의 지원을 받으며 버텨야 했다.

제가 죽을 지경인 거예요. 제가 생활이 안 되는데…. 그때 큰애가 중학교 2학년, 작은애가 초등학교 6학년인데 애들 학원 다 끊고, 보험해약 다 하고, 뭐 적금 들던 건 아예 반환받은 지 오래됐고요. 그러고 내 마이너스 통장 갖고 살다가 안 돼 가지고, 시골에 어른들의 귀에 들어가니까, 어른이 천만 원 줘서 생활하고. 힘들었지만 집사람하고 싸움 나고 그런 건 없었고. 두번째 구속됐다가 나오니까 "한 번만 더 하면 이혼한다" 그러더라구. (김학근)

4) 추석집중투쟁과 '비정규직 없는 세상만들기' 울산행동

다시 7월 11일 오후 5시에 홈플러스 울산점 앞에서 100여 명의 노동자들이 모여 투쟁문화제를 열었다. 투쟁문화제에서 김학근 분회장은 다음과 같이 발언했다.

"이랜드일반노조에서 15일까지 교섭 석상에 나오지 않으면, 7월 16일 안양점 오픈을 저지할 것입니다. (……) 또 수도권 조합원들 만나 보니 우리보다 더 어려웠습니다. 전기가 끊기고 급식비 못 내고 아이가 밥 굶는 조합원도 있었습니다. 이랜드 박성수는 아직도 처벌받지 않고 있습니다. 고소고발 그렇게 많이 했는데, 아직도 법원은 심리 중입니다. 반면 우리 조합원들은 판결 받아서 벌금 다 나왔습니다. (……) 홈플러스가 홈에버를 인수하면서 홈에버의 전 직원과 노조까지 승계한다고 했는데 구체적으로 어떤 내용인지 말이 없습니다. (……) 홈플러스는 하루빨리 교섭에 임해야 할 것입니다. (……)"

울산분회가 투쟁문화제를 진행하고 있는 홈플러스 한쪽 벽에는 "아르바이트 직원을 모집한다"는 현수막이 걸려 있었다. 이날 투쟁문화제에서 울산분회는 투쟁기금 마련을 위해 칫솔을 판매하며 지역노동자들의 연대를 호소했다.

8월 6일 오후 6시에 홈플러스 중구점에서 울산분회 조합원들이 고용보장과 홈플러스 자본의 성실교섭을 촉구하는 집회를 열었다. 집회는 참가자들의 자유발언으로 진행됐다. 400일을 훌쩍 넘어선 울산분회 조합원들의 투쟁에 연대와 격려의 발언이 이어졌다. 현대미포조선 용인기업 해고자는 "질긴 놈이 이긴다"며 "끝까지 싸우는 길밖에 없다고 말했다. 청소년인권행동 아수나로의 구덕기 활동가는 "편의점 알바를 하면서 홈에버노동자들과 동질감과 연대감을 느꼈다. 작은 목소리라도 함께하겠다"고 밝혔다. 파업 중인 울산지역연대노조의 한 조합원은 "언제까지 이래야 하는지 서글프다. 힘닿는 데까지 열심히 함께하겠다"고 말했다. 진보신당 울산추진위원회 노옥희 위원장은 "앞이 캄캄하고 가장 어두울 때 새벽이 온다고 믿는다"며 울산분회 노동자들 힘 내시고 지역에서는 힘을 모으자고 강조했다. 울산점 앞 광장에서는

8월 20일 저녁 6시 다시 투쟁문화제가 열렸다. 투쟁 425일째를 맞고 있는 울산분회 조합원들은 이날도 천막을 지키며 투쟁을 이어 갔다.

이처럼 투쟁기간이 1년을 넘어가면서 울산분회 조합원의 규모도 줄었지만, 집회에 참여하는 연대 인원의 수도 50~100명 정도로 줄었다. 투쟁 초기에 울산본부와 같이하는 집중집회 때는 500~600여 명이 참여했었고, 울산분회의 독자집회의 경우는 보통 100~300명 정도 참여했었다.

2008년도 추석이 다가왔다. 이랜드일반노조 조합원들이 투쟁하면서 두번째 맞는 추석이었다. 이랜드일반노조의 전체 파업대오는 200여 명 정도로 유지되고 있었다. 비록 어려운 상황이지만 노조는 추석 기간을 맞아 9월 2일부터 10일까지 집중투쟁을 벌이기로 했다. 울산분회도 9월 9일에서 12일까지 '추석집중투쟁'을 하기 위해 울산 시내 곳곳을 순회하며 홈에버 불매운동을 위한 선전전을 벌이기로 했다. 추석집중투쟁이 시작되는 9월 9일 오후 5시부터 울산분회 조합원들은 홈에버 앞에서 선전전을 진행했다. 이어 9월 10일에는 저녁 6시에 추석집중투쟁을 진행했다. 이날 민주노총 울산본부가 주최한 지역집중선전전에는 금속노조 울산지부, 울산지역연대노조, 울산해고자협의회, 현중하청지회, 진보신당 울산시당, 사회당 울산시당 등 50여 명의 지역 노동자들이 참여해 홈에버 불매운동을 호소했다. "정규직으로 현장에 돌아가 다시 일하고 싶다"는 울산분회 조합원들의 소망은 450일이 되도록 해결되지 않고 있고, 1년 중 가장 풍성한 때라는 한가위에도 이들은 빈 주머니로 피켓을 든 채 거리로 내몰려 있었다. 9월 11일에는 오후 3시에 성남동 뉴코아아울렛 앞에서, 9월 12일에는 오후 5시에 다시 울산점 앞에서 집회를 열었다.

추석 명절을 보낸 이후 9월 23일 오후 7시에 '비정규직 없는 세상 만들기 촛불문화제'가 서울 청계광장과 전주, 광주, 대구, 울산에서 동시에 열렸다. 이날 함께 진행된 '비정규직철폐를 위한 1만인 선언'에는 1만 349명이 참여해 9월 23일자 『경향신문』과 『한겨레신문』의 한 면을 가득 채웠다. 오후 7시 30분부터 성남동 뉴코아아울렛 앞에서 열린 '비정규직 없는 세상 만들기' 울산행동에는 울산분회, 울산지역연대노조, 삼성SDI 사내기업해복투, 울산해고자협의회, 울산노동자배움터, 페다고지, 공안탄압분쇄울산대책위, 청소년인권행동 아수나로, 진보신당 울산시당준비위원회, 사회당 울산시당 등이 함께 했다.

울산지역연대노조 김순자 울산과학대 지부장이 첫 발언에 나섰고, 이어 조성웅 현대중공업 사내하청 지회장이 발언을 했다. 울산분회 서경만 대의원이 400일 넘게 계속되고 있는 이랜드 투쟁에 대해 발언하였다. 이랜드노동자의 투쟁을 담은 영상이 상영됐다. 뒤이어 삼성SDI 사내기업해복투 함선주 부대표, 전국공무원노조 울산본부 최윤영 교육선전실장, 사회주의노동자연합 정원현 울산지역위원장 등의 발언이 이어졌다.

이어 울산본부가 선포한 '비정규직 철폐 집중투쟁 주간' 사업의 일환으로 10월 1일 울산노동지청 앞에서 릴레이 1인시위와 '장기투쟁 사업장 문제해결 촉구 결의대회'가 열렸다. 100여 명의 노동자들이 모여 진행한 집회는 오후 6시경 시작됐다. 이 자리에서는 햇수로 6년째 복직을 위해 투쟁하고 있는 용인기업과 441일이 넘게 투쟁하고 있는 울산분회, 600일을 넘긴 삼성SDI 사내기업, 연일 투쟁 중인 울산지역연대노조 노동자들의 문제해결을 촉구했다.

울산분회는 9월 18일 공정위로부터 홈플러스로 이전 승인이 떨어지면서 홈플러스와 공식 교섭을 진행할 수 있게 됐다. 울산분회 이해욱 대의원은 "이랜드가 끝까지 악랄한 자본이란 것이 드러났다. 이랜드 회사 측이 이번에 위로금을 지급하며 정직원에게는 100%를, 비정규직에게는 50%, 조합원들에게는 10%, 해고돼 밖에서 투쟁하고 있는 조합원들에게는 0%를 지급했다"며 분노했다.

장기투쟁사업장 노동자들에게 힘을 주기 위해 열린 이날 집회는 울산지역 비정규직 장기투쟁사업장에 대한 관심을 환기시키고 연대의 정신을 모으는 자리였다. 이어 10월 7일에는 오후 4~6시 중구 성남동 뉴코아 앞에서 '비정규직철폐, 장기투쟁사업장 문제 해결 촉구 거리 캠페인'을 벌이고, 저녁 6시부터는 촛불문화제를 열었다.

5) 김학근 분회장의 구속과 투쟁의 마무리

이처럼 500일 넘게 파업투쟁을 벌여 온 이랜드일반노조는 9월부터 홈플러스와 교섭을 진행했다. 울산분회 김학근 분회장도 교섭위원으로 교섭에 참여했다. 10월 25~26일의 3차 교섭이 해고자 복직 문제로 결렬되고 한동안 공식 교섭은 열리지 못하고 있었다. 비공식 교섭이 오고가는 사이 타결을 보기 위해서는 일부 조합원의 해고를 감수해야 하는 상황이었다. 노조임원과 일부 간부들이 사직자 문제를 둘러싸고 논의를 진행했다. 그 과정에서 울산분회에서는 김학근 분회장과 이해욱 대의원이 전체 조합원들이 복직할 수 있다면 해고를 받아들이겠다는 결의를 밝히기도 했다.

그전에는 중앙에서 이남신 수석이 오다가 마무리할 즈음에 위원장이 와서, 천막에서 마무리 회의를 하더라고요. 나는 옆에서 자고 있는데, 위원장이 김학근 분회장, 이해욱 대의원하고 얘기하다가 마지막에 김학근 분회장이 "나는 복귀 안 해도 된다. 그러니 전 조합원을 살려라"

하더라고. 그랬더니 이해욱 대의원이 "나도 복귀 안 해도 된다. 대신 조합원들을 다 살려라" 하더라고요. 그니까 회사는 몇 명을 자른다고 하니 조합원들이 다칠 수도 있는 상황인데, 두 사람이 조합원들을 살리기 위해서 자신을 던진 거죠. 2년을 투쟁했는데, 마무리할 시점이었으니까. (하부영, 울산본부)

그런데 11월 7일 오후 2시 울산지방법원 101호 법정에서 열린 이랜드투쟁 관련 등 지역투쟁 병합재판에서 울산본부의 하부영 본부장과 배문석 문화국장은 실형 2년, 김학근 이랜드울산분회장은 1년 6개월 등 3명이 실형을 선고받아 법정구속됐다. 이날 재판은 홈에버 투쟁 건 등이 병합돼 열린 것으로 무려 34명이 대상이었다. 나머지 대상자들 중 이채위, 서경만, 이해욱 등 25명이 징역 1년 6월에 집행유예 2년을 선고받았다. 이 밖에 김진영 등 3명이 징역 6월에 집행유예 1년을 선고받았고, 벌금과 사회봉사 명령도 중복돼 있다.

하부영 본부장, 배문석 문화국장, 김학근 울산분회장 등 3인이 법정 구속되자, 울산본부는 바로 성명을 발표하고 "공안탄압 중단, 구속자 석방"을 요구했다. 성명 내용에는 이명박 정부가 노동자에게 공안탄압의 칼을 빼 들고, 비정규 노동자의 권리인정과 고용보장을 요구하는 투쟁에 대해 비이성적인 탄압을 자행했다며 즉각 석방을 요구했다.

울산본부는 재판 당사자, 노조대표들과 긴급회의를 열고 대책을 논의했다. 참석자들은 "그간 울산에서 진행된 수많은 판결 가운데 가장 경악스러운 판결"이라고 했다. 또 이명박 정부의 노동자에 대한 태도를 보여 주는 것이라며 "침탈에 가까운 판결"이라고 분노했다.

울산분회 조합원들은 김학근 분회장의 구속으로 큰 충격을 받아 눈물을 흘리기도 했다. 울산본부는 구속된 3인에 대한 항소를 바로 진행하기로 하고, 나머지 31명에 대한 항소는 11월 10일 판결문을 받는 대로 새날법률원과 함께 논의해 결정하기로 했다.

> 10월 교섭결렬 시켜 놓고 11월 초일 거예요. 회사에서 박노식, 박형동이 울산에 내려왔어요. 개인적으로 나를 보자더니 "이런 거 이런 거 해줄 테니까 지장 찍어 주라"는 거죠. "홈플러스 내에 점포를 주겠다"는 거지. 나는 "그거 받으면 죽는다. 내 울산에서 못 산다. 나는 못한다" 끌내고 나간 거고. 그러고 7일에 구속된 거죠.
> (교섭 상태에서 갑자기 뭘로 구속?) 업무방해죄. (그걸로 구속을?) 그러니까, 그전부터 1년을 끌어 온 재판인데 그날 갑자기 구속하더라구요. 그런데 교섭결렬 선언을 하고 내려왔는데, 중부서 정보과에서 "왜 이러시냐, 이러면 큰일난다. 적당히 하시라"고. (교섭하고 지네하고 무슨 상관이죠?) 그러니까, 그 내용을 알고 있는 거죠. "이러면 큰일 납니다, 지부장님 신상에 문제가 생깁니다" 딱 얘기하더라고요. 그러고 재판을 갔죠. 그동안 재판을 계속 연기를 시켰어요. 저희들이 교섭 있고 뭐 이러니까 연기를 다 받아줬거든요. 근데 그때는 34명이 재판받을 땐데 연기를 안 받아들이는 거예요. 2시 재판인데 1명이 안 왔는데, 재판부가 올 때까지 기다립니다. 안 오신 분은 단순가담자예요. 그분이 없어도 재판이 가능하거든요. 그때 하부영, 저, 배문석, 다 중요 인물들만 있으면 되고, 그분들은 해봤자 벌금이나 때리면 되는 건데, 그런데 그 사람이 올 때까지 기다리고, 연락해서 오니까, 바로 우리 3명은 법정구속 시키더라구. (그 뒤 상황은?) 전혀 모르죠. (김학근)

그때 교섭되고 투쟁이 종료되는 시점이었고. 그 당시에 쟁점 사항이 있었는데 서울하고 분회장하고 쟁점 사항이 생겼어요. 해고자 문제하고 몇 가지 쟁점 사항이 있었고 그 때문에 분회장이 구속되었다는….
교섭 마지막에 11월 초에 분회장이 서울 올라갔는데, 김학근 분회장이 요구수위가 높았죠. 몇 가지 주요 사항이 있었고, 그것 때문에 내부적으로 공개 안 하기로 했던 합의사항을 분회장이 지역에도 풀었죠. 그 내용을 지역에서 이야기해서 지역 사람들은 "야, 이건 안 된다. 투쟁 계속하자" 이렇게 된 거고.
그러면서 김학근이 2차 구속이 된 거죠. 김학근이 구속되고 교섭은 타결되고. (……) 분회장이 재판 중이었는데 2심에서 법정구속 된 거죠. 특별히 구속될 사항이 아니었죠. (업무방해?) 예. (……) 교섭에서 의견이 다른 사람이 김학근이었는데, 구속된 게 아마 회사에서 공작을 한 거 같아요. 하여튼 입장 차이가 있으면서 교섭에 난항이 있고, 김학근 사라지니까 타결이 됐죠. 그리고 노조에서 김학근이 다음 위원장을 해야 한다는 얘기가 있었죠. (김성규, 민주노동당)

11월 10일 오후 4시 울산지방법원 앞에서 "공안탄압 중단, 구속자 석방"을 요구하는 항의집회를 열었다. 집회에 참가한 150여 명의 노동자는 대규모 징역형 선고와 법정구속에 대해 분노했다. 어느 때보다 많이 참가했다. 집회가 열리기 전부터 법원 안에는 전경차 4대와 수백 명의 전경들이 대기하고 있었다. 여러 정당과 시민단체의 성명도 이어졌다. 민주노동당 울산시당은 "매우 부당한 판결"이라는 성명을 내고, 진보신당 울산시당준비위는 "법이란 이름으로 자행한 공권력에 의한 폭력"이라고 비판했다. 또 11월 10일에는 울산시민단체협의회도 성명을 발표했다. 이처럼 울산에서는 이 구속을 '권력에 의한 폭력'이라고 규정하고, 연대해서 대응하기로 결의했다.

그러니까 교섭결렬하고 최종선언하고 나온 상태거든요. 11월 8일 날 오후 4시에 내가 법정구속 되고 나서 9일 날 오전에 타결 짓고, 바로 일사천리로 총회 붙여서 바로 가는 게. 그리고 내가 그 안(구치소)에 들어앉아 있으면서, 사람들에게 타결안을 갖고 오라고 해도 아무도 안을 못 갖고 오는 거예요. 그냥 구두로 얘기하고, 나중에 교섭과정에서 마지막에 회사가 내놓은 안을 보면 이상한 내용이 많아요. 이거 비공개할 내용이 많은 거야. "그걸 김경욱이 다 받았냐?"는 의구심이 생겼죠. "이거 다 받으면 조합 죽는 건데" 이런 게 너무 강하니까 잠을 못 자는 거예요. 그래 수면제 2알씩 먹어도 잠을 못 자고… 눈이 빨개서 잠을 못 자는 거예요. 한 달 이상 그랬어요. (……) (김학근)

김학근 분회장이 구속된 뒤 재개된 11월 8일의 4차 교섭과 5차 교섭을 거쳐 노사는 11월 10일 잠정합의안을 도출했다. 11월 12일 노조는 조합원 찬반투표를 진행했고, 그 결과 조합원 87%가 찬성해 잠정합의안은 가결됐다. 울산분회의 경우 총 17명이 투표해 15명이 찬성했다. 11월 13일 노사는 조인식을 했고, 투쟁은 마무리됐다. 이어 울산분회는 11월 14일 오후 5시부터 홈플러스 광장에서 '투쟁마무리 문화제'를 끝으로 투쟁을 정리했다.

10장

홈플러스와의 교섭과 타결

1. 홈플러스와의 교섭과정

2008년 5월 홈에버가 매각을 발표한 이후 조합원들은 다시 오랜 기다림의 시간을 보냈다. 이랜드그룹은 전보다 더 '강 건너 불구경'이었다. 노조는 5월 29일부터 6차례나 삼성테스코 홈플러스 대표와의 만남을 정식 요청했으나, 홈플러스는 기업결합 심사가 끝나야 만날 수 있다고 했다. 노조는 홈플러스를 교섭에 끌어들이기 위해서 기자회견, 집회, 선전전 등 다양한 시도를 했다.

이런 노조의 노력은 노조를 둘러싼 안팎의 상황이 그 어느 때보다 절박한 데서 나온 것이었다. 우선 노조는 이랜드 사측과 교섭을 통한 타결을 기대할 수 없는 상황에서, 그나마 삼성테스코가 이랜드홈에버를 인수하자, 이때를 놓치면 타결은 더 멀어질 거라고 판단했다.

더 중요한 문제는 조합원들의 상황이었다. 이 시기에 전체 조합원 수는 180여 명 정도를 유지하고 있었지만, 집회와 투쟁에 직접 참여하는 조합원 수는 50명 안팎에 불과했다. 그조차도 장기투쟁으로 해결의 전망이 보이지 않아서 이후 투쟁에 계속 나올지 알 수 없는 상황이었다. 집회에 나오는 이들도 지쳐 있었다. 또 일정한 조직력이 있을 때 복귀해야 이후 노조를 복원시킬 수 있다는 고민도 있었다. 다음은 조합원들이 기억하는 당시 각 분회의 상황이다.

제가 노동자대회 끝나는 시점에 출소했을 때, 매주 조합원 총회 할 때는 한 150명 정도. 그때까진 그래도 어느 정도 대오를 유지했지요. 그 다음부터 점점 떨어져 나갔죠. 마지막에 복귀한 조합원은 180명인데, 그 조합원 중에서 복귀만 안 했을 뿐이지, 생계 나갔던 조합원이 많았고. 마지막에 집회 나온 조합원은 한 50명 정도였죠. (홍윤경, 사무국장)

상암에서는 천막 쳐 놓고 집회 한 번씩 하고, 말미에 저도 생계투쟁을 했어요. 투쟁도 지지부진했고. (……) 조합원들도 생계투쟁 하고 업무 복귀했고. 참여자가 몇 안 됐죠. (황옥미, 면목)

상암 점거 후에 일부 복귀했고, 뉴코아 점거 이후에, 반이 또 복귀해서 노조탈퇴를 했죠. (……) 한 20명 정도 남았죠. 그 사람들이 다시 12월에 17명 들어가고 마지막까지 5명 남았죠. (김명숙) 조합원들은 이미 다 지쳐 있는 상태였잖아요. 이제 집회도 제대로 형성이 안 될 때였고. 우리도 5명인가 남았었고. (진현미, 방학)

우리가 10명 남아 있다 하더라도 거기서 개별적으로 알바 가는 사람들이 있었거든요. 생계가 어려우니까, 혼자 벌어서 살아야 하니까. 그렇게 가니 어떻게 해요. (김영순, 시흥)

월드컵 점거 뒤에 한두 명씩 빠지고, 면목 점거 때 반으로 줄었죠. 어떤 사람은 돈 때문에, 남편하고 불화로, 뭐, 전체적으로 비슷하죠. 끝까지 싸운 사람은 10명 정도였죠. (박복희, 안양)

조합원이 37명이었다가 파업하면서 줄죠. 일찍 들어갔고. 집회를 돌아다니면서 할 때는 대여섯 명? 2008년 4월경 사무장이 복귀하고. 끝

까지 한 사람들은 서너 명이죠. (강혜정, 야탑)

처음 인원보다 엄청나게 줄었죠. (……) 우리도 100명 넘었는데 나중에는 20명 정도인데 알바하는 분들이 생겨 집회도 나오는 사람만 나오고. 사람들 동력이 자꾸 줄어드는 게 보이고 해결책은 나오지 않고, 약간 자포자기했던 것 같아요. (서은주, 월드컵)

처음에는 조합원 63명이 거의 다 했죠, 나중에 몇몇 비정규직이 들어가고. 근데 아파서 안 나오고, 자녀들이 혼인해서 안 나오고, 돈 벌러 간 사람도 있고, 그래 줄었죠. (조은옥, 중동)

저도 2008년 8, 9월 되면서 방황하고 다녔어요. 하루 잠수 타고 나갔다가 오고, 지방에서 돌파구가 없다 보니까, 뭐, 철탑 같은 데 보면서 어디 고공농성 할 것만 보죠. 거의 자포자기였죠. 그때 전국 대오가 50, 60명 정도 될 거예요. 순천이 다섯. (박영광, 순천)

이런 조합원들의 상황 때문에 노조는 가능한 한 빨리 홈플러스와 교섭을 하려 했다. 그 과정에 7월 14일에 홈플러스 안양점 앞에서 천막농성을 하던 김경욱 위원장은 이전에 중앙노동위원회에 한국노총의 위원으로 왔던 국회의원 강성천을 만나 삼성테스코 이승한 회장과 만날 수 있게 해달라고 요청했다. 일주일 후 김경욱 위원장은 회사의 이웅암 상무와 만났다.

그때 천막에서 불현듯 강성천이라는 이름이 생각났어요. 그 사람이 이명박 정부 때 국회의원이 됐다는 뉴스를 본 기억이 났고, 이랜드노조가 파업에 들어가려고 중앙노동위원회에 쟁의조정신청을 넣었는데, 그때 근로자 위원으로 한국노총 멤버십으로 들어와 있었던 사람이에요. (……) 전화번호를 알아내서 전화해서, 다음 날 강 의원실을 찾아가 "삼성테스코 홈플러스 이승한 회장을 만나게 해달라"고 부탁했더니 바로 전화를 걸더니 약속을 잡았어요. 일주일 뒤 약속 장소에 회장 대신 이승암 상무가 나왔고, 나중에 들으니 국회의원이 나오라니 나온 거라고. (……) 내가 1시간 정도 우리 얘기를 했고 이 사람은 듣고만 있더라고요. 그때 강 의원이 "이랜드 문제가 잘 해결되면, 이랜드일반노조의 상급단체를 민주노총에서 (한국노총으로) 바꾸면 좋지 않은가"라고 했다가 보좌관이 말을 막았고. (……) 이야기가 끝나고 자리가 정리되는 분위기인데, 다음 약속을 정하지 않아서 내가 "다음에 만나 교섭해야죠" 했더니 "우리가 준비되면 연락드리겠습니다"라고 했어요. (김경욱, 위원장)

그러나 그 뒤 홈플러스는 노조에 연락하지 않았다. 노조는 8월 11일 총회를 열고 홈플러스와의 교섭에 관한 전권을 김경욱 위원장에게 위임하기로 결정했다. 김경욱 위원장은 다시 강성천 의원을 찾아가 '민주노총 탈퇴건'을 제안하며 교섭을 할 수 있게 자리를 만들어 달라고 요구하자, 강성천 의원은 여러 통로로 홈플러스에 압박을 가했다.

김경욱 위원장이 '민주노총 탈퇴건'을 교섭조건으로 내민 것은 교섭을 위해 노조가 할 수 있는 일이 없다는 판단 때문이었다. 그는 이랜드일반노조가 민주노총을 탈퇴한다면 민주노조운동에 큰 충격을 준다는 것을 알고 있었다. 그렇지만 그에게 그 무엇보다도 중요한 것은 조합원들을 현장에 복귀시키는 일이었고, 그를 통해 노동조합을 살리는 것이었다.

9월 18일에 삼성테스코가 공정거래위원회로부터 기업결합 승인을 받았다. 이어 삼성테스코는 교섭에 나섰다. 노조는 홈플러스 매장선전전 등을 중단하고 대화를 통해 문제를 해결한다는 방침으로 선회했다. 교섭을 앞두고 회사를 자극하지 않으려는 것이었다.

> 강 의원에게 내가 "삼성에 획기적인 제안을 해야겠다. (……) 전원 복직을 약속하면 저는 복직 6개월 후에 사직서를 쓰고 나오겠다. 그리고 제가 나오기 전에 노조를 민주노총에서 탈퇴하도록 하겠다"며 민주노총 탈퇴 건을 던졌죠. 민주노총을 나온다니 강 의원이 좋아했죠.
> 물론 민주노총에서 얼마나 이랜드투쟁에 연대하고 싸웠는지 잘 알고, 지역본부에서 활동하던 민주노총 활동가들의 헌신성은 아직도 잊히지 않죠. 우리 때문에 얼마나 많은 민주노총 활동가들이 잡혀갔는지도. (……) 그런데 제가 그 카드를 꺼낸 건 무엇보다도 조합원들이 현장으로 복귀하는 게 중요하다고 생각했고. 그들에게는 자신들의 상급단체가 민주노총이냐, 한국노총이냐가 중요한 게 아니었으니까. 현장으로 복귀해서 보란 듯이 떵떵거리면서 일하는 것을 제외하고는 아무 생각도 하지 않았기에 민주노총 탈퇴건을 꺼낸 거예요.
> (투쟁과정에서 느낀 민주노총에 대한 불신 때문은 아닌지?) 그 분노는 민주노총이라는 단체에 대한 게 아니라 민주노총 일부 지도부에 대한 불신이었고. (……) 탈퇴하고 싶을 정도로 민주노총 지도부에 반감이 컸어요. 하지만 삼성교섭 과정에서 민주노총 탈퇴건을 꺼낸 것은 조합원들을 생각해서였죠. (……) 여하튼 삼성을 교섭에 끌어들이는 방법은 강 의원을 끌어들이는 수 말고는 없다고 판단했고, 그를 움직일 수 있는 카드는 민주노총 탈퇴라고 생각했죠. (……) 물론 안 되면 말고 식이었죠. 어차피 우리가 가진 카드도 없고. 그런데 이 안이 실제로 진행

되기는 어려울 거란 생각은 했죠. 강 의원은 받겠지만, 삼성이 받지 않을 거라고 봤죠. 전원 복직까지 하면서 민주노총을 탈퇴시킬 정도로 민주노총을 상급단체로 두는 게 큰 문제인가에 대해서는 강 의원과 삼성의 판단이 갈릴 것이라고 봤죠. (……) 여튼 그때부터 강 의원만이 아니라 노동부, 경찰 등이 교섭하라고 압박했던 거 같고, 교섭 날짜를 삼성이 알아서 잡았고.

(민주노총 탈퇴건을 노조에서 상의는?) 혼자 생각이죠. 준비는 그 전에 조합원 총회를 열고 교섭 돌파를 위해서 모든 권한을 위원장에게 위임해 달라고 해서, 위임건은 통과시켜 놓고 진행했죠. 근데 걱정은 되어서 이남신 수석부위원장한테 얘기하니까 "그것만은 과도하다. 후폭풍이 매우 심각하다"면서 반대했어요. (……) 근데 당장 닥친 문제를 푸는 게 먼저였고… 욕은 나만 먹으면 되니까. 다른 사람들은 알지 못했고, 아는 이남신은 극렬히 반대했으니까.

그래 얼마 지나지 않아 이응암 상무를 만났죠. 그때 내게 민주노총 탈퇴건에 대해 묻더라고요. 진심인지. (……) 여튼 그때 교섭을 준비하고 있었다고 했어요. (김경욱, 위원장)

(교섭은 어떻게 성사된 거죠?) 정확히는 모릅니다, 김경욱이 개인적으로 아는 사람 통해서 교섭을 연 걸로 알고 있습니다. 그걸 누구도 정확하게 알지 못합니다. (위원장 상태는?) 아주 안 좋았죠. 약 먹고 있을 때지요, 공황장애, 심각한 때죠. (안 좋은 상태면 위원장직을 잠시 그만두면 안 됐나요?) 본인은 본인이 정리해야 한다고 생각했죠. (……) 임기가 남은 상태여서. 그라고 조합원들의 김경욱에 대한 신뢰는 너무나 컸어요. 그랬기 때문에 간부 몇 사람이 바꿔서 대체하는 건 안 되는 상황이죠. (김학근, 울산)

(교섭의 물꼬가 어떻게 트였죠?) 저희가 그때 투쟁의 기조를 바꿨었어요. 이랜드에서 홈플러스로 넘어가는 국면인데, 홈플러스에 대한 투쟁 전술도 병행했죠. 저희는 지역의 홈플러스 매장 앞에 가서 매일 선전전 했어요. "성실교섭 이행하라" 뭐 이런 식으로 했고요. 1인시위하고 피케팅하고. (……) 그때 전국 대오가 50~60명 정도 됐을 거예요. 순천이 다섯. (……) 근데 김경욱 위원장이 육사의 인맥을 동원해서 아마 만났던 것 같아요. 위원장이 정치권하고도 줄을 갖고 있는 거로 알고 있습니다. 아무튼, 그래서 아마 줄을 댔던지 홈플러스 쪽에. (……) 어찌 됐건 김경욱 위원장은 끝까지 회피가 아니라 마무리를 하려고. (그때 힘이 바닥이니까, 조합원들 복귀가 최선이었나요?) 네, 그거였던 것 같아요. 그나마 하나 남은 중앙간부라도 살려 보내서 현장을 유지시키려고 생각했던 것 같아요. (박영광, 순천)

1) 1차 집중교섭(9월)

9월 들어 회사는 노조에 교섭 요청을 하였다. 처음으로 노조와 삼성테스코가 교섭을 시작했다. 회사 측의 요구대로 비공개로 강화도에서 2박 3일 집중교섭을 진행했다. 노조 교섭단은 김경욱 위원장, 윤송단 여성국장, 황선영 월드컵분회장(직대), 김학근 울산분회장이었고, 회사 측은 이응암 상무, 박노식, 박형동, 이석형이 참석했다.

이후 한 달도 안 되어 갑자기 교섭하자고 전화가 와서 눈에 띄지 않기 위해 강화도에 교섭 자리를 마련해 놨다고. 매각 발표하고 4개월쯤 지났으니 9월경인데, 강화도에서 사실상 첫 교섭이 진행됐는데, 회사에서 교섭안을 가져왔어요. 김경욱까지 복직시키는 것은 안 된다고 판

단한 듯했고. 다만 사태를 해결해야 한다는 것에는 합의한 듯했어요. (김경욱, 위원장)

그동안 노조는 3개월 이상 근무자 고용보장, 2년 이상 근무자 정규직 전환, 사내도급 중단, 민형사징계 면제 등 4대 요구안을 내걸고 투쟁해 왔다. 이날 노조는 첫째, 추가 외주화 금지. 둘째, 계약직으로 16개월을 경과한 경우 무기계약으로 간주. 셋째, 임금을 제외하고 정규직과 비정규직 사이에 마지막 차별인 공휴일 유급인정과 소폭 임금인상. 넷째, 각종 민형사상 고소·고발을 쌍방 철회하고 추가 고소·고발 및 추가 징계 금지 등을 요구했다.

삼성테스코는 이러한 노조의 요구안을 모두 받아들였다. 해고자 복직 문제도 언급됐다. 불법행위를 해서 사법 처리된 사람을 제외하고는 모두 복직시키겠다고 했다. 그 인원이 20명에 가까웠다. 나머지 부당해고 관련해서 재판 중인 사람들은 법원판결을 받아보겠다고 했다. 법원판결에서 복직판결이 나오면 복직하고 아니면 안 하는 것으로 하자고 제안했다.

합리적인 안이라고 생각했죠. 비정규직 문제도 해결하고 단체협약도 다 인정해 주는 안이니까. 우리가 애초 파업했던 이유인 외주화 문제와 1개월 계약서 문제가 말끔히 해결된 셈인 거죠. 삼성은 이날 자신들이 가져온 안을 우리가 받을 줄 알고 바비큐 파티까지 준비했는데…, 교섭을 한방에 끝내려 했던 거죠. 자기네들이 준비한 발제를 마친 뒤, 노조 반응을 살피더라고요. 그때 제가 "전 그런 것에 전혀 관심 없습니다"라고 했어요. 그때 저는 비정규직 정규직화나 해고자 복직 등은 이미 따놓은 안이라고 생각했고. (……)

그때 사측에 제가 "지금 안은 이미 파업하다 복직한 사람이거나 파업에 나오지 않은 사람에게도 적용되는 안이다. 그 안들은 예전에 중요했던 안일 뿐이다. 1년 넘게 싸워 오면서 중요한 게 바뀌었다"라며 배짱부렸죠. 그러니 회사 측이 멘붕이 와서 뭐가 중요하냐고 묻길래 "지금 투쟁하는 조합원들이 중요하다. 이들에 대한 대책이 없다"라고 했어요. "그 사람들을 징계하지 않고 모두 복직시켜 주면 되지 않냐" 하길래, 그건 예전 요구사항이라고 했죠. 그러자 정회를 하재요. 내가 화장실 가는데 이응암 상무가 따라와 "뭐가 필요하냐? 어떻게 해주면 되느냐?"라고 하길래, "30억이요" 이랬죠. (……) 그러자 이응암 상무가 하얗게 질려서 그대로 집으로 가 버렸고. 바비큐 파티도 없었죠. (……)

어쨌든 저는 교섭한 다음 날 모두 발표했어요. 회사가 우리의 요구안 1, 2, 3, 4를 모두 들어주겠다고 한 것을 공개했고. 사실이니까. 다만 조합원에게는 30억 원을 요구했다는 이야기를 안 했죠. 해고자 복직 문제로 교섭 중이라고 했고, 실제로 그 문제는 이후 교섭에서 피 터지게 싸웠고 마지막까지 쟁점이 됐던 문제였거든요. (김경욱, 위원장)

1차 교섭은 추석 즈음에 연락이 와서, 제가 울산서 서울로 올라갔죠. 그때 꾸려진 본조 교섭단이 김경욱, 윤송단, 황선영, 김학근, 이렇게 4명이 강화도 가서 첫 교섭을 2박 3일 했고. 집중교섭 하자고 해서 우리는 A4용지랑 복사기 다 들고 갔는데, 야들은 그냥 먹고 놀자 판이고 내용이 알맹이는 없고. 거기에서 이응암 상무가 나왔고 박노식, 박형동 그리고 한 명 더, 그렇게 4명, 우리 4명이 첫 상견례 겸해서 교섭을 시작한 거예요.

(교섭 내용은 미리 위원장이 조율한 거 아니에요?) 미리 어느 정도 얘기된

거로 알고 갔는데, 그냥 가는 날부터 불고기 파티에 저녁에 술 한잔 먹고, 다음 날 되니까 뭐 횟집 예약해 놓고 횟집 가서 먹고 "허심탄회하게 얘기하자", "술 한잔 먹고 얘기하자" 해서 술만 먹는 거지. 무슨 얘기가 돼요? 그니까 윤송단은 거기서부터 실망한 거고. 거기에 술 먹고 다음 날 뭐 하는 데 갑자기 김경욱하고 이응암이 사라져서 얘기하고 오고. 거기서부터 윤송단은 "이건 아니지 않냐?" 이런 문제가 발생했던 거고. (김학근, 울산)

처음 만나서 분위기가 교섭 얘기는 안 하고 회사 측 교섭대표가 자기는 어디서 태어나서 어디 학교를 나오고 자기 이야기 하고, 돌아가면서 그런 얘기하는 분위기였고. 결정적인 얘기할 때는 양쪽 대표 둘이 들어가서 얘기하고 오고. 간사들만 들어가서 얘기했고. 처음에 간사는 김학근 분회장이었고…. 그러다가 밥 먹으러 가고 첫날은 그게 끝이에요. 그다음 날은 윤송단하고 나는 숙소에서 기다리다가 회의 시작하자 윤송단이 화 나서 자기가 서기를 하겠다고 해서 노트북 딱~ 들고 치고. 딴 얘기 나오면 윤송단이 커트~ 커트~ 시키고. 저는 처음 교섭 들어가니 교섭을 그리하나 보다 싶었죠. (황선영, 월드컵)

2) 2차 집중교섭(10월 9일~10일)

10월 1일로 삼성테스코가 홈에버 경영권을 이랜드로부터 넘겨받았다. 노조는 10월 9일부터 11일까지 2박 3일 동안 회사 측과 집중교섭을 벌였다. 이 자리에서 노사는 추가적인 외주화 중단, 비정규직 고용보장 기준 기존 18개월에서 16개월로 적용, 비정규직 차별시정, 정규직 16% 비정규직 23% 임금인상 등에 대해 의견 조율을 했다. 노조가 제안한 안을 회사가 대부분 수용한 것이었다.

그러나 회사는 해고자 문제와 노조활동 보장 등에 대해서는 물러서지 않았다. 회사는 노조간부를 포함한 징계해고자 24명과 비정규직 해고자 중 복귀의사가 있는 20명에 대해서 단 한 명도 고용을 보장할 수 없다는 태도였다. 노조는 위원장을 포함한 노조간부 5명이 해고를 받아들이는 것을 전제로 해고된 비정규직 노동자의 복직을 요구했다. 그러나 회사는 5명이 부족하다며 비정규직 노동자도 복직시킬 수 없다고 했다. 회사는 분회장들까지 모두 회사를 나가야 한다는 것이었다. 노조는 이런 회사의 요구가 노동조합을 완전히 무력화시키려는 것이라며 받아들일 수 없다고 했다.

교섭을 시작하면서 홈플러스 사측은 노사화합 선언, 무파업 선언, 이랜드에서 홈플러스 노조분리, 2010년까지 임금인상을 회사에 위임한다는 등 전제조건을 달았다. 노조는 회사가 만약 비정규직 해고노동자들을 모두 복직시키고 민형사상 소송도 풀어주면 회사 측과 화합을 선언할 것이라고 했다. 집중교섭 이후에 교섭일정은 정하지 않았다. 이 상황에 대해 당시 이남신 수석은 다음과 같이 말했다.

> 저희가 "노조 핵심간부들의 복직을 포기하는 대신, 분회장과 비정규직 해고자들은 복직시켜 달라"고 사측에게 요구했어요. 그런데 홈플러스 측은 분회장들도 받아줄 수 없다고 했어요. 외주화나 고용안정, 임금 같은 부분에서는 사측이 전향적인 안을 내놓긴 했어요. 그런데 분회장들을 받아주지 않는다는 건 결국 노조를 없애자는 의도나 다름이 없지요.
>
> 가장 중요한 게 우리 조합원들을 살리는 거니까, 해고를 최소화하는 게 저희 목표예요. 홈플러스가 그 부분에서는 강경하게 나왔죠. 조합

원들에게 이익이 돌아가지 않게 하려는 것 같아요. 500일 동안 싸운 사람들이 현장으로 돌아가면 "회사가 노조활동을 인정하고 그 싸움을 긍정적으로 평가했구나"라고 사람들이 생각할 수 있으니까, 아마 매장에서 최소한 한 명 이상은 해고자를 만들려 하는 거지요.

(복직해야 할 사람은?) 해고자가 총 24명이에요. 그중에 중앙노동위원회 승소 조합원들이 6명인데, 그 조합원들은 사측도 복직시켜 준다고 했어요. 남은 18명 중에서 8명은 복직시키되 유예기간을 둔다고 했고요. 나머지 10명이 바로 핵심간부인데, 홈플러스는 이들은 절대로 안 받아주겠다는 태도예요. 핵심간부들이 한 명도 못 들어가면 노조가 무너지는 건 시간문제예요. 그래서 2차 교섭 때 위원장이 노조를 죽이겠다는 안은 받아들일 수 없다고 나와요.

다음은 교섭 결과에 대한 노조의 기록이다.

◎ 2008년 10월 9~11일 홈플러스와의 집중교섭 결과

■ 개요

교섭일시: 2008년 10월 9일 19:30 ~ 10일 21:30

교섭 장소: 경기도 가평군 설악면 화곡리 구몬연구소 콘도

교섭 인원: 노조_김경욱, 윤송단, 김학근, 황선영 / 회사_이응암, 이석형, 박노식, 박형동

■ 경과

▷ 중노위 화해 회의에서 노사는 징계해고자 24명에 대한 문제와 민형사소송 문제, 임단협 문제 등을 일괄타결하기로 합의하고, 9일부터 11일까지 예정된 집중교섭 결과 타결이 될 경우 징계해고자 문제는 13일 다시 화해 회의를 통해 매듭짓기로 합의함.

▷ 중노위 화해 회의로 인하여 김경욱을 제외한 3명의 교섭위원은 먼저 교섭 장소

로 이동했고, 화해 회의에 참석한 김경욱과 사측 대표 이응암은 이응암의 차를 타고 뒤늦게 교섭 장소로 이동했음.

▷ 교섭 첫날, 노사는 양측 교섭위원 전원이 참석하여 징계해고자 문제를 제외한 현안 쟁점들을 주로 다루었음. 교섭 둘째 날, 오전에는 노사 양측 교섭위원 전원이 참석하여 단체협약안을 논의하다 이응암이 업무차 교섭 장소를 떠남에 따라 단체협약안에 대하여 실무교섭을 진행하였으며, 저녁 식사 후 이응암이 다시 교섭 장소로 돌아온 직후 김경욱과 이응암이 현안 쟁점에 대해 교섭을 진행하다 노사 양측의 견해차를 확인하고 교섭 결렬을 합의하였음.

■ **회사 안**

▷ 현안

- 징계해고자 24명

  1. 지노위에서 부당해고 판정을 받은 6명은 원직에 복직한다.(대상자: 김상현, 임희석, 마수경, 최현옥, 최설경, 황명희)

  2. 지노위에서 정당해고 판정을 받은 18명 중 집행부 6명과 분회장 4명 등 10명은 해고를 인정하며, 1년 치 연봉을 위로금으로 지급한다.(대상자: 김경욱, 이경옥, 장경근, 박승권, 윤송단, 황옥미, 양미경, 김경미, 김학근, 황은영)

  3. 지노위에서 정당해고 판정을 받은 18명 중 1항과 2항에 해당하지 않은 8명은 6개월 후 신규채용한다.(대상자: 서형태, 강혜정, 유명숙, 김미옥, 서경만, 전향숙, 이해욱, 전옥남)

- 계약해지자 27명 채용 불가
- 민형사소송

  1. 조합원과 노동조합에 제기된 민형사소송은 모두 취하한다.

  2. 민주노총과 민주노동당에 제기된 민형사소송은 취하하지 않는다.

- 재정지원

  1. 파업조합원에 대하여 생계비, 위로금, 벌금 등의 재정지원을 할 수 없다.

  2. 다만 해고자에 한해 이랜드에서 미지급한 위로금을 지급한다.

▷ 단체협약

- 외주화 : 추가적인 외주화를 하지 않는다.
- 비정규직 고용보장 : 18개월 이상에서 16개월 이상으로 수정.
- 비정규직 차별시정 : 국공휴일을 무급휴무에서 유급휴무로 보장.
- 기타 조항 : 실무교섭에서 개악안 제시 / 대표 교섭에서 기존안 유지.

▷ 임금인상

- 파트타이머 : 기본급 인상 유급휴무 성과급 등을 합해 약 20% 인상 효과.
- 정규직 : 약 15% 인상 효과.

작성일: 2008년 10월 11일/작성자: 김경욱

두번째 교섭은 삼성에서 많이 준비해서 이미 수용한 요구안을 세부적으로 다시 정리해 개선된 안으로 가져왔죠. 해고자 숫자도 12명인가로 줄었고. 그러면서 "이 정도로 하자. 경총 등에 압박받고 있다"라며 요구안을 많이 들어줬다고 했어요. 내가 요구한 30억 관련해서는 "위로금 명목으로 준비하고 있다"라고 했고. 두 번 교섭하니 좀 더 진전된 안이 나왔으니, 우리는 좀 더 교섭할 필요가 있다고 봤죠. (……) 근데 삼성에서 준비한 안을 모두 이야기한 뒤 "이 정도면 되겠습니까?"라고 묻길래 "이 정도로는 안 됩니다"고 했죠. 그러자 이응암 상무가 주먹을 꽉 쥐고 부르르 떨어요. 자기가 제시할 카드는 없고, 정부와 국회는 자신을 압박하니 미칠 노릇이었을 거예요. (김경욱, 위원장)

2차로 교섭을 가평에 교육연수원인가를 잡았는데, 또 똑같은 현상이 일어나는 거예요. 그러면서 윤송단이 "나는 안 하겠다"고, 쉽게 얘기하면 "이러면 뭐하러 하냐?" 이리 되면서 황선영도 "안 하겠다" 하고. 그다음부터 저하고 김경욱이 교섭 들어간 거예요. 윤송단이 "지부장님 혼자 들어가세요. 들어가서 김경욱 위원장님 말리세요" 이러는 거예요. 그게 윤송단이 상처받은 내용이고, 여러 가지가 있습니다.
그렇게 교섭 가면서 회사가 얘기하는 것은 "해고자 문제 절대로 양보 못 한다"라고, 그리고 "18개월 미만자 구제 못한다" (……) 그니까 가장 큰 쟁점이 해고자 문제와 18개월 미만 해고자 문제고, 다른 문제야 특별히 이슈될 게 없었고. 임금 문제하고 비정규직 정규직화는 그때 벌써 물 건너간 과정이기 때문에 힘들다고 봤던 거고.
처음에 싸울 때하고 본질이 벗어난 거죠. 처음에는 "2년 이상은 정규직 전환이 되어야 한다"고 비정규보호법 될 때 시작한 건데, 그 본질은 벗어나 버리고 '해고자 문제'로 귀결되는데, 회사 측이 얘기하는 거는 "18개월 미만자가 전국에 48명 된다"고 했거든요. "48명 중에 지금 투쟁하는 사람 몇 명 되냐? 못해 준다" 이건 안 된다고 했었고, 그때 24명이 일반 해고자가 있었는데, 거기서 지역노동위원회에서 이긴 사람 이리저리 빼면 몇 명 안돼요. 자기네는 "양보 못한다. 해고자는 다 가야 한다" 그라면, 김경욱은 "내가 책임지고 나간다. 다른 사람 살려라" 이거였고, 회사가 끝까지 "안 된다" 그러기에, 내가 나중에 "그럼 구속된 사람은 저희가 책임질게. 구속된 사람 법적으로 처벌을 받았기 때문에, 김학근·이경옥은 나간다. 나머지는 다 살려다오"라고 제안했는데, 회사는 그것도 "안 된다" 이거였고.
그래서 조합은 살려야 된다는 차원에서 김경욱이 몇 사람과 얘기해서 "김학근을 넣어 주라"고 하고, 그 이유는 우리 임원들끼리 논의하기로는 이후 노조를 저한테 맡기려고 했던 거라서 "김학근을 살려 달라. 그러면 받아들이겠다"라고까지 얘기 나왔어요. 회사는 "김학근은 절대 안 된다"고. 그러면서 교착상태 빠졌어요. (……) 교섭 다음 날인가 내가 교섭보고 하고서 "파토다" 그래서 결렬 선언하고 "이후 일정을 안 잡았다" 했어요. (김학근, 울산)

3) 3차 교섭(10월 25일~26일)

3차 교섭은 10월 25~26일에 진행되었다. 노사는 핵심적으로 해고자 복직, 파업 조합원 처우, 위로금 등에서 이견이 좁혀지지 않았다.

회사는 해고자 24명 가운데 12명은 복직시킬 수 없다는 태도였다. 이 가운데 6명은 부당해고 판정을 이미 받았다. 회사는 복직판정을 받은 6명 외에 6명만 더 복직시키겠다는 것이었다. 비정규직 18개월 미만 계약해지자 복직 문제도 회사는 완강하게 버티고 있었다. 계약해지자 27명 중 20명이 복귀 의사를 밝혔는데도, 회사는 이 가운데 5명만 복직시키겠다는 태도였다. 또 다른 쟁점인 연월차 지급문제도 노조는 정당한 쟁의행위였으므로 연월차 인정과 지급을 요구하였고, 회사는 불인정과 소멸을 주장했다. 또 이랜드가 홈플러스로 전환되기 전에 조합원들만 제외하고 다른 직원들에게 지급했던 위로금도 회사는 "이랜드에 따져야 할 문제"라며 지급할 수 없다고 했다.

노사간에 어느 정도 합의가 이뤄진 부분은 비정규직 고용보장 부분으로 회사는 16개월 이상 비정규직은 고용을 보장하겠다고 했고, 비정규직의 처우개선과 관련해서는 국공일 휴무를 정규직과 동일적용하는 것을 제시한 상태였다. 이밖에도 2006년 단체협약 유지, 외주화와 추가징계를 하지 않겠다는 것 등이 회사와 논의된 내용이었다.

협상이 일부 진전된 면도 있지만, 노조가 가장 핵심으로 삼고 교섭에 임했던 해고자 복직과 파업 조합원 처우 문제 등에서 막히면서 회사는 마지막 안이라고 통보했고, 노조는 이를 수용할 수 없다고 판단해 협상이 결렬된 것이다.

이에 노조는 영국대사관 앞에서 1인시위를 시작했다. 삼성테스코는 삼성과 테스코가 합작해서 만든 회사였기 때문이다. 테스코는 영국계 할인체인점이었다. 삼성테스코의 지분은 테스코가 89%, 삼성이 11%를 가지고 있었다.

한편 이랜드그룹이 이랜드일반노조에 걸었던 손해배상청구 소송 등은 홈에버가 삼성테스코에 매각되면서 고스란히 삼성테스코로 넘어갔다. 그리고 삼성테스코는 그 손해배상청구 소송 등을 교섭자리에서 노조를 협박하는 무기로 썼다. 노동자 개개인에게 걸린 소송들은 거의 다 취하했지만, 민주노총과 민주노동당에 걸린 큰 소송들은 남았다.

세번째 교섭 때는 해고자 숫자가 9명으로 맞춰졌고. 그 밖의 3명은 파업이 끝나도 현장에 복귀하지 않겠다는 자발적 해고자라 어렵게 한자리 숫자로 맞춰졌지만 "안 된다. 전원 복직해야 한다" 요구하며 어깃장을 놓았죠. 그때 강 의원이 많이 뛰어다녔는데, 제가 교섭 안 한다고 버티면 강 의원이 나를 차로 태워 교섭장으로 데려가기도 하고. 두번째 교섭 이후 막후교섭이 진행됐는데, 삼성은 빨리 끝내야 한다는 생각뿐이었죠. 근데, 우리는 교섭이 본격적으로 진행되면서 한 명의 조합원도 이탈하지 않았고, 남아 있으면 보상받는다는 것을 분위기상 누구나 잘 알고 있었던 거죠. 그래 노조는 여유로웠고. (김경욱, 위원장)

4) 4차(11월 8일), 5차(11월 10일) 교섭과 잠정합의안

3차 교섭이 결렬된 뒤에 노사는 비공식으로 논의를 이어 갔다. 핵심 문제는 여전히 해고자 복직 문제였다. 특히 김학근 분회장의 복직을 둘러싸고 노사가 마지막까지 팽팽히 맞섰다.

노조가 김학근 분회장의 복직을 강하게 주장한 이유는 노조임원들이 자신들이 해고되고 투쟁이 마무리된 이후에 노조를 이끌어 갈 차기 위원장으로 김학근 분회장을 내정하고 있었기 때문이었다. 회사 측 역시 이를 알고 있었기 때문에 김학근 분회장의 복직을 받아들일 수 없다고 강경하게 나온 것이다.

그러던 11월 7일 오후 2시에 교섭위원이었던 울산분회 김학근 분회장이 법정구속되었다. 김경욱 위원장은 김학근 분회장을 복직시킬 수 없다고 판단하여, 다시 회사와의 교섭을 추진했다. 그 결과, 노조와 삼성테스코는 11월 8일 금천 노보텔에서의 교섭에 이어 11월 10일에는 밤샘 교섭 끝에 11월 11일 잠정합의안을 끌어냈다. 1년 넘도록 이어진 이랜드투쟁은 삼성테스코와 노조가 교섭을 시작한 지 한 달 반 만에 타결에 이르렀다.

버티다 결국 금천 노보텔에서 교섭을 타결했고. 마지막에 타결할 수 밖에 없었던 건 마지막 쟁점으로 남았던 울산 김학근 분회장 복직건이 더는 어떻게 해볼 수 없었기 때문이었죠. 노조는 그를 복직시켜야 한다고 했고, 회사는 다른 사람의 복직을 밀면서 부딪쳤죠. 나는 김학근이 차기 위원장이 되어야 한다고 생각했기 때문에 교섭 막판까지 김학근 복직을 두고 심각하게 부딪친 거죠. 그런데 그가 구속됐기 때문에, 쟁점 자체가 사라진 게 된 거고. 구속됐다는 연락을 받고 바로 이응암 상무에게 전화해서 만나서 바로 "교섭 타결하시죠" 이랬고… 바로 합의문 쓰고, 실무교섭하는 것으로 마무리했고. (……)
(민주노총 탈퇴건은?) 교섭에서 한 번도 얘기되지 않았어요. 어차피 그 안은 삼성과 교섭하기 위한 압박카드였으니. 마지막 교섭 때, 전원 복직, 즉 내가 복귀하는 것을 두고 끝까지 실랑이를 벌였는데, 그때 "민주노총을 탈퇴한다는데, 그것이 그렇게 어렵냐"고 하자 삼성 쪽에서 "민주노총 탈퇴하면 좋죠. 그런데 위원장님 복직하는 게 더 무섭다" 라고 해요. 내가 복귀 후에 무슨 짓을 도모할지 모른다고 생각했던 듯 해요. (……) 그렇게 교섭이 마무리됐죠. (……)
(30억을 제시한 이유는?) 해고자 복직 문제가 해결되고 복귀되어도 곧 벌금 나오는데, 게다가 손해배상소송으로 걸린 게 몇십억이었는데, 노조에서도 돈이 없어 그 소송비용을 감당하기 어려웠죠. 결국, 복귀 한다 해도, 파업한 아무런 이유가 없게 되는 거였죠.
회사에서 영업방해죄로 민사를 제기한 것도 있었지만 전국 홈에버 입점 점주들이 조합원들을 영업방해죄로 소송을 제기한 것도 있었는데,

그게 어떻게 될지 모르는 일이었고. 그리고 연대했던 사람들 상당수도 벌금형을 받았고. 510일 파업하면서 노조가 빚도 많이 졌죠. 이남신 수석의 퇴직금을 노조 운영비로 모두 썼거든요. 그 돈은 노조가 갚아 줘야 했고, 이랜드투쟁으로 해고까지 됐는데 퇴직금까지 없으면 어떻게 해요. (……)

위원장의 책무는 마지막까지 노조를 믿고 자리를 지킨 사람들을 구제하는 것이 중요하다고 봤죠. 노조를 지키기 위해서는 그 돈이 필요하다고 판단한 거고. (김경욱, 위원장)

다시 노사가 교섭을 진행해서 최종 해고자 수를 9명으로 정리했다. 초기 사직자 문제가 거론되었을 때, 노조임원들은 암묵적으로 사직을 받아들이기로 했었다. 그 이후에는 김경욱 위원장과 김학근 분회장이 책임지고 권고사직을 받아들이기로 했고 간부들은 혼란을 겪었다. 노조에서는 간부들을 대상으로 남을 자와 떠날 자를 정해야 했다. 그 기준은 이후 노조를 복구할 수 있는 역할을 할 수 있는 사람들을 복귀시킨다는 것이었다. 그 때문에 노조는 현장의 지부장과 분회장들을 복귀시키려 노력했다. 그러나 교섭과정에서 노조의 주장이 모두 관철되지는 않았다. 일부 복귀자에 관한 결정은 회사 측이 했다.

최종사직자를 정하는 과정은 노조지도부도 힘든 일이었고, 해당되는 간부들에게도 힘겨운 과정이었다. 노조간부들은 헌신적으로 500일 넘게 투쟁한 결과가 자진사직으로 돌아온 것을 받아들이기 힘들었다. 그 때문에 여러 모습이 나타났고, 상처받은 이들도 있었다. 교섭과정의 문제 때문에 사직을 받아들이기 어려운 이도 있었으며, 서형태 병점분회장의 경우는 사직을 받아들일 수 없다며 해고자로 남기도 했다.

교섭 막바지에 조합원들에게서 이전에 보지 못했던 모습을 보는 거죠. 해고자 명단이 어느 정도 확정됐을 때인데, 회의를 마치고 차를 타고 가는데, 어떤 지부의 전 지부장이 손을 흔들면서 차를 막았어요. 그 지부에는 전임 지부장과 현 지부장, 두 명의 지부장이 있었는데, 교섭위원들은 전 지부장이 복직하는 게 노조에 도움이 된다고 정치적으로 판단했죠. (……) 실제 현장에 복직시키느냐 아니냐를 판단하는 것은 노조를 살릴 수 있느냐 없느냐로 판단했거든요. 그런데 그 분이 "저는 꼭 복귀해야 해요. 억울해서 못 살겠습니다" 이래서 제가 "걱정하지 마세요" 했죠. 그 심정을 이해하긴 하는데, 실망이라기보다는 뭐랄까. 여튼 그래요. (……)
또 최종 해고자 명단이 나와 쟁대위에서 대책 논의하는데, 갑자기 활발하게 활동하던 한 간부가 사직서를 돌려 달라고 해요. 받아들일 수 없다는 거죠. 문제는 이 사람이 합의를 안 해주면 교섭이 물거품이 되는 상황이거든요. 다른 간부들은 간부들이 희생하자고 해놓고는 막상 해고자 명단이 나오니 "나 안 하겠다"라고 하니 당황스럽죠. 정말, 그 사람은 조합원에게 헌신하고 바른말만 했던 사람인데…. 이후에 회의에 나오지 않았어요. (김경욱, 위원장)

저하고 윤송단이 얘기할 때 처음엔 사직 문제에 찬성했어요. 나중에는 교섭행태 보면서 "이러면 안 되는 거 아니냐"며 나중에는 "너희들, 짜고 치는 거 아니냐?" 속된 말로 그런 거였고. (……) 다들 반발은 심했습니다. 처음부터 그냥 동의한 사람은 저하고 김경욱 위원장밖에 없습니다. 중간에 뭐 이리 갔다가 자기들 마음에 심정에 변화가 있잖아요? 자기가 몸담은 회사고, 특히 여성은 정규직 같으면 어디 갈 데도 마땅치 않기 때문에, 이런 문제가 있을 수 있거든요, 충분히. 그러

다 정리하면서 동의하고 가는 건데…. (김학근, 울산)

(사직자에서 빠진 거예요?) 내가 합의를 안 하면 이 합의서가 날아가는 거예요. 그래서 김경욱이 나를 뺀 거예요. 사직서를 안 쓰면서 해고자로 두죠. 회사에서 12명은 사직서를 받는다는 의미는 조합원으로서 배제한다는 의미예요. 그러니까 자진사직이기 때문에 우리 조합원이 안 되는 거지요. 그런 명단을 다 짰어요. 근데 저랑 강혜정이랑 걸리는 거예요. 저는 아예 선을 그었죠. "절대 안 한다" 그래서 빠진 명단이 따로 있어요. "제외한다" 이렇게 돼 있어요. 강혜정도 사직자 명단에서 뺀다고 했는데 설득해서 넣은 거죠. (서형태, 병점)

2. 잠정합의안을 둘러싼 조합원 찬반투표

노조는 11월 11일 오후 총회를 통해 잠정합의안에 대한 조합원 찬반투표를 진행했다. 조합원들은 "노조가 많은 성과를 이뤘지만, 노조 지도부의 해고는 너무 안타깝다"라는 반응을 보였다. 하지만 김경욱 위원장은 "이번 합의안이 부결되면 앞으로 더욱 어렵다"라는 견해를 밝혔다. 조합원들은 "오랜 기간 투쟁을 하면서 제일 고생했던 사람들이 해고되니 너무 슬프다"라며 "복직해도 노조 지도부가 생각나 일이 손에 잡히지 않을 것 같다"라고 했다.

노조 지도부를 해고하고 조합원들만 복귀할 수는 없다는 이들도, 지쳐서 더는 투쟁하기 어렵다는 것 때문에 잠정합의안에 찬성하는 조합원들도 모두 눈물을 흘렸다.

이날 오후 2시부터 진행된 노조의 총회는 오후 늦게까지 이어졌다. 잠정합의안에 관한 토론도 있었고, 지방 조합원들의 투표문제 때문에 투표결과가 나오는 데 시간이 걸렸다. 그 결과 잠정합의안은 87%라는 찬성률로 통과됐다. 마지막까지 파업에 참여했던 180여 명의 조합원은 해고자를 제외하고는 11월 14일부터 모두 현장에 복귀할 수 있게 되었다.

● **잠정합의안의 반대 입장**

총회 때 찬반투표를 했는데, 전 반대했죠. 그 안이 다른 건 둘째 치고, 사직서를 쓰고 나가는 문제는, 그건 좀 그래요. 저도 해당이 됐죠. 그 명단이 있는 별지가 있어요. (……) 강혜정도 제외했다가 나중에 사직자로 들어갔죠.

투쟁이 패배할 수는 있는데, (……) 사직서를 받는 대신에 돈을 받는 거잖아요? 이런 거는 선례에도 안 좋고. 그래서 반대를 하긴 했는데, 다들 동의를 해서. 그러니까 투쟁을 마무리하면서 실력이 안 되면 해고자들을 복직 못 시키는 것은 어쩔 수 없는 거지. 나머지 조합원들이 현장에 복직해서 추후를 도모할 수는 있잖아요? 그렇게라도 들어가야지요. 그런데 그걸 넘어서서 사직서를 받는 방식은 아예 해고자들을 내치는 거잖아요. 회사는 "해고자들을 잘라내라. 이 강성들을", 거기에 동의해 준 거지요. 그러니까 단순히 사직서 쓰는 차원이 아니죠. 그런데도 통과됐죠. 조합원들이 경제적 어려움이 극에 달하고 있었기 때문에 끝내는 게 중요했어요. "이후를 도모하자" 이런 것도 없어요. 솔직히 말하면 "무조건 끝내자". (……)

저는 지도부가 자기가 힘들면 그만하면 돼, 사람이 다 자기 능력만큼 하는 건데, 그거를 끝까지 조합원 핑계 대고, 음, 그거를 끝까지 끌고 가고. 뭐 핑계 대고 뭐 이런 게. (위원장이 그만두면?) 다른 사람이 하면 되지, 뭐, 2008년에 별것도 없잖아요. (……)

중요한 게 "이거라도 받아서 들어간다"라는 명분 때문에 받은 건데, 이 합의 없이 투쟁을 마무리하고 싶으면 비해고자들을 복귀 전술을 쓰고 해고자들은 남아서 이 비해고자들이 적응할 수 있게 도와주고, 조직을 복원하는 데 활동가로서 충분히 할 수 있어요. 그런 전술을 쓸 수 있는데, 이 전술을 안 쓰고 임금인상을 받아 복직자들한테 명분을 준다는 의미죠. 대신에 해고자들을 배제하는 합의안을 받은 대가가 해고자를 내친다는 거예요. (문제를 제기했어요?) 총회 때 내가 "사직서 쓰고 나가라는 건, 사직자들을 배제하는 의미"라고 분명히 했고, 반대한 사람이 열몇 명 있었어요. (서형태, 병점)

여성회관인가 어디 가서 우리가 찬반투표하고 해고자 12명을, 그 마지막 있었잖아요? 정말 눈물을 너무 흘렸어요. 그날 12명을 해고하고 여기서 끝낸다는데….
(잠정합의안에?) 시흥은 다 반대했어요. "이거는 받으면 안 된다. 우리가 어떻게 싸웠는데 12명 지도부를 다 해고당하게 하고 우리가 들어가냐, 이 안을 받아들이는 것 자체가 말이 안 된다." 엄청나게 싸웠어요. 울고불고 난리쳤어요. 나머지는 거의 다 찬성했어요. 다른 데는 "뭐 방법이 없는데, 어떻게 할 거냐?", "조합원 해고를 받을 거냐?" 뭐 이런 식으로 나오고. (……) 결국, 다수결에 따라야 하니까 목소리만 내다 마는 거죠. (김영순·임재윤, 시흥)

해고자를 안고 정리를 할 건지 계속 싸울 건지, 그거를 결정하는 총회가 홍대 쪽에서 있었잖아요? 그래 저희는 위원장이 서형태였으면 좋겠고, 계속 싸웠으면 좋겠는데… 진짜 마무리 부분에서 충격받은 거죠. 우선은 해고자가 있는 상태에서 끝내야 한다는 거, 그러면 김경욱 위원장이나 뭐 희생 이런 얘기를 하는데, 김영순 님도 그때 해고상태였거든요. 저도 그때 징계받고, 정직이었나? 뭐 하여튼 징계자 문제가 있고. 우리는 "그건 안 된다. 단 1명이라도 해고가 있으면 안 된다. 그리고 끝까지 싸워야 한다. 그러면 우리가 지금 왜 들어가냐? 510일 동안 우리가 뭘 보고 싸웠는데, 왜 해고자를 두고 우리가 그냥 들어가냐, 안 된다. 그리고 지도부를 두고 가는 거 아니다. 말로는 해고위로금 좀 준다고, 돈이 문제가 아니잖아요? 그리고 그분들이 돈 받으려 여태껏 싸웠던 것도 아니고, "누구보다 앞장서서 싸웠기에 해고가 됐는데, 그분들을 돈으로 정리한다는 건 좀 아닌 것 같다". 저는 해고자를 두고 우리가 복귀할 것인가 말 것인가를 의논한다는 그 사실 자체가 가장 충격이었죠. 특히 우리 시흥은 김미옥하고 유명숙 조합원 둘다 해고가 된 거예요. 그리고 영순 언니도 해고였던 것 같은데…, 하여튼 몇 분은 회사가 다시 정리해서 복직하는 거로 하고. 서형태 동지는 "돈 받지 않고 끝까지 해고투쟁 하겠다. 대법까지 가겠다"고 했고. (김선영, 시흥)

잠정합의안에 반대했던 분회장들이 계셨던 거로 알고 있어요. 저뿐만 아니라 다른 데도 지칠 대로 다 지쳐서, 우리가 완전히 승리한 합의는 솔직히 아니잖아요? 지도부들이 다 잘려 나가니까, 지도부들이 모든 책임을 안고. 그거에 대해서 가슴이 아주 아팠죠. 저도 반대했던 것 같은데. 왜 그러냐면 저는 우리 위원장님을 너무 존경하고 좋아했거든요. 그분 말씀에는 뭔가가 있어요. 우리가 가볍게 생각하지 못하게끔 하는 뭔가 힘이 있는 것 같아요. 언제나 유하고 언제나 좋으시면서 뭔가를 결정할 때는, 그분 말을 안 따르면 안 될 것 같은 그런 뭐가 있었어요. 항상 옳았던 것 같아요. 뭔가를 결정지을 때, 반대가 나오면 그분을 무시하거나 배제하는 것 없이 융합을 시키려고 하는 면도 많이 보였고, 그런 분들을 잃는다는 게 너무나 가슴 아팠고…. (박영숙, 순천)

"모든 조합원은 다 복귀시킨다. 그다음에 9명 잘린다" 1명 갖고 계속 버티다가. 그런 합의안에 집행부들이 해고를 결의한 거였잖아요? 그것에 대한 반대였던 것 같아요. "힘들어도 집행부도 같이 들어가야 한

다" 고 생각한 거죠. (박영광, 순천)

(잠정합의안에 대한 울산의 토론결과는?) 마지막 할 때도 분회장이 들어가(구속) 있어서, 울산은 그때 경만 씨가 분회장님한테 면회 가서 얘기했는데 "못한다", "이 방법은 아니다"라고 얘기했다고 저는 알고 있거든요. 또 해고자들에 대해 "1.5배 퇴직금 주고 어쩌고…, 그게 아니다. 다 같이 했던 거 똑같은데, 누구는 과장이라고 많이 받고 그것도 나는 용납할 수 없다." 왜냐면 직급이 다 다르잖아요? 1.5배 하면 과장은 몇 억을 받아가면 밑에 사람들은 직급이 낮으니까 얼마 없으니까. 그래서 경만 씨가 중앙에 올라가서 분회장님이 주장하는 거를 계속 주장했지만, 우리 의견이 잘 전달이 안 됐을 수 있겠죠.
(조합원들은?) 그렇게 만족스럽진 않으나, 진짜, 너무 긴 싸움이니까. 그냥 "우리가 이렇게 들어가는 거만 해도 다행이니 합의하자. 어차피 그때 무기계약으로 해놓은 것도 있고, (계약해지로) 나간 사람들도 다 들어올 수 있다니까" 그렇게 하자고 했던 것 같아요. 진짜 마지막에 힘들었거든요. (이해욱, 울산)

•잠정합의안 찬성 입장

조합원들은 복직이 안 된 사람들 때문에 "이래도 되는 거냐?"…. 근데 어떡하겠어요. 우리는 우리의 논리를 펴서 "너희들이 들어가서 노동조합을 살려야지." 선복귀자도 많고 현장에 남은 사람 180명밖에 없고 탈퇴자가 많아지고. 그러다 보니까 "투쟁 잘하고 나서 노조 다 깨지고 망가지는 것은 우리가 원하는 거 아니니까, 그래도 살아서 돌아가서 노동조합을 다시 조직해야 하는 거 아니냐." 그렇게 얘기한 거죠. (이경옥, 부위원장)

그게 홍대 쪽에 한국여성노동자회에서 했던 거 같아. 마지막에 해고자가 24명인데, 거기서 누가 해고를 받아들일 것이냐는 거 논의했던 것 같아요. (……) 면목분회에서는 저와 마수경, 황은영, 이렇게 3명이 해고당했거든요. 그런데 그 3명 중의 1명이 권고사직을 받아야 한다고 했는데, 황은영 동지가 "누군가는 해고를 받아들여야 한다면 내가 하겠다"라고 해서, 우리는 고민을 덜 할 수 있게 해줘서 고마운 거죠. 저는 그때까지만 해도 해고는 생각해 보지 않았으니까. 그래서 명쾌한 결론이 났고.
(집행부가 다 해고되는 문제는?) 다들 빨리 끝내고 싶었으니까. 위원장이나 사무국장, 이경옥 부위원장의 거취 문제를 그렇게 깊게 생각 안 했던 것 같아요. (황옥미, 면목)

교섭이 진행되고 전체의견을 받아들이는 게 아니라 약간 김경욱 위원장이 빨리 끝내자고 하는 분위기였어요. 저도 빨리 끝내자고는 했지만. 남아 있는 조합원을 빨리 들어가게 해야 하잖아요? 그래서 잠정합의안에 사인을 했는데, 저는 그걸 놓친 거지요. 나는 기륭전자같이 우리 "해고자들은 남아서 싸운다" 이런 조항이 빠진 줄을 모른 거야. (잠정합의안 안 봤어요?) 합의안 본 기억이 안 나요. 그러니까 서형태 동지만 사인을 안 한 거잖아요? 마지막 마무리에서 제가 너무 큰 실수를 했다는 거죠. 사인은 했지만. 그때 면목은 해고자가 네 사람이었어요. 황은영, 마수경, 황옥미, 최현옥. 그런데 최현옥은 잘못된 해고라서 처음부터 원직복직 됐어요. 그래 "우리 셋이 남아서 투쟁하자" 막 이랬었거든요. 그러다 세 사람 중에 위원장이 "한 명은 복직이 안 된다" 이래서 내가 분회장이라 나를 뺀 거고. (……) 그런데 나중에 위원장이 "해고자 싸움을 하면 안 된다"고 하는 거예요. 그러니 나는, 아차, 싶었

죠. 나는 남아서 계속 복직 싸움을 할 생각을 했는데. (황은영, 면목)

그때 동력이 많이 떨어지는데… 위원장님이 해고자 문제로 교섭이 안 되니까 마지막에 "해고자, 너희가 이거를 안 하면, 지금 있는 조합원들이 다 복귀가 안 될 수 있다" 그러니까 해고자들이 울며 겨자 먹기로 한 거죠. (사직서를 받아들이는 걸 쟁대위에서 했어요?) 같이 했어요. 거의 쟁대위 사람들이 해고자였어요. 저는 해당자가 아니므로 뭐라고 할 말은 없더라고요. 근데 해당자들은 "받아들여야 한다", "못 받아들인다" 분분한 의견들이 있었죠. 결국에는 다 받아들이고 서형태 동지 혼자 부당해고라고 사직 안 받아들였죠. (……)
조합원들은 다 지쳐 있는 상태였잖아요? 집회도 제대로 형성이 안 될 때였고. 그래서 총회 때 찬성이 많이 나왔으니까. 분위기는… 안 좋았죠. 같이했던 사람들이 해고당하고, 근데 이걸 안 받아들이면 우리가 더 힘들어지고 무너지고. (……) 조합원들은 빨리 끝내기 바라는 사람도 많단 말이에요. 그때 지도부들이 이미 결정을 한 상태에서 얘기하는 식이고. 그리고 누구 하나 희생하더라도 빨리 정리했으면 하는 마음들도 있었죠. (진현미·이선호, 방학)

해고자가 9명이면 "지도부는 해고당하고, 누구는 해고당하고, 뭐 어떻게 된다" 그렇게 했던 것 같아요. 그래서 막 울고. 모두 복직이 안 되니까. 또 우리 지부에서 마수경 국장은 해고됐다가 다시 복직됐고 황은영 분회장은 복직하지 못했고. 그리고 "위원장님이 아니면 누가 위원장님을 하지?" 이런 생각 들고. 정말, 자기 몸을 다 부숴 가며 했는데, 위원장님과 부위원장님이 복직이 안 된다는 거는 말이 안 된다고 생각했죠. 뭔가 나한테 힘이 있다면, 이걸 이대로 수용하지 않고 다 갈이 가고 싶었죠. 그때 위원장님도 가정사가 안 좋으셨다는데, 그 강직한 분이…. 그게 가슴이 매우 아팠어요. (임혜숙, 면목)

교섭하면서 가장 큰 게 핵심간부들의 사직서 제출, 그거 가지고 조합원 내부에서 문제가 많았죠. 그때 조합원 한 150명 있었는데 여러 얘기가 나오는 거야. "12명이 사직서를 쓰면 홈플러스에서는 합의하겠다." 합의하면서 그때 돈으로 몇억인가, 얼만가를 파업위로금으로 준다 그랬더라고. 그런데 걸림돌이 된 게, 그 대신 "12명은 사직서를 써라." 거기서 조합원이 갈리는 기라. 모아 놓고 얘기했는데, 12명이 사직서를 쓰라는 조합원이 있고, 그건 아니라는 주장도 있어서 팽팽하게 나가다가 시간이 가니까, 너무 길어진 것도 있고. 나중에는 12명이 그만두는 것으로 조합원들 스스로가 가닥을 잡더라고. 그 당사자인 윤송단 같은 경우는 "난 이거 못 받아들이고 끝까지 갈 거야" 이런 식으로 얘기도 하고. 그 사람들 입장에서는 좀 서운한 면도 있고. 아마 12명이 따로 모여서 자기들끼리 얘기하고, 결국은 "다 사직서 쓰기로 하자" 그랬는데, 서형태만 "나는 못한다"라고 거부하고 다른 사람은 다 제출하고. 그러고 결정되고 조합원들 다 모아 놓고 "이렇게 해서 나가기로 했다", 그랬죠.
(……) 그런데 파업 중간에 연맹에 있던 활동가가 어떤 사업장 예를 들면서 한 활동가가 파업을 주도했는데, 마지막에 우리처럼 "이 사람만 나가면 모두 들어준다. 파업 끝내라" 하니 그때 조합원들이 "이 사람만 복귀하는 거로 하면 우리 다 안 받아도 된다"고 했던 얘기해 줘요, 우리도 그런 생각을 했는데…, 어떤 조합원들은 그 안에서 토론하는 과정에서 심지어 "그 사람들이(사직대상자) 누군지 얘기해 달라. 내가 가서 설득이라도 해보겠다"라고 하기도 하고. 아무리 그래도 그런 얘

기를 그렇게 해야 하나 싶었고. (손명섭, 부산)

(잠정합의안 관련 총회 상황은?) 그냥 눈물바다였던 것 같아요. "해고자를 남길 수밖에 없는 이 상황, 이걸 받아들여야 하느냐?" 이런 쪽도 있었지만, 대부분은 들어가야 할 때가 되지 않았느냐 그런 분위기였죠. 일부, 이면합의로 "몇 년 치 임금에 대해 너네는 받고 나가는 것 아니냐" 이런 부류도 있었던 거지. 이면합의가 공식적으로 공개는 안 됐던 것 같아요. 그게 소문에 소문으로 돌아 막 부풀려서 확인된 바는 없고. (황선영, 상암)

지도부들 복귀 안 하고 그거 갖고 찬반투표를 했기 때문에…. 그때는 다들 많이 지쳐 있어서 빨리 끝내고 싶어했던 거 같아요. 어쨌든 지도부들은 억울한 상황이지, 본인들은 제일 열심히 했던 건데, 결론적으로는 조합원들이 찬반투표에서 그 사람들 빼고 들어가는 거에 대해서 찬성을 한 거니까. (……) 다들 지도부들이 같이 복귀하는 거를 원했는데, 결과적으론 안 됐고. 복귀를 먼저 생각을 해서. 저도 찬성표를 던졌던 거 같아요.
그때는 진짜 인원도 많지 않았어요. 그때 어디 회의실인가 빌려서 많이 했는데, 그 안에 꽉 차진 않았었으니까. 처음 인원 생각하면 엄청나게 준 거죠. 끝날 때쯤엔 한 지부에 10명밖에 안 오는 데도 있고, 우리도 20명 정도 오고. 사람들 동력이 자꾸 줄어드는 게 보이고 해결책이 없어서 약간은 자포자기했던 것 같아요. 그래서 "빨리 끝내는 게 우선이라는 생각"을 해서, 아마 찬성들을 많이 했을 것 같아요. (서은주, 월드컵)

(협상 전권을 위원장한테 위임했어요?) 예, 했었던 것 같아요. "이거를 받아들이냐 뭐 하냐, 협상에 들어간다 뭐 한다" 그러고 우리가 해줬던 것 같아요. 매각한다는 데 위원장이 가서 협상했었던 것 같아요. 그리고 잠정합의안 기억 안 나요. 그때 간부들이 많이 해고당하고, 나는 우리 점장하고 부점장이 잘해 줘서 사진 찍힌 것도 알면서도 아니라고 그래서, 나도 우리 임희석 과장님도 사직자 명단에서 빠졌잖아요. 그래서 우리 쪽에는 없어요. 그때, 조합원들이 우선은 생계가 급하니까, 그리고 한 명씩 한 명씩 다 들어가니까…. 거기서 더 하면…, 여튼 그래서 그렇게 끝냈던 것 같아요. (박복희, 안양)

잠정합의안이라고 토론했을 때 우리는 웬만한 건 위원장님께 다 맡겼으니까, 또 "우리가 나간다고 한들 잃을 건 없다. 이 시점에 우리가 그래도 얻고 나가는 거다" 그랬는데, 위원장님께서 전체 다 복귀하는 거로 했다고. 비정규직은 무기계약직으로 하고 정년 연장도 늘린 것 같아요. 원래가 55세였던가 그랬는데 60세로 그렇게 했던 것 같아요.
(지도부들 해고 문제는?) 너무 오래 끌다 보니까 그 사람들의 해고를 그렇게 하면 안 된다는 조합원들은 많겠지만, 앞에 나설 수 있는 조합원들이 별로 없었던 것 같아요. 어떻게 보면 조합이 너무 무기력했던 거죠. 투쟁이 그렇게 오래가리라는 생각도 안 했던 거라. (조은옥, 중동)

제일 아쉬웠던 게, 김경욱 위원장이 왜 마무리를 그렇게 하셨을까, 완전한 마무리는 위원장님이 남아서 하셨어야 하는 거 아닌가. 회사는 당연히 위원장님을 자르고 싶겠죠. 그런데 그걸 받아들이면 안 되고, 김경욱은 남아 있어야 했죠. (……) 저희 입장에서는 결정이 다 난 것만 듣는 처지이잖아요? 누가 잘리고 누가 하고 그런 거는 들은 거예요.

찬성한다는 건 아니었죠. (……) 제가 알기로는 "대가를 받고 그렇게 하기로 했다"라는 걸로 누구한테 들었고. (……) 끝까지 버텨 위원장으로 남지, 그런 걸 받고 그만둔 거에 아쉬웠죠. (김용임, 중동)

11월 13일 이랜드투쟁이 마침내 막을 내렸다. 오전 10시 30분 홈플러스테스코 본사(홈플러스 시흥점)에서 '새 출발 노사대화합 선언식'이 있었다. 참석한 노사 관계자들의 표정은 극단이었다. 회사 쪽 관계자들은 얼굴에 웃음이 피었고, 노조 지도부는 무거운 표정이었다. 해고자인 이경옥 부위원장은 30분간의 선언식 내내 단 한 번도 웃지 않았다. 박승권 법규국장은 시선을 아래로 떨어뜨렸고, 황선영 월드컵 분회장 직대는 눈물을 애써 참고 있었다.

회사는 이날 선언식을 오전 10시 독산동 노보텔 앰배서더 호텔의 회의실에서 비공개로 진행하려 했다. 하지만 이 사실을 뒤늦게 알게 된 노조가 문제를 제기해서 30분 늦게 홈플러스테스코 본사에서 진행하면서 언론에 공개됐다.

3년간의 무분규, 2010년까지 회사에 임금인상 위임 등을 주요 내용으로 하는 '노사대화합 선언문'과 '2008년 임금 및 단체협약'에 사인을 했다. 합의서는 다음과 같은 내용을 담고 있었다.

- 노조간부 등 총 11명을 제외한 해고자 복직 및 추가징계, 인사 불이익 금지.
- 임금 10% 인상(성과급 포함) 및 2009~2010년 임금인상 회사에 위임.
- 홈에버에서 이미 외주화된 업무(주차/카트, 미화, 시설, 보안 등)를 제외하고 추가 외주화 금지.
- 입사 후 16개월이 지나간 계약직 조합원의 무기계약 전환 간주.
- 민주노총과 민주노동당을 제외한 노조와 단체, 개인에 대한 민형사상 고소·고발 취하.

- 파업기간 중 조합원 연차 발생 문제와 이랜드가 조합원들에 미지급한 매각위로금은 민사소송 1심 판결 수용.
- 경영정상화를 위한 노사평화 기간 3년.
- 13일부로 파업 종료 및 종료일 다음 날 전원 복귀함을 원칙으로 하고, 개별 사정으로 복귀 못할 경우 오는 30일까지 복귀.

합의 내용 중에 추가적인 외주화 철회, 16개월 이상 근무자 무기계약직 전환 등 비정규직 고용보장안이 마련되어 조합원들의 고용안정에는 진전이 있었다. 비정규직 고용보장도 의미 있는 성과였다. 기존에 이랜드는 "18개월 이상 비정규직 노동자의 고용을 보장한다"라는 규정을 어겨 노조가 계속 투쟁을 벌여야 했다. 하지만 홈플러스는 16개월 이상 근무한 비정규직 노동자를 무기계약직으로 전환해 고용불안을 해소하기로 했다. 또한, 파업투쟁에 함께했던 180여 명의 조합원 대부분이 원직 복직하기로 했다. 그밖에 회사는 노조와 조합원에게 걸려 있는 민사소송과 형사고소를 모두 취하하고, 재판 중인 사건에 대해서는 탄원서를 제출하기로 했다. 민주노총과 민주노동당과 관련된 재판 내용은 빠졌다.

그러나 이러한 협상 결과를 끌어낸 위원장 등 노조 지도부 9명은 사직서를 냈다. 여기다 퇴사를 희망하는 3명을 포함하면 총 12명이 해고되었다. 이들의 해고는 사직서를 제출하는 방식이었다.

1) 다시, 월드컵점: 510일 마지막 문화제(11월 14일)

노조는 11월 14일 저녁 7시에 마지막 문화제를 열었다, 2007년 6월 30일부터 20일 동안 매장점거투쟁을 벌인 월드컵점 앞에서 하는 마지막 '금요문화제'였다. 510일 장기투쟁의 막이 내리고 있었다.

행사가 시작되기 전부터 조합원들이 이 자리를 찾은 연대 세력을 위해 파전을 열심히 만들었다. 그 주변에서는 어려운 시기를 함께했던 조합원들과 노동자들이 막걸리잔을 기울이고 있었다. 농성하던 천막 한편에는 '파업 511일, 천막(농성) 137일'이라고 적힌 판이 걸려 있었다. 민주노총 서울본부, 다함께, 민주노동당, 진보신당 당원들도 함께했다. 이전과 다른 점은 항상 이들이 모이는 곳에 있던 경찰과 형사들이 보이지 않는다는 것이었다.

참석자들은 '임을 위한 행진곡'을 같이 부르는 것으로 행사를 시작했다. 홍윤경 사무국장의 사회로 시작된 촛불문화제는 초반에 밝은 분위기로 진행됐다. 민중가수 이정석의 공연과 성신여대 몸짓패 '메이데이'의 공연, 서울대 학생 수아의 발언 등이 있었다. 월드컵 분회의 노래패 '비상'도 공연하러 무대로 올라왔다. 참가자들은 손뼉을 치며 옆에 있는 동지와 손을 맞잡았다. 하지만 '비상'이 공연 후 "오늘까지만 홈에버 노래패로 노래하고 다음부터는 홈플러스 노래패로서 노래하겠다"라고 밝히자 분위기는 숙연해졌다. '이랜드일반노조 월드컵분회 지원대책위' 사람들이 나왔다.

> "점거투쟁할 때, 매장에서 얼굴 봤던 기억이 나요. 나중에 매장에서 맛있는 것 많이 주세요."
>
> "투쟁을 시작할 때 끝까지 함께하기로 약속했는데, 정말 '평생 A/S' 해줘야겠어요."
>
> "앞으로 홈플러스 단골이 될 거예요. 여러분들 보고 싶어서요."

이들의 짧은 말 한마디 한마디에는 진한 교감이 배어 있었다. 황선영 월드컵점 분회장직무대행이 나왔다. 그는 '연대 동지들에게 드리는 글'을 낭독하다가 눈물을 흘렸다.

> "이상하게도 기나긴 투쟁을 마무리하는 이 순간, 투쟁에 함께해 주신 분들의 얼굴이 먼저 떠오릅니다.
> 너무도 고통스러워 중간에 포기하고 싶을 때도 이 땅의 노동자로 사는 게 힘들다고 여겨질 때도 우리가 사는 용기와 힘이 되어 주셨습니다.
> 앞으로 있을 많은 나날은 동지들의 사랑의 힘으로, 현장에서 당당한 노동자로 살아가겠습니다. (……)"

조합원들은 그동안의 기억들을 되새기는 듯 눈물을 흘렸다. 이경옥 부위원장은 "저까지 눈물을 흘리면 난리가 날 것 같아서 앞으로 나왔다"라며 가수 지민주가 부른 '길, 그 끝에서'를 열창했다. 하지만 그이도 눈물을 이길 수 없었다. 이어 김경욱 위원장이 마이크를 잡았다. 김 위원장의 표정이 무거웠다.

> "감사의 인사는 짧게 하겠습니다. 회사와 교섭타결을 앞두고, 노조간부들이 복직 포기에 동의하셨어요. 우선 노조간부들에게 너무 죄송한 마음을 갖고 있어요. (……)
> 하지만 파업투쟁 510일 동안 정말 행복했어요. 연애도 500일 이상하기 쉽지 않은데, 500일 넘게 투쟁을 벌인 건 정말 대단하다고 생각돼요. 여러분 정말 잘 싸웠어요. 그리고 저는 해고되었지만, 홈플러스가 여러분을 탄압하면 다시 돌아올 거예요."

이날 밤 10시 반경, 문화제를 마친 조합원들은 '잡은 손 놓지 맙시다'라고 적힌 현수막 문구를 장미꽃으로 장식하는 상징의식을 진행했고, 서로 어깨동무를 하며 '함께 가자 우리 이 길을'을 함께 불렀다. 조합원들은 농성 천막 앞에서 기념촬영을 했다. 농성 천막을 철거해야 하는데, 아무도 선뜻 나서지 않았다. 조합원들은 천막 주변을 말없이 돌고 돌았다.

(마지막 집회는?) 월드컵 앞에서 마지막 문화제를 했는데, 사회는 제가 봤고, 문화 동지들도 너무 많이 와서 공연하고. 마지막에 다 같이 울고 불고, 꽃으로 현수막 만들어서 처음과 같이 '잡은 손 놓지 맙시다' 그렇게 해서 사진 찍고. 또 조합원들이 부침개 부치고, 월드컵 조합원들이 열심히 음식 만들어서 뒤풀이했고요. (홍윤경, 사무국장)

마지막 문화제를 '잡은 손 놓지 맙시다'였나, 그런 타이틀로 했던 것 같아요. 들어가서 일할 거에 대한 겁도 났지만, 마무리되었는데 해고자를 만들어 냈잖아요? 그러면서 많이 울고, 그들을 떠나보내야 한다는 안타까움 …. 그리고 "해고자 복직을 위해 우리가 남은 투쟁을 하겠다"라는 결의도 담는 문화제였죠. 어떻든 해고된 서형태 씨가 복직 투쟁을 하겠다고, 그래서 "우리는 그들하고 같이 하겠다"라는 결의도 있었죠. (황선영, 월드컵)

[연대 동지들께 드립니다.]

눈물 속에 버텨 온 510일 장기파업을 끝마치고 다시 정든 일터로 돌아갑니다.

38년 전 전태일 열사가 분신한 11월 13일, 2008년 그날 마침내 대한민국 최장기 파업이 끝났습니다. 사실 이렇게 길어질 줄 몰랐습니다. 더구나 이런 가시밭길이 될 줄은 차마 꿈에도 생각 못 했습니다. 오랫동안 묵묵히 회사를 위해 열심히 일만 해온 여성노동자들의 분노와 억울함이 없었다면 오지 못했습니다. 그간의 고통과 눈물을 생각하면 지도부로선 조합원 동지들께 죄송한 마음뿐입니다. 그리고 조합원 동지들이 정말 자랑스럽습니다. 이번 파업투쟁의 진정한 승자는, 바로 지도부보다도 더 높은 결의로 정규직과 비정규직의 단결을 몸소 실천하고 정당한 요구를 쟁취하기 위해 온몸을 다 바친 현장 간부들과 조합원 동지들입니다.

이런 눈물겨운 장기투쟁으로 많은 성과가 있었습니다.
첫째, 추가 외주화를 하지 않기로 합의함으로써 홈플러스 소속 노동자들에 대한 간접고용 확산을 막은 것은 물론이고 유통업 전반의 비정규직 양산을 막을 수 있는 교두보를 마련했습니다.
둘째, 계약직으로 16개월을 경과한 경우 무기계약 간주로 합의함으로써 홈플러스(구 홈에버)에서 일하는 2천여 명의 비정규직 노동자들의 고용안정을 얻어 냈습니다.
셋째, 임금을 제외하고 정규직과 비정규직 사이 마지막으로 남은 차별인 공휴일 유급인정과 소폭 임금인상도 얻어 냄으로써 정규직과 비정규직 간 차별을 최소화했습니다.
넷째, 각종 민형사상 고소·고발을 쌍방 철회하고 추가 고소·고발 및 추가징계를 하지 않기로 합의함으로써 향후 파업조합원들에 대한 일체의 불이익 처우를 막았습니다.
다섯째, 악질 이랜드자본이 해고한 홈플러스 소속 28명 해고자 중 16명의 해고자를 복직시킴으로써 향후 노조 재건을 위한 최소한의 기반을 마련했습니다.

여섯째, 애초 의도하진 않았지만, 우리 사회 비정규직 문제의 심각성과 비정규직보호법의 맹점과 폐해에 대해 사회 쟁점화했습니다.

가슴 아프지만 많은 한계와 문제점도 있었습니다.
첫째, 눈물을 머금고 일괄타결을 위해 12명의 핵심간부들이 권고사직을 받아들이는 희생을 감수해야만 했습니다.
둘째, 파업기간 중 많은 구속자와 수배자, 부상자 등 숱한 희생이 뒤따랐습니다.
셋째, 조합원들의 생계고, 건강악화, 가정불화 등 이루 말로 다 할 수 없는 고통과 상처가 남았습니다.
넷째, 홈플러스와 이랜드로 노조분리를 합의함으로써 애초 이랜드일반노조 통합의 정신과 의미가 강제적으로 훼손되는 안타까움을 감내해야 했습니다.
다섯째, 무파업 3년과 2010년까지 임금인상을 회사 측에 위임함으로써 노조의 정당한 법적 권리인 단결권과 교섭권이 침해당했습니다.
여섯째, 막판까지 애썼지만, 민주노총과 민주노동당에 대한 민형사상 소송을 결국 취하하지 못한 채 타결했습니다.

소중한 성과만큼 한계도 분명했고 문제점도 많은 투쟁이었지만, 무엇보다 민주노총 동지들을 비롯한 전국 방방곡곡의 수많은 동지의 헌신적인 연대가 없었다면 이런 절반의 승리마저도 불가능했습니다. 지금도 구속 수배 중인 동지들에서부터 익명으로 적지 않은 투쟁기금을 보내주신 시민에 이르기까지 한 분 한 분 고맙지 않은 분이 없습니다. 저희가 잘못도 많고 부족한 점도 많았지만 연대 동지들께서 포용해 주시고 이해해 주셔서 여기까지 올 수 있었습니다. 특히 장기투쟁사업장 동지들은 가족이나 다름없었습니다. 저희는 이런 연대의 힘 속에서 진정한 노동자 시민의 힘을 보았고 좋은 세상은 이렇게 가능할 거란 확신을 얻었습니다. 다시 한번 이랜드투쟁을 자신의 투쟁으로 받아들이고 함께한 모든 연대 동지들께 뜨거운 동지애를 담아 진심으로 감사드립니다.

마지막으로 장기파업투쟁을 마무리하며 시린 가슴으로 먼저 투쟁을 끝마친 뉴코아 동지들을 떠올리지 않을 수 없습니다. 저희보다 반 년이나 먼저 이랜드자본과 전면전을 벌이고 선봉에서 싸우다 먼저 현장 복귀한 뉴코아 동지들의 치열하고 피눈물 나는 투쟁이 없었다면 오늘의 우리는 상상할 수조차 없습니다. 오늘의 성과는 누구보다 뉴코아 동지들과 먼저 나누어야 할 공동투쟁의 성과임을 잘 압니다. 피차 제 코가 석 자라 서로 마음을 보듬을 여유조차 없었지만, 이 지상에서 가장 뜨거운 동지애로 뉴코아 동지들을 포옹하고 싶습니다.

이제 저희 조합원들은 510일 파업투쟁을 뒤로하고 꿈에도 그리던 일터로 돌아갑니다.

소중한 간부들의 희생을 가슴 아파하며 생존을 위해 다시 일상으로 복귀합니다. 먼저 복귀한 동지들과 지금 돌아가는 동지들과 돌아가지 못하는 동지들 모두 마음은 하나입니다. 하나인 만큼 간부들의 희생이 헛되지 않도록, 연대 동지들과 장기투쟁사업장 동지들을 떠올리면서 저희 조합원들은 현장에서도 꺾이지 않고 노조를 재건하고 새롭게 출발하겠습니다. 겸허하게 동지들의 평가도 귀담아 듣겠습니다. 끝까지 민주노조를 사수하고 힘껏 연대하겠습니다. 그리고 이후 홈플러스와도 정상적인 노사관계를 정립하기 위해 최선을 다하겠습니다. 지켜봐 주시고 계속 응원해 주시기 바랍니다. 감사합니다.

2008년 11월 14일

이랜드일반노동조합 조합원 일동 올림

2) 투쟁의 마무리와 이랜드일반노조의 분리

삼성테스코는 홈에버만을 인수했기때문에, 이랜드일반노조의 홈에버지부(또는 까르푸노조)와 이랜드지부(또는 (구)이랜드노조)의 분리교섭을 요구했다. 그 때문에 (구)이랜드노조의 문제는 교섭 내용에서 제외됐다. 이에 대해 (구)이랜드노조 출신 간부들이 문제를 제기하며 비판했다. 두 노조를 통합해서 이랜드일반노조로 같이 투쟁해 왔기 때문에, 당연히 (구)이랜드노조의 문제와 7인의 해고자 문제에 대한 교섭을 같이 진행해야 한다는 것이다. 더욱이 두 노조는 통합 이전부터 뉴코아노조와 더불어 3사 공투본을 구성해 공동투쟁, 공동교섭, 공동타결을 지향하며 실천해 왔기 때문에 제기되는 문제였다.

그때 이랜드노조 투쟁했던 박순흥 동지나 장석주 등에서 애초에 이랜드일반노조 지도부 자체에 대해 비판하고 있었고, 분리교섭을 하니까, 뉴코아는 그렇다 치고, 이랜드일반노조 안의 양 노조의 문제인데, 어찌 됐든 투쟁을 같이 마무리했어야 한다는 거죠. 뉴코아 먼저 타결했지만, 우리는 끝까지 같이해야 한다는 거예요. 원래 민주노조운동의 원칙이 공동투쟁, 공동교섭, 공동타결이니까. 공동의 책임을 져야 하는 거죠. 그런 거에 대한 문제제기가 있었죠. 이랜드 문제가 담보가 안 된 상태에서 교섭이 된 거라, 더욱이 이랜드 해고자가 7명이나 있었기 때문에 교섭명단에 들어가야 한다는 거죠. (이남신, 수석부위원장)

그러나 노조의 상황과 현실은 그마저도 지킬 수 없었다. 홈에버가 삼성테스코에 매각되었기 때문에 그나마 교섭국면이 만들어진 것이어서 노조는 무엇보다도 조합원들을 온전하게 현장에 복귀시키는 일을 최선으로 판단했다. 그 때문에 일부 노조간부들의 비판에도 (구)이랜드노조 출신 이남신 수석부위원장과 홍윤경 사무국장은 교섭에 지장을 주지 않으려고 교섭에서 빠졌다. 노조분리가 예상되는 상황에서 (구)이랜드노조의 교섭은 이랜드자본하고 진행해야 했다. 그러나 이랜드 박성수 회장은 여전히 노조를 인정하지 않았고, 더욱이 소수의 (구)이랜드노조와 교섭을 하려 하지 않았다.

노조분리로 (구)이랜드노조는 이랜드자본하고 끝장을 내야 하는데, 홈에버가 매각되면서 홈플러스, 이랜드, 만만치 않은 이 두 개의 대자본과 싸워야 하는데, 어려웠죠. (……) 거기에 박성수 회장 입장에선 교섭할 이유가 없죠. 500여 명이나 되는 노조하고도 교섭하지 않았는데, 40명인 소수노조를 상대하겠어요. 그리고 제일 꼴 보기 싫은 사람들 7명이 해고되었으니…. 그러니 나중에 해고자로서는 아픈 상처로 남는 거죠. (이남신, 수석부위원장)

결국, 투쟁이 마무리되면서 사직자 포함한 해고자는 홈에버 지부 12명, 이랜드지부 7명, 총 19명이었다.

■ **해고자(사직자 포함) 명단**

▶**홈에버**

1) 사직서 제출자 : 김경욱, 이경옥, 김학근, 김경미, 황은영, 윤송단, 장경근, 강혜정 (8명)

2) 사직서 제출자 중 복귀 의사가 없다고 한 사람들 : 김미옥, 유명숙, 이해욱 (3명)

3) 사직서 미제출자 : 서형태 (1명)

▶**이랜드**

이남신, 홍윤경, 장석주, 박순흥, 유상헌, 이미애, 김유진 (7명)

■ 구속자 명단 : 김경욱, 이남신, 이경옥, 홍윤경, 김학근, 유상헌

투쟁이 끝나고 조합원들은 현장에 복귀했다. 마무리 과정에서 노조는 노사발전기금으로 벌금, 법률 비용, 해고자 생활비, 노조 빚 청산, 그리고 끝까지 파업에 참여한 180명 조합원의 생계비 지원 등으로 지급했다. 그리고 나머지는 예비비로 두었다.

(정리는 어떻게 했어요?) 파업할 때, 우리가 물을 팔든 배를 팔든 마련해서, 나오는 조합원들에 대해서는 하루에 2만 원씩 주니까 한 달에 꼬박 나오면 50만 원 챙겨 줬던 거고. 그래 마지막까지 그건 다 챙겨 줬고. 끝까지 다 책임졌고. 그다음에 벌금 다 냈고, 변호사비, 노무사비 다 줬어요. 그다음에 이랜드노조가 그 전에 있었던 빚도 있어서, 그 전에 있던 채권도 다 해결하고. 그러니까 저희가 갖고 있던 빚은 다 해결하는 금액이었어요. 금액 자체가.

그다음에 조합원들 출석 일수에 따라서 조금씩 줬던 것 같아요. 말하자면 위로금이죠. 그다음에 해고자들은 해고하면서 사표 썼잖아요? 사표 썼기 때문에 거기 퇴직금 플러스 약간 나왔고. 이랜드 쪽은 복직투쟁했고, 노조 빚은 없이 깔끔하게 해서, 11월 13일 마무리 문화제한

뒤에 제가 2009년 1월까지 다 정리해서 넘겨주고 나왔어요. (홍윤경, 사무국장)

이처럼 2006년 12월 이랜드일반노조로 통합했던 두 노조는 홈에버지부의 문제만 타결되었고, 이랜드지부는 교섭도 이뤄지지 못한 상태에서 노조를 분리해야 했다.

홈에버지부는 11월 24~26일의 조합원 총회를 통해 규약을 개정해서, 11월 28일 노동부에 노조설립신고를 한 뒤 '홈플러스테스코노조'로 출범하였다. 12명의 해고자 중에 서형태(병점)만이 노조에서 상근하며 노조 복원에 복무하려 했지만, 당시 박승권 집행부와 활동방식의 차이, 또 해고무효 소송에서의 패배 등의 이유로 이후 노조활동을 중단했다.

이랜드지부는 11월 29일 조합원 총회에서 홈에버지부의 집단탈퇴(조직형태변경)와 홈플러스테스코노조의 설립으로 이랜드일반노조의 명칭을 사용하기로 했다. 당시 이랜드노조는 단체협약이 해지된 지 2년이 넘었고, 쟁의상태가 4년째 지속하는 상황이었다. 조합원 수도 통합 이전보다 더 줄었는데 위원장 직무대행, 사무국장을 포함해 주요 간부 7명이 해고자였다. 노조사무실도 전임자도 없어 노조소재지를 사무국장의 집으로 해서 노동부에 신고했다.

그러면서 (구)이랜드노조가 통합 직전에 50명 좀 넘는 소수노조였는데, 파업 끝날 때 남은 조합원이 40명 정도로 줄었고, 그 이후에 30명 정도로까지 줄었어요. 해고자만 7명 생기고. 어떻게 보면 간부들이 가서 이랜드일반노조에서 열심히 투쟁하다가, 결국, 우리는 피해를 막심하게 본 거죠. 그래서 김경욱 위원장이 (구)이랜드 간부들한테 굉장히 미안한 거예요. 거기는 위원장 개인이 망가졌지만, 우리는 노조가 망가진 거니까요. (이남신, 수석부위원장)

이랜드자본과의 싸움은 어렵지만, 해고자들은 복직투쟁을 위해 '이랜드노조 해복투'를 결성해 2008년 1월부터 매월 집중집회와 주 1회로 1인시위 및 선전전을 진행했다. 해고무효확인 민사소송도 진행했다. 1년의 복직투쟁을 진행하던 해고자들은 투쟁을 정리하였다. 이들은 투쟁의 상징성은 있지만 소수의 노조로 지속하는 것이 문제라고 판단해서, 결이 다르지만 새로운 위원장을 선출해서 집행부를 위임했다.

홍윤경 동지하고 같이 1년간 복직투쟁을 했죠. 처음에는 끝까지 싸워야 한다는 거였는데, 문제는 우리가 계속 투쟁을 하게 되면 상징으로 남을 수 있지만, 노조는 계속 소수로 갈 수밖에 없는 거고. 또, 우리가 사무관리직 출신이라 현장 분위기랑 좀 다르죠. 그래서 간부들이 준비도 안 됐고 취약하긴 했지만, 우여곡절을 거쳐서 정리한 거죠. 그래, 현장의 여성조합원을 위원장으로 선출해서 집행부를 넘겼어요. 지금은 투쟁하지 않는 노조지만 조합원이 800명이 넘어요. 우리와 다르지만, 그래도 의미가 있다고 봐요. (이남신, 수석부위원장)

11장

현장복귀와 510일투쟁의 의미 — 조합원들의 목소리

2007년 6월 30일 시작된 이랜드일반노조 여성노동자들의 투쟁은 2008년 11월 13일 노사합의에 의해 종결되었다. 투쟁과정 중에 구속자 7명과 해고자 19명의 희생을 딛고, '510일투쟁'을 했던 조합원들은 현장으로 복귀할 수 있었다. 투쟁 이후 이랜드에서 홈플러스로 회사가 변경된 홈에버지부와 이랜드그룹 소속인 이랜드지부는 조직 분리를 하여, 2008년 11월 28일 홈에버지부는 홈플러스테스코노조로 조직변경을 하면서 박승권 집행부가 들어서 8년의 기간을 보냈다.

그나마 노조지도부들이 자신을 희생해서라도 조합원들을 복직시켜 노조를 복구시키려던 노력으로, 비록 노조 중앙의 지도력을 형성하는 데는 실패했지만, 지부장과 분회장들이 복귀한 지부·분회를 중심으로 조합원들은 서로를 보듬으며 서로를 치유하고 있었다.

이런 각 지부의 힘을 바탕으로 노조는 2018년 새로운 집행부를 구성했다. 노조의 집행부와 지부장들의 다수는 510일투쟁의 주체들이었다. 새 집행부를 중심으로 노조를 추스르면서 무쟁의 10년을 딛고, '파업의 피해의식'에서 벗어난 조합원들은 2019년 파업으로 무기계약직을 정규직으로 전환시키는 데 성공했다.

이런 흐름 속에서 까르푸노조·이랜드일반노조의 역사와 510일투쟁에 대한 역사 쓰기가 진행되었고, 510일투쟁을 경험한 주체들에 대한 구술작업이 이루어졌다.

투쟁 이후 10여 년 동안 주체들은 노조 상황으로 510일투쟁의 경험을 노조를 중심으로 돌아보고 같이 평가하는 과정을 갖지 못했다. 그러나 당연히 주체들은 사건에 대한 기억만을 지닌 것이 아니라 스스로 평가도 하고 있었다. 이러한 주체 개인들의 평가가 노조 차원에서 서로 소통될 필요가 있다고 보았다. 그 때문에 구술작업을 통해 주체들의 목소리를 담으려 했고, 구술작업 과정에서 구술자 모두에게 다음과 같은 질문을 했다.

우선 투쟁을 마무리하는 과정에서 노조지도부는 해고당했다. 투쟁은 성과도 있었지만 잃은 것도 있었다. 이런 상황에서 현장에 복귀한 주체들은 어떤 상태였으며, 다른 직원들과 회사는 복귀한 이들에게 어떤 반응을 보였는지, 투쟁 직후의 주체들 상태와 현장 상황을 확인하는 질문을 했다. 다음으로 긴 투쟁과정에서 주체들은 많은 어려움을 겪었고, 또 상처도 받았다. 그럼에도 주체들이 긴 투쟁을 할 수 있었던 힘은 무엇이었는지 질문했다. 이는 투쟁의 주체인 여성, 특히 기혼여성 노동자들의 특징을 확인하려는 것이기도 했다. 마지막으로 510일투쟁이 주체들에게 미친 영향이나 의미에 대해 질문했다. 이는 주체들 스스로가 이 투쟁에 어떤 의미를 부여하고 있는지, 또 개인의 삶에 어떤 변화를 주었는지 확인하려는 것이었다. 이와 맞물려 노조의 역사에서 510일투쟁은 어떤 의미가 있는 것인지, 현재의 노조활동에는 어떤 영향을 미치고 있는지 확인하려 했다.

이러한 질문을 통해 주체들의 510일투쟁에 대한 평가, 투쟁 이후 현재까지 노동조합의 상황에 대해서 가늠할 수 있었다. 이에 대해 다음에서는 질문내용에 따라 주체들의 목소리를 담은 구술자료로 정리했다.

1. 복귀 후의 현장 상황과 노조 복구

1) 노조 중앙

(복귀 이후 노조는?) 노동조합이 이랜드지부는 이랜드그룹에 그냥 있어서 '이랜드일반노조'의 명칭을 그대로 쓰고, 홈에버지부는 홈플러스로 인수되면서 테스코 자본이었으니까 '홈플러스테스코노조' 명칭으로 바뀌죠. 그러니까 노조가 분리된 거죠. 이랜드일반노조는 집행부가 다 해고자가 되어 새로운 집행부를 구성하고, 우리는 2008년 12월에 선거를 해서 회사가 밀던 박승권이 된 거지요. (……) 근데 우리가 구속됐을 때, 박승권은 잠수 탔다고 들었어요. 그리고 투쟁현장에 잘 나오지 않아서 나중에는 법규담당국장으로 세워 조합원들 재판에 참석하고 챙겨 주는 역할을 하도록 한 거죠. (……)
그게 우리가 후임 집행부를 구성할 때, 잘 싸웠던 지부장들이나 해고되지 않았던 박영광, 그다음에 울산의 김학근을 세우려고 했어요. 박영광은 못 받는다고 하고, 김학근은 할 생각도 있었어요. 그래 김학근을 세우려고 했는데 법정구속 됐어요. 그러면서 안 된 거죠. 그러다 보니 목동지부는 박승권이 있던 데라서 거기서 밀고, 계속 회사에서 밀고 그러니까 차기 위원장으로 그 사람이 갈 수밖에 없었던 거예요. (이경옥, 부위원장)

(노조는?) 조합 상황은 지도부가 다 해고되어서 복귀한 사람들 중에서 "위원장은 남자가 해야 된다"는 생각이 있었던 거예요. 그 전에 위원장님도 남자였고. 그때는 왜 그랬는지 몰라요. 여자가 해도 되는데 남자가 해야 한다고. 근데 정규직이고 남자고, 과장급이고. (진현미) 나는 처음에 위원장에 박승권이 됐다고 해서, 파업할 동안은 박승권이 누군지를 몰랐거든요. 법률국장이었나? 법률정책, 그거였어요. 근데 본인이 잠수 타고 안 나왔거든요. 그때 해고자 명단에 있었거든. 해고대상자였는데, 회사가 이 사람을 살려준 거야. 그니까 우리는 "이 사람이 해고 안 됐어도 끝까지 남아 있었을까?" 하는 생각이 들죠. 해고자였기 때문에 복직은 못하잖아요? 또 본인이 파업 중에 잠수 탔던 것도 있고 하니까. (이선호, 방학)

박승권 위원장님이 될 때, 저는 그분이 위원장님이 될 거라고 생각도 못했어요. 그분이 큰일만 있으면 꼭 잠적을 했거든요. 안 나타나셨어요. 그런데 그분이 어떻게 위원장이 됐는지도…. 난 깜짝 놀랐어요. 임희석 사무국장은 활동할 때도 열심히 했어요. 기억에 많이 남는데, 우리 조합원들도 다 기억을 해요. 그런데 박승권 위원장은 우리 지도부만 알아요. 그런 사람이 위원장이 된다는 게, 다들 깜짝 놀랐지요. (박영숙, 순천)

제가 부위원장을 2008년, 2009년에 했는데, 저희가 3년 동안은 임금인상을 회사에 맡긴다, 무쟁의 3년 임금인상 못하고. 근데 그 후에도 임금인상 2%, 3% 가져오고, 그리고 비정규직에 대한 처우도 개선이 없고. 그러면 조합원 찬반투표에서 "이걸 그냥 받아들일 수 없다" 우리는 거의 90% 이상이 항상 반대야. 왜냐면 비정규직들이 많고 우리

처우는 바뀌지 않고, 정말 "최저임금 받고 있는데, 2~3% 올려 놓고 와서 받으라고 하면 누가 받겠냐? 우린 안 받겠다. 투쟁하자" 막 이러고. 그러면 중앙에서는 월드컵만 하자고 해서는 안 된다는 거죠. 우린 답답한 거지. 우린 할 수 있는 의지가 있는데 "다른 데 못하는데 너희만 해서는 될 수 있는 게 없다" 이렇게 항상 우리를 눌렀어요, 우리는 엄청 눌렸지요. 그 울분이 막 쌓이고, 쌓이고, 쌓여 있었던 거죠.

(지부별 소통이 안 되나 보죠?) 그렇죠. 지도부 교체가 되고, 지부장들이 중앙회의를 한 달에 한 번씩 하잖아요? 그러면 그 회의에서 무슨 얘기를 어떻게 나누었는지도 전혀 조합원들한테 공유가 안 되는 거야. 뭐, 교섭이 있다고 해도 상황공유도 안 하고, 조합이 어디로 흘러가는지도 모르고, 관심도 없고. 강성 지부는 그것을 못 받아들이는데, 그래도 전체 찬반투표하면 찬성이 70, 80%나 과반수 넘게 나오니까 그냥 그렇게 가는 거지. 그러면서 지도부가 "니네가 할 수 있는 게 뭐냐? 너네 또 파업 할 수 있어?" 이렇게 나오는 거야. 단체행동을 얘기해야 하는데 자꾸 '파업', '파업' 하면서 예전의 파업에 대한 두려움을 자꾸 심어주려는 거였죠. (황선영, 월드컵)

2) 면목지부*

(복귀 후 현장 분위기는?) 특별하게 대놓고 그렇진 않았지만, 알게 모르게 서로 조금 불편한 기색들은 있었죠. 또, 비정규직 중에서 근무했

* 이후 11장에서는 모두 '지부'로 표기한다. 510일투쟁을 하던 이랜드일반노조 시기에는 각 지역별 노조가 '분회'로 조직편제가 되었다가 홈플러스일반노조로 바뀐 이후 '지부'체제로 바뀌었다. 이 장의 구술과정에서 구술자는 현재에서 과거를 해석하거나 현재의 상황을 얘기하기 때문에 시기를 명확하게 구분하기 어렵다. 이에 현재 홈플러스일반노조의 조직체계에 따라 모두 '지부'로 표기한다.

던 분들에 대해 "너희들 때문에 우리가 싸웠는데… 너희들이 복귀하냐?"면서 싸웠던 분 중에 뭐라 하는 분들도 있고. 남아 있던 분 중에 "고생했다"고 얘기하는 분들도 있고, 아니면 "너희들 때문에 얼마나 힘들었는 줄 아냐" 얘기하는 분도 있고. 각양각색이었던 것 같아요. 저는 들어가서 그냥 일했던 것 같아요. (임혜숙)

저는 2009년 1월 10일 복귀했고 조합원들은 2008년 11월 13일에 복귀했어요. 저는 복귀하면서 "매장에서 우리가 고립되지 말아야겠다" 생각했어요. 그래서 내가 먼저 우리 부서 사람이랑 같이 밥 먹으면서 섞이려고 노력했고. 그러면서 자연스럽게 조합원들도 부서 사람들하고 같이 움직이고. 조합원들이 고립될까봐 신경 많이 썼어요.
우리는 거의 정규직이었는데, 장기파업 하다 보니까 회사가 그 자리를 메꿔야 되니까 새로운 비정규직을 채용했던 거예요. 그러면서 그 사람들이 거기서 자리를 잡고 일하던 찰라인데, 우리가 복직해서 들어가니, 위기감도 있을 테고. 홈플러스는 선임하고 사원하고의 갭, 서로 업무가 딱 구분이 되어 있고, 우리가 공격의 대상이 되는 거죠. 그래서 거기에서 오는 설움 같은 게 조금 있는데, 또 다 동네사람이니까 쉽게 극복했어요. 회사에서도 탄압하거나 그런 건 없었고. 오히려 특별히 신경을 쓴다고 할까. (황옥미)

(지부는?) 자연스럽게 임기가 다시 시작이 되고, 2년이거든요. 그런 와중에 2010년 제가 지부장으로 다시 출마를 했죠. 그래서 지부장 2년 하다가 그 다음에 좀 쉬고 싶다는 생각이 있는데, 중앙 부위원장 출마를 했어요. 1표 차이로 수석부위원장이 돼서 2년 하고. 그다음에는 집행부에 대해서 실망감, 뭐, 이런 것 때문에 쉬었고요. 현 집행부가 출

마하면서 다시 내가 옛날 마음으로 돌아간 거지. 노조에 대한 애정이 다시 살아난 거지. 처음에 우리가 제일 많았을 때가 75명이었는데, 지금(2019년) 조합원도 많이 늘었어요. 70명 돼요. (황옥미)
제가 2009년 1월에 복귀했어요. 마지막 복귀가 11월이었고. 저희는 해고자였기 때문에 같이 1월 10날 복귀를 했죠. (……) (노조는?) 계속 유지가 됐죠. 그때 황옥미 지부장이 계속하시고, 제가 사무장하고. 그리고, 제가 지금은 4년을 지부장을 했거든요. (마수경)

3) 방학지부

복귀는 안 했는데, 회사에서 연락이 왔어요. "복귀는 안 하더라도 타 점포 지원을 가서 교육을 받아라." 그래서 복귀하기 전에 우리는 의정부점 가서 교육을 받고 왔어요. (이선호)
복귀 날짜는 정해졌는데, 우리끼리 어렵고 힘들었으니까 며칠 있다가 복귀하자고 하면서, 같이 남았던 지부 사람들끼리 여행갔다 오고. 며칠 있다가 복귀한 거 같아요. "우리는 언제 복귀하겠다"고 회사한테 얘기하고. (진현미)

(현장 분위기는?) 복귀했는데, 복귀자들이 되게 반가워하죠. "아휴. 미안해", "수고했어" 말은 하죠. 어떤 업체 언니가 날 보더니 "언니, 떡 팔았죠?" 제가 "떡 장수 한 적이 없는데 뭔 소리예요?" 그랬더니, 우리가 생계투쟁으로 떡을 가져와 점포에서 팔았거든. 그 언니가 나를 기억하면서, 그때 떡을 샀대요. 여튼 갈등은 없었고. 저희는 당당했어요. 투쟁 이후 나는 꿀릴 것도 없고. 진짜, 회사하고 무슨 얘기를 해도 당당하게 얘기할 수 있고. (이선호)

우리가 굽혀서 들어간 게 아니라 나쁘지 않았고. 조합원 아닌 직원들이 조금 껄끄럽게 보더라고요. 근데, 나는 그 사람들도 나중에 나를 알면 이해를 하겠지 했어요. (진현미)
우리가 거의 2년을 계산대를 (손)놓고 있었잖아요? 홈플러스로 바뀌면서 시스템도 바뀌었는데, 안 가르쳐 주는 거예요. 딱 갔더니 조합원이 아닌 영희 언니가 말도 표정도 쌀쌀맞게 하고. 저는 "너네들이 그렇게 해도 오히려 늦게 간 내가 너네들보다 잘하면 돼!" 나중에 내가 그 사람들보다 더 나아요. (이선호) (회사는?) 많이 맞춰 주려고 대화도 많이 하고. (진현미)

(노조 복구는?) 저희는 복귀해서 제가 지부장되고. 어쨌든 3년 동안 무분규잖아요? 조합원들한테 "집회 가자"는 소리 한마디도 안 했어요. 워낙, 다들 지쳐 있었기 때문에. 그러다 보니까, 집회 있으면 둘이 가는 거고. 활동을 많이 안 했죠. 탈퇴한 사람도 있고. 근데 그 뒤에 새로 가입한 사람이 더 많죠. 그니까 우리 지부가 처음에 63명이었다가 월드컵투쟁에는 53명까지 갔다가, 막, 복귀했을 때 조합원이 44명이었을 거야. 평균 조합원이 43명에서 47명으로 유지가 됐었어요. 지금은 70명 정도 돼요. 다시 엄청 늘었죠. 계기가 지금 사무국장님이 부장급이잖아요? 그러니까 과장들이 노조에 가입하니 영업부서 직원들이 또 든 거예요. 눈치껏 든 거지. 그래서 인원이 갑자기 팍~ 늘은 거예요. (이선호, 진현미)

4) 월드컵지부

(복귀한 날은?) 복귀는 1월이었나? 12월 말이었나? 홈플러스로 바뀌면

서 리뉴얼 공사를 하는 중에 들어갔는데, 510일이라는 시간이 무색할 정도로 매장 안은 변화가 없더라구요. 그냥 그 자리로 들어가니까 "나도 변화는 없는 것 같은데, 어느 사이에 510일이 지났나 보다" 하는 생각이 문득문득 날 정도로. 현장에 들어오자 바삐 지나가니까, 잠시 묻혀 두었다가 기억을 해야지만 할 수 있는 그런 분위기였어요. (황선영)

다른 사람들은 2008년 11월에 복귀했는데, 저하고 경옥이, 순천에 계신 분, 이렇게 셋이랑 "나중에 복귀시킨다"고 회사랑 얘기를 해가지고 복귀는 셋이 2009년 3월에 했어요. (……) 복귀했을 때는 이미 먼저 복귀한 사람들이 다 분위기를 잡아 놓고 기존에 있던 데로 갔으니까, 수납하고 농산이 많았고 다른 부서는 별로 없었고. 그런데 나하고 경옥이랑은 수납이었는데 "인원이 많아 수납은 복귀가 안 된다"고, 우리 싸울 때 직원들을 뽑아서 운영을 했으니까 자리가 없는 거죠. 그래 영업의 어패럴로 갔어요. (서은주)

(노조 복구는?) 그런데 초기에 복귀한 사람은 우리가 나와 있는 동안에 노조를 탈퇴했더라고요. 그땐 우리가 확인하지 않았지만…. 저희는 복귀하면서부터 한 달에 한 번씩 조합원과 간담회를 항상 했거든요. 매달 대화하는 시간을 많이 갖고, 그러면서 좀 더 끈끈해지고. (……) 또, 매장 안에서 일어날 수 있는 일들, 일어났던 일을 공유하면서 점장 찾아가서 항의하고, 점장하고 간담회 이끌어 내서 우리의 요구를 알리고…. 몰라요, 해고자는 만들어 냈어도 우리 지부 안에서 힘을 갖고 갔죠. 인원도 많은 데다가, 모일 땐 40명 이상 모였어요. 회의실이 꽉 찰 정도니까. 중도이탈자 빼곤 다 조합원으로 남아 있었죠. 모일 때 한 달에 5천 원씩 회비 걷어서 그 돈으로 연대해 준 동지들한테 인사도

하고, 그 단체에서 뭐하면 사가지고 가서 인사하고. 그렇게 우리 자체로 하면서 밖에서는 힘들었어도 안에 들어가서 힘있게 했어요. (……) 저희가 주도적으로 계산대 스케줄도 "나는 오전근무만 하고 싶다", "오후근무만 하고 싶다", 이런 거가 관철돼 가지고. 점포하고 잘 조절이 돼서 우리가 힘을 가질 수 있었죠. (……)

근데 복귀하고 나서 중앙에서 교육도 없었고, 1년에 한 번 조합원 총회 있고. 그래서 우리는 월드컵지부만 따로 노무사들을 데려다가 3회 정도 교육하고, 필요하면 지대위 분들이 오셔서 치유프로그램하는 거, 마음을 달래 주는 거, 대화하는 시간, 초창기에는 그런 시간을 좀 많이 가졌거든요. 그런 건 저희는 활발하게 했던 것 같애. 지대위 분들도 우리가 들어가서 마음에 상처로 남지 않고 일 잘할 수 있게 많이 신경 써 주셨죠.

그분들이 우리 지역에서 자체적으로 모임이 있더라구요. 회의하면 저희가 가고, 또 개인적으로 만나서 뒷풀이도 하고. 그분들이 모임 장소도 저희한테 빌려 줘서 다른 것도 할 수 있고. 끈끈하게 계속 이어 오고. 또, 지방선거나 이런 거 하면 우리가 같이 해주고. (……) 그러다가 당시 활동했던 사람이 안 하면서 점점 멀어지는 거고. (……)

(피해의식은?) 없어요. 우리는 아주 당당해. 우리는 그게 엄청난 본인의 업적으로 생각해요. (웃음) 그래서 우리 조합원들이 투쟁하던 직원들이잖아요? 그러니 비조합원들은 노조 가입을 못해요. 당시 안에서 일했던 비조합원들과 나왔던 조합원들 간에 벽이 너무 커요.

그러다가 조합원도 늘어나 지금은 108명인데, 그때 '까대기' 하는 우리 직원도 소수 있었지만, 업체에서 나와서 판촉하는 사람들을 직영화를 했거든요. 그 사람들은 또 다시 3개월, 6개월 계약으로 가야 되잖아요? 회사가 '갑'이고 우리 직원이 '을'이면, 업체들은 '병'이라고 생각해. 그래서 피해의식도 있고, 언제 짤릴지 모른다는 불안감도 있고. 그러면서 그 사람들이 노동조합에 대거 가입을 한 거죠. (……) 그렇게 노조에 들어오면서 엄청나게 동지애가 생기죠. 우린 조합하면 조합원들이 끈끈한 게 있거든. 그러니까 이번에(2019년) 총파업을 했는데 106명이 전원 총파업에 동참했어요. 요즘도 말로는 "우리는 또 하라면 못 해!" 이러거든요. 그런데 총파업하라니까 또 100% 하잖아요. (웃음) 그때 투쟁했던 조합원들이, 정말, 그때 많이 배운 것 같아요. (황선영)

5) 시흥지부

(출근했을 때 분위기는?) 먼저 들어가신 분들이 아예 우리를 못 쳐다보더라고요. 본인들이 "나는 죄인이다"라는 생각으로 우리를 못 쳐다보고, 우리가 오면 얼른 피해서 다른 길로 가고. 그리고 한두 명이 좀 싫어하는 말투들을 많이 했었어요. (지부장님이) 오기 전에 저는 먼저 들어가 있었잖아요? 그냥 "겉으로만 표시내지 말고 속으로 미워해라" 우리끼리 이렇게 얘길했어요. 그런데 그 사람들이 웃으면서 "언니, 안녕하세요?", "오, 안녕" 하고 도망가는 거예요. 그분들이 더 우리를 못 보더라구요. 우리도 그분들을 쳐내지는 못하겠더라구요. 우리는 당당하게 다녔습니다.

(회사 측은?) 별다른 건 없었고. 들어가서 업무가 바뀌었잖아요? 회사가 바뀌었으니까. 고객센터는 업무가 조금 다르더라구요. 그래서 정말 이만 한 책을 주면서 "이거 다 외워 오라"고. 제가 이걸 다 습득을 했으면 서울대를 갔지 여길 왔겠냐 싶더라고요. (웃음) 야, 암담하더라구요. 그래서 "네가 나 책임지고 가르쳐" 제가 딱 그랬어요. 그랬는데 파업을 끝까지 하고 왔으니까 안 건드리더라고요. 오히려 얘가 나를

이상하게 보면 어떻게 하나 두려워하더라고요. 그래서 일을 배워 가면서 했었어요. 그렇게 직원들하고는 갈등 없었고, 매장의 관리자들도 안 건드려서 갈등이 없었어요. 우리가 끝까지 했고, 성향을 파악한 거예요

그전까지만 해도 온순하고 착하고 "네네"거리던 사람이 바뀌어 온 거예요. 세상물정을 너무 많이 안 거예요. 정말 그전엔 아무것도 몰랐어요. 파업하면서 욕도 배웠지, 옳고 그름을 판단할 줄 알았어요. 그전엔 관리자가 시키면 시킨 대로 했지만, 딱 파업을 하고 들어가니 눈에 보이는 거예요. 그래서 제가 잘못된 걸 다 딴지 걸죠. "이건 아니지 않느냐?" 그래도 회사에서도 안 건드리더라구요. 제가 파업하면서 배운 거죠. (임재윤)

(1월에 복귀했을 때 분위기가?) 제가 가기 전에 "수산에 나는 원직복직이다" 그렇게 얘기했더니, 자기네들끼리 "수산에 자리가 없다, 언니 올 자리가 없어" 이런 얘기를 하는 거야. 그래서 내가 "걱정하지 마. 내가 내 자리 찾아갈 테니까." 그런데 보는 사람마다 그 얘길 하는 거예요. 내가 내 자리에 못 간다는 얘기를. 그래도 나는 자신이 있는 거야. (웃음) 그래서 들어가니까 홈플러스로 바뀌었으니까, 옛날에 하던 것하고 다르잖아요? 일단 유니폼부터 바뀌었으니까. 그리고 다들 나를 조심하죠. 관리자들도 나를 조심하고. 가서 또 한마음협의회를 하고 인사부장하고도 얘기하고, 또 지원팀하고도 계속 얘기하고. 저는 큰소리는 한 번도 낸 적이 없어요. 그냥 살살 얘기를 하니까 함부로 못 건드렸지요.

먼저 들어간 사람이 그야말로 눈을 못 마주치고, 별로 친하지도 않은데 막 "언니~" 이렇게 하면서 "사실은 미안해서 말을 못하고, 언니가

나를 싫어할까봐 말을 못하고." 나는 "그런 거 없다. 오히려 우리가 한참 나와 있으니까 더 가깝이 해주고 더 살갑게 대해 주어야 하는 것 아니냐?" 그렇게 얘길 계속 했어요. 그래서 신선에 그 언니들이랑 친하게 지내고. "너 배신했잖아?" 그러면 안 될 것 같아서 그렇게 하지 말라고 얘길 했어요. (김영순)

(복귀 후 현장 분위기는?) 저희는 총회 끝나고 약간 휴식시간을 주더라구요. 그래가 11월 며칠에 복귀하니까 아는 얼굴들도 있었지만 표정이 많이 안 좋더라구요. 아는 얼굴들조차도 "어머 반가워", 이게 아니고. 더욱이 홈에버 때 입사하신 분들이 있고, 우리 자리는 그대로지만, 그때 입사하신 분들이 "굴러온 돌이 박힌 돌 빼낸다" 이러는 거예요. 그래 "굴러와? 박혀? 누가? 우리가 입사를 언제 했는데?" 지들이 신입이잖아요. 우린 또 개인이 아니고 집단이잖아? 그러고 임재윤 이분 보통 아니거든요. 다 불러서 "우리 오늘 몇날 몇시에 점장님 면담 들어갑니다" 우르르 몰려가요. 그럼 점장님이 쩔쩔매지. "점장님, 드릴 말씀 있습니다" 이러면 음료수 사주고 정신없어요. "아유, 바꿔야지요" 그런 거예요.

그러다가 며칠 뒤였나, 통장으로 돈이 들어왔대요. 시흥에서 제가 제일 많이 받았대요. 뭔가 했더니 위로금 받은 거예요. 한 달에 20만 원, 30만 원 받던 사람이 통장으로 300 넘게 들어온 거예요. 그때 또 눈물이 나더라구요. (……) 이 돈 안 받고 싸울 걸. 해고된 김미옥, 유명숙, 서형태, 김경욱, 이 사람들 생각해서 조금만 더 싸울 걸. (……) 명순 언니가 저는 연대를 많이 가서 돈을 제일 많이 받았대요. 그런데 그게 자랑스러운 게 아니라 쪽팔리더라구요 (……) 그러니까 복귀한 이후는 어쩔 수 없죠. 우리도 다치면 안 되니까. (김선영)

(복귀 후 지부 상황은?) 조합원 숫자는 대체로 유지는 했어요. 지금은 70명에서 5명이 금천점으로 가서 65명, 엄청 늘었죠. 반절이 늘었다고 보면 돼요. 파업 뒤니까 "아, 회사에 보여 주는 것도 있어야 되겠다" 그런 생각이 들어서 모임을 하자고 해서 한 달에 한 번씩 만나서 식사도 하고. "510일까지 버틴 사람", 그 모임을 지금까지 하고 있잖아요. 그런데, 우리끼리 하면 안되겠다 싶어서, 저는 게시판에 알리는 선전전을 해요. 식당에서 커피나 음료, 과일 주고 "우리 홈플러스일반노동조합은 비조합원, 조합원, 협력업체 할 것 없이 모든 직원 여러분들의 편입니다. 그리고 여러분의 친구입니다. 언제든지 와서 우리와 같이해주십시오" 하고 문구를 만들어서 게시판에 금요일 첫날 12시부터 2시까지 선전전을 하고. 그리고 모임을 해요. '510일 파업한 사람' 모임이죠. 점심, 저녁 먹고. 510일 파업 안 한 사람도 와서 회원가입하고 같이 해요.

회사에서 "아, 얘네들은 모임을 하네?" 이걸 보는 거예요. 그래 시흥지부는 게시판 하나라도 자부심을 갖고 하고 있어요. 직원들 말에 의하면 시흥지부를 "회사가 깔보지 않는다. 무시하지 않는다"고. 시흥지부는 노동조합이 우리(파업한 사람들) 위주로 많이 굴러가요. 그 전에는 그런 걸 못 느꼈는데, 파업 딱 하고 와서 그런 걸 느꼈어요. 이번에(2019년) 투쟁 했었잖아요? 엊그제 하루파업했을 때도, 우리가 중심이 돼서 100% 다 하라는 대로 하고. (임재윤)

제가 시흥에서 모임을 지금까지 하고 있잖아요. 그래서 사실 나도 완전히 노인에 접어들어서, 내 마음은 아니지만 세상이 나를 노인이라고 하니까, 노인에 들어가서 이 모임을 내가 계속 나가야 되나 하는 생각이 들어서, 혹시나 다른 사람들이 "아우, 저 노인네는 뭐 아직도 나와"그런 생각을 할까봐 걱정스러워요. 물론 재윤 동지는 아니지만. 그래 내 나름대로 "그만 나간다고 얘기해야 되나?" 이런 고민을 하게 돼요. (김영순)

내가 영순 언니에게 여기 오시라 요청했지. "내가 가야 되나?" 하는데 "아니다. 오시라. 와야 된다. 전 지부장이니까." 그리고 영순 언니는 지금 우리 지부 고문이에요. 저는 직장 그만둘 때까지는 하고 제 후임한테 넘겨줘야죠. 그렇게 해야 내 뒤에 세대, 뒤의 직원들도 조합원들로 편히 직장생활 할 수 있을 거라고 생각하고. (임재윤)

우리한테는 소중한 가족들이 있는 거잖아요? 12명인지 13명인지, 저희 시흥의 이분들을 기억하고 이분들과 함께해야 되는 거잖아요. 그래서 항상 의논했던 것 같아요. 그러다가 박승권 위원장 했을 때 영순 언니가 부위원장을 해요. 저도 간부하고. 그러면 중앙위 회의했던 거 우리 모임에서 얘기해 주고, 저도 연대단위-지구협 활동하니까 그거 얘기하고. 그러면서도 삐걱삐걱해요. 왜냐면 우리도 날이 서 있기 때문에, 그래서 가능하면 상처 주지 말아야 되는데 알게 모르게 상처 주는 말도 하고. (……) 또 우리가 노사합의를 선언했기 때문에 안 싸워요. 그리고 싸울 일 있어도 대충 하고, 회사가 '한마음' 사람들 땡겨가지고 밥, 술 멕이고 노래방 가고, 회식도 많이 했어요. 어쨌든 회사가 우리에게 유한 정책을 많이 썼어요. (김선영)

6) 안양지부

(복귀 후 현장 분위기는?) 복귀해 옷 입고 일을 하는데, 파업 때도 간간이

매장에도 가봤고 하니까, 크게 다른 것은 없었고요. 먼저 복귀한 사람들, 걔네들이 우리를 조금 피해 다녔죠. 미안하니까. 우리는 당당하게 들어가서 10명이 조끼 입고 일을 했으니까. 우리야 "우리는 끝까지 있었어. 우린 이렇게 했어!" 이런 게 있으니까 당당하죠.
우리가 조끼를 계속 입고 있으니까, 부지점장이 쉬는 어느 날 나한테 전화가 왔어요. "저기, 오늘 점장들이 다 우리 안양에서 회의를 하는데 아직 조끼 입은 사람이 있다. 오늘만 좀 벗으면 안 되겠냐?"고. 그때 다른 분들은 다 쉬었는데, 한두 명이 출근했던 것 같아요. 근데 한 명이 아직 안 벗고 있었나봐. 그래서 내가 전화로 "언니, 점장들 회의 있다니까 오늘 하루만 조끼 벗어 주자" 그랬더니 "알았어" 그래서 하루 벗어 주고. 그렇게 나중에 복귀한 사람들은 똘똘 뭉치고. 지금도 계속 노조활동하고 있어요.
(일찍 복귀한 사람들은?) 먼저 복귀한 사람들이 우리는 거의 노조를 탈퇴했어요. 남은 사람이 10명 정도였어요. 그런데 나중에 또 늘리는 거죠. 나갔던 사람도 들어오고. 그러면 끝까지 남았던 사람이 "왜 받아 주냐?", "아니다" 그러면, 제가 "당시에는 그 사람들이 살기 위해 돈이 없으니 들어간 건데, 그걸 지금도 뭐라 하면 안 되지 않냐? 그 사람들도 받아 줘서 같이 가야 되지 않냐" 해서 한 사람, 한 사람 들어오고. 그래 조합원이 50명이 넘죠. (박복희)

7) 중동지부

(복귀했을 때 불편하지 않았어요?) 저는 그런 것 못 느꼈던 것 같아요. 원래 했던 모던하우스로 발령을 받아갔는데, 홈플러스로 넘어가면서 생활문화로 다시 바뀌었어요. 그릇, 이불, 이런 거 파는 데가 생활문화

쪽이에요. 복귀한 뒤에 싸운 조합원들하고 싸우지 않은 조합원하고 마찰은 있었죠. 우리 싸우는 동안 안 싸우고 얻은 것도 많고, 또 우리가 싸울 동안에 대신 진급한 케이스도 있고. 그런 사람들과의 갈등은 어떻게 보면 지금까지 있는 것 같아요.
제가 어떤 사람을 미워했으니까. 샐러드바에 있던 사람인데, 저보다 늦게 들어왔는데, 과장 진급까지 어부지리로 얻었어요. 폭발적인 진급이지요. 그래서 그 사람을 제가 좀 미워했어요. 우리 입장에서는 우리는 다 잃고 진급도 못하고 발목도 잡혔고, 완전히 승리해서 끝난 게 아니니까. 투쟁을 해서 우리가 얻어냈다는 뿌듯함 같은 거보다는 많은 걸 우리가 잃었잖아요? 위원장님도 어떻게 보면 발목 잡혀서 직장을 잃고. 이런저런 생각하면 잠이 안 오더라구요. 그래도 복귀해서 잘 다니고, 항상 지부에서 뭔 일 한다고 하면 참석해요. (조은옥)

(노조는?) 우리는 움직이는 팀이 있어요. 지금도 중동점에 신선이 핵심인데, 누가 뭐래도 흔들리지 않을 사람들이 5~6명 정도. 저하고 홍명순, 김희정, 유은자, 최미성(당시 최영숙), 그리고 유명희, 윤양덕, 허청림, 최화진, 9명이 끝까지 남은 거고. 최화진이 사무장이었는데 지부장 역할 한 거지. 남은 사람이 더 많은데, 주로 이 사람들하고 많이 다녔어요.
나중에 들어간 사람들이 먼저 들어간 사람들한테 "너희 때문에 우리가 더 늦어졌고, 왜 같이 안했냐?" 뭐라 하고. 농산 쪽에 좀 강한 언니는 먼저 들어간 사람들한테 "너 같이 안 할 거면 탈퇴하라"고 노조탈퇴서를 받았다고도 하고. 그래서 탈퇴하면서 되게 서운했다는 말을 하더라구. 감정이 쌓여서. 그래도 2017년경에 62~63명까지 조합원이 늘었어요. (김용임)

8) 순천지부

(관리자들의 반응은?) 저희 과장이 "왜, 지금 회사하고 상의도 없이 복귀를 하냐?" 딱 그런 말을 하는데 "아니, 내 일터에 내가 다시 일하러 들어온다는데, 당신이~!" 저도 화가 확 나서 말했지요. 그때 저희 신선 쪽은 보건증이 있어야 돼요. 그니까 "보건증 해왔냐?"고 물어보면 "여보세요, 보건증 없이 지금 일하러 들어왔겠습니까? 나를 뭘로 보시고 그랍니까?" 그라고 제가 뭐라고 했거든요. 부점장 면담을 해야 된대서 "부점장 면담을 제가 왜 해야 됩니까? 저 안 할랍니다. 내 일자리 내가 일하러 들어오는데." 처음에 복귀를 한다고 하면서 스케줄 조정을 하는데, 아침조로 너무 많이 나왔다는 거예요. "그게 제 탓입니까?" (……) 그나마 조합원들은 우리 조합원 중에 과장님들이 계셨잖아요? 그분들이 많이 커버해 주고. 근데 그때 수산쪽 과장이 우리 아저씨까지 회유해서 "영숙이 조합활동 하지 말라 해라. 그라면 뭐 어떻게 된다"는 협박까지 했거든요. 그런 사람이라 내가 들어갈 때 괴롭히려 한 거죠.

(복귀했을 때의 느낌?) 내 일자리 그냥 들어간다는 거였어요. 정말. 그런데 1년 몇 개월, 그 공백기간이 있으니 많이 바뀌어 있더라구요. 일단 제가 칼질을 했던 사람인데, 다른 쪽에서 수산 쪽으로 왔더라구요. 근데 그 사람이 기본이 안 돼 있어요. 깜짝 놀래서 "니, 이거 안 배웠냐?" 아니, 꽁치는 이렇게 잡아야 되고, 뭐는 이렇게 잡아야 되고, 고등어는 이렇게 잡아야 하는데." 칼질 자체가 안 돼 버리니까. 그래 제가 다시 다 가르치면서 했죠.

(먼저 복귀한 조합원들 반응은?) 처음에는 자기네가 우리들한테 미안해서 데면데면하다가 누군가 한 명 손을 내밀어 주면, 다 같이 그러잖아

요? 그런 분위기였어요. (복귀할 때 방침은?) "우리는 절대 적으로 두지 말자. 안 싸웠어도 같은 동료다. 우리가 무임금으로 일할 때 우리 대신 고생해 준 동료들이다" 이런 거였죠. 우리는 "안 싸운 조합원들하고는 절대 말하지 말아라"는 건 없었어요. 영광님이 원체 유해서. (웃음) (박영숙)

(복귀했을 때 분위기는?) 많이 불편했죠. 제가 파업을 나오기 전에는 대리였잖아요? 수산에 입사를 해서 일한 건데, 갑자기 축산으로 부서를 옮겼었어요. 그때 점장이 친구를 하나 붙여 놓은 거예요. 저하고 같은 직책인데, 제가 굳이 거기를 안 가도 되는 자리인데 점포 내 이동이라, 크게 반발할 순 없잖아요? 그쪽으로 붙여 놨었어요. 그래서 제가 수산이 아니라 축산으로 복귀를 했는데, 복귀해서는 그냥 그림자로 살았다고 할까요. 항상 있는 듯 없는 듯…. 복귀해서는 좀 거꾸로 그렇더라구요. 그러니까 아는 사람들 나름대로 "니들이 나가 있어서 우리가 힘들었다"는 생각도 있었을 거고, 회사가 인원을 충당해 주는 것도 아니고, 그 인원의 절반 정도가 빠져 나왔으니까, 적응이 그리 좋지 않았어요. 밖에 또 몇명이 남아 있으니 마음 불편하고…. 또 일을 한다는 게, 축산에서 일을 배운 게 아니었어요. (……) 그런데 회사 눈치는 보지 않았는데, 같이 일하는 사람들이 조금 서로 민망하긴 민망하죠.
안 싸운 사람들은 생각 자체가 다르니까 대화가 어차피 회사에서는 일 얘기잖아요? 그러다 보면 사람들이 임금협상이나 이런 데 관심이 엄청 많으면서 "야, 조합에서 좀 질러 주면 되잖아" 그러면, 어후~, 패죽이고 싶어요, 진짜. 남아 있던 사람들이 대부분 그런 거였으니까. "협상이 잘 돼서 우리한테 뭐가 이익이 떨어지냐 안 떨어지냐?"는 질문도 싫고. 그렇잖아요? 지가 움직여서 하는 것도 아니고. 그러니까 감정이 상해서 "니가 나가서 하라. 해보고 직접 알아보라. 왜 나한테 물어보냐?"고. 내가 정보원도 아니고. (웃음) (백종근)

(현장 출근은 언제?) 저는 한참 뒤에 들어갔던 거 같아요. 왜냐하면 송태광 조합원도 남아 있고, 지역의 현안인 투쟁승리보고대회도 지역 차원에서 하고, 연대단위하고 도와준 단위사업장 찾아서 인사드려야 되고. 또 그 과정에 울산의 김학근 동지가 부산구치소에 구속돼 있어서 면회도 가고, 우리 송태광 조합원 데리고 계속 갔거든요. 송태광 조합원이 해가 넘기고 복직이 이면합의 되어 있어서 혼자 남겨두고 들어가기가 그런 거예요. 그래서 저는 일을 본다고 늦게 들어가서, 2009년 4, 5월경에 복직한 것 같아요. 중간에 휴무 활용하고요.
(복귀조합원들의 분위기는?) 분위기 좋고. 그때 들어가니까 뭐라고 그럴까? 이랜드에서 홈플러스로 매각되었으니까, 시스템이 바뀌어 있어서. 저는 교육을 못 받았잖아요? 우리 조합원들은 인근에 홈플러스 가서 시스템교육도 받고 그랬는데, 그래서 약간 이질감이랄까요. 그런 게 좀 힘들었어요. (박영광)

(노조 복원은?) 들어와서 얼마 안 있다가 우리가 임기가 끝나고, 새로운 지부장으로 교체가 되어서 김경민 지부장을 내세우면서, 처음에 서로 위로하면서 단단하게 나갔죠. 그런데 그만두고 그만두고 하니까, 저도 겁이 덜컥 나기도 하데요. 그만두는 이유가 고생한 거에 비해 봉급이 너무 적으니까, 일단은 경제적인 게 제일 먼저죠. "그 돈 갖고 어떻게 결혼을 해서 생활할 수 있겠냐?" 그거 때문에 다들 많이 그만뒀죠.
(현재 조합원 수는?) 60명 정도로. 2007년에 비하면 완전 적죠. 퇴사자들이 많아요. 2007, 8년 투쟁 경험한 사람은 반 이상은 될 겁니다. 새

로 들어온 조합원들이 나머지 분들이고. 그러니까 유지가 된 것 같아요. 서로 얘기하고 배워 가고 이끌어 주고. (박영숙)

(노조 복원은?) 그때 지부장님이 그만두시고 새로운 지부장을 뽑아 다른 지부장이 됐는데, 제가 그때 사무국장을 했어요. 솔직히 제가 지부장하고 소통이 잘 안 돼요. 뭐할 때는 도와주기도 하고 이래야 되는데, 그걸 별로 안 좋아해요. 그리고 직원들의 상황을 어느 정도 전체적으로 봐주고 이래야 되는데, 그것도 조금 안 들으려는 면이 있었거든요. 그래서 조금 답답한 것도 있었어요. 그래서 저는 1~2년 하면서 그만두고, 다시 대의원 하면서 아예 조합에서 빠졌거든요. 그리고 젊은 인재가 있는데, 안 해요. "너 해봐라" 꼬셔서 대의원 만들어 놓으면, 애들이 내가 같이 나서지 않으면 안 하더라구요. 좀 답답하죠.

(그후 10년간 노조의 분위기?) 밖에서 보면 솔직히 안타까워요. 그래서 가끔 김경욱 위원장님이 더 생각나는 것 같아요. 그 이끌어 주는 힘이 보이지 않게 컸던 것 같아요. 위원장님이 관리자한테 "너, 왜 조합원들을 건드려?"라는 말이 되게 강하게 다가온 게, 정말 그게 진심으로 보였거든요. 쌍욕을 해가면서, 그러셨거든요. 그런 걸 보면서 믿고 따르는 거거든요. 그런데 그게 지금 아닌 걸 보면 한숨이 좀 나요. (웃음) (서선애)

9) 울산지부

(복귀했을 때, 관리자나 노동자들의 반응은?) 복귀했을 때, 그 사람들이 그렇게 달가운 시선으로 보지는 않았는데, 저는 뒤돌아보면 내가 가장 당당하고, 내 목소리를 내면서, 우리가 '비정규직 철폐'라는 큰 뜻도

있었잖아요? 그러니까 인생을 살면서 나는 그 당시가 제일 당당했던 것 같다는 생각이 들어요. 그래서 내가 당당하게 투쟁을 했기 때문에, 남의 시선, 관리자의 시선에 더 당당하게 대응할 수 있었던 것 같아요. (하남숙)

(복귀를 했을 땐?) 들어가니까 새로운 직원들이 참 많더라구. 그러고 출근하는 거에 대한 긴장이 없었어요. 성격이 좀 낙천적인가 봐. (웃음) 어쨌든 당연하게 들어가서 일하는 건데, 늦게 들어갔을 뿐이고. 그래서 원래 내 자리 그대로 CS(수납)에 있었고, 좀 있으면 진급할 거야라고 생각했고. (웃음) 내가 자기네들보다 더 경력이 있거든요, 선배지. (불편하진 않았어요?) 주위에서 눈치 주고 이런 것은 없고. 왜냐면 다 같이 하다가 들어갔기 때문에. 그런데다 마지막까지 남았던 사람은 "우리는 끝까지 함께했다"라는 자부심이 있었어요. 그런 자부심이 내 내부에 더 컸던 것 같아요. 그러니까 먼저 복귀한 사람들이 오히려 더 눈치 보이죠. (박희정)

10) 해고자: 개인 복직(부산)

원래대로 하면 원직복직인 거잖아요, 말 그대로. 그런데 이건 원직복직도 아닌 거고. 그러니까 감정적인 부분, 뭐라고 할까 트라우마라고 하나? 감정적인 부분들이 한 번씩 폭발해요. 그대로 되지 않고 그냥 직원이고. 그리고 내가 있을 때 밑에 직원이었던 사람들이 다 위로 올라가 있고, 이런 걸 안 보면 되는데, 보이거든. 이게 완전히 없어진 게 아니니까 한 번씩 폭발할 때가 있어요. 막, 화는 나는데 어떻게 할 수는 없는 답답함…. 한 번씩 미쳐 버릴 듯한 느낌이 들어요. 그렇다고 해서 회사가 특별하게 제재를 가하는 것도 아니고, 뭐가 있는 것도 아닌데. 그것이 시간이 지나면 없어질 거라고 생각했는데, 그냥 여기에 적응할 거라고 적응이 됐다고 생각했는데도, 한 번씩 튀어나오더라구요…. 그런 걸 보면서, 아마 이거는 이 회사를 떠나야 그 계기가 없어지니까, 아마 그때나 편해지지 싶어요. (손명섭, 부산)

11) 해고자(강제 사직자 포함)

(복직 싸움은?) 그 뒤에는 버티는 거지요. 박승권이가 위원장을 하잖아요? 그때 제가 조직부장인가? 교선부장인가 해서 상근을 하면서 해고싸움이라기보다는 해고자로서 노동조합을 재건을 해야 되니까, 그런 과정을 하려고. 하여튼 그래서 생계비를 좀 받고 했죠. 그러면서 대충 맞춰 줄라 그랬는데 도저히 박승권하고 맞지가 않아서 2013년도에 그만두었나. (……) 그냥 노가다 좀 뛰기도 하고, 노조 일이 있으면 하고, 이런 걸 병행해서 1, 2년 하다가 정리하고.

여기는 조합원들이 기본적으로 있기 때문에 도와주는 조합원들도 있고, CMS로 지원해 주는 조합원들도 있고, 많진 않지만. 그런데 뭐라 그럴까? 여성사업장이라서 적응하는 데 쉽지 않고. 해고자가 1명이라도 더 있으면 같이 하겠는데 그런 것도 없어서 정리하고 다른 데서 운동을 해야겠다는 생각을 했죠. 그래서 정리를 하고 다른 데 들어갔죠.

(노조에서 해고자 복직 문제는?) 처음에 조직력이 거의 붕괴됐기 때문에, 뭐, 3년 무쟁의도 있고. 조직을 최대한 복원하고, 그 다음에 탈퇴했던 조합원들도 끌어안아야 되고, 조직을 추슬러서 복원하는 과정이 필요한데, 제가 아예 (해고자 복직 문제) 넣으라고도 안 했고 적절하지 않다고 판단했기 때문에…. 노조도 해고자 복직 문제가 처음부터 들어가

지도 않았고. 하여튼 그런 과정들이 있었기 때문에 처음에는 중요하지 않았고.

아마, 복귀하고 전체 조합원이 500명 전후 됐을 거예요. 그러니까 먼저 복귀한 사람들이 있는 거지. 백 몇 명은 복귀 안 하고 생계 나가는 사람이고, 이 사람들이 먼저 복귀한 사람들하고의 갈등도 있는 거고. 이런 것들을 처음에는 우려를 많이 했는데, 나름 나쁘지 않았어요. 처음에 워낙 상처를 다들 받아 있었고…. 그래서 처음에 조직을 추스르는데 조금씩 늘어나긴 했는데 많이 늘어나지는 않았고.

(박승권 집행부와 안 맞았다는 건?) 박승권이 거의 노사협의, 회사 측하고 거의 놀러다니고, 안 좋은 상황이었어요. 그런데 해고자가 복직하는 방법이 조합원들이 그 해고자를 복직시켜야겠다는 마음먹고 복직투쟁에 나서서 복직되는 것이 의미가 있지, 나 혼자서는 그렇죠.

(무쟁의 3년 지나 4년째 이후는?) 12, 13년도, 아예 박승권이 파업할 생각이 없었는데, 뭐 그 뒤에도 당연히 안 하고. 그러니 해고자 복직을 위해서 투쟁을 하는 건 중요하지 않아요. 그런데 문제는 무쟁의 선언이 중요한 게 아니고, 파업의 트라우마가…. 중앙위를 하잖아요? 1, 2, 3년에 걸친 요구안을 만들고 뭐 하잖아요. 이 과정에서 대부분의 중앙위원들이 파업할 생각이 없어요. 뭘 하려고 하질 않아요. 그러니 해고자 문제를 넣고 할 문제가 아니야. 실제 현장에 조합원들의 임금이나 단협의 문제를 풀어야 되지. 그런데 풀 수 있는 방법은 파업을 안 하고 사측과의 대화를 통해서 가능하냐 이 말이지, 박승권 기조에 중앙위원들이 반대하는 사람이 없어요, 거의 대부분. 그나마 몇 명이 좀 문제의식을 갖고 얘기하고.

이번에야(2019년) 파업을 한 거잖아요. 10년 만에 극복한 거니, 대단한 거죠. 정규직 딴 게 중요한 게 아니고 파업을 했다는 게 중요한 거죠.

그전에는 그걸 극복 못했죠.(서형태, 병점)

홈플러스로 막 매각하고 할 때였는데, 노조는 회사하고 타협을 해서 복귀를 시켜야 될 거 같다는 말도 자꾸 들려오고. 저는 그게 너무 싫은 거예요. 패배하고 들어가기가.
그러다가 해고자를 받고 복귀를 시키는 걸로 합의를 했다는 거예요. 전화 와서 그거에 대해서, 위원장한테 위임하는 사인을 해야 된대요. "나는 이대로 들어가고 싶지도 않고 동의할 수 없다." 그러다가 제가 그 해고자 명단에 들어간 거죠. 원래 저는 복귀하는 거였는데 못 들어가고. 그 부분에 대해서 저는 지금도 후회는 안 해요. 왜냐면, 그 상태로 도저히 가서 일을 할 수가 없어요. 뭐라 그럴까? 지고 굽히고 들어가는 그런 느낌이었기 때문에.
그러면서 제가 잠수를 탔죠. 그때 제가 막 힘들 때는 사람을 만나는 것조차도 힘들어 제가 모자를 코까지 눌러쓰고 다녔어요. 내 얼굴을 누구한테 보이는 게 너무 싫고, 누구 얼굴도 보고 싶지 않고…. 누가 와도 만나지를 않고. 제가 너무 괴로우니까 산을 다니고 하나씩 풀면서 거의 은둔생활을 한 거죠. 집 안에서 많이 있고.
저는 그걸 승리라고는… 볼 수가 없다. 원래 요구했던 거가 다 온 게 아니니까. 그러니까 제가 그 상태론 도저히 매장에 가서 근무할 수가 없었던 거죠. 용납이 안 됐던 거죠. 그때는 제가 성격도 극과 극이었고. 어쨌든 인간관계도 모 아니면 도였고. (사직자는 어떻게 되죠?) 해고 수당은 아니고 1년 6개월치 월급인가를 줘요. (강혜정)

우리도 해고죠. 사실은 투쟁 끝나고 나중에 어떠한 역공을 우리가 받냐면, 내가 듣고 싶어서 들은 게 아니고 화장실 안에 있었더니 "걔네들이 돈 받고 저기 했다잖아" 이런 거예요. 회사가 얘기하겠죠. 홈플러스 애들이 "쟤네들이 돈 받고 그냥 투쟁 접었어" 뭐 이런 식으로. (……) 우리 조합원들한테도 "너네 얼마 받았대매? 얼마 받았어?" 이런 얘기 물어본 사람들이 있었던 기억이 나요.

그러면 그 당시 1년치, 내가 받은 게 1천 얼마를 받았어요. 그 돈을 받자고 내가 투쟁을 포기했냐고. 우리가 돈을 받기 위해서 투쟁을 포기한 게 아니라, 현장에 들어가서 다시 노동조합을 살리는 일이 집행부의 몫이라고 생각했고. 우리는 조합원들한테 "해고자들을 위한 복직 투쟁이 중요한 게 아니라, 너희들이 들어가서 할 일은 다시 재조직하고 우리 노조를 다시 일으키는 것이다. 그래서 우리는 이 해고를 받아들이고 이 투쟁을 빨리 마무리해서 온전히 너희들을 현장에 돌려보내는 것이다"라는 것이 우리의 입장이었어요.

어쨌든 지금까지 온 걸 보면 후회하지 않죠. 그런데 가끔 "우리 노조도 해고자 복직에 관한, 해고자 문제도 임단협에 계속 넣어야 되지 않냐", 이런 간부들이 계속 있었죠. 거기에서 차이가 나는 거죠. 그럼 당연히 그런 문제를 부각시키고 얘길 해야 되는데, 박승권은 조합원들이 전 집행부들을 기억하는 걸 싫어해요. 그러니까 복직시키고 싶은 생각이 없고. 그 코드는 회사랑 맞아떨어지는 거죠. 박승권도 우리가 나타나면 자기가 위원장 할 수 없고, 회사도 우리 들어오는 거 싫고.

그런데, 2013년에 해고자 복직을 임단협에 요구안으로 넣어요. 당시 홈플러스에는 두 개의 법인이 있었는데, 기존 홈플러스 법인과 홈에버(구 까르푸)를 인수해서 만든 게 홈플러스테스코 법인이에요. 이후에 홈플러스스토어즈로 법인명이 바뀌면서 노동조합 명칭도 홈플러스노조에서 홈플러스일반노조로 바뀌어요. 근데 기존 홈플러스에는 노동조합이 없었는데, 2013년 노동조합이 생겨요. 새로운 노조가 민주노조로 박승권 쪽을 어용이라 그랬거든요. 그러면서 박승권이 홈플러스 사측에 제안을 한 것 같아요. 사측도 새로운 노조를 능가할 사람으로 김경욱 위원장이 필요했고. 그런데 김경욱 위원장은 해고자 전원복직이 되지 않으면 복직제안을 받을 수 없다고 해서 얘기가 중단됩니다. 나중에 김경욱 위원장에게 들었죠. (이경옥, 부위원장)

(해고자 문제는?) 박승권 때도 얘기가 나왔던 걸로 알고 있어요. 논의는 했는데, 진행이 안 된 부분이 있는 거고. 그때 서형태 동지를 끝까지 못 지켰지요. 박승권 때 서형태 동지를 전임으로 해서 임금보전을 해주면서 같이 활동을 했어요. 근데 중간에 그걸 중앙위에서 결정이 돼서 끊었는데, 박승권 위원장이랑 잘 안 맞아가지고 그랬다는 얘기도 있고. 박승권 위원장은 좀 조용조용히 가고 싶은데, 서형태 동지는 기본 원칙 가지고 얘기하다 보니 안 맞는 게 있어서, 나중에는 지원금마저 끊어지는 사태가 벌어진 거죠.
그리고 해고무효소송까지 했는데 졌어요. 그리고 중간에 타협과정에서 서형태 동지가 들어올 수 있는 기회가 있었는데, 무산됐다는 얘기도 있고. 어쨌든 박승권 위원장 때 안 맞아서 노조 사이트에 서형태 동지가 계속 뭔가 올리면서 트러블이 생겼던 것 같고. (마수경, 면목)

나는 박승권 위원장이… 오래 하니까 타성에 젖어 가지고… 너무 회사랑 친한 거 아닌가. 너무 회사를 대변을 하더라고. 어느 순간부터 회사 측 논리를 펴요. 우리가 월급도 적고 어쩌고 얘기하면, 위원장이 "우리는 최저임금 사업장이 아닙니다" 이러면서. (진현미)
우리가 비정규직이라고 하면 "비정규직이 아니다. 무기계약직이다" 이러면서 회사에서 하는 얘기를 똑같이 하는 거예요. 그래서 "이 사람이 너무 회사랑 친하게 지내는구나" 생각을 하고. (그럼 노조를 변화시키려고 하지 않았어요?) 그래서, 그때 사무국장이었던 이미연이 위원장 후보로, 진현미 님이 사무국장 후보로 선거에 나간 거죠. 근데 밟혔지. (이선호, 방학)

노조를 박승권 위원장을 빼고 다시 하려고 했던 게, 해고자 문제를 너무 등한시했다는 거죠. 노조가 만약에 서형태 같은 동지나 그런 동지들을 내치면, 누가 그 싸움을 또 할 사람이 있어요? 그니까 그런 사람들을 복직하게 해줘야 되는 게 맞는 거고, 그거에 대해서 최대한 해야 되는데, 박승권 지도부들은 그게 안 맞은 거지. (진현미)

이미연-진현미가 후보로 런닝으로 나왔다가 안 되고. 그 다음에 내가 [이선호] 지부장할 때 박승권이 다시 지도부를 맡고 있었잖아요? 중앙위를 딱 가봤더니, 파들이 있더라고요. 그니까 그전에는 경선이라는 게 없이 박승권이 단독으로 나왔기 때문에 그리됐는데. 근데 경선을 겪고 나니까 패가 딱 갈라지더라고요. 우리 쪽 파들이 되게 힘이 약해져 버린 거야.

그러면서 중앙위에서 '서형태 동지 생계비 지원을 중단하자'라고 결정난 거예요. 대법원에서 판결이 패소했으니까.

그니까 서형태 씨가 해고무효소송에서 재판도 하고, 노조에 상근하면서 활동비를 받으면서 중앙위에도 성원으로 참여했는데, 재판에서 지면서 본인 혼자 투쟁하면서 피켓 시위하거나 아니면 점포에서 선전지 나눠 주고 했어요. 그러면서도 중앙위도 참관하는데 말을 못하게 해. 성원이 아니니까. 그러니 점점 안 오더라고. 그러니까 지금 해고투쟁하는 사람도 안 해주는데, 다른 사람은 아예 관심이 없는 거죠.

근데 조합원들이 그거를 빚으로 아는 사람이 별로 없어요. 당연하게 생각하는 사람들이 조금 있죠. 그나마 해고자 문제에 관심을 기울이는 의견은 시흥, 월드컵, 방학. 그니까 비정규직이 많은 집단이고. 면목도, 울산하고 순천도 있었고. (이선호·진현미, 방학)

(박승권 위원장이 8년이나 하죠?) 8년이 유지될 수 있었던 건 아무 일 없었기 때문에, 변화가 없으니까 사람이 안주하고 싶은 마음이 있고. 그 사람들은 그걸 역이용한 것 같고. 파장이 없으니까 민감도가 떨어지죠. 노조도 자극을 안 주고, 조합원들도 자극을 안 받으니까.
(해고자 문제는?) 해고자 문제가 중앙회의할 때 중간중간에 한 번씩 얘기가 나왔어요. "우리가 해고자 문제에 대해 안을 던져야 되는 거 아니냐? 이번 교섭에 해고자 문제에 대한 안을 가져가자"고 얘기해서 그게 논의가 되는데, 이게 번번이 표결을 하면 부결이 돼 버리더라고요. 그니 그 뒤로 안 나오죠. "야, 지도부가 그렇게 사퇴해서 해결이 됐지만, 그래도 조합이 뭔가 해야 되지 않냐?" 일부 간부들이 얘기하면, 박승권 위원장이 질색을 하니까. 그 문제가 나오는 거 자체에 대해 질색하니까, 걔는 아예 그 얘길 안 꺼내길 원하니까. 중앙회의에서 지부장들도 계속 들으면 귀찮고 짜증나니까, 그냥 넘어가는 분위기죠. (손명섭, 부산)

(그 집행부가 활동을 안 한 거에는 조합원들이 묵과한 것도 있는 거잖아요?) 그렇죠, 그렇기 때문에 제가 그들을 탓할 수만은 없는 거야. 그들이 분명히 잘못했고, 조합원들의 소리에 귀도 안 기울였고, 조합원을 위해서 뭔가 했다고 할 수 없는 시기가 거의 8년 이상 왔단 말이에요. 그런데 그걸 묵과하고 온 책임이 우리에게는 있어요. 그 책임도 있는데, 그들이 역사적으로 떳떳하지 않은 것들 때문에, 그 시간들을 그들이 죽일 때 나는 구경만 했다는 죄책감이랄까. (……) 그런데 510일 마지막

까지 남았던 조합원들은 그걸 엄청나게 안타까워했고. 그런데 그렇게 만든 주역이 (투쟁에 참여한) 그 사람들 중에 또 있어요. 그러니까 더 안타깝고. 그러면서 조합원들은 그다지 관심을 안 갖고, 그게 안타까웠는데…. (황선영, 월드컵)

박승권이가 위원장이 되면서 조합을 홈플러스일반노조로 다시 이름을 바꾸잖아요? 이름을 바꾸면서 규약을 노동부에 신고할 때 "해고자가 있어서 안 된다" 해서 해고자들을 조합원에서 다 뺐습니다. (……) 그래서 내가 끝까지 "나는 지역에서 활동해야 된다. 그런데 니가 무슨 근거로 내를 시비 걸고 하느냐?"고 싸우니까 나만 조합원 자격을 줬습니다. (……) 이게 웃기는 거죠. 박승권이가 기준도 없고 아무것도 없는 거예요. (……)
이전에 한 번 박승권이 전화가 왔었어요. (……) 복직 문제에 대해 잠깐 말은 왔다갔다 한 적이 있었던 것 같아요. 그걸 실질적으로 다룰려고 했던 건 아닌 것 같고. (……)
지난번에 단체교섭 요구할 때도 '해고자 복직 문제'를 새 집행부도 올렸더라구. 그게 중요안건으로 올린 건 아니고, 자기네 명분 쌓기로 올린 것 같고. (……) 괜히 그걸 한 줄 올려서 다시 거론해서, 해고자들한테 또 다른 상처를 주는 건 아니라고 보거든요. 그런데 저는 새 집행부가 진정성이 있어서 올리면 다르다고 봐요. (……)
그니까 조합이 깨지면서 잘못된 게, 조합을 다시 재건하면서 규약상에 "해고자 뺀다"로 왔는데, 그러면 해고자까지 규약상에 먼저 거론해야 하는데, 그렇지 않고 복직 문제를 거론한다는 건… 노조에서 내부적으로 조합원 정리도 못하면서 회사보고 책임지라 카는 건 말이 안 맞아요.

진정성이 있다면 현 집행부도 지금 해고자들에게 조합원 자격을 주고 그리고 회사에 해고자 문제를 거론하는 게 정상이잖아요? 그러니까 현 집행부도 지금 그걸 거론 안 하는 게 맞다고 보는 게, 또 다른 상처를 주는 게 거기서 나오는 거예요. 내부정리를 먼저 해놓고 그걸 회사에다 얘기해야지, 내부는 정리 안 되어 있으면서 조합원 자격이 없는 사람인데, 회사에 복직해 달라는 게 말이 맞아요? 그러니까 이건 자기 면피용으로 그냥 활용하는 것밖에 안 되는 거예요. (김학근, 울산)

2. 510일투쟁 경험과 투쟁의 힘

1) 장기간 투쟁한 조합원의 힘, 나의 투쟁 이유

(50명이 끝까지 투쟁할 수 있었던 힘은?) 파업하기 전부터 정규직과 비정규직이 함께 조합활동을 해왔던 힘이 가장 크다고 생각하고요. 그러니까 저희가 600명이 농성할 때도 기자들이 "여기 이 사람들이 다 비정규직이 아니고, 이중에 반은 정규직이다. 이중에 해고자들은 처음에 열몇 명밖에 없다" 그러면 다 놀랜 거죠. 저희는 "누구를 도와준다. 비정규직이 해고되는 것을 지키기 위해 투쟁한다" 그런 게 아니라, 다들 내 싸움이라는 생각들을 한 거죠.

그렇게 마지막엔 50명이 하루하루를 온 거죠. (웃음) 처음에 정말 열심히 했던 사람, 앞에서 막 앞장선, 예를 들면 어느 지부에서 어떤 조합원이 굉장히 열심히 선두에 서서 하고 가장 전투적으로 열정적으로 해요. 그런 사람이 보통 끝까지 남는 경우가 많진 않아요. 중간에 어느 날 보면 없어지고 퇴사를 많이 하죠. 양쪽 다 실망해 가지고 떠나는 경우가 많은데. 그냥 묵묵히, 자기 자리를 지키면서 "이 투쟁이 정말 정당하다"고 생각하면서 계속 왔던 사람들은 배신을 못하는 거죠. 떠나질 못하는 거예요. 아줌마들이 남성들보다 훨씬 의리 있는 거 같아요. 다들 그런 마음들 때문에 온 게 아닌가 싶어요. (홍윤경, 사무국장)

(본인은 왜 끝까지 투쟁을?) 진짜 오기였죠. 해보자는 오기…. "누가 이기느냐, 뭐, 다 같이 해보자." 오기가 없었으면 못했을 것 같아요. 예를 들어 "우리가 이랜드한테 질 게 뭐야? 뭐 박성수한테 질 게 뭐야? 그 사람보다 못한 게 뭐야?", 이런 거 있잖아요. 우리는 1대 1로 만나면 같은 사람일 텐데, 기업이라는 것 때문에 그렇지. 그런데 나 혼자면 절대 못 부릴 오기였는데, 옆에 동지가 있기 때문에, 그 오기가 나오지 않았을까 생각해요. (황은영, 면목)

저는 개인적으로 나 자신에 대한 자존심? 왜냐하면 내가 옳다고 한 일이기 때문에 끝까지 가고 싶었어요. 그리고 동지들 때문일 수도 있고. 얼마 전에 제 친구가 그러더라고요. 투쟁할 때도 친구들을 만났는데 "야, 너 데모하고 그럴 때, 자식들을 위해서 싸운다" 그랬다고. 저는 실질적으로 지부를 이끌어 왔기 때문에 책임감도 있었고. 내가 그렇게 흔들려 버리면 다른 사람들은 다 망가지는 거니까. (황옥미, 면목)

(남은 지부 사람들은 510일을 왜 싸웠을까요?) 위원장님에게 세뇌당해서. (웃음) 저는 그렇게 생각해요. 그 바탕에 "밑에 있는 사람이 일단 올라가야 우리도 같이 올라갈 수 있다"라는 거가 뿌리 깊게 남아 있지 않았을까. 그때 투쟁하면서도 그 얘기가 좀 꽂혀 있는 부분이거든요. 그래서 비정규직 싸움할 때 그게 가장 기반이 되었던 것 같아요. 그래서 면목점은 정규직이 더 많았음에도 비정규직을 위해서 함께 같이 가야 된다는 베이스가 깔려서 같이 나갔던 거고요. 그래서 우리는 늘상 그러거든요. "세뇌를 너무 당했다. 세뇌를 너무 당했다"고. (웃음)
그니까 위원장님에 대한 신뢰가 남다르죠. 지금도 신뢰하고 있고. 아무래도 당시 조합 결성하는 과정에서 면목점은 위원장님에 대한 신뢰나 믿음이 강했어요. 다들 "아우, 김경욱 위원장, 멋있는 사람이지" 이런 생각들을 가지고 있는 것 같아요. (마수경, 면목)

시작했으니까 요구를 확보하지 못하고는 들어갈 순 없다고 생각했어요. 정말 경제적으로 힘들고 아이들을 생각하면 복귀해야 되지만, 그렇게 복귀를 해서 내가 남아 있는 사람들한테 욕을 먹으면서, 내가 그렇게 불명예스럽게 들어가서 그 안에서 일을 하고 싶진 않았어요. 차라리 내가 알바를 하면 했지. (……)
(다른 분들은 왜 그리 질기게 싸웠대요?) 저희 점포는, 좀 끈끈하게, 약간 골수 분자들이 좀 있어요. (웃음) 황옥미, 임혜숙, 최현옥, 마수경, 해고된 황은영, 장미영, 전명화, 한명희. 노조 초창기 분이고, 제가 늦게 가입을 했죠. 어쨌든 서로서로를 보면서 가기도 했고, 그중에서 생계투쟁하시는 분도 있지만 결속력도 있고, 서로 동지애로 간 것 같아요. (임혜숙, 면목)

(투쟁을 끝까지 한 이유는?) 인정하고 싶지 않아서. 제가 딱 경찰서 들어갔다 나왔을 때 우리 신랑이 술 먹으면서 "그만큼 했으면 됐으니까 그만하라" 했을 때, 나는 "도 아니면 모다. 내가 여기서 잘리든지, 아니면 나는 계속한다" 했는데. 내가 잘하고 못하고를 떠나서, 길어지면서 우리가 이만큼 외치면 회사에서 이만큼의 반응이 와야 되는데, 그게 안 오니까, 사람이 오기라는 게 생기는 거예요. (……) 오기도 있는 반면에 지치는 것도 있지만. (……)
저는 "이걸 빨리 끝냈으면 좋겠다. 어떻게 결정이 나든 니네들이 나를 자르든 말든." 오죽하면 제가 점까지 보러 갔어요. 내가 이 회사를 다닐 수 있을까. 아예 여기서 때려치우고 다른 데를 가는 게 맞는 건가.

그런데, 사람이 그러잖아요? 내가 내 발로 끝내고 들어가면 들어갔지, 중간에 다른 사람들마냥 들어가고 싶지는 않은 거예요. 그래 점치는 사람이 "이거는 개인 문제가 아니고, 회사의 복잡한 문제기 때문에 해결이 안 된다"는 거예요. 그러면서 나보고 이런 쪽의 직업을 원하면 다른 데 가도 충분히 갈 수 있대. 그래서 이마트에 이력서를 냈는데 연락이 안 오더라고. 그래, 그때 다른 생각을 끝냈죠. (이선호, 방학)

저는 (……) 별생각은 없었던 거 같아요. 왜냐면, 저는 방학지부의 책임자잖아요? 그러니까 "다 들어가도 나는 못 들어간다." 한 명만 남아 있는 지부도 있었어요. 진짜 내가 끝까지 남아 있는 한 명이 되겠다고 생각하고, 노조에서 진짜 지침으로 "우리 졌으니까 들어가" 그러면 아마 들어갔을지도 몰라요. 그건 지침이니까. 그런데, 내가 개인적으로 판단해서 들어가지는 않았을 거 같아요. (진현미) 만약에 우리 점포 대표가 들어간다면 저도 들어갔을 거야. 근데 안 들어간다는 거예요. 현미가~. (이선호).
지부에서 5명이 "길어질 거 같으니 우리 들어가야 되는 거 아니냐?" 그런 얘기를 했어요. 그래 제가 "언니들, 다 들어가도 나는 못 들어가!" 그랬어요. 자존심이라고 해야 되나, 똥고집인가. 내가 대의원인데 노조책임잔데, 다른 사람 다 들어가도 나는 못 들어가죠. (진현미)
현미가 못 들어간다니까 나머지 4명이 "그래, 끝까지 가보자" 그래가지고. (웃음) (이선호)
제가 비정규직이 어떻고…, 이거를 떠나서 이제 회사랑 우리랑 오기싸움이야. 하다 보니까 오기가 생기더라고. 지치긴 지쳤는데. 근데 이랜드가 잘못 판단한 게 "아줌마들이라 빨리 끝날 줄 알았는데 더 길어졌다"고 하잖아요? 아줌마들이라서 길어진 거지. (진현미)

(왜 510일 동안이나 싸웠나요?) 크게 뭘 생각하고 한 거는 아닌데, 이게 한 번 탁 굴려 놓으면 굴러가잖아요? 쭉. 그런 식으로 한 것 같은데요. 나중에 내 스스로 평가해 보면서 내가 과연 그걸 왜 했을까? 그 힘들고 어려운 일을, 그냥 가만히 있었으면 잘 먹고 잘 살았을 것을. 근데 한마디로 얘기하면 얘들이(회사) 건드려 버리니까, 그거를 용납 못하는 거지. (……) 사람이 뭐랄까? 분노하는 마음이 생겨서, 딱 시작을 해 버리니까 어쨌든 끝을 봐야지 중간에 멈추는 것 아닌 것 같고, 그러니까 계속 가죠. 그러면서 가다 멈추면 한마디로 '가오' 떨어지는 것 같고. 그렇잖아요? 그리고 한편으로는 여기에 몰빵을 했다고 볼 수 있죠. 만약에 이게 잘못되면 완전히 인생 무너질 수도 있는 건데, 그런데 초반에 괜찮았고, 이게 잘돼야 나중에 망가지지 않을 것 같다는 생각도 들고. 물론 이긴다는 장담은 없지만.
그러고 나서 복직을 했잖아요. 그리고 그 뒤에 안 해도 되거든, 사실. 그런데 막상 가서 안 하고 손 털고 나 혼자 가려니까 미안한 마음이…. "그렇게까지 했는데, 나 혼자 편하자고 그런 건 아닌 것 같다"는 생각이 들어서 했죠. (손명섭, 부산)

(왜 그렇게 싸웠을까요?) 저는 노조에 부정적인 생각을 갖고 있지 않았기 때문에 노조가 있으면 당연히 들어간다고 생각을 하고 있었던 거고. 파업을 시작할 때는 어차피 길게 갈 생각이 아니었기 때문에 시작을 한 건데, 나름대로 합리화를 시킨 거죠. 내가 또 해고대상자라서 더 그랬던 것도 있고. 되든 안 되든 결론을 보려고 했던 게, 길어져서 중간에 포기하기 어려운 상황이 됐던 거죠. 왜냐면 사람들하고 연결도 있고, 또 율동패를 하면서 나름 역할도 있고, 그러니까 중간에 포기할 상황이 아니었던 것도 있고…. 그리고 그게 앞으로 한 10년 걸릴 거였

으면 포기했을 수도 있는데, 당장 한 달 뒤에 끝날 것 같은 분위기, 계속 그런 분위기가 있으니까 "언젠가는 끝나겠지" 하면서 한 것도 있고, 여러가지죠.
내가 진짜 생계가 어려웠으면 그만뒀을 수도 있고, 그만둘 수 있는 상황들은 되게 많았던 것 같아요. 어쨌건 나름 내 스스로 "나는 결론을 봐야 후회를 안 하겠다" 이런 생각을 했던 것 같아요. 뭐가 됐든지 간에. 내가 맞다고 생각을 하고 시작한 일인데, 내가 그냥 따라가는 역할이긴 했지만 그래도 앞에 나서서 하는 사람들이 있으니까, 그 사람들을 믿었던 것도 있고. (……) 복합적인데, 핵심적인 건 '결론을 보자'가 제일 컸던 것 같아요. (서은주, 월드컵)

(월드컵 20명은 끝까지 왜 싸운 거죠?) 제일 큰 건 모토가 '비정규직 철폐'라고 해서. 그런데 그분들은 그 당시 고용이 불안정한 건 아니었잖아요? 계속 재계약이 되던 상황이었던 건데, 파업 나올 때는 일하는 게 되게 힘들었던 것 같아요. 직원들의 복지를 떠나서 근무도 되게 빡세게 했고 고객이 많았으니, 근무상황이 본인들이 힘들다고 느꼈던 것 같아요. 그걸 상부에다 얘길 했을 때, 과장이나 뭐 이런 사람들이 잘 들어 주지 않고 변화가 없었던 거지. 그래서 그런 거에 대한 쌓였던 감정들이 파업을 하면서 나왔던 거죠.
나와서는 약간 분위기에 쏠린 것도 있고. 파업 분위기가 있어요. 내가 복귀했을 때는 왠지 조합을, 그리고 동료를 배신하는 것 같은 생각이 드니까 복귀를 안 하고 그냥 알바를 하고 다닌 것도 있고. 그리고 나 혼자 하면 중간에 떨어져 나갔을 텐데, 주변에 얽힌 관계도 있고, 그게 제일 컸던 것 같애. 더구나 파업을 하면서 막 서로 챙기는 것도 있고. (서은주, 월드컵)

제가 봐서는 마지막까지 남은 사람들은 자존심 하나로 버티는 거예요. 악으로. 그리고 그냥 들어가는 거에 대해 자존심이 허락을 못하는 거지. 그거 말고는 없어요. 그게 버티는 힘이에요. 그나마, 자존심, 그 자존심이 필요하죠. 그게 중요한 거죠. (본인은?) 아닌 건 아닌 거니까. 그때 시기는 다들 버티는 것이지. 저도 자존심이죠. (서형태, 병점)

제가 책임감 같은 게 기본적으로 좀 깔려 있나 봐요. 억지로 하는 건 아니고. 근데 홍승희 같은 경우는 파업하는 게 즐겁다고 하는데, 저는 막 즐겁지만은 않았거든요. 이게 책임감이나 압박감이 좀 크기는 컸었는데, 그런데 정의감이 저한테 가장 큰 것 같아요. (김명순, 시흥) 저도 정의감이죠. (임재윤, 시흥)

우리가 결과는 받아내야 되잖아요? 우리가 왜 나왔어요? 누구는 저기하고 누구는 살겠다고 나오는 건 아니잖아요. 어차피 같이 시작했는데… 같이해야지요. 저는 끝까지 지도부에 따랐을 것 같아요. 지도부를 많이 믿었던 것 같아요. 무엇보다 내가 내 생각만 하는 게 아니라 노조를 생각을 해야죠. 조합원도 생각해야 하고. 같이했으면 같이 가야죠. 끝까지….

(다른 분들은 왜 끝까지 했을까요?) 그분들도 내가 보기에는 파업하면서 끈끈한 정도 있잖아요? "내가 들어가면 저 사람 혼자 남아" 하는 거, 지도부들에 대한 것도 있었을 테고. 또 어차피 "내가 싸웠는데 끝까지 같이 가야지"도 있었을 것 같아요. 그게 가장 중요했을 것 같아요. 끝까지 가야지 나만 빠지면 저 사람은 어떻게 되지? 솔직히 간부들만 남잖아요. 그러니까 끝까지 갔던 것 같아요. (박복희, 안양)

(이 싸움을 왜 계속했어요?) 저는 집회라든가 처음이잖아요. 어쨌든 싸우면 이길 줄 알았던 거죠. 박성수는… 또라이거든요. 그래서 그렇게 오래 갔던 거고, 결과가 그렇게 된 거지. 우리가 파업 들어가기 전에 회의할 때, 제가 "다 떨어져 나가도 위원장님이 싸우겠다면 저는 끝까지 남아서 같이 싸울 거다" 그랬었어요. (위원장님에 대한 신뢰가?) 강했다는 거죠. (……) 근데 중간에… 위원장님이 감옥에 갔다가 나왔을 때, 약한 모습이 보이긴 하더라구요. 실망을 하긴 했는데, 그래도 사람의 기본적인… 심성이라고 그럴까? 어쨌든 그런 것들은 변하지 않으니까. (……) 그래서 저는 끝까지 싸우자는 주의였고. (강혜정, 야탑)

(본인은 정규직인데 왜 길게 투쟁을?) 그게 중동점에서 가장 큰 자랑이에요. 비정규직은 그때 몇 명 없고 다 정규직이야. 왜냐면 매장이 제일 오래됐고 정규직이 빨리 됐고. 그런데도 비정규직 문제를 외치면서 하는 거에 대한 자부심도 좀 있었고. 우리는 대외적으로도 "우리는 정규직도 비정규직을 위해서 같이 싸운다"고 말을 많이 했고, 당연히 같이하는 걸로 생각을 했죠. 같은 조합원이니까. 조합도 잘 모르고 했지만 "다 그렇게 하는 거구나", 생각했죠.
(내 일자리가 위태롭다는 생각은 안 해보셨어요?) 다 찾아줄 수 있을 것 같은 거죠. (……) 뭐 끝내는 우리가 다 얻어낼 수 있을 것이라는 생각이 있었고. (지도부를 믿고?) 위원장님이 같이 근무했던 과장님인데 심지가 있었고, 거기에 이학범도, 또 조은옥 님이 영향력 있었어요. 굉장히 사람들을 포용하는 게 있었고. 그러니까 믿었죠. (김용임, 중동)

(계속 투쟁한 힘은?) 책임감. 너무 큰 옷을 입지 않았나…. 그 영향이 큰 것 같아요. "나는 책임감을 보여 주겠다"…. 나한테는 안 맞으니까, 나

름 많이 힘들었죠. 지금 심리적 압박감이 계속 이어져 오고 있는 거죠. 긴장이. 끝났음에도 불구하고. (……)

(끝까지 했던 5명은 왜 남았을까요?) 그러게요. 그들 스스로의 자존심이었던 것 같아요. 또 나도 필요하니까 잡았던 것 같고. "너, 있어 줘야 된다"고. 그리고 김경민 전 지부장하고 이혜숙 동지는 커플이었고, 해고당한 송태형 동지, 이렇게 5명이 각자였던 거죠. (박영광, 순천)

(투쟁 중에 그만둘 생각은?) 글게, 그만둔다는 생각을 안 해봤을까? 한 번도 안 해봤습니다. 책임감도 있지만, 내가 한번 했으니까 끝은 봐야겠다는 게, 제일 컸죠. 내가 선택했으니까 "그래, 끝까지 한 번 해보자"고. 그만둔다는 생각 진짜 못 해봤어요. (박영숙, 순천)

투쟁을 계속할 수 있었던 건 같이 있던 사람들, 그 사람들 믿고 하는 거죠. 내가 뭐, 신념이 있다고 해도 옆에 사람이 아무도 없으면 할 수 없는 거지. 가족의 이해는 이미 포기했으니까. 그거라도 있었으니까 버티고 있었죠. 제일 컸던 게, 사람들이었죠. (백종근, 순천)

2) 투쟁과정에서 가장 힘들었던 일, 상처, 후유증

이랜드투쟁을 정파적으로 보면서, 위원장 중심으로 뭉치는 것은 고사하고 맨날 위원장 물러나라는 유인물만 뿌리고… 구속시키자는 이야기나 들리고, 감당하기 어려웠어요. 하나가 돼서 함께 싸워야 한다고 해도 소용없고. (……) 월드컵 점거농성 때 나는 구속을 각오하고 싸웠는데, 그런데 위원장이 배신할 거라고 하지를 않나, 황당했죠. (……) 위원장에 대해서 장교 출신에, 관리자 출신에, 민주적이지 않고 독재적인 성향이라면서, 내 성향이 관료라며 이 사람은 배신할 거라고 교육하고 말하고 다니고…. 나에게는 투쟁기간 중에 그게 가장 큰 상처였죠. (김경욱, 위원장)

제가 비례후보로 나간 뒤에 운전수로 차출됐던 손명섭 동지하고 딱 둘이 했어요. 어쨌든 전국을 돌기는 했지만, 민주노동당 계열 지도부가 있는 데는 못 갔죠. 그리고 진보신당 계열이거나 또는 이랜드투쟁 자체에 의미부여 하는 사업장에 가면 "이남신 동지, 이랜드투쟁을 이렇게 팔아 넘길 거냐?"면서… 하여튼 별의별 일이 다 있었죠. (……) 또, 진보신당 내에서도 논란이 (……) 금속의 동지들이 "서울대 출신 정규직이 진보신당의 비정규 비례라니, 이게 맞냐?" 해서 진보신당 게시판에서 난리가 났었죠. 그런데 (……) 비정규 동지들이나 김성만 동지도 일부러 들어가서 "나는 이남신이 비정규직인 줄 알았다. (……) 그놈의 출신이 뭐가 중요하냐" 이렇게 써요. (웃음) 그래서 제가 일일이 전화해 "분란을 일으켜서 죄송하다"고, 그러면서 제가 너무 상처가 컸어요. (……) 우리는 다 포기하고 있는데, 홍세화 선생님이 혼자 마지막까지 "이랜드를 국회에 보내야 된다"면서 모니터에 눈 박고 있는데, 그 모습 보면서 울었죠. 그때, 처음부터 끝까지 너무 상처를 받고. (이남신, 수석부위원장)

우리가 핑계 대고 싶으면 핑계거리는 되겠지만, 저는 이게 단사(單社) 투쟁이었으면 쉽게 끝났을 텐데, 접기도 쉬울 테고, 지도부도 어떤 출구전략을 세웠을 거 아니에요? 근데 이게 대정부투쟁이 되다 보니까, "비정규직 철폐"라는 큰 타이틀이 있었잖아요? 그래서 더 힘들었고 오래갔던 것 같아요. 해고를 해서 단사 싸움이었는데, 중간에 연대단체가 붙으면서 이 투쟁이 커진 거지요. 커지다 보니까 우리가 어떻게 할 수가 없는 수위까지 올라온 거죠. 저는 막연하게 그 생각을 했거든요. (……) 그러면서 앞이 안 보이는데 길게 간 게 가장 힘들었죠. (황옥미, 면목)

(투쟁에서 가장 힘든 거는?) 나한테 힘든 거는 아무래도 경제적으로 1년을 넘게 한 푼도 못 받고 했는데, 내가 이렇게 했다는 자신감도 있지만 경제적으로 힘들었어요. (조은옥, 중동)

제일 힘들었던 건, 조직국장 하면서 투쟁이 너무 길잖아요? 기간이. 그러다 보니까 연대가 없고 할 때는 그 시간을 어떻게 운영을 할 건가가 제일 힘들더라구요. 사람들이 지쳐 있는 상태에서. 그러면 저는 될 수 있으면 같이 있는 분들하고 일정이 없고 할 때는 밖에 자꾸 나가는 거, 돈 적게 들고 해서 그거를 꽤 했어요. 야외에 나가서 고기도 좀 구워 먹고, 어디 섬에도 한번 갔다 왔던 것 같은 데…. 그때 딸을 데리고 갔던 건 기억이 있어요. (……)
여튼 일정이 빌 때가 제일 힘들더라구요. 뭔가는 해야 되고 같이 얼굴을 봐야지 한 명이라도 안 빠져나갈 텐데, 다른 사람들도 자꾸 만나다 보면 생각이 다른 데로 가잖아요. 그리고 일정이 없어 안 나오게 되면, 그만큼 다른 생각이 들어가니까. 그게 힘들었던 것 같아요. 저희 지부 인원이 그때가 40명이 넘었고. 그리고 본조하고는 거리가 너무 멀다 보니까, 모든 걸 다 여기에서 해결을 해야 됐기 때문에. (……)
지금은 투쟁했던 거 잘 기억이 안 나요, 솔직히. 잊고 싶어서 그런 건지 모르겠는데, 진짜 힘들었어요. 가정적으로 힘들었어요. (……) 진짜 제일 미안한 게, 애기를 낳으러 갔는데 돈도 없잖아요? 수술하는데 부모님이 돈 준 걸로 병원비 내고. (웃음) 그런 맘이…. 이게 진짜 힘든 게 (……) 차라리 회사하고 싸우는 거야 그냥 하는데, 안 되면 주먹질하고 욕 잘하잖아요. 말빨이라도 세면 말 잘하면 이길 수도 있잖아요? 그런데 가족은 말빨 갖고 안 되더라구. (웃음) 이게 무슨 정당한 이유였던 간에 안 돼요. (백종근, 순천)

내가 스스로 앉은 자리(대의원)는 아니지만, 또 내가 그 자리에 있으면서 나이도 있고, 다른 조합원들한테 조금 모범이 되게 하는 것도 있고…. 그리고 내 사정과 상관없이 내가 너무 힘들고 솔직히 하기 싫을 때도 있거든요, 중간에. 그렇지만 빠질 수 없고, 진짜 힘들었어요, 그때 처음 할 때도 힘들었고. 그리고 지금도 〈카트〉 영화를 못 보는 게… 이상하게 그게 안 없어지는 것 같아요, 계속. 내 내면의 갈등, 뭐, 그런 게 계속 있어서, 그런 류의 이야기는 안 접하고 싶어요. (계속 울먹임) (그래도 그 갈등을 잘 딛고 넘어 왔잖아요?) 그렇기는 한데, 그런 거 보면 내 상처를 다시 후비는 것 같아서 좀 싫은 거예요, 그게.
(내 상처는 뭐죠?) 당당하다고 막 그렇게 하면서도 겉으로는 그렇지만, 속으로는 또 하기 싫을 때도 있고. 내 모습을 보면 좀 위선적일 때도 있는 거 같고. (나를 감추고 책임 다하는 사람처럼 보이는 게?) 그러니까 그런 게, "내가 과연 끝까지 있었지만, 내가 거기에 100% 동감을 했었던가" 그런 생각이 들 때도 있고. 가끔 진짜 도망치고 싶었는데 도망치지 못한 모습도 보일 때가 있고.
(도망치고 싶을 때가 언제?) 중간 정도 왔을 때는, 진짜 좀 그랬던 것 같아요. 그 사이에서 많이 갈등을 하다가 중간 정도 왔을 때는 "아, 진짜 그만두고 싶다. 그만두어야 되나", 그런 갈등이 있는데, 또, 옆을 보면 "아니야. 그만두면 안 될 것 같은" 것도 있고.

또 서로 으쌰으쌰~ 하는 것도 있지만 여러 가지로 문제도 있고. 또 집 안에 엄마도 많이 아프신데 내가 보살펴야 될 상황이고. 아침에 엄마를 병원에 택시 타고 모셔다 드리고 집에 왔다가 또 천막에 왔다가. 그런데 그걸 다 표현할 순 없잖아요? 사람들한테 "나 진짜 너무 힘들다" 뭐 이런 말을 하기도 그렇고. 어떨 때는 나만 응석부리는 것 같고, 다들 힘들 건데.

그때 애들 2명 다 학생이고.(울먹임) 내가 보살펴 주지도 못하는 것도 있지만, 자기들은 나름대로 잘하고 있지만. 또 경제적인 면도 아닌 척 하지만 그건 누구 앞에서 다 드러낼 순 없는 거잖아요? 그럴 때 내 자신의 모습이 너무 싫은 거예요. 한편으로… 그런 아픔들이 계속 있어서 그런지, 그런 영화뿐만이 아니라도 아프거나 하는 건 이상하게 안 보게 돼요.

(오래 싸우면서 끝까지 투쟁해야 돼, 그러기는 힘들지 않겠어요?) 그니까. 끝에 가서는 내가 이 자리에 있으니까, "끝까지 가야 되겠다" 그런 것도 없지 않아 있기는 하지만. 모르겠어요. 하여튼, 많이 복잡했던 것 같아요. 그런 감정들이.

한순간은 "내가 그래도 애들 보기에 떳떳한 엄마이겠다" 하다가, 어떤 순간은 "나 이거 위선인 거 아닐까? 나 이렇게 그만두고 싶은 마음이 많은데…". 애들 앞에서 "엄마가 오늘 뭘 했고" 얘기를 해주고 "이거는 이랬단다" 이런 얘기를 하게 되잖아요. 그리고 자기들도 뉴스를 보고 또 엄마가 매일 매일 나가서 하는 걸 보면, 자기들은 긍정적인 면만 보여 줄 수도 있는데, 솔직히 나는 이면에 긍정적이지 않은 면이 숨어 있는 거 잖아요. (이해옥, 울산)

(노동조합은) 다른 사람들을 보듬고 가야 되는 거잖아요? 우리가 다 갈

이 잘되기 위해서.
근데 2007년 투쟁과정은 상처가 너무 많아요. 지금도 그에 대한 트라우마가 아직도 남아 있다니까요. 친구도 있고 남는 거는 있지만. 우리가 포항투쟁에서 막 피흘리고 나온 사람 봤을 때 "우리가 꼭 이렇게 해야 되나? 주는 것 먹고 놔주지", 이 생각도 했고.
또 진짜 친한 친구가 자기는 못하겠다고 나왔을 때, 잡을 수도 없고 놔주긴 너무 아프고 그럴 때도 있고. 그런데 지금 끝나고 거의 10년이 넘었는데도 그 상처가 아직도 있는 사람이 있어요. 우리도 다 친하기는 하지만, 그중에서도 더 친한 친구가 6명 있었는데, 한 사람은 가입했다가 탈퇴를 했는데, 지금도 만나긴 하지만 그렇게 가슴 아픈 그거를 끄집어 내지를 않고, 상처가 아직도 있는 것 같아요. (눈물) (유영예)
그런데 우리는 항상 얘기를 하고 싶은데, 상대방이 또 그거를 받아줄까? 지금도 조합원, 비조합원이 있잖아요? 그러면 더 안 되는 것 같아요. 늦게라도 조합에 가입을 하면 어떻게 좀 풀어질까 하는 생각이 들지만. (……) 그리고 저는 또 경찰하고 대치하면서 가슴 졸였던 거가 되게 힘들었던 거 같아요. (하남숙, 울산)

(2007년 말이나 2008년 초) 구사대가 와서 우리 괴롭히니까 "니네 괴롭히면 내가 여기 라이터 불붙이겠다. 가스통을 끌어안고 죽는다. 라이터 달라"고 난리를 치는데, 그때 시흥에서 저녁에 문화제로 이어져서 겨울이라 오뎅국 끓이고 하니까 가스통을 갖다 놨거든요. 부탄가스에 불 붙여서 죽으려고 그랬어요. 너무 힘들어서. 사는 게 힘들어서, 파업해야지, 이거 해야지 해서. 정말 폭발해서 다 죽이려고 그랬어요. 그 정도로 몸이 피폐했어요, 아주.
그리고, 연대하러 갔다가 제가 우리 집을 가려면 꼭 이랜드 쪽으로 버스가 지나가요. 그런데 우리는 매장 안에 못 들어가잖아요? 너무 화가 나고 기가 막히고, 사는 게 힘들고 하니까, 제가 "휘발유 사 가지고 7층 올라가서 불을 붙이고 내가 뛰어내리겠다"는 생각을 하루도 안 빠지고 했어요. 항상 "분명히 올라가겠다", "분명히 올라가겠다." 그리고 집에서 단도리를 했어요. 집의 농을 다 정리하고. (울먹) 아이들 어떻게 해야 되고, 혹시 엄마가 없으면 셋째이모한테 가서 어떻게 하고, 아빠가 술을 잘 먹으니 항상 조심…. 항상 그렇게 했어요. (……)

그러는 상황에 (……) 애 아빠는 직장을 구할 수 없으니 집에서 술만 먹는 거예요. 파업을 하고 집에 가면 작은애는 그런 상황에서 혼자 있고, 너무 힘들었어요, 진짜. (……)

그런데 큰애가 군대 갔을 때, 뭐 끝나면 엄마들 오라는 것 있잖아요? 근데 저를 안 불렀어요. 저는 몰랐어요. (……) (눈물) 엄마가 힘들고 돈이 없어 알바해 5만 5천 원씩 버는 걸 얘가 알아 가지고, 아예 저를 안 불렀어요. (……) 우리 애 혼자만 엄마가 안 와서 옆의 엄마가 "왜 안 왔어? 엄마" 이러면서 배지를 달아 줬다고. 나중에 제대하고 얘기해 주더라고요. 아들 제대할 때까지 한 번 안 갔어요. 그게 죄책감이 느껴져서. 엄마 파업한다고 대학도 지가 수시로 해서 하고, 돈을 못 내니까 그냥 군대로 갔는데…. 동료들한테 말은 못하는데, 이런 상황까지 벌어지니, 내가 죽어야겠다는 생각을 했어요. (복귀하지 왜 죽어요?) 들어가기는 싫고. (……)

그리고 대통령선거가 있었잖아요? 너무 싫었어요. 노인들이 이명박 찍었다는 생각이 들어서, 노인 양반들 보면 진짜로 죽이고 싶었어요. 그런 충동이 있었어요. 그 정도로 내 마음이 피폐하고. 조금 있다가 파업이 종료됐죠. 근데도 이게 안 멈추더라고요. (……)

마무리 총회 때 설문조사를 했는데, 굉장히 심한 사람이 있다고 그러더라구요. 그래 상담하라구 하는데, 설마 저는 아니겠지 그냥 있었는데, 저라고 그래서 깜짝 놀랐어요. "내가 이 정도까지 힘들었구나" 생각이 들었고. 그래서 거기 (……) 2개월인가 3개월인가 상담을 다니다가 "내가 한번 조절을 해보자" 해서 (……) 즐겁게 모임도 하니까 서서히 없어지더라고요. (임재윤, 시흥)

타결하기 전이었던 걸로 아는데, 거기서 ○○○ 씨가 나타났는데, 다크서클 상태로 나타나고. 그리고 그다음에 12월엔가 사회진보연대가 어디서 일일호프를 했었는데 거기도 와가지고 펑펑 울고…. 사실 이분이 나서는 것 좋아하기도 하고. 선동발언 같은 거 잘하니까 회사에 찍혔겠죠. 특히, 매장에서 자주 관리자랑 싸웠던 걸로 알고 있어요. 현장투쟁이죠. 되게 잘했던 걸로 알고 있고. 회사 측이 "지역에서는 얘가 제일 문제다"라고 찍혔을 거예요. (……)
근데 이 사람이 노조활동하면서 남편을 설득하고 "내 인생은 내 인생"이고, 그런 얘기를 했는데, 중앙에서 국장으로 한 6개월 했고. 그러면서 이분이 남편으로부터 자기의 활동을 인정받은 거예요. 그러니까 대책위도 왔다갔다 하고 자유롭게 활동도 하고. 그때 30대 후반, 40대 초반 정도? 젊은 조합원 쪽에 들어가지 않았을까.
이분이 해고자 명단에 들어가는 게 충격적이고, 다른 분들은 그냥 받아들였던 것 같거든요. 대부분 지부장이죠. 그런 반응을 보인게 이분이거든. 제일 열심히 해놓고 마지막에 이걸. (충격으로 받아들인 이유는?) 제가 짐작하는 건, 자기 가족에게 자신이 싸웠던 대의명분이 있는데, 그 대의명분에 의해서 자기만 희생이 된 채로 끝이 나니까, 집에 돌아가서 2~3년간 뭘 했는지에 대해 할 말이 없어진 거잖아요. 그리고 제가 받은 느낌으로는 다른 사람은 위원장, 뭐, 그런 임원인데, 본인은 그냥 상근간부 수준이죠. (……)
그래서 저희들이 그때 "본인의 인생을 후회하지는 않았으면 좋겠다" 그런 얘길 쭉 하고, 할 만큼 굉장히 열심히 한 거고 가족들한테 부끄러울 것 없고, 그런데 이 상황이 더 길게 갈 수가 없으니까 이걸 받아들임으로써 어쩔 수 없이 희생한 거고. (……) 그 자리에도 이남신 선배도 와서 설득하고 이해를 구하고 "몇몇 사람들이 희생하고 양보해야지, 이 투쟁은 마무리가 된다" 그랬을 때, ○○○ 씨가 했던 말이 "거기에 왜 내가 들어가야 되냐?"고. (……)
그분은 제가 보기에는 옆에서 같이 열심히 한 정도의 인물인데, 본인이 해고자 명단에 들어가니까 "이 정치적 짐이 왜 나한테 오냐?"라는 것에 대한 강한 항의표시를 한 걸로. (……) 그러면서 지도부와 거리가 멀어진 것 같아요. 그래서 "이랜드 중앙임원들하고는 안 본다. 그런데 지역대책위 사람들은 소중하니까 본다"는 거였거든요. 그래 내가 죄책감 갖고 있는데, 그럴 때 우리가 사람을 챙겼어야 하는데, 그렇지 못했던 거죠. (박준도, 인천지대위)

투쟁이 끝나면서 허탈감. 그 허탈감이 지금까지 있습니다. (구체적으로?) 이렇게 오토바이를 한 200킬로로 달리다가 오토바이가 넘어졌는데도 계속 달리고 있는 느낌이랄까요. 혼자서. 음, 그래서 전에 누가 그러더라고요. 다른 사업장 조합원인데, "1, 2년 싸웠는데, 그 허탈감이 엄청 오래가더라"고, 지금도 그런 게 있는 거 같아요.
그 결과 때문에, 이게 뭔가 뜨뜻미지근한 해결이고. 그 영화(외박) 나왔었지요. 극장 가서 보는데, 마지막에 진짜로 부끄럽더라고요. 마지막 자막이 타고 올라가는데 9명의 조합간부를 희생하는 조건… , "아, 저기에 나도 들어가 있어야 되는데…" 그런 미안함, 죄송함. (……)

그리고 지역의 수많은 연대동지들이 같이했는데, 나만 쏙 빠져서 그냥 편안히 살고 있는, 부채의식인 거잖아요? 저는 뭐라고 1년 6개월을 하고 들어가서 일하고. (……) 되게 복합적인 것 같아요. 공허하고, 지금까지. (……)

(누구는 해고자 정할 때 나타난 모습 보고 정떨어진다고 하던데?) 네, 저도 그런 게 있습니다. (……) 저는 지금 스스로 상처를 안 받으려고 사람을 그때처럼 믿지 않아요. "아, 저 사람 언젠가는 상황이 바뀌면 이탈하거나 배신할 수도 있겠구나"라는 전제로 사람을 대하는 것 같아요. 특히 사업장에서도, 예전에 함께 그렇게 치열하게 싸웠던 조합원들도 그렇게 많이 믿지 않아요. 왜? 상처받을 것 같으니까. 지금 나름 개인주의로 가려고 그러는 것 같아요. 지금도 함께 싸우다가 그만둔 친구를 계속 만나요. 부지부장도 자주 만나서 얘기하는데, 그 친구도 그만두었거든요. "너를 위해 살아라." 지금도 노조에 현안이 생기면 신경쓴다고 하는데, 좀 자아를 잃어버린 거 같아요. 그리고 또 한편으로는 두렵기도 하고. (……)

겉도는 것 같아요. 조합원들끼리도 겉돌고, 다른 사업장에서도 겉도는 것 같고. 그래서 퇴사한 친구랑 간혹 속 깊은 얘길 할 정도인데, 내부에서는 별로 없고. 그다음 우리 가족. (……)

그리고 심리치료라든가 이런 게 전혀 없었어요. '총화'라고 하죠. 우리가 어정쩡하게 끝나면서 우리가 서로 "고생했다"고 다독이는 게 전혀 없었어요. 그냥 각자 판단하는 그런 상태…. "아, 나는 실패했어. 지난 1년 6개월이 패배시간이었어…." 저는 스스로 다잡으려고, "어, 나는 그래도 자존심 지켰어!" 그러지만, 각자 스스로에게 치유받지 못했던 것 같고요.

이 역사가 올바르게 쓰여진다면, 그 관점으로 스스로들, 길게 참여했든, 짧게 참여했든, 저같이 분수에 안 맞게 과분하게 투쟁을 했던 사람들이 좀 치유가 되었으면 좋겠어요. 진짜. 우리 관점뿐만이 아니고, 외부의 관점에서도 정확하게 지금 평가를 못 받고 있는 거죠. (……)
나간 사람은 나간 대로, 또 내가 다음에 뛰어내릴 차례인데, 나는 뛰어내리지 못하고 들어와서 또 일상을 사는 그런 미안함. 살아남은 사람의 미안함. (……) 그래서 최근에는 정혜신 박사가 쓴 『당신이 옳다』를 읽고, 나름 그런 치료를 받으려고 산도 다니고 그랬거든요. (……)
그리고 공황장애를 저도 잘 몰랐어요. 병원은 안 가봤지만, 심하지 않아서. 어느 장소에서 극한의 공포나 호흡곤란 증상이 나타나더라고. 지금은 심하진 않은데, 간혹 그런 게 있는데.
초기에는 30~40분 차를 타고 가면, 막 숨이 막혀 죽어 버릴 것 같은 거예요. 그래서 지금은 목 폴라도 못 입고 다녀요. 이렇게 목으로 올라오는 거. 그래서 차의 문을 열게 되고, 딱, 그 증상이더라고요. 극한의 공포심. (……) 제가 지리산을 되게 좋아하게 된 이유도 그런 것들이지요. 파업 중에도 조합원들 데리고 산을 갔던 이유가, 1년 6개월 투쟁기간에는 한 번도 승리를 못했던 거예요. 그래서 조합원들한테 산을 넘으면서 뭔가 성취욕, 짧은 투쟁에 대한 승리의 느낌. 그게 좋더라고요. 산을 정복하면서. 그래서 조합원들하고 산에 가면서 위안을 삼지만, 또 이렇게 와서 대화하다 보면 우리 김경욱 위원장이 생각나고…. (박영광, 순천)

3) 가장 기억에 남는 사람·사건

(투쟁에서 가슴에 남은 사람은?) 많죠. 한 명이라고 얘기할 수는 없고. 수배기간 끝나고도 현주 씨가 계속 도와줬어요, 사무국 일을 끝까지. 너

무 고맙죠. (……) 그다음에 면목점거 때 저에게 스카프를 풀러서 줬던 조합원. 음, 제가 뭘로 가리지도 않고, 그냥 딱 나타나니까 조합원들이 얼마나 놀라겠어요. 아무도 제가 거기 나타날 걸 몰랐죠. 나타나면 바로 구속이니까. 한 조합원이 나한테 얼굴이라도 가리라고 좀 큰 손수건을 줬는데, 누군지 기억이 안 나요. 그리고 제가 수배돼 있을 때, 스트레스 받고 잠 못 자고 하니까 아주 된통 체한 거예요. 나가지도 못하니, 한의사가 와서 침 놔주고. 그러다 좀 회복이 돼서 죽 먹고 이럴 땐데, 어떤 조합원이 카스테라를 사다 줬어요. 그런데 진짜 맛있었어요. (홍윤경, 사무국장)

위원장님은 개인적으로 친분이 있지는 않았지만, 제가 볼 때 어떤 거에도 크게 굴하지 않고 조합원들을 위해서, 정말 자기 한몸을 희생해서 최후 결정도 그렇게 하지 않았을까. 부위원장님, 위원장님 다. (……) 어떤 마음으로 그런 결정을 수용할 수밖에 없었을까를 생각했을 때… 한 지부의 지부장이어도 힘든데, 위원장님이 얼마나 힘들었을까. (……) 위원장님은 아예 나타나지를 않으시잖아요? 그러니까, 더 가슴이 아픈 손가락이라고 할까요. (……)
(제일 고마웠던 일이나 사람?) '다함께'의 조성민이라고 있어요. 그 친구가 어떤 집회에 갔다 오다가 차에서 떨어져 사망했어요. 제가 전 남편이랑 살면서 최저점을 찍고 있던, 그 악마 같은 시간 동안에, 그 친구가 아이들만 있을 때 들여다봐 주기도 하고 아이 공부도 봐주기도 했는데. (……) 크리스마스면 저희 집에 오고, 아이들에게 관심가져 주고 그랬는데…. 그 친구가 제일 생각나고, 가슴이 아프고…. (울먹)
(제일 미웠던 사람이나 상황은?) 여경들. "너희들이 뭔가 생각이 있으니까 여경이 됐을 것인데 너희들은 시키는 일을 할 뿐이고, 우리도 우리

의 주어진 일을 할 뿐이긴 하지만, 너희들이 지금 우리 앞에 올 수밖에 없는가"라고 묻고 싶었어요. (임혜숙, 면목)

(제일 기억나는 사람?) 좋든 나쁘든 아프든 고맙든 어떻든 간에 그때 함께했던 조합원들. 지금도 저희가 계속 만남을 하고 가끔 만나서 밥도 먹고 하지만, 저희는 그렇게 얘기해요, "우리는 죽을 때까지 같이 가자". (웃음) 그 투쟁 때문에 결속력도 생겼고, 지금도 같이 있는 누구한테 불이익 생겼다 하면 그거에 대한 문제해결이라든가 협력해서 해주는 것들이 고맙고. 직장생활하면서 이런 직원들이 없었으면, 이 회사 계속 오래 못 다녔을 거예요. (……)
(마음 아픈 일?) 나중에 그분들이(지도부) 다 사퇴하고 이럴 때, 너무 안타깝고 속상했죠, 거기에 대해서 우리가 해줄 수 있는 것도 없었기 때문에. 그게 제일 마음 아팠던 것 같아. 나중에 흘러흘러 위원장님 상황 듣고 마음이 아팠어요. (……) 특히 제일 마음 좀 쓰였던 사람은 월드컵 지부장. 그분은 매장점거로 여러 가지 희생한 거잖아요. (김명숙, 방학)

(제일 기억에 남는 분?) 저는 홍윤경이가 참 마음에 아파요. 홍윤경이 아주 가깝게 막 대화를 많이 해보고 이러진 않았는데, 뭔지 모르게 아련한 게, 좀 그런 생각이 많이 들더라구요. 투쟁하는 과정에서 그랬고, 끝나고 나니까 더 마음이 아프더라고. 그런데 내가 생각만 있지 따뜻하게 뭘 해준 적은 없는데…. 열심히 했고, 나름 카리스마가 있는 게 두드러지게 나타나지 않으면서 표현하지 않으면서 "참 괜찮은 사람이다"라고 생각을 하고…. (김영순, 시흥)

김경욱 위원장님, 저는 많이 생각이 나는데, 그분이 구치소에 있을 때

한 번 면회 갔는데, 어휴, 눈물만 나더라구요. 할 말이 없더라구요. "우리들을 위해서 이 사람이 뭘 믿고 여기 유치장까지 왔나." 똑똑하고 승승장구로 진급할 수 있는 사람인데, 우리 아줌마들 때문에 여기까지 왔다는 게, 너무 감사하고 고맙고 할 말이 없었어요. (……) 눈물만 계속 흘렸어요. (……) 지금도 노조가입하기 전에 위원장님이 밥 먹는데 와서 노조선전 했을 때, 내가 한 말이 마음이 아프고. 위원장님 가정사도 듣고, 너무 미안하고…. (임재윤, 시흥)

(기억에 남는 사람은?) 열심히 한 사람들은 기억이 나죠. 시흥 조합원들도, 김영순 동지는 나이도 많아 정년퇴직한 지 좀 됐죠. 그럼에도 열심히 하고 많이 도와주고 챙겨도 줘서 기억에 남고. 그다음엔 그 지부마다 조금씩, 다들 기억나는 사람들이 많죠. (……)
(제일 영향을 준 사람은?) 김경욱이 나에게 영향을 많이 줬죠. 김경욱이 반듯하고 노조에 헌신적이고. (……) 그런 점에서 제가 노조가입하는데 영향을 많이 줬던 사람이고. 투쟁을 만들어 가는 과정에서 상승기에는 좋았죠. 그런데 위원장이 감옥 갔다 오고 나서, 솔직히 하는 일이 없어서, 우리는 김경욱이 감방가는 게 솔직히 더 편했어요. 저는 진짜 힘들었어요. 맨날 쥐어터지고 연행되어도 연행되는 게 저는 좋았어요. 48시간은 쉴 수 있으니까. (서형태, 병점)

최고 기억에 남는 사람은 우리 위원장님. 월드컵에서 잡혀갈 때, 그 눈물 안쓰러워서. 조합원들을 쳐다봤던 거 테레비로 보니까 그 얼굴이, 얼마나 안쓰럽겠어요? 경찰이 여자들 막 끌고 갈 때 위원장으로서 그걸 보고 있으니까. 저는 테레비로 봤는데, 아, 위원장님이 진짜, 왜 그런 고생을 자처하고 했을까 하는 생각이, 집안도 힘들다고 했는데….

그래서 그분이 최고 생각나요. (박복희, 안양)

(기억에 남은 사람이나 사건은?) 시흥의 김영순 사무장님이었는데, 그분하고 뜻이 제일 잘 맞았던 것 같아요. 그분이 굉장히 전투적이고 그런 스타일이에요. 연세도 좀 많고 하신데, 굉장히 강한 분이에요. 그리고 저랑 죽이 너무 잘 맞았어요. 어쨌든 관계도 돈독했고. (……)
그리고 제가 애하고 기억인데, 한번은 경원대 학생회 (……) 몸짓패가 율동을 "빠라빠빠"하고 "무조건 무조건이야~" 하는 걸 가르쳐 줬는데, 그걸 어떻게 외워요? 근데 우리 애가 약간 그쪽으로 소질이 있어요. 아들이 외워 가지고 그거를 저한테 가르쳐 주는데, 제가 몸치거든요. (……) 밤에 이어폰 틀어 놓고 율동 연습했어요. 그래서 크리스마스 때 시흥점 가 가지고, 둘이 난리가 난 거예요. 아들하고 둘이 그거 했거든요. (웃음) 어우, 저는 그거 율동 배우면서 너무 행복했어요. 그런 행복한 추억들도 많고. (강혜정, 야탑)

김경욱 위원장님하고 윤송단. 정말로, 홈에버를 대표하는 윤송단이, 위원장님이, 진짜 전사 같았어요. 없었으면 어떻게 했을까. (구)이랜드 사람들이 막 주도할 때, 홈에버의 정통성을 가진 윤송단이 앞장서서 진짜 많이 활동했고, 더 많은 공감을 불러일으켰고.
(하고 싶은 말은?) 김경욱 위원장님이 그래도 핵심이잖아요? 노동조합의 가장 근본이고. 무슨 문화제를 한다든지 뭐를 할 때, 오셔서 한 말씀이라도 해주고 만나서 웃어 준다면 진짜 너무 좋아하지 않을까요.
(왜 안 온다고 생각하세요?) 본인이 그렇게 타협을 했다고 생각을 하고 있었던 거 같아요. 그렇게 하고선 정말 여기 남아 있는 거 힘드니까 사표 내고 그런 조건으로 한 거 아닌가. 저는 혼자 그런 생각을 했어서

좀 서운하고 그랬어요. (김용임, 중동)

(기억나는 사람?) 지방대오 상황은 잘 공유도 안 되는 속에서, 박영광 지부장하고 김학근 동지는 굉장히 중요한 역할을 했다고 봐요. 그때 민주노총 본부장이 구속된 데가 유일하게, 두 군데 울산하고 전남하고죠…. 하여튼 민주노총은 나름 최선의 노력을 다 했는데, 그것마저도 지역에 있는 두 지부장이 역할을 하지 않았다면 어려웠을 일이에요. 여러 가지로. 괜한 정파적인 논란으로 파토가 날 수도 있었는데, 둘이 진짜 중심을 잘 잡아 준 거예요. (……)
하여튼 그 두 사람은 되게 각별한, 510일 전체 걸쳐서, 특히 후반부로 갈수록 순천이랑 울산 역할이 정말 중요했어요. 서울 지도부야 맨날 보니까, 그리고 쟁대위 수준에서 모이더라도 거기는 완전히 동떨어져 있으니까, 외로웠을 거예요. (……)
그리고 김경욱 위원장이 책임감 있게 카리스마 있게 결단하는 것과는 전혀 다른, 막 말하기도 좋아하고. 말문이 트이면 사고도 많이 치고, 그다음에 자기가 진짜 신뢰하고 좋아하는 사람한테는 하지 말아야 될 얘기까지도 막 하고. 그니까 '아줌마 리더십' 비슷한 게 있죠.
그리고 육사에서의 경험, 전방에서 전우들과 함께했던 독특한 경험, 이런 게 노동현장에서 잘 활용이 됐다는 생각이 들더라고요. 그래서, 아마 이랜드투쟁을 교과서적으로, 일반적인 민주노조운동의 원칙에 의거해서 했다면, 뉴코아처럼 했을 거예요, 아마. 과도하지 않게.
근데 우리는 진짜 그런 거 없이 완전히 천방지축으로 한 거거든. 그 중심에 늘 김경욱 위원장이 있었던 거죠. 근데, 리더의 마지막 역할은 책임지는 거잖아요? 그리고 결정하는 거잖아요. 근데 김경욱 위원장이 그걸 비껴가지 않았어요. 결정하고 책임지는 거를. 그러다 보니까, 본인이 나중에 무너진 거죠. 정신도 무너지고 몸도 다 무너지고. 가정도 다 그렇게 됐지만.
김경욱 위원장의 그런 독특한 리더십이, 정말 '당나라 군대 같은' 우리 조합원을 모아 나간 힘이었다고 생각해요. (이남신, 수석부위원장)

(기억나는 사람? 하고 싶은 얘기?) 전남본부 식구들. 그때 저희들 때문에 막 고소고발 많이 당했죠. 그때 전남본부 본부장님, 그리고 이승수 조직국장님하고, 그분들이 우리한테 그때 신세계를 보여 준 분들이지요. 그리고 교선국장님은 지금도 연락을 하고 있고, 조대익 사무국장님도 그렇고, 그분들한테 너무 감사하죠. 아무것도 모르는 문외한들인 우리를 눈뜨게 해주신 분들이잖아요. 물론, 파업을 하면서 내가 깨달은 것도 있지만, 아무것도 모르는 우리가 교육을 안 받고, 그런 걸 안 했으면 알 수 없는 것들이었어요. (박영숙, 순천)

저는 전체적으로 보면 김경욱 위원장이 제일 기억에 남고요. 그다음에 순천에선 지도부 했던 박영광, 박영숙, 고준, 유근아, 이렇게 네 분이 축을 이루었어요. 두 분이 앞에서 이끌어 주는 역할을 했다면, 다른 두 분이 뒤에서 받쳐 주는 힘도 있어서 그게 잘 어우러지는 것 같아요. 그다음에 전남본부도 잊을 수는 없어요. 왜냐면 같이해 줬으니까 저희들이 그래도 지치지 않고 하지 않았나 싶어요. 혼자 싸우는 건 아니잖아요? 아무리 중앙이 서울에 있다고 하지만, 떨어져 있는 상황에서 우리끼리 하라고 하면 힘들 것 같은데, 옆에서 끌어 주는 힘이 되어 주셨죠. 그리고 미운 건 회사죠. 그때 싸이월드에 엄청, 욕도 써 놓은 게 있더라구요. "이놈의 회사, 망할 놈, 빨리 들어가서 일하고 싶다"고. (서선애, 순천)

(영향을 준 사람?) 제가 성격상 개인적인 영향을 받는 건 적고, 그런데 같이 있었던 사람들이 다 생각은 나요. 그분들이 아니었으면 내가 바뀌진 안 했을 것 같으니까. 내가 이 사람이 좋다고 맹목적으로 따라다니는 스타일도 아니고. 그런데 이게 안 듣던 얘기하고, 안 하던 행동하고 하면서 "그동안 철 없이 살았나 보다" 하면서 사람들이 행동하는 거 보면서 바뀌죠. (……)
(제일 미웠던 사람?) 이해를 못하는 회사 측은 다 죽이고 싶었어요, 진짜. 큰 거 바라는 거 아닌데 이거 갖고 길게 갈 필요 있나. 근데 그게 그때나 지금이나 다 진행형이다 보니까…. (백종근, 순천)

(제일 생각나는 사람, 장면?) 매일같이 손잡고 왔다갔다한 공양미 언니. (웃음) 항상 같이 왔다갔다하면서 손잡고 같이 끝까지 했죠. (박희정)
제일 생각나는 사람은 물론 우리 지부장. 그때 교도소 가서 고생한 거가 자기 자신을 위해서 누가 그렇게 하겠어요? 전부 조합원을 위해서 그렇게 한 건데. (……)
그리고 저는 그때 같이 근무하면서 제일 친한 사람이 여섯 명이 있었는데, 그중에 네 명은 조합원이었고 두 명은 탈퇴해서, 상처가 있어요. 지금도 같이 모임은 하는데, 어떤 때는 그 사람들이 있을 때 말 못하는 거를 우리끼리는 하고. 이 사람들이 있으면 약간 뒤로 빠져. 자기들이 대화에 적극적으로 참여를 못하잖아요. 그래서 투쟁하기 전에 정말 친하게 지냈는데, 지금도 이렇게 상처가 있는 것 같다는 생각이 들어요. 저는 겉으로는 인사를 하지만 내면적으로는 깊은 얘기까지는 못하는 것 같고, 그 상처가 아직도 있는 것 같애. (하남숙, 울산)

저는 지부장하고 경만 씨가 가장 많이 생각에 남죠. (같이 부담을 지고 있었으니까?) 그렇죠, 경만 씨는 나이도 어렸는데, 얼마나 힘들었을까 그런 생각이 들어요. 걔도 상처가 많을 거야. 말하지는 못하지만. 지가 맡은 역할이 진짜 엄청나게 무거웠을 거거든요. 지부장이 들어갔을 때는…. 제 가슴에 많이 남아 있죠.

그리고 그때 민주노총에서 우리와 함께해 주신 분들이 진짜 지금도 굉장히 감사하거든요. 이채위 국장도 그렇고. 이분은 오셔서 투쟁하는 내내 앞장섰지. 집회 때 항상 마이크 잡고. 그냥 겉으로 보기에는 되게 남자인데도 여리여리하니 연약하게 보이는데, 마이크만 잡으면 카리스마가 장난이 아니었거든요. 진짜, 지부장님 없을 때도 우리 챙겨 주고. (이해욱, 울산)

3. 510일 투쟁의 의미

1) 투쟁의 개인적 의미

제 개인적으로는 일단 정말 상처가 많았던 투쟁이기도 하고요. 특히 (구)이랜드노조는 그랬어요. 까르푸하고 좀 다르게. 홍윤경 동지도 상처가 만만치 않을 텐데, 그런 상처들이 있었던 싸움이기는 한데. 근데 저는 "이랜드노조는 운명이었다." 왜냐면 이랜드노조가 민주노총에서 가장 선도적으로 비정규-정규직화 투쟁을 했던, 또 정규직노조가 중심이 돼서 97년에도 하고 2000년에도 했던 그런 경력이 있기 때문에. 비정규-정규직화라고 하는 게, 이랜드노조 입장에서는 가장 중요한 조직적 요구가 됐거든요. 그런 흐름이 이랜드-까르푸 통합과 그 이후 투쟁의 흐름으로, 또 510일 파업으로 가는 과정이, 저는 불가피했다고 생각을 하고.

음, 비정규 문제에 대해서, 특히 민주노조의 역할에 대해서 뉴코아도 있었고, 이랜드일반노조도 있었으니까. 조합원들의 눈높이에서 뭘 해야 되는지를 제가 절감한 투쟁이었다고 생각하고. 제 개인으로는 많이 배운 투쟁이에요. 평범한 우리 조합원, 특히 주부 조합원들로부터 많이 배웠고. 제가 알던 노동운동의 상식을 다시 돌아보게 된 굉장히 좋은 계기가 된 것 같아요. 그래서 여러 변수가 있어도 "왜 조합원 중심으로 가야 민주노조인지" 그런 걸 뼈저리게 깨달았죠. 그리고 쪽수가 중요하지만, 또 그것만으로는 안 된다는 것도 깨달았고.

그래서 저는 월드컵의 3주, '해방구'로 불렸던 그 경험이 저한테도 최고예요. 제 인생에서. (……) 그때 농성했던 조합원들이 3주 동안 같이 겪었던 그 경험이, 510일을 버틴 힘이라고 생각하거든요. 물론 김경욱 위원장을 비롯한 지도부에 대한 신뢰가 있고, 또 박성수에 대한 적대가 있지만, 그것보다 더 근본적인 동력이 됐다고 생각하고.

제가 그 농성지기였기 때문에 잠도 거의 잘 못 자잖아요? 새벽 어스름에 여명의 동이 터올 때, 다 골판지 깔고 판매대하고 판매대 사이에서 자잖아요. 한 바퀴 삥 돌아봐요. 그러면 아무 생각없이, 막, 눈물이 흐르죠. (……) (오래 침묵) 저는 하여튼, 그런 힘으로 갔다고 생각해요. (울먹) 제가 그랬으니까. 뭐라고 그래야 될까… 자기 현장의 주인으로 자각하면서…. (침묵) 그냥 평온하게, 아무 일 없이.

그리고 그때 유명한 일화가 있잖아요. 껌 한 통 안 없어지고, 자기 집보다 더 깨끗하게 했거든요. 조합원들이 정말 주인의식 가지고. 근데 그 조합원들이 마치 가정처럼 누워서, 그것도 10명, 20명도 아니고 수백 명이, 되게 장관이었어요. 저는 그때 그런 생각을 많이 했어요. "아, 노동자가 주인이 된다는 게, 저런 거구나." 그렇잖아요? 아니, 예전 같으면 관리자 말 한마디에도 그냥 기가 죽어서 판매대의 노예가 됐던 사람들이 판매대를 깔고 자고 있잖아요. 그니까, 제가 그때 새벽마다 그 생각을 했어요. 그리고 그 힘으로 저는 버텼어요.

그래서 우리 조합원들이 버팅긴 힘은 '자신과 동료들의 일상'이었다고 생각해요. 그럴듯한 노선… 투쟁목표… 요구… 사명감이나 소속감, 이런 것도 없지는 않았죠. 그렇지만 결정적으로는 자기가 일상에서 함께했던 조합원들과 어우러져서 갔던 것 같다고 봐요. 그 정점이 월드컵이었고, 마지막까지도 남았던 백수십 명, 떠난 사람들까지 포함해서, 저는 진정한 의미의 전우애 수준의 동지애가 있었다고 생각해요. 그게, 결국은 우리 조합원들을 살렸다고 생각해요. "우리 조합원들이 스스로 자기를 살린 투쟁이다", 이렇게 생각해요.

뭐, 지도부의 지도력이나 이런 거는 객관적으로 평가해야죠. 그렇지만, 이랜드투쟁의 가장 큰 백미는 "조합원 스스로가 총회를 통해서 결정하고, 마지막 마무리를 지을 때까지 스스로를 살린 투쟁이었다". 그리고, 그 부분에서 한 번도 우리 조합원들은 중심에서 벗어나지 않았어요. 저는 그들이 개인으로는 참 평범하고 나약한 사람들인데, 이렇게 집단으로 또 노조라고 하는 이름으로 모였을 때 "아, 이렇게 대단하구나" 하는 생각을 참 많이 했거든요. 이게 뭐라고. 근데 또 조합원들한테 가서 보면 얼마나 못났는데, 뭐, 별별 뒷담화나 하고 있고. 그래서 나는 "아, 노동자라는 게, 이런 이중성을 가지고도 자기 삶의 투쟁의 주인이 될 수 있구나". 근데, 그거를 우리 노조만큼 극명하게 보여 주는 데가 있었을까.

왜냐면 지도부가 워낙 준비가 안 되어 있었기 때문에, 역설적으로는 그렇기도 한 거죠. 그래서 저는 민주노조가 잃어버린 것은 어쩌면 다른 거 아닐까? 전략이나 이런 거라기보다는 질적인 뭔가를 잃은 것 같아요. 감성적인 뭔가를, 감수성, 이런 걸 잃은 것 같아요. (……) 근데 우리 이랜드조합원들로부터 "정말 중요한 건 사람이다"라는 거를, 그리고 "사람이 자기 삶의 주인으로 투쟁했을 때 얼마나 당당하게 사회를 바꿀 수 있는지"…. 민주노총이 수년에 걸쳐서 비정규직 입법에 대해서 욕하고 비판했을 때도 반향이 없었지만, 그 1,000명도 채 안 되는 사람들이, 그것도 결국에는 100명 넘는 사람들이 마지막까지 남아서 싸워서, 사실 또 무력화를 했잖아요. 그래서, 저는 당사자의 힘, 그리고 그 당사자가 들러리가 아니라 주역으로 투쟁할 수 있었던 그 힘이,

그들을 살린 거 아닐까. (……) 그래서 어쩌면 이랜드투쟁은 평가가 필요 없단 생각도 있어요. (……) 그니까 박승권 집행부가 투쟁백서 내는 거를 가로막기는 했지만, 굳이, 그렇게 막 애걸복걸하지 않았던 이유가 있는 거죠. (이남신, 수석부위원장)

노조를 살린 것도 저한테는 큰 의미가 있어요. 우리 조합원들도 마찬가지고. 저도 그동안 어떻게 보면 나만 생각하면서 살아왔던 것 같은데, 그동안 노조활동하면서 나 아닌 다른 사람들 아니면 우리들과 함께 사는 방법을 배웠죠. 그래서 연대라는 걸 알게 되었고, 세상에 다양한 사람들이 있지만 그렇게 연대라는 게, 진짜 나 혼자는 살 수 없는 이 사회에서, 그래서 "어떤 투쟁이든 같이 연대하지 않으면 안 된다"라는 생각이 들죠. 몸이 몇 개라도 모자랄 정도로. "죽기 전까지 내가 연대를 하고, 우리가 지원받았던 것들을 같이 함께 나눠야 되겠다" 생각을 하고 사는 거죠. 내가 활동하는 날까지는. (이경옥, 부위원장)

제 삶에 있어서 가장… 의미 있는 일이라고 생각하고요. 그리고 가장 행복했기도 했고, 저의 열정을 (……) 정말 다 쏟았죠. 올인해서 후회는 없어요. 결과에 대해서, 저는 절반의 승리라고 얘기를 하는데, 어쨌거나 비정규직 문제를 알리고 비정규직이 승리한 부분은 분명한 거고요. 그런데 과정에서 해고되어 나왔고 아쉬운 부분들이 있죠. 조직적으로는 기업별 노조의 한계이긴 하지만, 노조가 통합됐다가 다시 분리가 됐고. 그다음에 이랜드일반노조가 출범할 때, 업체직원까지 포용하는 노조로 가기 위해서 '이랜드일반노조'라고 이름 짓고 했는데, 결과적으로 그렇게 하지 못한 상태에서 끝낼 수밖에 없었던 부분이 있었고. 그리고 노조 통합 이후의 갈등이 존재했고 그런 것들이 투쟁력에 영향을 안 끼칠 수는 없겠죠. 굉장히 노력을 했지만, 그런 갈등들이 투쟁을 더 어렵게 한 부분이 있었고.
그다음에 (구)이랜드노조 입장에서 본다면 다시 소수노조로 고립된 노조로 전락하게 되는 결과가 났던 거고. 이랜드노조의 핵심멤버들이 다 해고되고. 홈플러스는 간부들 중에서 일부는 살아남고 일부는 해고됐지만, 그 살아남은 현장간부들이 다시 노조를 일궈 온 반면에, 이랜드노조는 앞장섰던 간부들은 거의 다 해고됐고. 어쨌거나 그때 투쟁했던 힘이 지금의 홈플러스노조나 이랜드노조로 지금 어떤 모습이든 이어 가고 있다고 생각해요. 그래서 저는 "절반의 승리다. 조직력은 훼손되지 않았다", 조합원 수는 잠깐 줄었을지 몰라도. (……)
제가 마지막에 판단한 것이 그거죠. "조직력이 살아 있는 상황에서 파업을 끝내야 된다. 조직력이 완전히 무너진 다음에 파업을 끝내면 그건 의미가 없다. 그래서 이후에 우리가 모두 해고되고 없어도, 조직력을 복원할 수 있는 상태에서 파업을 끝내야 된다"는 생각으로 파업을 끝냈던 거고. 그런 중간중간의 판단들이 "맞네, 틀리네"라는 비판은 얼마든지 받을 수 있다고 생각을 해요." (……) 그런 것들은 저는 각자가 생각하는 투쟁의 상이 다르기 때문에 비판이든 뭐든 다 달게 받을 수 있다고 보고. 개인으로 저는 큰 후회는 없어요. 단 한 가지 후회가 된다면, 면목점거 때 구속당할 걸 알고 한 거, 그래서 조직 내 갈등이 만들어진 그 부분이고. 그 외는 다시 똑같이 할 수밖에 없었을 거라고 생각해요. (홍윤경, 사무국장)

(스스로에게 투쟁의 의미는?) 의미가 없는 것 같애, 너무 손해를 본 느낌, 그리고 어느 누구도 나를 모르잖아요? 투쟁 땐 일부러 인터뷰도 안 했지만, 알아주라고 우리가 하는 건 아니지만. 어쨌든 내가 내 의사에 의

해서 회사를 그만둔 게 아니라 타의에 의해 회사를 나온 거고, 그다음에 막말로 실업급여도 못 받았지. 뭐, 혜택이 아무것도 없는 거야. (……) 어떻게 보면 510일 동안 같이 파업하면서 참 좋았던, 그리고 그 전에도 지부장 때문에 난 우정도 얻었지만, 그래도 결론은 있는 게 없고, 황폐한 것밖에 없는 것 같아요.

(투쟁성과는?) 사회는 아무것도 변한 건 없고, 우리는 안 잘리려고 파업했지만, 비정규직을 없애자고 한 거잖아요? 그런데 그 법은 지금도 유효해. 현실은 비정규직이 많이 행해지고. 주위의 다른 데도 막아 줬으면 내가 참 보람차고 너무 잘했다는 생각을 가질 텐데, 주위는 아니라는 거죠. 그게 너무 가슴 아픈 현실이죠. 또 홈플러스는 이제 비정규직이 정규직은 됐지만…, 그런데 그 사람들은 우리 때문에 이뤘다고 생각을 안 하는 거죠. 본인들이 했다고 하고. 그나마 아줌마들이 510일의 싸움 하고 나서, 홈플러스가 조합원들이 요구하는 것을 잘 들어주잖아요. 그런 얘기 들으면 되게 뿌듯하죠. (……)

(투쟁 이후 스스로 달라진 게 있어요?) 저는 그전에는 노동자의식이 없었죠. 진짜 근로자인 줄 알았는데, 노동조합 들어가고 그다음에 학습도 하고. 그러니까 노동자라는 개념도 알게 되고. 그다음에, 노조가 있으면 회사 마음대로 못한다는 거를 안 거죠. (조합원일 때하고, 지부장할 때하고 다르죠?) '당근' 다르죠. 조합원은 그냥 하라면 하는 대로 했어요. 그런데 지부장은 이해를 시켜야 돼. 그리고 못하면 다 지부장 탓이야. 그게 힘들더라구요. 제 성격이 처음에는 되게 낯가림하고 소극적이라서. (황은영, 면목)

(투쟁이 본인에게 준 영향은?) 저는 투쟁 끝나고 어깨에 엄청 힘이 들어가서, 인제, 회사에서 뭔가 건드리면 그냥 들이대는 거예요. 복귀해서

약간 쌈닭이 됐던 거 같아요. 좋게 말하면 자신감인 거죠. 매니저 상대로 굽신거리거나 그렇지 않고, 할 말은 하고 따질 건 따지고, 그런 자신감이 생겼던 것 같아요. 몇 년간은 그랬어요. 점장이고 뭐고 대들 건 대들고. (웃음)
그리고 평가나 돌아보거나 그러지는 않았는데, 했던 분들은 상처를 받으신 분도 계시고, 면목점 점거할 때 허리 다치신 분들도 계시고, 그리고 경찰서나 구치소도 다녀오고. 그런데 구치소 다녀온 것은 의외로 굉장히 "나 구치소 다녀왔어!" 투쟁 얘기하면 그거를 막 자랑스럽게 말하고. "나 이런 투쟁으로 이렇게 갔다 왔다!"라는 게 있고. 구치소에 같이 머물렀던 분들은 나름 끈끈한 게 있으신 것 같아요. 나름대로 전우애 같은 거. (마수경, 면목)

(어떻게 평가하나요?) 저는 잘못 싸웠다고 생각하지는 않고. 그때는 건건마다 비판과 응원이 있기는 했지만. 제가 생각할 때는 위원장님과 개인적인 친분이 있진 않았지만 상황에 따라서 최선의 싸움을 하지 않았는가, 그런 믿음이… 있어요.
(본인은 변화된 게 있어요?) 저는 그전에도 부당한 거에 대해서는 물론 말을 하고 이런 성격이었는데… 당당함이 생기고, 이 싸움을 통해서 사생활이 서로 알려질 수밖에 없는 과정을 통해서, 제가 더 당당해지고. 음, 그렇게 변화할 수 있는 계기점이 됐던 것 같아요. 그리고 저는 510일 동안 금전적인 거나 아이들한테 미안한 거는 있는데, 그때는 뭔가에 홀린 듯하기도 했고 싸워야 된다는 생각만 갖고 했는데, 집에 돌아와 아이들을 보면 "다시 나가지 말아야지" 하다가, 또 현장에 나가면 "내일 다시 와야지" 하는 생각이 들고. 그랬던 힘든 시간이었지만 또 그 시간을 같이한 동지가 있었고. 그래도 510일이라는 시간이 있었

기 때문에 제가 그 뒤에 아이들을 위해서 더 열심히 살고, 그렇게 살 수 있는 계기점이 되지 않았나 싶고요. 그래서 저는 그 시간에 대해서 감사하게 생각해요.

그리고 처음으로 언론이 정말 정직하지 않다는 거, "언론이 자기네가 말하고 싶은 것만 말하고, 말하고 싶지 않은 거는 말하지 않아도 되는 게 언론이구나", 그게 회사 측에 유리한, 자기네들이 말하고 싶은 것만 말하는 "이게 과연, 뭐지?" 하는 불신을 많이 느꼈죠. 세상에 대해서 처음으로 알게 된 계기가 됐어요. (임혜숙, 면목)

(투쟁이 스스로에게 어떤 의미인가요?) 좀, 당당해졌다고 해야 되나? 근데 당당한 뒤에는 좀 두려움이 있기는 하잖아요? 그래도 두려움보다 당당함이 먼저인 거 같아요. 그래서 회사생활이 당당해지는 쪽으로 많이 바뀌었죠. 그전에는 "하라면 해!" 그러면 "네" 했다면, 지금은 맞지 않으면 그거에 대한 얘기도 하고. 그리고 투쟁할 때 약간 두려움은 있었어요. 관계에 대한 트러블, 그런 게 좀 있던 거고. 투쟁이 길고 짧은 거 저는 별로 신경은 안 쓴 거 같아요. 근데, 파업 나오거나 안 나오면서 생기는 서로의 관계에 대한 거가 좀 힘들었죠. (진현미, 방학)

처음에는 나쁜 건 아니지만 이거(노조, 파업)는 해서는 안 되겠다는 생각을 갖고 있었는데, 내가 막상 당해 보니까 "아, 이런 거는 해야 되는 거구나. 잘못된 거는 누군가는 바꿔야 되는 거구나." 그런 거 때문에 우리가 정당한 거는 내가 말을 해야 되는 게 맞다는 걸 알게 됐고….
저는 진짜 직장생활 하면서, 상사의 말을 어기거나 그런 스타일이 아니었거든요. 진짜, 일 잘하는 사람. 근데, 여기 와 보니까 "아, 그러면 내가 계속 희생을 하는 수밖에 없구나. 나아지는 게 없구나"라는 거를 알게 됐고. 그 경험은 내 인생에 좋은 교육이라고.
저는 2년 파업을 하면서 "내 인생에서 평생에 잊지 못할 경험을 한 거다. 인생교육을 받았다"는 자부심을 갖고 있어요. 내가 파업마저 안 했다면, 다른 집회하는 사람들한테 나도 한마디를 던지고 눈살 찌푸리고 지나가는 사람일 텐데, 근데 내가 그 자리에 있어 봤기 때문에 그 사람들 입장을 이해하고 같이 눈물도 흘릴 줄 알고. 어려운 사람을 내가 다시 한번 돌아볼 수도 있고, 남을 생각하는 배려가 생겼다고 생각해요. 그렇지 않았으면 그냥 나밖에 모르는 사람으로 살지 않았을까, 그렇게 생각을 해요. (이선호, 방학)

(투쟁이 본인한테는 어떻게 남아 있는 거죠?) 저는 모르겠어요. 내가 어떤 큰 의미를 담고자 하는 건 아니지만, 적어도 나에게 있어서 옳은 거에 대해서 내가 발을 조금 들여놨었다는 느낌 정도? (그게 스스로에게 힘이 되나요?) 그렇죠. 나는 "적어도 남들이 다 이렇게 할 때, 나는 아니라고 했던 내 의지"라고 얘길 해야 하나, 그런 거. 그래서 나는 조금이라도 다른 사람에게 한 일원으로서 좀 도움이 되었으면 하는 마음….
10년 지난 지금 정규직화되고, 이런 것들이 빛을 발하잖아요? 10년 걸렸잖아요. 그런 게 앞으로 또 10년 뒤에는 더 나아지는 거에 대한 기다림이라고 해야 되나? 고런 것들이. 조급함을 갖지 말았으면 좋겠어요. (김명숙, 방학)

(투쟁이 본인 삶에 어떤 의미를 갖나요?) 의미에 대해서는 생각 안 해봤네요. 그냥 단편단편 "이랬었구나", "이랬었구나" 하는 생각을 하는데, 기억이 나니까. 아, 인생의 방향이 바뀌었네요. 그전에는 무사안일로 직장 가면 설렁설렁 시간 때우면 월급 알아서 나오고, 그러면 먹고살

면 되고. 적당할 때 되면 올라가고, 내가 해야 될 일 있으면 한 번씩 잘 해 놓으면 위에서도 잘 보고. 그런 식으로 거의 생각 없이, 무사안일주의였죠.

그러다 갑자기 한 대 퍽~ 맞고 나서 "어, 이게 아니네" 하는, 한마디로 얘기하면 생각이, 세상을 바라보는 시각이 좀 바뀐 것 같아요. 그게 사람들하고 뭘 얘기하면 꼭 사회적인 문제들, "세상이 이런데 이게 맞는 것 같냐?", "너는 이렇게 하면 안 되는데, 너는 그렇게 하는 게 옳은 것 같아"라는 얘기를 계속하는 거 보면. (……)

그리고 510일의 의미는 한마디로 얘기하면 자신감? 자신감을 줬다고 봐요. 그전에는 해고되어서 복직된 사례가 없었거든요. 한 번도. 근데 일단 사례를 만들었잖아요. "아, 우리도, 나도 일 있을 때는 투쟁하면 포기하지 않으면 이길 수 있다"는 거, 개인적으로는. 그리고 510일에 대한 우리 조합도, 우리도 그렇게 할 수 있다는 자신감, 그런 걸 주지 않았을까…. 하여튼 그게 가장 핵심 아닌가 생각해요. (손명섭, 부산)

(배운 게 있나요?) 의리! 동지라는 말이 처음에는 굉장히 어색했는데, 이게 정말 큰 뜻을 내포하고 있다는 거를 계속 느껴요. 당연히 그거는 말하지 않아도 "믿음이 있으면 같이 따라주고 함께 간다"라고 저는 생각을 하거든요. 그래서 여기까지 올 수 있었던 거 같아요. 그러니까 "저 사람하고 나하고 뜻이 맞아. 같이 갈 수 있는 믿음이 생겨. 그래서 그냥 같이 가는 거다", 이런 거지. 저 사람이 똑똑해서 날 끌어줄 것 같아서, 그런 거는 오래가지 못하더라구요. 나도 명분이 있어야 되겠지만, 정말 의리인 것 같아요. 그거 때문에 현장에 복귀하고, 결국 내가 또 나서서 이러는 걸 보면 노조에 대한 것도 의리이고. (……)

(본인 삶에서의 의미는?) 의미는 투쟁을 계기로 사회에 대한 관심도 좀

많아졌고, 내가 노동자이면서 노동에 대해서 전혀 생각 안 해봤는데, 그런 거에는 관심을 갖게 된 계기라고 볼 수 있죠. 그러니까 투쟁하고 나서 내가 하나라도 알려고 했던 것도 있고, 기사를 하나 보더라도 노동자 입장에서 좀 더 적극적으로 생각을 해보게 되고. 나와 같은 곳에서 같이 사는 사람들에 대한 고민이나 그들에 대한 정보도 생기게 된 거 같아요. 그전에는 정말 "이 시간에서 나만 일하고 나만 집에 가면, 땡!"이라고 생각했는데, 지금은 옆에서 일하는 동료들이 힘들 것 같아서 한 번 더 챙겨 봐주고, 이런 게 생기더라구요. 동료들한테 "힘들면 몸 생각해서 하자" 이런 말도 따뜻하게 나눌 수 있는 마음의 여유가 생긴 것 같아요. (황선영, 월드컵)

(싸움이 스스로의 삶에서 갖는 의미는?) 후회스럽지는 않아요. 결론은 그렇게까지 만족스럽진 않은데, 내가 살아가는 데 도움이 된 것 같아요. 많은 사람들을 알게 되고 많은 사람들을 만났던 것도 그렇고. 처음에 내가 그 회사에 있을 때 느낌하고 파업하고 나서 다시 복귀했을 때랑 직원들 상대하는 것도 그렇고, 좀 내가 바뀐 것 같아요. 내가 특별하게 사람들하고 만나고 얘기하는 건 없었는데, 과장이니 이런 사람들하고도 그렇고. 인맥이 넓어졌다고 해야 하나. (웃음) 복귀하고는 아는 사람이 많아졌어요. 조합원들이 여러 군데서 자리 잡고 있으니까.

그리고 점장도 면담하고 상대하는 게 어렵지는 않더라구요. 약간 힘이 생긴 거는 있는 거 같아요. 이전 같으면 점장 같은 사람들한테 쫄아 있었을 텐데, 그런 건 없어졌어요. 그 사람들이 우리를 대하는 것도 약간 다르고, 우리를 생각하는 것도 달라지고 얘기하는 것도 달라지고. 그러니까 일하기는 좀 편했던 것 같아요.

어쨌건 나는 복귀해 새로운 장소를 갔던 건데, 몇십 년 일한 사람처럼 행동을 하고. (웃음) 다른 부서장들도 아니까 만나서 인사하고, 다른 부서 사람하고 만나서 얘기하고 있고. 그리고 내가 직접은 아니어도 노조 중앙 쪽에도 왔다갔다 하면서 부서가 다른 직원들하고도 집회하면서 얼굴 많이 봤잖아요? 복귀해서는 낯익은 사람인 거지. 나는 근속으로도 완전 신입인데, 행동은 몇 년씩 일했던 사람들처럼. 예전에는 정말 일만 하고 위에서 시키면 그냥 "네네" 하고 그랬는데, 들어가서는 안 그러거든요. (서은주, 월드컵)

(내가 바뀐 것은 무엇인가요, 자기 삶에서 어떤 의미를 갖죠?) 저는 세상 물정을 아무것도 몰랐고, 근데 이제는 옳고 그름을 판단할 줄 아는 거죠. 제가 9남매의 막내이기 때문에 아무것도 모르고, 그냥 너무 착한 임재윤이었는데, 완전히 변한 거예요. 정말 변한 거예요. 그리고 이전에는 시사나 뉴스도 뭐 잘 안 봤어요. 자동으로 돌아가겠지 했는데, 지금은 드라마보다 저는 그걸 먼저 보는 거예요. 이렇게 바뀌는 제 자신이 막, 뿌듯해요. (……) 회사에 가서도 옛날의 착한 모습보다도 약간 강한 면이 더 많아요. 틀리면 틀리다고 맞으면 맞다고 조합원이나 비조합원에게 얘기하고. 관리자들한테도 정확히 얘기하고. 세상 살기가 너무 편해졌어요. (임재윤, 시흥)

처음에 복귀해 가지고 홈플러스 체제로 바뀌면서 요구하는 게 많았어요. "뭐를 작성해라" "뭐를 해라." 그리고 평가제도가 있었다구요. 그런데 그런 것을 우리 510일 동지들이 모여 갖고 "우리는 이렇게 이렇게 한다" 계속 싸워서 나중에는 유야무야가 됐잖아요. 처음엔 힘들지만, 함께함으로써… 그게 많이 싸워서 힘이 된 것 같아요.
(개인에게 온 변화는?) 똑같은 모습인 것 같아요. 저는 크게 바뀐 건 없

어요. 그러니까 제가 생각해도 기본 성향이 제가 해야 될 때는 하고 안 해야 될 때는 안 하고 이런 거죠. 그래도 변화는 제가 나서고 그런 걸 안 좋아하는데 이상하게 나서게 됐죠. (김영순, 시흥)

(스스로에게 어떤 의미?) 제 인생을 바꿔 버렸죠. 까르푸 올 때만 해도 "노동조합 가입해야지" 하는 막연한 생각이었는데, 막상 큰일을 겪으니까 세상 바라보는 눈이 달라지더라구요. 생각도 달라지고. "니 생각도 맞을 수도 있지만 나랑은 다르네?" 생각하는 게 좀 달라졌어요. 내 감정을 조절을 하게 되더라구요. 특히나 투쟁하면서. (김선영, 시흥)

(삶에서 투쟁의 의미는?) 굉장한 삶의 전환점이죠. 평범한 과장이, 그때 노동자도 아니지. 근데 그 투쟁을 거치면서 나름의 노동자가 됐죠. 그런데 많은 경험을 했어요. 뭐, 최대치라 할 수 있는 투쟁도 하고, 점거라는 투쟁을 아무나 할 수 있는 건 아니잖아요. 여러 조합원들 사이의 갈등과 어려움, 경제적 어려움도 겪으면서 많이 단련이 됐죠. 그 단련이 되는 과정들이 지금 활동하는 데 기본적인 맷집이 되는 거죠.
(해고자로 남은 거에 대해서는?) 저는 잘한 선택이죠. 다른 양반들도 김경욱이 그렇게 밀지만 않았어도 그냥 해고자로 남을 수 있다고 봐요. 돈 안 받고 해고자로 남을 수 있는 안이 중간 지점이에요. 저는 그렇게 생각해요. 사직서를 쓴다는 의미를 잘 이해를 못하는 사람들이 (이 협상안의 내용을 정확히 이해를 못한 사람들?) 그렇죠. 그래서 예를 들어서 사직서를 쓰고 돈을 받는 사람이 있는 거잖아요? 노조를 정리하라는 의미거든요. "노조도 정리하고 당사자도 정리해라." 그런데 그걸 좀 더 밀면 "우리는 복직을 지금 수준에서는 요구를 안 할 테니까"라는 선에서 합의를 할 수 있는 거잖아요. 나머지만 합의하면 돼요. 해고

자 문제는 빼고 굳이 합의할 필요는 없어, 해고상태에 있으니. 그런데 그거를 넘을 수 있느냐가 문젠데, 그것만 해도 큰 문제는 없을 텐데…. 그리고 김경욱 자기가 힘들면 자기가 사직서 쓰고 나가면 돼요. 회사는 핵심들을 제외시키는 방법을 당연히 밀죠. 그런데 이전에도 사직서 쓰는 걸 통해서 밀어낸 예는 별로 없었어요. (서형태, 병점)

(삶에서 투쟁의 의미는?) 나는 정규직이잖아요? 그래도 "비정규직들을 위해서 내가 싸웠다" 너무 거창한 거지만 정의를 위해서 싸웠고. 또 그게 완전히 성취는 안 됐지만, 지금에서야 됐지만, 그래도 우리 조합원들이 "아름다운 싸움", "비정규직-정규직 구별 없이 같이해서 싸웠다"고. 그래서 시민들도 그걸 좋게 봐준 거고. 그러다 보니까 지금도 서로 같이 가고, 일할 적에도 "정규직-비정규직 나누지 마라"고 하고. 그 사이에 그래도 비정규직이랑 정규직이랑 임금도 거의 비슷하게 됐죠. 말만 비정규직이었지 똑같아졌어요. 그런 것도 다 성과죠. 우리가 그렇게 안 싸웠으면 계속 그렇게 차별하며 갔을 것 아니에요? 그런데 그렇게 싸우고, 요즘은 노조가 건강해졌잖아요. 그때 투쟁하고 지금 당당하게 계속 해오잖아요.
아줌마들이 자식들을 위해서도 한 거고, 비정규직이 내 자식 문제니까, 그걸 위해서 했으니까 뿌듯하죠. 그걸 누군가 했어야 되는데 우리가 했다는 거, 그걸 함으로써 지금 이렇게 좋아지고 변화됐다는 거. 그래서 저는 "정말, 우리는 해냈고, 당당하게 엄마들이 참 잘 싸웠다"고. 우리 노조의 파업은 정말 대단한 거였던 것 같아요.
(노조를 하면서 변화가 있나요?) 뉴스를 보게 되고 "아, 저게 그렇구나" 깨우치게 되고, 정치도 관심을 갖게 되고. 파업할 때도 우리 친구들이 "너는 왜 그걸 하냐?", "그런다고 해도 변화 돼? 안 바뀌어", 막 이러잖

아요. 그래서 내가 그 친구들한테 "안 바뀌든 바뀌든 할 건 해야 되잖아? 그리고 너 뉴스 좀 봐. 맨날 드라마 좀 보지 말고" 막 그렇게 했다니까요. 친구들이 "쟤 뭔 일이야?" "이상해졌어" 막 그래요. 사회적인 면도 많이 보고 바뀌었죠. 그전에는 맨날 드라마만 보고 "아휴, 저 딱딱한 걸 왜 보고 있어?" 막 그랬는데, 지금은 보게 된 거죠. 우리 딸하고도 토론도 하고. 그러니까 우리 딸도 또 당당하더라구요. 떳떳하게 "우리 엄마는 노조하고 있어" 이러고. 우리 애들한테는 본이 되고. (박복희, 안양)

똑같은 상황이 벌어지면 저는 또 그럴 거 같아요. (……) 제 삶에서 노동조합 했던 게, 제 삶을 이렇게 바꾸는 계기가 되어서요. 제가 산에 다니고, 겨울에 스노우보드도 타러 다니고, 사교적이지는 않지만 약간 활동적인 성격이었죠. 노조 하면서 옆에는 안 보고 오로지 투쟁력만 길러져 가지고. (……) 그러고 나서 제가 그 전에도 다른 사람에 비해서 약간 제 삶 위주로 살았었거든요. 근데 그거로 인해서 더더욱이 삶 자체가 제 위주로 바뀌는 거죠. (강혜정, 야탑)

(스스로에게 어떤 의미?) 저는 살아가는 데 자신감이 생겼어요. 그래서 제가 지금 68세인데도 어디 면접을 보러 가면, 기죽지 않아요. 그게 500일 동안 싸움도 해보고 내가 별짓 다 해봤는데, 사업자들한테 기죽어 할 필요 없다는 생각을 하게 됐어요. 그리고 나는 어디를 가서 일을 하든지 "내가 근로자로서 해야 될 거는 하지만, 니들은 사업자로 해야 될 거를 나한테 해라", 이거죠. 그니까 투쟁했던 것들이 힘이 됐던 것 같아요.

저도 지금 부천 △△△요양병원에서 3년을 일했어요. 병원에는 홈에버 때 사람들도 오고, 또 홈플러스 사람들도 가끔 오기도 하고. 그러면 제가 "파란 옷을 입은 스머프들이 그걸 해냈다. 진짜 1년을 넘는 과정을 눈이 오나 비가 오나 경찰 앞에 가서 드러눕기도 하고 별짓을 다 해 봤지. 항상 살아가는 과정에 나는 이런 게 자존심을 세웠다고 생각한다. 나는 내 인생에 어디서든 '아, 내가 이런 거를 했다' 하는 거를 말할 수 있다" 그런 소리를 항상하죠. 또 어디 가서 일을 하면서도 투쟁 얘기 나오면 다시 한 번 쳐다보게 되고, 그거를 "아, 저런 사람들은 다 이유가 있어서 하는 거야" 하는 생각을 해요. 옛날에는 그런 걸 볼 때 "어휴, 맨날 투쟁하고 우리나라 어떻게 될라고 그래?" 이랬는데, 내가 파업해 보고 난 뒤로는 "저 사람들도 다 이유가 있어서 하는 거야." 굴뚝농성하다 내려온 사람들 보면 "오죽하면 굴뚝에 올라가서 그랬겠어?" 하고 생각을 하죠. 이젠 다른 사람들의 투쟁 모습도 보이죠.
지금도 우리 나이에는 "빨갱이", " 빨갱이" 그런 소리들을 하는 사람들을 보면, 딱, 제재하고 제가 얘기해요. "그 사람들 빨갱이 아니야. 머리들이 깨어 있는 사람들이야" 머리가 깨어 있지 못하면 노조가 뭔지 모르지. (……) 제가 그만큼 배운 거죠. 지금 어디 가서든지 자신 있게 "나 지부장 했어. 그때 이러이러 했어" 이런 얘기 해요. (조은옥, 중동)

(투쟁이 본인에게 의미가 있어요?) 그럼요. 그 일을 내 인생에서, 진짜, 어디서 또 그런 경험을 해 볼 것이며, 사회를 내가 더 깊이 알 수 있겠냐 싶어요. 관리자들의 속성이나 어떤 기업에 대해 안다든지, 참 많이 알았고. 그리고 동료애도 알게 됐고. 또 타 점포에 친구들도 많이 알게 돼서, 우리(중동점이) 없어지면서 점포이동 할 때도 큰 도움이 됐고. 보통 점포이동하면 서로 경계를 하거든요. "너희들이 오면 우리 일자리 불안한데" 이러면서… 근데 우리는 서로 다독여 주고 안타까워해 줬

어요. 조합원이 아니면 그러지 못하거든요. (김용임, 중동)

(투쟁의 의미는?) 저는 지금 복귀해서 사용자한테도 당당해요. 그건 당당한데, 전체적으로 봤을 땐, 저는 괜찮지만 당시 주변 사람들의 모습을 보면서 저도 조금 마인드컨트롤이 안 되는…. "나는 강해!", "나는 강해!", 스스로 마음먹지만, 그들을 보면 "나도 상처받은 거였구나" 그게 끊임없이 있는 거 같아요. (박영광, 순천)

제가 좀 더 당당해지고 좀 단단해져 있었어요. 처음에 아무것도 몰랐는데, 전라도 말로 완전 야물어져 속이 튼실해진 노동자로 좀 변해 있었어요. 옛날에는 다른 사업장에서 투쟁하면 그냥 지나치는 거였는데, 싸우고 났더니 지금은 다시 한번 봐지고 관심가져지고. 이게 남의 일이 아니라는 것이, 저한테 확 들어왔어요. "언젠가, 누군가 또 당할 수 있다", 그런 게 들어오더라구. 옛날에는 솔직히 "어우, 왜 저래?" 이러잖아요? 지금은 "힘들겠다. 고생한다", "힘내십시오!" 한마디 할 수 있는 나로 변해 있더라구요. (박영숙, 순천)

(투쟁이 스스로에게 어떤 의미?) 사람을 알았죠. 매장 사람도 알게 됐고. 그전에는 수납은 딱 우리밖에 모르거든요. 그런데 파업하면서 저뿐만 아니라 매장 안의 사람들하고 서로 어우러지는 거죠. 아예 몰랐는데, 서로 알게 되는 거죠. 그리고 지역 분들을 알게 되고, 율동하면서도 전국적으로 하다 보니까 전국에 몇몇 분들도 알게 되고. (……)
그리고 정치에 관심이 안 가잖아요? '뻔하다'라는 생각, '내가 해봤자 뭐해? 안 돼'라는 생각을 했는데 "너가 먼저 안 하면 다른 사람들도 안 해. 너가 먼저 참여를 해야 나중에 네가 비판할 수 있는 자격이 되는 거야" 그런 말을 듣고는 뉴스 한 번 보고 두 번 보고, 이렇게 되더라구. 그러면서 "아~" 이해가 되는 거죠. "저건 아닌 것 같은데, 어떻게 바꿀 방법은 없나?"라는 생각도 하고. 처음엔 미약하지만 하게 되고, 미래 사회를 생각하게 돼요. 저는 애를 키우니까 사회를 생각하면서 "이건 아닌데" 싶은데, "나중에는 우리 애들이 살아갈 사회인데 너무한다", 그런 생각도 하죠. 사회를 보면서 아이들을 생각하게 되는 것 같아요. (투쟁이 많은 영향을 줬네요?) 적지는 않죠. 저는 대학교 다니면서도 운동 참여는 안 했어도 5·18을 스무살 때 접했거든요. 사진을 봤는데 무서웠어요, 정말. (……) 그런데, 정확한 사진을 본 거는 순천에서 전시를 했거든요. 너무너무 무서운 거예요. 그때부터 그 일이 TV에 나오면, 관심을 갖고 보게 되더라구요. 5·18 사건이 『봄날』이라는 책이 5권짜리 있잖아요? 그 책도 보고. 그러면서 노동조합을 한다고 했을 때, 적극적으로 나섰던 것 같아요. (서선애, 순천)

(투쟁이 내 삶에 주는 의미?) 제가 진짜 시골집에서 아무것도 신경 안 쓰고 살았는데, 회사를 다니면서도 주변에서 내가 장남인 거를 몰라요. 모를 정도로. 한번은 집에 제사가 있는데 근무를 못 바꿨었어요. 근데 잠깐 조퇴를 한다고 제사 모시러 간다니까 "무슨 막내가 제사를 모시냐?"고 할 정도로 철이 좀 늦게 들었어요.
진짜, 그전에는 하고 싶은 거 다 하고 살다가, 세상이 이렇게 힘든 건 줄 몰랐거든요. 사는 거에 대해서. 그런데 어쩌다가 유통업에 발을 들이기는 들였는데, 저는 입사했을 때부터 진급도 계속 쭉쭉쭉 올라가는 상황이었으니까. 그리고 처음에는 회사도 무단결근도 자주 했었고요. 술 먹고 안 나가면 그만이고. 그랬는데 철이 들더라구요. "세상이 이렇게 힘든 거구나" 해서, 애들이 있는데 "아, 애들도 이런 데서 살아야 되는구나" 하고. 지금도 그래요, 우리나라는 좋아지지 않았다고 생각을 하거든요. 그래서 얘들이 커가면서 "내가 얘들 기반을 마련을 해 놔야겠구나". 직장이 아닌 다른 것을 좀 편하게 살게 하고 싶은 생각이 있어요. 지금도 회사를 생각하면 진짜 싫어요. 대부분 다 회사 위주고, 직원들에 대한 배려가 없고. 같이 일하는 사람을 생각해서 일을 하는 거지, 회사가 좋아서가 아니에요. (백종근, 순천)

(본인에게는 이 싸움이 어떤 의미가 있어요?) 그게 좀 애매모호한데, 일단은 이 투쟁을 하면서 첫번째가 같이 싸웠던 울산 조합원들하고 510일 싸우면서 서로에 대한 신뢰관계, 그라고 아직까지 서로 신뢰하고 믿을 수 있는 사람들이 된 거죠. 그전에는 정규직-비정규직의 관계, 관리자와 비관리자의 관계였는데, 그걸 떠나서 말을 편하게 할 수 있고, 10년이 지나도 계속 만날 수 있는 거죠. 두번째는 지역도 똑같아요. 투쟁하면서 지역사람들 만나서 편하게 할 수 있는 거죠. 세번째는 제 스스로가 의식과 생각이, 사물을 바라보는 시각이 바뀌었다는 거죠. 그래 지금도 집사람과 애들한테 "아빠는 후회 안 한다. 앞으로 똑같은 상황에서 똑같이 할 거다"라고 얘기해요. 얘들은 다 컸기에 "아빠, 멋있다", "아빠 이해한다"고 하는데, 집사람만 "쓸데없는 소리하고 있네" 하고. (웃음) 그래서 결과에 상관없이 저는 제 인생에 변환점을 찾았다고 생각하고, 후회는 하지 않습니다. 제가 딱 2년 안 되게 활동했지만, 관점이나 생각하는 게 달라졌다는 게, 개인적으로 큰 성과죠. (김학근, 울산)

(이 투쟁이 스스로에게 어떤 의미?) 나는 진짜 남는 게 없었어요. 너무 허무하고 그만큼 뭘 했는데 아무것도 없고. 사실 그때는 좀 불공평한 것

도 많았고. 뭐 그만두고 들어가나 끝까지 남아 있으나, 뭐 남아 있는 나만 손해였던 것 같은 느낌이 많이 들더라구. 왜냐면, 이게 나 좋다고 하는 것도 너 좋다고 하는 것도 아니고, 같이 좋다고 하는 건데, 그게 잘 안 되더라구. 그래서 갈등도 많았던 것 같애. 나는 나 스스로 갈등을 많이 하면서도 "너를 위해서 내가 가야지" 이러면서 투쟁에 나올 때가 많았거든요. 그런데 현장에 들어가는 사람이 너무 많았던 것 같아. 그때마다 울고. 그게 나한테는 상처로 많이 남았던 것 같아요. 들어간 사람을 보기도 하고, 또 남아 있는 나를 봤을 때도 그러고. 하여튼 거기서 나는 남는 게 하나도 없던 것 같아요.
하여튼 나는 지금도 노동조합이란 게 나를 위해서 있고 우리가 잘되기 위해서 하는데, 내 혼자서는 노동조합을 못하잖아요? 같이 잘되기 위해서 같이 해야 되는데, 아직도 안 하고 있는 사람들이 많으니까. (먼저 들어간 사람들은 남은 사람들에게 어떤 마음일까요?) 미안한 마음은 있죠. (그럼 남들한테 미안한 마음은?) 있어요. 왜냐면 우리가 나와서 힘들게 했기 때문에 안의 사람들은 우리 대신에 일을 많이 했잖아요. (우리가 싸워서 현장이 조금씩 나아지고 있잖아요?) 그 사람들은 그건 몰라요. (유영예, 울산)

(투쟁을 하고 나니 스스로가 달라졌어요?) 나는 잘 모르겠는데, 싸움 끝나고 복귀했잖아요. 어느 날 우리 큰애가 어디서 뭘 봤는지, "엄마 좀 대단하데?" 이래쌌더라구요. 뉴스 같은 걸 봤거나 주위에서 "이랜드 싸움 컸다"는 거 들었는지. "우리 엄마는 끝까지 남았는데" 그런 얘기를 했나 봐요. 싸울 때는 애가 어려서 모르더니, 크더니 어느 날 갑자기 그런 얘기하더라구. 그래서 내가 "뭐, 원래 그래". (웃음) 그런데 우리 애가 "엄마는 몸도 조만하면서 성격은 대차다"고 얘기하더라구. 그래

내가 "니도 어디 가서 기죽지 말고. 니가 해야 될 일은 꼭 하고, 꼭 소리치면서 하라"고 그러니까 "그래야지" 하더라구. 그래 갖고 "내가 끝까지 남기를 잘했네" 하는 생각을 했잖아요. 내가 만약에 중간에 포기하고 들어갔으면 다른 얘기할 수도 있으니까. 나는 이 파업에 대해 말을 안 했는데, 애들 스스로가 알더라구. 그러면서 〈카트〉 영화도 보러 가자고 그러구. (……)
(투쟁이 스스로에게 어떤 의미인가요?) 삶이 좀 많이 바뀌긴 한 것 같아요. 그전에는 노동조합이 있어도 내가 직접 부딪쳐서 한 건 아니잖아요. 그런데 싸우고 나니 바라보는 관점이 조금 바뀐 것 같아요. 사회를 바라보는 관점이라든지, 애들도 조금 많이 변한 것 같고. 정치 이야기를 많이 하지는 않지만, 뭐, 선거철이나 이럴 때 얘기하는 걸 들으면 "어, 그래. 니가 판단하고 그래라" 그럼 엄마가 한 얘기 들으면서, 그래도 좋은 영향이 있어서 자기들도 보고 판단할 수 있고. 그런 거는 좀 많이 달라진 것 같더라구요. (박희정, 울산)

(투쟁이 스스로에게 남긴 것은 무엇일까요?) 당당해짐. 그리고 지금도 노조하고 있지만 부당함이나 이런 거에는 절대 굽히지 않고. 그리고 내가 그렇게 옳다고 한 거에 대해서 누가 뭐 어떤 회유가 들어와도 당당하게 되어지더라구. 우리가 그때 하도 교육을 많이 받아서 그런가 봐요. 교육의 힘이었나 봐요. (하남숙, 울산)

2) 노조 역사에서 갖는 510일투쟁의 의미

(510일투쟁이 노조에 미친 영향은?) 그 투쟁이 있었기 때문에 이렇게 되지 않겠어요? 왜냐면, 우리가 이번에(2019년) 투쟁을 새로 시작했잖아

요. 근데 그것을 보니까 역시 투쟁했던 사람들이 잘 싸워요. 그리고 흔들리지 않아요. 그때는 힘들었지만 그게 우리한테 충분한 자양분이었다고 봐요. (황옥미, 면목)

(노동조합이 정말 필요한 건가요?) 노동조합은 필요하죠. 노동조합의 의미는 다 같이, 함께할 수 있는 거. 초창기에 저처럼 혼자만 잘났다고 "나 혼자만 열심히 해야 되겠다" 이런 생각은 아닌 거 같고, "같이 참여하고 같이 하는 데 의의"가 있는 거 같아요.
(노조활동 한 거 후회 안 해요?) 후회스럽진 않은데, 그 당시로 돌아가면 또 똑같이 했을 거 같아요. 어떤 언니가 자기는 홈플러스 다니면서 기억나는 게 딱 두 가지래. 하나는 우리 510일투쟁, 그 언니는 510일 파업도 안 했는데. (……)
(510일투쟁, 노조에 어떤 의미?) 그 싸움이 생각하는 사람마다 다르기는 하겠지만, 어쨌든 그것이 우리 노조의 역사로 자리매김하는 거겠죠. 어떤 사람은 "패배한 싸움이다"라고 얘기하는 사람도 있고, "절반의 승리"라고 얘기하는 사람도 있거든요. (……) 저는 진 싸움이라고 생각 안 해요. 완전히 성공한 것도 아니고, 절반의 성공은 했다고 생각해요. 어쨌든 노조가 깨지지 않고 유지가 됐고, 그런데 희생이 있었기에 절반의 실패인 거고. 그래서 조합원들이 지금은 더 많이 늘어났잖아요? 그니까 그게 또 성공이 아닌가 싶어요. (진현미, 방학)

저는 우리가 그런 큰일을 겪어 봤기 때문에, 개인만이 아니라 조합원들이 당당해졌다는 거는 인정하고 싶어요. 조합원들이 표현은 못하지만 "아, 내가 노동조합이 있으니까" 하면서, 문제가 있으면 예전에는 그냥 위에서 시키면 시키는 대로 해야 되는 거로 알았지만, 지금은 자기네들의 판단에 "이거 아니지 않냐"라는 얘기도 할 수도 있고. 만약에 그게 없었다면, 회사를 팔아먹어도 그냥 조용히 팔리면 팔리나 보다 잘리면 잘리나 보다 생각을 하지만, 지금은 사람들이 관심을 가지잖아요. "올해는 월급을 얼마를 줄 거며, 임금협상이 어떻게 되냐"라는 거를 관심 갖게 되잖아요. 그러니까 노조가 있기 때문에 관심을 가질 수 있는 거고, 어떤 걸 받을 수 있다는 거를, 내가 당당하게 얘기할 수 있는 거 같아요. (이선호, 방학)

(510일투쟁을 어떻게 평가?) 그것 때문에 할인점이라는 이미지가 바뀌었다고 생각을 해요, 이전에 할인점에 대한 이미지가 좋지 않았어요. 그런데 투쟁하는 거를 보면서 "아, 저기도 사람이 사는 곳이고, 자기 목소릴 내는 곳이구나" 하고. 우리 투쟁이 "우리 여기 있어요. 봐주세요!" 그거였잖아요? 그전에는 시키면 시키는 대로 했는데, 저는 그게 가장 큰 성과라고 생각이 들어요. 그래서 투쟁으로 인해서 노조가 있는 우리나 노조 없는 이마트나 얼마나 많이 바뀌었는데요. 그리고 할인점 자체가 사람들의 인식에서부터 많이 바뀌었잖아요. 옛날에는 '점원'이었잖아요? 근데 인격이 상승됐죠. 저는 그때 투쟁이 굉장히 중요하다고 생각해요. 그리고 그때는 아줌마라고 불렀어요. "아줌마", "누구 아줌마", 특히 협력업체 직원들한테는 "럭키 아줌마", "샘표 아줌마." 근데 지금은 바뀌어서 협력업체도 "누구누구 님" 일단 사업장 전체 분위기가 다 바뀐 거죠. (……)
그리고 그때 "어우. 대단하세요. 어떻게 그렇게 하셨어요?", "응원합니다" 그런 소리를 많이 들었어요. 힘들지만 "아, 그래, 우리도 할 수 있어" 그런 것들. 저는 이랜드파업은 정말 '아줌마'여서 가능했던 것 같다고 생각해요. 아줌마기 때문에 "지금의 나보다는 혹시라도 내 자식까지…" 그런 마음이 정말 컸다고 생각해요. (……) 그래 내가 노동자라면 당장 나한테 이익이 없어도 길게 보면서, 꼭 노동조합은 있어야 되고 발전해야 된다고 생각해요. (……)

(투쟁 이후 10년, 지금은 어떤 변화가?) 많은 변화가 있었죠. 우선 처우가 달라졌잖아요. 아까 말한 '님' 자 부르기, 반말 안 하고 막 대하지 않죠. 그리고 스케줄에 대한 편파들도 많이 시정돼 공평하고 내가 원하는 날에 체크할 수 있고. 그전 같으면 감히 어떻게 여행 갈 생각을 하겠어요? 어떻게 열흘씩 빼? 그전엔 상상도 못하던 일이었지요. 근데 지금은 월차, 연차, 자기가 자유롭게 쓸 수 있고. 그런 부분들이 많이 바뀌었어요. 근데 사람들이 과연 그거를 얼마만큼 인식할까? 회사에서 해주니까 해주는 건가 보다 하는데, 그게 아니죠. 우리가 받아 낸 거죠. 그런 변화를 오래 있다 보니까 느끼는 거죠. (김명숙, 방학)

(투쟁이 홈플러스 노조 역사에서 어떤 의미?) 510일투쟁 이전에도 많은 투쟁이 있었는데, 겉으로 봤을 때는 가벼운데, 그들한테는 엄청 심각한 것이더라구요. 그리고 그 투쟁으로 인해서 따낸 것들도 있으면 그게 발판이 돼서 510일투쟁을 했고, 또 지금 와서 그 투쟁도 빛이 나는 거라는. (……) 그때는 정말 소수만의 고민거리고 소수만의 투쟁이었는데, 510일투쟁 함으로써 그 투쟁도 다시 부각될 수 있고. 그 작은 인원이 온갖 탄압을 받으면서도 해낼 수 있고, 그게 기초가 돼서 지금의 노조로 왔잖아요. 저는 그 작은 투쟁들이 정말 값지다고 생각을 하거든요. 그런데 보여지는 거는 우리 510일투쟁이 더 크게 보이는데, 알고 보니까 "그때 그 투쟁이 더 힘들고 의미도 컸다. 그로 인해서 이런 투쟁도 만들어 낼 수 있었다"이런 생각을 하게 되죠. (황선영, 월드컵)

(투쟁을 하면서 노조는 어떤가요?) 일단 월드컵은 직원들이 조금 강해진 건 있어요. 제일 많이 느낀 게 그거예요. 지금은 조합원들뿐이 아니라 직원들도 전체적으로 바뀌기는 했어요. 그전에는 회사 간부들을 되게 어려워하고 말 한마디 제대로 못하고, 뭔가 부당하게 대해도 반론도 못하고 혼자 끙끙거리는 게 많았어요. 그런데 조합원들이 파업 후 들어가서는 초반에만 해도 사람들이 조금만 건드려도 싸우려고 덤비는 분위기였어요. 악이 받쳤다고 해야 되나. 그러니까 회사가 건드리지도 않고. 그리고 옛날 같으면 얘기하려면 쭈뼛쭈뼛했을 텐데, 복귀한 다음에는 말할 때도 강하게 하니까, 회사에서도 직원들에게 함부로 못하고.

예전에는 사소한 것도 누르려고 하는 게 있어서 반발이 있었던 건데, 복귀한 다음에는 웬만한 건 얘기하면 다 들어줬거든요. 어쨌건 우리가 요구를 해서 회사에서 바꿔 준 것도 있고, 뭔가를 자꾸 요구하려고 하는 것도 있고. 하다못해 정수기 하나를 고치더라도 옛날 같으면 밑에서만 얘기하고 마는데, 지금은 대놓고 바꿔 달라고 하고. 또 지부장 통해서도 하고. 자꾸 요구를 하니까 회사도 웬만하면 다 들어주더라구요. (……) 회사도 우리랑 웬만하면 안 부딪치려고 하고. (……) 그래서 옛날처럼 눌린다는 생각은 없는 거 같아요. 우리가 볼 때는 "인원수가 많은 게 장땡이다" 조합에서도 우리가 인원이 많으니까 목소리가 좀 높았던 것도 있고.

월드컵을 상징화시켰잖아요? 월드컵에서 적극적으로 나섰기도 하고, 인원수도 그때는 100명 넘고 제일 많았으니까, 그리고 결정적으로 점거도 거기서 했고. 우린 거의 비정규직이었고.

(노조는 어떤 의미?) 조합은 노동자로서는 필요한 것 같아요. 사회생활 하는데 내가 어려움을 당했을 때, 그냥 나에게 힘이 되어 줄 사람은 없

는 것 같은데, 근데 노동조합은 나에게 100% 힘이 되지는 않지만 도움이 되죠. 옛날 노조가 힘이 약할 때도 보고 어느 정도 힘이 컸을 때도 느껴 보니까, 노동자라면 노동조합에 가입이 돼 있어야 하는 거 같아요. 그래야 서로 도움을 주고받고, 또 노동조합이 클수록 (회사를) 견제할 수 있잖아요. (서은주, 월드컵)

(이 투쟁이 노조에 의미가 있는지?) 노동조합이 새로 시작되면서도 대단한 거였잖아요. 압박받고 싸우면서 작지만 단체협약을 따내고, 여성으로서 수치감, 부당함, 그런 열악한 상황에서 지금은 정규직이라는 얘기도 듣게 되고. 그리고 노동조합에 대한 시각도 많이 바뀐 거잖아요? 510일 파업을 통해서, 물론 먼저 투쟁했던 이랜드동지들의 고생이 있었겠지만. (……) 그래서 노동조합 입장에서도 510일투쟁이란 것은 어마어마한 거죠. (김선영, 시흥)

(이 싸움이 비정규직 문제에 어떤 영향을 줬나요?) 우리가 비정규직 싸움을 함으로써 그때 회사에서 우리 파업기간 중에 전문사원이란 걸 맨들어요. 비정규직들을 전문사원으로 바꿔서 "너희를 길게 해주겠다". (준규직?) 예. 그걸 했는데 노조는 "그거 하지 마라. 우리가 비정규직 싸움하는 건데…" 그래서 안 한 사람들이 있고. 그런 거만 봐도 우리가 싸우니까 그걸 맨들어 놓은 거고. 그리고 우리가 싸우고 있으니까 이 마트도 무기계약을 했던 거고, 우리도 나중에 비정규직들이 무기계약으로 된 거죠. 그것만 해도 성공한 거죠. 정규직은 아니지만. 그 비정규직이 올해는(2019년) 정규직이 됐잖아요. 힘들었지만 엄청 영향이 컸죠. (……)
(노조는 어떤 의미가 있죠?) 노조는 없으면 안 돼요! 왜냐면 노조 없는 데

하고 있는 데하고 달라요. 노조가 있어서 조합원들이 잘못된 거는 회사에 얘기를 해서 고쳐 나가잖아요. 그런데 없는 데는 정말 그게 안 되더라구요. 그러니 복지나 월급도 그렇고 조건이 낙후돼 있고. 그러니까 우리가 노조 통해 건의하고 회사가 고치니까, 노조는 있어야 돼요. (박복희, 안양)

(싸움이 의미가 있을까요?) 어쨌든 싸움의 주체가 거의 다 주부들이잖아요? 그 저력을 보여 줬던 거죠. '여성의 힘을'. 또다시 그렇게 싸울 수 있을까요? 참, 진짜 1년 6개월을 제가 생각해도 끔찍해요. 점점 조합원 수는 떨어져 나가고 회사는 협상할 기미는 없고, 어휴, 굉장히 막막한 싸움이기는 했었죠. 1년 넘어가고 할 때는. (강혜정, 야탑)

(노조란?) 제가 60년을 넘게 살아오면서 또 직장생활을 해오면서 노조는 없어서는 안 된다는 생각을 지금도 해요. 그리고 대한민국에 노조라는 게 꼭 있어야 된다는 생각을 하고요. 우리나라 여성들이 언제 한번 큰소리 내서 투쟁이라는 걸 외칠 수 있던 시기가 얼마나 됐겠어요? 얼마 안 됐어요. 금속노조 남자들, 다 남자들 쪽에서 했지, 여자기 때문에 하지 말아야 된다는 거는 없어요. 그렇지만 우리나라가 여자가 가는 길을 막았던 거는 사실이잖아요? "솥뚜껑 운전이나 해라" 뭐 이런 식으로. 저는 노조는 있어야 된다는 생각은 확고해요. 특히 여자들이 더 앞서야 된다는, 뭐, 옛날부터 "여자들이 큰소리치면 집안이 망한다" 그러는데 요즘은 아니거든요. 그런 사고방식에서 벗어난 거를, 저는 감사하게 생각해요. 그래서 우리도 힘들고 그런 건 있지만, 또 여자기 때문에 여기까지 올 수 있었다는 거. 여자들은 엄마의 근성이 있고 모성애가 있어서 그런지 몰라도, 강해요.

(만약에 2007년에 안 싸웠으면, 어떻게 됐을까요?) 회사를 나가야 했겠죠. 다들 뿔뿔이 흩어져서 사람 구실도 못하고 살았을 거예요. 그런 거에 비하면 그래도, 크게 다친 사람 없이 했다는 거는 다행이죠. 저희는 항상 "남아 있는 사람들한테 기죽지 말아라" 그리고 "우리 때문에 니들이 이렇게 건재하고 있다는 거, 항상 염두에 둬라" 그런 소리해요. (조은옥, 중동)

(투쟁이 남긴 것은?) 제가 가장 크게 생각한 게 파업을 하고 나서, 전체를 볼 수 있는 눈하고, 전체 직원이 통합이 됐다는 거. 이랜드 파업하고 나서 진짜 하나가 됐어요. 그래서 타 부서에 있는 사람도 속속들이 다 알고, 저 사람이 정말 어떤 상황인지 다 알고. 그래서 어느 부서를 가든 전부 편하게. 그것뿐만이 아니고 다른 지부, 다른 점포에도 전부 다 아는 거야. 그때 그 추억이 있어 가지고. 제가 이번에 중동에서 계산에 갔을 때도 그런 친구들이 다 있으니까, 환영해 주고 아파해 주고 힘들어해 주고. 그래서 같이 울고 그랬어요. (……)
(노조가 나한테 어떤 의미?) 노동조합이 든든한 하나의 버팀목이라고 할까? 우리 중동점에서는 그랬어요. 무시를 못하고. 무시를 하고 싶겠지만 노동조합이라는 틀 때문에 관리자들도 눈치를 보게 하고. (……) 그니까 "노동조합은 꼭 해야 되는 거구나" 했죠. 그전엔 우리가 무슨 힘이 있어요? 관리자들이 시키는 대로 했지. 그런데 조합의 이름으로 할 때는 힘이 있어요. 그거를 많이 느꼈죠. 저도 개인으로는 진짜 힘이 없고 너무 나약하고 말 한마디 못하지만, 지부장으로 할 때는 요구를 항상 관철을 시키는 거죠. 510일 이전에는 사실 노조 자체를 잘 몰랐어요. 그 이후 조합원 생활을 하고 겪어 오면서 "노조는 꼭 필요하다. 그게 힘이다"라고. 그런데 뭉쳐야지 힘이 되지, 흩어지면 웃음거리가 되

는 거고.
그래서 저도 지부장 생활을 할 때 되게 당당하게 했어요. 진짜 앞에서 점장하고 막 통로에서나 밖에서도 싸우고. (웃음) 제가 개인적으로는 되게 나약하고 실력도 없는데, 노동조합 일에는 정말 예민하게 조금의 양보도 없이 그랬어요. 메르스 한창 유행할 때, 내가 부점장한테 마스크를 달라 그랬어요. "고객도 그걸 쓰길 원하는 거고 우리도 보호받아야 될 것 아니냐? 많은 사람들이 다니는데." 그랬더니 부점장님이 신선 쪽에 다 마스크를 나눠 준 거야. 근데 점장이 아침에 와서 보더니 "김용임 님, 그거 벗어요!" 그러는 거야. "이걸 왜 벗어요?" 그러면서 서서 계속 싸운 거예요. 결국 마스크 썼죠. (김용임, 중동)

저희 회사에서 깜짝 놀라는 게 있어요. 우리 조합원들의 경조사에 사람들이 버글버글해요. 부주는 1~2만 원 하더라도 조합원 경조사하고, 비조합원 경조사는 달라요. 저희들은 뭉치는 게 있어요. 실제 절반 이상이 조합원이다 보니까 우리는 대세고, 지부 차원에서는 되게 자존심 지키고, 소위 말하는 강성 지부로. 특히 당시 싸웠던 (지부)장이라는 놈도 살아 들어가 있다 보니까 함부로 못하는 지부가 됨에도, 우리끼리 모아 놓으면 공허하죠. 그때 "네가 나 조합에 끌어 놓고, 네가 먼저 복직할 수 있어?" 이런 거, "내가 먼저 들어갔다고 네가 욕해서…" 각자의 그런 것도 있지만, 서로서로 그런 것 같아요.
지금 전체가 많이 줄어서 직영인력이 100명 정도인데 조합원은 65명 정도. 신규 조합원들이 늘어나고 기존 조합원들이 많이 퇴사했어요. 퇴사자들이 다 조합원들이었어요. 이전 박승권 위원장에게 "전에 50만 원 돈도 못 받고 1년 6개월 싸웠던 사람들이 퇴사하는 이유는, 회사가 희망을 안 줬지만 조합도 희망을 못 주기 때문이다. 좀 제대로 하자"는 얘기를 했었는데. 조합원들이 파업 중에 퇴사를 해야 되는데 "일 끝내 놓고 퇴사한다"면서 남았던 사람들이 꽤 많아요. 회사에 그만큼 열 받고, 노동자의 동질감 때문에.

그런데 투쟁 끝나고 3, 4년 넘어가니까, 집행부가 회사의 프로그램에 입맛이 들인 거지요. 술도 얻어먹고 다니고 밥 대접도 받고, 삼성의 노무관리 아닙니까? 그게 어려우면 물러나야 되거든요. 저는 명절마다 과일상자들고 오는 부점장이 너무 부담스럽더라고요. 그래서 무조건 돌려보내는데, 못 보낼 때도 있어요. 그런데 이런 거에 맛 들이는 거예요. 예우해 주고 회사에 어떤 자리 있으면 또 참석시켜 주고. 그게 길어지다 보니까 회사에 할 소리 못하고….

언젠가 조합에 이런 문제제기하면서 개선을 요구하면, 회사의 입장이 그대로 조합의 입을 통해서 나오는 "아, 그래서 이 집행부 안 되겠구나" 했고, 그들이 물러날 때 됐는데…. 그런 것을 보면서 조합원들이 많이 떠났죠. 예전에는 그래도 해결이 안 되더라도 조합이 욕이라도 하고 싸워 주기라도 했는데, 박승권 때는 루트가 없는 거예요. 뭔 문제 제기를 하면, 위원장이나 지부장이 회사가 하는 얘기를 그대로 하고 있었고. 그러다 보니까 5년차 되니까 전 집행부랑, 딱, 차단이 되더라고요. 그러고 있었던 것 같아요.

(그래서 더 힘들었을 것 같은데요. 내가 순천에서라도 조합을 올바르게 이끌고 가고 있으면, 해고된 사람들한테 덜 미안할 것 같은데?) 맞아요. 그런 것도 있는 것 같아요. 그런 부채의식이. (……) 아직도 제가 관여를 하고 있어요. (관여는 하고 있고, 노조가 썩어 가서 조합원들이 떠나는데, 나는 여전히 제대로 하고 있지 않고?) 맞습니다. (박영광, 순천)

(노조가 정말 의미가 있어요?) 의미가 있죠. 혼자서는 못 싸우잖아요. 혼

자서 싸우면 바위에 계란 던지기지만, 이게 뭉치면 할 수 있다고 느껴요. 느끼고 와닿습니다. 이게 사무실을 쳐들어가거나 점장한테 뭔 말을 하더라도 혼자서 말하면 힘든데, 여러 명 목소리가 함께 나오면 귀 기울여 주고 들어 주거든요. 저는 이게 노동조합의 힘이라고 생각합니다. 조합의 힘. 우리 딸이 간호사를 했었어요. 간호사들이 참 부당한 게 많잖아요? 제가 오죽하면 "너희도 조합을 만들어라. (웃음) 아니 왜 그런 말을 못하고 사냐" 그러닝게…. 저는 아들이 군인인데도 "군인도 조합은 있어야 된다"는 말을 해요. (……)

(투쟁이 순천지부에서는 어떤 의미가 있죠?) 노조는 단단해지긴 했는데, 뭐라 그래야 될까? 회사에 비전을 못 느끼니까, 우리 조합원이 많이 그만두죠. 진짜 대기업처럼 뭔가가 있으면 모르는데, 안정적이지 않으니까 그렇게 힘들게 싸웠던 조합원들이 퇴사를 하고. 그렇게 힘들게 싸우면 임금이 확 올랐다거나 대우가 좋다거나 이래야 되는데, 그게 아니었잖아요. 우리 고준 조합원도 그만두고, 서선애 조합원도 그만두고. 굉장히 열심히 했던 조합원들이 다 그만두었어요. 그중에 영광 님, 나, 현자 님이 지금 조합원으로 남아 있지. 정말 힘들게 끝까지 열심히 한 송태광 조합원도 복직이 결정 나서 다니다가 그만두었죠. 그래도 아직까지 본사에서는 '순천 풍덕점' 하면 놀랩니다. 자기들 말로 "아, 그 징한 것들", "갸들은 함부로 못 건드려". 그래 점장들이 여기 발령받는 걸 굉장히 꺼려한대요. (박영숙, 순천)

(투쟁이 순천지부에 어떤 영향?) 서로 알게 해줬고 발전했죠. 아는 사람들이 그만두지는 않아요. 탈퇴는 안 해요. 지키고는 있어요. 그 대신 뭔가 딱 쳐야 되는 부분이 있고 정말 핵심적인 부분일 때, 그때 망설이는 거죠. 누군가 이끌어 주는 힘이 있으면 하실 분들은 있어요.

(노동조합이 필요한가요?) 필요해요. 저희는 여성이 대부분이잖아요? 기혼들도 있고 미혼도 있고. 미혼이 있으면 분명히 퇴사를 하지 않으면 결혼을 하고 출산을 하고, 그런 과정이 있는데. 저희 순천 쪽에서는 결혼·출산을 많이 했어요. 저도 거기서 출산까지 했고. 그런데 육아휴직을 당당하게 지킬 수 있더라구요. 당연히 다 써요. (첫째 2011년 출산하고) 둘째를 2014년 출산하면서 퇴사를 한 거죠. "쓰지 마"라고 할 수가 없어요. 쓰는 게 당연한 거예요. 그게 노동조합의 힘이었던 것 같아요.

그리고 고객들이 우리를 대하는 거는 정말, 사람을 후벼 팔 정도로 문제가 있는 경우가 있어요. 욕하는 거는 기본이고 쌍욕까지 하시는 분들도 있고. 폭언은 정말 많이 들었어요. 그거를 당연히 받아들여야 된다는 게, 지금은 많이 좋아지긴 했지만, 옛날에 정말 힘들었거든요. 고객이 직원을 진짜 때리려는데, 정말 무섭거든요. 막는 건 관리자들의 몫인데, 우리가 피해 보는 경우가 많죠. 그런데 노조에 얘기하면 어느 정도는 막아 주죠. 그리고 회사에 얘기 못할 거를 노조에 얘기하면 많이 들어 주려 해요. 그 대신 "너를 지켜 줄 만큼은 해라. 그래야 우리도 지켜 준다"고 하죠. (……)

(조합원들 상황은?) 그냥 조합원들이 중앙도 그렇고, 연대나 이런 것 안 좋아해요. 복귀 후에도 개인적으로 끝나. 저희는 연대를 많이 받아서 많이 다녔거든요. 전남본부에서 해마다 8·15행사 하잖아요? 거기를 많이 다녔거든요. 전남지역 다 돌고 서울에서 하잖아요? 그것도 해마다 참여를 몇 년간 했어요. 그리고 노동절이나 전노대(전국노동자대회)도 참여를 하고 율동을 했으니. 그런데 가면 저희 홈플러스는 찾기 힘들었어요. 그래서 부끄럽기도 해요. 연대를 많이 받았는데… 미안하더라구요. 그래서 그분들한테 떳떳하게 말이 안 나오는 느낌도 살짝

있긴 하더라구요. (왜 조합원들이 연대나 참여를 안 하죠?) 탄탄히 잡아 주는 사람이 없어요. (박영광 지부장님은?) 가정이 있다 보니까. 부인이 지금 하는 걸 반대는 안 하지만, 나서는 거를 원하지 않아요. (웃음) 부인이 옛날에 그 일로 많이 힘들었고 싫어했기 때문에. (서선애, 순천)

(노조가 필요한가요?) 꼭 있어야 될 것 같아요. 이거라도 없으면, 뭔가 바꿀 수 있는 게 없잖아요? 우리나라를. 뭐 대통령이 바뀐다고 대통령이 바꿔 줄 거예요? 국회의원이 바뀐다고 국회의원이 그런가? 1년 내내 TV 틀어 봐도 지금도 노동자들은 싸우는 게 일인데, 뉴스도 잘 안 나와요. 그래 요즘에는 아예 뉴스를 안 봐. 이상하게 이 일 하고 나서부터 뉴스를 안 보게 돼. 말도 안 되는 소리 갖고 지들끼리 싸우고 있는데, 그거 보고 싶지가 않아, 진짜.
현실의 80프로는 이런데, 일부 10~20프로를 놓고 저이들끼리, 국회에서 그냥 하는 거잖아요? 그래서 진짜 뉴스 보기 싫어요. (……) 그래서 안타까운 게, 생각은 있는데 솔직히 주눅이 들어요. 경제적인 삶이 우선이다 보니까. (애 키워 놓고 좀 자유롭게 하면?) (웃음) 그럴 날이 올라나. 일단은 애들한테 충실하고…. 그런데 당시가 소중했던 것 같아요. 내가 겪어 보지 않았으면 애들한테 "좋은 대학 가라. 공부 잘해라. 뭐 해라" 그쪽으로만 얘길 했을 거예요. 지금도 집사람은 애들한테 "공부해라" 그러고, 저는 "사람이 먼저 돼라"고.(……)
(노조에 510일투쟁은 어떤 의미?) 그런데 지금 그걸 기억하는 분들이 많이 없을 거예요. 그때 같이했던 사람들이 얼마 안 남아 있어서…. 지금은 기존에 했던 분들이 노조를 쭉 하고 있다 보니까 유지는 하고 있는데, 간부들도 많이 바뀌었더라구요. 그런데, 아무 일이 없을 때 일수록 교육을 해야 하는 데, (웃음) 8년 동안 박승권 있을 때는 전혀 없었어

요. 2~3년 전쯤에 현 집행부가 등장해서 좀 하려는 거 같은데…. 왜냐면 제 생각은 회사도 직원들한테 복지를 준다는 게 회유를 할라 그러잖아요. (……) 근데 파업이란 게 길어지면 길어질수록 사람을 잡고 있는 게 힘들잖아요? 그러니 평상시에 노조에서 조합원들을 위해서 뭔가 교육을 하면, 더 결속력이 생기지 않을까 싶은 거죠. (백종근, 순천)

저는 그 투쟁으로 피해를 본 건 없다고 생각해요. 돌아보면 그 시절이 가장 당당했다고. 지금 보면 그게 밑바탕이 됐기 때문에, 우리 울산 조합원들도 당당하고. 그리고 전국의 조합원들도 좀 당당하지 않나 싶어요. (하남숙, 울산)

(노조를 할 때와 안 할 때의 차이?) 나는 지금도 잘 모르는데, 단체에 속하니까 개인적으로 안 건드리더라고요. 그리고 관리자들이 눈치 보는 것 같고. 그래서 "단체 힘이 되게 크구나" 이런 걸 확인한 것 같아요. 개인적으로는 말도 못하는데, 그래도 단체로 같이 얘기하고 하니까 좀 나은 것 같아요. (박희정, 울산)

(울산 조합원들한테, 이 투쟁은 의미가 있나요?) 그게 온도 차가 나는데요. 전에 같으면, 저도 그랬고, 실제로 관리자가 나이 차이 많이 안 나도 비정규직한테 막말합니다. 진짜, 막말하고 집기 던지고 했거든요. 그런데 저도 조합활동하면서 바뀌었고, 그런 부당한 대우 있으면 이제는 할 말을 할 수 있는 자신감, 당당함, 그런 게 남은 거지요. 그게 오히려 더 큰 거지요
(투쟁을 해본 결과로?) 네. 지금도 무슨 부당한 일 있으면 지부장이 점장실 문 차고 들어가서 얘기합니다. 그 전에 꿈도 못 꿀 얘기지요. 그리

고 비정규직들이 점장한테 가서, 당당하게 얘기할 수 있잖아요? 그게 어떻게 보면 내 봉급 100만 원 오르고, 10만 원 오르는 것보다 더 큰 거예요. 내가 살아가면서, 그 정도 의미는 갖고 있지요.

(부정적인 평가는?) 부정적인 평가하는 사람들은 "남은 게 뭐 있냐"는 현실적인 부분도 있고, 다 사람마다 온도 차가 나서 다르잖아요. 그런데 주위에서 하는 게 "이제는 우리가 회사에 들어가면 꿀리지 않는다" 이렇게 얘기하는, 그게 크죠. 그거 하나만 해도 실제로 의미가 있죠. 제가 '절반의 성공—절반의 패배'라고 하는데, 들어가서 자기 스스로 느껴지는 게 "아, 좋다"라고 자부심을 느낄 수 있는 거, 그거 하나면 되지 않느냐, 과정이나 결과가 의혹도 있고, 여러 가지 다 접고 "현장에서 당당할 수 있는 거", 그게 가장 큰 소득이죠. (……)

(이 싸움이 울산본부나 지역운동에는 어떤 의미가 있죠?) 지역에서의 의미는, 처음에 지역이 이만큼 들러붙을 수 있었던 거도, 우선, 정규직·비정규직 구분 없이 같이 자본과 싸운다는 거가 가장 컸어요. 그리고 두 번째는 비정규직 법안을 그때 민주노총에서 이건 무조건 박살낸다고 한 게 있어서 같이했기 때문에 시너지 효과가 나왔던 거잖아요.

그때 울산이 싸움이 거의 없을 때거든요. 자기 사업장의 현안문제 갖고 싸웠거든요. 각자 현안 문제 갖고 싸웠는데 이건 대정부투쟁이 되어 버린 거잖아요? 비정규직 철폐는 대정부투쟁이 되어 버렸는데, 실제로 울산은 투쟁이 '정규직 반, 비정규직 반'이거든요. 그러면 이 싸움은 뭔가 된다고 본 거예요, 의미가 다르지요. (그렇죠. 이랜드투쟁의 특징이) 네, 그리고 보니까 노조간부들이 전부 정규직이고. 그러니까 그 싸움을 이끌어 낸 거는 이 싸움 잘 만들면 되겠다는 게, 뭐가 된다고 본 거죠. (지역운동에서 이런 예가 없었던 거네요?) 예가 없었던 거죠. 대공장도 자기네 현안 갖고 싸우는 건 있었는데, "이렇게 싸움이 일어날 수도 있구나" 하는 게 있었고.

(울산지부 분들이 연대활동은?) 연대활동은 거의 제가 빚 갚으러 다니잖아요. 10년째 빚 갚고 다니고 있습니다. 지금도 많이 합니다. 집에 가면 네파 양말만 한 25타스가 있습니다. 뭐 재정사업 하면서 내게 강제로 맡겼으니까 받아와야죠. (김학근, 울산)

사진으로 보는
저항과 연대
POLIC

1 2 / 3 | 4 / 5

① 월드컵지대위가 기획한 책『우리의 소박한 꿈을 응원해 줘』
② 추석재정사업 팸플릿
③ 재정사업, 면목매장 타격투쟁에서(2008. 2. 1)
④ 조합원 총회 모습(2007) _*Copyright 2007. Han Kyungeun all rights reserved.*
⑤ 의료지원연대. 천막에서 조합원들을 진료하는 의사(2008)

사랑의 교회 앞 천막농성

'우리의 기도를
들어주세요!'
뉴코아-이랜드일반노동조합
장기파업 사태해결 촉구 및 노조간부 대량해고 규탄 기자회견
뉴코아-이랜드일반노동조합 공동투쟁본부
박성수 장로가 비정규직 노동자들의 절규를 외면하지 말고, 하루속히 해결할 수 있도록 기도해

1 | 2 3

① '사랑의교회' 앞 기자회견(2007. 12. 21)
② '사랑의 교회' 앞에 설치한 천막농성장
③ '사랑의 교회' 앞 선전전

2008년 상반기 투쟁

① 시흥점 앞 200일 투쟁승리 결의대회(2008. 1. 11)
② 대전역 앞 이랜드불매운동(2008. 1. 31)
③ 대전 홈에버 유성점 앞 불매운동(2008. 1. 31)
④ 300일 투쟁결의대회(2008. 4. 19)
⑤ 이남신 수석의 진보신당 후보 기자회견(2008. 3. 12)
⑥ 빈곤과 차별 없는 서울만들기 차별반대 서울대행진(2008. 4. 23)
⑦ 비정규직 노동자 4명의 '부당해고 집단소송'(2008. 5. 8)
⑧ 코스콤투쟁에 연대하는 조합원들

1
2 3

4
5 6
7 8

해고자
비정규

진보신당 비정규직 공약 발표 및
전국 이랜드화 저지를 위한 기자회견

비정규직
철폐!

부당해고 철회하고 차별을 중단하라!
이랜드 비정규직 부당해고자 집단소송 기자회견

뉴코아-이랜드
노동자들이
승리하지 못하면
우리아이들의
파업사태
해결없이
홍콩증시상장
어림없다!
이랜드그룹 홍콩증시 상장 저지!!
국제연대 홍콩원정투쟁단 출국 기자회견

1 3
2 4

① 홍콩원정투쟁단 출국 기자회견(2008. 4. 30)
② 몸에 사슬을 하고 있는 이남신 수석과 김석원 뉴코아조합원(2008. 5. 6)
③ 골드만 삭스에서 시티은행까지 3보 1배 하는 원정투쟁단(2008. 5. 6)
④ 홍콩원정투쟁 귀국 보고 기자회견(2008. 5. 14)

비정규직 피눈물의 1년
뉴코아-이랜드 파업투쟁 1주년 승리결의대회 및 문화제
2008년 6월 23일(월) / 뉴코아노동조합-이랜드일반노동조합
불법기업 이랜드OUT
비정규직 대량해고!
국산 쇠고기 판매!
홈에버, 뉴코아 안사요!

서울역
Seoul Station
THE GALLERIA
민중의소리
www.vop.co.kr

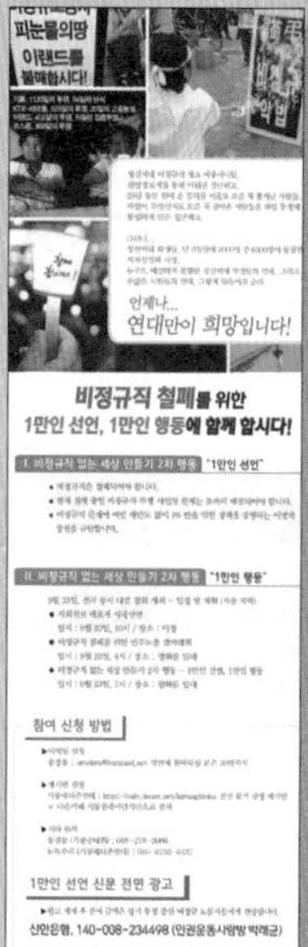

1 | 3
2 | 4

① 파업 1년 결의대회에서 공연하는 노조 율동패 새벽-신화(2008. 6. 23)
② '비정규직 없는 세상 만들기 1차행동의 날' 집회(2008. 9. 9)_*ⓒ민중의소리*
③ 500일 투쟁승리 결의로 흰 천에 먹물로 손도장을 찍는 조합원들(2008. 11. 1)_*ⓒ참세상*
④ 비정규직 철폐 1만인 선언 웹자보

순천분회의 활동들

1 2 / 3 4 | 5 6 / 7 8 / 9 10

① 노래가 적힌 선전지를 보며 노래를 배우면서 집회하는 순천분회원들(2007. 6. 10)
② 전남본부에서 교육받는 순천분회 조합원들
③ 순천점 앞에 설치한 천막(2007. 7. 19)
④ 이랜드투쟁을 위한 전국동시다발 광주전남대회(2007. 8. 19)
⑤ 순천대 앞에서 선전전 하는 조합원들
⑥ 전북본부총파업 피케팅하는 조합원들(2007. 10. 24)
⑦ 전남동부공동대책위원회의 순천점 앞 기자회견(2008. 2. 26)
⑧ 천막농성 돌입 300일 투쟁문화제(2008. 5. 14)
⑨ 홈에버 순천분회 전면파업 1년 투쟁문화제(2008. 7. 11)
⑩ 투쟁 보고대회(2008. 11. 15)

대량해고
이랜드자본
철폐 하고
인간 답게

때문에
노동자들이
해고 되고 있습니다!
홈에버
E-LAND

리미니 이벤트 행사
홈에버 순천점 비정규직 노동자 해고 규탄, 고용보장 촉구 기자회견
일시 2008년 2월 26일, 오후 2시 / 장소 홈에버 순천점 앞
비정규직 탄압하는 나쁜기업 뉴코아-홈에버 불매 전남동부 공동대책위원회

Fiore
순천 이랜드노동자 천막농성 300일 투쟁문화제

HOMEVER 매장입구
어서오십시오
www.homever.com

1 3 / 2 | 4 5 / 6 7 / 8 9

① 23개 울산지역 노동시민사회단체 연석회의 기자회견(2007. 7. 23) *_©한겨레 김광수 제공*
② 울산점 앞 지역 연대집회(2007. 7. 27)
③ 울산점 앞의 울산지역연대집회(2007. 7. 8)
④ 울산점 앞 천막 설치(2007. 8. 9)
⑤ 매장봉쇄투쟁을 하는 조합원들(2008. 9. 21)
⑥ 현대자동차 4공장문 앞 선전전
⑦ 매장점거투쟁을 하는 울산분회 조합원들(2007. 10. 16)
⑧ 울산지법 앞의 구속자 석방 촉구집회(2008. 11. 10)
⑨ 투쟁마무리 문화제(2008. 11. 14)

파업투쟁 승리하여 비정규직 철폐하고 인간답게 살아보자

정성을 다하겠습니다

내려가는곳
매장입구

홈플러스와의 교섭 및 타결

① 잠정합의안 설명. 조합원총회(2008. 11. 12)
② 잠정합의안 투표(2008. 11. 12)
③ 노사조인식(2008. 11. 13)
④ 마지막 이랜드 금요문화제 '잡은 손 놓지 맙시다' 플래카드를 들고 눈물 흘리는 조합원들(2008. 11. 14)

부록

| 이랜드일반노조 관련 자료 |

▶노조 구속자

김경욱, 이남신, 이경옥, 홍윤경, 김학근, 유상헌

▶노조 해고자(사직자)

- 홈에버지부 : ㉠타결 후 사직서 제출자: 김경욱, 이경옥, 김학근, 김경미, 황은영, 윤송단, 장경근, 강혜정(이상 8명) ㉡사직서 기제출자 중 복귀 의사 없다고 한 사람들: 김미옥, 유명숙, 이해욱(이상 3명) ㉢해고자 : 서형태(이상 1명)
- 이랜드지부 : 이남신, 홍윤경, 장석주, 박순흥, 유상헌, 이미애, 김유진(이상 7명)

▶복귀자

※[분회]이름(가나다 순)

[중계]김애수 박찬헌 유미란 이옥인 임애경 차미자 최희숙

[방학]변향순 양금애 이경룡 이선호 진현미

[면목]권점화 김숙이 김형례 남지선 마수경 박미숙 서명자 승선화 안은주 이은숙 임혜숙 장미영 전명화 조이용 진영란 차현자 최봉자 최현옥 한명희 황옥미 황은영

[월드컵]강남정 권온식 권후남 김경미 김남희 김미경 김미숙 김성숙 김현주 남궁진순 박영숙 서난심 서은주 손정옥 송영숙 양동호 양명희 오주영 우미희 유영자 유정숙 윤수미 윤영숙 이경옥 이선미 이수정 이승숙 이재신 이혜진 임정자 장은미 정미화 정종숙 정진아 정태선 조희숙 지선영 최승진 최현미 홍인옥 황선영 황혜숙

[목동]강혜경 박승권 안영주 유경숙 장경근 전옥남 정복숙 정신자 최영미 최지현 황명희

[가양]김미성 유혜경 이선숙

[시흥]김미옥 김선영 김양미 김영순 나희자 유명숙 유옥남 임정원 임춘심 호혜경 홍승희

[일산]양미경 이명옥 최영미 황용철

[중동]최화진

[안양]이미연 임희석

[계산]고일미 김금덕 김동옥 김상현 김성숙 남금복 박미영 박종숙 백동례 안영란 이명희 이순애 이은영 장현자 정명남 조향임 최인숙 최혜영

[야탑]강혜정 이순옥 임경분 장영수

[구월]김정숙 윤송단

[울산]공양미 김숙현 김시도 김진영 김학근 박옥미 박종렬 박희정 서경만 안순용 엄미옥 오종숙 이정남 이정미 이해욱 전향숙 최설경 하남숙 허영숙

[순천]고준 김경민 박영광 송태광 이혜숙

[병점]서형태

[이랜드]김수이 이미애 박순흥 장석주 유상헌

[임원]김경욱 이남신 이경옥 홍윤경

[해고자]손명섭

| 이랜드-뉴코아투쟁 관련 피해 내역 현황 |

※ 민주노총 산별대표자회의 자료인용 : 2008년 11월 25일

※ '구속'의 경우, 이랜드-뉴코아노조 13명 포함함.(연대 단위 2명 및 보석 취소로 인한 법정구속-재구속 2명 포함하면 총 35명임)

※ '수배'·'벌금'·'불구속재판-집유'의 경우, 이랜드-뉴코아노조 및 연대 단위 제외.

※ '벌금'의 경우, 재판 진행 중인 사안은 제외. 이후 이랜드-뉴코아투쟁 관련한 벌금이 대거 확정될 것으로 보임.

1. 구속(35명-연대단위 2명 및 재구속 2명 포함) * 구속일 순서로 정리함

번호	조직	이름	소속	직책	관련사유	구속일	비고
1	서비스연맹	김경욱	이랜드 일반노조	위원장	이랜드-뉴코아 파업	2007. 07.20	
2	서비스연맹	이남신	이랜드 일반노조	수석 부위원장	이랜드-뉴코아 파업	2007. 07.26	
3	서비스연맹	이경옥	이랜드 일반노조	부위원장	이랜드-뉴코아 파업	2007. 07.26	
4	경기지역 본부	안병문	부천지역 일반노조	조합원	7/27 홈에버 상암점 투쟁	2007. 07.29	
5	서비스연맹	최호섭	뉴코아노조	사무국장	이랜드-뉴코아 파업	2007. 08.02	
6	서비스연맹	전형도	뉴코아노조	평택지부장	이랜드-뉴코아 파업	2007. 08.02	
7	서비스연맹	유상헌	이랜드 일반노조	조직국장	이랜드-뉴코아 파업	2007. 08.02	
8	금속노조	문종식	금속노조	통일국장	통일선봉대-홈에버천안점 선전전	2007. 08.09	1년6월/2년

번호	조직	이름	소속	직책	관련사유	구속일	비고
9	건설산업 연맹	김학균	경기 건설노조	조합원	통일선봉대-홈에버천안점 선전전	2007. 08.11	
10	민주공무원 노조	조창형	민주공무원노조 경기본부	조합원	통일선봉대-홈에버천안점 선전전	2007. 08.11	
11	경기지역 본부	박선봉	경기지역본부	교육선전 국장	8/20 뉴코아 평촌점 투쟁	2007. 08.22	집유2년
12	학생	박재우	한신대학생		8/20 뉴코아 평촌점 투쟁	2007. 08.22	집유2년
13	민주노총	허현무	민주노총	조직부장	6/12 비정규시 행령 투쟁, 이랜드-뉴코아투쟁	2007. 09.11	
14	서비스연맹	홍윤경	이랜드 일반노조	사무국장	9/17 홈에버 면목점 투쟁	2007. 09.18	
15	울산본부	이채위	울산지역본부	조직국장	이랜드-뉴코아 파업	2007. 09.18	1년6월/2년, 사회봉사 160시간
16	서비스연맹	김학근	이랜드일반노조 울산분회	분회장	홈에버울산점 투쟁	2007. 09.21	
17	서비스연맹	정영기	뉴코아노조	문화부장	서울지방노동청 점거투쟁	2007. 10.02	
18	서비스연맹	정병원	뉴코아노조	전 위원장	이랜드-뉴코아 파업	2007. 10.07	
19	서비스연맹	박명수	뉴코아노조	조합원	이랜드-뉴코아 파업	2007. 11.20	
20	울산본부	배문석	울산지역본부	문화미디어 국장	이랜드-뉴코아 투쟁(경찰서 항의 방문)	2007. 12.06	
21	민주노총	양태조	민주노총	조직실장	이랜드-뉴코아/한미FTA반대 집회 등	2008. 01.07	
22	경북본부	이전락	경북지역본부	본부장	11/29 홈에버포항점 개장 저지 투쟁/홈에버상주점, 홈에버동촌점 투쟁 등	2008. 02.12	2년/3년

번호	조직	이름	소속	직책	관련사유	구속일	비고
23	광주본부	정기진	광주지역본부	조직1국장	8/18뉴코아 순천점투쟁	2008. 02.28	2년/3년(07년 10월부터 수배)
24	서비스연맹	윤성술	뉴코아노조 순천지부	지부장	이랜드-뉴코아 전남지역 연대투쟁	2008. 03.18	
25	서비스연맹	박양수	뉴코아노조	위원장	이랜드-뉴코아 파업	2008. 05.06	
26	민주노총	진영옥	민주노총	수석 부위원장	이랜드-뉴코아/광우병 쇠고기수입반대총파업	2008. 07.30	
27	민주노총	이용식	민주노총	사무총장	이랜드-뉴코아/광우병 쇠고기수입반대총파업	2008. 09.10	
28	광주본부	강승철	광주지역본부	본부장	광주시청비정규직투쟁/8/18뉴코아순천점투쟁	2008. 10.08	2년6월/4년-2심 중(7년 10월부터 수배)
29	금속노조	김지현	기아자동차 비정규직지회	전 조직국장	07년기아차비정규직투쟁/뉴코아강남점투쟁	2008. 10.22	
30	울산본부	하부영	울산지역본부	본부장	이랜드-뉴코아 파업(법정구속)	2008. 11.07	징역2년, 항소중
31	울산본부	배문석	울산지역본부	문화국장	이랜드-뉴코아 파업(법정구속)	2008. 11.07	징역2년, 보석취소, 항소 중
32	서비스연맹	김학근	이랜드일반노조 울산분회	분회장	이랜드-뉴코아 파업(법정구속)	2008. 11.07	징역1년6월, 보석취소, 항소 중
33	금속노조	한성기	현대하이스코 비정규직지회	대의원	07년 홈에버 순천점 투쟁 (법정구속)	2008. 11.20	징역6월, 차량 압류
34	금속노조	이동우	기아차화성 사내하청분회	전 부지회장	07년기아차비정규직투쟁/뉴코아강남점 투쟁	2008. 11.24	
35	민주노총	이석행	민주노총	위원장	이랜드-뉴코아/광우병 쇠고기수입반대총파업	2008. 12.08	

2. 수배(4명)

번호	조직	이름	소속	직책	관련사유	수배일	비고
1	광주	정찬호	광주지역 본부	교선국장	8/18 뉴코아 순천점 투쟁	2008. 06. 05	05년 현대하이스코 투쟁관련 집유 기간으로 수배생활 중
2	전남	박상욱	전남지역 본부	본부장	이랜드-뉴코아 투쟁	2007. 09. 11	집유 (1년6월/3년)
3	전남	이성수	전남지역 본부	조직국장	이랜드-뉴코아 투쟁	2007. 09. 11	
4	전남	조대익	전남지역 본부	사무차장	이랜드-뉴코아 투쟁	2007. 09. 11	집유 (2년6월/4년)

3. 벌금(91명, 106,650,000원)

번호	조직	이름	소속	직책	관련사유	적용 법규	벌금액	비고
1	건설	김성우	건설산업연맹	조직부장	8월 뉴코아 강남점 투쟁	집시법	500,000	약식명령
2	건설	현석호	건설노조	조직국장	8월 뉴코아 강남점 투쟁	집시법	500,000	약식명령
3	건설	이정훈	건설노조	조직국장	8월 홈에버 상암점 투쟁	집시법	300,000	약식명령
4	건설	이성근	건설노조 전북건설기계지부	익산지회 조직차장	8월 홈에버 상암점 투쟁	집시법	300,000	약식명령
5	건설	이귀정	건설노조 충북건설기계지부	진천지회 교선차장	8월 뉴코아 강남점 투쟁	집시법	1,000,000	약식명령
6	건설	이혁수	건설노조 충남건설기계지부	조직부장	8/14 홈에버 천안점 투쟁-진입 선전전		900,000	
7	공무원	박운용	강원본부 삼척지부	(전)본조 조직실장	8/30 1,000인 선봉대 투쟁		2,000,000	약식명령
8	공무원	이규삼	강원본부 원주지부	사무국장	이랜드-뉴코아 투쟁		700,000	약식명령
9	공무원	박철준	인천본부 서구지부	사무국장	이랜드-뉴코아 투쟁		2,000,000	약식명령
10	금속	권병석	현대자동차지부	정책2부장	7/27 홈에버 울산점 투쟁		2,000,000	

번호	조직	이름	소속	직책	관련사유	적용 법규	벌금액	비고
11	금속	김정현	현대자동차지부	대의원	7/27 홈에버 울산점 투쟁		1,000,000	
12	금속	김호규	현대자동차지부	2대5공장 사업부대표	7/27 홈에버 울산점 투쟁		1,000,000	
13	금속	정용오	현대자동차지부	조합원	7/27 홈에버 울산점 투쟁		1,000,000	
14	금속	류인목	현대자동차지부	조합원	7/27 홈에버 울산점 투쟁		1,000,000	
15	금속	정영자	현대자동차지부	여성실장	7/27 홈에버 울산점 투쟁		2,000,000	
16	금속	김홍규	현대자동차지부	지부감사	7/27 홈에버 울산점 투쟁		1,000,000	
17	금속	권용수	울산지부	노안부장	7/27 홈에버 울산점 투쟁		1,000,000	
18	금속	정세헌	대구지부	문체부장	8/9 홈에버 천안점 투쟁		600,000	
19	금속	송기훈	기아자동차지부	쟁의부장	8/11 뉴코아 강남점 투쟁		2,850,000	
20	금속	차준성	만도지부 평택지회	대의원	7/21 뉴코아 평택점 투쟁	집시법, 업무방해, 공집방	3,000,000	
21	금속	남근우	현대차판매 (부산)	조합원		집시법	500,000	
22	금속	안석태	경남지부 마창지역지회	수석 부지회장	9/9 뉴코아 창원점 투쟁	업무방해	2,000,000	약식명령
23	대학	조현호	한성대지부	지부장	홈에버 방학점 투쟁	도로교통법, 집시법	500,000	
24	사무 금융	정용건	사무금융연맹	위원장	11/10 홈에버 상암점 투쟁	집시법	1,000,000	
25	사무 금융	전병영	사무금융연맹	조직실장	7/27 홈에버 상암점 투쟁	집시법, 폭처법, 업무방해	1,500,000	
26	사무 금융	전석민	증권노조 코스콤 비정규지부	선봉대장	8월 뉴코아 평촌점 투쟁	집시법, 폭처법, 공집방 등	1,500,000	

번호	조직	이름	소속	직책	관련사유	적용 법규	벌금액	비고
27	서비스	이성종	서비스연맹	교선국장		공동건조물 침입	300,000	
28	서비스	전영규	서비스연맹	조직활동가		집시법, 업무방해	300,000	
29	서비스	이영화	서비스연맹	조직2국장	홈에버상암점 투쟁	집시법	700,000	
30	서비스	노우정	서비스연맹	조직활동가	홈에버상암점 투쟁	업무방해	500,000	
31	서비스	윤상종	동일리조트노조	당시 사무국장	8/9 홈에버 천안점 투쟁		4,900,000	
32	서비스	안재국	식음료유통본부	총무부장	8/9 홈에버 천안점 투쟁		550,000	
33	서비스	김창현	퀵서비스노조	당시 위원장	홈에버상암점 투쟁	집시법	300,000	
34	시설	나천봉	민주연합노조 의정부지부	지부장	8/28 홈에버 상암점 투쟁	집시법, 업무방해	550,000	
35	시설	서원용	민주연합노조 성남지부	조합원	8/28 홈에버 상암점 투쟁	집시법, 업무방해	350,000	
36	시설	서상호	민주연합노조 남양주지부	사무장	8/28 홈에버 상암점 투쟁	집시법, 업무방해	300,000	약식명령
37	시설	한대일	민주연합노조 김포지부	지부장	8/31 홈에버 상암점 투쟁	집시법, 업무방해	200,000	약식명령
38	시설	김현태	민주연합노조 성남지부	지부장	8/31 홈에버 상암점 투쟁	집시법, 업무방해	300,000	약식명령
39	전교조	김형배	경기지부 의정부지회	교선부장	홈에버천안점 투쟁	업무방해	700,000	
40	서울	이재영	서울지역본부	본부장	8/5 홈에버 면목점 투쟁	업무방해	1,000,000	
41	서울	이남경	서울지역본부	부본부장	7/21 홈에버 방학점 투쟁	집시법	200,000	
42	서울	문문주	서울지역본부	조직국장	8/5 홈에버 면목점 투쟁	업무방해	1,000,000	
43	서울	한태희	서울지역본부	조직부장	8/5 홈에버 면목점 투쟁	업무방해	1,000,000	
44	서울	윤진영	서울지역본부	조직차장	7/21, 9/18 홈에버방학점 투쟁	집시법	500,000	
45	서울	허유경	서울지역본부	미조직비정규직차장	뉴코아강남점 2차농성투쟁		300,000	

번호	조직	이름	소속	직책	관련사유	적용 법규	벌금액	비고
46	서울	배상조	서울지역본부	북부지구협 의장	7/21 홈에버 방학점 투쟁	집시법	200,000	
47	서울	조현호	서울지역본부	회계감사 (북부 수석)	7/21 홈에버 방학점 투쟁	집시법	500,000	
48	서울	장현일	서울지역본부	정치위원장	7/21, 9/18 홈에버방학점 투쟁	집시법	500,000	
49	인천	문상기	인천지역본부	수석 부본부장	8/11 뉴코아 구월점 투쟁	업무방해	1,000,000	약식명령
50	인천	박래섭	인천지역본부	조직국장	8/11 뉴코아 구월점 투쟁	집시법, 업무방해	2,000,000	약식명령
51	경기	배성태	경기지역본부	본부장	7/27 홈에버상암점 투쟁	집시법	1,000,000	
52	경기	천진	수원지구협	의장	7/27 홈에버 상암점 투쟁	집시법	1,000,000	
53	경기	도정훈	안산지구협	조직부장	7, 9월 홈에버 상암점 투쟁	집시법	1,000,000	
54	경기	윤병일	성남지구협	의장	7/27 홈에버 상암점 투쟁	업무방해	500,000	
55	경기	신옥희	성남지구협	사무차장	7/27 홈에버 상암점 투쟁	업무방해	300,000	
56	경기	이종란	경기본부 법률원	법규차장			2,000,000	
57	충북	윤기욱	충북지역본부	수석 부본부장	홈에버청주점 투쟁	집시법, 업무방해 등	700,000	
58	충북	김용직	충북지역본부	교육선전 부장	홈에버청주점 투쟁		5,000,000	
59	충북	백형록	충북지역본부	충주시협 사무국장	홈에버청주점 투쟁		700,000	
60	대전	박홍규	대전지역본부	비대위원장	7/14 홈에버 유성점 투쟁	집시법	1,000,000	
61	대전	박민숙	대전지역본부	한미FTA 저지위원장	7/14 홈에버 유성점 투쟁	집시법	1,000,000	보건
62	대전	정기현	대전지역본부	정치위원장	7/14 홈에버 유성점 투쟁	집시법	1,000,000	

번호	조직	이름	소속	직책	관련사유	적용 법규	벌금액	비고
63	충남	조영현	충남지역노조 뉴인텍	전 지부장	8/9 홈에버 천안점 투쟁-진입 선전전		900,000	
64	충남	곽인용	충남지역노조 삼양사	지부장	8/9 홈에버 천안점 투쟁-진입 선전전		900,000	
65	충남	황선욱	충남지역노조 뉴인텍	조합원	8/9 홈에버 천안점 투쟁-진입 선전전		600,000	
66	충남	김용찬	충남지역노조 뉴인텍	조합원	8/9 홈에버 천안점 투쟁-진입 선전전		600,000	
67	충남	임용재	충남지역노조 동화기업	조합원	8/9 홈에버 천안점 투쟁-진입 선전전		600,000	
68	충남	김오형	충남지역노조 동화기업	지부간부	8/9 홈에버 천안점 투쟁-진입 선전전		600,000	
69	충남	신태권	충남지역노조 KFSC	지부간부	8/9 홈에버 천안점 투쟁-진입 선전전		600,000	
70	충남	원용복	충남지역노조 동화기업	조합원	8/9 홈에버 천안점 투쟁-진입 선전전		600,000	
71	충남	고귀영	충남지역노조 GKN	전 지부장	8/9 홈에버 천안점 투쟁-진입 선전전		850,000	
72	충남	임정민	충남지역노조 KFSC	부지부장	8/9 홈에버 천안점 투쟁-진입 선전전		550,000	
73	충남	정상필	충남지역노조 한성실업	조합원	8/9 홈에버 천안점 투쟁-진입 선전전		550,000	
74	충남	박천관	충남지역노조 피엠텍	지부장	8/9 홈에버 천안점 투쟁-진입 선전전		550,000	

번호	조직	이름	소속	직책	관련사유	적용 법규	벌금액	비고
75	충남	강현성	충남지역노조 한성실업	지부장	8/9 홈에버 천안점 투쟁-진입 선전전		1,350,000	
76	충남	조기천	충남지역노조 삼영피엠텍	조합원	8/9 홈에버 천안점 투쟁-진입 선전전		850,000	
77	충남	김용준	충남지역노조 KFSC	조합원	8/9 홈에버 천안점 투쟁-진입 선전전		550,000	
78	충남	이귀진	충남지역노조 코리아 웨코스타	사무장	8/9 홈에버 천안점 투쟁-진입 선전전		4,000,000	
79	전북	이창석	전북지역본부	(전) 조직2국장	7월~12월 홈에버전주점 투쟁	집시법	3,000,000	
80	전북	윤철수	전북평등지부	조직부장	7월~12월 홈에버전주점 투쟁	집시법	1,000,000	
81	경북	이전락	경북지역본부	본부장	7월 홈에버 동촌점 투쟁	집시법, 업무방해	1,500,000	약식명령
82	경북	김차경	경북지역본부	조직국장	7월 홈에버 동촌점 투쟁	집시법, 업무방해	1,500,000	약식명령
83	부산	김재남	부산지역본부	조직국장	8/25 홈에버 해운대점 투쟁	업무 방해	2,000,000	약식명령
84	부산	김재남	부산지역본부	조직국장	7, 8, 9월 홈에버 해운대점 투쟁	집시법	500,000	약식명령
85	울산	윤장혁	울산지역본부	사무처장	7월 홈에버 울산점 투쟁	집시법, 폭처법	1,500,000	
86	경남	고용수	경남지역본부	수석 부본부장	8/25 뉴코아 창원점 투쟁	업무 방해	2,000,000	약식명령
87	경남	전창현	경남지역본부	부본부장	8/25, 9/9 뉴코아창원점 투쟁	업무 방해	3,000,000	약식명령
88	경남	김성대	경남지역본부	사무처장	8/25 뉴코아 창원점 투쟁	업무 방해	3,000,000	약식명령
89	경남	박해정	경남지역본부	조직1국장	8/25, 9/9 뉴코아창원점 투쟁	업무 방해	3,000,000	약식명령
90	경남	강성진	경남지역본부	조직2국장	8/25 뉴코아 창원점 투쟁	업무 방해	3,000,000	약식명령
91	경남	강동화	경남일반노조	(전)위원장	9/9 뉴코아 창원점 투쟁	업무 방해	2,000,000	약식명령

4. 불구속 재판-집행유예(17명)

번호	조직	이름	직책	관련사유	적용법규	비고
1	공공	김성규		중부서 항의투쟁	집시법, 특공방	1년 6월/2년
2	금속	강성신(현차)	조직강화실장	7/27 홈에버울산점 투쟁		1년 6월/2년
3	금속	홍영출(현차)	교육위원	7/27 홈에버울산점 투쟁		1년 6월/2년
4	금속	신명균(포항)	수석부지부장	11/29 홈에버포항점 개장저지투쟁	집시법,업무방해, 상해치사	1년 6월/2년
5	서비스	노우정	조직활동가	홈에버상암점 1차 농성투쟁	업무방해	집유1년
6	서비스	김광창	조직부장	7/27 홈에버상암점 투쟁		1년/2년
7	경기	손영활(평택)	사무국장	7/21 이랜드-뉴코아 투쟁	집시법,업무방해, 공집방	1년 6월/2년
8	충북	조원기	사무처장	홈에버청주점 투쟁		8월/2년 항소 중
9	충북	김기연	조직부장	홈에버청주점 투쟁		2년 6월/4년
10	충남	최만정	사무처장	홈에버천안점 투쟁		6월/2년
11	충남	방효훈	조직부장	홈에버천안점 투쟁		6월/2년
12	광주	김현석	사무처장	8/18 뉴코아순천점 투쟁		1년 6월/2년 항소 중
13	경북	김차경	조직국장	11/29 홈에버포항점 개장저지투쟁	집시법, 업무방해, 상해치사	1년 6월/2년
14	경북	권기명	복지부장	11/29 홈에버포항점 개장저지투쟁	집시법, 업무방해, 상해치사	1년 6월/2년
15	부산	최용국	본부장		집시법, 업무방해	10월/2년
16	울산	이동익	조직국장	이랜드-뉴코아 파업	집시법, 업무방해	6월/1년 항소 중
17	울산	이영자	교양국장	이랜드-뉴코아 파업	집시법, 업무방해	6월/1년 항소 중

5. 부상(3명)

번호	조직	이름	소속	직책	관련사유	치료비	비고
1	공무원	신길웅	인천본부 남동지부	사무차장	8/11 이랜드투쟁 중 집단 폭행	50,700	
2	금속	이영춘	경기북부지회 경인냉열분회	대의원	8/5 홈에버 고양점 투쟁	250,000	
3	화학섬유노조	이헌기	한국합섬 HK지회		9/17 홈에버 면목점 투쟁	4,600,000	왼쪽 뒤꿈치뼈 골절, 오른쪽 전방인대 파열/전치8주

| 구술자 명단 |

※이름(소속 / 구술작업 날짜) 가나다 순

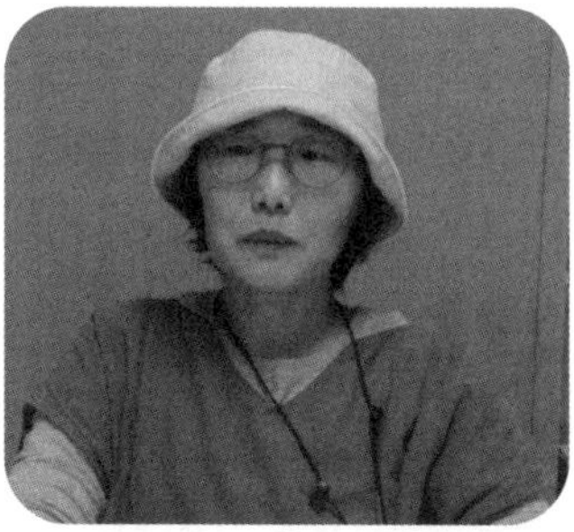

강양미(월드컵지대위 / 2019년 5월 12일)

강혜정(야탑분회장 / 2019년 3월 11일)

김경미(월드컵분회장 / 2019년 3월 25일)

김경욱(노조 위원장 / 2019년 6월 17일)

김명숙(방학분회 조합원 / 2019년 5월 12일)

김선영(시흥분회 조합원 / 2019년 4월 1일)

김성규(울산 민주노동당 / 2019년 5월 31일)

김유조(순천분회 1대지부장 / 2020년 8월 23일)

김영순(시흥분회 사무장 / 2019년 3월 12일)

김용임(중동분회 조합원 / 2019년 4월 28일)

김정애(구월분회 조합원 / 2019년 2월 28일)

김학근(울산분회장 / 2019년 5월 30일)

김현주(전남본부 교선국장 / 2019년 4월 30일)

마수경(면목분회 조합원 / 2019년 2월 21일)

박복희(안양분회장 / 2019년 3월 18일)

박영광(전라지부장 / 2019년 2월 12일)

박영숙(순천분회장 / 2019년 4월 29일)

박준도(인천지대위 / 2019년 5월 18일)

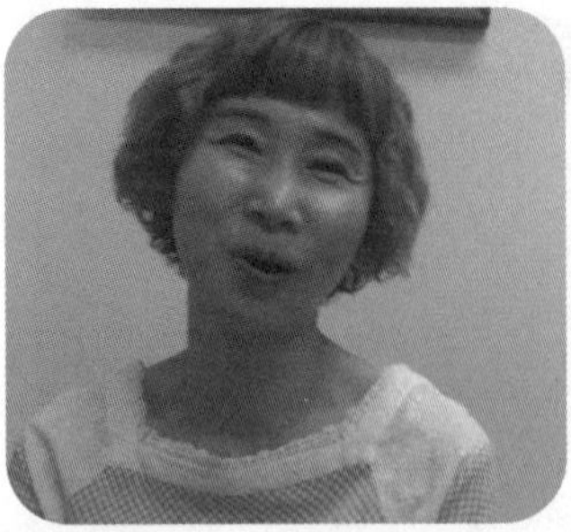

박희정(울산분회 조합원 / 2019년 5월 30일)

백종근(순천분회 조직국장 / 2019년 4월 30일)

서선애(순천분회 조합원 / 2019년 4월 29일)

서은주(월드컵분회 조합원 / 2019년 3월 19일)

서형태(병점분회 분회장 / 2019년 3월 28일)

손명섭(부산, 해고자 / 2019년 3월 11일)

유영예(울산분회 조합원 / 2019년 5월 30일)

이경옥(노조 부위원장 / 2019년 1월 18일)

이남신(노조 수석부위원장 / 2019년 2월 19일)

이선호(방학분회 조합원 / 2019년 4월 14일)

이해욱(울산분회 대의원 / 2019년 5월 30일)

임재윤(시흥분회 조합원 / 2019년 3월 12일)

임혜숙(면목분회 조합원 / 2019년 2월 25일)

조은옥(중동분회 분회장 / 2019년 3월 27일)

진현미(방학분회 대의원 / 2019년 4월 14일)

하남숙(울산분회 조합원 / 2019년 5월 30일)

하부영(울산본부장 / 2019년 5월 31일)

홍윤경(노조 사무국장 / 2019년 2월 6일)

황선영(월드컵분회 조합원 / 2019년 1월 29일)

황옥미(면목분회 회계감사 / 2019년 2월 18일)

황은영(면목분회장 / 2019년 3월 10일)

| 문헌 자료 |

한국까르푸노조, (1998~2006) 선전물

이랜드일반노조, (2007~2008) 회의자료, 선전물, 교섭자료, 공문, 보도자료

민주노총, (2007~2008년) 회의자료, 선전물, 홈페이지

민주노총 서울지역본부, (2007~2008년) 회의자료, 홈페이지

민주노총 전남지역본부, (2007~2008년) 회의자료, 홈페이지

민주노총 울산지역본부, (2007~2008년) 회의자료, 선전물, 홈페이지

민주노동당 당원게시판

이랜드일반노조 조합원의 개인 수첩 및 기록글 (김선영, 이경옥, 진현미, 황옥미)

경향신문, 노동과 세계(민주노총), 레디앙, 매일노동뉴스, 민중의 소리, 오마이뉴스, 울산노동뉴스, 참세상, 프레시안, 한겨레신문 등

| 투쟁 연표 |

1996

07. 31 » 한국까르푸 제1호점 중동점 개점.

1997

04. 02 » 일산점 노조 결성(박현삼 위원장, 이재상 사무장).
09. 06 » 대전 둔산점에 지부 결성.
10. 23 » 노사 첫 교섭.
11. 16~18 » 둔산점 노조, 부당노동행위에 대한 침묵 피켓시위 시작.
12. 23 » 둔산점 노동자들 근무조건 개선 요구 파업(1개월간 진행).

1998

06. 19 » 국제조직 피에트 대표단이 한국까르푸를 방문해 노조인정과 성실교섭을 약속받음. 그러나 회사는 곧바로 노조를 탄압해 둔산지부 해산시킴.

1999

08월 말 » 일산점의 검수과 노동자들의 자발적인 하루파업.

2000

09. 25 » 2대 집행부 선출. 장순덕 위원장, 이영숙 부위원장.

2001

02. 01 » 인천 계산지부 노조 결성.
02. 10 » 일산점 이선옥 조합원 부당해고 항의, '한국까르푸노조탄압 규탄집회' 개최.
일산점 앞에서 100일 릴레이 시위 시작.
02. 19 » 일산점에 UNI의 상업담당 책임자 방문.
05. 09 » 일산점 여성조합원들의 100일 릴레이 시위 끝에 이선옥 조합원 원직복직.
05. 24 » 중계지부 결성.
06. 26 » 해운대지부 결성.
08월 » 장순덕 위원장의 사임으로 이영숙 부위원장이 직무대행.
08. 16 » 1차 단체교섭.
10. 12 » 3대 집행부 선출. 이영숙 위원장.
10. 14 » 회사의 대표와 간부 13인 부당노동행위로 고소.

1996 | 2001

2002

03. 26 » 2002년 임금인상과 단체협약을 위한 1차 노사교섭.

04. 09 » 한국까르푸 본사 앞, 회사의 불성실한 교섭태도에 항의하는 피켓시위.

05. 12 » 중계점의 신지호, 유성은 조합원 해고 통보.

05. 13~18 » 중계점 앞의 항의 피켓시위 시작. 조합원 쟁의행위 찬반투표 실시.

05. 22 » 새벽 6시부터 조끼투쟁(사복근무).

노조간부들의 전면파업 돌입 (321일 간부파업).

321일 간부파업

연대노동자들 참여한 중계점과 일산점 앞의 집회. 이후 파상파업과 선전전, 월드컵 경기장 및 프랑스 대사관 앞 집회, 각 매장 앞 공동집회 등 진행.

07. 06 » 한국까르푸노조 문제 해결을 위한 공동대책위(준) 일산점 집회.

07. 10~13 » 1차 전국순회투쟁.

07. 14 » 중계점장 폭행, 명예훼손, 업무방해 등의 이유로 최명원 부위원장 부당해고.

07. 15 » 계산지부 재결성.

08. 09 » 까르푸 본사 앞 '다국적 기업 까르푸의 노동착취, 노조탄압 규탄과 단체협약 체결 촉구를 위한 서비스노동자결의대회 및 전국순회투쟁단 발족식'.

08. 10~12 » 2차 전국순회투쟁.

08. 24 » '노원지역 노동/시민/사회단체 공동대책위원회' 결성.

08. 29 » 파업투쟁 100일 집회. 본사 진입 과정에서 몸싸움.

08. 30 » 한국까르푸와 일산점 점장 노동조합 및 노동관계조정법 위반 혐의로 기소 (11월 29일에 벌금형 선고).

09. 07 » 중계점 앞 집중결의대회. 천막농성 돌입.

09. 13 » 중계점 앞 '까르푸 만행 규탄결의대회'.
정향숙 조직국장은 밧줄에 몸을 묶어 고공시위.
까르푸 규탄을 위한 민주노총 서울지역 공동집회.

09. 14 » 순천지부 결성식.

09. 16 » 중계점 점장이 최명원 부위원장 감금·폭행.

09월 중순 » 한국까르푸노조 문제 해결을 위한 공동대책위 출범.

09. 25 » 서울북부민중연대(준), 까르푸투쟁에 적극 연대 결정.

09. 28 » **천막농성장을 지키려는 의지의 표현으로 '노조 현판식' 거행.**

10. 11 » 교섭위원들 삭발.

10. 18 » 서울지방노동청 연대집회(파업투쟁 150일).

11. 01 » 지하철 안에서 대시민 선전전 시작.

11월~ » 전국 매장 순회 선전전(4개월간 진행).

12. 07 » 4대 집행부 선출. 최명원 위원장, 김유조 부위원장, 이경옥 사무국장.

20
03

2003년 회사는'비정규직 등급제' 시행.

01월~03월 » 본사와 중동점장이 프로모터(협력업체 파견사원) 대량해고 지시.

01. 23-25 » 1차 전국순회투쟁.

02. 23 » 2차 전국순회투쟁.

04월 » 회사는 점장급에게 '비정규직 관리지침' 하달.

04. 01 » 노사는 "최명원 위원장 복직, 파업참여자 인사상 불이익 금지, 반전임자 인정 및 노조사무실 제공" 등의 단체협약에 잠정합의.

04. 07 » 전체 조합원 투표로 잠정합의안이 통과.

단체협약 조인(노조인정, 노조활동 보장).

04. 11 » 중동지부 결성식.

05. 15 » 1차 임금문제 교섭.

06. 23 » 노조사무실 개소식(7년 만에 처음으로 노조사무실 확보).

06. 27 » 회사에 쟁의행위 통보. 중동점의 하루 간부파업(중동지부 간부 70일 파업).

06. 28 » 중동점 앞 '2003년 임금투쟁 승리와 민주노조 사수를 위한 투쟁결의대회'

07. 01 » 전 매장 직장폐쇄.

07. 05 » 2003년 임금투쟁 승리와 민주노조 사수를 위한 투쟁결의대회.

07. 08 » 파업 후 첫 교섭.

07. 09 » 중동점만 제외하고 직장폐쇄 철회.

08. 05 » 프랑스 대사관 앞에서 1인시위. 월드컵점과 가양점에서 선전전.

08. 20 » 중동점과 계산점에서 조끼투쟁 시작.

09. 02 » 중동지부, 노사의 14차 교섭으로 잠정합의서 작성.

09. 08 » 중동지부, 임금협상 조인식.

10. 31 » 5대 집행부 선출. 김경욱 위원장, 이경옥 사무국장.

가을 » 시흥지부 결성.

12월 » 노조는 2004년 임금인상과 주5일제 교섭을 회사에 요청.

2002 2003

2004

01. 09 » 노사간 교섭 시작.

04. 02 » 노사는 3% 임금인상 등 임금교섭 합의.

5월 » 주5일 근무제 관련 교섭.

06. 11~15 » 쟁의행위찬반투표 결과 84.2% 찬성으로 가결.

07. 24 » 인천 계산점 앞 '주5일제 쟁취를 위한 결의대회'.
회사는 독자적으로 주5일제(주40시간) 근무를 전국 매장에서 실시.

09. 11 » 조합원들의 사복근무 돌입.
노조는 "비정규직도 정규직처럼 주5일제 적용" 요구한 결과 회사는 비정규직도 정규직과 같은 대우를 받도록 합의.

2004년 » 안양지부 결성.

2004년 » 면목지부 결성.

2005

02. 04 » 임단협 첫 교섭을 시작.
(8차례의 교섭을 통해 2005년 임금인상에 잠정합의.)

05. 01 » 단협을 위한 쟁의행위찬반투표 결과 재적인원 71.2%의 찬성, 쟁위행위에 돌입 선언. 집행부는 지부순회 선전전, 노조간부들은 사복투쟁 시작.

06. 10 » 파업 선언. 시흥 본사 앞에서 집회 개최. 사복투쟁.

07. 15 » 간부들의 사복투쟁 지속. 프랑스 대사관 앞 1인시위 시작.

07. 25 » 면목점 성희롱 사건들을 국가인권위원회에 진정서 제출.

07. 27 » 프랑스 문화원 앞 '무기한 1인시위' 시작.

08. 13 » 13차 교섭. 전 조합원 리본 달기 시작.

09. 11~17 » 전 조합원 사복투쟁.

09. 14 » 수도권 지부 중심으로 총파업. 일산점 앞 집회.

09. 15 » 순천지부 총파업. 해운대점 앞의 집회 참여.

10월 » 회사의 조합원들을 감시해 정리한 「까르푸노조 활동상황 보고서」를 노조 입수.

10월 » **정규직 노동조합에서 비정규직과 함께하는 노동조합으로 규약 개정.**

12. 08 » 면목점 성희롱 사건, 국가인권위원회 기각 판정.

12. 14 » 회사는 "비정규직(파트타이머)의 노조활동 보장을 골자로 한 UNI 국제협약을 준수하고, 발전적 노사관계를 위해 노력한다"는 내용의 양해각서에 서명.

2006

03월 » 울산지부 결성.

03. 02 » 노조는 면목점 성희롱 사건에 대한 인권위의 기각결정을 인정하지 않고 서울행정법원에 의결처분 취소청구(2008년 11월 일부 성희롱 판결).

03. 10 » 회사 매각 공론화. 노동자들의 고용 불안 심각.
인천 구월점 앞 고용안정요구 결의대회.

03. 23 » 서비스연맹 및 노조 고용안정요구 성명. 노사 교섭.

03. 25 » 목동점장이 4월 12일 샐러드바와 베이커리를 수수료매장으로 전환하겠다고 발표.
목동점 조합원 부분파업.

03. 26 » 노조활동 보장, 고용승계, 비정규직 차별해소 요구하며 하루 경고파업.
서울·경기 등 수도권 매장과 순천점, 해운대점 파업 참여.

03. 31 » 노조와 회사는 '노조·단협·고용승계'의 단체협약 잠정합의.

04. 07 » 단체협약 조인식. 까르푸 인수사의 고용안정 확약서 등은 받아내지 못함.

04.28 » 이랜드의 까르푸 인수.

04. 30 » 뉴코아, 이랜드, 까르푸 노조가 대책회의. 공동행동 결의.

05. 01 » 뉴코아, 이랜드, 까르푸 세 노조가 안양 평촌 뉴코아 본사 앞 공동집회.

05. 10 » **3사 노조 '고용안정 쟁취와 노조탄압 분쇄를 위한 공동투쟁본부' 발족.**

1차 결의대회를 개최하여 '3사 노조 통합' 계획 선포.

05. 17 » 중계점에서 수수료전환 통보.
노조는 단체협약 불이행에 대해 항의하며 보충협약을 체결 요구.

05. 22 » 목동점 야채청과 노동자 3명 부당 해고.

06. 08 » 회사는 중계점, 월드컵점, 면목점 등 매출 상위 점포의 샐러드바를 수수료매장으로 전환할 방침. 면목점 조합원들이 점장 면담을 요구하며 농성 중 몸싸움.

06. 09 » 울산점에서 매니저들이 집단으로 몰려와 노조의 선전활동을 방해.

06. 30 » 부당해고 노동자 3명에 대한 징계위원회가 열린 목동점 회의실 밖 복도에서 까르푸·뉴코아·이랜드조합원들이 부당해고 철회요구하며 농성.

07. 14 » 공투본 이랜드 본사 앞 공동집회.

07. 18 » 서비스연맹과 3사 노조는 과천 공정거래위원회 앞에서 기자회견.

07. 28 » 시흥점 본사 앞 대규모 집회.

08. 10 » 공투본은 목동점의 해고자복직 요구하며 3박 4일 농성투쟁.

08. 16 » 이랜드 본사 앞 집회.

08월경 » 까르푸노조와 이랜드노조의 통합 논의 시작.

2006

09. 05 » **이랜드노조 (3사 노동자의 공동) 파업출정식. '2001 아울렛' 매장선전전.**

09. 12 » 공투본 중계점 앞 집회 및 '유통노동자 인간선언' 가두행진.
까르푸 중계점 앞 '유통노동자 생존권 사수를 위한 투쟁거점' 천막 설치.

09. 27 » 이랜드는 까르푸를 '홈에버'로 명칭을 바꿔 출범식.

09월 » 공투본 민주노동당 서울시당 노동위원회에 비정규조직화 공동사업 제안.

10월~ » 2007년 1월까지 공투본과 민주노동당 서울시당 노동위원회는 매주 선전전과 촛불문화제.

11. 30 » 비정규직법 국회 통과.

12월 » 방학지부 결성.

12월 » 까르푸노조·이랜드노조 공동상집위원회 '(가)이랜드일반노조 창립준비위원회' 구성.

12. 20 » **이랜드일반노조 창립발기인대회.**

2007

2007년 » 야탑분회 결성.

01.23~30 » 제1대 임원선거 김경욱 위원장, 이남신 수석부위원장, 이경옥 부위원장, 홍윤경 사무국장 선출.

01월 » 각 매장에 모니터링 제도 실시.
이에 항의한 일산점 노동자들의 1인시위와 농성투쟁.

02월 » 홈에버 「비용절감프로젝트」 실행. 전국 32개 점포 650여 명의 용역노동자 해고.

02. 02 » 홍윤경 사무국장 해고.

03. 07 » 야탑점에서 모니터링 결과를 복도 게시판에 실명 공개.

03. 13 » 평촌 뉴코아 본사 앞의 기자회견 및 공동집회. 가두행진.

04. 17 » **첫 비정규직 노동자 해고 — 호혜경 시흥분회 조합원.**
시흥분회 조합원들 해고철회와 원직복직 요구 1인시위와 선전전.

05. 11 » 구월점 1년 9개월 근무한 김정숙 해고. 계약직 노동자 해고 지속.
'이랜드일반노동조합 월드컵분회 설립준비위 촛불문화제'.

05월 » 월드컵분회 결성.

05. 15 » 공투본은 비정규직법 시행을 앞두고 여의도의 렉싱턴호텔 앞 기자회견.

05. 26 » 뉴코아노조 총파업 결정.

05. 28 » 이랜드일반노조 조합원 총파업 가결.

06. 10 » **이랜드일반노조와 뉴코아노조의 1차 공동총파업.**
순천분회 경고파업.
울산분회 1일 시한부 파업.

06. 11 » 울산분회는 사복투쟁 돌입.

06. 12 » 비정규직법 시행령 통과.

2007

06. 15 » 홈에버, 직무급제 도입 발표.

06. 17 » 2차 공동파업. 이랜드자본 규탄결의대회 진행.
울산분회 파업(상경투쟁).

06. 18 » 순천분회와 뉴코아 순천지부와 같이 '비정규직 문제해결을 위한 결의대회' 개최.

06. 20 » 서울지방노동위원회는 호혜경 부당해고 판정. 호혜경 조합원 원직복직.

06. 23 » 3차 공동파업 1일차. 월드컵점 일시 점거.
순천분회 하루 전면파업.
울산분회 파업(상경투쟁).

06. 24 » 3차 공동파업 2일차. 뉴코아아울렛 강남점 앞 집회.

06. 25~26 » 뉴코아 야탑점과 홈에버 야탑점 등에서 파업.

06. 27 » 뉴코아 일산점, 홈에버 일산점 등에서 파업.

06. 28 » 4차 공동파업 1일차. 홈에버 면목점과 뉴코아 동수원점 및 인천점에서 집회.
홈에버 순천분회와 뉴코아 순천지부가 순천역에서 순천시청까지 시가행진과 집회.

06. 29 » 4차 공동파업 2일차.

06월 » 병점분회 결성.

06. 30 » **비정규직법 시행을 앞두고 월드컵점에서 점거농성(1일차).**
순천분회, 월드컵점 결합.
울산분회 지역집회 후 월드컵점 결합.

07. 01 » **비정규직법 시행.**
점거농성 2일차. 분회별 토론과 총회에서 조합원이 무기한 점거 결정.

07. 02 » 점거농성 3일차. 123개 노동단체와 시민단체들이 이랜드 본사 앞에서 기자회견.

07. 03 » 점거농성 4일차. 민주노총과 공투본 기자회견.

07. 04 » 점거농성 5일차. 코스콤, 보건의료노조, 건설노조 등 노동자들 연대 방문.

07. 05 » 점거농성 6일차. 민주노동당 권영길 의원과 노회찬 의원 농성장 방문.

07. 06 » 점거농성 7일차. 노사교섭.

07. 07 » 점거농성 8일차. 노사교섭.
중동점 점거농성.

07. 08 » **점거농성 9일차. 민주노총과 뉴코아-이랜드일반노조 1차 전국 매장(매출)집중타격투쟁.**
순천분회 이랜드 매출제로 1차 투쟁.
울산분회 전면파업 및 울산본부와 집회 후 매장농성.

07. 09 » 점거농성 10일차. 정부는 공권력투입 검토.
이석행 민주노총 위원장과 노동부 장관 회동.

07. 10 » 점거농성 11일차. 1차 홈에버-뉴코아 노사교섭
27개 여성시민사회단체 이랜드그룹과 정부 비판 기자회견.

2006 2007

2007

07. 11 » 점거농성 12일차. 매장 주위에 경찰병력 배치.
한국진보연대 실천단, 전국농민회총연맹, 사회주의학생연맹 등 단체회원들이 경찰의 봉쇄에도 불구하고 농성장에 합류.
07. 12 » 점거농성 13일차. 월드컵점은 경찰이 완전히 봉쇄.
네티즌 자발적인 이랜드 불매운동. 민주노동당의 예비대선후보들 기자회견.
각계각층의 성명서 발표.
민주노동당 부산시당은 홈에버 서면, 해운대점, 뉴코아 괴정점 앞 1인시위.
07. 13 » 점거농성 14일차. 연대세력이 농성장 진입투쟁. 26명 연행.
07. 14 » 점거농성 15일차. 대전본부가 문화점, 둔산점 앞의 1인시위와 불매운동 시작.
07. 15 » 점거농성 16일차. 전기를 끊고 경찰이 봉쇄한 상황에서
건강사회를위한약사회·치과의사회·인도주의실천의사협의회 등의 의료진 10여 명이 농성장을 방문. 가족과 함께하는 문화제.
07. 16 » 점거농성 17일차. 2차 노사교섭. 참여연대, 한국여성단체연합, 녹색연합 등 57개 시민사회단체가 홈에버 월드컵점 앞에서 '나쁜 기업 이랜드불매 시민행동' 발족식.
07. 17 » 점거농성 18일차. 3차 노사교섭.
월드컵점 정문 앞에서 민주노동당·민주노총·한국진보연대(준) 등이 집회.
07. 18 » 노동부 장관 공권력 투입을 시사. 회사도 점거를 풀지 않으면 직장폐쇄, 공권력투입 요청 등을 할 수 있다고 함.
이랜드사태 공동대책위원회와 이랜드노조 기자회견. 조합원들은 계산점에 모여 매장을 기습 점거하고 농성과 촛불문화제.
13개 시민단체로 구성된 대전시민사회단체연대회의가 홈에버 둔산점 앞에서 '나쁜 기업 이랜드' 불매운동 촉구 기자회견.
4차 노사교섭.
울산본부는 홈에버 사거리에서 1인시위 시작. 대규모 선전전.
울산분회 부분파업 후 매장 안 파업결의대회.
07. 19 » 점거농성 20일차. 교섭이 결렬. 농성장에 공권력 침탈 임박.
전국 곳곳 노동사회단체들 농성 노동자들의 투쟁 지지와 정권·이랜드자본 규탄.
민주노동당 국회의원들이 농성장으로 모임.16개 단체가 참여한 이랜드 불매운동 전북지역 시민사회단체의 기자회견.
월드컵점 앞에서 인권운동사랑방이 '여성노동권 쟁취를 위한 여성선언' 기자회견.
여성 2,654명이 '여성노동권쟁취를 위한 여성선언' 진행.
순천분회는 전남본부와 함께 기자회견. 순천점 앞에서 천막농성 돌입과 전면파업.

07. 20 » **점거농성 21일차. 경찰 71개 중대 약 7,000명 월드컵점과 강남점에 투입, 약 1시간에 걸쳐 김경욱 위원장을 포함해 169명의 조합원 연행.** 김경욱 위원장 구속. 조합원들 48시간 후 석방.
조합원들과 노동자들 시흥점과 목동점 앞 공권력규탄집회.
서울역 앞 공권력투입을 규탄하는 결의대회 및 투쟁승리문화제.
민주노총 전국 12개 지역 이랜드 유통매장에서 항의투쟁 전개.
(충남 천안, 경남 창원, 대구, 울산의 홈에버 4개 점포의 영업 중단.)
공대위 정부의 폭력진압 규탄, 각 지역에서 본격적인 불매운동 추진.
민주노동당도 시민사회단체와 함께 불매운동을 격상시키기로 함.
한국노총도 정부의 공권력투입 비난 성명.
울산 매장 안팎에서 항의집회.

07. 21 » 전국 61개 이랜드 매장에 이랜드불매운동 현수막 설치. **민주노총은 2차 전국 매출제로투쟁 전개.** 서울지역에서는 7개 매장, 경기지역은 8개 매장, 인천지역은 구월동 뉴코아아울렛에서 연좌농성, 충남은 대전본부가 홈에버 둔산점에서, 충북은 충북지부가 홈에버 청주지점에서, 부산은 부산본부와 민주노동당 당원이 해운대점에서, 경남에서는 경남지역 시민사회단체 회원들이 창원시 뉴코아 아울렛 매장에서 농성을 하는 등 전국 33개 매장 앞에서 투쟁.
순천분회 2차 전국 매출제로투쟁.
울산분회 기습파업 후 매장점거농성.

07. 22 » 중동점 기습 점거투쟁.

07. 23 » 민주노총은 경찰병력 투입규탄 기자회견.
이랜드일반노조와 뉴코아노조 조합원들 뉴코아 강남점 앞 시위.
23개 단체 '울산지역 노동·시민사회단체 연석회의' 결성, 기자회견. 이랜드불매운동.

07. 24 » 월드컵점과 뉴코아 평촌점 앞 집회와 매장 진입 시도. 청계광장 앞 뉴코아와 이랜드투쟁 승리를 위한 '민주노총 투쟁문화제'.
뉴코아-이랜드공대위 기자회견.
부산본부와 시민사회단체 회원들 해운대점과 장림점 동시 규탄문화제.
순천분회와 뉴코아 순천지부는 홈에버와 뉴코아 진격투쟁. 천막농성장 앞 집회.

07. 25 » 홈에버 가양점 농성으로 영업 중단. 남성직원과 점주들이 폭력 행사.
순천시가 천막 강제철거 통보하자 조합원들이 순천시청 항의투쟁.

07. 26 » 회사는 김학근 울산분회장과 조합원 15명에게 1억 원의 손해배상 청구.
이남신 수석부위원장, 이경옥 부위원장 구속.

07. 27 » 월드컵점 앞 '비정규 노동자 대량해고 이랜드규탄 민주노총 총력결의대회' 개최. 울산점 앞 투쟁문화제.

07. 28 » 전남·광주본부가 공동주관하는 '전남민중총궐기대회' 개최.
전남본부는 독자로 뉴코아 매장봉쇄투쟁 진행하다 격한 몸싸움.
울산점 앞 '8차 투쟁문화제'.

2007

07. 29 » 뉴코아노조와 이랜드일반노조 조합원들이 뉴코아 강남점 점거. 순천 홈에버 광장 앞 집회와 투쟁문화제.

07. 30 » 뉴코아 강남점 앞 조합원들과 연대단체 회원들이 파업출정식 후 철야투쟁 문화제.

07. 31 » 경찰이 농성장의 조합원 198명 강제연행. 민주노총은 긴급산별대표자회의에서 투쟁수위를 높이기로 결정.
5차 노사교섭.

08. 01 » 6차 노사교섭.
순천 '비정규직 탄압하는 나쁜 기업 뉴코아-홈에버 전남동부공동대책위' 결성과 불매운동 기자회견.
순천분회와 뉴코아노조 아파트 단지와 상가에서 불매선전전 및 '4차 홈에버-뉴코아 투쟁승리문화제'.

08. 02 » 순천점 앞에서 전남동부지역 여성단체들 불매운동 선포 기자회견.

08. 04 » 울산분회 하루 전면파업. 선전전과 투쟁문화제.
7차 노사교섭.

08. 05 » **3차 전국 각지 동시 매출타격투쟁.**
조합원과 연대대오들 면목점과 목동점 앞 규탄대회. 민주노동당 이랜드-뉴코아조합원 긴급지원 당원 성금모금운동. 소마비아 국제노동기구(ILO) 사무총장 한국정부에 항의서한 보냄.
울산분회 '3차 이랜드 매장집중 타격투쟁'진행

08. 06 » 8차 노사교섭. 울산분회는 울산지법 앞에서 기자회견. 체불임금 지급명령신청과 고소장 접수.

08. 07 » 주봉희 민주노총 부위원장 서울교 광고탑 고공시위.

08. 08 » 민주화를위한전국교수협의회, 민주사회를위한변호사모임, 민족문학작가회의, 전국교수노조, 문화연대 등 지식인들 비정규직 문제 해결 촉구.

08. 09 » 과천정부청사 앞 민주노총의 '비정규직법 전면 재개정! 노동부 규탄! 결의대회'. 홈에버 천안점에서 불매운동을 펼치던 민주노총 통일선봉대 36명 경찰연행(3명 구속).
울산분회 울산점 앞 천막농성 돌입 및 전면파업.

08. 10 » 신촌 이랜드 본사 앞 '비정규직 저주를 풀기 위한 청소년 119선언' 기자회견.

08. 11 » **민주노총 4차 전국 15개 지역 이랜드 매장봉쇄투쟁과 불매운동.** 울산본부 뉴코아아울렛 성남점 앞 '홈에버 매출저지 4차 총력투쟁대회'.
9차 노사교섭

08. 14 » 10차 노사교섭.

08. 15 » 11차 노사교섭.

08. 16 » 목동점 앞 '이랜드 퇴출 박성수 회장 구속 민주노총 1000인 선봉대' 발대식.

20
07

2007

08. 18 » 민주노총 전국노동자대회 및 5차 전국매출제로투쟁.
뉴코아 강남점과 홈에버 월드컵점 매장진입투쟁.
울산 쌍용아진아파트 장터 '이랜드-뉴코아투쟁 승리를 위한 울산노동자 결의대회'.
08. 19 » 전남본부 '이랜드투쟁을 위한 전국동시다발 민주노총 전국노동자대회'.
08. 20 » 37개 인권단체로 구성된 인권단체연석회의와 민주노총 서울본부는
국가인권위원회에서 기자회견 후 진정서 제출.
08. 21 » **민주노총은 이랜드 건을 단일 안건으로 비상임시대의원대회를 개최.**
이랜드일반노조와 뉴코아노조 조합원 800여 명에게 1인당 월 50만 원씩의 생계비
지원 방안 통과.
08. 24 » 여성비정규 4사(KTX승무원, 기륭전자, 뉴코아-이랜드 노조) 노동자들이
기륭전자 정문 앞에서 '비정규 여성노동자 공동투쟁 연대 결의대회' 개최.
여성단체들이 '여성에게 좋은 기업 만들기 실천단' 구성, 서울 등 10개 도시에서
이랜드불매 캠페인.
08. 25 » **민주노총 6차 전국 매출제로투쟁.** 전국 11개 매장 봉쇄.
울산본부는 쌍용아진아파트 장터에서 기자회견 및 이랜드 자본 규탄집회 전국 73개
시민단체로 구성된 '나쁜기업 이랜드 불매운동 시민행동'이 목동 '축제의 거리'에서
이랜드 불매운동 문화제.
08. 26 » 조합원들이 월드컵점 일시 점거.
08. 31 » '1000인 선봉대 해단식과 추석 집중투쟁선포식'.
월드컵점 봉쇄투쟁에 경찰의 과잉대응 및 진압으로 16명 연행.
09. 01 » 울산분회 계약해지문제 기자회견 및 집중집회.
09. 03 » 홈에버·뉴코아 점주 비상대책위원회가 매장봉쇄투쟁에 대해
손해배상청구소송.
09. 04 » 서울 강남, 강동, 서초, 송파지역 45개 시민사회단체 공동기자회견.
전국 30여 개 여성단체로 구성된 전국여성연대 '전국여성연대 이랜드
공동행동기간'을 정하고 불매운동 확산 선포 성명 발표.
12차 노사교섭. 2001아울렛 불광점 앞 집회 해산 후 직원과 용역, 점주들이
조합원들에게 폭력행사.
09. 06 » 13차 노사 집중교섭.
09. 07 » 전국순회투쟁을 하는 조합원들이 전북지역 조합원 및 사회단체 회원들과
함께 '비정규직 대량해고 이랜드규탄 제9차 전북투쟁대회' 진행.
09. 08 » 민주노총 1차 상경투쟁과 '이랜드-뉴코아투쟁승리 민주노총 결의대회'.
뉴코아 강남점 농성 돌입. 월드컵점 천막 설치. 해산 과정에서 구사대의 폭력과 경찰
살수차로 공격.
09. 09 » 구사대와 경찰의 폭력이 극에 달함.
09. 10 » 뉴코아-이랜드 공동대책위원회는 서대문 경찰청 앞에서 폭력사태 관련
기자회견.

2007

09. 12 » 조합원들의 중계점 집중타격. 전남본부 순천 검찰청 앞 순천 공안검찰 규탄 기자회견.

09. 13 » 대전본부 조합원들 홈에버 문화점 앞 '이랜드 불매운동 캠페인'. 조합원들 일산점, 중동점, 병점점 타격투쟁.

09. 14 » 조합원들 목동점과 시흥점 집중타격.

09. 15~16 » 민주노총은 1박 2일 이랜드-뉴코아 2차 타격 전국상경투쟁.

09. 16 » **조합원 200여 명 면목점 매장 기습점거.**
경찰의 폭력적인 농성장 침탈. 홍윤경 사무국장 구속. 조합원 연행 48시간 후 석방.

09. 17 » 전국여성연대 '홈에버 뉴코아에서 추석선물·장 안 보기 1만인 주부선언대회.
울산분회와 울산본부 추석 대목 홈에버 매장봉쇄투쟁.

09. 18 » 대구 노동사회단체들 불매운동 참여 촉구 기자회견.
순천지부 추석맞이 이랜드투쟁 전개.
울산본부 하부영 본부장과 이채위 조직국장, 울산분회 김학근 분회장 경찰 연행.
울산분회 조합원들 중부경찰서 항의집회와 경찰과의 몸싸움.

09. 19 » 뉴코아 인천점 매장봉쇄투쟁.
순천지부 조합원들이 연대노동자들과 함께 홈에버 사거리, 주차장 입구, 매장 입구에서 이랜드불매운동.
울산점 앞 '이랜드노조 탄압 및 민주노총간부 폭력연행 규탄기자회견' 및 매장봉쇄투쟁.

09. 20 » 홈에버 천안점 집회. 보령에서도 (뉴코아 계열사) 해태마트 앞 불매운동
순천분회 뉴코아 순천점 매장봉쇄 투쟁.

09. 21 » 광주버스터미널과 광주역에서 불매운동 촉구 귀향선전전.
인권단체연석회의는 서울역 광장에서 '내 가족은 비정규직'을 주제로 '추석맞이 특선 명화상영회'.
순천지부 추석맞이 약식집회 후 6보 1배.
울산분회 추석 집중투쟁.

09. 22 » 조합원들 서울역에서 선전전, 월드컵점 집회.
순천지부 톨게이트, 서순천, 동순천, 광양IC에서 추석 귀향선전전. 장석주 직무대행과 박승권 정책국장 경찰에 연행(48시간 후 석방).

09. 23 » 조합원들 시흥점 앞 집회.

09. 29 » 울산점 앞 '이랜드투쟁 승리를 위한 울산노동자대회' 후 매장순회 불매운동.

10. 05 » 국회 환경노동위원회 10월 23일 박성수 회장 증인채택. 울산분회 투쟁문화제.

10. 06 » **월드컵점 점거투쟁 돌입 100일 촛불문화제.**

10. 09 » 울산분회 울산병원노조 방문해 간담회 및 선전전.

10. 16 » 울산점 매장 안 '이랜드노조 투쟁승리를 위한 투쟁문화제'.
10. 17 » 국정감사 시작. 공동대책위원회는 국회 앞에서 기자회견, 박성수 회장 처벌 요구.
10. 18 » 노동사회단체들 국회 앞에서 단식단 발대식 후 단식 돌입.
10. 19 » 울산점 앞 '비정규직 투쟁문화제'.
10. 22 » 김경욱 위원장 석방.
10. 23 » 국정감사에서 이랜드의 부당 불법한 노동탄압 사실 드러남. 증인으로 채택된 박성수 회장은 10월 3일 이미 미국으로 도피 상태.
국회 앞 '비정규 장기투쟁사업장 투쟁승리 2007 국감투쟁승리 민주노총 결의대회'.
10. 24 » 종각 앞 '이랜드 비정규직 생존권 사수를 위한 결의대회'.
전북본부 총파업 "이랜드-뉴코아 비정규직 노동자 해고사태의 조속한 해결" 촉구.
10. 27 » 광흥창역 앞 '이랜드 투쟁 승리와 박성수 회장 구속을 위한 결의대회'.
여의도 '비정규직 철폐, 비정규 노동자 5대요구 쟁취를 위한 2007전국비정규 노동자대회'.
10. 31 » (서울본부) 투쟁사업장 4차 집중공동투쟁.
11. 02 » 국회 환노위가 박성수 회장 검찰에 고발.
11. 07 » **울산본부 '하반기 투쟁승리를 위한 울산노동자 결의대회'.**
11. 09 » 14차 노사교섭.
11. 10 » **전국노동자대회 전야제. 노동해방실천단은 강남 킴스클럽 매장 선전전.**
조합원들과 노동사회단체 회원들 마포구청역 앞에서 월드컵경기장까지 행진.
11. 11 » '전국노동자대회와 범국민행동의 날' 집회를 정부가 원천봉쇄하기로 결정한 가운데 3만여 명의 노동자가 오후 남대문로를 기습점거하고 노동자대회 강행.
11. 14 » (서울본부) 투쟁사업장 5차 집중공동투쟁(홈에버 시흥점).
11. 20 » 울산본부 '이랜드투쟁 승리를 위한 결의대회'.
11. 21 » 16차 노사교섭.
11. 26 » 울산분회의 김학근 분회장 석방.
11. 27 » **'비정규투쟁 승리와 비정규악법 폐기를 위한 서울지역 간부파업 결의대회' 노조 한국기독교교회협의회(NCCK) 점거.**
울산분회 투쟁문화제.
11. 28~29 » 포항 오픈저지투쟁. 홈에버 포항점 앞에서 천막농성과 촛불문화제.
11. 29 » 포항 거리선전전. 포항점 앞에서 이랜드일반노조, 민주노총 울산지역본부, 민주노총 대구경북본부 등이 모여 홈에버 포항점 오픈 규탄 기자회견과 투쟁문화제.
12. 05 » 홈에버 신도림점 개장 전날 철야농성. 신도림점 오픈저지투쟁 시작.
12. 06 » 신도림점 개장 첫날 오픈저지투쟁.
12. 07 » 18차 노사교섭.
12. 09 » 19차 노사교섭.

20
07

12. 11 » 울산 현대자동차 공장 정문 앞 아침 출근선전전.
울산본부 주최 '이랜드투쟁 승리를 위한 투쟁문화제'.

12. 12 » NCCK와 한국기독교총연합회 이랜드그룹에 사태 해결촉구 공문발송.

12. 13 » 20차 노사교섭.

12. 18 » 울산분회 매주 화요일마다 '이랜드투쟁 승리를 위한 투쟁문화제'.

12. 20 » 이명박 대선후보가 "이랜드 사태의 원인이 노조에 있다"라는 취지의 발언 뒤 회사가 태도를 바꿔 노조간부 15명에게 문자메시지 등으로 해고통보.

12. 21 » **노조는 '사랑의 교회' 앞에서 천막농성(~2008. 5. 15).**

12. 22 » 시흥 본사 집중매출타격투쟁.

12. 23 » 평촌 뉴코아 집중매출타격투쟁 및 시흥점, 중계점, 구월점 집회.

12. 24 » 시흥분회 시흥점 앞 촛불문화제.

12. 25 » 박성수 회장이 사랑의교회 장로직 사임.

12. 27 » 전북본부의 전주 집중투쟁에 순천분회 참여.

12. 28 » 순천분회 '광주전남노동자총력투쟁' 촛불집회.

12. 30 » 월드컵점 앞에서 2007년 마지막 집회.

11~12월 » 이남신 수석부위원장 11월 2일, 이경옥 부위원장 11월 2일, 홍윤경 사무국장 11월 15일 석방.

20
08

01.01~04 » 순천분회 집회신고 사수투쟁.

01. 10 » 뉴코아-이랜드 공동투쟁본부는 대통령 인수위 앞에서 기자회견.
순천분회 '이랜드자본 심판, 파업투쟁 승리, 민주노총 전남본부 1차 결의대회'.

01. 11 » 시흥점 앞 '200일 투쟁승리 결의대회와 투쟁문화제'.

01. 15 » 울산분회 집회와 매장봉쇄투쟁.

01. 17 » 271개의 노동·시민·사회단체로 구성된 '이랜드·뉴코아투쟁 승리와 유통 비정규 노동자의 노동기본권 보장을 위한 공동대책위'와 '나쁜 기업 이랜드불매 시민행동', '여성에게 좋은 기업 만들기 실천단'은 대통령 인수위 앞에서 기자회견.

01. 18 » 울산분회 투쟁문화제.

01. 20 » 조합원들 대전역 앞의 집회 후 대전 시내 행진.

01. 22 » 울산분회 '이랜드노조 파업승리를 위한 투쟁문화제'

01. 25 » 271개의 노동·시민·사회단체가 명동 후아유(이랜드계열사) 앞 불매 캠페인 선포식 및 공동캠페인 발대식. 노조 및 지역대책위원회는 이랜드 본사앞 기자회견.

20
08

01. 27 » 진보정당운동 소속 부산 해운대, 경기 구리시 회원들 '사랑의교회' 앞 "네 이웃의 비정규직을 사랑하라"는 알몸 퍼포먼스.

01. 30 » 순천분회와 뉴코아노조 순천점 매장타격투쟁.

01. 31 » 뉴코아-이랜드노조와 민주노총 대전본부, 충남본부, 충북본부 등 대전역과 홈에버 유성점에서 이랜드자본 불매운동 및 매장타격투쟁.

02. 01 » 면목점 매장타격투쟁.
울산점 광장에서 울산지역노동자결의대회.

02. 02 » 271개의 노동시민사회단체 홈에버 시흥점 앞 불매운동 캠페인.
순천분회와 전남본부 '설맞이 이랜드자본 규탄 전남본부 2차 결의대회'.

02. 05 » 월드컵점앞 조합원들의 '설맞이 척사대회'.
순천분회 설맞이 집중투쟁 마무리.

02. 12 » 울산분회 설연휴 후 투쟁문화제 재개.

02. 14 » 18개월 근무자가 되는 순천지부 송태광 조합원 부당해고.

02. 16 » 조합원들 순천점 주차장 입구 봉쇄, 부당해고규탄 1차 투쟁.

02. 19 » 울산분회 '이랜드노조 파업승리를 위한 결의대회'.

02. 22 » 순천분회 해고규탄 2차 집회.

02. 26 » 전남동부공동대책위원회 기자회견, 비정규직 해고사태를 규탄.

02. 28 » 조합원 총회. 비례대표 후보전술 논의.

03. 01 » 김경욱 위원장과 이남신 수석부위원장 민주노동당 비례대표전략공천 후보 면접.

03. 02 » 민주노동당 홍희덕 위원장 비례대표(2번)로 전략공천.

03. 04 » 조합원 총회, 진보신당 비례대표 후보전술 결정.

03. 06 » 21차 노사교섭.

03. 08 » 세계 여성의날 여성대회, 비정규여성노동자대회, 홈에버 월드컵점 문화제.

03. 09 » 긴급 조합원 총회. 진보신당 비례대표 후보전술 재결정.

03. 12 » 이남신 수석부위원장 비례대표후보 출마 공식선언 기자회견.
울산점은 11일 조합원들에게 해고 통보. 울산분회는 부당해고규탄 항의집회.

03. 13 » 뉴코아-이랜드일반노조와 서비스연맹은 이랜드그룹의 홍콩증시 상장대행 투자기관인 UBS(스위스연방은행) 서울지사 앞 기자회견.
울산분회 부당해고 철회와 성실교섭 촉구 기자회견.

04. 01 » 울산분회 '이랜드노조 투쟁승리를 위한 투쟁문화제'.

04. 18 » 노조는 회사에 '홈에버 일괄매각' 사실 확인 촉구하는 공개질의서 보냄.

04. 19 » 노조 월드컵점 앞 '이랜드투쟁 승리를 위한 300일 결의대회'와 문화제.

2007 2008

2008

4. 23~30 » '빈곤과 차별 없는 서울 만들기 차별철폐 서울대행진.'

04. 25 » 매각 가시화. 노조는 노조 규약 개정으로 대응키로 함.

04. 28 » 비정규 장기투쟁사업장들 국회 앞 기자회견.

04. 29 » 비정규 장기투쟁사업장들 인천 뉴코아-홈에버 집중투쟁.

04. 30 » 비정규 장기투쟁사업장들 기륭전자, 홈에버 시흥점 집회. 4·30메이데이 투쟁문화제.

이랜드 중국법인 홍콩증시 상장 반대 홍콩원정투쟁단 출국기자회견.

울산 '노동절 전야제 및 울산노동자대회'.

05. 01 » 홍콩원정투쟁단 홍콩노총 주관의 노동절 집회 참여.

05. 02 » 홍콩원정투쟁단 기자회견.

05. 03 » 이랜드 공모 부진 소식. 원정투쟁단과 홍콩 사회단체 간담회.

05. 04 » 원정투쟁단 국제금융센터 건너편의 페리호 선착장 앞 선전전과 집회.

05. 05 » 원정투쟁단 홍콩 SFC(금융감독원)와 면담.

05. 06 » 원정투쟁단 IFC(국제금융센터) 앞 단식 철야 노숙농성.

05. 07 » 원정투쟁단 출국 기자회견.

05. 08 » 원정투쟁단 귀국. 이랜드차이나홀딩스의 홍콩증시 상장 무산. 월드컵점 서은주 조합원 등 비정규직 노동자 4명 부당해고 집단소송.

05. 14 » 뉴코아-이랜드일반노조 홍콩원정투쟁 보고 기자회견. 홈플러스 사장과 이랜드그룹 M&A 총괄사장 기자회견에서 매입 계약체결 밝힘. 순천분회 천막농성 돌입 300일 투쟁문화제.

05. 15 » 노조 사랑의교회 앞 기자회견. 고용승계, 해고자 복직 문제 및 노조간부 징계철회, 18개월 미만자에 대한 대책 등 요구.

06. 11 » 울산 홈플러스 앞 '울산지역 연대투쟁의 날' 집회.

06. 12 » 역삼동 홈플러스 본사 앞 집회.

06. 19 » 홈플러스 영등포점 앞 '비정규직 차별철폐 및 08년 투쟁승리 결의대회'.

06. 20 » 23개 노동사회단체들 기자회견.

06. 23 » 뉴코아 강남점과 울산에서 파업 1주년 결의대회. 『우리의 소박한 꿈을 응원해 줘』 발행.

06. 27 » **울산분회 '이랜드투쟁 1주년 울산투쟁문화제'.**

06. 30 » **노조는 농성장소를 사랑의 교회에서 월드컵점으로 옮김.**

07. 11 » **순천분회 '홈에버 순천분회 전면파업 1년 투쟁문화제'.**

울산분회 투쟁문화제.

07. 14 » 노조 홈플러스 안양점 개점 전 안양점 앞 1박 2일 노숙농성.

07. 15 » 노조와 안양지역 시민단체 회원, 민주노동당, 진보신당 당원 기자회견

07. 23 » 홈플러스 영등포점 집회. 홈플러스 영등포점과 동대문점 매장 안 선전전.

07. 29 » 뉴코아 노사 합의.

2008

08월 첫주 » 순천분회 '복귀자들의 부분파업' 지침 결정.

08. 01 » 홈플러스 영등포점 앞에서 '이랜드투쟁 400일! 기필코 승리하기 위한 집중투쟁'.

08. 06 » 울산분회 성실교섭 촉구 집회.

08. 11 » 조합원 총회. 홈플러스와의 교섭 전권을 김경욱 위원장에게 위임.

08. 20 » 울산점 앞 투쟁문화제.

09. 02 » 신촌 이랜드 본사 앞 '2008 추석투쟁 대잔치'.

09. 03 » 시흥점에서 선전전.

09. 04 » 월드컵점에서 선전전 및 투쟁문화제.

09. 05 » 시흥점 앞 집회. 안양 2001아울렛 앞 선전전과 투쟁문화제. 순천분회 '이랜드사태 해결촉구 및 추석불매투쟁 선포' 기자회견과 추석 집중투쟁.

09. 06 » 민주노총 주관 월드컵점 앞 집회.
노동단체 회원들 명동, 불광동과 종로, 신촌의 이랜드계열사 매장 앞 1인시위.
월드컵점 천막농성장 앞 '비정규직 철폐 이랜드투쟁 승리를 위한 결의대회'.

09. 07 » 순천분회 '이랜드사태 해결촉구 및 추석 집중불매투쟁 1차 결의대회'.

09. 09 » '비정규직 없는 세상 만들기 1차 행동의 날' 집회.
울산분회 추석 매출저지 울산 시내 선전전(12일까지)

09. 10 » 순천분회 '이랜드사태 해결촉구 및 추석집중불매투쟁 2차 결의대회.
울산본부 등 지역 노동자들 홈에버 불매운동.

09. 11 » 울산분회 성남동 뉴코아아울렛 앞 집회.

09. 12 » 울산분회 울산점 앞 집회.

09. 18 » 삼성테스코 공정거래위원회로부터 기업결합 승인 받음.

09. 23 » '비정규직 없는 세상 만들기 촛불문화제'.
민주노총 '비정규직 철폐를 위한 직접행동주간 선포'(1만인 선언) 기자회견.

09월 » 1차 노사(홈플러스) 집중교섭.

10. 07 » 울산 '비정규직철폐, 장기투쟁사업장 문제 해결 촉구 거리캠페인'과 촛불문화제.

10. 8~9 » 2차 노사집중교섭

10. 25 » 3차 노사교섭.

10. 30 » 영국대사관 앞 1인시위 시작.

11. 01 » **'이랜드투쟁 승리를 위한 500일문화제'.**

11. 07 » 울산본부의 하부영 본부장과 배문석 문화국장, 김학근 울산분회장 법정구속.

11. 08 » 4차 노사교섭.

11. 10 » 울산지방법원 앞 "공안탄압 중단, 구속자 석방"요구 항의집회.
5차 노사교섭. 잠정합의안 도출.

2008

11.12 » 조합원 찬반투표로 잠정합의안 가결.

11.13 » 노사 조인식.

11.14 » 월드컵점 앞 마무리 문화제.

11.15 » 순천분회 '파업승리 결의대회'.

울산분회 '투쟁마무리문화제'.

11.20 » 조합원 180여 명 현장복귀.

11.28 » 조합원 총회, 규약개정. 노조설립신고 뒤 '홈플러스테스코노조'로 출범.